Le guide du vin

Révision : Élyse-Andrée Héroux
Design graphique : Christine Hébert
Mise en page et infographie : Johanne Lemay
et Marie-Josée lalonde
Soutien technique : Mario Paquin

DISTRIBUTEUR EXCLUSIF :

- Pour le Canada
  et les États-Unis :
  MESSAGERIES ADP*
  2315, rue de la Province
  Longueuil, Québec J4G 1G4
  Téléphone : 450-640-1237
  Télécopieur : 450-674-6237
  Internet : www.messageries-adp.com

* filiale du Groupe Sogides inc.,
filiale de Québecor Média inc.

Suivez-nous sur le Web
Consultez nos sites Internet et inscrivez-vous à l'infolettre pour rester informé en tout temps de nos publications et de nos concours en ligne. Et croisez aussi vos auteurs préférés et notre équipe sur nos blogues !

EDITIONS-HOMME.COM
EDITIONS-JOUR.COM
EDITIONS-PETITHOMME.COM
EDITIONS-LAGRIFFE.COM

Gouvernement du Québec – Programme de crédit d'impôt pour l'édition de livres – Gestion SODEC – www.sodec.gouv.qc.ca

L'Éditeur bénéficie du soutien de la Société de développement des entreprises culturelles du Québec pour son programme d'édition.

Conseil des Arts du Canada / Canada Council for the Arts

Nous remercions le Conseil des Arts du Canada de l'aide accordée à notre programme de publication.

Nous reconnaissons l'aide financière du gouvernement du Canada par l'entremise du Fonds du livre du Canada pour nos activités d'édition.

Imprimé au Canada

10-12

Dépôt légal : 2012
Bibliothèque et Archives nationales du Québec

ISBN 978-2-7619-3399-5

PHANEUF

Le guide du vin

2013

32e édition

NADIA FOURNIER

LES ÉDITIONS DE L'HOMME
Une société de Québecor Média

TABLE DES MATIÈRES

L'ÉQUIPE DU GUIDE DU VIN 2013

« ACCOMPAGNER AVEC RIGUEUR ET CLARTÉ LES AMATEURS À LA DÉCOUVERTE DES MEILLEURS VINS OFFERTS AU QUÉBEC. »

CETTE 32e édition du *Guide du vin* est la première à ne pas porter ma signature. Certes, c'est toujours le « Phaneuf » que vous tenez entre vos mains, sauf que cette année, il a été entièrement préparé, « dégusté » et écrit par Nadia Fournier. Je suis fier d'elle et du résultat. Je suis surtout heureux de constater que le projet de mentorat et de succession mis de l'avant en 2007 a porté les fruits espérés. Non seulement, Le *guide du vin 2013* est plus complet que jamais, mais il s'en trouve rajeuni, revigoré et embelli. Et tout cela, sans pour autant trahir sa vocation essentielle : accompagner avec rigueur et clarté les amateurs à la découverte des meilleurs vins offerts au Québec.

« Qui n'avance pas recule », me disait-on à la petite école. Or, cet élan nouveau permet au *Guide* de progresser et d'affirmer son utilité auprès d'un public élargi, lui-même de plus en plus jeune et curieux de tout.

Au moment de la première édition en 1981, je n'imaginais pas que cette aventure durerait 30 ans, et encore moins qu'elle continuerait après moi. C'est donc une grande satisfaction de voir Le *guide du vin* se perpétuer et continuer de faire œuvre utile en servant à la fois d'outil d'information et de tremplin à une nouvelle carrière. Durant toute ma vie adulte, le vin m'a beaucoup gâté en m'apportant des joies immenses ; il continue de le faire aujourd'hui et sans doute pour encore longtemps.

MICHEL PHANEUF

VIVE LA NUANCE !

Dans les années 1960 et 1970, les progrès de la science et l'évolution du matériel œnologique ont changé le visage du vin et limité la quantité de picrates sur le marché. Hélas! les excès de technologie ont donné naissance à plusieurs vins aseptisés semblant tout droit sortis du même moule.

En réaction à la menace croissante de standardisation, une poignée de vignerons a organisé une sorte de « résistance viticole » face à l'invasion de produits de synthèse. Alors que l'industrie recommandait l'utilisation de pesticides et d'herbicides pour faciliter le travail du vigneron, ces hurluberlus sortaient leur charrue et leur treuil pour labourer les sols. Et alors que les comités interprofessionnels prônaient l'usage de levures et d'enzymes pour stabiliser et homogénéiser la production régionale, ils préféraient continuer de s'en remettre aux seules levures indigènes.

Leur but initial n'était pas de tourner le dos au progrès, mais simplement d'élaborer en toute authenticité des vins qui ont le goût de leur lieu d'origine. Leur philosophie a fait de nombreux adeptes et elle a aussi mené à quelques dérives.

Depuis quelques années, on observe chez les amateurs du Québec et d'ailleurs une sorte de polarisation du goût. Certains, pour une raison qui m'échappe, ont une aversion pour les vins issus de l'agriculture biologique. D'autres ne jurent que par les vins dits « naturels ». Et si l'idéal se trouvait à mi-chemin entre ces deux pôles ?

En matière de vin, nul n'a le monopole de la qualité. Certes, les produits élaborés à grande échelle sont souvent ennuyants et sans éclat ; pourtant, certaines entreprises, malgré un immense volume de production, parviennent à maintenir une très bonne qualité d'ensemble. Oui, plusieurs vins « natures » sont irréprochables et criants de vérité ; mais d'autres peuvent être de qualité franchement douteuse.

Preuve que si l'abus de technologie peut masquer l'expression du terroir, les défauts techniques le peuvent aussi. De plus en plus d'amateurs l'ont compris, et l'émergence de cette voix modérée permet d'espérer un juste retour à l'équilibre.

Et si le seul dogme auquel on devait adhérer en tant qu'amateur de vin était celui du bon goût ? Celui du vin qui nous touche, qui nous accroche un sourire aux lèvres et nous fait passer une bonne soirée, simplement, sans égard à l'étiquette sur la bouteille, à son pays d'origine et aux débats idéologiques.

Cette 32e édition est une invitation renouvelée à la découverte. Le monde du vin est vaste et plus diversifié que jamais. Profitez-en, explorez !

NADIA FOURNIER

Véronique Rivest est l'une des sommelières les plus respectées sur les scènes nationale et internationale. Chroniqueuse au journal *Le Droit* et à la radio de Radio-Canada, en plus de contribuer au magazine *Cellier* (SAQ), ainsi qu'à de nombreux autres magazines et émissions de radio et de télévision, elle a remporté le concours du Meilleur Sommelier du Canada en 2006 et s'est classée dans le Top 12 au concours du Meilleur Sommelier du Monde en 2007 et en 2010. En septembre 2012, elle a défendu son titre de meilleure sommelière du Canada et représentera de nouveau son pays au Japon en mars 2013.

Au-delà de cette accumulation de faits d'armes, Véronique Rivest est une communicatrice hors pair qui excelle dans l'art de transmettre tout naturellement, et avec une humilité peu commune, sa passion pour le vin et les arts de la table.

Restaurateur dès la jeune vingtaine, **Bill Zacharkiw** a vite été captivé par le monde du vin. À 33 ans, il est promu sommelier en chef au restaurant L'Eau à la Bouche, membre de la chaîne Relais & Château et ne tarde pas à s'imposer comme l'une des références en accords mets et vins de la province.

En 2004, Bill crée The Caveman's Wine Blog, l'un des premiers blogues sur le vin à voir le jour. Sur cette plateforme, il attire l'attention du Canada anglais et de nos voisins américains en abordant le vin de façon peu orthodoxe. Souvent irrévérencieux, mais toujours rigoureux dans sa défense du vin authentique, il signe une chronique hebdomadaire dans le quotidien montréalais *The Gazette*. Bill fait également partie du comité national de dégustation du Wine Access et collabore au magazine *Cellier*.

COMMENT UTILISER LE GUIDE

LES NOMS DES VINS

Les vins sont répertoriés par ordre alphabétique des marques ou des noms des producteurs.

Les noms de château ou de domaine sont considérés comme des marques. Ainsi, Château La Nerthe, Châteauneuf-du-Pape paraît dans les C de la section des vins de la vallée du Rhône, et le Sancerre de Pascal Jolivet est inscrit sous la rubrique Jolivet, Pascal.

En règle générale, et exception faite des domaines et des châteaux clairement identifiés, les vins sont regroupés sous le nom du producteur:

HUGEL
Riesling 2011, Gewurztraminer 2011, etc.

ANTINORI
Solaia, Tignanello, Pèppoli, etc.

CALERA
Pinot noir, Chardonnay, etc.

LES SYMBOLES

Pour faciliter la lecture et la consultation, le recours aux symboles est essentiel. Par exemple, la combinaison ★★★→★ indique que le vin, actuellement très bon, sera encore meilleur dans quelques années. Dans la plupart des cas, le temps requis pour que le vin arrive à maturité est aussi indiqué par un chiffre allant de ① à ④. Si un vin laisse planer des doutes sur ses possibilités d'évolution en bouteille, on a alors recours à la séquence suivante: ★★→?

La qualité

☆	**Vin blanc**
★	**Vin rouge**
5 étoiles	**Exceptionnel**
4 étoiles	**Excellent**
3 étoiles	**Très bon**
2 étoiles	**Correct**
1 étoile	**Passable**
★★→★	**Se bonifiera avec les années**
★★→?	**Évolution incertaine**

L'ÉVOLUTION

① À boire maintenant, il n'y a guère d'intérêt à le conserver.

② Prêt à boire, mais pouvant se conserver.

③ On peut commencer à le boire, mais il continuera de se bonifier.

④ Encore jeune, à laisser mûrir encore quelques années.

Il est indiqué de passer le vin en carafe environ 1 heure avant de le servir.

L'AUBAINE

Rapport qualité-prix avantageux

NOS CHOIX

La Grappe d'or

Les «moments forts» de l'année sont identifiés par ce symbole. On trouvera la liste complète des Grappes d'or 2013 à la page 18.

Les meilleurs vins de moins de 15 $

On trouve maintenant profusion de vins sains et bon marché. Voici, une liste de vins à moins de 15 $ qui feront votre bonheur quotidien. Des vins pour tous les goûts, de très bonne qualité.

Les meilleurs vins de 15 à 30 $

Il n'est pas nécessaire de dépenser des sommes folles pour bien boire. Pour 2012, voici la liste d'emplettes de l'amateur avisé. Cent vins impeccables et authentiques dont la qualité n'a rien à envier à des vins plus coûteux.

SPÉCIALITÉ, COURANT, SIGNATURE...

La formule suivante a été adoptée pour indiquer la catégorie à laquelle chaque vin appartient.

Puisqu'ils font l'objet de l'essentiel des commentaires, les produits de **spécialité** forment la catégorie par défaut dans ce guide et sont donc présentés sans indication particulière. Ces vins sont vendus dans les succursales Sélection et dans quelques succursales Classique.

Les produits **courants** distribués dans l'ensemble du réseau et de façon continue sont désormais intégrés à l'ensemble et sont identifiés par ce symbole Ⓒ.

Les vins exclusivement offerts dans les magasins **Signature** de Montréal et de Sainte-Foy sont identifiés par ce pictogramme Ⓢ.

Par ailleurs, plus de 200 producteurs recensés cette année offrent des produits complémentaires en **importation privée** Ⓟ que l'on peut commander auprès des agences répertoriées dans un cahier spécial inclus à la page 446.

Le symbole ▼ accompagne les produits dont les stocks étaient en voie d'épuisement en octobre 2012.

Le site www.saq.com vous indiquera où trouver les vins recherchés.

LES GRAPPES D'OR

Qu'ils soient chers ou bon marché, grands ou modestes, qu'il s'agisse de classiques ou de nouveaux venus, certains vins procurent un plaisir certain, par leur authenticité, leur singularité et leur qualité, bien entendu. Une Grappe d'or est accordée à des vins particulièrement remarquables. Voici la liste de mes «bonheurs» de l'année qui feront, je l'espère, le vôtre.

Pour éviter des frustrations aux lecteurs, seuls les vins présents en quantité suffisante en septembre 2012 ont été retenus.

FRANCE

BORDEAUX

Rouge

CHÂTEAU BUJAN **Côtes de Bourg 2010**	(19,45$ - p. 55)
CHÂTEAU CHASSE-SPLEEN **Moulis-en-Médoc 2009**	(45,50$ - p. 57)
CHÂTEAU LE CASTELOT **Saint-Émilion Grand cru 2006**	(33,25$ - p. 64)
CHÂTEAU DE PEZ **Saint-Estèphe 2009**	(46$ - p. 57)
VIEUX CHÂTEAU CHAMPS DE MARS **Côtes de Castillon 2008**	(20,35$ - p. 56)

Blanc

CHÂTEAU BROWN **Pessac-Léognan blanc 2008**	(56,75$ - p. 61)

BOURGOGNE

Rouge

BOISSET, JEAN-CLAUDE **Volnay Premier Cru Carelle Sous la Chapelle 2009**	(52$ - p. 75)
FOUGERAY DE BEAUCLAIR **Fixin 2010, Clos Marion**	(43,50$ - p. 81)
FOURNIER, JEAN **Marsannay 2010, Cuvée Saint-Urbain**	(25,10$ - p. 82)

Blanc

CHEVALIER PÈRE ET FILS **Corton-Charlemagne 2008**	(156,50$ - p. 79)
GOISOT, GHISLAINE & JEAN-HUGUES **Sauvignon 2010, Saint-Bris**	(22,25$ - p. 83)

BEAUJOLAIS

Rouge

BRUN, JEAN-PAUL **Morgon 2010, Terres Dorées**	(19,85$ - p. 90)
MARTRAY, LAURENT **Les Feuillées 2010, Côte de Brouilly**	(21,10$ - p. 95)

ALSACE

Blanc

BARMÈS-BUECHER **Pinot gris 2008, Rosenberg, Alsace**	(29,50$ - p. 98)
DOMAINE OSTERTAG **Riesling 2009, Heissenberg, Alsace**	(35,75$ - p. 100)

VAL DE LOIRE

Rouge

DOMAINE DE LA BUTTE **Bourgueil 2009, Mi-Pente**	(34,75$ - p. 111)
DOMAINE GUIBERTEAU **Saumur 2010**	(23,15$ - p. 113)
LORIEUX, PASCAL & ALAIN **Chinon 2009, Expression**	(18,15$ - p. 116)

Blanc

CHÂTEAU YVONNE **Saumur 2011**	(25,60$ - p. 109)
CHIDAINE, FRANÇOIS **Montlouis-sur-Loire 2008, Les Tuffeaux**	(24,95$ - p. 110)
DOMAINE DE L'ÉCU **Expression de Granite 2010, Muscadet de Sèvre et Maine**	(20,95$ - p. 112)
DOMAINE ST-NICOLAS **Les Clous 2010, Fiefs Vendéens**	(19,50$ - p. 114)

VALLÉE DU RHÔNE

Rouge

CAVE DES VIGNERONS D'ESTÉZARGUES **Côtes du Rhône-Villages Signargues 2011, Domaine La Montagnette**	(16,10$ - p. 122)
CHÂTEAU LA NERTHE **Châteauneuf du Pape 2007**	(46$ - p. 123)
CHAVE, JEAN-LOUIS **Hermitage 2008**	(185$ - p. 126)
DUPÉRÉ-BARRERA **Côtes du Rhône-Villages 2010**	(19,95$ - p. 129)

LANGUEDOC-ROUSSILLON

Rouge

CHÂTEAU TOUR BOISÉE **Cuvée Marielle et Frédérique 2011, Minervois**	(15,85$ - p. 145)
DOMAINE CLAVEL **Copa Santa 2010, Terroir de la Méjanelle, Coteaux du Languedoc**	(24,70$ - p. 145)
DOMAINE D'AUPILHAC **Coteaux du Languedoc Montpeyroux 2008**	(19,85$ - p. 146)
DOMAINE GAUBY **Les Calcinaires rouge 2010, Côtes Catalanes**	(25,15$ - p. 148)
MAS JULLIEN **Terrasses du Larzac Coteaux du Languedoc 2010, Les Vignes Oubliées**	(25,65$ - p. 150)

Blanc

CHÂTEAU COUPE ROSES **Minervois blanc 2011**	(19,75$ - p. 144)
DOMAINE DE MOUSCAILLO **Limoux 2008**	(22,20$ - p. 147)

PROVENCE ET CORSE

Rouge

CHÂTEAU REVELETTE Coteaux d'Aix-en-Provence 2010 (17,90$ - p. 153)

DOMAINE D'ALZIPRATU Corse Calvi 2010, Cuvée Fiumeseccu (19,35$ - p. 154)

SUD-OUEST

Rouge

CHÂTEAU LA TOUR DES GENDRES La Gloire de mon Père 2008, Côtes de Bergerac (21,95$ - p. 161)

COSSE MAISONNEUVE Le Combal 2008, Cahors (18,35$ - p. 164)

ELIAN DA ROS Le Vin est une Fête 2010, Côte du Marmandais (17,80$ - p. 165)

ITALIE

PIÉMONT

Rouge

MASCARELLO Barolo 2007, Monprivato in Castiglione Falletto (102,75$ - p. 181)

SETTIMO, AURELIO Barolo 2004, Riserva Rocche (69$ - p. 186)

SOTTIMANO Dolcetto d'Alba 2010, Bria del Salto (18, 70$ - p. 186)

TRENTIN-HAUT-ADIGE

Blanc

LAGEDER, ALOIS Pinot grigio 2011, Porer, Alto Adige (25,20$ - p. 188)

VÉNÉTIE

Rouge

MARION Valpolicella Superiore 2008 (37,75$ - p. 193)

Blanc

ANSELMI Capitel Croce 2010, Veneto Bianco (22,90$ - p. 190)

INAMA Vigneto du Lot 2010, Soave Classico (33,50$ - p. 191)

QUINTARELLI, GIUSEPPE Bianco Secco 2007, Veneto (35,75$ - p. 194)

FRIOUL-VÉNÉTIE JULIENNE

Rouge

VISTORTA Merlot 2009, Friuli Grave, Conte Brandolini d'Adda (23,30$ - p. 199)

TOSCANE

Rouge

ARGENTIERA **Villa Donoratico 2008, Bolgheri** (26,25$ - p. 203)

CAPEZZANA **Ghiaie della Furba 2007, Toscana** (41$ - p. 206)

CASTELLO DI AMA **Chianti Classico 2008** (33,50$ - p. 207)

FONTODI **Chianti Classico Riserva 2008, Vigna del Sorbo** (52,75$ - p. 209)

LE MACCHIOLE **Paleo 2007, Toscane** (96,50$ - p. 213)

SAN FELICE **Chianti Classico Riserva 2008, Il Grigio** (25,20$ - p. 216)

VOLPAIA **Chianti Classico Riserva 2008** (30,25$ - p. 219)

OMBRIE

Rouge

CAPRAI, ARNALDO **Rosso Outsider 2005, Umbria** (28,80$ - p. 220)

MARCHES

Rouge

UMANI RONCHI **Cúmaro 2008, Conero Riserva** (28,65$ - p. 223)

ABRUZZES

Rouge

MASCIARELLI **Marina Cvetic 2008, Montepulciano d'Abruzzo** (27,55$ - p. 225)

POUILLES

Rouge

TAURINO COSIMO **Notarpanaro 2006, Salento** (19,10$ - p. 229)

SICILE

Rouge

COS **Cerasuolo di Vittoria 2009** (30,50$ - p. 233)

DONNAFUGATA **Tancredi 2008, Contessa Entellina** (30,50$ - p. 234)

OCCHIPINTI, ARIANNA **SP68 2011, Sicilia** (23,30$ - p. 235)

PLANETA **Santa Cecilia 2008, Noto** (33,25$ - p. 236)

ESPAGNE

Rouge

CASTRO VENTOSA - EL CASTRO DE VALTUILLE Bierzo 2008 (24,95$ - p. 250)

PALACIOS, ALVARO Gratallops 2010, Vi de la Vila, Priorat (51,50$ - p. 244)

Blanc

FILLABOA Rias Baixas 2010 (20,70$ - p. 241)

LOPEZ DE HEREDIA Rioja blanc 2002, Vina Gravonia (26,25$ - p. 247)

PALACIOS, ALVARO Plàcet 2009, Rioja (25,05$ - p. 248)

PORTUGAL

Rouge

NIEPOORT Redoma 2008, Douro (44,75$ - p. 263)

QUINTA DE LA ROSA Douro 2009 (19,90$ - p. 264)

AUTRES PAYS D'EUROPE

GRÈCE

Rouge

THYMIOPOULOS Naoussa 2009, Terre et Ciel (28,40$ - p. 276)

TSELEPOS Driopi 2009, Nemea (19,15$ - p. 277)

Blanc

BIBLIA CHORA Ovilos 2011, Vin de pays de Pangée (28,25$ - p. 270)

GEROVASSILIOU Malagousia 2011, Vin de pays d'Epanomi (21,75$ - p. 273)

ALLEMAGNE

Blanc

CHRISTOFFEL ERBEN, JOH. JOS. Riesling Spätlese 2010, Ürziger Würzgarten, Mosel (31,75$ - p. 278)

KERPEN Riesling 2011, Spätlese Trocken, Wehlener Sonnenuhr, Mosel (22,35$ - p. 280)

SELBACH-OSTER Riesling Auslese 2009, Zeltinger Sonnenuhr, Mosel (36,25$ - p. 282)

AUTRICHE

Blanc

HIRSCH Grüner Veltliner 2011, Heiligenstein, Kamptal (23,45$ - p. 284)

HONGRIE

Blanc

KIRALYUDVAR **Furmint sec 2008, Tokaji** (28,45$ - p. 287)

AMÉRIQUE DU NORD / CANADA

ONTARIO

Rouge

HARDIE, NORMAN **Pinot noir 2009, Prince Edward County** (38,50$ - p. 302)

Blanc

BACHELDER **Chardonnay 2010, Niagara Peninsula** (33,75$ - p. 301)

COLOMBIE-BRITANNIQUE

Rouge

OSOYOOS LAROSE **Le Grand Vin 2008, Okanagan Valley** (44,25$ - p. 307)

QUÉBEC

Rouge

DOMAINE ST-JACQUES **Sélection rouge 2011** (17,50$ - p. 311)

Blanc

VIGNOBLE DU MARATHONIEN
Vendanges tardives 2011 – 375 ml (28$ - p. 316)

AMÉRIQUE DU NORD / ÉTATS-UNIS

CALIFORNIE

Rouge

AUSTIN HOPE **Grenache 2010, Paso Robles** (43$ - p. 324)

BONNY DOON VINEYARD **Le Cigare Volant 2007, California** (48,75$ - p. 325)

CHÂTEAU MONTELENA **Cabernet sauvignon 2007, Estate, Napa Valley** (138$ - p. 327)

CHIMNEY ROCK **Cabernet sauvignon 2008, Stags Leap District** (74,75$ - p. 328)

FRANUS, PETER **Zinfandel 2008, Brandlin Vineyard, Napa Valley** (37$ - p. 331)

SANFORD **Pinot noir 2009, Santa Rita Hills** (44,25$ - p. 336)

OREGON

Rouge

I'M WINES - ISABEL MONDAVI **Pinot noir 2008, I'M Isabel Mondavi, Willamette Valley** (37,75$ - p. 340)

HÉMISPHÈRE SUD

CHILI

Rouge

EMILIANA ORGANIC VINEYARDS **Gê 2007, Valle de Colchagua** (70,50$ - p. 352)

MATETIC **Syrah 2010, Corralillo, San Antonio** (24,95$ - p. 354)

Blanc

FÈVRE, WILLIAM **Chardonnay 2010, Gran Cuvée, Valle del Maipo** (19,05$ - p. 353)

ARGENTINE

Rouge

ALTOS LAS HORMIGAS **Malbec 2011, Clasico, Mendoza** (16,60$ - p. 362)

AFRIQUE DU SUD

Rouge

DE TRAFFORD **Sijnn, 2008, Swellendam** (32,25$ - p. 375)

Blanc

KLEIN CONSTANTIA **Sauvignon blanc 2011, Constantia** (20,05$ - p. 377)

AUSTRALIE

Rouge

FRANKLAND ESTATE **Olmo's Reward 2008, Frankland River Region** (29,15$ - p. 384)

TEUSNER **The Riebke 2010, Barossa Valley** (26$ - p. 389)

Blanc

D'ARENBERG **Roussanne 2010, Money Spider, McLaren Vale** (21,95$ - p. 383)

YABBY LAKE VINEYARD **Red Claw 2008, Mornington Peninsula** (35,25$ - p. 391)

NOUVELLE-ZÉLANDE

Rouge

ALPHA DOMUS **The Aviator 2009, Hawkes Bay** (42$ - p. 394)

Blanc

KUMEU RIVER **Chardonnay 2008, Hunting Hill, Kumeu** (39,75$ - p. 397)

WAIMEA **Pinot gris 2009, Nelson** (20,80$ - p. 399)

VIN ROSÉ

VIGNOBLE DE L'ORPAILLEUR **Les Bacchantes 2011, Rosé** (16,30$ - p. 405)

CHAMPAGNE

DOQUET, PASCAL **Brut Blanc de blancs** (43$ - p. 411)

FLEURY **Brut 1996** (98,50$ - p. 412)

KRUG **Grande Cuvée** (275,75$ - p. 415)

PERRIER, JOSEPH **Cuvée Royale 2002, Brut** (77$ - p. 416)

ROEDERER **Cristal Brut 2005** (283,25$ - p. 417)

VINS MOUSSEUX

ROEDERER **L'Ermitage Brut 2003, Anderson Valley** (48,50$ - p. 428)

TISSOT, ANDRÉ ET MIREILLE **Crémant du Jura, Brut** (22,05$ - p. 423)

VIGNALTA **Fior d'Arancio 2011, Spumante, Colli Euganei** (18,70$ - p. 425)

VINS FORTIFIÉS

PORTO

Rouge

TAYLOR FLADGATE **Vintage 2000** (129$ - p. 435)

XÉRÈS

LUSTAU **Papirusa, Manzanilla, Very Dry - 375 ml** (5,65$ - p. 443)

AUTRE VIN FORTIFIÉ

Rouge

DOMAINE DE MONTBOURGEAU **Macvin** (32$ - p. 444)

LES MEILLEURS VINS DE MOINS DE 15$

On trouve maintenant profusion de vins sains et bon marché. Voici, une liste de vins à moins de 15$ qui feront votre bonheur quotidien. Des vins pour tous les goûts, de très bonne qualité.

FRANCE

BORDEAUX

Rouge

CHÂTEAU LA MOTHE DU BARRY Bordeaux Supérieur 2010 (13,05 $ - p. 53)

VALLÉE DU RHÔNE

Rouge

CHÂTEAU DES TOURELLES Costières de Nîmes 2011 (13,30 $ - p. 123)

JABOULET AÎNÉ, PAUL Les Traverses 2009, Côtes du Ventoux (13,90 $ - p. 132)

LANGUEDOC-ROUSSILLON

Rouge

DOMAINE D'AUPILHAC Lou Maset 2011, Languedoc (14,45 $ - p. 146)

DOMAINE DES MOULINES Merlot 2009, Vin de pays de l'Hérault (10,95 $ - p. 147)

DUPÉRÉ-BARRERA Terres de Méditerranée 2009, Vin de Pays d'Oc (14,35 $ - p. 148)

Blanc

LURTON, FRANÇOIS Viognier 2011, Domaine des Salices, Vin de Pays d'Oc (14,80 $- p. 149)

PROVENCE

Rouge

CHÂTEAU DE FONSCOLOMBE Coteaux d'Aix-en-Provence 2008 (13,30 $ - p. 153)

CHÂTEAU LA LIEUE Coteau Varois 2011 (13 $ - p. 153)

SUD-OUEST

Rouge

CHÂTEAU BOUISSEL Classic 2009, Fronton (14,50 $ - p. 160)

CHÂTEAU MONTAURIOL Tradition 2010, Fronton (14,65 $ - p. 163)

CLOS LA COUTALE Cahors 2010 (14,30 $ - p. 164)

DOMAINE DU CROS Lo Sang Del Pais 2011, Marcillac (13,65 $ - p. 164)

ITALIE

VÉNÉTIE

Rouge

Tedeschi Valpolicella Classico Superiore 2010 (14,40 $ - p. 195)

ÉMILIE-ROMAGNE

Rouge

POGGIO AL DRAGO Rubicon 2011 (13,70 $ - p. 200)

OMBRIE

Blanc

SALVIANO (TITIGNANO) Orvieto Classico Superiore 2011 (14,10 $ - p. 221)

MARCHES

Rouge

VELENOSI Il Brecciarolo 2009, Rosso Piceno Superiore (13,65 $ - p. 223)

ABRUZZES

Rouge

Illuminati, Riparosso 2009, Montepulciano d'Abruzzo (13,65 $ - p. 225)

POUILLES

Rouge

PASQUA Primitivo 2011, Lapaccio, Salento (13,95 $ - p. 229)

PERVINI I Monili 2010, Tarantino Primitivo (10,15 $ - p. 229)

SARDAIGNE

Rouge

ARGIOLAS Perdera 2009, Monica di Sardegna (14,20 $ - p. 231)

SICILE

Rouge

MORGANTE Nero d'Avola 2010, Scinthili, Sicilia (15 $ - p. 235)

TASCA D'ALMERITA Regaleali blanc 2011, Sicilia (14,90 $ - p. 237)

ESPAGNE

Rouge

BORSAO Crianza 2009, Campo de Borja	(14,95 $ - p. 254)
CASTAÑO Monastrell 2009, Hécula, Yecla	(14,70 $ - p. 255)
EL SEQUÉ Laderas de El Sequé 2011, Alicante	(13,25 $ - p. 253)
JUAN GIL Monastrell 2011, Vieilles vignes, Jumilla	(14,30 $ - p. 256)
LUZON Jumilla 2009, Organic	(14,50 $ - p. 257)

PORTUGAL

Rouge

ALTANO Douro 2009	(12,75 $ - p. 261)
MEIA ENCOSTA Dão 2010	(11 $ - p. 265)
QUINTA DOS ROQUES Dão 2009	(14,80 $ - p. 265)

AUTRES PAYS D'EUROPE

ALLEMAGNE

Blanc

LOOSEN BROS. Riesling 2011, Dr.L, Qba, Mosel	(13,60 $ - p. 280)

BULGARIE

Rouge

YAMBOL Cabernet Sauvignon-Syrah 2009, Persona, Valle de Thrace	(12,45 $ - p. 286)
YAMBOL Syrah 2009, Persona, Vallée de Thrace	(12,45 $ - p. 286)

GRÈCE

Rouge

LYRARAKIS **Kotsifali 2010, Crête** (13,45 $ - p. 274)

TSANTALIS **Rapsani 2009** (11,50 $ - p. 276)

Blanc

LYRARAKIS **Vilana 2011, Crête** (14,10 $ - p. 274)

HONGRIE

Blanc

CHÂTEAU PAJZOS **Furmint 2011, Tokaji** (12,45 $ - p. 287)

NYAKAS **Irsai Olivér 2008, Budai** (13,10 $ - p. 288)

AMÉRIQUE DU NORD / CANADA

QUÉBEC

Rouge

L'ÉCOLE DU TROISIÈME RANG **La Relâche 2009** (14 $ - p. 312)

Blanc

VIGNOBLE DE LA BAUGE **Classique blanc 2010** (14 $ - p. 314)

HÉMISPHÈRE SUD

CHILI

Blanc

CALITERRA **Sauvignon blanc 2011, Reserva, Valle de Casablanca** (12,55 $ - p. 349)

ARGENTINE

Rouge

ALTOS LAS HORMIGAS **Colonia Las Liebres, Bonarda 2011, Mendoza** (13,70 $ - p. 362)

Blanc

ETCHART **Torrontes 2011, Cafayate** (13,95 $ - p. 364)

URUGUAY

Rouge

JUAN CARRAU 1752 Gran Tradicion 2009, Cerro Chapeu (14,70 $ - p. 371)

AFRIQUE DU SUD

Rouge

DORNIER The Pirate of Cocoa Hill 2009, Western Cape (14,95 $ - p. 376)

MAN VINTNERS Cabernet sauvignon 2010, Coastal Region (13,95 $ - p. 378)

AUSTRALIE

Rouge

DEAKIN ESTATE Shiraz 2010, Victoria (11,95 $ - p. 384)

AUTRE PAYS

MEXIQUE

Rouge

CETTO, L.A. Petite sirah 2010, Valle de Guadalupe (12,05 $ - p. 297)

CETTO, L.A. Zinfandel 2009, Valle de Guadalupe (13,95 $ - p. 297)

VIN MOUSSEUX

Blanc

SEGURA VIUDAS Brut Blanc de blancs (14,30 $ - p. 426)

À MOINS DE 10 $!

ESPAGNE

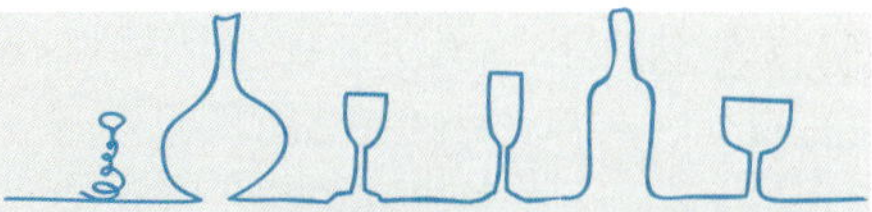

Rouge

BORSAO **Tocado 2011, Campo de Borja** (9,25 $ - p. 254)

BOUSQUET, JEAN-NOËL **Corbières 2011, Terre à Terre** (9,10 $ - p. 143)

CAMPOBARRO **Tempranillo 2010, Ribera del Guadiana** (9,30 $ - p. 253)

CASTILLO DE LIRIA **Bobal-Shiraz 2010, Valencia, Vicente Gandia** (8,40 $ - p. 255)

FELIX SOLIS **Tempranillo 2010, Los Molinos, Valdepeñas** (8,20 $ - p. 255)

CASTILLO DE MONSERAN **Garnacha 2011, Carineña** (9,35$ - p. 259)

PORTUGAL

Rouge

ALBERNOAS **Vinho Regional Alentejano 2010** (9,05 $ - p. 266)

SOGRAPE **Vila Regia 2011, Douro** (9,95 $ - p. 263)

CHILI

Rouge

BARON PHILIPPE DE ROTHSCHILD **Cabernet sauvignon-Carmenère 2011, Mapu, Valle Central** (9,95 $ - p. 348)

ARGENTINE

Rouge

FINCA FLICHMAN **Malbec 2011, Mendoza** (9,45 $ - p. 364)

LES MEILLEURS VINS DE 15$ À 30$

Il n'est pas nécessaire de dépenser des sommes folles pour bien boire. Pour 2012, voici la liste d'emplettes de l'amateur avisé. Cent vins impeccables et authentiques dont la qualité n'a rien à envier à des vins plus coûteux.

FRANCE

BORDEAUX

Rouge

CHÂTEAU DE LA RIVIÈRE Les Sources du Château de la Rivière, Fronsac 2009 (20,30$ - p. 67)

CHÂTEAU LOUDENNE Médoc 2006 (25,95$ - p. 58)

Blanc

BARON PHILIPPE DE ROTHSCHILD Mouton Cadet, Réserve 2011, Graves (15,95$ - P. 61)

CHÂTEAU SAINTE-MARIE Vieilles vignes 2011, Entre-Deux-Mers (16,75$ - p. 54)

BOURGOGNE

Rouge

BOUVIER, RENÉ Pinot noir 2010, Bourgogne, Le Chapitre (21,30$ - p. 76)

COLINOT, STÉPHANIE, ANITA ET JEAN-PIERRE Irancy 2010, Les Mazelots (27,25$ - p. 80)

PAVELOT Savigny-lès-Beaune 2009 (28,90$ - p. 87)

Blanc

CHÂTEAU DE MALIGNY Chablis 2011, La Vigne de la Reine (23,50$ - p. 78)

DOMAINE DE LA CADETTE Bourgogne 2010, La Sœur Cadette (18,05$ - p. 80)

VALETTE Mâcon-Chaîntré 2009 (28,05$ - p. 89)

BEAUJOLAIS

Rouge

BRUN, JEAN-PAUL Moulin-à-Vent 2010, Terres Dorées (22,05$ - p. 91)

CHÂTEAU DE PIERREUX Brouilly 2010 (19,85$ - p. 92)

PIERRE-MARIE ET MARTINE CHERMETTE Beaujolais 2011, Les Griottes (16,75$ - p. 93)

ALSACE

Blanc

BEYER, LÉON Riesling 2010, Réserve, Alsace (17,75$ - p. 99)

DOMAINE OSTERTAG Riesling 2010, Vignoble d'E, Alsace (25,30$ - p. 100)

VAL DE LOIRE

Rouge

DOMAINE DE LA CHARMOISE **Gamay 2011, Vinifera, Touraine** (21,20$ - p. 112)

Blanc

CHÉREAU-CARRÉ **Château de Chasseloir 2009, Cuvée des Ceps Centenaires, Muscadet** (16,90$ - p. 110)

CLOS DE LA BRIDERIE **Touraine Mesland 2010** (15,65$ - p. 111)

DOMAINE DE GARRELIÈRE **Cendrillon 2010, Touraine** (21,30$ - p. 111)

DOMAINE GUIBERTEAU **Clos de Guichaux 2010, Saumur** (24,25$ - p. 113)

VALLÉE DU RHÔNE

Rouge

CHÂTEAU DE MONTFAUCON **Côtes du Rhône 2009, Baron Louis** (24,45$ - p. 122)

CHÂTEAU MONT-REDON **Lirac 2010** (20,95$ - p. 123)

CHÂTEAU MOURGUES DU GRÈS **Galets Rouges 2010, Costières de Nîmes** (16$ - p. 124)

DOMAINE DE BEAURENARD **Rasteau 2009** (21,85$ - p. 127)

DOMAINE DE BOISSAN **Cuvée Clémence 2010, Côtes du Rhône Villages Sablet** (18,70$ - p. 127)

LANGUEDOC-ROUSSILLON

Rouge

BERTRAND, GÉRARD **Domaine Haut St-Georges 2010, Corbières** (16,25$ - p. 142)

DOMAINE COTTEBRUNE **Transhumance 2009, Faugères** (22,55$ - p. 146)

DOMAINE LA MADURA **Saint-Chinian 2009, Classic** (17,85$ - p. 148)

HECHT & BANNIER **Saint-Chinian 2010** (22,70$ - p. 149)

ST-JEAN-DE-LA GINESTE **Corbières 2010, Carte blanche** (15,30$ - p. 150)

Blanc

ST-MARTIN DE LA GARRIGUE **Picpoul de Pinet 2011, Coteaux du Languedoc** (17$ - p. 151)

PROVENCE

Rouge

DOMAINE DU CLOS DE LA PROCURE **2010, Côtes de Provence** (23,15$ - p. 155)

SUD-OUEST

Rouge

CAUSSE MARINES **Peyrouzelles 2010, Gaillac** (18,90$ - p. 159)

MATHA, JEAN-LUC **Marcillac 2010** (16,15$ - p. 166)

PYRÈNE **Nature 2010, Coteaux du Quercy** (16,35$ - p. 166)

Blanc

HOURS, CHARLES **Cuvée Marie 2010, Jurançon sec** (21,95$ - p. 165)

LABRANCHE-LAFFONT **Pacherenc du Vic Bilh 2010** (18,75$ - p. 165)

JURA

Blanc

DOMAINE DE LA RENARDIÈRE **Arbois-Pupillin 2011, Jurassique** (21,35$ - p. 168)

DOMAINE DE MONTBOURGEAU **L'Étoile 2008** (21,90$ - p. 168)

TISSOT, BÉNÉDICTE ET STÉPHANE **Savagnin 2008, Arbois** (26,80$ - p. 170)

ITALIE

PIÉMONT

Rouge

SOTTIMANO **Dolcetto d'Alba 2010, Bric del Salto** (18,70 $ - p. 186)

PIO CESARE **Nebbiolo 2008, Langhe** (28,15$ - p. 183)

TRENTIN-HAUT-ADIGE

Rouge

LAGEDER, ALOIS **Cabernet 2008, Riserva, Alto Adige** (24,25$ - p. 188)

VÉNÉTIE

Rouge

INAMA **Carmenère 2009, Piu, Veneto** (21,15$ - p. 192)

TENUTA SANT'ANTONIO **Valpolicella Superiore 2008, La Bandina** (26,95$ - p. 195)

VIGNALTA **Rosso Riserva 2007, Colli Euganei** (21,80$ - p. 196)

Blanc

ANSELMI **San Vincenzo 2011, Veneto** (15,95$ - p. 190)

FRIOUL-VÉNÉTIE JULIENNE

Blanc

SCHIOPETTO **Friulano 2009, Collio** (25,90$ - p. 199)

VISTORTA **Friulano 2011, Grave del Friuli** (17,40$ - p. 199)

ÉMILIE-ROMAGNE

Rouge

SAN VALENTINO **Sangiovese di Romagna 2010, Scabi** (16,10$ - p. 200)

TOSCANE

Rouge

DUEMANI **Cifra 2010, Costa Toscana** (26,25$ - p. 209)

FONTODI **Chianti Classico 2009** (28,15$ - p. 209)

MONTETI **Caburnio 2009, Toscana** (18,90$ - p. 214)

SANGERVASIO **Toscana 2008** (19,15$ - p. 217)

TUA RITA **Rosso 2010, Toscana** (24,95$ - p. 219)

OMBRIE

Rouge

LUNGAROTTI **Rubesco 2008, Rosso di Torgiano** (15,45$ - p. 221)

MARCHES

Blanc

UMANI RONCHI **Casal di Serra 2009, Vieilles vignes, Verdicchio dei Castelli di Jesi** (23$ - p. 223)

ABRUZZES

Blanc

CASTORANI **Pecorino Abruzzo superiore 2011, Amorino** (23,30$ - p. 224)

CAMPANIE

Blanc

VESEVO **Falanghina 2011, Beneventano** (17,35$ - p. 227)

MOLISE

Rouge

DI MAJO NORANTE **Contado 2009, Riserva, Aglianico del Molise** (16,60$ - p. 227)

POUILLES

Rouge

TAURINO COSIMO **Reserva 2008, Salice Salentino** (15,40$ - p. 230)

SARDAIGNE

Rouge

ARGIOLAS **Costera 2009, Cannonau di Sardegna** (17,90$ - p. 231)

SICILE

Rouge

BENANTI **Rosso di Verzella 2008, Etna** (21,25$ - p. 232)

Blanc

DONNAFUGATA **La Fuga 2010, Contessa Entellina** (20,15$ - p. 234)

PLANETA **Alastro 2010, Sicilia** (20,70$ - p. 236)

ESPAGNE

Rouge

IJALBA **Reserva 2007, Rioja** (19,25$ - p. 246)

INAKI NUNEZ **Pago de Circus 2009, Navarra** (16,55$ - p. 249)

LURTON, FRANÇOIS **El Albar 2008, Barricas, Vino de la Tierra de Castilla y Leon** (20,20$ - p. 251)

LUZON **Jumilla 2006, Altos de Luzon** (23,80$ - p. 257)

MARQUÉS DE MURRIETA **Ygay, Reserva 2006, Rioja** (25,10$ - p. 247)

Blanc

VALDESIL **Godello 2010, Valdeorras** (22,05$ - p. 253)

PORTUGAL

Rouge

CORTES DE CIMA **2009, Alentejo** (21,10$ - p. 266)

DOW'S **Douro 2009, Vale do Bomfim** (15,95$ - p. 261)

RAMOS PINTO **Duas Quintas 2009, Douro** (16,60$ - p. 265)

AUTRES PAYS D'EUROPE

GRÈCE

Blanc

PAPAGIANNAKOS Savatiano 2011, Vin de Pays de Markopoulo (15,40$ - p. 275)

SIGALAS Santorini 2011 (22$ - p. 275)

THYMIOPOULOS Naoussa 2010, Jeunes vignes (16,75$ - p. 276)

ALLEMAGNE

Blanc

KESSELSTATT Riesling Spätlese 2003, Scharzhofberger, Mosel-Saar-Ruwer (24,25$ - p. 280)

KELLER, KLAUS Riesling 2011, Trocken, Rheinhessen (24,05$ - p. 280)

MÖNCHHOF Riesling 2010, Kabinett, Ürzig Würzgarten, Mosel (24,80$ - p. 281)

AUTRICHE

Rouge

HEINRICH Blaufränkisch 2009, Burgenland (20,30$ - p. 283)

Blanc

SCHLOSS GOBELSBURG Riesling 2011, Trocken, Domaene Gobelsburg, Kamptal (17,70$ - p. 284)

HONGRIE

Rouge

TELEKI Cabernet Franc 2008, Villanyi, Csanyi (15,95$ - p. 288)

AMÉRIQUE DU NORD / CANADA

COLOMBIE-BRITANNIQUE

Rouge

MISSION HILL Cabernet-Merlot 2008, Five Vineyards, Okanagan Valley (17,95$ - p. 307)

QUÉBEC

Rouge

DOMAINE LES BROME Cuvée Julien 2011 (16,60$ - p. 310)

Blanc

COTEAU ROUGEMONT Frontenac gris 2011 (15,50$ - p. 309)

AMÉRIQUE DU NORD / ÉTATS-UNIS

CALIFORNIE

Rouge

CHATEAU ST-JEAN Cabernet sauvignon 2010, California (19,95$ - p. 328)

DE LOACH Zinfandel 2010, Heritage Reserve, California (15,95$ - p. 329)

QUPÉ Syrah 2009, Central Coast (24,75$ - p. 335)

OREGON

Blanc

CHEHALEM Pinot gris 2009, 3 Vineyard, Willamette Valley (23,70$ - p. 339)

HÉMISPHÈRE SUD

CHILI

Rouge

ARAUCANO Carmenère 2009, Reserva, Valle de Colchagua (15,95$ - p. 348)

CONO SUR Cabernet sauvignon - Carmenère 2011, Valle de Colchagua (15,45$ - p. 351)

Blanc

VIÑA ARBOLEDA Chardonnay 2011, Aconcagua Costa (19,70$ - p. 358)

ARGENTINE

Rouge

BODEGA DEL FIN DEL MUNDO **Malbec 2010, Reserva, Patagonia** (18,15 $ – p. 363)

AUSTRALIE

Rouge

YALUMBA **Grenache 2010, Bush Vine, Barossa** (19,95 $ – p. 391)

NOUVELLE-ZÉLANDE

Blanc

CHURTON **Sauvignon blanc 2009, Marlbourough** (21,70 $ – p. 396)

AFRIQUE DU SUD

Rouge

GLENELLY **Shiraz-Cabernet sauvignon-Merlot 2007, Grand Vin, Western Cape** (25,05 $ – p. 377)

AUTRE PAYS

LIBAN

Rouge

DOMAINE WARDY **Château Les Cèdres 2007, Vallée de la Bekaa** (20,70 $ – p. 293)

VINS MOUSSEUX

BAILLY LAPIERRE **Vive la Joie 2006, Brut, Crémant de Bourgogne** (26,85 $ – p. 420)

CEP D'ARGENT (LE) **Sélection 2009, Blanc de blancs** (23 $ – p. 428)

VIN FORTIFIÉ

XÉRÈS

ALVEAR **Solera Cream, Montilla Moriles** (17,45 $ – p. 443)

FRANCE

QUI A DIT QUE LES VINS FRANÇAIS COÛTENT CHER?

Chaque année, le marathon de dégustation du *Guide du vin* le confirme : en dehors des grandes appellations prestigieuses, le vignoble français foisonne de bons vins originaux et authentiques, le plus souvent vendus à prix d'aubaine.

Peu de pays sont en mesure d'offrir un registre aussi diversifié de saveurs et de styles : franchise tannique propre aux crus bordelais, délicatesse d'un vin de Bourgogne, vigueur d'un Cabernet franc ou d'un Chenin de la Loire ; de l'originalité des vins du Sud-Ouest au caractère cristallin des blancs d'Alsace, sans oublier l'exubérance des vins du Midi et l'effervescence sublime du Champagne.

La France est un immense jardin où la vigne s'exprime de mille et une façons. Et ce jardin est de plus en plus sain : on annonçait en octobre 2012 que la superficie du vignoble français cultivée en agriculture biologique a été multipliée par douze au cours des seize dernières années.

LA FRANCE EN QUELQUES CHIFFRES

250 000 emplois liés à l'industrie viticole.

2e secteur d'exportation du pays avec 6,2 milliards d'euros.

En 2011, 7,4 % du vignoble français était cultivé en agriculture biologique.

BORDEAUX

BORDEAUX EN QUELQUES CHIFFRES

1er vignoble d'appellation en France

117 500 hectares, dont 89 % de cépages rouges.

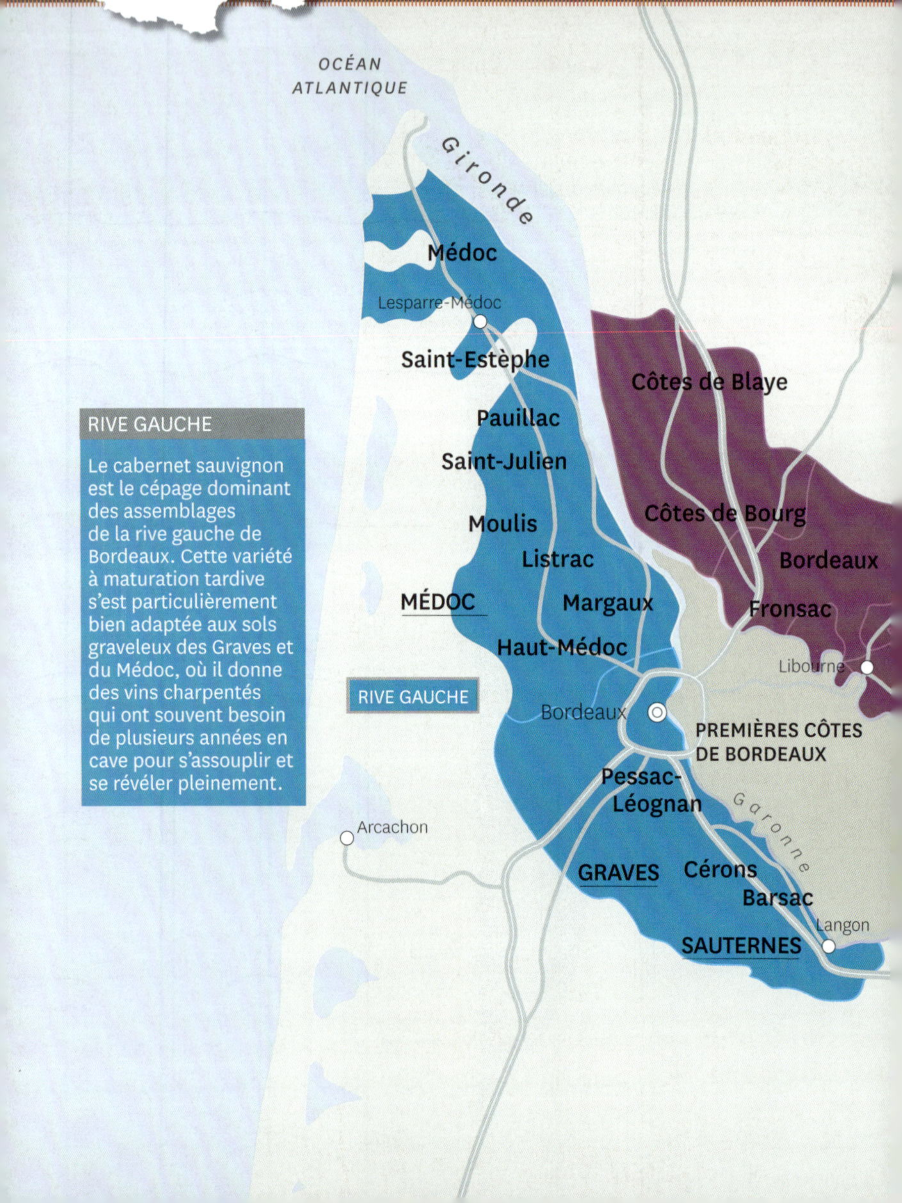

RIVE GAUCHE

Le cabernet sauvignon est le cépage dominant des assemblages de la rive gauche de Bordeaux. Cette variété à maturation tardive s'est particulièrement bien adaptée aux sols graveleux des Graves et du Médoc, où il donne des vins charpentés qui ont souvent besoin de plusieurs années en cave pour s'assouplir et se révéler pleinement.

Cela ne fait maintenant aucun doute, je n'aurai jamais les moyens de garnir ma cave de Premiers Grands crus de Bordeaux. Ce luxe jadis accessible au commun des mortels est désormais réservé à quelques privilégiés.

Le marché du vin de luxe à Bordeaux semble désormais axé vers les spéculateurs et vers quelques rares amateurs sincères pour qui l'argent n'est pas une contrainte. Conscients qu'ils ne peuvent avoir accès à l'élite régionale, plusieurs consommateurs, particulièrement ceux de la nouvelle génération, ont tourné le dos aux vins de la Gironde pour explorer d'autres appellations, de France ou d'ailleurs.

C'est bien dommage, car en dehors du cercle fermé des crus classés, il existe de nombreuses bonnes bouteilles vendues à prix honnête. Le prix des vins d'appellations secondaires demeure relativement abordable, parfois même compétitif. La qualité générale des vins entre 20 $ et 30 $ est souvent exemplaire et n'a rien à envier aux autres Cabernet du monde.

Les pages suivantes font état de nombreuses « bonnes affaires » qui confirment que le vignoble girondin peut produire, à des prix terrestres, des vins fort distingués.

RIVE DROITE

Sauf exceptions, les vins de la rive droite de Bordeaux sont essentiellement constitués de merlot. Qu'il puise sa sève dans les sols calcaires du plateau de Saint-Émilion, dans les molasses de Fronsac ou dans les argiles et les graves de Pomerol, il donne des vins généralement plus suaves et dodus, aptes au vieillissement, mais pouvant être appréciés plus jeunes que ceux du Médoc.

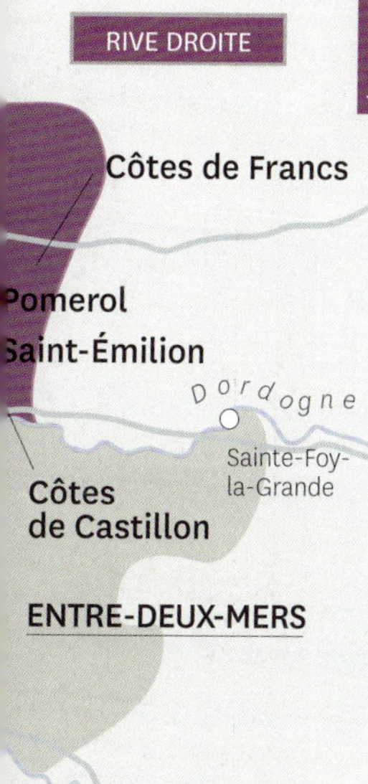

PROBLÈME D'ORIENTATION ?

Plusieurs amateurs de Bordeaux s'interrogent encore sur la signification des expressions vins de la rive droite et vins de la rive gauche.
Le vignoble de Bordeaux est traditionnellement séparé en deux : le Médoc, les Graves et le Sauternais sont situés sur la **rive gauche** de la Garonne ; le Libournais (Saint-Émilion, Pomerol, Fronsac), les Côtes de Blaye, de Bourg et de Castillon sur la **rive droite** de la Dordogne.

LES DIX DERNIERS MILLÉSIMES

2011

Retour à la réalité après deux millésimes de rêve. Dans le Médoc comme sur la rive droite, un mois de juillet relativement chaud et humide a causé des problèmes de pourriture; épisode de grêle à Saint-Estèphe. Pomerol est l'appellation qui a le mieux tiré son épingle du jeu. De manière générale, les taux d'alcool sont plus faibles. Comme dans tout millésime hétérogène, la réputation du producteur est la meilleure garantie.

2010

Après la sensationnelle récolte 2009, dame Nature s'est de nouveau montrée généreuse envers les Bordelais. Un été exceptionnellement sec et une récolte moins abondante que la moyenne – avec des raisins petits et très nourris – ont donné naissance à des vins rouges tanniques, solides et charpentés. Succès généralisé, autant dans le Libournais que sur la rive gauche. Millésime tout aussi prometteur à Sauternes, où les vendanges se sont étalées jusqu'à la fin d'octobre.

2009

De l'avis de plusieurs, probablement le meilleur millésime de la décennie. Après un été idéal, chaud, sec et ensoleillé, les vignes ont profité d'un mois de septembre de rêve pendant lequel les journées chaudes et les nuits fraîches ont alterné. Des conditions idéales pour produire le Bordeaux parfait. Bon millésime en perspective à Sauternes.

2008

La longue saison végétative qui s'est achevée par temps sec et sans excès de chaleur explique le style fin et classique des meilleurs vins du millésime. Mais tous les 2008 ne sont pas nés égaux, et la qualité reste variable. Seuls les meilleurs terroirs exploités avec rigueur et discernement ont donné des vins fins de style très classique.

2007

Après un été de misère, le beau temps de septembre a permis d'éviter le pire. La qualité est hétérogène. Les producteurs les plus habiles ont obtenu des vins rouges de bonne facture, fins et équilibrés, mais sans la profondeur des grandes années. De bons vins blancs secs et des Sauternes très réussis.

2006

De la pluie aux vendanges et de fréquents problèmes de pourriture ont causé bien des maux de tête aux viticulteurs, surtout dans le Médoc où le cabernet sauvignon a eu peine à mûrir. Sur la rive droite, le merlot a donné des résultats plus satisfaisants, en particulier à Pomerol. Bon millésime pour les vins blancs secs. Bon nombre de Sauternes riches et plantureux.

2005

Excellent millésime. Sur les deux rives, les vins rouges combinent à la fois une structure solide, la richesse tannique et la fraîcheur. Une belle année pour les vins blancs secs. Grand millésime à Sauternes, où des conditions idéales ont été favorables au développement du botrytis.

2004

Retour à une production plus classique après l'excentrique millésime 2003. Dans l'ensemble, la qualité est hétérogène, avec un léger avantage pour Pomerol et Saint-Émilion où, plus précoces, le merlot et le cabernet franc ont été ramassés avant la période pluvieuse qui a commencé le 10 octobre. Beau millésime de vins blancs secs. Année irrégulière à Sauternes, mais quelques vins sont néanmoins très satisfaisants.

DÉBOUCHER OU ATTENDRE ?

Bordeaux blancs secs • **De la cave, que boire en 2013?**

Tous les Bordeaux blancs courants doivent être consommés avant l'âge de 3 ans; évitez les vins antérieurs à 2007. Seuls les meilleurs crus classés de Pessac-Léognan et les Bordeaux modernes vinifiés en fûts de chêne peuvent se bonifier et conserver leurs qualités en bouteille. L'idéal serait de laisser mûrir tous les grands crus de la période 2009-2007. S'ils commencent maintenant à s'ouvrir, les 2006, et surtout les 2005, ont encore de belles années devant eux. Les vins de la période 2004-2000 sont maintenant épanouis, quoique les meilleurs – les 2001 surtout – devraient tenir la route encore longtemps. Tous les millésimes antérieurs sont bons maintenant.

Bordeaux blancs liquoreux • **De la cave, que boire en 2013?**

Il est dommage de déboucher un grand Sauternes avant l'âge de 5 ans. À mon avis, l'idéal est 10 ans, alors qu'il déploie toute sa somptuosité. Il peut ensuite se conserver sans problème jusqu'à l'âge de 20 ans et plus. À l'exception des 2004 – millésime moins favorable, les vins de la période 2008-2001 continueront de se développer. Les 2009 et 2010 seront à attendre au moins jusqu'en 2022. Plus ouverts, les 2000 et les 1999 vivront tout de même longtemps. Tous les millésimes qui précèdent sont à maturité.

Bordeaux rouges • **De la cave, que boire en 2013?**

Tous les vins d'appellations génériques et secondaires sont bons à boire jeunes. En revanche, les crus classés et les meilleurs crus bourgeois des millésimes antérieurs à 2004 devraient mûrir encore. Les 2005 d'appellations secondaires commencent à s'ouvrir, mais les vins plus sérieux devraient facilement reposer encore jusqu'en 2018. Les 2004 et les 2003 sont généralement ouverts et bons à boire maintenant, en particulier ceux de la rive droite. Les 2002 sont à maturité. À point, les 2001 ont néanmoins encore de belles années devant eux. Très complets, les 2000 commencent à se révéler maintenant, mais vivront longtemps.

LE SAVIEZ VOUS ?

Êtes-vous plus 2009 ou 2010?

De passage à Bordeaux en décembre 2011, nous avons pu tâter le pouls des deux plus récents millésimes, que certains observateurs comparent déjà au duo 1989-1990.

Quoi qu'il en soit, on peut déjà affirmer que 2009 et 2010 sont deux millésimes de très grande qualité dont on entendra parler au cours des 10, 20, voire 30 prochaines années... Les vins de 2009 plairont sans doute à l'amateur de Bordeaux moderne, par leur densité et par leur attaque en bouche gourmande, pleine et charnue, riche en saveurs mûres. Les 2010, quoique tout aussi complets et concentrés, se distinguent pour le moment par une fraîcheur supplémentaire et un profil un peu plus élégant et nuancé. Inutile de payer les frais des Grands crus pour goûter les vertus des 2009 et 2010. Plusieurs très bons crus bourgeois ont donné des vins sensationnels, aptes à se bonifier sur une dizaine d'années.

2003
Une canicule exceptionnelle a provoqué la récolte la plus précoce depuis 1893. Dans ces conditions météorologiques extrêmes, la qualité du terroir a fait toute la différence. Dans les meilleurs cas, les vins du Médoc sont riches et généreux, quoique atypiques. Succès plus mitigé à Saint-Émilion et à Pomerol. De bons vins blancs secs exubérants. Grande année pour les liquoreux.

2002
Année favorable au cabernet sauvignon qui a profité de la belle fin de saison. S'ils n'ont pas la consistance des grandes années, les vins rouges sont maintenant à maturité et s'avèrent souvent de délicieux compagnons de table. De bons vins blancs secs, généreusement fruités, et un millésime très satisfaisant à Sauternes, avec une belle arrière-saison et des tris s'étalant jusqu'à la mi-novembre.

DES PRODUCTEURS À RETENIR*

APPELLATIONS GÉNÉRALES ET SECONDAIRES

Argadens, Bujan (Bourg), Domaine de l'Île Margaux, Falfas (Bourg), Haut-Guiraud, Lamarche, La Mothe du Barry, Puy-Landry (Castillon), Vieux Château Champs de Mars (Castillon).

MÉDOC

Margaux, Pauillac, Saint-Julien, St-Estèphe / Siran (Margaux), Branaire (Saint-Julien), Brane-Cantenac (Margaux), Clerc Milon (Pauillac), Cos d'Estournel (Saint-Estèphe), Dufort-Vivens (Margaux), Ferrière (Margaux), Domaine de Jaugaret (Saint-Julien), Gruaud-Larose (Saint-Julien), Lagrange (Saint-Julien), Léoville-Barton (Saint-Julien), Lynch-Bages (Pauillac), Lynch-Moussas (Pauillac), Montrose (Saint-Estèphe), Pez (Saint-Estèphe), Pontet-Canet (Pauillac), Pichon-Lalande (Pauillac), Pichon-Longueville (Pauillac), Rauzan-Ségla (Margaux), Talbot (Saint-Julien).

Médoc Haut-Médoc / Cantemerle, Chasse-Spleen, Citran, Clarke, d'Agassac, Duplessis, Fonréaud, Fourcas-Hosten, Greysac, Loudenne, Maucaillou, Potensac, Poujeaux, Ramage La Bâtisse.

GRAVES ET PESSAC LÉOGNAN

Brown (Pessac-Léognan), Clos Floridène, Graville-Lacoste (Graves), Haura, Haut-Bailly, La Croix de Carbonnieux (Pessac-Léognan), La Louvière (Pessac-Léognan), Latour-Martillac, Malartic-Lagravière.

SAINT-ÉMILION

Bélair-Monange, Beau-Séjour Bécot, Clos-Fourtet, Figeac, Grandes Murailles, Le Castelot, Vieux Château Saint-André (Montagne), Tour du Pas St-Georges (Saint-Georges), Vignobles Ouzoulias.

POMEROL, LALANDE-DE-POMEROL, FRONSAC

Chantalouette (Pomerol), Du Gaby (Fronsac), Gombaude-Guillot (Pomerol) La Dauphine (Fronsac), La Rivière (Fronsac), La Vieille Cure (Fronsac), Latour à Pomerol (Pomerol), Moulin Pey-Labrie (Canon-Fronsac), Providence (Pomerol), Samion (Lalande-de-Pomerol).

SAUTERNES, BARSAC

Bastor-Lamontagne, Climens, Clos Haut-Peyraguey, Cru Barréjats, Doisy-Daëne, Fargues, Lafaurie-Peyraguey, Rayne Vigneau, Sigalas-Rabaud, Suduiraut

* Parce que ce guide se veut avant tout un ouvrage pratique et accessible à tous, et parce que leur réputation n'est plus à faire, les Premiers Grands crus de la Gironde ne sont pas énumérés ici. Enfin par souci de concision, le mot «château» n'a pas été inscrit devant le nom de chaque propriété.

APPELLATIONS GÉNÉRALES ET SECONDAIRES

CHÂTEAU ARGADENS

Lorsqu'elle a acquis ce domaine en 2002, la famille Sichel lui a redonné le nom de ses fondateurs, la famille d'Argadens. D'importants travaux de restauration ont été entrepris et les vins ont aujourd'hui valeur de référence dans l'appellation Bordeaux supérieur.

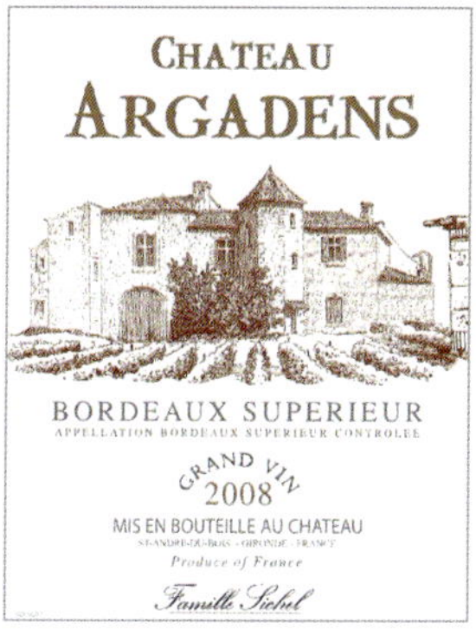

Bordeaux Supérieur 2008 (10515876) 17,95 $
Assez représentatif du millésime 2008, avec une attaque en bouche franche et une texture à la fois charnue, velouté et empreinte de fraîcheur. Un bel exemple de Claret, sans maquillage boisé ni excès de concentration. Très agréable à boire. ★★★ ② ✻

Sirius 2009, Bordeaux, Famille Sichel (223537) 12,55 $
Ce vin offert au répertoire général demeure une valeur sûre pour l'amateur de Bordeaux souple et velouté. Le 2009 est tout en chair et en fruit, sans manquer de tenue ni de fraîcheur. Très bon vin courant à savourer au quotidien avec un plaisir gourmand. ★★★ ② ✻ Ⓒ

CHÂTEAU LA MOTHE DU BARRY

Bordeaux Supérieur 2010 (10865307) 13,05 $
Très belle réussite cette année pour Joël Duffau. Encore parmi les bons Bordeaux génériques offerts sur le marché. Du fruit, une assez bonne tenue en bouche et une mâche tout à fait rassasiante à ce prix. ★★★ ② ✻

CHÂTEAU LAMARCHE

Bordeaux Supérieur 2009 (10862991) 15,90 $
Brigitte et Éric Julien ont repris cette propriété de Fronsac en 1993. En plus de leur cuvée Candelaire, commercialisée sous l'appellation Canon-Fronsac, ils élaborent un Bordeaux Supérieur particulièrement riche et généreux en 2009. Des tanins souple, bien mûrs et une attaque en bouche dodue, fraîche et coulante. ★★★ ② ✻

CHEVAL QUANCARD

Entre-Deux-Mers 2010, Cuvée Clémence (10392394) 15,55 $
Bon vin blanc sec, auquel un élevage en fûts de chêne apporte un volume appréciable et de jolis parfums de beurre et de noisettes, sur un fond miellé. Très bon à table avec un poisson à chair grasse. ☆☆☆ ② ✻

CHÂTEAU SAINT-ANTOINE

Bordeaux Supérieur 2009, Réserve du Château (10915263) 15,40 $
Un peu plus complet que d'habitude et mettant en relief les parfums caractéristiques du cabernet franc, dont il est composé à 35 %. Fort bien tourné, pas de goût boisé et abordable dès maintenant. Très bel exemple de vin quotidien. ★★★ ② ✻

CHÂTEAU SAINTE-MARIE

Vieilles vignes 2011, Entre-Deux-Mers (10269151) 16,75$
Au cours des dernières années, je dois souligner le charme discret et délicat de ce vin blanc élaboré par Stéphane Dupuch au cœur de l'Entre-deux-Mers. Rien de compliqué, pas de bois, mais un heureux mélange de vinosité et de fraîcheur, des saveurs nettes d'agrumes, rehaussées d'une pointe saline. L'un des bons vins blanc d'Entre-deux-Mers à la SAQ. ☆☆☆ ② ✻

DOMAINE DE L'ÎLE MARGAUX

Bordeaux Supérieur 2007 (043125) 22,25$
Depuis plusieurs années, ce domaine insulaire situé juste en face du Château Margaux, donne un excellent Bordeaux Supérieur dont la droiture et l'équilibre ont valeur d'exemple. Misant toujours sur les cinq cépages bordelais classiques – cabernet sauvignon, cabernet franc, merlot, malbec et petit verdot –, le 2007 s'inscrit dans le même esprit que les derniers millésimes, avec une attaque en bouche franche et droite, portée par des tanins mûrs et une saine acidité qui le rend déjà fort agréable à boire. Quatre étoiles pour un excellent Bordeaux Supérieur. ★★★★ ② ✻ ©

MOUEIX, CHRISTIAN

Merlot 2008, Bordeaux (369405) 15,90$
Relevé de bons goûts d'épices et misant à fond sur la souplesse et le naturel fruité du merlot, ce bon vin générique a tout ce qu'il faut pour plaire. ★★★ ② ©

Merlot 2009, Bordeaux (369405) 15,50$
Évidemment plus nourri, enrobé d'une couche fruitée supplémentaire et relevé bons goûts d'épices; équilibré et facile à boire. ★★★ ② ✻

LE VIN DÉCORTIQUÉ

Un millésime ordinaire. Et alors?

L'évaluation des millésimes – et du vin en général – est bien relative. Si tous s'entendent pour dire que l'année 2005 à Bordeaux était excellente, l'année 2002 dans le Rhône était, quant à elle, un désastre en raison des pluies automnales qui ont inondé le vignoble. Ces extrêmes font cependant exception. Entre les deux, chaque millésime voit généralement naître son lot de bon… et de moins bon.

Les millésimes plus «ordinaires» engendrent des vins qui vieilliront plus vite et sauront plaire aux amateurs de finesse et d'élégance; ils mettent aussi en relief l'habileté réelle des vinificateurs. Elles obligent les consommateurs à choisir avec discernement.

En revanche, dans les bonnes années, rares sont ceux qui ne réussissent pas à produire de bons vins. Au bout du compte, c'est le vinificateur qui fait le vin et pas la météo. Donc un conseil: restez fidèle aux producteurs que vous affectionnez et accompagnez-les au fil des années, les bonnes… et les moins bonnes. – *B.Z.*

VINS DE CÔTES

CHÂTEAU BUJAN

Côtes de Bourg 2010 (862086) 19,45$
Retour en forme cette année pour le Côtes de Bourg de Pascal Méli. Tout y est: un fruit mûr, un très bel équilibre, de la complexité, un boisé bien dosé et des tanins fins, encore serrés. Certes, nourri par la générosité du millésime 2010 à Bordeaux, mais de facture tout à fait classique. Nul doute qu'il vieillira en beauté. ★★★★ ② ✻

CHÂTEAU DE BELCIER

Côtes de Castillon 2005 (721746) 23$
Autre domaine appartenant aux propriétaires du Château Ramage La Batisse dans le Haut-Médoc. Le vin affiche la concentration typique du millésime; son étoffe lui donne d'ailleurs des airs de petit Saint-Émilion. Déjà âgé de 7 ans, mais il a encore beaucoup de matière en réserve. À boire entre 2013 et 2017. ★★★ ②

CHÂTEAU DE FRANCS

Francs-Côtes de Bordeaux 2009 (967943) 17,65$
Les Bordelais Dominique Hébrard (Château Bellefont Belcier) et Hubert de Boüard (Château Angélus) produisent ensemble des vins dans les côtes de Francs. Tout à fait représentatif de son millésime d'origine et fidèle au style de la propriété, un vin dense et très mûr, s'articulant néanmoins autour d'une charpente tannique assez solide. Habilement boisé et profilé pour plaire. Nul doute qu'il y parviendra. ★★★ ②

CHÂTEAU DE RICAUD

Cadillac Côtes de Bordeaux 2010 (11556901) 19,95$
Vin généreux, dont les parfums de kirsch et la bouche volumineuse et juteuse, bâtie sur des tanins souples, évoquent les millésimes de chaleur. Malgré tout, on a su préserver une certaine fraîcheur, garante d'équilibre. Jolie finale relevée d'épices douces. À boire au cours des trois prochaines années. ★★★ ②

CHÂTEAU LE PUY

Bordeaux Côtes de Francs 2007 (709469) 26$
Malgré tout le bien que je pense de cette propriété des Côtes de Francs, je dois avouer être restée sur ma soif avec ce 2007 un peu fluide et linéaire, au point de paraître mince. À apprécier pour son authenticité, plus que pour son étoffe. ★★→? ②

CHÂTEAU LES RICARDS

Blaye Côtes de Bordeaux 2009 (10389267) 18,25$
Deuxième vin du Château Bel Air la Royère, une propriété renommée des Côtes de Blaye. Le 2009 fait preuve d'une dimension aromatique appréciable pour un vin de ce prix. Des accents de cannelle, une trame tannique franche, enrobée d'une chair fruitée bien mûre. Encore jeune et un peu dans sa coquille, mais apte à se bonifier d'ici 2016. ★★★→? ② ✻

VIEUX CHÂTEAU CHAMPS DE MARS

Fidèle à ses convictions, Régis Moro est un chef de file des côtes de Castillon, ses vins sont raffinés et bien proportionnés. Le Vieux Château Champs de Mars est le porte-étendard de son entreprise. Dans cette belle propriété acquise en 1984, ainsi que dans le vignoble du Château Pelan Bellevue (côtes de Francs), l'agriculture biologique est pratiquée depuis déjà longtemps, mais les vins ne sont certifiés bio que depuis 2005.

Côtes de Castillon 2008
(10264860) 20,35$
Excellent 2008 jouant à fond la carte de la franchise et de la fraîcheur. Pas d'effet spectaculaire ni de concentration superflue, juste du bon vin. Fruité, relevé de délicates notes de poivron – sans que cela ne soit un défaut –, et soutenu par un cadre tannique très franc. Un plaisir abordable et hautement digeste. ★★★★ ② ✻

Château Puy Landry 2011, Castillon – Côtes de Bordeaux (852129) 14,15$
Le second vin de la propriété est essentiellement issu de merlot, auquel s'ajoutent du cabernet franc et du cabernet sauvignon. Même s'il est un peu moins complet en 2011, ce vin demeure l'archétype du bon Bordeaux quotidien, par sa forme droite, ses saveurs franches et son équilibre d'ensemble. Léger à 12,5% d'alcool, mais loin d'être insipide. ★★★★ ② ✻

À TABLE AVEC LES...

Vins de la Rive gauche

La charpente du cabernet sauvignon en fait un vin pour la table. Les viandes rouges saignantes sont tout indiquées pour amadouer les tanins des jeunes vins : bœuf bien sûr, mais agneau, cerf, caribou lui vont comme un gant. Si le vin est vieilli, et ses tanins fondus, on peut alors le servir sur des viandes braisées.

Évitez en général tout ce qui est sucré, très épicé, les poissons et fruits de mer, les sauces très crémeuses et les fromages forts ou coulants. Ils auront tous comme effet de durcir les tanins du vin et de le faire paraître décharné. Privilégiez des sauces plus corsées au jus de viande, au vin rouge, aux champignons, aux lardons. Jouez sur les saveurs de poivrons, de menthe, d'épices douces (cannelle, girofle), de café ou de cacao.

Pour un accord réussi avec le fromage, privilégiez ceux qui sont durs et vieillis (cheddar, parmesan, mimolette, beemster, etc.), et oubliez une fois pour toutes le vieux mythe qui dit que cabernet sauvignon et camembert vont main dans la main ! – *V.R.*

MÉDOC

CHÂTEAU CHASSE-SPLEEN

Grand classique de Moulis, cette belle propriété de 80 hectares est aujourd'hui menée avec brio par Céline Villars.

Moulis-en-Médoc 2009 (11375668) 45,50 $
La couleur rubis – et pas pourpre, comme tant de 2009 – annonce un vin typiquement médocain par sa droiture, son attaque en bouche enrobée de fruits mûrs, mais néanmoins très franche. Séveux, dans l'esprit du millésime, avec une finesse et une élégance qui font défaut à certains. Déjà fort agréable grâce à son équilibre d'ensemble, il n'atteindra son apogée que vers 2017. Pas étonnant que plusieurs considèrent Chasse-Spleen au rang des Crus classés... ★★★★ ③

CHÂTEAU CLARKE

Cet important domaine de Listrac-Médoc appartient aujourd'hui à Benjamin de Rothschild, fils de son créateur, le baron Edmond de Rothschild, décédé en 1997.

2006, Listrac-Médoc (10677550) 33,75 $
Depuis le tournant du dernier millénaire, les investissements successifs d'Edmond de Rothschild portent fruit et donnent un excellent vin de structure très médocaine. Droit, assez large d'épaules, sans fioriture et coiffé d'une longue finale aux accents de fruits noirs. À boire entre 2012 et 2016, au moins. ★★★★ ②

CHÂTEAU D'AGASSAC

Haut-Médoc 2009 (11188336) 27,25 $
À Ludon, dans la partie sud de la péninsule médocaine, non loin du Château La Lagune, ce cru bourgeois jouit d'une bonne réputation qu'il défend année après année. Même en 2009, on a réussi à préserver l'équilibre et la droiture qui font le charme digeste des authentiques *claret*. Franc et sans fioriture, un peu timide à l'ouverture, il se révèle davantage après une aération d'une heure en carafe. ★★★→? ③ ♁

CHÂTEAU DE LAMARQUE

Haut-Médoc 2006 (10752767) 31,50 $
Dans sa belle forteresse médiévale entre Margaux et Saint-Julien, Pierre-Gilles Gromand-Brunet d'Evry confectionne un bon cru bourgeois. Très réussi, le vin est nourri, charnu et s'appuie sur des tanins mûrs. Sa finale est chaleureuse et persistante. Un bon Médoc droit, à boire entre 2011 et 2015 au moins. En exclusivité dans les SAQ Dépôt de Québec et de Montréal. ★★★ ②

CHÂTEAU DE PEZ

Saint-Estèphe 2009 (11378800) 46 $
Propriété de la maison champenoise Roederer depuis 1995, ce cru bourgeois de Saint-Estèphe est sous la direction de Philippe Moreau, également directeur technique des châteaux Bernadotte et Pichon Comtesse de Lalande. Excellent Saint-Estèphe, sous le signe de la structure et de l'élégance conjuguées. Du grain, la stature d'un vrai bon Médoc; dimension aromatique et intensité. Beaucoup de mâche et une longue finale aux accents d'iode, de cuir et de graphite. À laisser reposer jusqu'en 2017, au moins. ★★★★ ③

CHÂTEAU GREYSAC

Sur les terroirs de graves de la commune By, la propriété du Vénitien Brandino Brandolini (Vistorta) produit régulièrement d'excellents crus bourgeois.

Médoc 2008 (896274) 25,95$

Peut-être un peu moins dense et complet que les derniers millésimes, mais malgré tout fort satisfaisant, Greysac demeure fidèle à l'idée d'équilibre et de droiture qui sont les principales vertus d'un bon claret digeste et désaltérant. Il n'est pas exclu qu'il se révèle avec plus de nuances dans trois ans. ★★★→? ②

CHÂTEAU LE BOSCQ

Cette vieille propriété a été acquise en 1995 par l'Union Française de Gestion qui en a confié l'exploitation au groupe CVBG.

Saint-Estèphe 2006 (11513291) 46,25$

Excellent Saint-Estèphe élaboré avec beaucoup de doigté et s'inscrivant dans le style de son appellation. Sa vivacité est garante de fraîcheur et d'équilibre, tout en accentuant sa ligne tannique très droite. Musclé, racé et à la fois élégant. Un peu plus de longueur et de mâche et c'était quatre étoiles. ★★★→? ②

CHÂTEAU LÉOVILLE LAS CASES

Clos du Marquis 2008, Saint-Julien (11184520) 60,25$

Le second vin du Château Léoville Las Cases s'impose encore par ses saveurs intenses et sa tenue en bouche remarquable, propres aux bons crus médocains. Issu d'un millésime classique dans la Gironde, le vin n'est pas spécialement complexe, mais très Cabernet par sa poigne, sa droiture, son attaque vibrante et sa finale soutenue aux accents de graphite. À table, c'est le plaisir assuré ! ★★★★ ③ ▼

CHÂTEAU LES GRANDS CHÊNES

Médoc 2009, Bernard Magrez (11401512) 32,50$

Très bien fait dans un style concentré et ambitieux, sans excès boisé ni impression de sucrosité. Imposant, mais il révèle aussi une certaine dimension aromatique, avec une touche d'amertume noble et de salinité en finale. Structuré et assez achevé dans un style technique. Il devrait continuer de se bonifier jusqu'en 2017. ★★★→? ③

CHÂTEAU LOUDENNE

Ayant longtemps appartenu à la société Gilbey's, cette belle propriété du nord du Médoc a été vendue en 2000 à la famille Lafragette qui y fait du bon vin.

Médoc 2006 (102210) 25,95$

Le 2006 est excellent. Non pas un vin exubérant (il ne pèse guère plus de 12,5% d'alcool !), mais un vrai bon *claret* dont les saveurs concentrées de fruit noir, sur un fond de cèdre et de tabac, sont encadrées par une charpente tannique très franche qui lui donne beaucoup d'élan en bouche. Ouvert et savoureux, à ce prix, je ne demande pas mieux. ★★★★ ② ✻

CHÂTEAU LYNCH-MOUSSAS

Pauillac Grand cru classé 2009 (11367107) 50,75 $
Denis Dubourdieu est l'œnologue-conseil pour ce domaine appartenant à la maison Borie-Manoux (Batailley, Croix du Casse, Trottevieille). Pas le plus structuré des Pauillac, mais un très beau relief fruité, de la fraîcheur, des tanins fins et un bon équilibre. Finale élégante. À boire entre 2016 et 2022. ★★★→★ ③

CHÂTEAU MAUCAMPS

Haut-Médoc 2005 (10785112) 31,50 $
Il faut saluer la régularité qualitative de ce cru situé à Macau, dans la partie sud du Médoc, à moins de cinq kilomètres de Margaux. Maintenant à point, ce vin dévoile l'équilibre classique et l'élégance des meilleurs clarets. Pas de tape-à-l'œil, mais un autre franc succès sur le thème de la puissance contenue et de la longueur en bouche. Un achat avisé. ★★★★ ②

CHÂTEAU RAMAGE LA BÂTISSE

Haut-Médoc 2005 (863837) 31,50 $
Depuis les dernières années, ce cru bourgeois de Saint-Sauveur offre une régularité qualitative notable. Pas grand ni profond, mais tous les éléments sont réunis dans de bonnes proportions pour que le vin soit très agréable à boire. Un grain mûr et une saine acidité. Très bon vin à boire d'ici 2015. ★★★ ②

CHÂTEAU SÉNÉJAC

Ce domaine qui appartient à la famille Cordier (Château Talbot à Saint-Julien) est cultivé en biodynamie depuis 2009, par l'équipe de Château Pontet-Canet. Il faudra attendre quelques années avant de voir si les changements à la vigne portent fruit.

Haut-Médoc 2009 (11350145) 26,60 $
Je dois avouer être restée perplexe devant ce vin très généreux, dont les arômes intenses de confiture de framboises évoquent le Zinfandel californien. La bouche est franche, le grain tannique est fin et le vin laisse une impression fort rassasiante, à défaut de profondeur. ★★★ ②

CHÂTEAU SÉRILHAN

Saint-Estèphe 2009 (11378498) 28,50 $
Loin de sa propriété de Saint-Émilion (Angelus), l'œnologue Hubert de Boüard agit à titre de consultant dans cette propriété. Il élabore ce bon St-Estèphe d'envergure moyenne, doté d'une structure tannique polie, mais néanmoins agréable. Sphérique et agrémenté de notes vanillées en finale. ★★★ ③

LES REMPARTS DE FERRIÈRE

Margaux 2006 (10273782) 31,25 $
Château Ferrière est géré avec rigueur et indépendance d'esprit par Claire Villars. Le deuxième vin s'inscrit dans la continuité des millésimes précédents et mise davantage sur l'élégance des tanins que sur la concentration. Le charme classique du *claret*. ★★★ ② ▼

PRIEUR DE MEYNEY

Cette propriété voisine du Château Montrose a été rachetée en 2004 par la société CA Grands Crus, détenue par la banque Crédit Agricole.

Saint-Estèphe 2006 (10210415) 34,75 $
Les amateurs de Saint-Estèphe de facture classique seront en terrain connu avec ce très bon claret, auquel une charpente tannique solide et l'allure stricte – sans dureté. Jolie finale aux accents de cuir et de tabac. Équilibré et assez solide pour gagner en nuances jusqu'en 2015. ★★★→? ②

GRAVES ET PESSAC-LÉOGNAN

BARON PHILIPPE DE ROTHSCHILD

Mouton Cadet, Réserve 2011, Graves (11314953) 15,95 $
La gamme de la marque bordelaise la plus connue au monde continue de se diversifier et compte aussi un bon vin blanc des Graves. Le 2011 semble un peu plus tendre, déployant des arômes de fruits tropicaux et une bouche grasse, mais assez fraîche. Rien de compliqué, mais tout ce que l'on peut attendre d'un vin courant à prix abordable. ☆☆☆ ② ✻ ©

CHÂTEAU BROWN

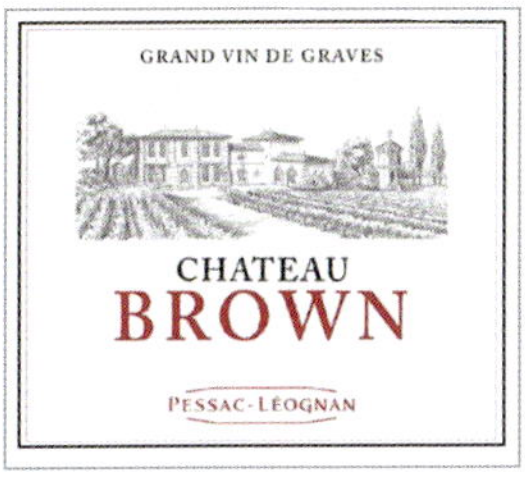

Pessac-Léognan 2009 (11378560) 39 $
Après avoir connu un second souffle sous l'impulsion de Bernard Barthe, cette propriété historique de Pessac-Léognan a été reprise en 2004 par la famille Mau – importants négociants bordelais – qui s'est associée au Néerlandais Cees Dirkzwager. Conseillé par l'œnologue Stéphane Derenoncourt, Jean-Christophe Mau a produit un très bon 2009, qui se signale par son intensité aromatique, sa carrure et son volume. Bien fait, pas concentré outre-mesure. Encore jeune et très serré, il n'atteindra son apogée que vers 2017, au moins. ★★★→? ③

Pessac-Léognan blanc 2008 (11678992) 56,75 $
Très bon vin blanc typique de son appellation par sa texture vineuse et par ces tonalités de cire d'abeille, mais aussi tout à fait représentatif de son millésime d'origine par sa fraîcheur. Encore très jeune, son équilibre d'ensemble et sa longue finale aux accents de pâte d'amandes font espérer un bel avenir. ☆☆☆→☆ ③

CHÂTEAU D'ARDENNES

Graves 2006 (869933) 27,05 $
Des pluies au printemps et à l'automne ont donné des raisins moins concentrés, mais un travail consciencieux à la vigne a permis d'élaborer ici un vin tout a fait classique, typé et digeste. Rien de grand, mais authentique et plus qu'honnête. Il profitera d'un passage en carafe et peut même encore se bonifier sur quelques années. ★★★ ② ⏃

CHÂTEAU HAURA

Depuis 2002, Denis Dubourdieu, œnologue et enseignant à la faculté d'œnologie de Bordeaux, exploite en fermage ce domaine d'Illats, dans les Graves.

2009, Graves (11546391) 25,05 $
Autrefois planté en grande partie de cépages blancs, le vignoble a été majoritairement replanté en rouge. Une heureuse idée, si l'on en juge par la qualité de cet excellent vin qui témoigne éloquemment de la richesse du millésime 2009. Manifestement issu de raisins mûrs, le vin séduit par son attaque en bouche sphérique et par son grain tannique suave et velouté, qui laisse une impression très rassasiante. Le bois est présent, mais ne domine pas et le vin s'exprime avec beaucoup de relief. Belle bouteille que l'on peut apprécier dès maintenant pour son équilibre d'ensemble et sa finale élégante aux parfums de fleurs et d'épices, mais qui se révélera avec plus de nuances d'ici 2015. ★★★→★ ③

CHÂTEAU HAUT SELVE

Graves 2009 (11095068) 20,85$
Je n'ai jamais été impressionnée outre mesure par le vin de cette propriété des Graves appartenant aux propriétaires du Château Peyros à Madiran. Peut-être est-ce l'effet du millésime, mais le 2009 m'a semblé étonnamment bon lorsque goûté en septembre 2012. Manifestement issu de raisins à parfaite maturité, comme en témoigne sa texture suave et veloutée. Gourmand, nourri de saveurs de fruits noirs et muni d'une délicate amertume en finale qui lui donne un supplément de caractère. Rien de bien complexe, mais à 20$, il est fort aimable. ★★★→? ②

CLOS MARSALETTE

Pessac-Léognan 2009 (11659206) 36$
Le Comte Von Niepperg joue de nouveau la carte de la modernité et élabore un vin de facture internationale, tout en rondeur et en fruits confits qui lui donne davantage des airs de Cabernet californien que d'un vin de Bordeaux. ★★→? ③

LA CROIX DE CARBONNIEUX

Pessac-Léognan 2009 (11792445) 33,25$
La famille Perrin a fait de cette propriété l'un des grands noms du vignoble de Pessac-Léognan. Tour Léognan est la véritable seconde étiquette de Château Carbonnieux. Ces deux vins sont plutôt issus d'une gamme destinée aux restaurateurs et aux cavistes. Excellent vin rouge offert à bon prix. Nourri, séveux, suffisamment charnu et doté d'une jolie amertume en finale qui prolonge ces saveurs de fruit noir, de cèdre et de tabac. Déjà savoureux, il continuera de s'ouvrir jusqu'en 2016. ★★★★ ③

La Croix de Carbonnieux, Pessac-Léognan 2010 (11792824) 33,25$
Un très bon vin blanc conjuguant dans des proportions harmonieuses la vitalité du sauvignon blanc à la vinosité naturelle du sémillon, lequel confère par ailleurs de bons goûts de miel. ☆☆☆ ②

LES HAUTS DE SMITH

Pessac-Léognan 2008 (10965359) 38,25$
Le deuxième vin de cette propriété de Martillac, admirablement tenue par Florence et Daniel Cathiard, me laisse une excellente impression dans le millésime 2008. Certes, le style est moderne, misant sur la concentration et un usage calculé du bois, mais le vin ne manque pas du tout de tenue ni de fraîcheur. Charnu, des saveurs intenses de fruit noir sur un fond de notes minérales qui évoquent le graphite. Conçu pour être apprécié relativement jeune, mais apte à se bonifier d'ici 2016. ★★★→? ③

LURTON, ANDRÉ

Même si le vignoble de La Louvière n'est pas officiellement classé, tous s'accordent pour reconnaître l'étoffe de ses vins, élaborés avec les conseils de Denis Dubourdieu.

Château La Louvière rouge 2006, Pessac-Léognan (133835) 51$
À peine moins étoffé que le 2005, le rouge de La Louvière est un bon exemple de *claret* moderne. Comme toujours, une matière fruitée dense et suave est mise en valeur par un savant élevage en fûts de chêne neufs – un peu plus de 50%. Déjà très agréable et promis à un bel avenir. ★★★→? ② ▼

Château de Cruzeau, Pessac-Léognan 2008 (113381) 24,95$
J'ai souvent aimé ce vin provenant de l'une des autres propriétés d'André Lurton. Le 2008 est assez bien fait, peut-être un peu moins distinctif que certains des derniers millésimes, mais tout de même recommandable pour sa droiture et sa franchise de goût. ★★★ ② ©

SAINT-ÉMILION

BARON PHILIPPE DE ROTHSCHILD

Mouton Cadet, Réserve 2010, Saint-Émilion (11314822) 19,95 $
Sans doute magnifié par le millésime, le 2010 est riche en saveurs de fruits noirs, équilibré et plein de vigueur, avec une attaque en bouche charnue et généreuse. À moins de 20 $, l'amateur de Merlot bien en chair aura de quoi se mettre sous la dent. À boire au cours des trois prochaines années. ★★★ ②

CHÂTEAU BÉLAIR

Ce cru mythique du plateau calcaire de Saint-Émilion a été renommé Château Bélair Monange en 2008. Rappelons qu'en juin 2008, accablé par le poids des taxes et des droits de succession, Pascal Delbeck – toujours propriétaire du Château Tour-du-Pas Saint-Georges – avait été contraint de vendre aux Établissements Jean-Pierre Moueix la propriété de 13 hectares que lui avait léguée Mme Dubois-Challon. Tout en lui donnant un nouvel élan, les nouveaux propriétaires entendent bien préserver le style dépouillé que défendait son ancien vinificateur. À en juger par la qualité exceptionnelle du 2010 dégusté lors d'un récent passage à Bordeaux, l'avenir de Bélair Monange est très prometteur. En attendant, quelques vieux millésimes sont disponibles dans les succursales Signature.

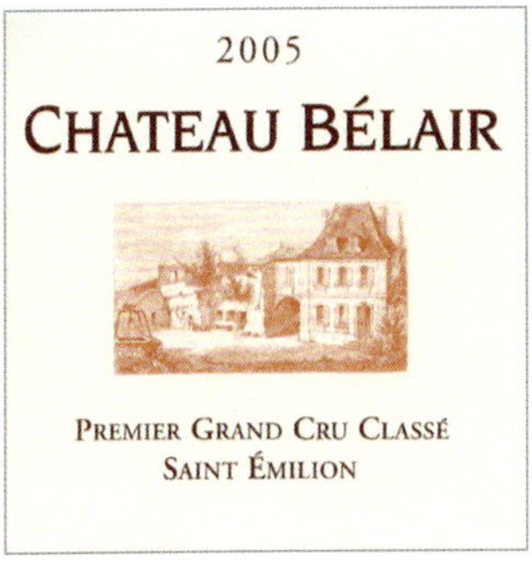

Saint-Émilion Premier Grand cru classé 2005 (11207226) 154,25 $
Il émane de ce vin une impression irrésistible de suavité et de sensualité. Pas de goût de bois ni de concentration exagérée, mais des saveurs racées et une sève distinctive. Déjà agréable maintenant grâce à son équilibre, mais promis à un brillant avenir. ★★★★ ② Ⓢ

Saint-Émilion Premier Grand cru classé 2001 (11025490) 120,50 $
Plus dense, avec une chair fruitée mûre et veloutée, qui révèle des saveurs racées et pourtant pleines de subtilité. Pleinement ouvert et empreint d'une sève certaine. ★★★★ ② Ⓢ

CHÂTEAU CÔTE DE BALEAU

Saint-Émilion Grand cru 2009 (11367027) 36 $
Il y a une dizaine d'années, Sophie Fourcade a repris les rênes de trois beaux domaines de la rive droite : le Château Les Grandes Murailles, le Clos Saint-Martin et le Château Côte de Baleau, qui appartient à sa famille depuis sa création en 1643. Très bon 2009 de facture résolument moderne, dont l'attaque en bouche très mûre, presque sucrée, et les parfums vanillés de la barrique feront certainement leur effet auprès des fervents du genre. Néanmoins fort agréable et assez structuré pour conserver des proportions harmonieuses. À revoir dans cinq ans. ★★★→? ③

CHÂTEAU FRANC LA ROSE

Saint-Émilion Grand cru 2009 (10752855) 31,25$
Produit par Jean-Louis Trocard, ce vin provient d'un vignoble de 6 hectares situé dans le nord de l'appellation, au lieu-dit La Rose. Le 2009 semble un peu plus nourri et sphérique que d'habitude, avec une attaque en bouche veloutée et charnue, des saveurs généreuses de fruits noirs sur un fond boisé et une finale chaleureuse à 14,5% d'alcool. À boire sans se presser au cours des cinq prochaines années. ★★★→? ② ▼

CHÂTEAU GAILLARD

Saint-Émilion Grand cru 2008 (919316) 29,80$
Un vin de confection moderne, charnu, large d'épaules et concentré. Un peu carré, avec des notes de camphre, mais sans finesse. Déjà ouvert, je doute qu'il ne s'affine un jour. ★★→? ②

CHÂTEAU LE CASTELOT

Saint-Émilion Grand cru 2006
(11071955) 33,25$
Dans le style «à l'ancienne» privilégié par la famille Janoueix, ce très bon vin de Saint-Émilion semble issu d'une autre époque. Déjà ouvert et prêt à boire, ses saveurs de sous-bois et de champignon reposent sur des tanins tendres et fondus par les années et laissent en bouche une impression dépouillée et élégante. Quatre étoiles cette année pour signaler une indépendance d'esprit tout à fait louable à une époque où trop de vins de Bordeaux semblent issus d'une même recette œnologique. ★★★★ ②

À TABLE AVEC LES...

Vins de la Rive droite

Un peu plus souples et plus sur le fruit que leur voisins d'en face, les vins à dominante de merlot (certains, plutôt rares, privilégient le cabernet franc – se référer alors à la section Loire) peuvent quand même s'harmoniser de la même façon. Ils seront en revanche plus faciles à marier à des viandes blanches, des volailles et du gibier à plume, cuisinés en mode vin rouge, ainsi que des viandes en ragoût. Ils soutiendront aussi plus facilement un peu d'épices, de crème ou de fruits (cerise, framboise). Le merlot aime aussi beaucoup le canard, le cacao, les lardons.

Et si vous avez sous la main une vénérable vieille bouteille, faites-lui honneur en préparant un plat qui met en vedette la truffe! – *V.R.*

CHÂTEAU TEYSSIER

Saint-Émilion 2009 (11349988) 28,95$
Très bon Saint-Émilion, manifestement issu de raisins mûrs; concentré, mais pas trop, et agrémenté de jolies notes de menthe en finale. ★★★ ③

CHÂTEAU TRIANON

Saint-Émilion Grand cru 2009 (10877324) 45,50$
Après avoir vendu Cheval Blanc dont il était l'un des partenaires familiaux, Dominique Hébrard – aussi propriétaire du Château de Francs et associé dans le projet Massaya au Liban – a acheté cette propriété située au sud-ouest de Saint-Émilion. Cette année encore, guère d'atome crochu pour cette cuvée issue majoritairement de merlot et dans laquelle la patte de l'homme prend, à mon sens, beaucoup trop de place. Tout à fait correct, mais pour la typicité régionale, il faudra chercher ailleurs. ★★→? ②

DOURTHE

Montagne-Saint-Émilion 2010, La Grande Cuvée (11374294) 19,95$
Tout aussi convaincant cette année, empreint de fraîcheur, constitué de tanins fermes, sans dureté, et enrobé d'un fruit juteux et gourmand. Finale savoureuse aux notes de cannelle. Bon vin de Bordeaux courant à boire d'ici trois ans. ★★★ ②

MOUEIX, ANTOINE

Saint-Émilion Grand cru 2009 (11769739) 24,75$
La maison Antoine Moueix est une filiale bordelaise du Groupe Jeanjean. Un Saint-Émilion de bonne facture, mûr, charnu et riche en saveurs fruitées, mais surtout porté par une très franche acidité qui laisse la bouche nette. À boire entre 2013 et 2017. ★★★ ②

TERTRE ROTEBOEUF

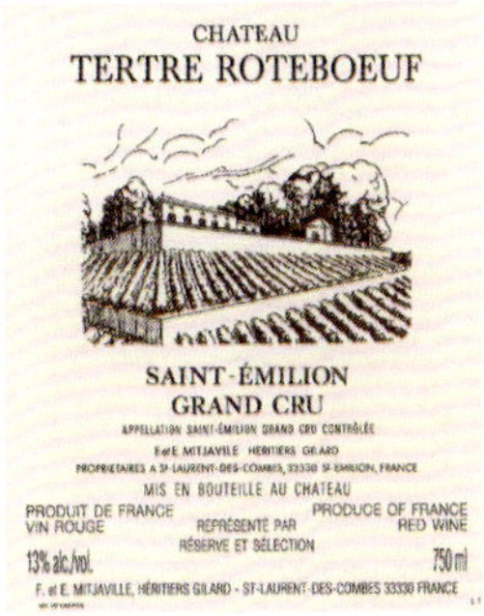

Saint-Émilion grand cru 2006
(10865500) 181,75$
En 2006, le producteur François Mitjavile a su confectionner un bon vin flatteur, un peu dominé par la barrique, mais néanmoins riche en matière fruitée et en extraits tanniques. Passablement généreux et surtout très savoureux grâce à ses notes grillées. Un beau succès dans le style toujours imposant de Tertre Roteboeuf, mais dont le prix laisse perplexe. ★★★→? ③ Ⓢ

POMEROL, LALANDE-DE-POMEROL

CHÂTEAU BEAUREGARD

Pomerol 2008 (10805857) 64,25$
Cette propriété, située à proximité de La Conseillante, élabore un excellent Pomerol, très suave, mis en valeur par un judicieux élevage en barriques et déployant des saveurs amples de fruits noirs et d'épices. Coloré et très caressant, il tapisse la bouche d'une matière riche, sans lourdeur, qui le rend déjà très charmeur. Nul doute qu'il tiendra la route aisément jusqu'en 2018. ★★★→★ ③

CHÂTEAU CHANTALOUETTE

Deuxième vin du Château de Sales, la plus imposante propriété de Pomerol avec une superficie de près de 50 hectares.

Pomerol 2007 (10267964) 35$
Très bon Pomerol à l'image de son millésime. Pas spécialement concentré; on a préféré jouer la carte du fruit, de l'équilibre et de l'élégance, et c'est tant mieux. La texture est à la fois franche et caressante et les saveurs de mûres et de cuir persistent en bouche pour notre plus grand plaisir. À apprécier en attendant que les 2005 et 2009 n'arrivent à maturité. ★★★→? ③

CHÂTEAU GARRAUD

Lalande-de-Pomerol 2009 (978072) 26,70$
Jamais fabuleux, mais souvent satisfaisant, ce «mini Pomerol» est à retenir avant tout pour son équilibre et sa rondeur. Un peu plus plein en bouche cette année, nourri de goûts de fruit mûr et tout à fait recommandable. ★★★ ②

Château Treytins 2009, Lalande-de-Pomerol (892406) 22,20$
Dans le même style rond et juteux; modérément charnu, velouté et appuyé sur des tanins souples. Bon vin à boire jeune.★★★ ②

LA FLEUR DE BOÜARD

Lalande-de-Pomerol 2009 (11366868) 52,25$
Le propriétaire du Château Angélus à Saint-Émilion est l'auteur de ce vin généralement ample et sphérique, qui adopte une allure encore plus voluptueuse en 2009, au point de sembler un peu lourd. Extrait, puissant, dense et difficile à aborder pour l'heure. Il gagnera sans doute en détail et en poli au cours des cinq prochaines années. Malgré tout, à ce prix, je miserais sur un autre cheval. ★★→? ③

MOUEIX, JEAN-PIERRE

Pomerol 2008 (739623) 27,80$
Le Pomerol courant de la maison Moueix est toujours fort satisfaisant. Jamais grand, mais d'une constance qualitative digne de mention. Le 2008 s'exprime avec fraîcheur et précision. Correctement fruité, déjà ouvert et prêt à boire. ★★★ ②

Pomerol 2009 (739623) 27,80$
Plus dense et concentré en saveurs, le 2009 repose sur des tanins dodus, qui composent une texture à la fois très sphérique, mais tissée très serré. Beaucoup de mâche et de bons goûts de fruits noirs qui persistent en bouche. L'une des belles réussites des dernières années. ★★★→? ③

FRONSAC

CHÂTEAU DE LA DAUPHINE

Cette superbe propriété du Fronsadais a été achetée en 2000 par l'entrepreneur Jean Halley. En charge du domaine, son fils Guillaume a décidé de cesser la production du Canon de Brem (Canon-Fronsac), qui est maintenant assemblé à La Dauphine.

Fronsac 2009 (11341821) 31,25 $
Parmi les meilleurs vins de Fronsac dégustés cette année et l'un des bons Bordeaux 2009 dans cette gamme de prix. Privilégiant toujours la finesse et la suavité à la puissance et à l'extraction, le vin est certes marqué par la richesse du millésime, avec des tanins veloutés et une certaine exubérance fruitée, sans toutefois sacrifier la fraîcheur. Excellent Fronsac aux angles polis ; à boire entre 2015 et 2019. ★★★★ ③

Fronsac 2009, Delphis de La Dauphine (11475917) 21,85 $
Delphis est le nouveau nom du second vin de la propriété. Ouvert, moderne et sphérique, avec cette même texture caressante et délicate qui fait le charme du premier. ★★★ ②

CHÂTEAU DE LA RIVIÈRE

Avec 60 hectares de vignes et un château imposant du XVIIe siècle, La Rivière est la plus importante propriété de Fronsac. Rachetée en 1995 par le négociant Jean Leprince décédé en 2002, la propriété a été reprise par James Grégoire, un important manufacturier de Cognac.

Fronsac 2005 (10273395) 29,75 $
Dégusté de nouveau cette année, ce vin déjà commenté dans *Le guide du vin 2012* était tout aussi agréable à boire. Rien de tapageur, mais un vin sincère, judicieusement boisé, flatteur et séduisant, soutenu par une trame souple et fondue. Même si l'on note un début d'évolution, le vin a encore une belle mâche fruitée et devrait continuer de s'épanouir au cours des prochaines années. ★★★→? ②

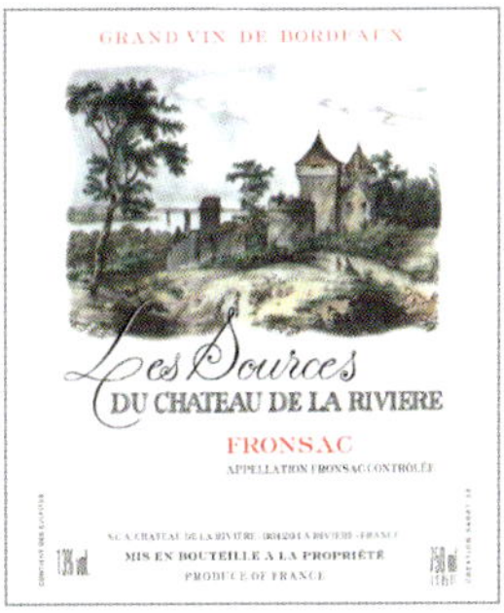

Les Sources du Château de la Rivière, Fronsac 2009 (11546367) 20,30 $
J'ai beaucoup aimé ce 2009, certes plus modeste que le précédent, mais très charmeur par sa bouche chaleureuse, fleurant la cannelle et le fruit mûr, reposant sur des tanins veloutés, mais tissés assez serré. Agréable dès maintenant. Excellent dans sa catégorie. ★★★★ ② ✻

CHÂTEAU LAMARCHE CANON

Canon Fronsac 2008 (912204) 29,20 $
Cette propriété fronsadaise a été reprise par Brigitte et Éric Julien en 1993. Le vignoble s'étend à la fois sur le coteau de Canon et en appellation Bordeaux Supérieur. Encore bien marqué par l'élevage, ce 2008 repose sur une solide charpente, enrobée d'une chair fruitée assez généreuse pour équilibrer le tout. Un peu dur et dessiné à gros traits pour le moment, il devrait s'assouplir et gagner en détail aromatique après quelques années de repos ou deux bonnes heures en carafe. ★★★→? ③

UN GOÛT DE SAUTERNES ?

Château Bastor-Lamontagne

Sauternes 2009 (11131444) 37,25 $

Arrivée prévue en novembre 2012 pour ce très bon Sauternes provenant d'un excellent cru, voisin de Suduiraut. Même s'il n'est pas officiellement classé, ce domaine produit parmi les bons vins de Sauternes. Ce 2009 témoigne de la richesse du millésime par son caractère voluptueux et ses saveurs de figues confites, sans toutefois accuser de lourdeur. Opulent, pénétrant et très persistant. D'autant plus recommandable qu'il est vendu à prix doux. ☆☆☆→☆ ③

D'autres vins de Bordeaux, tous recommandables ★★★ et ☆☆☆

CALVET **Sauvignon blanc 2011, Bordeaux, Édition Limitée** (10967514) 13,95 $
CHÂTEAU BONNET **Entre-Deux-Mers 2011** (083709) 16,95 $
CHÂTEAU CROIX-MOUTON **Bordeaux Supérieur 2009** (10520481) 24,65 $
CHÂTEAU DES TOURTES **Blaye Côtes de Bordeaux 2009** (889899) 16,50 $
CHÂTEAU GRAND VILLAGE **Bordeaux Supérieur 2009** (11546172) 22,20 $
CHÂTEAU LA GASPARDE **Côtes de Castillon 2006** (527572) 16,65 $
CHÂTEAU LAMOTHE DE HAUX **Côtes de Bordeaux 2009** (967307) 20,80 $
CHÂTEAU LA RAZ CAMAN **2006, Premières Côtes de Blaye** (888578) 19,05 $
CHÂTEAU L'ESCART **Bordeaux Supérieur 2009, Cuvée Julien** (896282) 17,35 $
CHÂTEAU TAYET **Cuvée Prestige 2009, Bordeaux Supérieur** (11106062) 18,10 $
CORDIER **Bordeaux 2009, Prestige** (10499811) 18 $
DOURTHE **Château Pey La Tour 2009, Réserve du Château, Bordeaux Supérieur** (442392) 22,40 $

D'autres vins de Bordeaux de qualité moyenne ★★ et ☆☆

BARON PHILIPPE DE ROTHSCHILD
Mouton Cadet 2009, Bordeaux (000943) : 15,45 $ Ⓒ
Mouton Cadet, Bordeaux blanc 2011 (002527) 14,95 $

CALVET **Bordeaux 2010, Réserve** (044032) 14,95 $

CHÂTEAU BEL ORME TRONQUOY LALANDE **Haut-Médoc 2005** (126219) 25,15 $

CHÂTEAU BERTINERIE
Blaye Côtes de Bordeaux 2009 (962118) 16,80 $
Premières Côtes de Blaye 2011 (707190) 15,75 $

CHÂTEAU CANTIN **Saint-Émilion Grand cru 2009** (11792875) 35,25 $

CHÂTEAU CHANTEMERLE **Médoc 2008** (11572776) 22 $

CHÂTEAU DE LA VIEILLE TOUR **Bordeaux Supérieur 2009** (858167) 17,80 $

CHÂTEAU DE MAISON NEUVE **Montagne Saint-Émilion 2009** (899906) 22,20 $

CHÂTEAU DES GRAVIÈRES **Graves 2009** (919233) 19,60 $ Ⓒ

CHÂTEAU DES SEIGNEURS DE POMMYERS **Bordeaux 2008** (892695) 19,20 $

CHÂTEAU DU BOIS CHANTANT **Bordeaux Supérieur 2010, Cuvée Laurence H** (11133765) 17,95 $ Ⓒ

CHÂTEAU DU GRAND BARRAIL **Blaye Côtes de Bordeaux 2010** (10678827) 18,10 $

CHÂTEAU GODARD BELLEVUE **Bordeaux Côtes de Francs 2008** (914317) 19,15 $ Ⓒ

CHÂTEAU GRAND JEAN
Bordeaux blanc 2010 (11770060) 15,55 $ Ⓒ
Bordeaux Supérieur Réserve 2009 (11073424) 15,55 $ Ⓒ

CHÂTEAU HAUT BEYZAC **Haut-Médoc 2009** (11095076) 29,10 $

CHÂTEAU LA COURONNE **Saint-Émilion Grand cru 2009** (913905) 24,55 $

CHÂTEAU LAFITTE-TRAMIER **Médoc 2003** (890244) 31 $

CHÂTEAU LAGRAVE-AUBERT **Castillon Côtes de Bordeaux 2009** (11095261) 20,85 $

CHÂTEAU LA ROUSSELIÈRE **Saint-Estèphe 2008** (11472417) 35 $

CHÂTEAU LES GRAVES DE CANTEREAU **Pomerol 2008** (875492) 40 $

CHÂTEAU LESTAGE **2006, Listrac-Médoc** (10537426) 24 $

CHÂTEAU MEZAIN **Bordeaux 2011** (10863344) 13,05 $

CHÂTEAU NÉNINE **Premières Côtes de Bordeaux 2009** (640177) 16,80 $

CHÂTEAU PATACHE D'AUX **Médoc 2009** (11338226) 20,85 $

CHÂTEAU PICARD **Saint-Estèphe 2005** (11546332) 27,60 $

CHÂTEAU PICORON **Côtes de Castillon 2010** (11133263) 20,20 $

CHÂTEAU PUYFROMAGE **Bordeaux Côtes de Francs 2010** (033605) 15,80 $

CHÂTEAU SUAU
Bordeaux 2011 (11015793) 15,90 $ Ⓒ
Côtes de Bordeaux 2008 (10395149) 16,80 $ Ⓒ

CHÂTEAU TAYAC **Côtes de Bourg 2001, Prestige** (10855707) 28,30 $

CHÂTEAU TOUR ST-JOSEPH **Haut-Médoc 2009** (10752775) 21,40 $

CROIX SAINT-MARTIN **Bordeaux 2010** (292904) 14,15 $ Ⓒ

LE HAUT-MÉDOC DE LASCOMBES **Haut-Médoc 2009** (11546463) 30,50 $.

LES TUILERIES **Bordeaux 2011** (199661) 13,15 $ Ⓒ

LURTON, FRANÇOIS **Merlot 2010, Bordeaux** (10862763) 15,95 $

PREMIUS **Bordeaux 2010** (10540588) 15,95 $

RÉSERVE DE LOUIS ESCHENAUER **Bordeaux 2010** (517722) 15,25 $ Ⓒ

TUTIAC **Blaye Côtes de Bordeaux 2011** (624320) 12,90 $ Ⓒ

BOURGOGNE

LA BOURGOGNE EN QUELQUES CHIFFRES

Seulement 3 % de la superficie du vignoble de France dont : 51 % d'appellations régionales, 47,5 % d'appellations communales et premiers crus , 1,5 % de Grands crus.

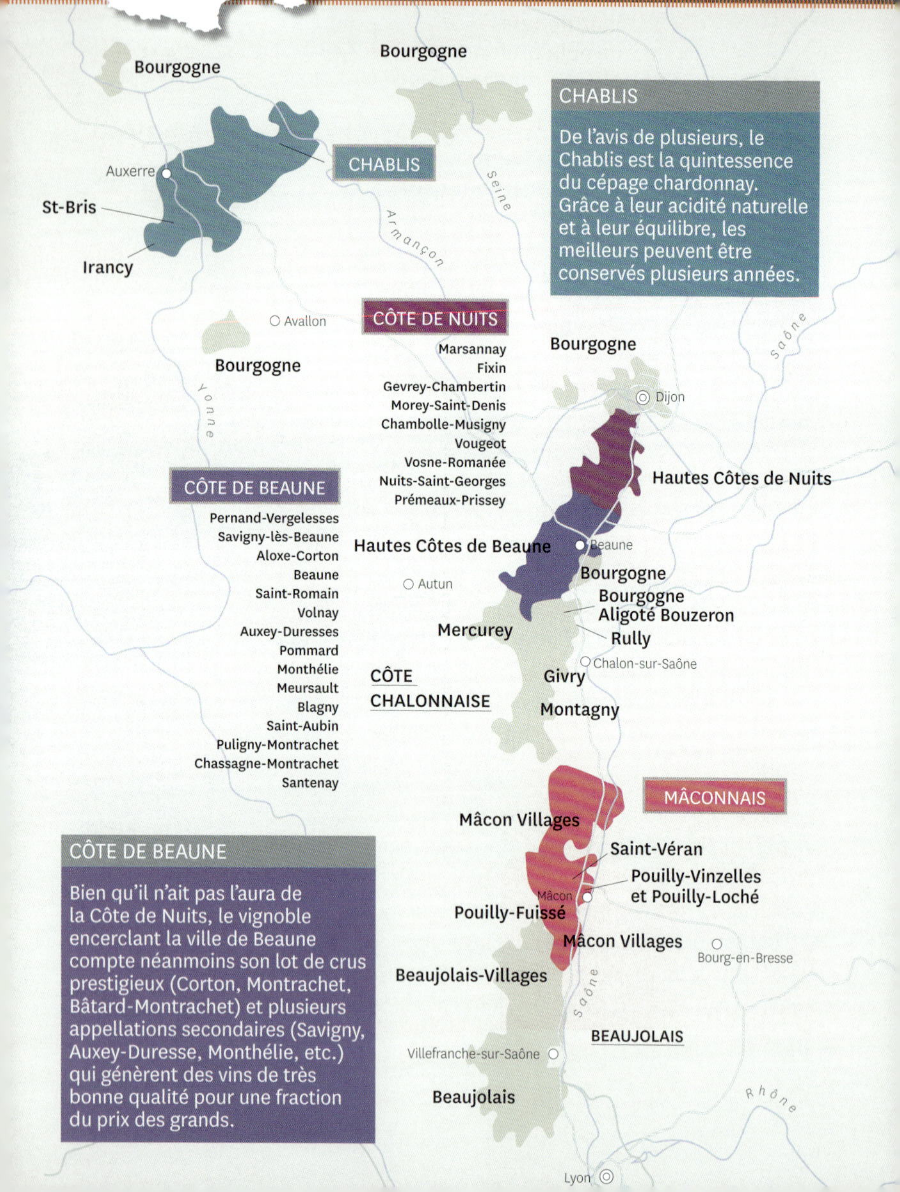

CHABLIS

De l'avis de plusieurs, le Chablis est la quintessence du cépage chardonnay. Grâce à leur acidité naturelle et à leur équilibre, les meilleurs peuvent être conservés plusieurs années.

CÔTE DE BEAUNE

Bien qu'il n'ait pas l'aura de la Côte de Nuits, le vignoble encerclant la ville de Beaune compte néanmoins son lot de crus prestigieux (Corton, Montrachet, Bâtard-Montrachet) et plusieurs appellations secondaires (Savigny, Auxey-Duresse, Monthélie, etc.) qui génèrent des vins de très bonne qualité pour une fraction du prix des grands.

Le bilan des dégustations de la dernière année le confirme: la Bourgogne peut produire de très bons vins à moins de 30 $. Difficile de dire si cela repose sur l'excellente qualité des millésimes 2009 et 2010 ou sur un resserrement des pratiques viticoles. Toujours est-il que les déceptions sont de moins en moins nombreuses et que la qualité de la gamme offerte à la SAQ me semble beaucoup plus homogène qu'il y a dix ou même cinq ans.

Après quelques années d'incertitude, l'industrie vitivinicole bourguignonne reprend des forces. Les ventes tiennent le cap et les producteurs bourguignons dynamisent leurs activités. Grâce à l'arrivée de nombreux jeunes producteurs soucieux de tirer le meilleur du terroir bourguignon, il est désormais possible de boire de bons vins, sans faire les frais des grands crus. Même les grandes maisons de négoce commencent à se tourner vers la qualité. Les pages suivantes foisonnent de bons prétextes pour découvrir – et redécouvrir – le charme et la profondeur quasi énigmatique des vins de cette région viticole.

CÔTE DE NUITS

Le morcellement du vignoble bourguignon a commencé dès la Révolution française et s'est poursuivi au fil des siècles et des successions familiales. Deux siècles plus tard, il n'y a toujours qu'un seul Clos de Vougeot, mais il est partagé entre 70 vignerons qui produisent autant de vins différents selon leur savoir-faire et leur rigueur.

Le SAVIEZ-VOUS?

Plus que le prestige et la qualité présumée de l'appellation, le nom du producteur et le millésime sont les meilleures garanties de qualité.

CÔTE CHALONNAISE ET MÂCONNAIS

Choisis avec discernement, les vins blancs et les vins rouges de Côte Chalonnaise sont souvent des achats avisés. Il y a de plus en plus de bons vins blancs dans le Mâconnais.

LES DIX DERNIERS MILLÉSIMES

2011

Autre année de faibles rendements et de vendange hâtive. La peau des raisins de pinot noir était relativement épaisse, ce qui pourrait donner des vins un peu plus structurés. Récolte plus abondante en blanc; les producteurs sérieux ont obtenu de très bons vins, mais il y a aussi plusieurs vins dilués. Troisuème millésime d'excellente qualité dans le Beaujolais.

2010

Qualité irrégulière, en particulier en Côte de Beaune où des pluies et de la grêle à la mi-septembre sont venues brouiller les cartes. Dans les meilleurs domaines, les vins rouges s'annoncent charnus, colorés et riches en tanins. Souvent dotés d'une acidité notable, les vins blancs semblent de qualité variable. Conditions plus favorables à Chablis ainsi que dans le Beaujolais.

2009

Très bon millésime favorisé par un mois d'août chaud, ensoleillé et sec. Des vins rouges de nature assez souple, et destinés à s'ouvrir plus rapidement que les 2005. Nourris et charmeurs, mais parfois faibles en acidité, les vins blancs devraient évoluer rapidement. Excellent millésime dans le Beaujolais; des vins colorés, riches et savoureux.

2008

Des conditions météo parfois précaires ont causé des problèmes d'oïdium et de mildiou en certains endroits. Une fin de saison plus favorable a néanmoins donné des vins rouges bien nourris. Quantité réduite de vins blancs apparemment de qualité plus homogène, autant en Côte d'Or qu'à Chablis. Millésime difficile et irrégulier dans le Beaujolais.

2007

Du temps frais et humide, de mai jusqu'à la fin d'août. Vendanges précoces de pinot noir dès le début de septembre. Une faible récolte de vins rouges, souples et à boire jeunes. Les vignerons qui ont ramassé des raisins bien mûrs ont fait de bons vins blancs. De bons Chablis typés, sauvés par le soleil de septembre.

2006

Beau temps en juillet, mais un mois d'août froid et pluvieux. Malgré tout, un bon millésime, en particulier en Côte de Nuits où les pluies ont été moins pénalisantes. Qualité hétérogène des vins rouges. Des vins blancs généralement plus satisfaisants. Bons vins charmeurs, mais parfois atypiques à Chablis.

2005

Chardonnay et pinot noir ont bénéficié d'un été sec et de conditions idéales au moment des vendanges. Sur toute la Côte d'Or et en Côte Chalonnaise, des vins classiques, à la fois riches et bien équilibrés. Excellent millésime à Chablis, des vins droits et classiques.

2004

Plusieurs réussites en Côte de Nuits malgré des conditions hostiles; succès plus aléatoires en Côte de Beaune. Qualité irrégulière des vins blancs, souvent handicapés par des rendements excessifs. Bon millésime à Chablis, mais certains vins sont dilués.

DÉBOUCHER OU ATTENDRE ?

Bourgogne blancs • **De la cave, que boire en 2013?**

Sauf exception, les Bourgogne génériques, les vins du Mâconnais et ceux de la Côte Chalonnaise sont à boire dès leur mise en marché.

En Côte de Beaune et à Chablis, les grands crus demandent en général trois ou quatre ans pour s'épanouir, parfois plus. À l'exception des meilleurs qui peuvent vivre longtemps, il vaut mieux les consommer avant l'âge de 10 ans. En 2012, on commencera à boire les 2005, 2006 et 2007 en gardant tout de même quelques provisions pour les années à venir. La plupart des 2004 sont maintenant ouverts. Étonnamment et alors qu'on les croyait destinés à décliner rapidement, certains 2003 issus de bons crus semblent trouver un second souffle. Les vignerons disent que «le terroir reprend ses droit» Les meilleurs 2002 ont encore quelques belles années devant eux. À moins qu'ils aient été conservés dans de parfaites conditions, méfiez-vous des vins antérieurs à 2000.

Bourgogne rouges • **De la cave, que boire en 2013?**

Le caractère fruité est la première qualité de tout bon Bourgogne rouge. En cette matière, il vaut souvent mieux trop tôt que trop tard. D'autant plus que même les plus grands vins de la Côte d'Or sont davantage appréciables en jeunesse que leurs équivalents bordelais. En général, les vins d'appellations génériques et secondaires doivent être bus jeunes, entre 2 et 5 ans. Les meilleurs vins de la période 2009-2006 doivent encore s'affiner. Les vins rouges du superbe millésime 2005 méritent de mûrir encore quelques années. Tout ce qui précède est à point.

À TABLE AVEC LE...

Bourgogne blanc

Les Chardonnay de Bourgogne sont assez polyvalents à table, mais il faut prendre en considération leur rang et leur élevage. Tous se marieront bien avec poissons et fruits de mer (particulièrement le saumon, le crabe et le homard), volailles, et viandes blanches, mais idéalement vous voudrez accompagner les préparations délicates d'un vin plus léger et les mets riches d'un vin plus soutenu. Meursault ou Puligny par exemple, avec des poissons et fruits de mer en sauce à la crème (flétan, homard, pétoncle entre autres), un poulet fermier aux morilles et à la crème, ou encore des ris de veau, et Bourgogne blanc ou Mâcon avec un poulet rôti, une blanquette de veau, un gravlax de saumon. À noter que tous ont des affinités avec le beurre, les noix (amande en particulier) et les champignons. – *V.R.*

2003
Le millésime de la canicule. En Côte d'Or – et surtout en Côte de Nuits –, beaucoup de vins rouges nourris et solidement construits, quoique souvent atypiques. Les vins blancs sont puissants, mais parfois un peu mous et à court d'acidité. Même chose à Chablis, où les vins n'ont pas leur vigueur caractéristique.

2002
Récolte abondante de bons vins rouges purs et bien équilibrés. Splendide année de vins blancs, riches et soutenus par une acidité idéale. Millésime de rêve à Chablis.

DES PRODUCTEURS À RETENIR

CHABLIS ET AUXERROIS

Alice et Olivier De Moor, Château de Maligny, Colinot, Domaine de Bois d'Yver, Domaine de la Cadette, Domaine des Malandes, François Raveneau, Ghislaine et Jean-Hugues Goisot, Jean-Marc Brocard, La Chablisienne, Laurent Tribut, Patrick Piuse, Vincent Dauvissat.

CÔTE DE NUITS

Bruno Clair, Denis Mortet, Domaine de la Vougeraie, Domaine Méo-Camuzet, Domaine Robert Chevillon, Domaine Thibault Liger-Belair, Dugat-Py, Fougeray de Beauclair, Jean Fournier, Mugneret-Gibourg, Pierre Bourée, René Bouvier.

CÔTE DE BEAUNE

Carillon (Jacques et François), Chevalier Père et Fils, Domaine de la Pousse d'Or, Domaine des Croix, François Gay, Jean-Claude Boisset, Nicolas Rossignol, Pavelot, Rémi Jobard.

CÔTE CHALONNAISE ET MÂCONNAIS

Arnaud Combier, Château de Beauregard, Château-Fuissé, Didier Erker, Domaine Guffens-Heynen, Joblot, Merlin, Philippe Valette, Robert-Denogent, Salomon, Vincent Dureuil-Janthial.

BEAUJOLAIS

Château Cambon, Château de Pierreux, Christophe Pacalet, Domaine Chamonard, Domaine Champs de Cour, Domaine des Côtes de la Molière, Guy Breton, Jean Foillard, Jean-Paul Brun, Karim Vionnet, Laurent Martray, Louis Jadot, Marcel Lapierre.

ALADAME, STÉPHANE

Montagny Premier cru 2010, Vieilles vignes, Sélection (11472556) 28,75$
Stéphane Aladame se spécialise depuis dans l'élaboration de vins blancs de Montagny. Le 2010 est à retenir parmi les bons vins de cette appellation. Bel équilibre entre le gras et la vitalité; modérément aromatique et un peu court, mais recommandable. ☆☆☆ ②

BOILLOT, HENRI

Ce domaine jouit d'une réputation enviable, notamment pour ses excellents vins blancs.

Savigny-lès-Beaune Premier cru Les Lavières 2009 (11510840) 61,75$
Un très léger reste de gaz contribue à rehausser le caractère aromatique de cet excellent Savigny, mis en valeur par un élevage bien maîtrisé en fûts de chêne. Des saveurs franches et nettes de fruits noirs et de fleurs, ponctuées des parfums fumés et épicés de la barrique. Belle texture, à la fois tendre, charnue et juteuse. L'idéal est de l'aérer en carafe une demi-heure avant de servir, le temps que le gaz résiduel se dissipe. ★★★★ ②

BOISSET, JEAN-CLAUDE

Sous l'étiquette Jean-Claude Boisset, le géant bourguignon (aussi propriétaire des marques Bouchard Aîné, Jaffelin, Moreau, etc.) propose désormais une gamme complète de vins de la Côte d'Or, élaborés par Grégory Patriat, qui s'approvisionne chez des producteurs choisis méticuleusement et élabore avec doigté, des vins qui mettent en relief les multiples facettes du terroir bourguignon.

Chambolle-Musigny 2009, Les Chardannes (11532985) 64,75$
La nature généreuse de 2009 se traduit par un Chambolle opulent, porté par une bouche chaleureuse et nourrie de saveurs gourmandes de griottes, tout en conservant une saine fraîcheur. Il sera intéressant de surveiller son évolution au cours des trois prochaines années. ★★★→? ② ▼

Volnay Premier cru Carelle Sous la Chapelle 2009 (11533101) 52$
Typique de Volnay avec une texture en bouche délicate et veloutée, agrémentée de saveurs bien mûres de fruits noirs. Encore jeune, vigoureux et plein de potentiel. Le vin semblait se refermer lorsque goûté en septembre 2012. Pour éviter des déceptions, il serait sage de le laisser dormir jusqu'en 2014. ★★★→★ ③

Santenay Premier cru La Comme 2009 (11532977) 39,25$
L'un des bons Santenay dégustés récemment avec une attaque charnue et séveuse, nourrie par des tanins mûrs et agrémentée de subtiles notes boisées. Un bel équilibre d'ensemble et une touche saline délicate ajoutent au plaisir en bouche. À laisser mûrir jusqu'en 2016 pour en profiter au maximum. ★★★★ ③

Pinot noir 2009, Les Ursulines, Bourgogne (11008121) 24,50$
Rien de spécialement profond évidemment, mais à moins de 25$, l'amateur de Bourgogne franc et sincère aura dans son verre toute la délicatesse, la chair veloutée et l'éclat fruité propres au cépage. ★★★ ②

Pouilly-Fuissé 2011 (11675708) 25,25$
Sans compter parmi les plus complexes de l'appellation, ce très bon Pouilly-Fuissé a toutes les qualités que l'on puisse espérer trouver dans un vin de cette gamme de prix. Du gras, des saveurs florales et une agréable fraîcheur. Quatre étoiles pour l'un des meilleurs vins blancs de Bourgogne offerts au répertoire général de la SAQ. ☆☆☆☆ ② ✻ ©

Chardonnay 2010, Les Ursulines, Bourgogne (11008112) 24,50$
Le vin blanc courant de Boisset demeure une valeur sûre dans sa catégorie et offre tout le gras, la fraîcheur et le fruit souhaités, même plus. Une étoffe digne de mention pour un Bourgogne générique. ☆☆☆☆ ② ✻

BOUVIER, RENÉ

Jadis connus pour leurs vins solides, puissants et tanniques, ce domaine de Gevrey est maintenant sous la gouverne de Bernard Bouvier, qui est à l'origine d'un changement notable dans le style des vins. Les méthodes à la vigne et au chai ont changé et l'on privilégie dorénavant la délicatesse du fruit et la fraîcheur.

Gevrey-Chambertin 2009, La Justice (11490367) 46,75 $
Une attaque franche et ferme, typique de Gevrey, sans dureté, appuyée par des tanins mûrs. Le vin est structuré, ample, rassasiant et se termine sur une longue finale chaleureuse empreinte de minéralité. Encore jeune et un peu marqué par l'élevage, mais le vin est impeccable et il a tous les atouts nécessaires pour vieillir élégamment. ★★★→★ ③

Pinot noir 2010, Bourgogne, Le Chapitre (11153264) 21,30 $
Cette année encore, le vin courant du domaine remplit toutes les attentes. Assez charnu, mais surtout plein de fruit et de vigueur et mettant en relief la délicatesse aromatique du pinot. Un modèle du genre. ★★★★ ② ✻

BROCARD, JEAN-MARC

Jurassique 2010, Bourgogne Chardonnay (11459087) 20,20 $
Depuis le départ du Québécois Patrick Piuze, cette maison chablisienne de renom est sous la responsabilité technique de Nadine Gublin – également au Domaine Jacques Prieur. On reconnaît la signature de cette brillante œnologue à la ligne aromatique très pure de ce très bon Bourgogne générique, que l'on pourrait facilement confondre avec un petit Chablis. Vif, sec et empreint d'une saine fraîcheur qui accentue son tonus en bouche. À ce prix, il rencontre parfaitement les attentes. ☆☆☆ ② Ⓒ

CHAMPY

Bourgogne Pinot noir 2009, Signature (10516625) 21,05 $
Habilement menée par Pierre Murgey, cette maison beaunoise offre un très bon Bourgogne générique, tout en chair et en fruit, dont la texture suave repose sur des tanins mûrs, qui ajoutent à sa présence en bouche et le rendent fort rassasiant. ★★★ ②

CHARLOPIN, PHILIPPE

Parti de rien il y a une trentaine d'années, Philippe Charlopin exploite maintenant 25 hectares, de la Côte de Beaune jusqu'à Chablis. Les vins sont élaborés dans un style moderne.

Gevrey-Chambertin 2009, Les Évocelles (11494384) 86,75 $
Fort bien servi par le millésime, ce 2009 déploie une attaque franche et ferme, sans dureté, appuyée par des tanins mûrs. Un vin ample et structuré, doté d'une une finale chaleureuse et persistante, aux accents délicatement torréfiés. Encore jeune, fougueux et doté d'une belle longueur, il semble fort prometteur... ★★★→★ ③ Ⓢ

Marsannay 2009, En Montchenevoy (11498967) 45,50 $
Cette appellation située tout au nord de la Côte d'Or, à quelques kilomètres au sud de Dijon, est généralement connue pour ses vins souples, coulants et fruités. Sur un mode un peu plus ferme, celui de Charlopin est à retenir pour son étoffe et sa présence en bouche veloutée, gorgée de fruits mûrs. À boire sans se presser au cours des six prochaines années. ★★★→? ② ▼

UNE POÉSIE CARTOGRAPHIÉE

En janvier dernier, le gouvernement français a confirmé qu'il soumettrait la candidature des climats du vignoble de Bourgogne au patrimoine mondial de l'Unesco. Le projet, né en 2006, ne sera présenté qu'en juillet 2013, mais cette reconnaissance par l'Élysée suscite déjà l'enthousiasme, puisqu'elle constitue l'avant-dernière étape d'un programme audacieux qui permettrait de valoriser, de protéger et de pérenniser un héritage séculaire de la viticulture européenne.

«En Bourgogne, quand on parle d'un climat, on ne lève pas les yeux au ciel, on les baisse sur la terre», explique Aubert de Villaine, copropriétaire du Domaine de la Romanée-Conti et président de l'association pour l'inscription des climats bourguignons à l'Unesco. Issue du mot grec *klima*, qui signifie inclinaison, cette dénomination propre à la Bourgogne va bien au-delà des conditions météorologiques. De manière concrète, un climat correspond à un petit lopin de terre délimité au mètre carré près, dont les particularités géologiques et géographiques, l'hydrologie et l'exposition au soleil et aux vents lui ont valu d'être reconnu et répertorié, parfois depuis l'époque gallo-romaine.

Après la chute de l'Empire romain, vers l'an 550, les évêques de Bourgogne ont confié aux moines bénédictins le soin de leurs vignobles. Au cours des siècles suivants, les Bénédictins ont classé avec un empirisme avisé et de manière étonnamment précise les différentes parcelles qui constituent encore aujourd'hui les «climats bourguignons». Le Clos de Bèze, par exemple, a été défini dès l'an 630, et sa délimitation n'a toujours pas changé d'un mètre carré!

Vu du ciel, depuis Santenay (au sud) jusqu'à Marsannay (au nord), le vignoble de la Côte d'Or ressemble à une vaste courtepointe composée de quelque 1247 climats, dont les noms singuliers sont inspirés tantôt de la faune (Clos des Mouches, Dent de Chien), tantôt de la botanique (les Genevrières, les Vergers, aux Champs des Pruniers), ou encore de la composition des sols (les Argillières, les Gravières). Parfois, ils évoquent le nom d'un ancien propriétaire ou des anecdotes lointaines: les Pertuisots, les Petits Picotins, les Charmes, la Tâche, Maison Brûlée, les Amoureuses, etc. Autant de noms qui racontent le riche passé de la Bourgogne viticole.

Pour Bernard Pivot, natif du sud de la Bourgogne et président du Comité de soutien à la candidature, «c'est de la poésie sur la terre, de la poésie délimitée, cartographiée». Une poésie qui sera, on le souhaite, bientôt immortalisée.

Nadia Fournier
Texte publié cette année dans le magazine *L'actualité*

CHÂTEAU DE BEAUREGARD

Pouilly-Fuissé 2011, La Croix-Pardon (604660) 26,30$
Auparavant directeur commercial de la maison Jadot, Frédéric Burrier, a repris les commandes du domaine familial qui possède aussi des vignes dans le nord du Beaujolais. Bien qu'il affiche la vinosité et la générosité aromatique propres aux bons vins du Mâconnais, ce 2011 ne manque pas de tonus. Ample et savoureux; à boire d'ici 2016. ☆☆☆ ②

Pouilly-Fuissé 2010 (882449) 29,35$
Plus vif et tendu, très sec et parfaitement désaltérant, des saveurs florales délicates sur un fond presque crémeux. Très satisfaisant à sa manière. ☆☆☆ ②

CHÂTEAU DE CHOREY

Sous l'impulsion de Benoît Germain, décédé prématurément en 2010, ce domaine emblématique de Chorey-lès-Beaune a connu un essor notable au cours de cinq dernières années.

Corton Bressandes Grand cru 2009 (11481057) 105$
Pour savourer les progrès accomplis, cet excellent vin s'affirme déjà par sa texture tendre et son tissu tannique suave, manifestement issu de raisins mûrs. Déjà fort complet, mais sa dimension aromatique, sa densité et sa longueur sont garantes de longévité. ★★★→★ ③ Ⓢ

CHÂTEAU DE MALIGNY

La famille Durup élabore plusieurs vins ayant en commun la pureté, la fraîcheur et la vitalité. De manière générale, les vins issus du millésime 2009 se signalent par leur plénitude et leur dimension, alors que les 2010 affichent une allure plus linéaire.

Chablis Premier cru Fourchaume 2010 (480145) 36$
Plus complet et nuancé que le 2009, ce Premier cru révèle le goût subtil évoquant la pierre à fusil dans les bons Chablis. Très bien tourné, fruité et désaltérant. ☆☆☆→? ②

Chablis Premier cru Fourchaume 2011 (480145) 36$
Le 2011 qui prendra le relais en cours d'année est dans la même veine: Très sec, presque tranchant, minéral et rassasiant de fraîcheur. ☆☆☆→ ? ②

Chablis Premier cru Homme Mort 2010 (872986) 34,75$
Vif, tranchant et marqué d'une acidité très prononcée qui souligne ses saveurs franches de citron et de lime. ☆☆☆ ②

Chablis Premier cru Montée du Tonnerre 2011 (895110) 36$
Voisine immédiate des grands crus Blanchots et Les Clos, la Montée de Tonnerre rivalise parfois avec les grands crus de l'appellation. Le 2011 est un peu en recul par rapport aux derniers millésimes; un peu plus discret et souple, à retenir avant tout pour sa vinosité et ses saveurs de miel. Quelques années de repos lui seront peut-être bénéfiques. ☆☆☆→? ③

Chablis 2011, La Vigne de la Reine (560763) 23,50$
Après un superbe 2010 dégusté à quelques reprises en cours d'année, Jean-Paul Durup récidive avec un autre excellent vin mettant en relief la vitalité et le caractère cristallin propres à l'appellation. À ce prix, surtout au répertoire général, difficile de trouver mieux. ☆☆☆☆ ② ✻ Ⓒ

CHÂTEAU-FUISSÉ

Pouilly-Fuissé 2009, Tête de cru (11330101) 28,55 $
Propriétaire de l'une des plus belles propriétés de Pouilly-Fuissé, Jean-Jacques Vincent produit quelques-uns des meilleurs crus du Mâconnais. Bien que plus modeste, cette cuvée s'inscrit dans le style des bons vins bourguignons de facture classique, c'est-à-dire sans excès, modérément boisé et doté d'un bel équilibre entre le fruit et la minéralité. À boire entre 2013 et 2017. ☆☆☆ ②

CHEVALIER PÈRE ET FILS

Depuis qu'il a pris les rênes du domaine familial de Ladoix en 1994, Claude Chevalier a tout mis en œuvre pour hausser la qualité des vins. Maintenant épaulé par sa fille Chloé, il exploite aujourd'hui une quinzaine d'hectares dans la Côte de Beaune. Si par le passé j'ai surtout apprécié les vins blancs du domaine, je dois avouer que les vins rouges semblent avoir gagné en précision et en finesse au cours des dernières années.

Corton-Charlemagne 2008 (11349005) 156,50 $
Dans les ligues majeures encore une fois, le 2008 est, à mon avis, le Corton-Charlemagne le plus complet produit chez Chevalier au cours de la dernière décennie. Un mélange harmonieux de finesse et d'intensité, des saveurs précises et pénétrantes et une poigne du tonnerre qui donne au vin une structure remarquable. La vinosité et la vigueur conjuguées au plus que parfait. À revoir dans cinq ans minimum, car il a un avenir aussi long que prometteur devant lui. ☆☆☆☆→? ③ Ⓢ

Ladoix 2008 (11258066) 39,25 $
Plus modeste certes, mais tout aussi agréable à boire grâce à son attaque en bouche à la fois suave et tonique et ses jolies notes d'épices. Beaucoup d'élan et de caractère pour une appellation secondaire de la Côte de Beaune. À apprécier sans se hâter jusqu'en 2018. ★★★★ ②

Côte de Nuits-Village 2009 (11496646) 33,75 $
Dégusté de nouveau au début du mois de mars 2012, le 2009 n'avait rien perdu de sa chair fruitée ; fort séduisant, chaleureux, finale fraîche. Interprétation assez sérieuse de cette appellation secondaire. Plus de chair que la moyenne, le tout est enrobé de tanins mûrs et savoureux et laisse une impression de plénitude en finale. À apprécier au cours des trois prochaines années pour profiter pleinement de son fruit. ★★★★ ②

À TABLE AVEC LE...

Chablis
Rarement boisés, ce sont des vins axés sur la minéralité et la fraîcheur, ce qui en fait des partenaires idéaux pour les poissons et fruits de mer, tout particulièrement les huîtres crues. Ils accompagneront les préparations fines, comme un tartare ou un carpaccio, plutôt que les plats riches. Pour les mets cuisinés, privilégiez des fumets de poisson ou des fonds délicats, aromatisés aux agrumes, aux herbes fraîches, tout au plus légèrement crémés, ou simplement un filet d'huile et du citron. Les vins de Chablis offrent aussi un agréable contraste aux fruits de mer en tempura, ou aux calmars frits. – *V.R.*

COLINOT, STÉPHANIE, ANITA ET JEAN-PIERRE

Le domaine de la famille Colinot est le grand nom de cette appellation peu connue du nord de la Bourgogne, au sud-est d'Auxerre.

Irancy 2010, Les Mazelots (11482922) 27,25$
Dans l'esprit de légèreté et de digestibilité des bons vins rouges d'Irancy, cette cuvée est issue de pinot noir et d'un soupçon (5%) de césar, une variété locale, cousine du pinot. Le 2010 me semble encore meilleur que le déjà savoureux 2009 commenté l'an dernier. Du nerf, des tanins assez fermes, sans être rustiques et une amertume de bon aloi pour donner du caractère à l'ensemble. Une originalité à savourer au cours des cinq prochaines années. ★★★★ ② ✳

DOMAINE DE BOIS D'YVER

Chablis Premier cru Montmain 2009 (11635108) 29,25$
Georges Pico et son fils Thomas exploitent leur vignoble en agriculture biologique dans la commune de Courgis. Leur première cuvée offerte à la SAQ donne envie d'explorer le reste du portfolio. Elle offre un mariage fort harmonieux entre la vinosité caractéristique du millésime 2009, tout en conservant la vigueur, l'acidité et la minéralité propres à l'appellation. Belle réussite! ☆☆☆☆ ②

DOMAINE DE LA CADETTE

Bourgogne 2010, La Sœur Cadette (11460660) 18,05$
Jean Montanet est un pilier de cette appellation de l'Yonne, au sud de Chablis, où il pratique une agriculture biologique depuis plus de 10 ans. Cette «petite» cuvée est issue à la fois des vignes du domaine et d'achat de raisins. En 2010, cela donne un vin fort charmant, délicieusement fruité, mariant l'ananas, l'écorce de citron et le miel; du gras et toute la vigueur nécessaire à son équilibre. Excellent vin blanc courant! ☆☆☆☆ ② ✳

Voir aussi la section Ⓟ

DOMAINE DE LA VOUGERAIE

En mars 2006, le Québécois Pascal Marchand a quitté ses fonctions de régisseur au sein de ce domaine créé de toutes pièces par la maison Boisset en 1999. Son successeur, Pierre Vincent, pousse encore plus loin l'application de la biodynamie et élabore des vins de plus en plus précis et distingués.

Beaune 2009, La Montée Rouge (728345) 46,50$
Bien qu'il soit encore trop jeune pour en juger, ce très bon 2009 est assez représentatif du souffle nouveau qui anime la Vougeraie. L'empreinte de l'élevage est toujours apparente avec des accents fumés, mais en bouche, le bois joue davantage en sourdine, laissant le fruit s'exprimer avec beaucoup d'éclat, de longueur et de nuances. À laisser dormir en cave, il n'atteindra son apogée que vers 2016. ★★★→★ ③

DOMAINE DES MALANDES

Chablis Premier cru Montmains 2009, Vieilles vignes (11094760) 28,90$
Mené rigoureusement par Lyne Marchive, ce domaine produit des vins empreints de pureté et d'élégance. Également sous le signe de la générosité, ce Chablis ample et onctueux est agrémenté d'une saine acidité, ainsi qu'une délicate amertume qui ajoute à son caractère et à sa présence en bouche, tout en accentuant ses jolis parfums de miel et de fleurs. Une belle réussite pour le millésime. ☆☆☆→? ②

DOMAINE DES PERDRIX

Bourgogne 2010 (917674) 25,40$
La famille Devillard élabore des vins de qualité constante, dont un bon Bourgogne générique, passablement nourri par l'élevage en fûts qui lui confère des accents fumés et ajoute à sa charpente tannique. Ample et conçu dans un style assez moderne, sans lourdeur. Un peu tiré à gros traits, mais assez substantiel pour être recommandable. ★★★ ②

FÈVRE, WILLIAM

Chablis 2011, Les Champs Royaux (276436) 20,85$ **|** (917443) 11,50$ – 375 ml
Depuis qu'il a été repris par la maison champenoise Henriot en 1998, ce domaine a bénéficié d'investissements considérables qui se traduisent aujourd'hui par une bonne qualité d'ensemble. Même s'il n'est pas tout à fait aussi complet que le Chablis «tout court» de La Chablisienne, cette cuvée demeure une valeur sûre au répertoire général. Très sec, avec une attaque franche et des saveurs nettes. ☆☆☆ ② Ⓒ

FOUGERAY DE BEAUCLAIR

Fondé en 1978 par Jean-Louis Fougeray, ce domaine réputé de la Côte de Nuits est aujourd'hui dirigé par son gendre, Patrice Ollivier.

Fixin 2010, Clos Marion (872952) 43,50$
Superbe Pinot noir, expressif et complexe, au boisé très bien dosé. La bouche est mûre et suave, relevée d'une fraîche acidité; des tanins très fins, serrés, s'égrènent sur une longue finale. Un vin complet qui devrait évoluer avec grâce d'ici 2016. ★★★★ ③

Marsannay 2010, Aux St-Jacques (917302) 37,75$
Élevage à parts égales en fûts et en demi-muids, offrant au vin une bonne oxygénation et un contact plus limité avec le bois. En 2010, cela donne un vin à la fois très fin, mais aussi passablement nourri, s'appuyant sur des tanins soyeux. Encore un peu sur la réserve; sa finale fraîche et séveuse appelle la soif. ★★★★ ③

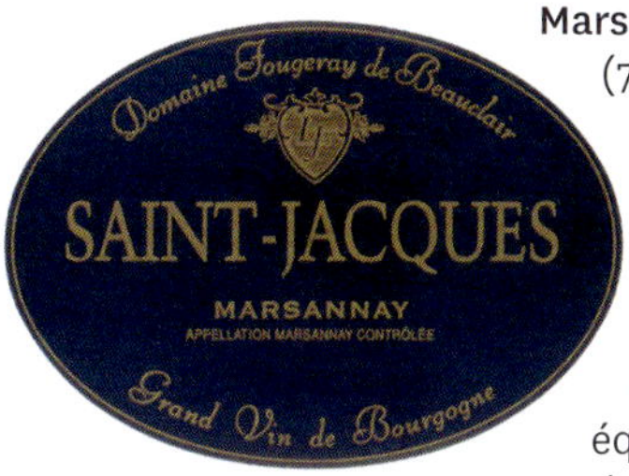

Marsannay 2010, Les Favières (736314) 30,75$
Rien à voir avec ces vins taillés pour récolter des médailles dans les concours, ce Marsannay est plutôt conçu pour procurer un plaisir sincère et digeste à l'amateur de Bourgogne. Complexe, fin, élancé et doté d'un bel équilibre entre fruit mûr et les notes de sous-bois. Déjà très bon, il a tout ce qu'il faut pour bien évoluer d'ici trois à cinq ans. ★★★→★ ③

Côte de Nuits-Villages 2010 (10865294) 30,75$
Ce vin me semble de nouveau marqué de notes végétales, lui donnant une allure un peu rustique. Bon vin rouge typiquement bourguignon par son acidité et ses délicates notes florales. ★★★ ②

LE VIN DÉCORTIQUÉ

Des clones dans les vignobles?

Deux options s'offrent aux viticulteurs qui souhaitent planter de nouvelles vignes. La méthode classique, appelée « sélection massale », consiste à observer pendant des années quels plants sont les plus sains et les plus productifs, puis d'en couper des pousses et de les greffer à des porte-greffes. Cette méthode est toujours employée par certains vignerons.

La vaste majorité des nouvelles plantations est maintenant basée sur le clonage « établi » ou « numéroté ». La différence réside dans le fait que les pousses extraites de la vigne-mère font l'objet d'une analyse d'ADN afin de s'assurer qu'il s'agit de reproductions exactes des plants-mères.

C'est en France, dans les années 1970, qu'on a développé le clonage alors que les viticulteurs français se plaignaient de la piètre qualité du matériel génétique. Les ceps sont en constante mutation et certains cultivars, de la famille du pinot, par exemple, sont particulièrement instables. Lorsque la sélection massale n'est pas bien menée, on risque de multiplier les mauvais plants. Plusieurs viticulteurs reviennent toutefois à cette méthode ancestrale qui, bien que moins précise, permet d'obtenir une plus grande variété génétique et des plants mieux adaptés à leur terroir. – *B.Z.*

FOURNIER, JEAN

Marsannay 2010, Cuvée Saint-Urbain (11853412) 25,10 $

Laurent Fourier a pris les rênes de la propriété familiale en 2003 et il n'a pas tardé à s'imposer comme l'un des vignerons les plus en vue de sa génération. Cette cuvée est issue de vignes âgées de moins de 50 ans, situées sur les parcelles Longeroies et Clos du Roy. Lorsque goûté en septembre 2012, le 2010 était encore passablement marqué par l'élevage sous bois. Il se dessine néanmoins sous ces arômes marqués de torréfaction et ses jolies couches de saveurs fruitées, portées par un tissu tannique à la fois charnu et soyeux. Nul doute, ce vin a beaucoup de potentiel. Laissez-le reposer jusqu'en 2016, vous serez récompensé. ★★★→★ ③

GAY, FRANÇOIS

Pascal Gay, fils de François, reste attaché à la tradition bourguignonne et privilégie avant tout la pureté et la légèreté dans ses vins.

Chorey-lès-Beaune 2010
(914138) 30,50 $

Quel joli parfum! Hélas, si délicat qu'un buveur distrait pourrait même passer à côté. Antidote parfait au rythme effréné de la vie actuelle, ce vin invite, en quelque sorte, à s'arrêter. Encore un peu serré, il mérite un passage en carafe ou quelques années de garde. Quatre étoiles pour saluer sa finesse et le travail d'un vigneron évoluant à contre-courant. ★★★★ ②

GOISOT, GHISLAINE & JEAN-HUGUES

Spécialiste des vins de l'Yonne, le couple Goisot cultive le domaine en biodynamie. Leurs vins sont certifiés Écocert et offrent une qualité impeccable à bon prix.

Sauvignon 2010, Saint-Bris (10520819) 22,25$
Cette appellation du nord de la Bourgogne mise sur le cépage sauvignon blanc, plutôt que sur le chardonnay. Un peu moins riche que le 2009, cela va de soi, le vin compense largement par sa vitalité et par la pureté de ses saveurs d'agrumes et de fruits tropicaux. Vineux et pourtant léger en alcool (12,7%). Bon an mal an, ce vin est irréprochable. ☆☆☆☆ ② ✻

Bourgogne Aligoté 2010 (10520835) 19,40$
Dans la même veine, un vin très expressif et vibrant, avec une juste dose de gras pour enrober ses saveurs de miel et d'hydromel. Cette année encore, c'est l'un des meilleurs Aligoté que l'on puisse trouver au Québec. ☆☆☆☆ ② ✻

Voir aussi la section Ⓟ

JOBARD, RÉMI

En prenant la relève de l'entreprise familiale de Meursault au début des années 1990, Rémi Jobard a favorisé une diminution des rendements et converti le vignoble à l'agriculture biologique. La qualité d'ensemble est impeccable.

Monthélie premier cru Les Vignes-Rondes 2009 (10776726) 34,50$
Au sud de Beaune, entre Auxey-Duresse, Meursault et Volnay, la commune de Monthélie regroupe 15 climats classés premiers crus, dont Les Vignes-Rondes. Rémi Jobard en tire un vin fin et délicat, plein de fraîcheur et relevé de saveurs précises de cerises à noyau et d'épices. Juteux, mais également doté d'une certaine densité tannique qui apporte du tonus et le rend encore meilleur. Déjà savoureux, il continuera de s'épanouir jusqu'en 2017 au moins. ★★★→★ ③

Bourgogne blanc 2010 (11483992) 28,60$
Une tout aussi bonne note pour cet excellent blanc, bien mûr, mais également tendu et agrémenté d'accents crayeux qui traduisent la nature calcaire des sols de la région. Plus cher que la moyenne certes, mais rares sont les Bourgogne génériques ayant autant de personnalité. ☆☆☆☆ ② ✻

JUILLOT, MICHEL

Mercurey 2009 (573402) 25,30$
Le domaine familial géré par Laurent Juillot est un peu le pilier de cette appellation de Côte Chalonnaise. Généralement très bon et particulièrement ample cette année, un bon vin assez représentatif de son appellation : tendre, sphérique, nourri de bons goûts de fruits noirs. ★★★ ②

Pinot noir 2011, Bourgogne (10792267) 18,60$
Correct, modérément fruité et un peu dilué. ★★ ②

LA CHABLISIENNE

Fondée en 1923, avant même la création de l'appellation d'origine contrôlée, et regroupant aujourd'hui près de 300 viticulteurs, la coopérative de Chablis représente près du quart du vignoble chablisien, opère dans toutes ses appellations et se classe parmi les caves les plus qualitatives de France. La qualité des cuvées dégustées en septembre 2012 était de nouveau irréprochable.

Chablis Grand cru Château Grenouilles 2008 (11433223) 84,25$
Issu d'une parcelle située au cœur de la zone des grands crus, au pied du coteau de Grenouilles, ce domaine acquis en 2003 par la cave coopérative donne un vin blanc d'une profondeur et d'une tonalité minérale quasi inégalables. Comme toujours un peu plus austère en jeunesse, le 2008 se signale par son caractère minéral affirmé, très tendu et presque ferme tant il est riche en extraits secs. À revoir sans crainte dans sept ou huit ans. ☆☆☆☆→? ③

Chablis Grand cru Blanchot 2008 (11439668) 63$
Sur un mode à la fois vineux, presque robuste, mais éminemment précis et doté d'une acidité du tonnerre, ce vin provient des Genevrières de Chablis, des sols blancs très pentus qui refètent la lumière du soleil et favorisent un mûrissement optimal des raisins de chardonnay. Même s'il est plus abordable en jeunesse, il ne craint pas l'effet du temps. Laissez-lui au moins trois ou quatre ans de repos. ☆☆☆☆ ③

Chablis Premier cru Côte de Léchet 2010 (869198) 31$
Un élevage d'un an en petits fûts ajoute à la vinosité de ce vin ample et nourri, mais typiquement chablisien par sa droiture, sa franchise et son acidité tranchante qui accentue ses tonalités de miel et d'ananas. ☆☆☆☆ ②

Chablis Premier cru Fourchaume 2010 (11094671) 31,50$
Plus souple que le 2009, très franc, doté d'une agréable vinosité et d'une amertume délicate qui rehausse sa finale citronnée. ☆☆☆→? ②

Les Vénérables 2008, Vieilles vignes, Chablis (11094639) 26,95$
Issu de vignes âgées d'au moins 30 ans, ce vin étonne par sa tenue en bouche et sa poigne. Très tendu, minéral et agrémenté d'une finale aux goûts de citron et de menthe qui le rend encore plus attrayant. À moins de 30$, bravo! ☆☆☆☆ ② ✱

La Sereine 2009, Chablis (565598) 21,10$
Très bon Chablis «tout court» qui traduit la nature généreuse du millésime avec des saveurs mûres et une vinosité supplémentaire, tout en conservant la nervosité caractéristique de l'appellation. Rien de complexe, mais vif, sec, typé et désaltérant. Peut-on demander mieux d'un vin disponible dans l'ensemble du réseau? ☆☆☆ ② ©

LAROCHE

Michel Laroche a conclu une entente de fusion avec le groupe languedocien Jeanjean. Cette transaction, qui s'élève à plus de 50 millions d'euros, a donné naissance à l'une des plus grandes entreprises viticoles de France.

Chablis 2010, Saint Martin (114223) 23,95$
Ce Chablis vendu au répertoire général de la SAQ est tout à fait recommandable cette année encore. Très sec, vif, un peu nerveux et suffisamment aromatique. ☆☆☆ ② ©

LATOUR, LOUIS

Entreprise importante de Bourgogne, la société Louis Latour commercialise à elle seule 100 000 caisses de vins sous une centaine d'étiquettes différentes.

Corton-Charlemagne Grand cru 2009 (11481137) 199 $
Sans doute magnifié par la nature généreuse du millésime, ce Grand cru de la Côte de Beaune me semble particulièrement bien réussi cette année. Le boisé est bien intégré, il enrobe le vin et lui confère de jolis parfums de crème et de beurre. Excellent vin en devenir, pour l'amateur de Bourgogne de facture classique. ☆☆☆→☆ ③ Ⓢ

Pouilly-Vinzelles 2010, En Paradis (10864689) 22,35 $
En recul par rapport au 2009 dégusté l'an dernier. Bon vin blanc dans la moyenne, sans défaut ni qualité réelle. ☆☆ ②

Chardonnay 2010, Bourgogne (055533) 17,90 $
Une expression variétale du chardonnay ; assez gras, équilibré et recommandable. ☆☆ ② Ⓒ

Volnay Premier cru En Chevret 2009 (11584793) 81 $
Quoique assez discret au nez, ce Volnay s'avère assez volubile en bouche, mettant en relief des saveurs de cassis, de fleurs et d'épices exotiques, sur une texture veloutée, heureusement tonifiée par un gaz résiduel. Un peu amer et astringent au final, mais néanmoins agréable. Le prix laisse songeur… ★★→? ③ Ⓢ

Pinot noir 2009, Bourgogne (973214) 20,40 $
Souple, coulant et facile à boire ; guilleret avec de bons goûts de fraise en purée et de poivre. Ouvert et à boire d'ici 2015. ★★★ ②

Voir aussi la section Ⓟ

LORENZON, BRUNO

Mercurey Premier cru Champs Martin 2009 (11498342) 47,75 $
L'une des références à Mercurey. Avec raison si j'en juge par ce très bon Premier cru, à la fois sphérique, gourmand, charnu et mis en valeur par un bel usage de la barrique. Élégant et assez complexe avec une finale minérale, mariant les épices aux fleurs et au fruit mûr. Nul doute, il fait partie de l'élite de son appellation. Très chic ! ★★★→★ ③

À TABLE AVEC LE…

Pinot noir

Sa faible charge tannique en fait un vin passe-partout. Les plus simples peuvent même être servis à l'apéritif, légèrement rafraîchis. C'est le vin rouge de choix pour les poissons, particulièrement le saumon ou le thon. Par contre, il faut éviter de les cuisiner avec des ingrédients qui amaigriront le vin (produits laitiers, aliments sucrés, épices fortes) et privilégier des ingrédients de liaison tels que sauce au vin rouge, lardons, chorizo ou tomate. Volailles, viandes blanches, gibiers à plume, et abats lui siéent très bien, surtout lorsque préparés avec les alliés que sont la tomate (surtout longuement mijotée ou séchée), les champignons, particulièrement les champignons sauvages, les petits fruits rouges (canneberges, griottes ou framboises), les betteraves et autres légumes racines. – *V.R.*

MAGNIEN, FRÉDÉRIC

En plus de mener le domaine familial Michel Magnien, Frédéric Magnien gère une activité de négoce sous laquelle il produit plus d'une cinquantaine d'étiquettes différentes.

Fixin 2009 (11457284) 27,05$
Issu d'une parcelle située en bas de coteaux, ce Fixin se présente en bouche avec une attaque serrée qui lui donne une présence et une prestance notables pour le prix. Pas très persistant, mais charnu, coulant et fort agréable à boire. ★★★→? ②

MEIX-FOULOT

Mercurey Premier cru 2009, Clos du Château de Montaigu (11548194) 82,25$ – 1,5 litre
Bon Mercurey d'envergure moyenne, assez charnu, nourri de saveurs mûres de fruits noirs et d'épices. Rien de bien profond certes, mais sa texture nourrie et rassasiante, assez typique de l'appellation, se mariera à ravir avec les plats mijotés de la saison automnale. À boire entre 2012 et 2016. ★★★→? ②

Mercurey Premier cru Les Veleys 2008 (11195270) 32$
Jouant à fond la carte de la fraîcheur et de l'éclat juvénile du Pinot, ce vin est également recommandable dans un style souple et coulant. Léger, mais pas insipide. Reste à voir comment il évoluera. ★★→ ? ③

MOREAU, J. & FILS

Bourgogne Épineuil 2009 (917336) 19,90$
De nouveau une bonne note pour ce vin rouge courant produit dans la partie septentrionale de la Bourgogne, environ 20 km au nord-est de Chablis. Rien de compliqué, mais des saveurs nettes de fruits rouges, une saine acidité et une texture coulante et caressante. Parfaitement recommandable à moins de 20$. ★★★ ② ❋

MOREAU, LOUIS

Chablis Premier cru Vaulignot 2010 (480285) 25,25$
Prix tout à fait mérité pour un très bon Premier cru. Moins minéral que d'autres, mais à la fois sec, vineux, agréablement fruité et fort bien tourné. Avec l'arrivée de la saison des huîtres, l'amateur de vin franc et droit y trouvera certainement son bonheur. ☆☆☆ ②

MORTET, DENIS

Décédé prématurément en janvier 2006, Denis Mortet était une figure emblématique de Gevrey-Chambertin. Fils de vigneron, il avait créé sa propre exploitation en 1993 et n'avait pas tardé à se forger une excellente réputation, grâce à des vins charnus et colorés, essentiellement élevés en fûts de chêne neufs. Son fils Arnaud veille aujourd'hui sur le domaine.

Gevrey-Chambertin 2008, Vieilles vignes (11515940) 109$
Excellent Gevrey encore jeune et solidement constitué, que l'on ne devrait pas hésiter à mettre en carafe au moins deux heures avant de servir. Le bois s'estompe alors et le vin déploie un spectre aromatique nettement plus nuancé, mariant les épices à la griotte, sur un fond d'iode et de sous-bois. À boire idéalement entre 2015 et 2019. ★★★→★ ③ ♁

Gevrey-Chambertin Premier cru Lavaux Saint-Jacques 2007 (11201019) 179,25$
Sur un mode un peu plus puissant et structuré, ce Gevrey laisse une impression riche et onctueuse, presque capiteuse. Très charmeur et riche en saveurs de cerises mûres, sans le détail et la subtilité qui faisaient le charme du précédent. ★★★→? ③ Ⓢ

Gevrey-Chambertin Premier cru 2007 (10555528) 180 $
Cet excellent vin en devenir est le fruit d'un assemblage des premiers crus Cherbaudes, Petite Chapelle et Bel Air, situés respectivement aux limites des grands crus Mazis-Chambertin, Chapelle-Chambertin et Chambertin Clos de Bèze. Il en résulte un vin d'une classe certaine, aux tanins fins et satinés, indéniablement marqué par le terroir. Parfaitement équilibré, tout à fait dans l'esprit des meilleurs vins de l'appellation. ★★★→★ ③ Ⓢ

Gevrey-Chambertin 2007, En Champs (11200956) 131 $
Même si le bois joue encore un rôle prédominant, avec des accents fumés et une certaine sécheresse tannique, ce vin jeune n'en est pas moins savoureux et agréable à boire. Certainement assez étoffé pour continuer de s'affiner au cours des cinq prochaines années, mais nettement trop cher pour un Gevrey communal. ★★★→? ③ Ⓢ

MUZARD, LUCIEN

Santenay Premier cru Gravières 2009 (10327322) 35,50 $
Au sud de Beaune, le domaine de Claude et Hervé Muzard compte une quinzaine d'hectares. Certainement favorisé par les largesses du millésime, ce vin possède un certain charme avec sa bouche tendre, portée par des tanins bien présents, serrés, sans rudesse. Des saveurs de fruit noir, sur un fond d'épices. À boire maintenant ou à laisser reposer en cave trois ans. ★★★→?

Santenay 2009, Champs Claude, Vieilles vignes (10552415) 30,25 $
Ce vin m'a semblé plus dur, presque rustique en raison d'aspérités tanniques un peu trop prononcées qui laissent en finale une impression anguleuse. ★★→? ②

PARENT

Beaune premier cru Les Épenottes 2009 (11563503) 38,50 $
Expression ronde, joufflue et généreusement fruitée du terroir de Beaune. Le vin manque un peu de détail, comme plusieurs 2009, mais il compense par la générosité de sa chair fruitée, juteuse et bien mûre et sa finale chaleureuse aux accents de cerises confites. Charmeur et agréable à boire dès maintenant et au cours des cinq prochaines années. ★★★ ②

PAVELOT

Jean-Marc et Hugues Pavelot mettent en valeur les qualités encore trop souvent mésestimées de Savigny-lès-Beaune.

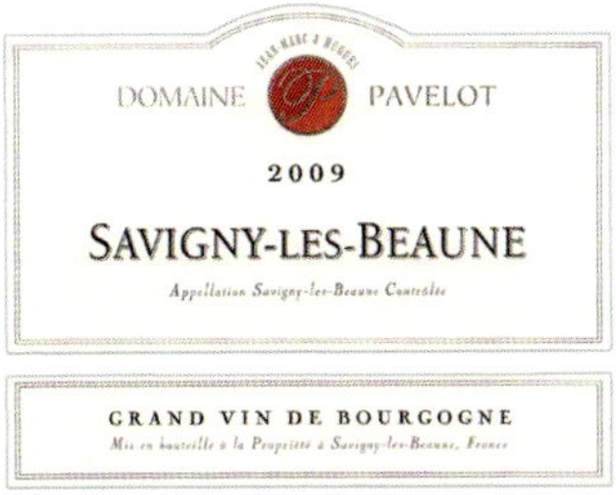

Savigny-lès-Beaune 2009 (11490404) 28,90 $
Ce vin authentique, sans maquillage ni excès de concentration, s'exprime avec beaucoup d'élégance et de pureté aromatique. Appréciable dès maintenant grâce à la délicatesse de son grain, à sa vigueur fruitée et à sa finale nuancée, mais facilement capable de tenir la route jusqu'en 2016. Quatre étoiles pour un excellent Savigny! ★★★★ ② ✻

PIERRE ANDRÉ

Pinot noir 2009, Réserve, Vieilles vignes, Bourgogne (721373) 19,55 $
Sans doute magnifié par la nature généreuse du millésime 2009, ce vin me semble plus complet cette année. Du fruit, une chair suffisamment ample et une impression d'ensemble tout à fait satisfaisante à moins de 20 $. ★★★ ②

POTEL, NICOLAS

L'entreprise créée par le fils du regretté Gérard Potel (Domaine de la Pousse d'Or), a été racheté par le négociant Labouré-Roi en 2004. Après en avoir assuré la gérance pendant cinq ans, Nicolas Potel a quitté ses fonctions pour se consacrer à Roche de Bellene, sa nouvelle société de négoce. Si l'on en juge par la série de vins dégustés au cours des dernières années, la qualité d'ensemble est en déclin.

Nuits-Saint-Georges 2009, Les Vaucrains (11217379) 68,75$
Le fruit est très mûr, presque trop, et laisse dubitatif sur l'avenir du vin. Le bois est bien présent au nez, mais en bouche le vin est franc, frais et d'une bonne tenue. Cher toutefois.... ★★★ ③

Monthélie Premier cru Les Champs Fulliot 2011 (11154321) 34,25$
Un joli Monthélie, délicat et parfumé, avec juste un peu trop de bois pour l'instant, mais le vin est jeune et devrait bien évoluer à court terme. ★★★ ②

Beaune Premier cru Les Bressandes 2010 (725929) 40$
Peu de bons mots pour ce Premier cru à l'attaque mince, dure et presque osseuse. On peut toujours garder espoir qu'il s'améliore avec les années. Personnellement, je doute qu'il aille bien loin. ★★ ②

Santenay 2010 (725564) 24,50$
Aucun plaisir à boire ce vin aqueux laissant en bouche des saveurs métalliques peu flatteuses. ★→? ②

Bourgogne Pinot coir 2011, Vieilles vignes (719104) 21,45$
Une bouche plutôt mince et des saveurs vaguement végétales. Peu de fruit et aucune dimension. ★→ ? ②

SIMONNET-FEBVRE

Cette entreprise chablisienne fondée en 1840 a été rachetée en 2003 par la maison Louis Latour.

Chablis Grand cru Les Clos 2009 (11109618) 76,25$
Assez généreux et tout à fait dans l'esprit du millésime. Riche d'une foule de saveurs intenses et chaleureuses de fruit, sur un fond délicatement minéral qui assure son caractère distinctif. Sa finale tendre et volubile le rend d'autant plus séduisant. ☆☆☆ ②

Chablis Premier cru Mont de Milieu 2009 (11094751) 36,75$
Après un 2008 plutôt ténu, le 2009 semble davantage à la hauteur des attentes que l'on peut avoir envers un Premier cru. Assez vineux, agrémenté de parfums exotiques et presque onctueux tant le fruit est mûr. ☆☆☆ ②

Chablis 2010 (10864970) 22,80$
Bon Chablis courant aux goûts simples de fruit jaune. Sec et frais. ☆☆ ②

TAUPENOT-MERME

Saint-Romain 2009 (11094866) 32,25$
En plus de leurs nombreuses parcelles de la Côte de Nuits, Virginie Taupenot et son frère Romain exploitent également un vignoble dans le secteur de Saint-Romain, village natal de leur père. Très bon 2009 dont la chair fruitée est heureusement soutenue par la droiture et la vigueur propres aux vins du domaine. Un bel équilibre d'ensemble et une finale délicatement amère qui accentue ses goûts de noyau de cerise. À boire au cours des cinq prochaines années. ★★★ ②

VALETTE

À des lieues des petits Mâcon ordinaires, les vins blancs de Philippe Valette sont autant de références dans ce secteur méridional de la Bourgogne.

Mâcon-Chaîntré 2009 (10224526) 28,05$
Fidèle au style de la maison, avec encore plus de richesse dans ce millésime chaud. Complexe, avec des notes de noix et d'épices, un boisé savamment dosé et un juste équilibre entre la maturité et la fraîcheur. Un vrai délice qui se révélera pleinement à table. ☆☆☆☆ ②

Voir aussi la section Ⓟ

D'autres bons vins, mais non commentés ☆☆ et ★★

BAILLY-LAPIERRE **Sauvignon blanc 2011, Saint-Bris** (10870211) 18,55$

BICHOT, ALBERT
Chablis 2011 (017897) 22,45$
Chardonnay 2010, Vieilles vignes, Bourgogne (10845357) 16,90$
Mercurey 2010 (11133327) 24,95$
Pouilly-Fuissé 2011 (022871) 25,95$

BLASON DE BOURGOGNE **Mâcon-Villages 2010** (10667423) 15,75$ Ⓒ

BOUCHARD PÈRE & FILS **Bourgogne Aligoté 2011** (464594) 14,95$ Ⓒ

CHÂTEAU DE CHAMIREY
Mercurey 2009 (962589) 26,20$
Mercurey blanc 2006 (179556) 25,45$
Mercurey Premier cru Les Ruelles 2009 (11629808) 41,75$

CHÂTEAU DE MEURSAULT **Pinot noir 2008, Bourgogne** (11469576) 26,90$

CHÂTEAU PHILIPPE-LE-HARDI
Bourgogne Hautes Côtes de Beaune Clos de la Chaise Dieu 2010 (869784) 20,95$ Ⓒ
Mercurey Premier cru Les Puillets 2009 (869800) 25,05$

DOMAINE CHAMPS PERDRIX **Pinot noir 2009, Bourgogne** (721134) 17,35$

DOMAINE CHOFFLET-VALDENAIRE **Givry Premier cru Clos de Choué 2009** (11669391) 32,75$

DOMAINE FAIVELEY
Mercurey 2009, Les Mauvarennes (864629) 20,70$
Mercurey Premier cru Clos des Myglands 2009 (147959) 30,25$
Pinot noir 2009, Bourgogne (142448) 19,65$

DROUHIN, JOSEPH
Chablis 2010, Réserve de Vaudon (10524609) 29,60$
Chablis 2011 (199141) 24,95$

JADOT, LOUIS
Chardonnay 2010, Couvent des Jacobins, Bourgogne (10264915) 21,70$ Ⓒ
Pinot noir 2009, Couvent des Jacobins, Bourgogne (966804) 19,95$
Saint-Véran 2011, Combe aux Jacques (597591) 19,20$ Ⓒ

LEQUIN-COLIN **Santenay Premier cru La Comme 2010** (11153598) 28,70$

LES VIGNERONS DES GRANDES VIGNES **Saint-Véran 2010, Les Plantés** (917740) 21,85$

MALLARD, MICHEL
Aloxe-Corton Premier cru La Toppe au Vert 2009 (11469322) 65,75$
Corton Grand cru Les Renardes 2009 (11469349) 95,75$

MARNAY-SORELLES **Pouilly-Fuissé 2010, Les Souvelles** (237909) 26,60$

ROPITEAU **Meursault 2010** (112979) 53$

TALMARD, GÉRALD & PHILIBERT **Mâcon-Uchizy 2011** (882381) 17,90 $

BEAUJOLAIS

Pour bon nombre de consommateur, la dénomination «Beaujolais» rime encore souvent avec Beaujolais Nouveau, la boisson à caractère festif qui a fait la fortune de gros négociants dans les années 1980, mais qui fait aujourd'hui le malheur d'une foule de petits vignerons souhaitant désespérément changer leur image.

La région – voisine de la Bourgogne et de la vallée du Rhône – produit encore son lot de banal et de rudimentaire, mais elle est aussi la source de vins fort sérieux, particulièrement dans la partie septentrionale. Cette zone située juste au sud de Mâcon regroupe dix crus et une foule d'artisans talentueux dont les vins n'ont souvent rien à envier à leurs cousins bourguignons vendus plus cher.

Les vins affichent certes la légèreté et le caractère friand propres au cépage gamay, mais cela n'exclut en rien la profondeur. Ce sont des vins qui chuchotent. Complexes, nuancés et élégants, sans pourtant sacrifier l'esprit guilleret qui fait tout le charme du Beaujolais.

«Le Beaujolais, écrivait Bernard Pivot – natif de la région –, n'est ni rare, ni discret, ni historique, ni moelleux, ni littéraire. Il n'est que populaire.» C'est ainsi qu'on l'aime et qu'on aime le boire à lampée, avec un plaisir toujours renouvelé.

AUFRANC, PASCAL

Juliénas 2010, Probus (11299351) 21,25$
De vieilles vignes de gamay donnent un Juliénas concentré qui peut s'avérer une bonne introduction au Beaujolais pour l'amateur de vin plus charpenté. Mieux équilibré que le 2009 commenté l'an dernier et assez rassasiant à sa manière. ★★★ ②

Chénas 2010 (11589869) 18,15$
Question de goût sans doute, mais je préfère le caractère juteux, aérien et guilleret de ce vin, certes moins concentré, mais tellement agréable et facile à boire que l'on résiste difficilement à l'appel d'un second verre. Quatre étoiles pour un excellent Chénas! ★★★★ ② ✻

BRUN, JEAN-PAUL

Lorsqu'il a repris l'affaire familiale en 1979, Jean-Paul Brun n'avait aucune formation. Vigneron autodidacte, il s'inspire à la fois des méthodes traditionnelles du Beaujolais et de l'école bourguignonne pour produire des vins blancs et des vins rouges très achevés.

Morgon 2010, Terres Dorées (11589746) 19,85$
J'aime beaucoup ce vin. À vrai dire, j'aime beaucoup les vins de Jean-Paul Brun en général. Beaucoup de caractère et de style dans ce Morgon très typé de l'appellation avec sa bouche charnue, veloutée et riche en saveurs de fruit et de fleurs. On peut déjà s'en régaler, mais il tiendra facilement la route jusqu'en 2016. ★★★★ ② ✻

Côte de Brouilly 2010, Terres Dorées (10520237) 19,25$
Plus charpenté que d'autres vins de l'appellation, sans être moins désaltérant, un excellent 2010 au fruit éclatant qui donne l'impression de s'abreuver directement de la grappe. Que du plaisir! ★★★★ ② ✻

Moulin-à-Vent 2010, Terres Dorées (10837331) 22,05$
Étonnamment souple, juteux et gourmand pour l'appellation, mais cela ne veut pas dire qu'il manque de sérieux. Tout y est, dans de bonnes proportions et le vin est franchement agréable à boire. Bien qu'il soit actuellement très abordable, il n'est pas exclu que le vin se referme au cours des prochains mois. Un conseil: faites provision de quelques bouteilles et surveillez son évolution au cours des cinq prochaines années. ★★★★ ② ✻

Chardonnay 2011, Terres Dorées, Beaujolais (713495) 21,85$
Non seulement il excelle dans l'élaboration de Gamay, mais le talent de Jean-Paul Brun se manifeste aussi dans ce vin blanc savoureux, gras et vineux comme il se doit, nourri par l'élevage bien dosé, qui permet d'apprécier ses bons goûts d'ananas et ses tonalités florales. Une réussite sur toute la ligne! ☆☆☆☆ ② ✻

LE VIN DÉCORTIQUÉ

Les levures: débat unicellulaire

Quoique microscopiques la levure joue un rôle prépondérant dans la composition du vin. La levure transforme les sucres du raisin en éthanol (alcool), mais elle est également à la base de centaines d'éléments dont plusieurs influencent le goût et la texture du vin.

On trouve les levures à l'état naturel sur la peau des raisins, mais aussi dans les fûts, les pressoirs, le sol, l'air, etc. Il en existe de multiples espèces et chacune transforme le sucre de différentes façons. Cela signifie que la fermentation d'un même jus avec diverses levures donnera des résultats différents.

Autrefois, la fermentation était confiée aux seules levures indigènes, que l'on trouvait naturellement à un endroit donné. La vinification moderne utilise maintenant des levures «de culture», des souches sélectionnées, puis isolées en raison de leur capacité à développer des arômes particuliers dans le vin, à demeurer actives même dans un degré d'alcool élevé, etc. En d'autres mots, les levures de culture permettent aux vignerons d'exercer un meilleur contrôle lors des vinifications.

Cet «outil» vinicole fait toutefois l'objet d'un débat récurrent dans la communauté vin. Les défenseurs des levures indigènes croient que ces dernières font partie intégrante du terroir, au même titre que le sol et le climat, et que le fait de les substituer par des levures de cultures équivaut, en quelque sorte, à priver le vin du goût authentique de son lieu d'origine. – *B.Z.*

CHARVET, GÉRARD

Depuis près d'un quart de siècle et sans faire de bruit, Gérard Charvet mène cette propriété de Moulin-à-Vent

Moulin-à-Vent 2010, La Réserve d'Amélie (11399707) 21,10 $
Il en tire un excellent vin tout en délicatesse et en subtilité. Non pas le plus charnu de l'appellation, mais sa finesse, son harmonie et sa finale aux nuances de framboise et de violette lui confèrent un charme certain. Très bel ajout au répertoire de la SAQ. ★★★★ ② ❋

CHÂTEAU DE BEAUREGARD

En 1999, fort de son expérience au sein de la maison Louis Jadot, Frédéric Burrier a pris les commandes de l'affaire familiale, dont l'activité s'étend dans le Beaujolais et dans le Mâconnais.

Fleurie 2009, Classique, Joseph Burrier (10837293) 23,90 $
Très bon vin, nourri comme il se doit, appuyé sur une trame veloutée, mais assez dense et animé d'une saine fraîcheur. Finale savoureuse aux saveurs florales. Encore jeune et un peu fermé, comme plusieurs 2009 le sont en ce moment. Aérez-le brièvement en carafe avant de le servir ou laissez-le dormir jusqu'en 2014. ★★★→★ ③ ❋♁

Moulin-à-Vent 2010, Classique (11154460) 26,50 $
Plus nourri et construit pour affronter les années, tout en restant fidèle à l'esprit de vitalité et de «buvabilité» des bons vins du Beaujolais. Encore assez juteux et friand pour l'heure, il est fort probable qu'il se referme en cours d'année pour se révéler de nouveau vers 2015. À vous de choisir si vous préférez miser sur la fougue juvénile ou sur le charme d'un vin à maturité. ★★★→★ ②

CHÂTEAU LA TERRIÈRE

Moulin-à Vent 2010, Cuvée de la Lure (11865051) 21,85 $
Arrivée prévue en janvier 2013 pour ce très bon vin de facture moderne, passablement rond et souple, agrémenté des parfums de vanillés de la barrique. Flatteur, mais élaboré dans de bonnes proportions. À boire sans se presser au cours des cinq prochaines années. ★★★ ②

CHÂTEAU DE PIERREUX

Au pied du mont Brouilly, cette propriété historique – dont certains vestiges remontent au XIIIe siècle – appartient à la maison Mommessin, elle-même acquise par le géant Boisset en 1997.

Brouilly 2010 (10754421) 19,85 $
Bien qu'il présente une feuille de route déjà remarquable au cours des derniers millésimes, le vin courant de la propriété me semble atteindre un nouveau sommet en 2009. Une profusion de saveurs éclatantes de fruits et une texture charnue, mais aussi toute cette vivacité qui est la marque du terroir de Brouilly. Sa finale franche aux accents de cassis est rehaussée d'un léger reste de gaz, qui donne au vin une allure juvénile franchement irrésistible! ★★★★ ② ❋

Brouilly 2009, La Réserve du Château (10368001) 27,30 $
Une sélection de parcelles de vieilles vignes, nourries par la richesse d'un superbe été ont permis d'obtenir un vin imposant et chaleureux, auquel une richesse alcoolique (14,5 %) donne un fini de bouche quasi sucré. Très jeune, il semblait traverser une phase turbulente lorsque dégusté au printemps dernier. Quelques mois de repos lui auront sans doute été bénéfiques. ★★★→? ②

CHÂTEAU THIVIN

Côte de Brouilly 2009, Cuvée Les Griottes (11305088) 21 $
Thivin est un nom important des appellations Côte de Brouilly et Brouilly. Issu d'une parcelle acquise en 2008, Les Griottes porte bien son nom puisqu'il déploie des saveurs gourmandes de cerises mûres, portées par une matière fringante, délicatement acidulée. Une interprétation passablement soutenue du Côte de Brouilly. Goûté de nouveau en septembre 2012, le vin semblait traverser un phase un peu ingrate; laissez-le reposer six mois encore. ★★★★ ② ✻

CHERMETTE, PIERRE-MARIE

Pierre-Marie et Martine Chermette sont installés tout au sud du Beaujolais, mais ils possèdent aussi quelques parcelles dans le secteur des crus Fleurie, Brouilly et Moulin-à-Vent. Leurs cuvées sont élaborées avec l'usage unique des levures naturelles.

Moulin-à-Vent 2010, Les Trois Roches (11154427) 24,55 $
Sur un mode un peu plus rond et souple que la moyenne de l'appellation, un vin de bonne facture, au grain tannique fin et élégant, fruité et agrémenté d'une fine amertume. Déjà très bon et jusqu'en 2016 au moins. ★★★→? ②

Pierreux 2010, Brouilly (11305660) 22 $
Sans surprise, le 2010 est un autre régal sur le thème de la suavité et des saveurs gourmandes de fruits mûrs.
Pas le plus nuancé ni le plus subtil, mais très séduisant; il a juste ce qu'il faut d'aspérités tanniques pour assurer sa tenue en bouche et lui donner un élan irrésistible. Miam! ★★★★ ② ✻

Beaujolais 2011, Les Griottes (11259940) 16,75 $
Au sud du Beaujolais, le couple élabore aussi un excellent Beaujolais, gorgé de fruit, friand, souple, juteux et plein de vitalité. ★★★ ② ✻

À TABLE AVEC LE...

Beaujolais

Vins de soif et de plaisir par excellence, les Beaujolais sont tout indiqués pour un plateau de charcuterie entre amis. Ils sont délicieux en général avec les viandes blanches et les volailles rôties, particulièrement lorsqu'elles sont relevées de petits fruits rouges aigrelets: canneberge, gadelle, griotte. Incontournables avec les plats de bistro traditionnels (pot-au-feu, bœuf bourguignon, navarin d'agneau, steak tartare, etc.) ainsi que les abats (foie de veau poêlé, rognons à la moutarde, joue de bœuf braisée, etc.). Les plus simples, servis bien frais, sont parfaits pour la cuisine sans façon (burgers, pizzas, macaroni), alors que ceux avec plus de structure pourront accompagner une cuisine plus élaborée et offriront du répondant aux protéines des viandes rouges saignantes. – *V.R.*

DESVIGNES, LOUIS-CLAUDE

Morgon 2010, La Voûte Saint-Vincent (11299415) 19,35 $
Assez bon Morgon, déployant la fermeté typique de l'appellation, bien en chair et en fruit, pourvu d'une agréable fraîcheur et fort plaisant avec sa finale aux délicats parfums de fleurs. ★★★ ②

DOMAINE DE LA TOUR DU BIEF

Il y a deux ans, le Bourguignon Vincent Girardin a acquis cette propriété historique de Chénas, dont la fondation remonte au Moyen-Âge.

Moulin-à-Vent 2009, Clos de la Tour (11679223) 24,55 $
Très jeune, un peu fermé et dans une phase ingrate – comme le sont en ce moment plusieurs 2009 d'ailleurs –, le vin a cependant toute la chair, la densité et l'équilibre nécessaires pour se développer au cours des quatre ou cinq prochaines années. ★★★→★ ③ ▼

DOMAINE DE CHAMP DE COUR

Moulin-à-Vent 2009, Réserve, Mommessin (557421) 26,75 $
Ce domaine acquis par la famille Mommessin (propriété du groupe Boisset) en 1962 est sous la responsabilité de Sylvain Pitiot, qui favorise des vinifications s'apparentant davantage aux méthodes bourguignonnes. Pas de macération carbonique, mais un long contact pelliculaire et un élevage en fûts de six mois. Il en résulte un vin passablement étoffé, charnu, agrémenté de bons goûts de fruits noirs et porté par une texture riche. On peut l'apprécier dès maintenant pour son intensité et sa finale chaleureuse aux accents de fleurs et d'épices, mais il continuera de s'épanouir jusqu'en 2015, au moins. ★★★→★ ③

JADOT, LOUIS

Cette grande maison bourguignonne apporte aussi un soin particulier à ses vins du Beaujolais. Après avoir racheté le Château des Jacques en 1996, la famille Gagey a fait appel à Guillaume de Castelnau pour assurer la gestion de son antenne beaujolaise. La totalité des vignobles détenus par l'entreprise est en processus de conversion à l'agriculture biodynamique.

Morgon 2009, Côte du Py, Château des Jacques (11589851) 32,75 $
Le nez porte encore la marque de l'élevage avec des odeurs de torréfaction. En bouche, le vin se révèle toutefois avec un éclat fruité digne de mention. Bel équilibre entre les éléments, tant en structure que sur le plan aromatique. Encore très jeune et charnu, il devrait être à son meilleur vers 2015, au moins. ★★★→★ ③

Moulin-à-Vent 2010, Château des Jacques (11451915) 25,70 $
Sur un mode encore plus ferme et solidement construit, un très bon Moulin-à-Vent de facture conventionnelle, vinifié à la bourguignonne plutôt qu'en macération carbonique. L'empreinte du bois est encore perceptible, mais le vin ne manque ni de chair fruitée ni de fraîcheur. Excellent vin en devenir. ★★★→★ ③ ❋

Sous les Balloquets 2010, Brouilly (515841) 20,15 $
Belle réussite en 2010 pour ce vin; gorgé de saveurs franches de framboise et doté d'une chair fruitée assez dense. ★★★ ②

Juliénas 2010, Château de Juliénas (878223) 22,20$
Un peu plus discret; souple, tendre et facile à boire, mais sans l'éclat des meilleurs. ★★★ ②

Beaujolais-Villages 2010, Combe aux Jacques (365924) 15,90$
Plus modeste, mais juteux, fruité et abordable. ★★ ②

LAPIERRE, MARCEL

Le regretté Marcel Lapierre, qui a tracé la voie pour de nombreux vignerons de la région, fut l'un des précurseurs régionaux dans l'élaboration de cuvées naturelles, sans ajout de soufre. Son fils Mathieu assure désormais la relève avec la même rigueur.

Morgon 2011 (11305344) 26$
Cette année encore, ce Morgon est l'archétype du vin qui appelle un second verre. Franc et droit, juteux et appétissant avec ses notes de petits fruits rouges aigrelets, mis en relief par une pointe d'amertume rafraichissante en finale. Pas tape-à-l'œil pour deux sous, juste du vrai bon vin. ★★★→? ②

Raisins Gaulois 2011, Vin de France (11459976) 17,65$
Frais, simple et fruité; tout de même un peu dilué. À ce prix, on fait mieux. ★★ ②

MARTRAY, LAURENT

Sur le coteau de Combiaty, adossé au mont Brouilly, Laurent Martray cultive 9 hectares de vignes – dont la moitié est louée au Château de la Chaize.

Les Feuillées 2010, Côte de Brouilly (11153125) 21,10$
Moins charnu que le 2009 commenté l'an dernier, mais néanmoins fort agréable par son caractère fringant et nerveux, et par ses saveurs de fruits rouges acidulés. Délicat, mais pas mince du tout, et doté d'une finale un peu saline qui lui donne une dimension supplémentaire. N'hésitez pas à l'aérer en carafe une trentaine de minutes avec de passer à table. ★★★★ ② ✻ △

Vieilles vignes 2010, Combiaty, Brouilly (10837373) 19,90$
Encore très jeune, délicat, franc et animé d'une saine vitalité. Un peu plus discret que l'an dernier certes, mais une jolie finale séveuse aux accents iodés. À revoir dans quelques mois. ★★★→? ② ✻

D'autres vins de qualité moyenne ★★ et ☆☆

AUCOEUR, ARNAUD **Morgon 2010 Cuvée Jean-Claude Aucœur** (11639221) 21,80$

CAVE DES GRANDS CRUS BLANCS
Mâcon Fuissé 2011 (11858344) 18,95$
Mâcon Vinzelles 2011 (11858352) 18,45$
St-Amour 2011 (11858361) 20,20$

CHÂTEAU DE PIZAY **Morgon 2011** (719393) 18,55$

COLLIN-BOURISSET **Moulin-à-Vent 2009, des Hospices** (747063) 26,50$

DOMAINE DES MARRANS **Chiroubles 2010, Vieilles vignes** (11153934) 19,85$

DUBŒUF, GEORGES
Beaujolais-Villages 2010 (122077) 15$
Brouilly 2010 (070540) 18,95$ Ⓒ
Fun 2009, Beaujolais (11459482) 14,15$ Ⓒ
Moulin-à-Vent 2007 (154864) 20,15$ Ⓒ
Saint-Amour 2008 (10481661) 18,95$

DUVERNAY, MARC **Côte de Brouilly 2009** (963637) 18,15$

FESSY, HENRY
Brouilly 2010 (11589842) 19,85$
Moulin-à-Vent 2010 (11589818) 21,65$

ALSACE

L'ALSACE EN QUELQUES CHIFFRES

18% de la production française de vins blancs d'appellation, 4% du vignoble est en agriculture biologique, soit une augmentation de 14,3% entre 2009 et 2010

De la ville de Strasbourg jusqu'à Thann, dans le sud, cette région densément peuplée ne s'étend que sur quelque 50 km de large sur environ 100 km de longueur. Petite certes, mais capable de grandes choses.

Première production de vins blancs d'appellation au pays, l'Alsace mise sur une poignée de cépages : riesling, pinot blanc, pinot gris, muscat et gewurztraminer, ainsi que les pinot noir, auxerrois, klevener de heiligenstein et sylvaner, qui contribuent à sa singularité.

Mais au-delà des cépages, la complexité de l'Alsace réside surtout dans une mosaïque de sols, chacun adapté à un cépage particulier. Par ailleurs, les vignerons alsaciens ont adopté la culture biodynamique comme peu d'autres régions de France ou d'ailleurs dans le monde. Pourquoi?

Peut-être en raison du métissage qui caractérise cette région frontalière, longtemps partagée entre l'Allemagne et la France. La culture, comme le dialecte local, est un heureux mélange des deux. L'Allemagne est très axée vers l'écologie et s'impose comme le *leader* européen en matière de consommation d'aliments biologiques. Ajoutons à cela une faible pluviométrie, une bonne dose de pragmatisme et l'attachement profond des Français au terroir, et vous avez un terrain fertile pour le développement d'un système agricole qui met l'accent non seulement sur la croissance de meilleurs raisins, mais aussi sur la protection des forces vitales qui animent la terre. – *Bill Zacharkiw*

Le SAVIEZ-VOUS?

Certains producteurs laissent une dose perceptible de sucre résiduel dans leurs vins. Quelques maisons ont commencé à donner des informations relatives aux taux de sucre et d'acidité sur la contre-étiquette, mais cette pratique demeure assez marginale. Pour acheter des vins secs, retenez les noms de Beyer, Hugel, Ostertag et Trimbach.

Le SAVIEZ-VOUS?

À cause de leur forte acidité, les grands vins secs de riesling ont besoin de temps pour atteindre leur sommet. Ils peuvent vivre très longtemps.

LES DERNIERS MILLÉSIMES

2011
Un été chaud, avec des précipitations abondantes en juillet et en août. L'arrière-saison s'est prolongée jusqu'en octobre et a permis une longue maturation des fruits à ceux qui ont eu la patience d'attendre pour vendanger.

2010
Des rendements naturellement limités ont donné des vins assez concentrés, mais très digestes. Les meilleurs vins ont un excellent potentiel de garde.

2009
Bel été chaud et sec. Des vendanges dès la mi-septembre sous une météo favorable ont donné des vins généreux et aromatiques.

2008
Bon millésime de vins fins, nerveux et très classiques. Riesling, pinot gris et gewurztraminer ont bénéficié de conditions favorables.

BARMÈS-BUECHER

Décédé prématurément en octobre 2011, François Barmès s'est taillé une réputation enviable en élaborant des vins particulièrement précis et savoureux, dont cet excellent crémant d'Alsace. Ses enfants et sa femme poursuivent avec la même rigueur.

Pinot gris 2008, Rosenberg, Alsace (11655811) 29,50$
Excellent Pinot gris mettant à la fois en relief la richesse d'un bon terroir et la fraîcheur du millésime 2008. Des saveurs exubérantes évoquant la figue et l'abricot séché, les épices exotiques et l'ananas confit, une onctuosité appréciable, sans lourdeur, grâce à une acidité bien dosée. Des délicats accents amers en finale ajoutent à son caractère et à sa longueur. Bravo! ☆☆☆☆ ② ✻

Riesling 2010, Herrenweg, Alsace (11153117) 27,05$
Le Riesling Herrenweg est à ranger parmi les bons vins d'Alsace à la SAQ. Peut-être pas aussi complexe que les Riesling d'Ostertag ou de Zind-Humbrecht, mais le vin se distingue néanmoins par son onctuosité (attribuable à un reste de sucre), ses riches saveurs de fruits exotiques et de miel, sur un fond délicatement minéral, et par son équilibre. À boire avec une cuisine asiatique relevée, au cours des cinq prochaines années. ☆☆☆→ **?** ②

LE SAVIEZ VOUS ?

Sauf de très rares exceptions, le goût de bois est inexistant dans les vins d'Alsace. L'expression du cépage et du terroir est pleinement mise en valeur.

À TABLE AVEC LE...

Riesling

Grand vin de gastronomie s'il en est un, notamment grâce à sa vive acidité. Poissons et fruits de mer bien sûr, mais aussi viandes blanches et volailles. Les ingrédients à marier sont nombreux : agrumes, citron vert en particulier, pommes jaune et verte, pêche, romarin, sauge, genièvre, citronnelle, basilic thaïlandais, lime kaffir, coriandre (fraîche et en grains), cardamome, lavande et bergamote. Si ces saveurs signent un plat, le Riesling risque fort d'être un très bon choix. C'est aussi un partenaire naturel pour la choucroute au vin blanc ou le rôti de porc au romarin. Et si le vin est demi-sec, il soutiendra avec aisance les plats pimentés ou à la noix de coco. – *V.R.*

BEYER, LÉON

À Eguisheim, la tradition familiale des Beyer se transmet depuis 1580. Aujourd'hui sous la gouverne de Marc Beyer et de son fils, Yann-Léon, la maison continue d'être un modèle de résistance à la tendance parfois racoleuse du sucre résiduel. Indépendants d'esprits, ils restent fidèles à l'idée du vin alsacien sec, pur et tranchant. Tout ce qui porte la griffe Beyer, du plus modeste au plus grand, est donc impeccablement précis et désaltérant.

Riesling 2005, Les Écaillers, Alsace (974667) 35,25 $
Lors d'une visite à Montréal en janvier 2012, Marc Beyer a proposé à la presse spécialisée, une verticale des Riesling Les Écaillers et Comtes d'Eguishem. Même le 1971, qui avait atteint l'âge vénérable de 40 ans, était une leçon de choses en matière de fraîcheur. Preuve que l'équilibre et la finesse sont davantage garants de longévité que la force ou l'exubérance. Excellent 2005 à la couleur or pâle et au caractère pétrolé typique, sur un fond de poivre blanc. La bouche est dense, portée par une texture onctueuse, néanmoins un peu austère car, de nouveau, le vin est parfaitement sec. Laissons-lui quelques années avant de pouvoir l'apprécier à sa juste valeur. ☆☆☆ →☆ ③

Pinot gris 2010, Alsace (968214) 20,30 $
Les reflets dorés et les parfums mûrs de ce Pinot gris pourraient faire craindre un reste de sucre à une autre adresse, mais pas chez Beyer. La bouche est franche, nette, passablement vineuse, mais le vin est sec et désaltérant. ☆☆☆ ②

Gewurztraminer 2010, Alsace (978577) 24,35 $
Le « Gewurz » à la Beyer. À la fois onctueux, ample volumineux et parfaitement sec. Très aromatique, mais jamais pommadé, et ponctué d'amertume noble qui met en relief ses parfums de litchi et ajoute à leur persistance. Excellent ! ☆☆☆☆ ② ✻

Riesling 2010, Réserve, Alsace (081471) 17,75 $
Le Riesling courant de Beyer est, comme toujours, un modèle de pureté, de droiture et d'équilibre. Absolument sec et tout à fait dans l'esprit des bons vins blancs alsaciens. ☆☆☆ ② ✻ ©

À TABLE AVEC LE...

Gewurztraminer
Le gewurztraminer donne des vins puissants, au nez et en bouche, qui requièrent des plats tout aussi riches. Peu de vins se marient si harmonieusement avec les épices à cari : qu'ils soient à base de poisson ou de viande, tous les plats rehaussés de ces assaisonnements lui iront à ravir. Tout comme une cuisine aux épices fortes ou aux fruits exotiques. Et il faut goûter au moins une fois dans sa vie le mariage classique alsacien qui réunit gewurztraminer, Munster fermier et graines de carvi. Un de mes accords préférés de tous les temps! – *V.R.*

DOMAINE OSTERTAG

Innovateur et indépendant d'esprit, André Ostertag produit une gamme de vins distingués soigneusement élaborés. Il a eu l'audace de bousculer la tradition en conduisant certaines vinifications en barriques de chêne – le Pinot gris notamment –, une méthode empruntée à la Bourgogne, où il a fait ses études d'œnologie. Bien plus que des Riesling ou des Pinot gris, les vins d'Ostertag racontent le terroir alsacien, avec beaucoup de nuance et d'inspiration.

Riesling 2009, Heissenberg, Alsace (739813) 35,75 $
Un vin pour lequel les mots ne suffisent pas… D'une richesse et d'une complexité hors du commun, il déploie, comme tous les vins d'Ostertag, une grande minéralité, qui s'exprime ici par un caractère très salin. Un exemple probant du terroir qui transcende le cépage. Superbe équilibre entre la richesse et la fraîcheur, et longue finale crescendo, promesse d'un très bel avenir. ☆☆☆☆→? ②

Riesling 2009, Grand Cru Muenchberg, Alsace (739821) 47,75 $
Dans la commune de Nothalten, le Riesling s'enracine dans les sols de grès rose qui composent le grand cru Muenchberg. En 2009, cela donne un Riesling quelque peu atypique, par ses arômes de fruits tropicaux, sa texture grasse, sa bouche capiteuse et son acidité modérée, sans doute attribuables à la nature chaleureuse du millésime. La nature a parlé, André Ostertag l'a écoutée. Un vin d'envergure, néanmoins empreint de vitalité, qu'il faudra définitivement apprécier à table. ☆☆☆ → ☆ ③

Riesling 2010, Vignoble d'E, Alsace (11459984) 25,30 $
Du vrai bon Riesling! Parfums d'agrumes, de fleurs et de romarin. La bouche est savoureuse, franche, et fait saliver. Juteux et vif à la fois, c'est l'archétype du vin qui appelle le deuxième verre. ☆☆☆☆ ② ✻

À TABLE AVEC LE...

Pinot gris

Plus ample que le Riesling, le Pinot gris se plaît en compagnie de préparations plus riches. Poissons, fruits de mer, volaille et viandes blanches, mais en sauce crémeuse, au fromage, ou encore aux fruits ou au lait de coco si le vin n'est pas trop sec. Le Pinot gris a une affinité toute particulière avec la poire, les champignons, le gingembre, le miel. C'est le vin le plus polyvalent pour les fromages. S'ils sont forts ou coulants, il faut privilégier un Pinot gris plus ample, voire avec un peu de sucre résiduel. – *V.R.*

Pinot gris 2010, Barriques, Alsace (866681) 29,20$
Comme toujours, le bois est savamment utilisé et rehausse l'onctuosité du Pinot gris, sans en masquer les saveurs naturelles. Cet excellent 2010 succède au tout autant somptueux 2009 et marie, comme toujours, la vinosité et la fraîcheur dans des proportions admirables. Un vin sec, précis et racé, doté d'une finale quasi saline qui le rend encore plus désaltérant. À boire dès maintenant et au cours des cinq prochaines années. ☆☆☆☆ ②

Pinot gris 2010, Fronholz, Alsace (924977) 40,50$
Riche et complexe, avec des arômes de poires confites, de gingembre et de verveine. Très épicé en bouche, avec une texture presque mielleuse, mais relevée d'une saine acidité. Longue finale qui égrène les saveurs. Tout ce qu'on veut d'un grand Pinot gris. ☆☆☆☆ ②

HUGEL & FILS

Décédé en 2009, Jean Hugel aimait répéter que l'on reconnaissait une grande maison par la qualité de son vin courant.

Riesling 2011, Alsace (042101) 18,05$
Rien de compliqué, mais de nouveau une expression variétale du Riesling tout à fait satisfaisante. Sec, franc et agrémenté de délicates notes florales. ☆☆☆ ② Ⓒ

Gewurztraminer 2011, Alsace (329235) 19,95$
Retour à la normale après un 2010 un peu ténu, un vin très aromatique et arrondi par un léger reste de sucre, qui enrobe ses parfums exubérants de rose et de litchi. ☆☆☆ ② Ⓒ

Gentil 2010, Alsace (367284) 17,15$
Comme d'habitude, ce cocktail alsacien combine les vertus aromatiques des cépages gewurztraminer, pinot gris, riesling, muscat et sylvaner. Parfumé, affriolant et désaltérant. ☆☆☆ ② ✻ Ⓒ

Voir aussi la section Ⓟ

SCHLUMBERGER

Riesling 2010, Les Princes Abbés, Alsace (743443) 21$
Vin très sec déployant les senteurs de pétrole (rien de rustique là-dedans), associées au Riesling. Pas complexe, mais très franc et doté d'une tenue en bouche appréciable. ☆☆☆ ②

«S» de Schlumberger, Alsace (10789869) 18,10$
Plus modeste, sans grande envergure ; facile à boire. ☆☆ ②

TRIMBACH

Pinot blanc 2008, Alsace (089292) : 16,05$
Dans son domaine de Ribeauvillé, la famille Trimbach reste fidèle au style qui a fait la réputation de la maison auprès des amateurs appréciant les vins stricts et purs. Pas le plus aromatique, typique pinot blanc, mais sec et agrémenté d'une finale saline qui le rend franchement désaltérant. ☆☆☆ ② ✻

ZIND-HUMBRECHT

Léonard Humbrecht est une grande figure alsacienne et ses vins sont réputés pour leur richesse, leur complexité et leur individualité. Son fils Olivier est une «lumière» de la viticulture européenne. Qualité et authenticité assurées.

Gewurztraminer 2008, Heimbourg, Alsace (10265192) 51,75$
De style pansu, tout en rondeur et agrémenté de quelques grammes de sucre résiduel, cet excellent Gewurztraminer se distingue par son élégance et son équilibre exemplaire. Parfumé sans être pommadé, avec une fine amertume propre au cépage qui atténue la sensation de sucrosité et donne du relief au fruit. Un vin multidimensionnel à savourer avec un plaisir gourmand. ☆☆☆☆ ② ▼

Voir aussi la section Ⓟ

D'autres vins d'Alsace de qualité moyenne ☆☆

ALBRECHT, LUCIEN **Gewurztraminer 2008, Bollenberg, Alsace** (710459) 24,40$

CAVE DES VIGNERONS DE PFAFFENHEIM
Gewurztraminer 2011, Cuvée Bacchus, Alsace (197228) 19,70 $ Ⓒ
Pinot blanc 2011, Grande Réserve, Alsace (11459677) 15,40 $ Ⓒ
Pinot gris 2011, Alsace (456244) 15,95$ Ⓒ
Riesling 2007, Gueberschwihr Goldert, Alsace Grand cru (11034652) 33,50$
Riesling Cuvée Jupiter Pfaffenheim Alsace 2008 (914424) 19,35$ Ⓒ

DOPFF & IRION
Gewurztraminer 2008, Les Sorcières, Alsace (979658) 24,60$
Sylvaner 2010, Crystal d'Alsace, Alsace (043422) 13,95$

MADER **Riesling Rosacker 2007, Alsace Grand cru** (11034572) 38,75$

METZ, ARTHUR
Gewurztraminer 2009, Alsace (10967451) 18,80$ Ⓒ
Pinot blanc 2010, Alsace (10967469) 15$ Ⓒ

PIERRE SPARR **Pinot gris 2010, Reserve, Alsace** (11675679) 16,30$ Ⓒ

RIEFLÉ **Riesling 2011, Bonheur Convivial, Alsace** (10915327) 16,45$ Ⓒ

WILLM **Riesling 2011, Réserve, Alsace** (011452) 16,10$ Ⓒ

ZEYSSOLFF **Pinot blanc Auxerrois 2011, Alsace** (896530) 15,80$

VAL DE LOIRE

LA LOIRE EN QUELQUES CHIFFRES

1er producteur de vins blancs d'appellation en France. La Loire produit : 45 % de vins blancs, 23 % de vins rouges, 21 % de vins rosés et 11 % de vins effervescents.

ANJOU

À cause de leur forte acidité, les meilleurs vins blancs secs et moelleux issus de chenin – Coteaux du Layon, Anjou, Savennières – peuvent vivre longtemps.

PAYS NANTAIS

Le Muscadet est sans doute l'un des vins blancs de France dont la réputation a le plus souffert de la vague de produits industriels commercialisés au cours des dernières décennies. Entre de bonnes mains, le melon de Bourgogne – cépage de l'appellation – donne pourtant des vins savoureusement désaltérants qui n'ont rien à envier à d'autres bons vins blancs de France.

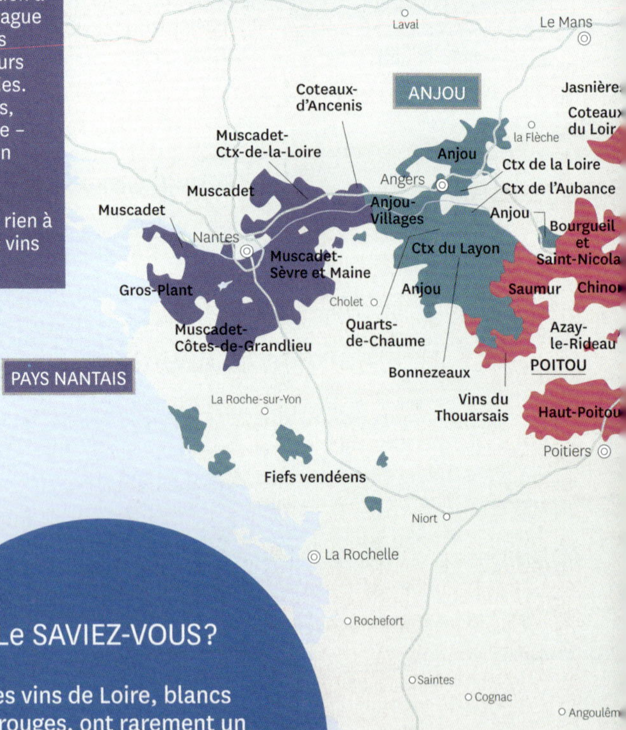

Le SAVIEZ-VOUS ?

Les vins de Loire, blancs ou rouges, ont rarement un caractère boisé. Les producteurs préfèrent mettre la matière première et l'expression du terroir en valeur.

Situé entre le massif Central et l'océan Atlantique, de part et d'autre du long fleuve auquel il doit son nom, le vignoble du val de Loire est le plus diversifié de France. Le vin se décline en plusieurs temps : rouge, rosé, blanc, sec, moelleux, liquoreux, tranquille, mousseux. On a souvent dit de ses crus qu'ils étaient les plus français de tout l'Hexagone et que les Vouvray, Coteaux du Layon, Savennières, Chinon, Bourgueil, Sancerre, Pouilly-Fumé étaient parmi les plus civilisés du pays.

Le caractère hautement digeste des vins rouges et blancs de la Loire n'est sans doute pas étranger à leur popularité croissante chez les restaurateurs et auprès d'une clientèle avisée. La cuisine s'allège et se raffine. Les papilles des consommateurs aussi.

Comment ne pas succomber au charme discret d'un bon Cabernet franc ? À la légèreté proverbiale d'un Muscadet ? À l'ampleur et à la sève d'un grand Vouvray ? La tentation est d'autant plus grande que la SAQ diversifie maintenant ses sources d'approvisionnement et que les rayons foisonnent de vins rouges et blancs somptueux, souvent offerts à prix d'aubaine.

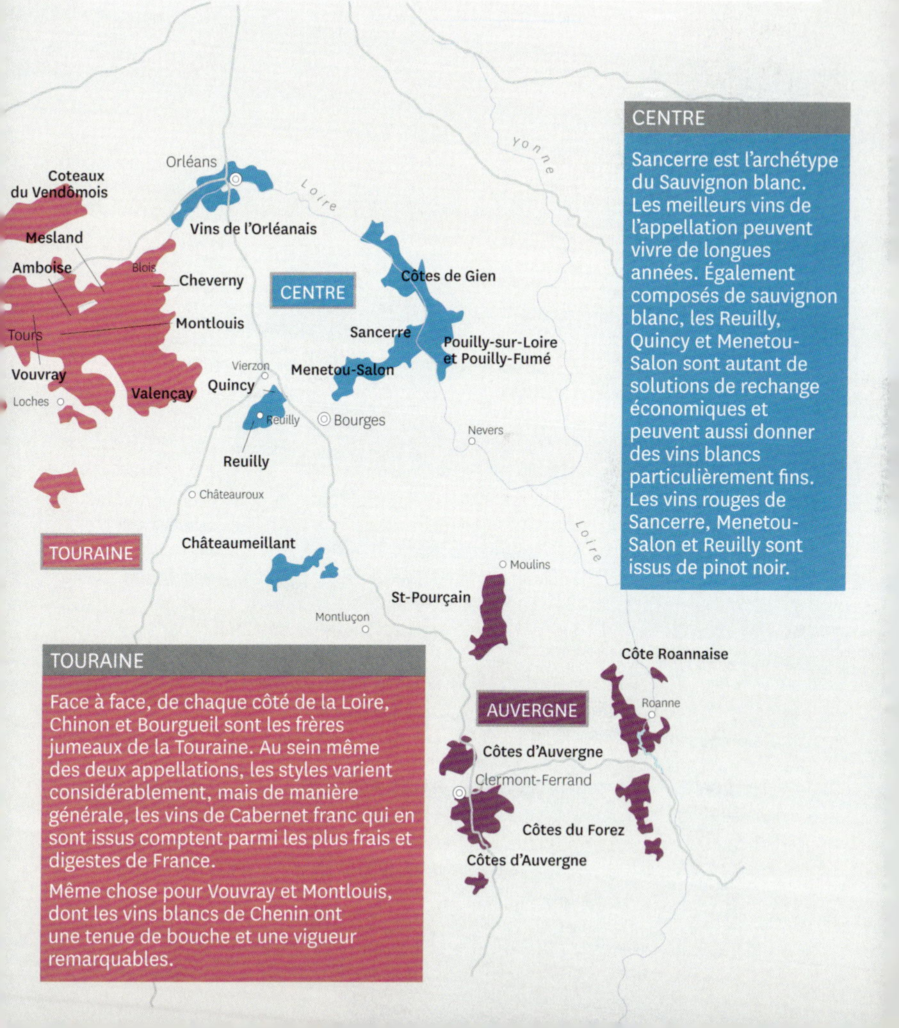

CENTRE

Sancerre est l'archétype du Sauvignon blanc. Les meilleurs vins de l'appellation peuvent vivre de longues années. Également composés de sauvignon blanc, les Reuilly, Quincy et Menetou-Salon sont autant de solutions de rechange économiques et peuvent aussi donner des vins blancs particulièrement fins. Les vins rouges de Sancerre, Menetou-Salon et Reuilly sont issus de pinot noir.

TOURAINE

Face à face, de chaque côté de la Loire, Chinon et Bourgueil sont les frères jumeaux de la Touraine. Au sein même des deux appellations, les styles varient considérablement, mais de manière générale, les vins de Cabernet franc qui en sont issus comptent parmi les plus frais et digestes de France.

Même chose pour Vouvray et Montlouis, dont les vins blancs de Chenin ont une tenue de bouche et une vigueur remarquables.

LES CINQ DERNIERS MILLÉSIMES

2011

Une année un peu étrange et un millésime de vigneron. Printemps exceptionnellement chaud et floraison hâtive; températures fraîches en juillet et en août et vagues de chaleur en septembre et en octobre. Le travail à la vigne a été un facteur déterminant, surtout pour les rouges.

2010

Résultats variables selon les régions; très satisfaisants dans le Muscadet, en Anjou ainsi qu'à Sancerre. De très bons vins rouges de cabernet franc en Touraine. Dans les Coteaux du Layon, à Vouvray et à Montlouis, pluies et pourriture ont compliqué la vie des vignerons.

2009

En dépit d'épisodes de sécheresse en Anjou et en Touraine, la qualité d'ensemble des rouges et des blancs donne satisfaction. Grêle à Sancerre.

2008

Millésime classique avec de très bons vins blancs secs – notamment dans le Muscadet – et des vins rouges charpentés en Anjou et en Touraine. Peu de vins liquoreux, en raison d'un mois de novembre pluvieux. Beaucoup de bons vins aromatiques à Sancerre et à Pouilly-Fumé.

2007

Après un été de misère et des problèmes généralisés de pourriture, les vignerons de Loire – de Nantes à Sancerre – ont pu enfin bénéficier d'un mois de septembre plus favorable. De bons vins blancs secs et liquoreux aux meilleures adresses. Des vins rouges de qualité moyenne destinés à une consommation rapide.

DES PRODUCTEURS À RETENIR

ANJOU

Château Yvonne (Saumur), Domaine Ogereau (Savennière), Domaine Guiberteau, Clos Rougeard, Damien Laureau (Savennière), Patrick Baudouin (Anjou), Pithon-Paillé (Anjou).

TOURAINE

Bernard Baudry (Chinon), Catherine et Pierre Breton (Bourgueil), Clos de la Briderie, Domaine de Bellivière (Jasnières), Domaine de Garrelière, Domaine de la Butte (Bourgueil), Domaine de La Charmoise, Domaine du Briseau (Coteaux du Loir), Domaine Huet (Vouvray), François Chidaine (Montlouis), Les Vins Contés, Pascal Janvier (Jasnières), Pascal & Alain Lorieux, Nicolas Reau (Chinon), Domaine du Moulin (Cour-Cheverny), Vincent Carême (Vouvray), Yannick Amirault (Bourgueil).

PAYS NANTAIS (Muscadet)

Chéreau-Carré, Domaine de la Pépière, Domaine de l'Écu – Guy Bossard, Domaine La Haute Févrie, Domaine Saint Nicolas (Fiefs Vendéens), Joseph Landron, Luneau-Papin.

CENTRE

Didier Dagueneau (Pouilly Fumé), Domaine Delaporte (Sancerre), Domaine des Ballandors (Quincy), Domaine de Reuilly, Domaine la Moussière (Sancerre), Domaine Pellé (Menetou-Salon), Domaine Vacheron (Sancerre), François Cotat (Sancerre), Gérard Boulay (Sancerre), Jean-Max Roger (Menetou-Salon), Pascal et Nicolas Reverdy (Sancerre), Philippe Gilbert (Menetou-Salon).

DÉBOUCHER OU ATTENDRE ?

Val de Loire blancs • **De la cave, que boire en 2013?**

À l'exception des plus grandes cuvées qui peuvent vieillir admirablement, les vins de Muscadet sont bons à boire dès maintenant. Sancerre et Pouilly-Fumé peuvent vivre plus longtemps qu'on le pense. Les meilleurs vins de chenin blanc, secs, moelleux ou liquoreux (Anjou, Savennières, Vouvray traditionnels, etc.), exigent quelques années pour développer leur potentiel. Parfois sévères avant l'âge de 5 ans, ils dévoilent toute leur complexité après quelques années en bouteille. Les grands vins moelleux de la période 2007-2002 – surtout les 2005 – continueront de se développer et vivront longtemps. Les Vouvray, de Savennières et Coteaux du Layon sont pratiquement indestructibles; dans une cave fraîche, ils traversent les décennies sans broncher et acquièrent des nuances exquises.

Val de Loire rouges • **De la cave, que boire en 2013?**

La plupart des vins rouges de Loire sont bons à boire jeunes, y compris les Chinon et les Bourgueil. Les meilleurs vins des millésimes 2009, 2008 et 2006 peuvent encore mûrir. En 2013, on profitera sans tarder des 2007.

LE VIN DÉCORTIQUÉ

Blanc sur rouge...

Une croyance populaire soutient encore qu'il ne faut jamais servir de vin blanc après du vin rouge. C'est faux, et vous ne serez pas malade si vous le faites ! Après tout, la plupart des fromages, que l'on mange après le plat principal, s'accordent mieux avec le blanc. Et pourquoi ne pas servir un homard (blanc) après un plat de pâtes à la sauce tomate (rouge) ? De plus, lors des dégustations professionnelles, plusieurs critiques préfèrent goûter les vins blancs après les vins rouges.

L'ordre est important lorsqu'on sert des vins de la même couleur. Pour les blancs, commencez par des vins plus acidulés, puis servez des vins plus riches et terminez avec des vins plus sucrés. Pour les vins rouges, passez des vins légers et fruités aux vins costauds et structurés.

Une règle simple consiste à commencer par le vin au plus faible degré d'alcool et de passer graduellement à des vins de plus en plus alcoolisés. – *B.Z.*

AMIRAULT, YANNICK

Dans son domaine d'une vingtaine d'hectares, ce producteur signe des vins très complets qui allient à la fois la finesse et la structure.

Le Grand Clos 2009, Bourgueil (11154128) 26,80 $
Ce 2009 me semble davantage marqué par l'élevage, tant par ses arômes de caoutchouc brûlé, que par son fini tannique asséchant. Peut-être traversait-il un creux de vague lorsque dégusté en septembre 2012. Laissons la chance au coureur, il devrait se présenter sous un jour plus harmonieux d'ici quelques années. ★★→★ ③

La Coudraye 2010, Bourgueil (10522401) 19,60 $
Excellent Cabernet franc de facture certes moderne, mais néanmoins très satisfaisant par son attaque en bouche pleine et charnue, ses saveurs poivrées et son équilibre d'ensemble. Léger reste de gaz, donnez-lui une demi-heure en carafe ou quelques mois de repos. ★★★ ②

BAUDOUIN, PATRICK

Coteaux du Layon 2004, Les Bruandières (10985835) 47 $
Ce vin taillé comme une pièce d'orfèvre procure un plaisir rare. Des vendanges successives et un tri minutieux pour ne cueillir que les raisins parfaitement botrytisés. Le 2004 affiche une couleur safran, un parfum racé et un fruité explosif sur un fond élégamment fumé. Tendre, onctueux et équilibré. Déjà succulent, mais il pourra tenir la route des dizaines d'années. ☆☆☆☆ ③

BOURGEOIS, HENRI

Sancerre 2010, Jadis (10322142) 56,50 $
Plus cher et plus ambitieux que les autres Sancerre de la maison, ce vin provenant d'une parcelle de vignes de sauvignon âgées de plus 50 ans se signale avant tout par l'opulence de ses formes et par ses arômes distinctifs évoquant le bouillon de poulet et le céleri. Déjà savoureux et fort aimable, il est apte à vieillir en beauté. ☆☆☆→? ②

Sancerre 2009, La Bourgeoise (702142) 40,50 $
Sans doute en raison du millésime, ce vin me semble un peu plus riche que d'habitude. Ampleur et volume en bouche, des saveurs mûres et une finale assez persistante. ☆☆☆ ②

Sancerre 2010, Le MD (967778) 36,50 $
Arrivée prévue au début 2013 pour ce vin dont le nom, MD, fait référence au Monts Damnés, un cru réputé de Sancerre. Le 2010 présente des tonalités végétales et herbacées évoquant l'asperge. Correct, mais un peu trop linéaire pour justifier son prix. Pour le moment du moins. ☆☆→ ? ②

D'autres vins de ce producteur de qualité moyenne ★★ et ☆☆

Menetou-Salon 2011, Le Prieuré des Aublats (10265029) 25,35 $
Pouilly-Fumé 2010, En Travertin (412312) 28,10 $
Sancerre 2011, Les Baronnes (303511) 26,55 $ Ⓒ
Sancerre rouge 2009, Les Baronnes (10267841) 29,85 $

BRETON, CATHERINE ET PIERRE

Bourgueil 2009, Les Perrières (11665180) 37 $
Dans sa version 2009, ce Bourgueil s'affirme avec beaucoup de sérieux et d'envergure. Des vieilles vignes (jusqu'à 70 ans), des rendements limités, une viticulture soignée et un millésime généreux se traduisent par une concentration remarquable, une texture suave qui tapisse la bouche de parfums floraux et fruités. Un vin de Loire on ne peut plus authentique. Il est encore meilleur après un passage d'une heure en carafe et mériterait de dormir encore quelques années. Excellent, mais pas donné. ★★★★ ③ ⚱

CARÊME, VINCENT

Vouvray sec 2010 (11633612) 24,40 $
Vincent Carême est un puriste qui continue de proposer une expression dépouillée et cristalline du terroir de ses ancêtres. Son 2010 est encore dans sa coquille comme le sont souvent les bons vins secs de chenin en jeunesse; la bouche annonce une certaine intensité par sa vinosité et par son acidité, garante de tenue et de poigne. Un excellent vin en devenir, un peu austère pour l'heure, et qui devrait mûrir en bouteille jusqu'en 2014, au moins. ☆☆☆→☆③

CHÂTEAU DE LA MULONNIÈRE

Savennières 2009, L'effet Papillon (11684372) 24,55 $
Très bon vin tout à fait dans l'esprit de son appellation, c'est-à-dire très sec, presque tranchant, modérément aromatique et doté d'une vive acidité. Un peu austère pour l'heure, mais il devrait s'assouplir et gagner en nuances aromatiques avec quelques années de repos. ☆☆☆→ **?** ③

CHÂTEAU YVONNE

La propriété créée Jean-François Lamunière est devenue une référence dans l'art d'élaborer des vins à forte personnalité. Son nouveau propriétaire, Mathieu Vallée, poursuit dans la même optique.

Saumur 2011 (10689665) 25,60 $
Du grand art! Riche, complexe et très singulier avec ses arômes de poire confite et de gingembre, le nez ne cesse d'évoluer... La bouche est riche et texturée, pourvue d'une acidité tranchante qui agit comme un contrepoids à cette profusion de fruit mûr. Des notes de terre humide et de champignons ajoutent à la complexité. Très longue finale, nourrie et profonde. Beaucoup de vin pour le prix. ☆☆☆☆ ③

Saumur-Champigny 2010, La Folie (11665534) 23,70 $
Une couleur violacé hyperdense et un nez au fruit très mûr, mais très typé cabernet franc, annoncent un vin sérieux. La bouche est dense, très texturée, marquée par la minéralité, et joue le parfait équilibre entre fruit mûr et fraîcheur. Longue finale aux tanins serrés. Charnu comme il se doit, mais surtout gourmand et éminemment buvable! ★★★★ ② ❋

À TABLE AVEC LE...

Cabernet franc

Par sa concentration tannique, le Cabernet franc se marie mieux avec les viandes blanches ou rouges, et il est particulièrement délicieux avec le porc ou le poulet rôtis. Il a une affinité naturelle avec les poivrons, le chou (rouge, en particulier) et les champignons. Sa grande «buvabilité» en fait également un compagnon de choix pour la cuisine de bistro, tel un tartare de bœuf, un foie de veau poêlé ou un steak frites. – *V.R.*

CHÉREAU-CARRÉ

Château de Chasseloir 2009, Cuvée des Ceps Centenaires, Muscadet (854489) 16,90 $
Peut-être magnifié par la nature du millésime, ce Muscadet me semble particulièrement vineux et complet cette année. Très sec et aux accents minéraux affirmés, il est une autre preuve qu'à l'embouchure de la Loire, on peut aussi produire des vins distinctifs. Finale savoureuse goûtant l'ananas et agrémentée d'une pointe saline. À ce prix et dans sa catégorie, il mérite bien quatre étoiles. ☆☆☆☆ ② ✻

Réserve Numérotée 2011, Muscadet (365890) 13,70 $
Vif et moins distinctif que le précédent, mais net et franc, avec de bons goûts de pommes jaunes. ☆☆ ② ©

CHIDAINE, FRANÇOIS

Tout comme Menetou-Salon avec Sancerre, l'appellation Montlouis évolue un peu dans l'ombre de Vouvray. Depuis une vingtaine d'années, François Chidaine n'a ménagé aucun effort pour redorer la réputation de ce terroir situé sur la rive sud de la Loire.

Montlouis-sur-Loire 2008, Les Tuffeaux (11420019) 24,95 $
Les parfums exubérants de raisins de chenin mûris à souhait et un reste appréciable de sucre (environ 20 g/l) donnent à ce vin un charme certain. Sucré certes, mais nullement doucereux, grâce à une juste dose d'acidité, et très racé par son vaste registre de saveurs. Déjà excellent, mais il n'atteindra son apogée que dans deux ou trois ans. À apprécier avec des plats asiatiques relevés. ☆☆☆☆ ③ ✻

Les Choisilles 2007, Montlouis-sur-Loire (11153176) 29,05 $
Dans un style plus tendre que d'autres, mais sans mollesse, ce vin issu de chenin blanc déploie en bouche de fines notes minérales qui contribuent à sa prestance et à sa personnalité. À boire sans se presser, puisqu'il a les atouts nécessaires pour vieillir en beauté. ☆☆☆☆ ②

À TABLE AVEC LE...

Chenin

Avec leurs arômes complexes de fruits jaunes (pomme, poire, coing), de miel et de champignons, les meilleurs vins de chenin sont tout indiqués pour la gastronomie. Parfois gras, voire un peu moelleux, mais toujours dotés d'une acidité vive qui les rend si agréables à table. Poissons riches et volailles, viandes blanches, même gibier à plume, cuisinés au beurre blanc, à la crème, aux champignons (particulièrement champignons sauvages), aux betteraves jaunes, aux légumes racines ou aux fruits blancs et jaunes, frais ou secs. Outre le cidre, c'est l'un des meilleurs accompagnements pour un rôti de porc aux pommes. Pensez à équilibrer la sucrosité du vin avec celle du plat. – *V.R.*

CLOS DE LA BRIDERIE

Ce domaine exploité en biodynamie par Vincent Girault continue de cumuler les succès.

Vieilles vignes 2009, Touraine Mesland (977025) 15,55$
Cet assemblage de côt (malbec), de cabernet franc et de gamay séduit une fois de plus par son attaque en bouche franche, sa vigueur, sa légèreté alcoolique (12,5%) et ses saveurs épicées. Servi autour de 15 °C, on ne saurait demander mieux à ce prix! ★★★ ② ❋

Touraine Mesland 2010 (861575) 15,65$
Rond et vineux, mais animé d'une nervosité très tourangelle; ce bon vin fleure l'ananas et la cire d'abeille et fait preuve d'une personnalité digne de mention. Un dépaysement aussi abordable qu'agréable. ☆☆☆ ② ❋

COLIN, PATRICE

Coteaux du Vendômois 2010, Pente des Coutis (11498107) 19,10 $
Après un 2009 surdimensionné commenté un peu sévèrement l'an dernier, ce vin me semble nettement mieux équilibré. Un Chenin de facture moderne, passablement vineux, riche de 14% d'alcool et presque sucré tant le fruit est mûr. Rien de complexe, mais sa profusion de saveurs fruitées et son équilibre le rendent particulièrement rassasiant à moins de 20$. ☆☆☆ ②

DOMAINE DE BELLIVIÈRE

L'appellation Coteaux du Loir couvre à peine 70 hectares – la taille de certaines propriétés bordelaises – dans le département de la Sarthe. Elle mise sur l'originalité des cépages chenin, en blanc, et pineau d'Aunis, en rouge.

Jasnières 2009, Les Rosiers (11153205) 27,60$
Les amateurs de Chenin demi-sec apprécieront certainement ce vin de Jasnières, une appellation peu connue de Touraine. Un vin authentique, sincère et élégant, arrondi par un reste considérable de sucre, mais pas pommadé. Le 2009 me semble toutefois un peu moins bien proportionné que le superbe 2005 goûté il y a quelques années. Un peu à court de vitalité, mais il compense par son onctuosité et sa générosité aromatique. ☆☆☆→? ③

DOMAINE DE GARRELIÈRE

Cendrillon 2010, Touraine (10211397) 21,30$
Adeptes de la biodynamie, Pascale et François Plouzeau cultivent un vignoble d'une vingtaine d'hectares et font ce vin aussi sensationnel que singulier. Les années passent et je ne me lasse pas de revisiter cet excellent vin issu de sauvignon et de chenin blanc. Vineux, distinctif et racé, avec une finale persistante aux goûts de miel. On se régale à peu de frais. ☆☆☆☆ ② ❋

DOMAINE DE LA BUTTE

Spécialiste de l'appellation Montlouis, Jacky Blot (Domaine de la Taille aux Loups) a racheté cette propriété où il signe des Bourgueil très sérieux.

Bourgueil 2009, Mi-Pente (10903684) 34,75$
Provenant du milieu du coteau – comme son nom l'indique –, le 2009 présente un léger reste de gaz qui met en relief ses tonalités animales et donne de l'élan au vin. Belle concentration de fruit, longue finale épicée – sans doute attribuable à l'élevage – et une chair à la fois ample, ferme et veloutée. Très complet dans son genre et doté d'un excellent potentiel de garde. ★★★★ ③

DOMAINE DE LA CHARMOISE

À propos du vin, son père disait: «Un bon verre en appelle un autre.» Henry Marionnet a bien retenu la leçon et signe un Gamay dont on a toujours soif.

Gamay 2011, Touraine (329532) 16,40$
Depuis quelques années, ce Gamay de Touraine est devenu tour à tour mon vin de pique-nique, ma façon de célébrer l'arrivée du printemps, mon prétexte pour aménager la terrasse, etc. Un vin de plaisir et de soif par excellence. Modeste, mais toujours souple, friand, gorgé de fruit et de fraîcheur. À ce prix, je ne demande pas mieux. ★★★ ② ✻

Gamay 2011, Vinifera, Touraine (11844951) 21,20$
Nouvellement inscrit au répertoire de la SAQ, ce vin est issu de vignes franches de pied, plantées en 1992. Dans le même esprit que le vin courant du domaine, mais avec une étoffe et une profondeur supplémentaires et des saveurs concentrées de fruits noirs et d'épices. Déjà savoureux et certainement apte à tenir la route jusqu'en 2015. ★★★★ ② ✻

Voir aussi la section Ⓟ

DOMAINE DE L'ÉCU

Maintenant associé avec Fred Niger Van Herck, Guy Bossard fut l'un des premiers vignerons à redonner son lustre à cette appellation située au sud-est de Nantes.

Expression de Granite 2010, Muscadet de Sèvre et Maine (10282873) 20,95$
Évoluant à contre-courant au sein d'une région réputée pour ses vins souvent insipides, Bossard a converti le domaine familial à l'agriculture biologique dès 1975, avant d'opter pour la biodynamie en 1997. Sa cuvée Expression de Granite fait preuve d'une personnalité très affirmée. Question de goût sans doute, mais ce vin me semble encore plus complet que le 2009 commenté plus tôt en 2012. Fruits tropicaux et pierre à fusil se mêlent à une texture juste assez vineuse, mais surtout empreinte d'une fraîcheur et d'une vitalité irrésistibles. Une invitation à redécouvrir le Muscadet! ☆☆☆☆ ② ✻

DOMAINE DE REUILLY

Les Pierres Plates 2010, Reuilly (11463810) 23,05$
La minuscule appellation de Reuilly couvre à peine 185 hectares à l'ouest de Sancerre et de la ville de Bourges. Nez fort attrayant évoquant le fruit mûr, sur un fond de notes minérales. La bouche est droite et serrée, empreinte de vitalité, sur un fond de fruit très mûr. Puisque le vin se développe beaucoup avec l'aération, il serait conseillé de l'aérer en carafe. ☆☆☆→? ②

DOMAINE DE ROCHEVILLE

La Dame 2009, Saumur blanc sec (11665833) 27,20$
Très riche et nourri par des bâtonnages successifs sur lie, un Saumur étonnamment riche, avec des arômes de poire en sirop et de caramel brûlé. Un peu prévisible, mais charmeur. À boire dès maintenant et au cours des trois prochaines années. ☆☆→? ②

DOMAINE DES BALLANDORS

Quincy 2010 (976209) 19,80$
Chantal Wilk et Jean Tatin élaborent un vin blanc très sec, doté d'une acidité tranchante et de saveurs à la fois crayeuses et citronnées qui lui donnent des petits airs de Sancerre. Très bien fait, juste assez vineux et pleinement satisfaisant à moins de 20$. ☆☆☆☆ ② ✻

À TABLE AVEC LE...

Muscadet

Compagnon idéal des huîtres crues (et aussi cuisinées), le Muscadet brillera avec tous les plats qui sentent la mer. Poissons et fruits de mer crus, en ceviche, en tartare, ou cuisinés de façon à laisser la vedette aux saveurs marines : avec un peu de vin blanc, de citron, ou de fumet de poisson (légèrement crémé tout au plus). – *V.R.*

DOMAINE DES FINES CAILLOTTES

Pouilly-Fumé 2011 (963355) 22 $ | (11067438) 11,90 $ – 375 ml

Un Pouilly-Fumé se faisant surtout valoir par sa fraîcheur et par ses arômes intenses de fruits tropicaux. Particulièrement gras pour un 2011 et vendu à prix réaliste. Simple, mais fort agréable à boire. ☆☆☆ ②

DOMAINE DU HAUT BOURG

Muscadet Côtes de Grandlieu 2009 (11639141) 17,40 $

Bon vin de melon de bourgogne aux accents de coquille d'huître. Pas le plus minéral ni le plus complexe des Muscadet sur le marché, mais désaltérant et suffisamment vineux, avec des saveurs de pommes golden. ☆☆☆ ②

DOMAINE FL

Savennières 2007, Le Parc (11305483) 23,40 $

Le domaine Jo Pithon a été repris en 2005 par l'industriel angevin Philip Fournier, qui l'a ensuite annexé au Château de Chambourreau (Savennières) sous l'étiquette Domaine FL. Assez fidèle à la tradition et à une idée classique du chenin blanc, ce vin modérément aromatique et arrondi par un léger reste de sucre, mais doté d'une certaine poigne grâce à l'acidité caractéristique du cépage. Il devrait gagner en nuances au cours des cinq prochaines années. ☆☆☆→? ②

DOMAINE GUIBERTEAU

Depuis qu'il a repris le vignoble familial en 1996, Romain Guiberteau s'est rapidement imposé comme une référence à Saumur.

Saumur 2010 (10516465) 23,15 $

Dans son beau vignoble de 9 hectares, le cabernet franc et le chenin blanc sont conduits en agriculture biologique et vinifiés à l'ancienne, sans ajout de soufre ni de levures sélectionnées. Autant de moyens qui se traduisent par des vins exemplaires, dont cet excellent rouge porté par des tanins fins et serrés, relevés de saveurs complexes de fruits, d'épices et d'herbes séchées. Une délicate amertume contribue à sa longueur en bouche. Certainement parmi les meilleurs vins de cabernet franc offerts à la SAQ ! ★★★★ ② ❄

Clos de Guichaux 2010, Saumur (11461099) 24,25 $

Excellent vin de chenin blanc. Pas le plus exubérant, mais il compense largement par son équilibre irréprochable et par la finesse de ses saveurs fruitées, agrémentées de notes de cire d'abeille. Finale persistante, distinguée et distinctive. À boire sans se presser jusqu'en 2018, car il devrait gagner en complexité avec quelques années de repos. ☆☆☆☆ ③ ❄

DOMAINE LA HAUTE FÉVRIE

Muscadet-Sèvre et Maine sur lie 2010, Excellence (10516369) 15,25$
Parmi les bons vins de Muscadet à la SAQ. Mariage harmonieux de fruit, de minéral et de fraîcheur, le tout mis en relief par une fine amertume qui prolonge les saveurs et donne à ce vin une personnalité très affirmée pour le prix demandé. ☆☆☆ ② ✻

DOMAINE LA MOUSSIÈRE

Alphonse fils représente la 19e génération de cette exploitation familiale réputée de Sancerre.

Sancerre rouge 2009 (11472425) 48,50$
Aucune minceur dans ce vin parfaitement mûr, assez dense et structuré, auquel un élevage judicieux en fûts de chêne confère de jolies notes grillées. Ferme et fruité, vanillé et épicé; déjà délicieux malgré une certaine dureté attribuable à sa jeunesse. À mettre en cave pour trois ou quatre ans. ★★★→? ③

DOMAINE PELLÉ

Morogues 2011, Menetou-Salon (852434) 20,50$
Dans l'appellation Menetou-Salon, les coteaux escarpés de la commune de Morogues ont la réputation de donner des vins blancs particulièrement fins. La famiile Pellé y élabore un très bon vin blanc doté d'une personnalité assez affirmée, grâce, notamment à une délicate amertume qui met le fruit en relief. ☆☆☆ ②

DOMAINE ST-NICOLAS

Les Clous 2010, Fiefs Vendéens (11688787) 19,50$
En bordure de l'océan Atlantique, à l'île d'Olonne, Thierry Michon conduit ses vignes en biodynamie et en tire cet excellent vin blanc qui vous accroche quasi instantanément un sourire aux lèvres. Les cépages chenin blanc, chardonnay et groslot gris cultivés et vinifiés dans les règles de l'art apportent au vin tout le gras, la fraîcheur et l'éclat aromatique voulus, dans des proportions idéales. En prime, une personnalité affirmée qui le distingue du lot de vins blancs sans conséquence qui abondent sur les tablettes. À moins de 20$, c'est presque trop beau pour être vrai. Un conseil: faites-en provision tant qu'il en reste! ☆☆☆☆ ② ✻

DOMAINE VACHERON

Sancerre blanc 2011 (10523892) 28,75$
En prenant le flambeau de leurs pères, les cousins Jean-Laurent et Jean-Dominique Vacheron ont entamé la métamorphose du domaine familial. Ensemble ils ont converti les 40 hectares de vignes de la propriété en biodynamie. Fidèle au style linéaire et très fluide qui caractérise les meilleurs vins de Sancerre. Très sec, presque tranchant, ultraprécis, désaltérant et agrémenté de saveurs tropicales. Déjà excellent, il devrait gagner en nuance et en volume aromatique au cours des cinq prochaines années. ☆☆☆☆ ②

GILBERT, PHILIPPE

Menetou-Salon 2010 (1154988) 25,50$
L'histoire de la famille Gilbert est intimement liée à celle de l'appellation Menetou-Salon. Ancien dramaturge, Philippe Gilbert a repris le domaine en 1998 et l'a depuis converti à la culture biologique, puis biodynamique. Très joli Pinot noir de la Loire, aux notes de petits fruits rouges croquants, relevés d'accents minéraux évoquant la mine d'un crayon. Léger, mais droit, frais et gourmand. Savoureux, mais un peu cher. ★★★ ②

JOLIVET, PASCAL

Après quelques années creuses, les vins du producteur Pascal Jolivet reprennent du galon. La gamme complète semble en progression qualitative.

Pouilly-Fumé 2011 (10272616) 25,55$
Des saveurs d'agrumes, une attaque en bouche franche, nerveuse et rafraîchissante et une texture assez riche. ☆☆☆ ②

Sancerre 2011 (528687) 25,10$
Dans le même esprit, un bon vin vif, aux goûts de pamplemousse et relevé d'une pointe d'amertume. Tout à fait recommandable. ☆☆☆ ②

Sauvignon blanc 2011, Attitude, Vin de Pays du Val de Loire (11463828) 16,25$
Expression variétale du sauvignon blanc; modeste, de bons goûts d'agrumes, juste ce qu'il faut de gras et une agréable fraîcheur. Très bon dans son genre. ☆☆☆ ②

LAFOND, CLAUDE

Reuilly 2011, Les Grandes Vignes (11495379) 17,35$
Le vin est issu de pinot noir, mais à vue de nez, on jugerait qu'il s'agit d'un Cabernet franc. La bouche est nerveuse, animée d'un reste de gaz carbonique, mais néanmoins tendre et constituée de tanins mûrs, juteux et dodus. ★★★ ②

Reuilly 2010, Le Clos des Messieurs (11495272) 19,80$
Très bel exemple de Reuilly qui propose une interprétation tendre du cépage sauvignon. De bons goûts d'agrumes, du gras et une pointe d'amertume pour lui donner du caractère et de la poigne. ☆☆☆ ②

LANGLOIS-CHATEAU

Saumur 2010, St-Florent (710426) 15,75$
Sans prétendre avoir la sève des meilleurs vins de Bourgueil et de Chinon, cette propriété de la société champenoise Bollinger produit une cuvée Vieilles vignes assez bien structurée. Pour s'initier aux joies du Cabernet franc à peu de frais, un très bon vin rouge, relevé de parfums de poivre, frais et croquant. ★★★ ② ✻

Saumur 2010, St-Florent (962316) 15,75$
Sur une note un peu plus convenue, un bon Chenin suffisamment vineux, aux goûts d'ananas. ☆☆☆ ②

À TABLE AVEC LE...

Sauvignon blanc

Le sauvignon blanc a une affinité toute particulière avec tout ce qui est vert, les légumes en général: salades, asperges, petits pois, fenouil, courgettes ou poivrons grillés et plats de poissons ou de fruits de mer cuisinés avec beaucoup d'herbes fraîches ou avec du pesto. Les agrumes créent aussi un excellent lien avec le sauvignon blanc, encore plus s'ils sont accompagnés d'herbes: un filet de doré poêlé avec un jus de pamplemousse rose au basilic, par exemple. Le grand classique régional est toutefois le Crottin de Chavignol avec du Sancerre. Une salade de légumes grillés avec fromage de chèvre et plein d'herbes fraîches et un verre de Sauvignon blanc? Je ne peux y résister! – *V.R.*

LAUREAU, DAMIEN

Savennières 2010, Les Genêts (10750059) 24,45$
Plus explicite en bouche qu'au nez; des arômes de laine mouillée et des goûts de fruits mûrs, portés par une texture vineuse et rehaussés par une acidité soutenue. Il serait préférable de le laisser mûrir quelques années, surtout que les Savennières sont reconnus pour vivre longtemps. ☆☆☆→? ③

LORIEUX, PASCAL & ALAIN

Chinon 2009, Expression (873257) 18,15$
Quel bon Chinon! Tout y est: un fruit mûr et croquant, des notes végétales, florales, minérales qui lui apportent une immense fraîcheur. La définition même de la «buvabilité». On en boirait des bouteilles! À acheter à la caisse. ★★★★ ② ✳

Chinon 2009, Thélème (917096) 21,85$
Intense, avec un fruit noir très mûr et des notes de graphite. Texture crémeuse surprenante en bouche, finissant sur des tanins bien fermes, un peu durs pour le moment. Définitivement à laisser vieillir et à revoir dans quatre ou cinq ans. ★★★→? ③

Saint-Nicolas de Bourgueil 2009, Cuvée Agnès Sorel (11665489) 25,70$
Plus riche en extraits et nourri par un élevage intensif qui ne permet guère d'apprécier le fruit, pour le moment. À la fois mûr, herbacé et un peu cru en finale. À revoir dans quelques années. ★★→? ③

Saint-Nicolas de Bourgueil 2009, Les Mauguerets La Contrie (872580) 19,30$
Très joli nez, parfumé et affriolant. Bouche franche et gourmande sur les petits fruits rouges; une pointe d'amertume en finale contribue à sa grande fraîcheur. On en redemande! ★★★ ③ ✳

MOULIN TOUCHAIS

Riche de réserves apparemment inépuisables, ce domaine spécialisé dans les vins doux d'Anjou offre une gamme de vieux millésimes, à prix relativement abordables.

Côteaux du Layon 1999 (739318) 45$
Onctueux et très sucré, sans mollesse grâce à la fougue naturelle du chenin. Finale teintée de parfums d'orange amère. ☆☆☆ ②

Coteaux du Layon 1997 (11177418) 45,25$
Moelleux sans être vraiment liquoreux; très ouvert et soutenu par une franche acidité, caractéristique du cépage chenin. De la tenue et du volume en bouche; finale persistante avec de légers accents de champignon. ☆☆☆☆ ③

Coteaux du Layon 1996 (708628) 39,50$
Couleur plus foncée que le 1992 et le 1997. La bouche est très ample, mûre et évoluée; un peu moins de nerf, mais des saveurs riches de caramel anglais. ☆☆☆ ②

Coteaux du Layon 1992 (854497) 29,55$
Déjà passablement évolué. Le vin déploie des tonalités minérales, qui évoquent les hydrocarbures. La richesse de la jeunesse fait place à des saveurs plus nuancées et le vin a beaucoup de style. ☆☆☆☆ ②

Coteaux du Layon 1980 (11427270) 56,50$
Robe dorée; nez vieilli, une note d'iode; pas complexe, mais bien équilibré. À ne pas conserver trop longtemps. ☆☆☆ ②

Coteaux du Layon 1975 (11427034) 81$
Beaucoup de volume en bouche et des notes fumées. Le vin a conservé une acidité étonnante et a acquis une dimension aromatique digne de mention. Son onctuosité et ses accents de champignon forment un mélange harmonieux. ☆☆☆☆ ②

PITHON-PAILLÉ

Anjou 2009 (10525345) 23,65$
Après avoir vendu son affaire à l'industriel angevin Philip Fournier, Jo Pithon s'est associé à son beau-fils pour fonder un commerce de négoce «haute couture» spécialisé dans l'élaboration de Chenin et de Cabernet franc. Un Anjou aux parfums très typés et qui marie dans de justes proportions la vinosité et la poigne caractéristiques du cépage. Excellent! ☆☆☆☆ ② ✻

RAFFAULT, OLGA

Chinon 2006, Les Picasses (871004) 21,15$
Les nostalgiques des vins façon «vieille France» aimeront le caractère dépouillé de ce Chinon. Maintenant ouvert et prêt à boire; il n'y a aucun intérêt à le laisser reposer davantage. ★★★ ②

REVERDY, PASCAL ET NICOLAS

Sancerre 2011, Terre de Maimbray (11888682) 23,55$
Pascal Reverdy et sa belle-sœur Sophie exploitent ce vignoble familial de Sancerre et jouissent d'une excellente réputation. Avec raison si j'en juge par la qualité de ce superbe vin blanc non filtré, issu de sols argilo-calcaires. Autre bel exemple d'un vin dans lequel le terroir transcende le cépage, ce vin déploie un minéralité, une vitalité et une tenue de bouche qui lui donnent presque des airs de Chablis. Racé, savoureux et pourtant très désaltérant. Que de bons mots! ☆☆☆☆ ② ✻

ROGER, JEAN-MAX

Cuvée le Charnay 2010, Menetou-Salon (10690519) 20,90$
Bon Menetou-Salon de facture conventionnelle; sec, 12,5% d'alcool, une texture modérément vineuse, des parfums d'asperge et d'herbe fraîche. À boire dans les trois prochaines années. ☆☆☆ ②

SORBE, JEAN MICHEL

Reuilly 2011 (11154224) 19,05$
Un vin blanc technologique dont les parfums de pamplemousse et la sucrosité en bouche s'apparentent davantage aux Sauvignon de Nouvelle-Zélande qu'à ceux de la Loire. Charmeur oui, authentique, très peu. ☆☆ ②

D'autres vins de qualité moyenne ☆☆ et ★★

BRÉDIF, MARC **Vouvray 2010** (10267809) 18,80$

CHÂTEAU DE FESLES **Cabernet Franc 2011, Anjou, Vieilles vignes** (710442) 18,35$

CHÂTEAU DE MONTGUÉRET 2010 **Anjou** (871996) 16,60$

CHAVET **Menetou-Salon 2010** (974477) 23,45$

CLOS DE NOUYS **Vouvray 2011, Demi-doux** (10689745) 19,75$

COMTE LAFOND **Sancerre 2011** (222521) 26,40$

DOMAINE DES AUBUISIÈRES **Cuvée de Silex 2011, Vouvray** (858886) 16,95$

DOMAINE DU SALVARD 2011 **Cheverny, Delaille** (977769) 15,20$

LA SABLETTE **Muscadet-Sèvre et Maine Sur Lie 2011, Marcel Martin** (134445) 14,85$

MARQUIS DE GOULAINE **Chardonnay 2011, Val de Loire** (446179) 12,95$ ©

REDDE, MICHEL & FILS
Pouilly-Fumé 2010, La Moynerie (962340) 22,95$
Pouilly-Fumé 2011, Petit Fumé (11365110) 19,20 $

VALLÉE DU RHÔNE

LE RHÔNE EN QUELQUES CHIFFRES

2e vignoble d'appellation après Bordeaux.
Le Rhône produit 89 % de vins rouges.
2e vignoble biologique de France après le Languedoc.

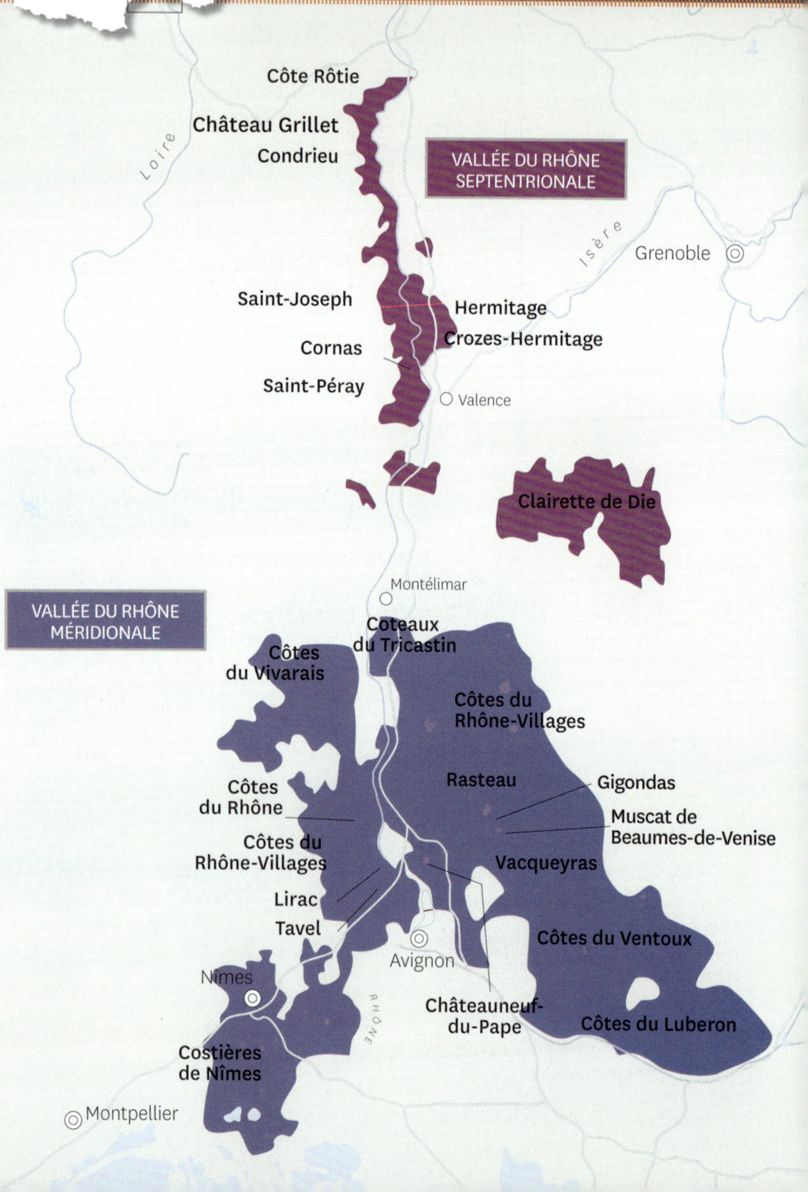

La vallée du Rhône est le plus important vignoble d'appellation contrôlée de France, après Bordeaux.

Le vaste réservoir du Rhône regorge de très bons vins. Côte Rôtie, Hermitage et Châteauneuf-du-Pape demeurent les grands classiques, mais au cours des dernières années, le travail de viticulteurs doués et dynamiques a fait progresser de façon spectaculaire, des appellations moins renommées comme Rasteau, Vacqueyras, Cairanne.

Les avancées sont aussi notables dans les Costières de Nîmes, Grignan-les-Adhémar (anciennement Coteaux du Tricastin), le Ventoux et le Luberon, qui représentent collectivement le quart de la production des vins du Rhône.

VALLÉE DU RHÔNE SEPTENTRIONALE

En raison de sa situation géographique, entre Vienne et Valence, le vignoble du Rhône septentrional est plus soumis à l'effet du millésime que son voisin du sud. Paradis de la syrah qui y donne des vins rouges généralement assez fermes, nécessitant parfois quelques années de mûrissement avant de se révéler pleinement

DES PRODUCTEURS À RETENIR

Château de Beaucastel, Château La Nerthe, Château Mont-Redon, Château Mourgues du Grès, Domaine de Beaurenard, Domaine du Coulet, Domaine Gramenon, Hervé Souhaut, Domaine Rouge Garance, Domaine Saladin, Domaine de l'Anglore, Guigal, Jean-Louis Chave, Marcel Richaud, Pierre Gaillard, Thierry Allemand.

VALLÉE DU RHÔNE MÉRIDIONALE

Près de 90 % des vins de la vallée du Rhône sont produits dans cette zone située au sud de Montélimar. Avec son climat chaud et le souffle constant du mistral, la région est un terrain de prédilection pour le grenache noir qui donne des vins joufflus et chaleureux.

LES DERNIERS MILLÉSIMES

2011
Au nord comme au sud, un millésime qui ne passera pas à l'histoire. Peu de vins de longue garde dans la partie septentrionale. À retenir pour des rouges souples et fruités et de bons vins blancs empreints de fraîcheur.

2010
Une récolte déficitaire et de très bons vins de Côte Rôtie à Châteauneuf-du-Pape. Dans le nord, des rendements faibles ont donné des vins rouges concentrés, mais néanmoins harmonieux. On annonce des Condrieu très fins et équilibrés. Plusieurs réussites aussi dans le sud : vins rouges nourris et charnus.

2009
Millésime très satisfaisant, en particulier dans le nord où la syrah a donné des vins profonds et de longue garde. Été exceptionnellement sec et récolte déficitaire dans la partie méridionale ; plusieurs vins amples et puissants à Châteauneuf-du-Pape.

2008
Des conditions précaires dans toute la vallée. Au mieux, des vins souples et fruités destinés à être consommés dans leur jeune âge. La qualité des vins blancs est plus homogène.

2007
Qualité variable dans le nord ; au mieux, des vins rouges de qualité satisfaisante et d'évolution rapide. Scénario plus favorable dans le sud où les mois d'été ont été chauds et ensoleillés, et où grenache et mourvèdre ont bénéficié de conditions idéales ; une récolte abondante de vins rouges sphériques, charnus et généreux.

2006
Quatrième succès consécutif. Un mois d'août très sec et une récolte généreuse de vins rouges riches, solides et généralement d'une saine acidité. À Châteauneuf-du-Pape, les vins rouges sont nourris, puissants et bien équilibrés.

2005
Réussite générale autant dans le nord que dans le sud. Des vins rouges pleins, charnus et bien équilibrés. Très bons vins blancs généreux à boire jeunes.

2004
Retour à un millésime plus classique après le caractère extravagant de 2003. Plusieurs Châteauneuf-du-Pape remarquables, les meilleurs depuis 2001. Dans le nord, la qualité est plus irrégulière ; dans les meilleurs cas, la finesse et la structure sont au rendez- vous.

2003
Millésime caniculaire. Dans le nord, des vins rouges riches en sucre, en tanins et parfois en notes confites ; si certains vins manquent d'acidité, les meilleurs s'imposent par leur puissance majestueuse. La qualité est plus variable dans le sud, où les terroirs les plus frais ont eu le meilleur et donné des vins remarquables par leur étoffe et leur équilibre.

DÉBOUCHÉ OU ATTENDRE ?

Rhône blancs • **De la cave, que boire en 2013 ?**

Exception faite des vins de l'Hermitage – qui mettent plusieurs années à arriver au sommet – et des meilleurs vins de Saint-Joseph et de Saint-Péray, les vins blancs du Rhône doivent être bus avant l'âge de 3 ans. Les Condrieu sont généralement à leur meilleur avant leur troisième ou quatrième année. Méfiez-vous des vins plus vieux, surtout s'ils ont traîné longtemps sur les tablettes de la SAQ.

Rhône rouges • **De la cave, que boire en 2013 ?**

Les grands vins du nord de la vallée du Rhône – Hermitage, Côte Rôtie, Crozes, Cornas, Saint-Joseph – sont riches en tanins et n'atteignent leur sommet qu'après avoir mûri parfois longtemps en bouteille. Les 2010 sont généralement aussi concentrés que les 2009, avec un supplément de fraîcheur. Les meilleurs vins de la période 2009-2007 doivent encore attendre. Plusieurs 2009 entrent en ce moment dans une phase ingrate qui les rend difficiles à apprécier. En 2013, on peut déjà apprécier les 2006 et les 2005 d'appellations secondaires, en s'assurant toutefois de conserver des bouteilles pour les années futures. En revanche, la plupart des 2004 et des 2003 sont arrivés à maturité. Les 2002 sont à boire sans attendre.

Au sud, les vins de Châteauneuf-du-Pape et des environs s'ouvrent plus rapidement. Plusieurs 2011 d'appellations secondaires se dégustent très bien dès maintenant; la plupart ne gagnent pas à vieillir. Les 2009, 2007 et 2006 méritent de mûrir. Les 2008 sont à boire relativement jeunes, mais les vins des meilleurs producteurs pourront tenir aisément jusqu'en 2017. Les 2004 et surtout les 2003 sont à point. Il n'y a aucun intérêt à conserver les 2002 plus longtemps. Bien qu'épanouis, les 2001 et les 2000 peuvent encore tenir la route.

À TABLE AVEC LE...

Viognier

Les plus simples accompagneront une cuisine aux accents fruités : poisson ou volaille préparé avec des fruits jaunes (pêche, abricot, mangue, ananas), voire une cuisine exotique, fruitée et épicée.

Les plus puissants (Condrieu) méritent une cuisine riche, mais aussi plus fine : poissons, fruits de mer riches (morue noire, flétan, homard, pétoncle), en sauce riche ou crémeuse (crème, lait de coco). Ils ont une affinité particulière avec le safran, les amandes, l'eau de fleur d'oranger, le jasmin. – *V.R.*

CAVE DES VIGNERONS D'ESTÉZARGUES

Côtes du Rhône-Villages Signargues 2011, Domaine La Montagnette (11095949) 16,10 $

Cette petite cave rhodanienne, créée en 1965, regroupe à peine une dizaine de vignerons qui ont à cœur de produire des vins de terroirs. Elle compte aujourd'hui parmi les plus en vue de France. Vrai bon vin de plaisir et de soif, tout en fruit, mûr et gourmand, agrémenté de notes de garrigue et d'un petit quelque chose de sauvage qui le rend particulièrement aimable. La bouche est fraîche et friande, sans aucune lourdeur, malgré ses 14,5 % d'alcool. Excellent, tout simplement! ★★★★ ② ⁂

CHÂTEAU DE BEAUCASTEL

Propriété de la famille Perrin, ce domaine couvre une centaine d'hectares dont les trois quarts sont situés dans l'appellation Châteauneuf-du-Pape.

Châteauneuf-du-Pape 2009 (11729833) 90,25 $

Grand seigneur de l'appellation, Beaucastel produit incontestablement l'un des vins les plus achevés de Châteauneuf-du-Pape. Toujours élaboré avec les 13 cépages autorisés par l'appellation, le 2009 adopte une forme particulièrement généreuse et dodue, mais non moins élégante et empreinte d'un fort bel équilibre en bouche, grâce, entre autres, à une pointe d'amertume qui rehausse ses saveurs florales. Déjà fondu et agréable à boire, mais il n'atteindra son apogée que vers 2016. ★★★→★ ③

Coudoulet de Beaucastel 2010, Côtes du Rhône (973222) 29,80 $

Un peu plus frais et tonique que l'an dernier, le «junior» de Beaucastel est toujours abondamment fruité, mûr sans être confit et équilibré. À boire entre 2013 et 2016. ★★★ ②

Coudoulet de Beaucastel 2010, Côtes du Rhône blanc (449983) 29,75 $

Viognier, marsanne, bourboulenc et clairette. Gras, volumineux et abondamment fruité, mais un peu à court de vitalité et de nerf. Correct, mais sans l'éclat habituel. ☆☆☆ ② ⁂

CHÂTEAU DE MONTFAUCON

Côtes du Rhône 2009, Baron Louis (10936620) 24,45 $

De vieilles vignes de grenache, de syrah, de cinsault, de carignan, de mourvèdre et de counoise ne sont peut-être pas étrangères au relief aromatique étonnamment complexe et distingué de ce Côtes du Rhône générique, qui va au-delà de la simple expression fruitée. Une trame tannique aux allures de velours, manifestement issue de raisins mûrs, et une finale désaltérante, agrémentée d'une touche saline qui le rend franchement savoureux. ★★★★ ② ⁂

Voir aussi la section Ⓟ

CHÂTEAU DES TOURELLES

Cette cuvée commercialisée par la famille Durand, aussi partenaire dans L'Orpailleur au Québec, mise sur une bonne proportion de mourvèdre qui ajoute à sa tenue en bouche et à son caractère.

Costières de Nîmes 2007, Grande Cuvée (896670) 21,25$
Maintenant assez ouvert, un très bon vin de Syrah, particulièrement enrobé, avec des parfums de musc et de cuir, sur un fond délicieusement fruité. Ample, suave et gourmand, mais il ne manque vraiment pas de corps. À boire entre 2013 et 2017. ★★★→ ? ②

Costières de Nîmes 2007, La Cour Glycines (919225) 18,10$
Fort bien réussi en 2007, encore jeune, mais déjà savoureux par sa vitalité, ses saveurs concentrées de fruits noirs et son équilibre d'ensemble. Quatre étoiles dans sa catégorie. ★★★★ ② ✻

Costières de Nîmes 2011 (387035) 13,30$
Offert à prix d'aubaine et toujours aussi charmant par ses saveurs gourmandes et sa texture souple et mûre. Très bon exemple de vin quotidien. ★★★ ② ✻ ©

CHÂTEAU LA NERTHE

Haut lieu de la viticulture rhodanienne, cette splendide propriété conduite en agriculture biologique est sous la gouverne de Christian Vœux, jadis au Château Mont-Redon.

Châteauneuf du Pape 2007 (917732) 46$
Expression quasi parfaite de Châteauneuf! Un base de grenache apporte la suavité caractéristique qui le rend délicieusement rassasiant, mais l'apport des cépages syrah, mourvèdre, cinsault, muscardin et counoise n'est sans doute pas étranger à l'équilibre exemplaire de ce savoureux 2007. Tout y est, mais pas trop. Grand vin à boire dès maintenant avec un plaisir gourmand et au cours des cinq prochaines années. ★★★★ ③

CHÂTEAU LAMARGUE

Cuvée Aegediane 2009, Costières de Nîmes (11421935) 18$
Très bon vin charnu auquel une proportion importante de syrah apporte une tenue en bouche appréciable. Généreux et volumineux certes, mais sans excès. On appréciera ses saveurs relevées qui se marieront très bien avec les plats riches et copieux du temps des fêtes. À boire dès maintenant et au cours de cinq prochaines années. ★★★ ②

CHÂTEAU MONT-REDON

L'indépendance d'esprit dont font preuve les propriétaires de Mont-Redon mérite une fois de plus d'être soulignée.

Châteauneuf-du-Pape 2009 (856666) 37$
Le 2009 façon Mont-Redon. Heureux compromis entre la générosité typique du millésime et l'esprit de «buvabilité» qui est devenu la marque du domaine. De bons goûts de kirsch et de cacao. Rien de flamboyant mais toujours élaboré dans d'heureuses proportions. Belle réussite! ★★★★ ②

Lirac 2010 (11293970) 20,95$
Le «petit frère» de Mont-Redon a les mêmes qualités de retenue et d'équilibre. Un grain tannique fin, une texture veloutée et caressante et une impression générale très digeste. Finale savoureuse, délicatement anisée. ★★★★ ② ✻

CHÂTEAU MOURGUES DU GRÈS

Depuis une vingtaine d'années, les vins rouges et blancs de François Collard font partie de l'élite des Costières de Nîmes.

Galets Rouges 2010, Costières de Nîmes (10259753) 16 $
Le Midi dans un verre! Parfumé et un brin sauvage, comme la garrigue, sur fond de fruit noir, de violette et de poivre. La bouche est ample, pleine et relevée de bons goûts d'épices, mais pourtant rassasiante de fraîcheur. ★★★★ ② ❋

Terre d'Argence 2009, Costières de Nîmes (11659927) 21,25 $
Profond, solide et concentré. Beaucoup de fruit, de la structure avec des tanins bien présents. L'élevage arrondit les angles et apporte de jolis parfums d'épices, sans toutefois dominer le fruit. Large d'épaules et typiquement rhodanien. À passer en carafe ou à laisser reposer de trois à cinq ans. ★★★★ ② ❋

Capitelles des Mourgues 2009, Costières de Nîmes (11726763) 26,50 $
Arrivée prévue dans le *Cellier* de novembre 2012 pour ce très bon vin marqué du sceau aromatique de la syrah, avec des notes de fleurs, de fruits rouges et noirs, et d'épices. Les arômes de torréfaction de la barrique sont bien intégrés; la bouche est suave, onctueuse, mais tout de même corsée, avec une finale serrée. On gagnera définitivement à l'attendre jusqu'en 2016. ★★★→? ③

Terre d'Argence blanc 2011, Costières de Nîmes (11874264) 20,50 $
Très bon vin offrant la vinosité caractéristique des cépages viognier et roussanne, sans la mollesse qui les afflige trop souvent. La bouche est fraîche et d'une très bonne tenue, aux parfums de pêche et d'orange, avec une pointe épicée. Encore meilleur et plus complexe après deux jours d'ouverture, ce qui laisse espérer un bon potentiel de garde. ☆☆☆→☆ ③

Galets Dorés 2011, Costières de Nîmes (11095877) 15,85 $
Grenache blanc, roussanne et un assemblage d'autres cépages blancs du Midi, dont le vermentino, qui apporte une agréable fraîcheur, donnant de l'éclat aux saveurs riches de pêche et d'amande. Pas très complexe, mais franc et digeste. ☆☆☆ ②

À TABLE AVEC LA...

Syrah du Nord

Selon la densité de leur trame tannique, les vins de syrah peuvent accompagner toutes sortes de viande: agneau, canard, gibier à poil et à plume sont particulièrement goûteux avec les plus costauds. Ils ont des affinités notables avec les olives noires, les poivres et les fines herbes (thym et romarin en particulier). Leur parfum de fruits mûrs sera rehaussé par des recettes qui incorporent les mûres, les framboises ou le cassis. – *V.R.*

CHÂTEAU SIGNAC

Cuvée Terra Amata 2009, Côtes du Rhône-Villages Chusclan (917815) 22,30$
Excellent vin non filtré, plein de sève et de caractère, agrémenté d'une finale aux accents d'épices. Une chair fruitée très dense, concentrée, et pourtant sans lourdeur. Tous les éléments forment un équilibre dans l'opulence. Un régal! ★★★★ ② ✱

CHAVE, JEAN-LOUIS

Hermitage 2008 (10956874) 185$
Grand vin! Pas d'effet spectaculaire, juste un somptueux Hermitage doté d'une profondeur exquise et d'un spectre aromatique complexe. Encore jeune, mais déjà très charmeur avec sa bouche quasi sucrée, volumineuse et surtout parfaitement proportionnée. Un délicieux mélange d'exubérance fruitée et de charpente tannique. Il faudra évidemment le conserver en cave au moins cinq ou six ans. N'ayez crainte, votre patience sera récompensée. Hélas! tout cela a un prix... ★★★★ ③

COMBIER

Crozes-Hermitage 2010 (11154890) 31$
En plus de mener avec brio ce vignoble familial aujourd'hui conduit en agriculture biologique, Laurent Combier se consacre aussi à Trio Infernal, un projet dans le Priorat. Bien typé syrah avec sa couleur violacée et ses arômes de fruits mûrs, de violette et d'épices. Plus mince et moins nourri que le 2009, il propose néanmoins une expression franche, fraîche et gourmande de Crozes-Hermitage. ★★★→? ③

DAUMEN PAR JEAN-PAUL DAUMEN

Côtes-du-Rhône 2010 (11509857) 19,30$
En plus de voluptueux Châteauneuf, le propriétaire du Domaine de la Vieille Julienne élabore aussi ce très bon Côtes du Rhône générique. Tout à fait dans l'esprit des autres cuvées offertes à la SAQ, un vin intense et concentré, dodu, mais soutenu par une trame tannique solide. Encore très jeune et un peu austère; une année de repos ou une bonne heure en carafe lui feront le plus grand bien. ★★★→? ③

DELAS

Propriété de la société champenoise Deutz depuis 1977 – elle-même rachetée par le groupe Roederer en 1993 –, cette maison possède une trentaine d'hectares à Saint-Joseph, Hermitage et Crozes-Hermitage, en plus d'opérer une activité de négoce dans le sud de la vallée. Dans l'ensemble, la technologie est parfois un peu trop mise à contribution et donne des vins prévisibles.

Condrieu 2009, Clos Boucher (11544142) 69$
Pas le plus racé des Condrieu, mais assez bon dans un style généreux. L'amateur de vin blanc parfumé appréciera l'intensité de ses saveurs florales, enrobées par un élevage en fûts de chêne. ☆☆☆ ② Ⓢ

Haute-Pierre 2009, Châteauneuf-du-Pape (10857067) 39$
Des saveurs confites et une attaque en bouche sucrée et capiteuse (15% d'alcool) donnent à ce 2009 une allure imposante qui charmera sans doute les fervents du genre. ★★★ ②

Domaine des Grands chemins 2009, Crozes-Hermitage (11099587) 28,85$
À défaut de profondeur, ce vin ne manque pas de charme avec ses notes animales, qui se mêlent aux notes de poivre et de fleurs propres à la syrah. La générosité du millésime transparaît et la bouche est ample et savoureuse. À boire dès maintenant et au cours des trois prochaines années. ★★★ ②

Vacqueyras 2009, Domaine des Genêts (11194066) 23$
Bon Vacqueyras dans la moyenne supérieure de l'appellation. Vigoureux et agrémenté de bons goûts anisés. ★★★ ②

Saint-Joseph 2009, Les Challeys (10912417) 28$
J'ai bien peu d'affinités avec ce vin strict et peu bavard. Ferme et assez structuré, mais il manque un peu de chair autour de l'os. Il faudra le revoir dans quelques mois. ★★→? ②

DOMAINE CHANTE CIGALE

Châteauneuf-du-Pape 2009 (11600693) 59$
Alexandre Favier n'avait que 20 ans lorsqu'il a pris les commandes de ce domaine centenaire de Châteauneuf en 2002. Il produit un vin savoureux, tout à fait dans l'esprit de l'appellation et du millésime 2009, c'est-à-dire charnu, velouté et égayé de goûts persistants de cacao et de fruits confits qui évoquent les chocolats fourrés aux cerises. Plein en bouche et fort bien tourné. Il pourrait gagner en nuances d'ici 2015. ★★★→? ③

DOMAINE DE BEAURENARD

Rasteau 2009 (706903) 21,85$
En plus de leurs vins de Châteauneuf, les frères Daniel et Frédéric Coulon élaborent un très bon Rasteau suave et dodu, misant avant tout sur le charme fruité du grenache. Beaucoup de mâche et une finale fraîche et caressante. On peut déjà s'en régaler, mais il pourra tenir encore au moins trois ou quatre ans. L'un des meilleurs vins de Rasteau sur le marché. ★★★★ ② ❋

Biotiful Fox 2010, Côtes du Rhône (873018) 17,65$
Interprétation souple, juteuse et chaleureuse, mais pourtant tonique, des cépages grenache, syrah et mourvèdre. Bel exemple de vin de soif, au goût du Midi. ★★★ ② ❋

DOMAINE DE BOISSAN

Cuvée Clémence 2010, Côtes du Rhône-Villages Sablet (712521) 18,70$
Autre manifestation de l'excellente qualité du millésime 2010, ce vin séduit par son éclat fruité et par sa texture assez délicate, typique des bons vins de Sablet. Un vin très complet, offrant un bel équilibre entre la générosité du fruit, l'acidité et l'ossature tannique. Finale relevée de parfums de fleurs et de poivre. À ce prix, c'est une occasion à saisir! ★★★★ ② ❋

DOMAINE DE FONDRÈCHE

Persia 2009, Ventoux (10780741) 28,05$
La cuvée Persia est aujourd'hui une référence dans la région du Ventoux. Particulièrement intense cette année, le vin repose sur un tissu tannique très serré, nourri par un élevage sérieux en barriques qui lui confère par ailleurs des parfums soutenus de torréfaction. Une bonne dose d'amertume en finale lui donne une allure un peu rustique et austère pour le moment. Laissons-lui quelques années de repos. ★★★→? ③

DOMAINE DE LA JANASSE

Viognier 2011, Principauté d'Orange (11416888) 20,70 $
Propriété de la famille Sabon, ce domaine de Châteauneuf-du-Pape produit aussi un savoureux Viognier, déployant la richesse propre aux vins du Midi, généreusement parfumé et pourvu d'un bon équilibre. ☆☆☆ ②

DOMAINE DE LA VIEILLE JULIENNE

Adepte de la biodynamie, Jean-Paul Daumen élabore parmi les vins les plus étoffés de l'appellation.

Châteauneuf du Pape 2009 (11171235) 70,75 $
Très concentré, dense, avec une trame tannique plus ferme qui apporte un tonus fort appréciable à l'ensemble, atténue la nature capiteuse à 15,5 % d'alcool et met en valeur ses saveurs intenses de fleurs, de chocolat noir et de cerise. Beaucoup de volume en bouche. Un vin à laisser reposer idéalement jusqu'en 2016 en cave. Les impatients pourront l'aérer une heure en carafe avant de le servir. Prix élevé, mais qualité indiscutable. ★★★→★ ③

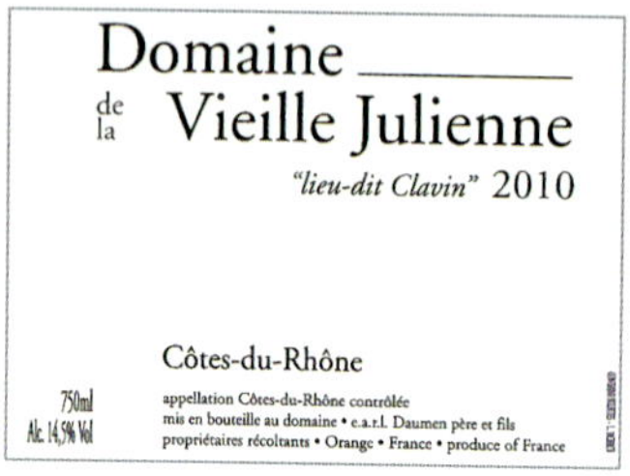

Côtes du Rhône 2010, « Lieu-dit Clavin » (10919133) 25,90 $
Issu d'une petite parcelle plantée de vieilles vignes de grenache, dont les rendements sont limités, le 2010 se signale tant par sa carrure et sa concentration, que par son attaque en bouche franche et animée d'une saine acidité. Longue finale volumineuse aux parfums de poivre noir. À boire entre 2013 et 2018. ★★★★ ② ✳

DOMAINE DE PÉGAU

Plan Pégau, Vin de Table (10460051) 16,15 $
En plus de gérer le domaine familial, la fille de Paul Féraud dirige, en parallèle, une affaire de négoce sous la bannière Sélection Laurence Féraud. Fruit d'un assemblage de carignan, de merlot, de syrah, de grenache et de mourvèdre, issus de différents millésimes (2009 et 2010 dans le cas présent) et appellations, le « petit vin » de Pégau est un heureux mariage de rondeur et de fraîcheur. Rien de compliqué, mais savoureusement fruité et relevé de jolis parfums d'épices. Parfaitement recommandable. ★★★ ② ✳

À TABLE AVEC LES...

Blancs du Nord (assemblages marsanne, roussanne)
Plus étoffés et plus souples que les vins de viognier, ils soutiennent aussi une cuisine riche, mais aussi plus relevée, voire plus fruitée. Les poissons et fruits de mer riches leur vont très bien, mais les volailles, les viandes blanches, et le gibier à plume aussi. Ainsi que les préparations à base d'épices (gingembre, cari) ou de fruits (abricots, pêche, mangue). – *V.R.*

DOMAINE GRAND VENEUR

Châteauneuf-du-Pape 2009 (964346) 40,75$
L'amateur de Châteauneuf appréciera la puissance de ce vin musclé aux parfums d'eau-de-vie de framboise. Puissant et généreux, mais un peu à court de détails et de nuances, pour le moment. ★★★→? ③

Châteauneuf-du-Pape 2009, Les Origines (929877) 58,50$
Encore plus dense et concentré, assez typique de son millésime d'origine par sa force alcoolique (15,5%). Malgré tout, on devine sous cette puissance brute, une certaine complexité aromatique mariant les épices indiennes aux accents floraux. Équilibré dans l'opulence. ★★★→★ ③

DOMAINE GUY MOUSSET

Côtes du Rhône-Villages 2009, Les Garrigues (11007208) 25,60$
Les frères Franck et Olivier Mousset (Clos Saint Michel) signent aussi un très bon vin de grenache, nourri par la générosité de l'été 2009. Finale chaleureuse et capiteuse évoquant le kirsch. À boire au cours des trois prochaines années. ★★★ ②

DOMAINE LA GARRIGUE

Au cœur de l'appellation Vacqueyras, ce domaine est entre les mains de la famille Bernard depuis six générations.

Vacqueyras 2009, La Cantarelle (11822131) 33$
Cuvée ambitieuse et capiteuse (16% d'alcool). J'ignore si l'exercice de style est supposé démontrer le potentiel de puissance du terroir de Vacqueyras. Personnellement, je n'éprouve aucun plaisir à boire un vin si lourd qui assaille le palais, plus qu'il ne le charme. Pour le moment du moins. ★★→? ③

Vacqueyras 2008 (11169741) 21,25$
Particulièrement convaincant en 2008. Nourri de jolies nuances poivrées, il a l'étoffe et la générosité typiques des vins de l'appellation et sa longue finale capiteuse aux accents amers lui donne un certain panache. Bon maintenant et jusqu'en 2016, au moins. ★★★★ ② ▼

DUPÉRÉ-BARRERA

En plus de mener avec aplomb leur propriété provençale (voir p. 155), le duo Dupéré-Barrera opère un commerce de négoce haut de gamme dans le Rhône.

Côtes du Rhône-Villages 2010 (10783088) 19,95$
Depuis l'arrivée à la SAQ de leur premier vin en 2006, le talent du couple franco-québécois ne s'est jamais démenti. Le 2010 regorge de goûts intenses de fruit noir et de noyau de cerise, auquel il emprunte aussi une amertume de bon ton. Généreux, joufflu et chaleureux, mais élaboré dans de bonnes proportions. Cette année encore, il donne pleine satisfaction. ★★★★ ② ✻

Costières de Nîmes 2010 (10936021) 18,05$
Rassasiant tant par ses saveurs mûres que par sa fraîcheur, le 2010 est bien charnu, assez corsé et doté d'une personnalité étonnamment affirmée pour un vin de ce prix. Très satisfaisant cette année. À boire d'ici 2017. ★★★★ ② ✻

GAILLARD, PIERRE

Partenaire dans le projet des Vins de Vienne, Pierre Gaillard est aussi propriétaire de parcelles dans le nord de la vallée du Rhône et dans le Languedoc (voir p. 135 et p. 146). Ses vins sont fins, distingués et fidèles au caractère de leurs terroirs respectifs.

Côte Rôtie 2010, Rose Pourpre (11534817) 119$
Quelle élégance! Malgré sa concentration évidente, sa couleur profonde, son nez exubérant de violette et sa chair nourrie, ce vin distille une grande finesse. Déjà souple et très agréable à boire avec sa finale minérale, mais il n'atteindra pas son apogée avant quatre ou cinq ans. ★★★★→? ③

Côte Rôtie 2010 (731133) 63$
Dans le même esprit de délicatesse, Gaillard signe cet autre excellent Côte Rôtie mêlant harmonieusement les saveurs de fruit aux tonalités fumées de la barrique. La complexité se joue davantage en bouche, avec des notes de musc, portées par une texture encore assez ferme, mais d'un équilibre exemplaire. Il a de belles années devant lui. ★★★★ ③

Saint-Joseph 2010, Clos de Cumaille (11231963) 34,50$
Tous les Saint-Joseph ne naissent pas égaux... Raison de plus pour souligner la qualité de ce vin élaboré de main de maître. Encore passablement tannique et marqué par l'élevage, sans toutefois masquer la délicieuse expression du fruit. Une heure en carafe permettra de révéler encore davantage sa texture veloutée. Très chic! ★★★★ ②

Saint-Joseph 2009 (11231963) 35,25$
On aime sa matière dense et enrobée et ses francs goûts poivrés, autant que l'impression de fraîcheur et d'équilibre qu'il laisse en bouche. Déjà excellent, mais pour l'apprécier à sa juste valeur, il faut le laisser reposer encore quelques années. ★★★★ ③

Syrah 2010, La Dernière Vigne, Vin de Pays des Collines Rhodaniennes (10678325) 21,25$
Pierre Gaillard cultive avec grand soin cette minuscule parcelle ayant survécu à l'essor démographique de Lyon, la deuxième ville de France. Ce 2010 donne l'impression de croquer dans des baies sauvages. Des tanins fins nourris par l'élevage et beaucoup de relief pour un vin si jeune. Servir autour de 16 °C, dès maintenant et jusqu'en 2015. ★★★★ ② ✳

Condrieu 2011 (861641) 54,75$
Ce vin me semble plus riche que le 2010 goûté plus tôt cette année. Un trame minérale contribue néanmoins à sa fraîcheur en bouche et met en valeur de bons goûts de poire et de fleurs blanches. Un vin plantureux à apprécier dès maintenant. ☆☆☆ ②

Saint-Joseph blanc 2011 (11219606) 33,75$
Issu exclusivement de roussanne, alors que la plupart des vins blancs de l'appellation sont composés de marsanne, ce 2011 m'a semblé un peu linéaire. Très riche et un peu à court de fraîcheur. On peut tout de même apprécier sa vinosité et ses saveurs amples de miel et de fruits tropicaux. Savoureux, mais un peu lourd. ☆☆→? ②

GUIGAL

Maintenant solidement menée par Philippe Guigal, le fils de Marcel, cette maison de légende continue de produire une gamme complète de vins de très bonne qualité. En plus des grands vins de Côte Rôtie et d'Hermitage, le domaine propose des vins de négoce de qualité très constante.

Brune et Blonde 2007, Côte Rôtie (11327885) 67,50 $
Véritable marque de commerce de la maison Guigal, ce vin doit son nom à la couleur des sols tantôt silico-calcaires (blonde), tantôt riches en oxyde de fer (brune) qui composent le terroir de la Côte Rôtie. Le 2007 est une autre réussite sur le thème de l'intensité aromatique, teintée d'élégance et de nuances. Un vin encore jeune, gras et reposant sur des tanins mûrs; riche en saveurs florales et équilibré. À boire sans se presser au cours des six prochaines années. ★★★→★ ②

Condrieu 2010 (11220981) 54 $
Tout aussi recommandable par sa pureté, sa franchise, ses saveurs typiques de fleur blanche et son équilibre. Très bon, mais pas donné. ☆☆☆ ②

Crozes-Hermitage 2007 (739243) 24,70 $
Plus modeste certes, mais non moins charmant, ce très bon Crozes se fait valoir par son équilibre, ses saveurs nettes de poivre, ses tanins souples et sa fraîcheur. À boire dès maintenant et au cours des quatre prochaines années. ★★★→? ②

Saint-Joseph 2009 (10220867) 30 $
Bon vin d'envergure qui semble traverser une phase un peu ingrate. Bel équilibre d'ensemble, mais le fruit joue en sourdine et le vin manque un peu de nuance. Pour le moment du moins. À revoir dans un an. ★★→? ③

Hermitage blanc 2007 (11170460) 59 $
L'Hermitage blanc est tout le contraire du vin moderne technologique. Vinosité et profondeur! Maintenant âgé de 4 ans, le 2007 révèle une grande richesse aromatique, complexe, fine et nuancée. Très bonne acidité et beaucoup de corps et de persistance. On peut commencer à l'apprécier maintenant, mais il sera à son meilleur dans quelques années. ☆☆☆☆ ③

Crozes-Hermitage 2008 (10520755) 24,45 $
Modérément aromatique et juste assez vineux; une délicate amertume en finale ajoute à son caractère et laisse une impression désaltérante en fin de bouche. ☆☆☆ ②

Côtes du Rhône 2009 (259721) 18,05 $
Une valeur sûre au rayon des Côtes du Rhône génériques. Tout aussi mûr, savoureux et généreusement fruité que le 2007 commercialisé l'an dernier. Constance exemplaire au cours des dernières décennies. ★★★ ② ©

Côtes du Rhône blanc 2011 (290296) 17,95 $
Les vertus conjuguées des cépages viognier, roussanne, clairette, marsanne et bourboulenc donnent un très bon vin blanc aromatique, aux accents de fleurs et de fruits tropicaux. Nerveux, désaltérant et très satisfaisant dans sa catégorie. ☆☆☆ ② ✻ ©

JABOULET AÎNÉ, PAUL

À la fois producteur et négociant, la célèbre maison rhodanienne fondée en 1884 a été rachetée en 2005 par la Compagnie financière Frey, déjà propriétaire du Château La Lagune dans le Médoc et actionnaire principal de la maison champenoise Billecart-Salmon. Les œnologues Caroline Frey et Denis Dubourdieu y ont opéré un redressement qualificatif notable. De manière générale, les vins gagnent en finesse et en élégance.

Domaine de Thalabert 2007, Crozes-Hermitage (11166487) 38,50$
Jusque dans les années 1990, Thalabert avait la réputation d'être le meilleur cru de l'appellation Crozes-Hermitage. Après quelques années dans les limbes, il semble en voie de retrouver son lustre d'antan. Séveux, dense et empreint d'une profondeur certaine, le 2007 s'inscrit dans la même lignée que le précédent et confirme, en quelque sorte, la résurrection de Thalabert. Un vin compact qui nécessitera quelques années pour se révéler pleinement. ★★★→★ ③ ▼

Saint-Joseph 2009, Le Grand Pompée (185637) 27,80$
S'il est un peu moins complexe et distingué, cet autre classique de la maison Jaboulet est tout à fait satisfaisant et n'a rien à envier à bien des Saint-Joseph sur le marché. Une expression intense et musclée de la syrah; l'élevage ajoute à sa tenue en bouche et l'agrémente de parfums épicés fort agréables. Beaucoup de mâche et de tonus; on devrait le laisser dormir jusqu'en 2014. ★★★→? ③

Crozes-Hermitage, Les Jalets 2008 (383588) 22$
Sans avoir la complexité des meilleurs crus de l'appellation, ce vin conçu pour être bu jeune est vibrant, plein en bouche et a juste ce qu'il faut de poigne pour donner de l'éclat à ses saveurs concentrées de fruits noirs. L'une des belles réussites des dernières années. ★★★→? ②

Plus modestes, deux autres manifestations du redressement qualitatif de la maison Jaboulet au cours des cinq dernières années:

Les Traverses 2009, Côtes du Ventoux (543934) 13,90$
Un très bon vin souple et juteux dont les arômes témoignent de raisins de grenache mûris à souhait. Un très bon achat! ★★★ ② ✳

Côtes du Rhône 2009, Parallèle 45 (332304) 14,75$
La populaire cuvée de la famille Jaboulet prend une allure plus riche et concentrée en 2009 avec une attaque en bouche assez dense et charnue, relevée de parfums de fruits noirs. Simplement savoureux! ★★★ ② ✳ Ⓒ

JAUME, ALAIN

Alain Jaume – Domaine Grand Veneur – a acquis cette propriété de Lirac en 2003. On retrouve dans ce vin, l'étoffe à laquelle il nous a habitués avec ses Châteauneuf-du-Pape.

Gigondas 2009, Terrasses de Montmirail, Alain Jaume (11095973) 28,15$
Très bon Gigondas, assez substantiel, bien en chair et agrémenté de goûts légèrement anisés qui ajoutent au relief aromatique. ★★★ ②

Clos de Sixte 2010, Lirac (10919070) 23,25$
Bon vin de Lirac, concentré en saveurs de fruits noirs, ferme et assez solidement construit pour tenir la route jusqu'en 2016. ★★★ ②

J.-L. CHAVE SÉLECTION

Hermitage 2007, Farconnet (11181636) 58$
Jean-Louis a mis sur pied une petite affaire de négoce spécialisée dans le haut de gamme. Provenant de différentes parcelles, dont les célèbres Méal, Bessards et Dionnières, un très bon Hermitage aux parfums caractéristiques de poivre, appuyés sur des tanins fins, serrés et polis. Pas grand, mais net, franc et aromatique comme il se doit. La proposition est tout à fait honnête à ce prix. ★★★→? ③

MARRENON

Cette coopérative dynamique produit annuellement près de 50 millions de litres de vin dans le Luberon et dans les Côtes du Tricastin.

Grand Marrenon 2010, Luberon (10678157) 18,15$
Cet assemblage de syrah et de grenache offre une expression fruitée assez intense mêlant les parfums fumés de la barrique, aux accents poivrés de la syrah et aux notes de cacao, typiques du grenache. Mûr et un peu capiteux, mais il ne manque ni de corps ni de tonus. ★★★ ②

MONT OLIVET

Chateauneuf 2009, Cuvée du Papet (11855493) 76$
De très vieilles vignes de grenache, de syrah et de mourvèdre, cultivées dans les règles de l'art avec un labour des sols donnent un vin assez corsé et large d'épaules qui plaira sans doute à l'amateur de Châteauneuf plus classique et structuré. Pas le plus séduisant de tous pour l'heure, mais la charpente tannique supporte le fruit et apporte un tonus appréciable dans le contexte du millésime. ★★★→? ③ Ⓢ

Chateauneuf 2009 (11726691) 38$
Très serré en ce moment, ce vin a besoin de temps pour se délier. Très belle expression de grenache, à la fois intense, puissant, mais assez fin à sa manière. ★★★ ③

MONTIRIUS

Vacqueyras 2011 (872796) 19,05$
Dans les appellations Vacqueyras et Gigondas, le vignoble de Christine et Éric Saurel est conduit en agriculture biodynamique, certifié depuis 1999. Ce vin inscrit au répertoire général joue davantage la carte du fruit et de la rondeur en 2011. Pas le plus concentré de tous, mais on apprécie la netteté et la précision de ses saveurs. ★★★ ② ❋ Ⓒ

PERRIN

En plus de leurs célèbres vins du Château de Beaucastel, la famille Perrin commercialise une gamme de vins de la vallée du Rhône.

Les Sinards 2009, Châteauneuf-du-Pape (11208448) 39$
Les Sinards est le véritable second vin de Beaucastel. Le vin est issu des jeunes vignes de la célèbre propriété ainsi que d'une parcelle voisine, exploitée en fermage. Un peu jeune et dans sa coquille pour l'heure. On sent l'intensité du millésime par sa finale chaleureuse. Laissez-le dormir jusqu'en 2014. ★★★→? ③

Les Sinards 2010, Châteauneuf-du-Pape (11208448) 39$
Arrivée prévue en janvier 2013 pour ce vin encore jeune et guilleret. Très volubile lorsque goûté en septembre dernier, il charme déjà par son équilibre et sa finale franche aux bons goûts de cerise, mais n'atteindra son apogée que vers 2016. ★★★→★ ③

Gigondas 2009, La Gille (10267905) 30,25$
La famille Perrin exploite aussi une parcelle de vignes entre les célèbres Dentelles de Montmirail et l'Ouvèze. Elle en tire un très bon 2009, portant l'empreinte du grenache, tant par son tissu tannique velouté, que par ses accents de kirsch et de cacao. À boire jusqu'en 2017. ★★★ ②

Vinsobres 2010, Les Cornuds (11095981) 20,45$
Dans l'esprit de Vinsobres: savoureux, velouté, coulant et facile à boire, mais suffisamment encadré pour conserver une fraîcheur appréciable. ★★★ ②

Vacqueyras 2010, Les Christins (872937) 23,70$
De nouveau parmi les plus complets de la gamme. Très semblable au 2009 par sa définition et son volume aromatique, mais doté d'une fermeté supplémentaire qui le rend encore plus agréable. Excellent en son genre! ★★★★ ② ✻

Côtes du Rhône 2010, Nature (918821) 19,50$
Issu de l'agriculture biologique, un bon vin assez charnu, misant avant tout sur l'expression fruitée du grenache et de la syrah. ★★★ ②

Côtes du Rhône 2010, Réserve (363457) 15,95$
L'exemple même d'un bon vin commercial, très constant, abordable, riche en fruit et fort rassasiant à sa manière. ★★★ ② ✻ Ⓒ

Ventoux 2011, La Vieille Ferme (263640) 14,15$
Bon vin technologique, sans surprise, mais toujours bien réussi, souple et fruité. ★★ ② Ⓒ

Luberon 2011, La Vieille Ferme (298505) 14,15$
Aromatique à la manière des bons vins blancs du Midi; léger, facile à boire et offert à prix doux. ☆☆☆ ② ✻ Ⓒ

PIC & CHAPOUTIER

Crozes-Hermitage 2009 (11600917) 22,90$
Anne-Sophie Pic – chef cuisinière triple étoilée du restaurant Pic à Valence – s'est associée au flamboyant Michel Chapoutier pour créer une gamme de vins du Rhône, destinés à la gastronomie. Bon 2009 portant l'empreinte de maturité de 2009 avec des saveurs chaleureuses de réglisse et de fruits confits; le vin est néanmoins mis en valeur par une fraîcheur suffisante. À boire au cours des trois prochaines années. ★★★ ②

VIDAL-FLEURY

Cette maison de négoce appartient à la famille Guigal.

Côte Rôtie 2005, Côte Brune et Blonde (11154478) 65,25$
Goûté un an plus tard, ce 2005 ne m'a guère plus emballée. Aucun défaut, mais un peu terne et à court d'éclat fruité. À boire entre 2013 et 2016. ★★→? ②

Crozes-Hermitage 2009 (720276) 24,25$
Assez typique du millésime 2009, avec des parfums de violette et une attaque en bouche mûre et juteuse. Correct, mais sans l'étoffe des meilleurs. ★★→? ②

Saint-Joseph 2010 (10259761) 27,75$
Saveurs nettes de poivre; un peu linéaire. À boire sans tarder. ★★→? ②

Vignobles David, Le Mourre de L'Isle 2011, Côtes du Rhône (11574472) 18,30$
Vin cachère. Assez représentatif de son millésime et misant avant tout sur la souplesse et le fruit. L'élevage domine un peu trop à mon goût et assaisonne le vin de parfums de vanille et de torréfaction. ★★★ ②

Voir aussi la section Ⓟ

VILLARD, FRANÇOIS

L'appel des Sereines 2009, Vin de Pays des Collines Rhodaniennes (11553891) 18,85 $
Également impliqué dans le projet des vins de Vienne, le producteur François Villard signe de très bons vins pansus et larges d'épaules. Très bon vin de Syrah, juteux, généreusement poivré et encadré par des tanins juste assez fermes pour donner un tonus appréciable à l'ensemble. À boire dès maintenant avec un carré d'agneau en croûte d'herbes, et un plaisir certain! ★★★★ ② ✻

VINS DE VIENNE

Cette marque est née d'un partenariat entre les vignerons Pierre Gaillard, Yves Cuilleron et François Villard. Après avoir recréé le vignoble de Seyssuel au sud de Lyon – un morceau de patrimoine viticole datant de l'époque romaine –, ils ont développé une activité de négoce haut de gamme dans le nord de la vallée du Rhône.

Sotanum 2009, Vin de France (894113) 53,25 $
Un peu en recul par rapport à l'an dernier, le Sotanum semble un peu rentré dans sa coquille. Belle concentration fruitée, encore qu'assez difficile à apprécier sous la couche de saveurs vanillées et épicées qui l'alourdissent pour l'heure. Très bien fait, même s'il semble un peu trop poli à mon goût pour l'instant. ★★★→? ③

Héluicum 2009, Vin de France (11635896) 37 $
Deuxième vin du Sotanum. Nez typique de Syrah : animal, poivré et très floral. Hélas! la bouche est un peu lourde et dessinée à gros traits, pour le moment. Peut-être traversait-il une phase ingrate en août dernier. À revoir dans un an ou deux. ★★★ ②

Cornas 2009, Les Barcillants (708438) 49 $
Même si le millésime 2008 ne se prêtait pas à l'élaboration d'un vin très compact et riche en tanins, ce très bon Cornas demeure assez fidèle au style de l'appellation et offre la poigne, l'étoffe et la structure souhaitées. Un goût très affirmé et presque sauvage de syrah très mûre, une bouche vive et fringante. Il vaudrait mieux le laisser dormir encore quelques années. ★★★→★ ③

Saint-Joseph 2010, l'Arzelle (707265) 33,25 $
Bien que pas spécialement concentré ni puissant, ce vin déploie une certaine élégance dans la trame tannique. Des notes de tabac et de goudron, de la souplesse en bouche et une envergure moyenne ; très minéral et agrémenté de tonalités d'herbes séchées et d'épices évoquant la garrigue. Aucune lourdeur, persistant et équilibré. Il a un très bon potentiel évolution. ★★★★ ③

Saint-Joseph 2009 (10783310) 27,25 $
Une couleur sombre et un nez de cassis annoncent un vin passablement concentré, doté d'une attaque en bouche franche et d'une très bonne tenue. À boire dès maintenant en attendant l'Arzelle et au cours des quatre prochaines années. ★★★→? ②

Crozes-Hermitage 2010 (10678229) 23,15 $
Le nez annonce de belles choses, mais la bouche déçoit. Flatteur, ample et presque crémeux tant le fruit est mûr. Le vin ne manque toutefois pas de tenue et pourrait peut-être se bonifier d'ici quelques années. ★★→? ③

Cairanne 2009, La Perdendaille (11736929) 25,65 $
Dans un style un peu convenu et poli, assez velouté et ponctué de parfums d'olive noire. À boire dès maintenant et d'ici 2016. ★★★ ②

Cranilles 2011, Côtes du Rhône (722991) 17,50 $
Bon Côtes du Rhône dans la moyenne, mettant en relief la suavité du grenache, avec de bons goûts de kirsch et de cassis. Modeste, mais recommandable à ce prix. ★★★ ②

LE VIN DÉCORTIQUÉ

Et le fût fut...

À l'origine, le fût de chêne servait au transport. Puis, on a découvert l'influence du bois sur le goût et la texture du vin.

Plusieurs composés chimiques du chêne s'intègrent au vin par extraction, lui procurant des arômes grillés, vanillés, anisés, ou encore des arômes d'épices, de café et même de tabac. Et si les tanins proviennent des peaux et des pépins de raisins, on peut affirmer sans hésitation que la barrique y contribue aussi, parfois largement.

Les fûts de chêne permettent également une douce oxygénation du vin, rendue possible grâce au grain du bois qui laisse passer l'air tout en demeurant imperméable. Ainsi, les tannins, les acides et autres composés du vin réagissent graduellement avec l'oxygène, adoucissant les tannins et enrichissant les couleurs. C'est souvent la mise en fûts qui permet au vin nouveau de se délester de son fruit juvénile pour évoluer en une boisson aux arômes et aux saveurs complexes.

Les barriques de chêne ne peuvent être utilisés en extraction que pour deux ans, à la suite de quoi ils perdent leur « saveur ». Le reste de leur vie utile sera consacré à l'oxygénation du vin. – *B.Z.*

D'autres vins de bonne qualité ★★★ et ☆☆☆

CHAPOUTIER, MICHEL
Côtes du Rhône 2010, Belleruche (476846) 17,75 $
Luberon 2010, La Ciboise (11374382) 14,35 $

CHÂTEAU BEAUBOIS **Élégance 2009, Costières de Nîmes** (10678915) 17,90 $

CHÂTEAU DE LA GARDINE
Châteauneuf-du-Pape 2009 (022889) 36,25 $ Ⓒ
Rasteau 2010, Benjamin Brunel (123778) 19,95 $ Ⓒ

CHÂTEAU DU TRIGNON **Sablet 2007** (11600909) 18,60 $

CHÂTEAU FORTIA **Châteauneuf-du-Pape 2010** (11171286) 32,50 $

CHÂTEAU PESQUIÉ
Grenache-Syrah 2011, Terrasses, Ventoux (10255939) 15,65 $
Viognier 2011, Vin de Pays de Méditerranée (10257441) 18,25 $

CHÂTEAU SAINT-ROCH 2009 **Lirac** (574137) 18,30 $

CLOS DU BOIS DE MENGE **Gigondas 2009** (11573912) 23,25 $

GASSIER, MICHEL
Cuvée Joseph Torrès 2009, Château de Nages, Costières de Nîmes (567115) 20,20 $
Syrah 2010, Les Piliers, Costières de Nîmes (11253759) 16,15 $
Cuvée Joseph Torrès blanc 2010, Château de Nages, Costières de Nîmes (895839) 21,20 $
Viognier 2011, Les Piliers (10936785) 18,35 $

D'autres vins de qualité moyenne ★★ et ☆☆

BONPAS **Vacqueyras 2010, Grande Exception, Silbertus** (11676655) 23,95 $ Ⓒ

CAVE DE RASTEAU
Côtes du Rhône-Villages Rasteau 2007, Prestige, Ortas (952705) 21,20 $
Rasteau 2010, Tradition, Ortas (113407) 15 $ Ⓒ

CHAPOUTIER, MICHEL **Crozes-Hermitage 2009, Les Meysonniers** (10259876) 26,55 $

CHÂTEAU PESQUIÉ **Ventoux 2010, Quintessence** (969303) 23,50 $

CLOS DE L'ORATOIRE
Châteauneuf-du-Pape 2010, Ogier (11407990) 43,50 $
Côtes du Rhône 2010, Héritages (535849) 14,95 $ Ⓒ

DOMAINE BARVILLE **Châteauneuf-du-Pape 2009, Optimum, Brotte** (11339851) 57 $ Ⓢ

DOMAINE DE LA MAURELLE **Gigondas 2009** (11573189) 25,60 $

DOMAINE DUCLAUX **Châteauneuf-du-Pape 2007** (10273483) 33,50 $

DOMAINE DU VIEUX LAZARET
Châteauneuf-du-Pape 2009 (11808822) 29 $
Châteauneuf-du-Pape 2007, Cuvée Exceptionnelle (10676881) 43,50 $
Châteauneuf-du-Pape blanc 2009 (11095842) 30,25 $

DOMAINE GRAND ROMANE **Cuvée Prestige 2008, Gigondas** (10936427) 24,85 $

GASSIER, MICHEL **Sauvignon blanc 2011, Vin de France** (11770140) 14,95 $

GRANDE RÉSERVE DES CHALLIÈRES **Ventoux 2011** (331090) 11,95 $ Ⓒ

LA FIOLE DU PAPE **Châteauneuf-du-Pape,** (12286) 34,75 $

LE CLOCHER **Vinsobres 2010** (11073379) 15,95 $ Ⓒ

OGIER **Côtes du Rhône 2011, Héritages** (535849) 14,95 $ Ⓒ

QUIOT, JÉRÔME **Ventoux 2011** (10259788) 14,25 $

SIMON ALEXANDRE **Châteauneuf-du-Pape 2009, Prestige, Terroirs du Soleil** (11600888) 30,50 $

VIGNERONS DE CARACTÈRE **Éternité 2009, Vacqueyras** (11400801) 27,50 $

SUD DE LA FRANCE

LE LANGUEDOC-ROUSSILLON EN QUELQUES CHIFFRES

2000 millions de bouteilles par an. Représente les deux tiers de la production nationale. 1er vignoble biologique de France (Plus de 1000 producteurs en 2010).

HÉRAULT

L'Hérault regroupe notamment les appellations Saint-Chinian, Faugères et l'essentiel des Coteaux du Languedoc. C'est aussi dans ce département qu'est né, dans les années 1970, le premier grand cru (non officiel) du Languedoc, le Mas de Daumas Gassac, commercialisé comme simple Vin de Pays de l'Hérault. Depuis, d'autres ont émergé, tels le Domaine de la Grange des Pères, Mas Jullien et le Domaine de Montcalmès. Avec la recherche continue de la qualité, et la passion des nouvelles générations, il y a fort à parier que d'autres premiers grands crus sont à venir.

LIMOUX

La région produit des vins rouges et des vins mousseux de bonne qualité. Mais ce sont ses vins blancs secs, principalement à base de chardonnay issu de terroirs argilo-calcaires et caillouteux, qui se distinguent et peuvent être d'une qualité exceptionnelle.

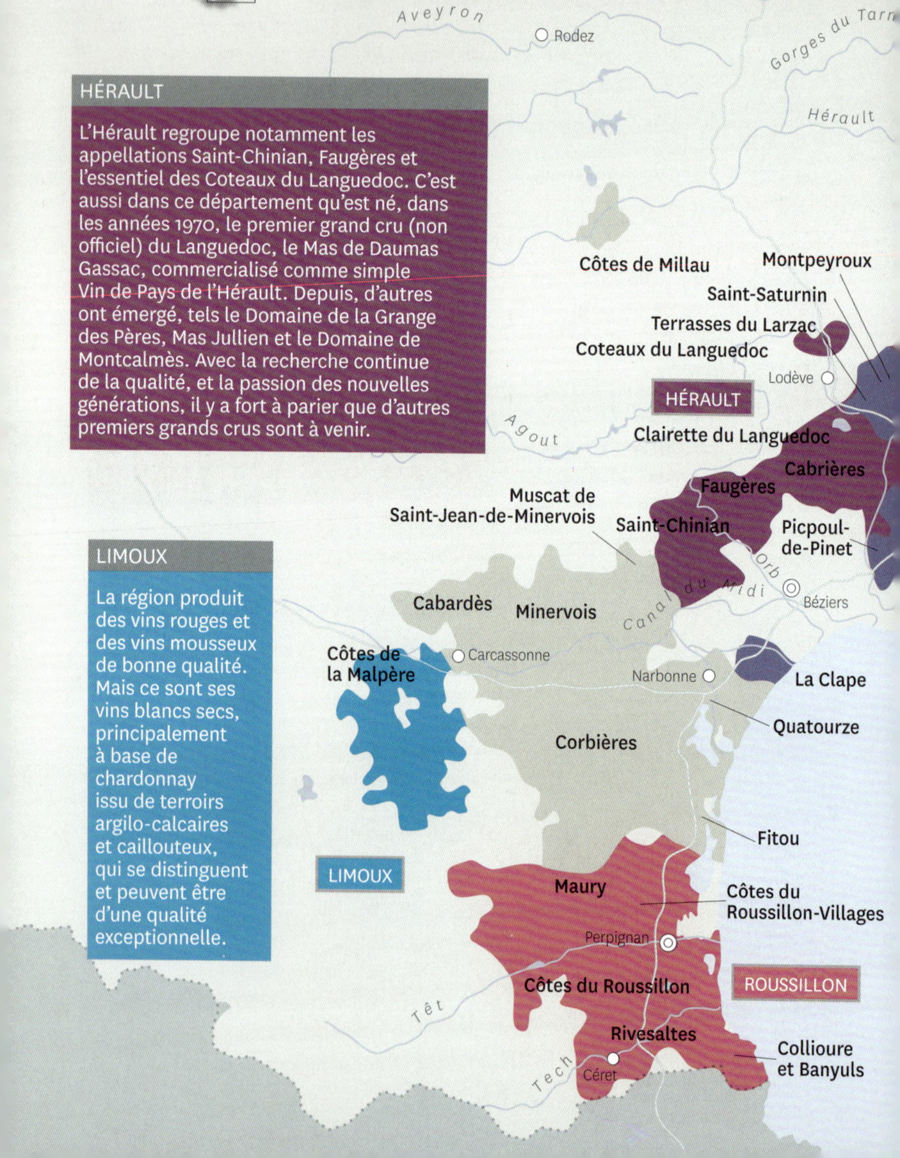

Quel chemin parcouru en trente ans! Jadis considéré comme l'usine à vin médiocre du pays, le Languedoc-Roussillon est résolument orienté vers la qualité. Ce vaste croissant, qui s'étend de la frontière espagnole à la vallée du Rhône, est d'autant plus attrayant qu'il mise désormais à fond sur les multiples facettes de ses terroirs et de ses cépages.

Un nombre croissant de jeunes vignerons redécouvre les qualités de cépages autrefois considérés comme roturiers, tels le carignan ou le cinsault, dont les vieilles vignes, plantées sur les bons terroirs et cultivées adéquatement, peuvent donner des vins étonnamment racés, empreints de la signature aromatique de la garrigue (voir p. 141).

La plupart des vignerons consciencieux ont cessé de jouer la carte de la puissance et cherchent avant tout à produire des vins rouges authentiques et digestes et des vins blancs originaux, axés sur la fraîcheur. Ajoutons à cela des vins rosés de bonne qualité, des vins mousseux et des vins doux naturels de muscat ou de grenache et l'on pourrait aisément conclure que le Languedoc-Roussillon est l'une des régions les plus riches et les plus diversifiées de France, en plus d'être un rayon à aubaines. Le meilleur des mondes, vous connaissez?

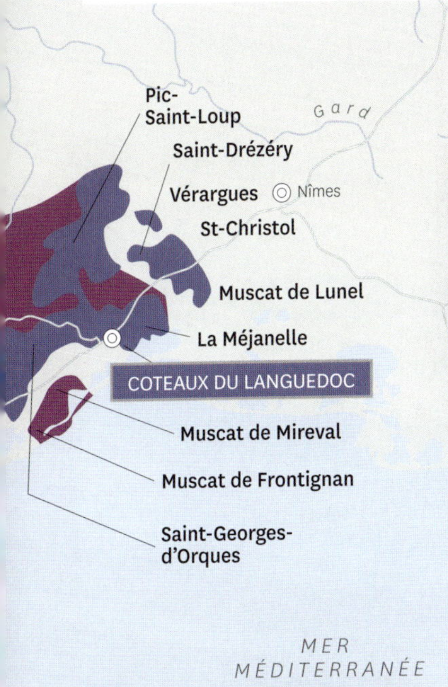

COTEAUX DU LANGUEDOC

Au fur et à mesure que leur style se précise, certaines appellations comme La Clape, Pic-Saint-Loup et Montpeyroux, gagnent en reconnaissance. Si la tendance se maintient, ils pourraient éventuellement être promus au rang de «cru», au même titre que Saint-Chinian et Faugères.

ROUSSILLON

On associe d'emblée la région du Roussillon aux somptueux vins rouges de grenache noir, mais on y produit aussi de superbes vins blancs issus de grenache blanc et gris cultivés sur les terroirs de schiste.

LES DERNIERS MILLÉSIMES

2011
Récolte abondante dans tout le Midi. Un été relativement frais a permis de produire des vins souples et équilibrés. Un bon millésime dans la moyenne.

2010
D'un bout à l'autre du Languedoc, un été très sec et des rendements réduits ont été garants de qualité. Qualité générale très satisfaisante.

2009
Bel été et récolte précoce, mais des rendements de 10 à 40 % inférieurs à la moyenne. Beaucoup de bons vins rouges.

2008
Millésime comparable à 2007. On annonce beaucoup de bons vins charpentés dans le Languedoc. Qualité plus hétérogène en Provence, après des vendanges dans des conditions précaires.

2007
Comme ailleurs en France, le printemps a été pluvieux et les températures estivales plus basses que la normale. Le beau temps de septembre a généré beaucoup de très bons vins bien équilibrés. Millésime généralement excellent.

2006
Après des mois de juin et de juillet torrides, août a été frais, et quelques pluies ont compliqué les vendanges. Les producteurs rigoureux ont obtenu des résultats satisfaisants. Qualité hétérogène.

DES PRODUCTEURS À RETENIR

CORBIÈRES ET MINERVOIS

Gérard Bertrand, Castelmaure, Château Coupe Roses, Château Tour Boisée, Château de Sérame, Jean-Baptiste Sénat, Maxime Magnon, St-Jean-de-la Gineste.

COTEAUX DU LANGUEDOC

Bergerie de l'Hortus, Gérard Bertrand, Château de Lancyre, Daumas Gassac, Domaine Clavel, Domaine d'Aupilhac, Domaine de Montcalmès, La Grange des Pères, Mas des Chimères, Mas Foulaquier, Mas Jullien, St-Martin de la Garrigue, Vignoble du Loup Blanc.

SAINT-CHINIAN, FAUGÈRES

Canet-Valette, Cave de Roquebrun, Domaine Navarre, Domaine Cottebrune, Domaine La Madura, Hecht & Bannier, Jean-Michel Alquier, Léon Barral.

ROUSSILLON

Bruno Duchêne, Clos du Rouge Gorge, Domaine de la Rectorie, Domaine la Tour Vieille, Domaine des Foulards Rouges, Domaine du Clos des Fées, Domaine du Possible, Gérard Gauby, Matassa, Olivier Pithon

PROVENCE ET CORSE

Antoine Arena, Château La Lieue, Château Revelette, Domaine d'Alzipratu, Domaine de la Tour du Bon, Domaine Hauvette, Domaine Les Béates, Domaine Tempier, Dupéré Barrera, Gros 'Noré, La Bastide Blanche.

DÉBOUCHER OU ATTENDRE ?

Vins du Midi • **De la cave, que boire en 2013 ?**

Dans l'ensemble, les vins rouges du Languedoc-Roussillon et de Provence sont bons à boire dès leur jeune âge. Et même si les cuvées plus élitistes provenant des domaines de pointe offrent une tenue remarquable et passablement de charpente et de tenue, ils n'ont pas besoin de dormir en cave bien longtemps pour se révéler pleinement. On verra que la plupart des vins commentés dans les pages qui suivent sont à point. Exception à cette règle : certains monuments comme le Daumas Gassac ou La Grange des Pères, quelques grandes cuvées du Roussillon ou encore les merveilleux vins de Bandol, auxquels le mourvèdre confère un tempérament tannique et surtout une longévité digne des très bons Bordeaux.

LE VIN DÉCORTIQUÉ

Le goût de la garrigue

Plusieurs aspects définissent le terroir : le sol, le climat, la géographie et même les traditions de vinification d'une région donnée. Mais qu'en est-il de l'odeur ?

Si tous les opposants au concept de terroir s'aventuraient sur les douces pentes du Pic-Saint-Loup, du massif de la Clape ou de Saint-Chinian, dans le Languedoc, ou s'ils visitaient les contrées bucoliques de la Provence, ils remarqueraient sûrement que l'air de chacune de ces régions est parfumé différemment. C'est la garrigue !

Lorsqu'on lit la description de vins provenant des régions près des côtes méditerranéennes, on tombe souvent sur le mot « garrigue ». Techniquement, la garrigue désigne les terres de broussailles et de végétation basse poussant dans des conditions presque désertiques, dans les régions méridionales de l'Europe qui bordent la Méditerranée. Selon l'endroit où vous vous trouvez, l'air de ces *badlands* est inondé d'effluves de lavande, de thym sauvage, de romarin, de genièvre et d'hysope. Ces mélanges aromatiques se retrouvent indéniablement dans le vin. Comment ? La réponse à cette question mérite une discussion à elle seule ! – *B.Z.*

ANNE DE JOYEUSE

La Butinière 2008, Limoux (11096183) 17,95$
Plus bordelais par sa forme que vraiment languedocien, cet assemblage de merlot, de syrah, de malbec et de cabernet sauvignon s'articule autour d'une charpente tannique assez serrée, enrobée d'une bonne dose de fruit et nourrie par un élevage en fûts. Assez bien fait en son genre. ★★★ ②

BERGERIE DE L'HORTUS

Classique 2010, Coteaux du Languedoc Pic-Saint-Loup (427518) 18,85$
Le domaine de Jean Orliac est un nom connu de la viticulture languedocienne. Comme l'an dernier, avec un supplément de fraîcheur. Gorgé de bons goûts de fruits et des accents de la garrigue, parfaitement digeste et désaltérant grâce à une bonne acidité et une pointe d'amertume en finale. On se régale à peu de frais ★★★ ② ❋

BERTRAND, GÉRARD

Gérard Bertrand a repris l'entreprise familiale en 1987. Aujourd'hui, la société qu'il a développée regroupe plus de 300 hectares de vignes sur 5 propriétés.

Château l'Hospitalet 2010, Coteaux du Languedoc La Clape, Réserve (10920732) 19,95$
D'une propriété acquise en 2002, ce très bon vin regorge de saveurs fruitées, sur un fond de tonalités fumées, sans doute attribuables à l'élevage. Laissez-le reposer quelques mois. Il a suffisamment de coffre pour s'épanouir au cours des cinq prochaines années. ★★★→? ③

Domaine Haut St-Georges 2010, Corbières (853796) 16,25$
Fruit d'un assemblage typique du midi de la France, ce vin est tout aussi savoureux que le 2009 commenté l'an dernier, mais avec un supplément de fraîcheur qui le rend encore plus agréable à boire. Beaucoup de mâche pour le prix. ★★★ ② ❋

Tautavel 2007 (11676145) 16,70$
Dans le style fruité et moderne misant avant tout sur la pure expression du fruit, ce vin de Tautavel inscrit au répertoire général est un modèle du genre. Gorgé de fruit et de savoureuses notes de cassis, joufflu, ample et presque sucré tant le fruit est mûr. ★★★ ② ❋ ©

À TABLE AVEC LES...

Vins rouges du Languedoc

Les styles varient énormément ! Les plus souples font d'excellents vins de tous les jours. Ils peuvent soutenir un peu de sucre, de fruits et d'épices : lapin aux pruneaux, cuisine nord-africaine (tajine, couscous) ou tex-mex, etc. Les plus costauds de tous peuvent être assez tanniques. Ils seront alors plus appropriés pour des viandes goûteuses et saignantes, et supporteront moins bien les tonalités fruitées. Tous ont des affinités avec les saveurs méridionales (olives noires, fines herbes, ail), la ratatouille ou les tians de légumes. – *V.R.*

BOUSQUET, JEAN-NOËL

Château Grand Moulin, Corbières 2007, Vieilles vignes (721043) 16,05$
Plus complet en 2007, ce vin élevé en barriques (30% neuves) est un peu prévisible et taillé pour plaire, mais bien fait dans son genre. ★★ ②

La Garnotte 2010, Corbières (11374411) 13,70$
Nouveau au répertoire de la SAQ, un bon vin simple, nerveux, facile à boire et agrémenté de goûts d'épices. Tout à fait recommandable. ★★★ ② ✳ ©

Corbières 2011, Terre à Terre (11374391) 9,10$
Juteux, facile à boire, coulant. ★★ ② ✳ ©

CAVE DE ROQUEBRUN

Saint-Chinian blanc 2011, Les Fiefs d'Aupenac (10559174) 18,90$
La coopérative de Roquebrun est la source de très bons vins de qualité constante, dont un vin blanc savoureux, issu d'un assemblage de roussanne et de grenache blanc. Dans le même esprit que le 2010 commenté l'an dernier, le vin se signale par un bon usage de la barrique, qui nourrit la texture, sans dénaturer les saveurs fruitées. Encore meilleur après une demi-heure en carafe. ☆☆☆ ② ✳

Saint-Chinian 2008, Seigneur D'Aupenac (11475634) 29,75$
Il faudra également surveiller l'arrivée en cours d'année de ce vin très dense et compact, encore marqué par les accents torréfiés de l'élevage, mais néanmoins équilibré en bouche. Sa persistance annonce de belles choses pour l'avenir. ★★★→? ③

Saint-Chinian 2010, Les Fiefs d'Aupenac (10559166) 20,75$
Syrah, grenache et mourvèdre, issus d'une macération carbonique, ce qui donne un vin juteux, tout en souplesse et agréable à boire dès maintenant. Du fruit à profusion. ★★★ ②

Saint-Chinian 2011, Terrasses de la Mouline (552505) 14,35$
Fruit noir, rond et suffisamment charnu pour être recommandable. ★★ ②

CHAPOUTIER, MICHEL

Côtes du Roussillon-Villages 2010, Les Vignes de Bila-Haut (11314970) 16,35$
En plus de produire du vin dans presque toutes les appellations de la vallée du Rhône, Michel Chapoutier exploite aussi une propriété dans le Roussillon. Très bon vin bien méridional mettant de l'avant une expression chaleureuse des cépages syrah, grenache et carignan; à la fois bien nourri et structuré, avec de bons goûts de cassis. ★★★ ② ✳

Côtes du Roussillon-Villages 2009, Occultum Ladidem (10895186) 24$
Plus enrobé et doté d'une poigne supplémentaire, sans être vraiment plus profond. Un bon vin qui gagnerait peut-être à reposer jusqu'en 2015. ★★→? ③

Voir aussi la section ⓟ

CHÂTEAU COUPE ROSES

Granaxa 2010, Minervois (862326) 22,35$
Un champ de fleurs sauvages, arômes de cerises et de prunes. Les saveurs sont portées par une texture veloutée qui pourrait donner l'impression de manquer de corps. Il compense néanmoins largement par sa présence en bouche très caressante, presque sensuelle, assez typique d'un bon Grenache du Midi. ★★★★ ③ ✳

Les Plots 2011, Minervois (914275) 18,50$
Sympathique et juteux, sans la concentration des millésimes précédents. La bouche est souple, typée et bien fruitée. Vin plaisir et sans chichi. ★★★ ②

Minervois blanc 2011 (894519) 19,75$
La roussanne est un cépage merveilleux, à condition d'être entre bonnes mains et d'être planté au bon endroit. Autre grande réussite, le 2011 est riche d'une foule de détails aromatiques mariant le fruit aux tonalités de fleurs, d'épices et de pâte d'amande. Assez gras, nourri par un élevage à 15% en fûts de chêne neufs, mais surtout frais et équilibré, avec une longue finale quasi tannique tant le vin a de la tenue. ☆☆☆☆ ② ✳

CHÂTEAU DE LANCYRE

Cette vaste propriété de Pic-Saint-Loup fait preuve d'une régularité qualitative digne de mention.

Vieilles vignes 2009, Coteaux du Languedoc Pic-Saint-Loup (11661066) 20,35$
Expression particulièrement juteuse, fruitée et friande de la syrah méridionale. Opulent et manifestement issu de raisins bien mûrs (14,5% d'alcool), sans accuser de lourdeur. Velouté, gorgé de goûts de cerises à l'eau-de-vie et de réglisse noire. Franchement très satisfaisant dans sa catégorie. Servir autour de 15 °C, entre 2013 et 2018. ★★★★ ② ✳

Voir aussi la section Ⓟ

CHÂTEAU DE SÉRAME

Corbières 2008 (10507121) 18,10$
Antenne languedocienne du négociant bordelais CVBG (Dourthe-Kressmann). De nouveau fort satisfaisant cette année, cet assemblage de syrah, de carignan et de grenache est particulièrement juteux et gourmand. Le nez évoque les fruits secs, mais la bouche déploie une agréable fraîcheur. À servir frais autour de 15 °C. ★★★ ② ✳

Minervois 2008 (10516924) 21,95$
Bon vin souple, modérément boisé et poli par un usage calculé des techniques de vinification moderne. Bien, mais un peu trop prévisible à mon goût. ★★ ②

CHÂTEAU L'ARGENTIER

L'Argentier 2009, Carignan, Vin de Pays du Gard (11587927) 18,90$
Ce vin nourri, rond et flatteur tire sa personnalité affirmée et sa fibre purement languedocienne dans de vieilles vignes de carignan, plantées en 1935. Son attaque en bouche charnue, veloutée et caressante, comme ses généreuses saveurs fruitées, laisse une impression gourmande et rassasiante. Très méditerranéen, mais doté d'un fort bel équilibre d'ensemble. Le vin idéal pour accompagner une pièce d'agneau braisée par une froide journée d'automne. ★★★★ ② ✳

CHÂTEAU PUECH-HAUT

Prestige 2009, Saint-Drézery, Coteaux du Languedoc (11565082) 26,25$
▌(11600175) 52,50$ – 1,5 litre
Peu d'atomes crochus pour ce vin sphérique, charmeur, capiteux et certes riche en saveurs, mais qui manque toutefois de corps et de vitalité. Finale lourde et riche en alcool. ★★→? ②

CHÂTEAU ROUQUETTE SUR MER

Coteaux Languedoc La Clape 2011, Cuvée Amarante (713263) 17,20$
Bon vin assez fidèle à l'esprit du millésime, c'est-à-dire riche en fruit, capiteux et très flatteur, mais un peu à court de fraîcheur. À boire au cours des trois prochaines années. ★★★ ②

Coteaux du Languedoc La Clape 2011, Cuvée Arpège (11367481) 18,35$
Bourboulenc et roussanne donnent un vin blanc original et nerveux; à la fois très méridional et hautement désaltérant. Belle réussite! ☆☆☆ ② ✻

CHÂTEAU TOUR BOISÉE

Cuvée Marielle et Frédérique 2011, Minervois (896381) 15,85$
Cette année, ce vin essentiellement constitué de cinsault et de grenache s'inscrit plus que jamais parmi les bons achats que l'on puisse faire autour de 15$ au rayon du Languedoc. Difficile de résister à cette profusion fruitée, doublée de vitalité et encadrée par juste ce qu'il faut de tanins pour laisser en bouche une impression rassasiante et désaltérante. À ce prix, on s'incline. ★★★★ ② ✻

À Marie-Claude 2008, Minervois (395012) 19,70$
Plus volumineux et riche en saveurs de crème de cassis, sur un fond d'eucalyptus, ce 2008 semble un peu linéaire pour le moment. Bien qu'il s'articule autour de tanins mûrs, le vin a toute la fraîcheur souhaitée et pourrait réserver de belles surprises d'ici quelques mois. ★★★→? ③

DOMAINE CLAVEL

Les Garrigues 2010, Terroir de la Méjanelle, Coteaux du Languedoc (874941) 17,95$
Il porte bien son nom: sur un fond discret de fruits rouges et noirs, les herbes et les épices sont omniprésentes. Costaud en bouche, où le fruit mûr prend toute sa place, soutenu par des tanins fermes et serrés. Très bon maintenant, mais il devrait gagner en nuances d'ici un an ou deux. ★★★→? ③

Copa Santa 2010, Terroir de la Méjanelle, Coteaux du Languedoc (10282857) 24,70$
J'avais beaucoup aimé le 2009; il semble que le 2010 soit encore meilleur. Fruit mûr, épices et garrigue en bouche, costaud, mais frais, et faisant preuve d'une très bonne intégration du bois. Bel exemple d'équilibre, ce vin caresse le palais et met l'eau à la bouche à la fois. Déjà excellent, il mériterait qu'on l'attende pendant quelques années. ★★★★ ②

DOMAINE COTTEBRUNE

Transhumance 2009, Faugères (10507307) 22,55$
Syrah, mourvèdre et grenache profitent d'un élevage partiel en fûts de chêne neufs, ce qui confère à ce vin des accents vanillés, qui s'estompent après une aération d'une heure. Il s'ouvre alors sur des saveurs compactes de cassis et d'herbes séchées et laisse une impression étonnamment élégante pour un vin issu d'un millésime de chaleur. Maintenant élaboré en solo par le Rhodanien Pierre Gaillard. À boire entre 2013 et 2017. ★★★★ ② ❊ ♁

DOMAINE D'AUPILHAC

Coteaux du Languedoc Montpeyroux 2008 (856070) 19,85$
Typiquement méditerranéen par sa matière chaleureuse, son grain tannique mûr et sa solide constitution. Dégusté de nouveau en août 2012, ce vin jeune était encore marqué par des arômes de réduction, qui s'estompent après un bref passage en carafe. Ils font alors place à des saveurs très nettes de fruits noirs et d'herbes séchées qui évoquent la garrigue. À ranger parmi les valeurs sûres au rayon du Languedoc-Roussillon. ★★★★ ② ❊ ♁

Lou Maset 2011, Languedoc (11096116) 14,45$
Le vin de soif et de plaisir par excellence! Un fruité gourmand, une bouche fraîche et juteuse et des tanins juste assez fermes pour lui donner de la structure. On ne peut demander plus à ce prix, mais on en redemande volontiers! ★★★★ ② ❊

Voir aussi la section Ⓟ

DOMAINE DE LA RECTORIE

Collioure 2010, Côté Mer (10781242) 26,35$
Dans le domaine ancestral, les frères Marc et Thierry Parcé élaborent de somptueux Banyuls et d'excellents vins de table, parmi les plus achevés de Collioure. Il émane de ce vin une finesse, une sève et une race très distinctives; des tanins mûrs et tissés serré laissent en bouche une impression à la fois chaleureuse et tonique. Finale persistante. À boire entre 2013 et 2019. ★★★★ ② ❊

DOMAINE LA TOUR VIEILLE

Collioure blanc 2011, Les Canadells (11661111) 23,75$
Toute la richesse des blancs du sud, exprimée de façon hautement élégante! Un vin blanc d'envergure nourri par une fermentation partielle en barriques, qui lui confère une vinosité et une tenue en bouche supplémentaires, sans l'alourdir ni dénaturer l'expression du fruit. Une légère amertume et une pointe minérale, saline, apportent fraîcheur et complexité sur une longue finale. Bravo! ☆☆☆☆ ② ❊

Collioure 2009, La Pinède (914267) 21,40$
Un peu capiteux, comme c'est souvent le cas avec le grenache. La texture est soyeuse, mais le vin a de larges épaules et s'appuie sur des tanins robustes. Finale persistante aux goûts de cerises à l'eau-de-vie. Un vin ample et volumineux qui sera sans doute meilleur après quelques mois de repos. ★★★→? ③

DOMAINE DE MONTCALMÈS

Coteaux du Languedoc – Terrasses du Larzac 2009 (10272940) 37,25 $
Dans la commune de Puéchabon, dans les hauteurs du Larzac, Frédéric Pourtalié élabore un excellent vin qui se distingue du lot par sa bouche séveuse, gorgée de fruit, empreinte des parfums de la garrigue qui persistent en bouche pour le grand bonheur des papilles. Texture veloutée, saine fraîcheur et délicate amertume qui met le fruit en relief. À boire dès maintenant et d'ici 2018. ★★★→? ③

DOMAINE DE MOUSCAILLO

Limoux 2008 (10897851) 22,20 $
À une dizaine de kilomètres au sud de Carcassonne, le chardonnay profite à la fois de l'influence climatique des Pyrénées et de l'Atlantique, et s'exprime ici avec une grande pureté dans ce vin distinctif au bon goût de fruits mûrs. Le 2008 se distingue par sa tenue en bouche, son expression minérale distinguée évoquant presque certains vins de la Côte d'Or. Encore jeune, il gardera sans doute la forme pendant au moins trois ou quatre ans. ☆☆☆☆ ② ❋

DOMAINE DE TREILLE

Cuvée du Renouveau 2009, Limoux (11096191) 18,35 $
Retour en force en 2009 pour cet assemblage de merlot, de cabernet franc et de syrah. Une attaque capiteuse et des saveurs de fruits confits, sur un fond légèrement fumé. Servez-le frais autour de 15 °C, sinon il pourrait paraître lourd. ★★★ ②

DOMAINE DES MOULINES

Merlot 2009, Vin de Pays de l'Hérault (620617) 10,95 $
Offert à un prix encore plus abordable cette année, ce Merlot a vraiment tout pour plaire. Gorgé de saveurs d'épices et d'herbes séchées évoquant la garrigue, une chair fruitée mûre et une poigne tannique digne de mention. Un vin à brandir comme argument à quiconque vous dira que les vins français de qualité ne sont pas abordables. Chapeau ! ★★★★ ② ❋ ©

DOMAINE DU CLOS DES FÉES

Côtes du Roussillon 2009, Vieilles vignes (11177240) 33,75 $
Hervé Bizeul élabore un très bon vin musclé sans être lourd, assez marqué par l'apport du chêne, qui contribue à sa rondeur et l'agrémente de parfums de vanille Bourbon. Pansu, assez imposant par sa chair fruitée enveloppante, même s'il manque un peu de profondeur pour justifier son prix. Pour le moment du moins. ★★★→? ③

Côtes du Roussillon 2010, Les Sorcières du Clos des Fées (11016016) 18,20 $
Bon vin nerveux, abondamment fruité et équilibré. À boire jeune et servir frais. ★★★ ②

LE SAVIEZ VOUS ?

Choyés par un climat chaud et sec, de nombreux vignerons ont opté pour la viticulture biologique.

Les vins rouges du Languedoc sont principalement issus des cépages syrah, grenache, mourvèdre, cinsault, etc. Seule l'appellation Cabardès autorise l'utilisation du cabernet sauvignon et du merlot.

DOMAINE DU LYS

Cuvée Pénélope 2010, Vin de Pays des Cévennes (912105) 19$
Ce domaine fondé par un groupe d'investisseurs québécois a été vendu l'an dernier. La cuvée Pénélope est désormais élaborée par Maurice Barnouin (Domaine de Gournier). Le 2010 est assez fidèle au style des dernières années. Équilibré, assez charnu, franc de goût et agrémenté de bons goûts de fruit à noyau. À boire au cours des trois prochaines années et servir frais. ★★★ ②

DOMAINE GAUBY

Les Calcinaires rouge 2010, Côtes Catalanes (11463060) 25,15$
Le domaine de Gérard Gauby est conduit en biodynamie et reconnu pour ses vins authentiques qui font parler le terroir. Animé d'un reste de gaz et marqué d'arômes de réduction qui s'estompent après une aération d'une heure en carafe. Il révèle alors toute son intensité aromatique et sa sève bien catalane, chaleureuse et au caractère affirmé. Longue finale épicée. À laisser reposer idéalement jusqu'en 2014. ★★★→★ ③ ✻ ♁

Voir aussi la section Ⓟ

DOMAINE LA MADURA

Saint-Chinian 2009, Classic (10682615) 17,85$
Les Bordelais Nadia et Cyril Bourgne se sont installés dans le Languedoc en 1998. Bel exemple de vin de la «garrigue» (voir p. 141), leur vin courant charme par ses saveurs de kirsch, de thym et de romarin, évoquant un jardin de plantes aromatiques. La matière fruitée est soutenue par une trame bien mûre, non dénuée de fraîcheur. Très charmeur, sans être racoleur, et étonnamment complexe pour le prix. ★★★★ ② ✻

DONNADIEU

Saint-Chinian 2010, Cuvée Mathieu et Marie (642652) 17,20$
La propriétaire du Clos Bagatelle, Christine Deleuze, produit ce vin délicieusement fruité et épicé au domaine Donnadieu, au nord de l'appellation. Plaisir renouvelé chaque année de goûter ce vin à la fois généreux et coulant, issu de syrah, de grenache et de carignan. Rien de compliqué, juste une expression souple et friande du terroir de Saint-Chinian. ★★★ ② ✻

DUPÉRÉ-BARRERA

Terres de Méditerranée 2009, Vin de Pays d'Oc (10507104) 14,35$
En plus de leur domaine provençal, la Québécoise Emmanuelle Dupéré et Laurent Barrera opèrent un commerce de négoce dans le midi de la France. Lauréat d'une Grappe d'or l'an dernier, le 2009 est l'une des meilleures réussites des dernières années: un nez de fruits noirs et d'épices, beaucoup d'élan en bouche, de l'étoffe et une tenue en bouche remarquable pour un vin à moins de 15$. En prime, un petit caractère rustique qui lui donne encore plus de personnalité. ★★★★ ② ✻

Voir aussi la section Ⓟ

FERRER-RIBIÈRE

Côtes du Roussillon 2009, Tradition (11096271) 16,25$
Depuis près d'une vingtaine d'années, Denis Ferrer et Bruno Ribière élaborent des vins très typés dans le Roussillon, au sud-ouest de Perpignan. Un peu déconcertant cette année, ce vin très mûr et chaleureux dégage des arômes de crème de cassis et de menthe qui lui donnent des airs de vin chilien. Correct, mais il manque un peu de structure. ★★→? ②

HECHT & BANNIER

Gregory Hecht et Francois Bannier ont créé une maison de négoce «haute couture», spécialisée en vins du Languedoc-Roussillon.

Saint-Chinian 2009 (10507323) 22,70$
Heureuse démonstration de la richesse du millésime 2009 et du savoir-faire de la maison, ce vin est à retenir, tant pour la générosité débordante de ses saveurs que pour son attaque en bouche joufflue, coulante et caressante. Beaucoup de vin dans le verre! ★★★★ ② ✳

Saint-Chinian 2010 (10507323) 22,70$
Tout aussi savoureux, mais marqué d'une fine pointe d'amertume qui soutient les arômes et ajoute à la longueur du vin. Plantureux, équilibré et désaltérant. Il a tout pour plaire. ★★★★ ② ✳

Côtes du Roussillon-Villages 2010 (11660055) 23,95$
Très bon, mais un peu moins complet, un très bon vin essentiellement composé de grenache. Intense, concentré et assez bien proportionné, il pourrait révéler de belles surprises dans un an ou deux. ★★★→? ③

Voir aussi la section Ⓟ

LURTON, FRANÇOIS

Côtes du Roussillon-Villages 2008, Mas Janeil (10894837) 18,35$
Maintenant seul au gouvernail, François Lurton signe un bon vin ample, charnu et chaleureux, très rassasiant et relevé d'accents de paprika, qui rappellent certains vins chiliens issus de carmenère. À boire entre 2013 et 2017. ★★★ ② ✳

Saint-Chinian 2008, Domaine du Ministre (913178) 16,95$
Typiquement méridional par sa forme musclée et charpentée, mais également maquillé par un usage poussé de la barrique. ★★ ②

Fitou, 2009, Château des Erles, Cuvée des Ardoises (11367502) 19,05$
Ample, quasi sucré tant le fruit est mûr et un peu trop boisé à mon goût. ★★ ②

Viognier 2011, Domaine des Salices, Vin de Pays d'Oc (10265061) 14,80$
Belle expression variétale du viognier, modeste, mais net, assez aromatique et porté par une agréable fraîcheur. Recommandable à moins de 15$. ☆☆☆ ② ✳

MAS AMIEL

Notre Terre 2010, Côtes du Roussillon-Villages (10779804) 21,85$
Ce domaine réputé pour ses vins doux naturels de Maury produit aussi un vin rouge généreux, aux arômes de cacao et de cerises confites. Pas de bois, mais une attaque en bouche chaleureuse et néanmoins équilibrée. ★★★ ②

À TABLE AVEC LES...

Vins blancs du Languedoc

Certains vins blancs sont plus axés sur la fraîcheur, comme le Picpoul de Pinet, et font de parfaits compagnons pour les fruits de mer préparés en toute simplicité. La majorité des vins blancs du Languedoc sont toutefois élaborés avec des cépages tels le grenache blanc et gris, la roussanne et la marsanne, qui leur apportent du gras et du volume en bouche. Les arômes varient selon les cépages utilisés et l'élevage, mais l'étoffe de ces vins en fait des partenaires de choix pour une cuisine riche (crème, lait de coco), parfumée (gingembre, cari) ou très légèrement sucrée. – *V.R.*

MAS CAL DEMOURA

L'Infidèle 2008, Coteaux du Languedoc (973255) 21,75$
Ce vin issu d'un cocktail de cépages languedociens me semble un peu moins précis, davantage tiré à gros traits cette année. L'attaque en bouche est fruitée, et d'une agréable fraîcheur, mais on souhaiterait tout de même y trouver un peu plus de poigne et de structure. ★★→? ②

MAS DES CHIMÈRES

Guilhem Dardé a longtemps vendu ses raisins à la coopérative locale, mais il signe ses propres vins depuis 1993.

Coteaux du Languedoc Terrasses du Larzac 2009, Nuit grave (863159) 20,35$
Cet assemblage de syrah, de grenache, de mourvèdre, de carignan et de cinsault était encore plus épanoui lorsque goûté de nouveau en août 2012. Volumineux et riche d'une foule de détails aromatiques. Fort charmant avec sa texture riche et suave et sa finale séveuse, animée d'un léger reste de gaz. ★★★★ ②

MAS DES TOURELLES

Merlot 2009, Vin de Pays d'Oc (11184870) 12,25$
Tout en rondeur, gorgé de saveurs de fruits noirs et de garrigue. Un très bon achat à ce prix. ★★★ ② ❋

Merlot-Syrah 2009, O'Terra, Vin de Pays d'Oc (913400) 7,80$ – 375 ml
Bons goûts de chocolat noir, une texture veloutée et une finale chaleureuse aux accents de réglisse. Équilibré et rassasiant. ★★★ ② ❋

MAS JULLIEN

Les vins d'Olivier Jullien occupent toujours une place de choix dans le paysage des Coteaux du Languedoc, comme à l'étranger, où ils brillent sur les cartes des meilleurs restaurants.

Terrasses du Larzac Coteaux du Languedoc 2010, Les Vignes Oubliées (11460651) 25,65$
Encore meilleur que le 2009 commenté l'an dernier, ce vin me semble particulièrement complet tant par sa dimension aromatique, que par son étoffe tannique et son équilibre irréprochable. Tous les éléments sont en place, les couches de saveurs se succèdent et le vin laisse en bouche une sensation irrésistible de plénitude. Beaucoup de vin dans le verre pour le prix et on peut espérer qu'il continue de se bonifier au cours des cinq prochaines années. ★★★★ ② ❋

Voir aussi la section Ⓟ

ST-JEAN-DE-LA-GINESTE

Dans leur domaine d'une quinzaine d'hectares près de Narbonne, Dominique et Marie-Hélène Bacave ont la réputation de produire d'excellents Corbières.

Corbières 2010, Carte blanche (875252) 15,30$
Un peu austère et sur la réserve à l'ouverture, ce vin composé à 50% de carignan devient plus volubile après une heure en carafe. Très Corbières, avec ses notes animales et épicées qui donnent la réplique au fruit mûr. La bouche est suave tout en étant fraîche, l'équilibre irréprochable, et les tanins fins. Déjà beaucoup de vin pour le prix et il continuera à se bonifier au cours des trois prochaines années. ★★★→★③ ❋ ♁

ST-MARTIN DE LA GARRIGUE

Entre Béziers et Montpellier, Jean-Claude Zabalia gère avec rigueur cette vaste propriété de l'Hérault. Cette année, les vins blancs m'ont semblé un peu plus complets et les deux vins rouges légèrement en recul.

Grès de Montpellier 2010, Coteaux du Languedoc (10268828) 24,95$
La matière fruitée est très mûre et empreinte d'une certaine complexité avec des notes de goudron, de garrigue et de cuir. Beaucoup de matière dans une bouche juteuse, appuyée sur des tanins souples, mais sans l'austérité et la puissance contenue qui faisaient le charme des derniers millésimes. À boire entre 2013 et 2017. ★★★ ②

Bronzinelle 2010, Coteaux du Languedoc (10268588) 17,35$
Généreux, gourmand; plein de chair et de fruit, cet assemblage typiquement languedocien (syrah, grenache, carignan et mourvèdre) offre de nouveau une profusion de saveurs fruitées. Mûr, mais équilibré. ★★★ ③ ❋

Bronzinelle blanc 2010, Coteaux du Languedoc (875328) 17,15$
Assez typique des bons vins blancs du Languedoc avec un nez de fruits à noyau et de fleurs blanches. La bouche est grasse, agrémentée de goûts exotiques et suffisamment fraîche. Simple, mais très bien fait. ☆☆☆ ②

Picpoul de Pinet 2011, Coteaux du Languedoc (11460045) 17$
Le picpoul est une variété généralement connue pour donner des vins vifs et légers. Cultivé et vinifié dans les règles de l'art, il donne ici un vin gras et savoureux aux tonalités exotiques. Un version étonnamment achevée du Picpoul. Idéal à l'apéritif ou en accompagnement de crustacés. ☆☆☆☆ ② ❋

THUNEVIN-CALVET

Créé en 2001, ce domaine de Maury est né d'un partenariat entre Jean-Luc Thunevin (Château Valandraud, Saint-Émilion) et Jean-Roger Calvet, un jeune vigneron local.

Cuvée Constance 2008, Côtes du Roussillon-Villages (11096061) 18,85$
Le style moderne et flatteur affectionné par le roi du «vin de garage» réussit assez bien à cet assemblage de grenache noir et de carignan, nourri par le climat généreux du Roussillon. S'il a moins d'envergure que le 2007 commenté l'an dernier, ce vin ne manque vraiment pas de charme, avec ses parfums de kirsch et son appui tannique. À boire entre 2012 et 2016. ★★★ ②

D'autres vins de très bonne qualité ★★★

BORIE DE MAUREL **Esprit d'automne 2010, Minervois** (875567) 16,95$

CHÂTEAU ÉTANG DES COLOMBES **Bois des Dames 2008, Corbières** (896514) 18,55$

CHÂTEAU SAINTE-EULALIE **Minervois 2010, Plaisir D'Eulalie** (488171) 15,30$

CLOS BAGATELLE
Saint-Chinian 2009, Veillée d'Automne (979229) 19,95$
Saint-Chinian 2011, Cuvée Tradition (446153) 13,80$ Ⓒ

DOMAINE BERTRAND-BERGÉ **2009, Fitou** (899310) 15,95$

DOMAINE CAZES **Côtes du Roussillon 2009, Marie-Gabrielle** (851600) 18,75$ Ⓒ

DOMAINE DE GOURNIER **Merlot-Syrah 2010, Cévennes** (365957) 11,25$

DOMAINE DE JONQUIÈRES **Coteaux du Languedoc 2009** (11096132) 19,55$

JEANJEAN
Coteaux du Languedoc Picpoul de Pinet 2010, Ormarine (266064) 12,95$ Ⓒ
Devois des Agneaux d'Aumelas, Coteaux du Languedoc 2010 (912311) 19,95$

MONT TAUCH **Syrah 2010, Réserve, Pays du Torgan** (11573200) 17,40$

D'autres vins de qualité moyenne ★★ et ☆☆

BARON PHILIPPE DE ROTHSCHILD
Cabernet sauvignon 2011, Vin de Pays d'Oc (407551) 13,45$ Ⓒ
Chardonnay 2010, Vin de Pays d'Oc (407528) 13,45$ Ⓒ
Merlot 2010, Vin de Pays d'Oc (407544) 13,45$ Ⓒ
Pinot noir 2011, Vin de Pays d'Oc (10915247) 13,60$

CAVE DE MONTPEYROUX **Comtes de Rocquefeuil 2009, Coteaux du Languedoc Montpeyroux** (473132) 12,45$ Ⓒ

CAVES DE ST-CHINIAN **Saint-Chinian 2010, Seigneur de Baccou** (561308) 12,20$ Ⓒ

CAZAL-VIEL
Vieilles vignes 2010, Saint-Chinian (202499) 11,65$ Ⓒ
Viognier 2011, Pays d'Oc (895946) 16,25$

CHÂTEAU CAPENDU
Les Jardins de Meyrac 2010, Pays d'Oc (637850) 14,50$
L'esprit de Château Capendu 2010, Corbières (706218) 15,90$ Ⓒ

CHÂTEAU DE LASTOURS **Corbières 2007, Cuvée Simone Descamps** (11367473) 18,40$

CHÂTEAU DE PENNAUTIER
Cabardès 2009, Terroirs d'Altitude (914416) 16,60$
Cabardès 2011 (560755) 13,40$ Ⓒ
L'Orangerie de Pennautier, Cité de Carcassonne 2011 (605261) 12,20$ Ⓒ

CHÂTEAU DES KARANTES **Coteaux du Languedoc 2009, La Clape** (11476629) 25,40$

CHÂTEAU DU GRAND CAUMONT
Corbières 2009 (316620) 12,90$ Ⓒ
Impatience 2009, Corbières (978189) 18,45$

CHÂTEAU LES PINS
Côtes du Roussillon blanc 2009 (10507340) 22,30$
Côtes du Roussillon-Villages 2008 (864546) 22,10$

CHÂTEAU PECH-LATT **Vieilles vignes 2009, Corbières** (571083) 19,35$

CHÂTEAU SAINTE-EULALIE **La Cantilène 2009, Minervois La Livinière** (917948) 19,05$

DOMAINE DE LA BAUME
Sauvignon blanc 2011, Les Mariés, Vin de pays d'Oc (477778) 15,80$
Syrah 2011, La Jeunesse, Vin de Pays d'Oc (535112) 15,85$

DUBŒUF, GEORGES
Chardonnay 2010, Fun, Reserve, Vin de Pays d'Oc (11675994) 15,65$ Ⓒ
Chardonnay 2010, Fun, Vin de Pays d'Oc (11568793) 14,15$
Merlot 2010, Hob Nob, Vin de Pays d'Oc (11133255) 14,15$
Pinot noir 2010, Hob Nob, Vin de Pays d'Oc (11253687) 15,15$

LATOUR, LOUIS
Chardonnay 2009, Grand Ardèche, Vin de Pays de l'Ardèche (10678211) 18,30$
Chardonnay 2009, Vin de Pays de l'Ardèche (10935678) 16,10$

LE JAJA DE JAU
Sauvignon blanc 2011, Côtes de Gascogne (11459693) 13,05$ Ⓒ
Syrah 2011, Vin de Pays d'Oc (11073361) 12,30$ Ⓒ

LES DOMAINES AURIOL
Saint-Chinian 2010, Domaine La Croix d'Aline (896308) 15,65$
SO'Light, Vin de France (11335498) 13,80$

MAUREL VEDEAU **Chardonnay 2011, La Belle Terrasse, Vin de Pays d'Oc** (11315008) 11,35$ Ⓒ

PAUL MAS
Cabernet de Cabernet Rural Couture 2011 (11676381) 13,95$ Ⓒ
Clos des Mûres 2010, Coteaux du Languedoc (913186) 19,90$
Les Faïsses 2011, Coteaux du Languedoc (10507219) 18,75$
Vignes de Nicole 2011, Vin de Pays d'Oc (10273416) 16,95$
Vignes de Nicole blanc 2011, Vin de Pays d'Oc (11767768) 16,05$ Ⓒ

PROVENCE ET CORSE

CHÂTEAU DE FONSCOLOMBE

Coteaux d'Aix-en-Provence 2008 (585414) 13,30$
À prix d'aubaine, on ne peut que saluer le caractère authentique de ce bon vin de grenache, de carignan et de cabernet sauvignon. Un brin rustique, mais il a nettement plus de panache que la moyenne des vins de cette gamme de prix. ★★★ ② ❊

CHÂTEAU DES CHABERTS

Cuvée Prestige 2007, Coteaux Varois en Provence (11556397) 18,30$
Ce vignoble de propriété britannique s'étend à environ 350 m d'altitude, sur les flancs de la montagne de la Loube. Un vin d'ampleur moyenne, mais fort invitant par ses senteurs de cuir et de fruits noirs, par sa finale savoureuse et par sa texture tannique, à la fois franche et droite, propre au cabernet sauvignon. Prêt à boire. ★★★ ②

CHÂTEAU LA LIEUE

Coteau Varois 2011 (605287) 13$
Dans la lignée des derniers millésimes, le vin courant de ce vignoble cultivé en agriculture biologique regorge de saveurs de fruits évoquant la framboise. À l'apéritif avec des charcuteries, c'est le vin de soif par excellence. Abordable, original et distribué dans l'ensemble du réseau… Aucune raison de s'en passer! ★★★ ② ❊ ©

CHÂTEAU LA TOUR DE L'ÉVÊQUE

Côtes de Provence 2008 (440123) 18,45$
En plus de son célèbre Pétale de Rose, Régine Sumeire élabore, dans son vignoble de la péninsule de Saint-Tropez, ce bon vin rouge issu de syrah et de cabernet sauvignon. Le 2008 est un peu en recul par rapport au savoureux 2006 commenté l'an dernier. Costaud et charnu, mais fortement marqué par l'élevage, qui laisse en bouche des relents de torréfaction un peu rustiques. Laissons-lui le bénéfice du doute, et quelques mois de repos. ★★→? ③

CHÂTEAU REVELETTE

Installé depuis longtemps en Provence, l'Allemand Peter Fischer a hissé son Château Revelette parmi les ténors de la région. Vendus régulièrement au Québec, ses vins forment un duo irréprochable.

Coteaux d'Aix-en-Provence 2010 (10259737) 17,90$
Difficile d'exprimer la gamme de sensations que procure ce vin. Digeste, mais surtout vivant, c'est l'archétype du vin qui appelle un second verre. Mûr et complexe, gorgé de fruit et soutenu par une minéralité et une fraîcheur tonique. À ce prix, on peut difficilement imaginer un meilleur vin. ★★★★ ② ❊

Grand Rouge 2010, Vin de Pays des Bouches du Rhône (10259745) 31,50$
Avec un «petit» d'une telle envergure, imaginez le grand! Encore plus complexe et typiquement provençal il porte l'empreinte du soleil, de la terre et de la garrigue. Un vin qui évolue sans cesse et que l'on pourrait passer des heures à sentir; la bouche est aussi superbe: une matière suave et mûre, soutenue par une structure fraîche, tannique et minérale. De la matière à revendre et une longue finale aux tanins serrés. On peut le boire sans se presser au cours des dix prochaines années. ★★★★ ③

CHÂTEAU SIMONE

Le domaine de la famille Rougier est le nom le plus connu de cette minuscule appellation qui s'étend sur à peine une quarantaine d'hectares, à l'est d'Aix-en-Provence.

Palette 2008 (11553250) 58$
Bien enracinés dans les coteaux calcaires de la commune de Meyreuil, une kyrielle de cépages locaux donnent un vin singulier dont le caractère strict et dépouillé ne fera sans doute pas l'unanimité. À des lieues des vins modernes et riches en fruit, ce 2008 joue plutôt la carte de l'austérité, avec des tanins un peu raides et des saveurs plus près de la terre que du fruit. Un peu ténu pour l'heure, mais ce vin est réputé pour ses facultés de vieillissement. À ce prix, le pari me semble tout de même risqué. ★★→? ③

DOMAINE D'ALZIPRATU

Corse Calvi 2010, Cuvée Fiumesecu (11095658) 19,35$
Dans le nord-ouest de l'île, à 8 km au nord de Calvi, Pierre et Cécilia Acquaviva cultivent les cépages nielluccio, sciaccarello et grenache, dont ils tirent un très bon vin méridional, fougueux et racé. Le 2010 est un peu rustique et bourru à l'ouverture et se révèle davantage après une aération d'une heure en carafe. Très jeune et animé d'un léger reste de gaz qui rehausse ses saveurs compactes de fruit noir et de violette. Une texture à la fois soyeuse et tendue, une longue finale savoureuse aux accents anisés et beaucoup de plaisir en perspective, surtout à ce prix! ★★★★ ② ❋

DOMAINE HOUCHART

Côtes de Provence 2010 (10884612) 14,40$
À prix correct, un bon vin de Provence élaboré par la famille Quiot, avant tout active dans le sud de la vallée du Rhône. Rien de distinctif, mais une dose appréciable de fruit et assez charnu. ★★ ②

DOMAINE LES BÉATES

En 2002, après quelques années à restructurer et à développer le domaine en partenariat avec la maison Chapoutier, Bernard Terrat et son fils Pierre-François ont acquis la totalité des parts de ce vignoble d'une cinquantaine d'hectares, cultivé en biodynamie.

Coteaux d'Aix-en-Provence 2006 (11358260) 22,75$
Issu de vignes de cabernet sauvignon, de syrah et de grenache, dont les rendements sont limités à 25 hl/ha, ce 2006 est une autre belle réussite. Goûté un an plus tard, il n'avait rien perdu de son éclat. Excellent vin musclé et riche en extraits; serré en bouche, il dégage de vaporeux parfums de fruit et d'eau-de-vie. C'est du sérieux! ★★★★ ② ❋

DUPÉRÉ-BARRERA

Dans leur domaine de Carnoules, dans le Var, le couple franco-québécois produit des vins de plus en plus achevés et louangés, à juste titre, par la critique.

Nowat 2009, Côtes de Provence (10783096) 29,10 $
Le couple produit notamment cette cuvée selon leur méthode Nowat, c'est-à-dire sans avoir recours à l'électricité et par intervention manuelle seulement. Issu de vieilles vignes de cabernet sauvignon, de syrah, de carignan et de mourvèdre. L'apport du cabernet se fait sentir par sa droiture, sa franchise et ses accents de cèdre. Très solide, beaucoup de corps et une longue finale racée qui contribue à son envergure en bouche. ★★★★ ②

Domaine du Clos de la Procure 2010, Côtes de Provence (10783109) 23,15 $
Tout aussi bon que le 2009 décoré d'une Grappe d'or l'an dernier. Moins opulent, mais non moins savoureux ; le vin est encore très jeune, compact et plein d'avenir. ★★★→★ ③

Voir aussi la section ⓟ

PONT NEUF

Vin de Pays du Gard 2011 (896233) 14,30 $
Bon vin rouge quotidien, assez charnu et fruité pour être recommandable, surtout à ce prix. Simple, mais bien tourné. ★★★ ② ✻

D'autres vins de Provence de qualité moyenne ★★

ABBAYE ST-HILAIRE **Les Cerisiers 2009, Coteaux Varois en Provence** (913558) 16,35 $

CHÂTEAU DU GALOUPET **Côtes de Provence 2009** (10281598) 19,20 $

CUVÉE DES CHARTREUX **Viognier 2011, Les Îles Blanches, Vin de Pays du Gard** (11601661) 16,95 $

SUD-OUEST

LE SUD-OUEST EN QUELQUES CHIFFRES

50 000 hectares de vignes répartis à parts égales entre les vignerons indépendants et les coopératives.

IROULÉGUY

Le cabernet franc est originaire du Pays Basque espagnol. On raconte qu'il aurait migré de l'autre côté des Pyrénées grâce à l'initiative de quelques pèlerins, sur le chemin du retour de Saint-Jacques-de-Compostelle. Moins tannique et coloré que d'autres cépages du Sud-Ouest, il s'adapte bien aux terroirs frais, comme celui de Chinon dans la Loire mais donne aussi d'excellents vins à Irouléguy, où il est assemblé à du Tannat. Il est également le père du cabernet sauvignon et du merlot.

MADIRAN

Même si quelques rares vins rouges rudes et abrasifs sévissent encore, la plupart des vignerons réussissent à maîtriser la force tannique du tannat pour en tirer des vins plus harmonieux.

JURANÇON

Les nombreux vins liquoreux du Sud-Ouest – Jurançon, Pacherenc du Vic-Bilh, Gaillac, Monbazillac– sont autant de solutions de rechange abordables au Sauternes.

Porté par une nouvelle vague de vignerons dynamiques, ce vaste ensemble viticole a fait des progrès considérables, si bien que les vins du Sud-Ouest jouissent actuellement d'une grande cote de popularité. Longtemps considérés comme les voisins pauvres de Bordeaux, les Madiran, les Cahors, les Jurançon, les Gaillac et les Bergerac suscitent maintenant la curiosité d'une foule d'amateurs en quête de dépaysement et d'aubaines.

Même si le merlot et le sauvignon sont cultivés dans certaines zones, le Sud-Ouest demeure avant tout un jardin ampélographique spécialisé dans des variétés anciennes, le plus souvent uniques à la région. Plantés sur les terroirs appropriés, les cépages négrette, mauzac, duras, manseng, len de lel, fer servadou, tannat, malbec et plusieurs autres sont autant de gardiens de l'originalité des vins du Sud-Ouest.

CAHORS

Même si quelques rares vins rouges rudes et abrasifs sévissent encore, la plupart des vignerons réussissent à maîtriser la vigueur tannique du malbec pour en tirer des vins plus harmonieux.

MARCILLAC

Dans l'Aveyron, à l'est de Cahors, l'appellation Marcillac couvre à peine 200 hectares, plantés essentiellement de mansois, un cépage local également nommé fer servadou.

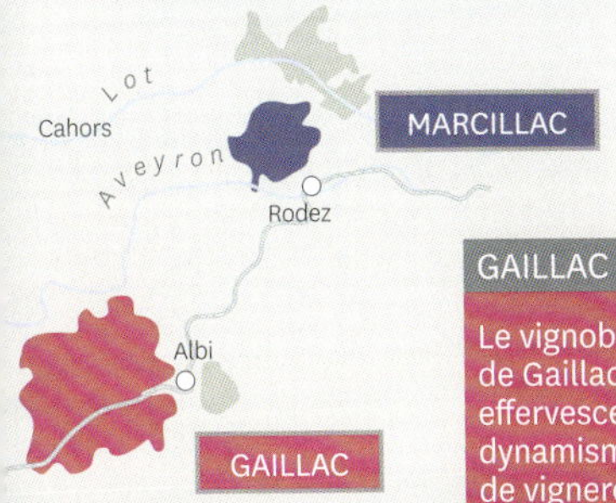

GAILLAC

Le vignoble historique de Gaillac est en pleine effervescence grâce au dynamisme d'une poignée de vignerons dévoués qui élaborent des vins aussi sincères qu'abordables.

FRONTON

Le cépage négrette – membre de la famille des cotoïdes et cousin des malbec et tannat – contribue à l'originalité des vins de l'appellation Fronton, dont ils sont composés au minimum à 50 %.

Le SAVIEZ-VOUS?

Méfiez-vous des colosses. Quoi qu'en disent les amateurs du genre, l'équilibre ne s'acquiert pas avec le temps. Un vin bancal et abrasif risque de s'assécher bien avant de s'assouplir.

CAHORS ET MADIRAN LES CINQ DERNIERS MILLÉSIMES

2011
Grande réussite! Le meilleur millésime depuis 2005. Des vins rouges concentrés et équilibrés.

2010
Des conditions misérables au printemps ont entraîné de fréquents problèmes de coulure. Résultat: une récolte réduite de vins parfois sauvés par une fin de saison favorable.

2009
L'un des bons millésimes des dernières années. Dans les deux appellations, les vins s'annoncent solides et structurés.

2008
Récolte déficitaire en bien des endroits. Après un été frais, une belle fin de saison laisse présager plusieurs bons vins.

2007
Millésime ingrat, ses vins ne passeront pas à l'histoire. Quelques producteurs ont su tirer profit du beau temps de l'arrière-saison. Qualité irrégulière.

DÉBOUCHER OU ATTENDRE?

Sud-ouest • **De la cave, que boire en 2013?**

En règle générale, les Buzet, Fronton, Gaillac et Bergerac sont prêts à boire avant leur cinquième année.

Grâce aux vinifications modernes, il n'est plus nécessaire d'attendre 10 ans pour déboucher les Cahors et les Madiran. Mais il est vrai que les meilleurs vins de ces deux appellations – surtout ceux de facture classique – ont suffisamment de charpente et de richesse tannique pour vivre longtemps. Les meilleurs vins des millésimes 2005, 2009 et 2008, dans une moindre mesure, pourront vivre plusieurs années. Grâce à leur acidité, les Jurançon – secs et liquoreux – peuvent vieillir harmonieusement et gagnent généralement en complexité avec quelques années en cave.

DES PRODUCTEURS À RETENIR

SUD-OUEST

Alain Brumont (Madiran), Bernard Plageoles (Gaillac), Causse Marines (Gaillac), Château Bouissel (Fronton), Château du Cèdre (Cahors), Charles Hours (Jurançon), Château Lacapelle Cabanac (Cahors), Château la Tour des Gendres (Bergerac), Château Les Hauts d'Aglan (Cahors), Cosse Maisonneuve (Cahors), Domaine du Cros (Marcillac), Domaine Herri Mina (Irouléguy), Elian da Ros (Côte du Marmandais), Labranche-Laffont (Madiran), Jean-Luc Matha (Marcillac), Domaine du Souch (Jurançon), Château Plaisance (Fronton), Domaine Arretxea (Irouléguy)

JURA

Domaine Baud, Domaine Berthet-Bondet, Domaine de la Pinte, Domaine de Montbourgeau, Domaine Désirée Petit, Domaine Labet, Emmanuel Houillon (Pierre Overnoy), Jean-François Ganevat, Philippe Bornard, Stéphane Tissot

BALDÈS, JEAN-LUC

Vin de Lune 2010, Le Sec du Clos, Vin de Pays du Comté Tolosan (10778991) 20,25$
En plus de très bons vins de Cahors (Clos Triguedina) offerts à la SAQ, Jean-Luc Baldès élabore un vin blanc issu de viognier et de chardonnay. Assez vineux, doté d'une agréable fraîcheur et dont les saveurs de fleurs et de miel sont agrémentées d'une touche légèrement oxydative. Original. ☆☆☆ ②

BRUMONT, ALAIN

En plus de ses vins de Montus et de Bouscassé, Alain Brumont propose, sous une marque éponyme, de bons produits de facture commerciale.

Madiran 2009, Torus (466656) 16,25$
Jeune, fruité et relevé de goûts d'épices ; assez charnu et sphérique pour être apprécié dès maintenant. Simple, mais recommandable. ★★★ ② Ⓒ

Pacherenc du Vic-Bilh sec 2009, Torus (11098314) 16,90$
Bon vin blanc sec, particulièrement riche en saveurs de fruits exotiques cette année ; vineux et agréable à boire. ☆☆☆ ② ✻

Gros manseng-Sauvignon blanc 2011, Vin de Pays des Côtes de Gascogne (548883) 12,95$
Bon vin vif et aromatique auquel le gros manseng apporte des parfums originaux. ☆☆ ① Ⓒ

CAUSSE MARINES

Indépendant d'esprit et volontairement provocateur, Patrice Lescarret s'indigne contre les politiques de l'INAO, qui refuse de reconnaître certaines variétés autochtones du vignoble gaillacois et qui favorise l'introduction de cépages « internationaux » dans sa région. Dans la commune de Vieux, Virginie Magnien et lui pratiquent une viticulture biologique ; leurs vins ne sont ni filtrés, ni chaptalisés, ni acidifiés.

Gaillac 2011, Peyrouzelles (709931) 18,25$
Encore très jeune, cet assemblage de braucol (fer servadou), de syrah et de duras déploie, pour le moment, une grande fraîcheur et un caractère juteux. On peut déjà le boire avec grand plaisir autour de 15 °C, mais il devrait se bonifier au cours des prochains mois. ★★★→? ②

Les Greilles 2011, Gaillac (860387) 19$
En recul par rapport à l'excellent 2010 commenté l'an dernier, ce vin blanc de mauzac, de loin de l'œil et de muscadelle déploie de jolis accents d'abricots séchés, mais accuse un certain manque d'acidité qui le rend un peu lourd. Correct, mais pas remarquable. ☆☆ ②

Grains de Folie 2011, Gaillac (866236) 19,25$
Vin liquoreux issu de raisins locaux (muscadelle, ondenc, loin de l'œil, mauzac et sémillon), cueillis un à un, à la fin de l'automne. Mûr et assez complexe, avec ses arômes de poires compotées, relevés de gingembre et de cardamome. Une pointe saline en finale ajoute à sa vitalité et à sa profondeur. Tout indiqué pour des accords inusités à table. ☆☆☆→☆ ③

Peyrouzelles 2010, Gaillac (709931) 18,90$
Les cépages braucol – aussi connu sous les noms mansois et fer servadou –, syrah et duras composent un vin vibrant, gorgé à la fois de soleil et de fraîcheur. Dans *Le guide du vin 2012*, je soulignais que le 2010 gagnerait sans doute à « reposer en cave quelques mois, le temps de dompter la bête... ». Le temps a fait son œuvre et le vin charme maintenant par son attaque en bouche franche, sa droiture et ses saveurs nettes de fruits noirs et d'épices. L'exemple même d'un bon vin rouge du Sud-Ouest, vigoureux, fringant et vendu à bon prix. ★★★★ ② ✻

CHÂTEAU BOUISSEL

Classic 2009, Fronton (10675888) 14,50 $
Interprète parfait du terroir de Fronton, la négrette est une variété très ancienne, qui donne des vins souples et aromatiques aux notes florales et épicées. Celui de Pierre Selle en est un bel exemple. Toujours vendu à prix d'aubaine, le 2009 semble un peu plus concentré, juste assez charnu et agrémenté des accents floraux de la négrette, dont il est composé à 50 %. Encore jeune et un peu sur la réserve, il profitera d'une brève aération. ★★★★ ② ❄ ♙

CHÂTEAU BOUSCASSÉ

S'il n'affiche pas la même aura de prestige que le Château Montus – l'autre propriété de Brumont –, ce domaine est la source de vins de bonne facture.

Vieilles vignes 2006, Madiran (904979) 36 $
Fidèle au style qui a fait la renommée du producteur, c'est-à-dire musclé, et concentré. La trame tannique est ferme, serrée, mais pas sévère, et témoigne d'un bon usage de la barrique. Une bouteille dégustée de nouveau après une journée d'ouverture s'est avérée nettement plus volubile et révélait de bons goûts de kirsch et de mûres. Les fans de Brumont pourront s'en régaler dès maintenant et au cours des cinq prochaines années. ★★★→? ②

Madiran 2008 (856575) 19,25 $
Plus abordable et destiné à être apprécié au cours des trois prochaines années, un vin concentré et savoureux, appuyé sur des tanins fermes et agrémenté des accents grillés de la barrique. Tout à fait satisfaisant dans son genre. ★★★ ② ©

Pacherenc du Vic-Bilh sec 2009, Jardins de Bouscassé
(11179392) 16,35 $
Suffisamment aromatique, avec des goûts de fruits tropicaux ; vif, facile à boire, mais un peu convenu. ☆☆ ②

LE VIN DÉCORTIQUÉ

Un peu de décorum !

Lorsque vous êtes invité à un souper chez des amis et que vous apportez une bouteille de vin, votre hôte devrait-il l'ouvrir ? La réponse est non. Si votre hôte ne précise pas que votre bouteille sera servie au souper, attendez-vous à ce qu'elle disparaisse dans son cellier. Il est préférable de demander à votre hôte des détails sur le menu, et s'il souhaite que vous apportiez une bouteille de vin qui sera bue pendant le repas. S'il dit non, apportez une bouteille en cadeau. Sans tomber dans le snobisme à outrance, il faut tout de même faire un effort pour offrir un vin de qualité. Évitez les dépanneurs puisque vous pourriez devoir boire ce vin pendant la soirée. Si vos hôtes choisissent de conserver la bouteille pour une autre occasion, ils penseront assurément à vous en la savourant. – *B.Z.*

CHÂTEAU DE CROUSEILLES

Madiran 2008 (968735) 24,25$
La coopérative de Crouseilles élabore un vin de facture moderne, c'est-à-dire mis en valeur par un usage calculé de la barrique et assoupli par l'usage de la micro-oxygénation. Le 2008 est assez bien fait et correctement fruité; sans défaut, mais sans conséquence. ★★ ②

Mouchette de Crouseilles 2008, Madiran (738427) 17,60$
Plus modeste; riche en extraits, mais surtout dur et marqué d'une amertume un peu grossière. ★★ ②

CHÂTEAU DU CÈDRE

À Cahors, les frères Verhaeghe se sont taillé une solide réputation avec des vins séveux et solides, à la personnalité très affirmée.

Cahors 2008 (972463) 22,35$
Bien servi par l'élevage, dans un style moderne et poli par un usage calculé des techniques d'œnologie moderne. Aérer en carafe au moins une demi-heure avant de servir. ★★★→? ③ ♨

Le Cèdre 2006, Cahors (10268537) 45,50$
Ce vin ambitieux, issu de vieilles vignes de malbec et élevé en fûts neufs, est à la fois puissant, concentré et fort bien équilibré grâce à des proportions heureuses. Juste ce qu'il faut de corps et de poigne tannique, mais aucune rudesse. Sa finale minérale lui donne une profondeur supplémentaire. ★★★→★ ③ ▼

Cahors 2009, Chatons du Cèdre (560722) 12,80$
Comme toujours, un bon Cahors abordable, gorgé de fruit et soutenu par un cadre tannique assez serré. À boire entre 2013 et 2016. ★★★ ② ✳ ©

CHÂTEAU JOLYS

Jurançon 2009, Cuvée Jean (913970) 24,30 $
Le vignoble de la famille Latrille est le second plus vaste de l'appellation. Composée exclusivement de petit manseng, cette cuvée est à retenir avant tout pour sa vigueur et ses saveurs confites. Pas aussi complexe que celui de Charles Hours, mais aussi satisfaisant que bien des vins liquoreux sur le marché. ☆☆☆ ②

Jurançon sec 2011 (11154718) 17,20$
Bon vin blanc sec dont les parfums de pamplemousse rappellent le Sauvignon blanc. Technologique et un peu convenu, mais vineux et assez satisfaisant. ☆☆ ②

CHÂTEAU LA TOUR DES GENDRES

Le producteur Luc de Conti est un acteur principal de la région de Bergerac. Le domaine a été converti à la biodynamie.

La Gloire de mon Père 2008, Côtes de Bergerac (10268887) 21,95$
Très bordelais tant par sa forme que par sa composition (merlot, cabernet sauvignon, malbec, cabernet franc), cet excellent vin me semble encore plus complet cette année. Des saveurs précises de fruit noir et de cannelle; une trame tannique à la fois mûre et très franche. Il a tout pour plaire. ★★★★ ② ✳

Moulin des Dames 2009, Bergerac (701896) 32,25$
Goûté de nouveau en août 2012, ce vin constitué de sauvignon et de sémillon m'a semblé plus harmonieux qu'il y a un an. Particulièrement nourri il est vrai, mais sans mollesse, grâce à un support minéral qui ajoute à son tonus et à sa fraîcheur. Finale persistante aux accents de fruits tropicaux. Savoureux, mais pas donné. ☆☆☆→? ③

Cuvée des Conti 2011, Bergerac (858324) 16,45$
Assemblage de sémillon, de muscadelle et de sauvignon blanc, offrant une profusion de saveurs d'agrumes; rond et un peu facile, mais charmant. ☆☆☆ ②

CHÂTEAU LAFFITTE-TESTON

Madiran 2009, Vieilles vignes (747816) 21,60$
Issu de vieilles vignes de tannat de 70 ans et élaboré dans un style résolument moderne, ce vin costaud semble avoir profité des largesses de l'été 2009 en ce qu'il est particulièrement mûr et enrobé. Assez étoffé, il pourrait se développer au cours des prochaines années. ★★★ ③

Ericka 2010, Pacherenc du Vic-Bilh (11154582) 21$
Au cours des dernières années, j'ai émis certaines réserves quant à ce vin jadis alourdi par un usage intensif de la barrique neuve. Le 2010 me semble plus complet et mieux équilibré. Franc de goût, sec et assez savoureux. À boire au cours des cinq prochaines années. ☆☆☆ ②

Rêve d'Automne 2010, Pacherenc du Vic-Bilh (10779855) 19,65$ – 375 ml
Très riche, presque sirupeux et intensément aromatique; une pointe d'amertume en finale contribue à son relief et à sa longueur. ☆☆☆ ②

CHÂTEAU LAMARTINE

Le viticulteur Alain Gayraud s'est imposé en chef de file de son appellation, avec des vins qui illustrent bien le style du Cahors moderne.

Cuvée Expression 2008, Cahors (854661) 41,50$
Je m'explique mal ce vin qui présente, certes, la concentration, la structure et la puissance caractéristiques de Cahors, mais dont l'expression fruitée est masquée par une forte charge boisée. Celle-ci confère au vin des arômes de vanille et de café, évoquant une barre *Coffee Crisp*. Laissons-lui quelques années de repos, le temps de digérer l'élevage. ★★→? ③

Cuvée Particulière 2009, Cahors (862904) 20,85$
Un bon 2009 s'articulant autour de tanins mûrs et polis; saveurs mûres de fruit noir et d'épices et assez bon équilibre d'ensemble. Bien fait, mais sans ce caractère vibrant qui faisait tout le charme des derniers millésimes. ★★★ ②

Cahors 2009 (11343404) 16,50$
Bon Cahors dans la moyenne, agrémenté de saveurs de cassonade et de fruits confits. La bouche est tendre et présente un bel équilibre d'ensemble. ★★★ ②

CHÂTEAU LECUSSE

Gaillac 2010, Cuvée Spéciale (11253599) 13,55$
Important producteur de roses au Danemark, la famille Olesen est propriétaire de ce domaine de Gaillac depuis 1994. Le vin courant joue avant tout la carte du fruit et de la droiture, mettant en relief l'originalité du cépage local braucol, également nommé fer servadou. Modeste, mais tout à fait recommandable à ce prix. ★★★ ② ©

Gaillac 2004 (896332) 19$
Une cuvée haut de gamme, auquel l'élevage sous bois laisse un fini un peu rustique, marqué d'une amertume prononcée. À boire sans tarder, car je crains qu'il ne s'assèche avant de se bonifier. ★★→? ②

CHÂTEAU LES HAUTS D'AGLAN

Cahors 2006 (734244) 17,40 $
Pas le plus flatteur de tous, mais sa carrure tannique et son caractère strict contribuent à sa typicité et le rendent d'autant plus appréciable à une époque où trop de Cahors adoptent des airs de Malbec argentin. Maintenant ouvert et agrémenté de parfums d'épices et de sous-bois. ★★★ ② ✻

CHÂTEAU MONTAURIOL

Nicolas Gelis est aujourd'hui propriétaire de trois domaines sur l'appellation Fronton, dont le Château Montauriol, acquis en 1998.

Tradition 2010, Fronton (914127) 14,65 $
Bon vin courant, à retenir pour sa souplesse, son attaque en bouche juteuse et ses saveurs de cacao et de cerises qui lui donnent des airs de grenache. Facile à boire et tout à fait recommandable à moins de 15 $. ★★★ ② ✻ ©

Prestige 2008, Fronton (11343359) 17,05 $
Le cépage négrette donne au vin un certain style, mais ses tanins anguleux laissent avant tout une impression dure et rustique. On peut espérer qu'il évolue favorablement, mais à mon avis, il risque de s'assécher avant de se bonifier. ★★→? ②

CHÂTEAU MONTDOYEN

Tout simplement 2008, Côtes de Bergerac (11553903) 36 $
Bon vin de Bergerac misant avant tout sur la nature souple et généreusement fruitée du merlot, dont il est composé à 90 %. Rond, gorgé de saveurs de fruits mûrs et nourri par un élevage en fûts qui ajoute à sa carrure. Agréable, mais moins complet que celui du Château la Tour des Gendres, pourtant vendu 14 $ de moins... ★★★ ②

CHÂTEAU MONTUS

Madiran 2002, Cuvée Prestige (705475) 50 $
Produite pour la première fois en 1985, la Cuvée Prestige avait propulsé Alain Brumont au firmament du Madiran tout en lui attirant une légion de fidèles qui apprécient le style opulent et bien ficelé de ses vins. Déjà âgé de près de 10 ans, encore noir comme de l'encre, tannique et bâti pour veiller tard. Les amateurs du style Brumont y retrouveront la carrure habituelle affectionnée par le vigneron et toute l'essence tannique propre aux vins de Madiran. Mieux vaut attendre encore quelques années avant de le servir. ★★★→? ②

Madiran 2006 (705483) 27,90 $
Dans la lignée des millésimes précédents, un vin concentré dont les tanins serrés laissent en bouche une impression plus imposante que vraiment complexe. Souhaitons que le temps joue en sa faveur. À boire entre 2012 et 2016. ★★★ ③

Pacherenc du Vic-Bilh 2009 (11017625) 22,90 $
Alors que la plupart des producteurs de la région misent sur le gros manseng pour assurer la personnalité de leurs vins blancs secs, Alain Brumont a choisi de mettre à profit l'acidité, le volume aromatique et la vinosité naturelle du cépage petit courbu. Le 2009 se signale par son attaque en bouche très riche, presque sucrée, nourrie par l'élevage en barriques qui apporte un gras supplémentaire et des parfums d'érable. Flatteur et un peu lourd (14,5 % d'alcool). À boire entre 2013 et 2016. ☆☆☆ ②

CHÂTEAU PEYROS

Madiran 2005, Greenwich 43 N (11095279) 27,10 $
Boisé et concentré, avec un fini tannique plutôt sec, mais néanmoins plus complet que les derniers millésimes commentés. Le genre a ses adeptes ; nul doute qu'ils apprécieront ce 2005. À boire entre 2013 et 2018. ★★★ ②

Madiran 2008, Vieilles vignes (488742) 18,35 $
Plus sec et évidemment moins fondu que le 2005, un bon Madiran riche en extraits et un peu trop anguleux à mon goût. Laissons-lui quelques années. ★★→? ③

CLOS LA COUTALE

Cahors 2010 (857177) 14,30 $
Particulièrement agréable cette année, un très bon vin courant, corsé, équilibré et doté d'une jolie finale épicée et florale, caractéristique du malbec mûri longuement. ★★★★ ② ❋ ©

COSSE MAISONNEUVE

Catherine Maisonneuve et Mathieu Cosse ont créé un domaine d'une vingtaine d'hectares dont les vins font de plus en plus d'adeptes. Leur philosophie n'est pas la recherche à outrance de raisins ultramûrs qui, de leur propre aveu, mène davantage à la production de vins de cépage que de véritables produits du terroir. Autant de sagesse inspire confiance.

Les Laquets 2008, Cahors (10328587) 35,75 $
Un vin d'une grande complexité, déjà relativement ouvert pour un 2008. Les tanins sont fermes et serrés, mais également très soyeux, laissant en bouche une impression de plénitude. Il devrait gagner en nuance d'ici cinq ans. En attendant, l'amateur de Cahors peut toujours apprécier sa finale savoureuse au goût de violette, qui caractérise les meilleurs vins de malbec. ★★★★ ③

La Fage 2008, Cahors (10783491) 22,55 $
Acidité plus prononcée que dans les derniers millésimes ; belle charpente tannique. Encore un peu sévère pour l'heure, mais il a l'équilibre nécessaire pour se bonifier au cours des cinq prochaines années. ★★★→★ ③ ❋⚗

Le Combal 2008, Cahors (10675001) 18,35 $
Rustique dans le meilleur sens du terme et très typé des vins de Cahors par sa structure tannique et sa fraîcheur, ainsi que par son registre mêlant les fruits frais et secs à des notes animales. Racé au point d'être un peu déstabilisant pour certains, mais certainement très complet pour un vin à moins de 20 $. ★★★★ ② ❋

DOMAINE DU CROS

Lo Sang Del Pais 2011, Marcillac (743377) 13,65 $
Dans l'Aveyron, à l'est de Cahors, Philippe Teulier produit un très bon vin sur cette appellation qui couvre à peine 200 hectares, plantés essentiellement du cépage local mansois. Tout aussi savoureux, original et distinctif que d'habitude ; peut-être un peu plus rond et souple en 2011, mais néanmoins fort appréciable par son équilibre d'ensemble et sa finale poivrée. Grand style, petit prix. ★★★ ② ❋

ELIAN DA ROS

Le Vin est une Fête 2010, Côte du Marmandais (11793211) 17,80 $
Quelques années ont suffi à ce jeune producteur de Cocumont pour insuffler un dynamisme sans précédent aux Côtes du Marmandais. Son Clos Baquey est un monument, dont la réputation dépasse largement les limites du Sud-Ouest. Plus modeste, mais non moins savoureux, cette cuvée est, comme son nom l'indique, un vin de fête. Le vin idéal pour une chaude journée d'été : gorgé de fruit et de tonalités florales, il donne l'impression de mordre dans la chair d'un fruit à parfaite maturité. Miam, miam ! Surveillez son arrivée prévue en novembre 2012. ★★★★ ② ✻

HOURS, CHARLES

Dans son Béarn natal, ce véritable artiste de la profession élabore des vins secs et liquoreux qui comptent parmi les plus sérieux de l'appellation Jurançon. Sa fille Marie travaille avec lui depuis 2005.

Cuvée Marie 2010, Jurançon sec (896704) 21,95 $
Ultrasec et d'une droiture exemplaire ; juste assez gras pour enrober la nervosité caractéristique du cépage gros manseng, ce vin laisse une impression rassasiante en finale. Même s'il est déjà savoureux avec ses saveurs franches de poire et de fleurs blanches, ce vin n'est souvent à son meilleur qu'après quelques années de mûrissement. Un 2001 dégusté récemment était toujours dans une forme resplendissante. ☆☆☆☆ ② ✻⚗

Uroulat 2010, Jurançon (709261) 17,35 $ – 375 ml
Issu de petit manseng, comme c'est la coutume dans le Sud-Ouest, ce Jurançon moelleux n'est pas aussi liquoreux que d'autres, mais il charme assurément par son agréable onctuosité, doublée de fraîcheur. À apprécier maintenant pour sa finale agrémentée de fines notes de crème et de pêches, ou à laisser mûrir en cave jusqu'en 2017.

LABRANCHE-LAFFONT

Propriétaire d'un vignoble d'une vingtaine d'hectares, Christine Dupuy peaufine son art depuis 1992 et produit des Madiran distingués et à prix abordables.

Madiran 2009 (919100) 15,40 $
Un peu moins vigoureux et vibrant que le 2008 commenté l'an dernier, ce Madiran courant compense par sa chair mûre, dense et concentrée en fruit noir. Plus enrobé, mais conservant la vigueur tannique propre au cépage tannat. Un passage bref en carafe le rendra plus volubile. ★★★→ ② ✻⚗

Pacherenc du Vic-Bilh 2010 (11556215) 18,75 $
Excellent ! Sec, vibrant, gorgé de saveurs de fruits blancs et étonnamment persistant pour un vin de ce prix. À ranger parmi les meilleurs Pacherenc offerts à la SAQ. ☆☆☆☆ ② ✻

LAROCHE-BRUMONT

Église 2008, Madiran (11648734) 29,10 $
Profitant manifestement de l'apport de la technologie moderne, un très bon Madiran, habilement tourné et déjà fort agréable par l'éclat de son fruit et son équilibre d'ensemble. À boire entre 2013 et 2018. ★★★ ③

Grange 2008, Madiran (11648769) 24,80 $
Version accessible du Madiran, composé à parts égales de tannat et de cabernet franc. Néanmoins terne et sans relief lorsque goûté en septembre 2012. Creux de vague? ★★ ②

MATHA, JEAN-LUC

Jean-Luc Matha est un acteur majeur de l'appellation Marcillac, située dans les montagnes de l'Aveyron, à une soixantaine de kilomètres à l'est de Cahors.

Marcillac 2010, Cuvée Lairis (10217406) 16,15 $
Très singulier par son registre de saveurs mariant les framboises à des accents quasi sanguins, peut-être attribuables à la nature ferrugineuse des sols de Marcillac. Un vin hautement rafraîchissant qui adopte des allures de Beaujolais-Village, avec un supplément de caractère. Encore meilleur s'il est servi autour de 14 °C, avec un foie de veau et une tombée d'oignons... ★★★★ ② ✻

PYRÈNE

Sous la marque Pyrène, Lionel Osmin commercialise des vins de plusieurs appellations, du Pays Basque au Massif Central.

Nature 2010, Coteaux du Quercy (11154523) 16,35 $
Malbec, cabernet franc et merlot, issus de l'agriculture biologique. Le vin est franc, droit, plein de vigueur et suffisamment charnu. Beaucoup de vin dans le verre pour le prix. ★★★ ② ✻

Marcillac 2010 (11154558) 16,10 $
Très bon vin qui puise son originalité dans le cépage mansois. Modérément charnu, porté par un grain mûr et animé d'une saine vitalité qui met en relief ses bons goûts d'épices. À boire au cours des trois prochaines années pour profiter pleinement de sa vigueur juvénile. ★★★ ② ✻

Chambre d'Amour 2011, Vin de France (11661648) 16,65 $
Sorte de cocktail taillé sur mesure pour plaire à une clientèle en quête de vins édulcorés. La vigueur des cépages gros manseng et sauvignon blanc est enrobée par un reste important de sucre. Succès commercial garanti. ☆☆ ②

Cuvée Marine 2011, Côtes de Gascogne (11253564) 12,20 $
Bon vin blanc technologique composé de colombard, de gros manseng et de sauvignon blanc. Vif, aromatique et facile à boire. ☆☆ ① ✻ ©

VIGOUROUX, GEORGES

Cahors 2008, Château de Mercues (972471) 24,80$
À défaut de profondeur, on appréciera la solide ossature de ce Cahors, relevée de saveurs de violette caractéristiques du malbec. Un peu serré et linéaire pour le moment, il faudra le revoir dans trois ans. ★★→? ②

Cahors 2007, Château de Haute-Serre (947184) 23,80$
Plus enrobé, moderne et séduisant. Droit au but et sans détour. ★★→? ②

Madiran 2008, Domaine de Poujo (962621) 18,40 $
Expression relativement souple et généreusement fruitée du tannat. À boire jeune. ★★★ ②

Cahors 2009, Les Comtes de Cahors (315697) 14,65$
Encore jeune, nerveux et animé d'un léger reste de gaz, un bon Cahors serré, un peu austère pour l'heure, mais assez fidèle au style de l'appellation. ★★★ ② ✳ ©

Cahors 2010, Pigmentum (10754412) 14,40$
Bon vin courant misant à fond sur les caractéristiques du Malbec : assez charnu, corsé, aux bons goûts de fruits noirs et de poivre et doté d'une saine acidité. À ce prix, il vaut bien des vins de Mendoza... ★★★ ② ✳ ©

D'autres vins de qualité moyenne ★★ et ☆☆

CAVE DU MARMANDAIS **Côtes du Marmandais 2009, La Vieille Église** (560748) 13,65$ ©

CHÂTEAU EUGÉNIE **Cahors 2009** (721282) 13,90$

CHÂTEAU LES BOUYSSES **Cahors 2008** (972489) 17,60$

CHÂTEAU MASBUREL **Côtes de Bergerac 2005, Lady Masburel** (11691951) 21,10$

FUMÉES BLANCHES **Sauvignon blanc 2011, Vin de Pays de Côtes de Gascogne** (643700) 14,25$ ©

LES VIGNERONS DE BUZET **Buzet 2008, La Tuque de Gueyze** (11305563) 17,25$

MOULIN LAGREZETTE **Cahors 2007, Malbec** (972620) 16,15$ ©

RIGAL **Cahors 2009, Croix du Mayne** (10542049) 15,45$

TARIQUET
Chardonnay-Sauvignon 2011, Côté, Côtes de Gascogne (561316) 17,45 $
Classic 2011, Vin de Pays des Côtes de Gascogne (521518) 11,45 $ ©
Les Premières Grives 2011, Côtes de Gascogne (561274) 17,45 $
Sauvignon blanc 2011, Vin de Pays des Côtes de Gascogne (484139) 14,15 $

UNION DES PRODUCTEURS PLAIMONT **Madiran 2010, Maestria** (10675271) 16,55$

VIGNERONS DU BRULHOIS
Brulhois 2010, Carrelot des Amants (508879) 11,90$ ©
Côtes du Brulhois 2008, Château Grand Chêne (10259770) 16,55$
Côtes du Brulhois 2007, Vin noir (11154822) 16,65$
Côtes de Gascogne 2011, Carrelot des Amants (11675871) 13,60$

VINOVALIE **Malbec 2009, Reserve, Tarani, Cahors** (11676495) 16,65$

JURA

BOURDY, JEAN

La famille Bourdy veille depuis le XVe siècle sur ce domaine historique du village d'Arlay.

Côtes du Jura 2007 (11195747) 21,85 $
Fruit d'un assemblage de pinot noir, de poulsard et de trousseau issus de l'agriculture en biodynamie, ce vin de taille moyenne est sec, vigoureux et doté d'une attaque en bouche franche. Pas très charnu, mais j'aime bien son style à l'ancienne et sans fioritures. ★★★ ②

Voir aussi la section IP

DOMAINE DE LA RENARDIÈRE

Arbois-Pupillin 2011, Jurassique (11472628) 21,35 $
Fils de vigneron coopérateur, Jean-Michel Petit a créé ce domaine en 1990. Il exploite aujourd'hui un vignoble de 6 hectares dans l'appellation Arbois-Pupillin. Sa cuvée Jurassique est de nouveau un rendez-vous avec l'équilibre et le caractère distinctif des bons vins blancs du Jura. Du gras, des saveurs mûres et un très délicat «goût de jaune» qui lui donne un panache d'enfer pour le prix. Bravo ! ☆☆☆☆ ② ☀

Voir aussi la section IP

DOMAINE DE MONTBOURGEAU

L'Étoile 2008 (11557541) 21,90 $
Les origines du nom de la commune de L'Étoile sont nébuleuses. Certains affirment qu'il s'agit d'une référence aux cinq collines qui l'entourent, d'autres disent qu'il serait plutôt attribuable aux fossiles étoilés que l'on retrouve dans les sols du village. Quoi qu'il en soit, ce vin blanc élaboré par Nicole Deriaux est impeccable ! Sec, doté d'une tenue en bouche et d'une longueur dignes de mention, accentué de parfums de pommes et de notes minérales distinguées. Savoureusement digeste et apte à vieillir en beauté. Un incontournable à ce prix. ☆☆☆☆ ② ☀

DOMAINE DÉSIRÉ PETIT

Trousseau 2009, Arbois-Pupillin (11794889) 22,85 $
Les amateurs de vins rouges frais, léger en alcool (12,5 %) et désaltérant peuvent se réjouir de l'arrivée sur le marché de cet excellent vin rouge issu du cépage local trousseau et élaboré dans les règles de l'art par la famille Petit. Peu coloré et délicat, mais loin d'être mince, ce vin tapisse la bouche de tanins mûrs qui regorgent de bons goûts de fruit, d'herbes et d'épices. Un vin de plaisir et de conversation, tout indiqué pour accompagner le saucisson sec à l'heure de l'apéritif. ★★★★ ② ☀

DOMAINE LABET

En plus de travailler aux côtés de son père Alain, au domaine familial, Julien Labet élabore depuis 2003 quelques cuvées parcellaires qu'il commercialise sous son propre nom.

Fleurs 2010, Côtes du Jura (11556952) 22,90$
Ce vin est issu de chardonnay ouillé, ce qui explique l'absence de parfums d'oxydation, souvent présent dans les vins blancs du Jura. Un peu en recul par rapport au 2009, plus neutre et un peu moins exubérant, mais néanmoins agréable à boire. Heureux mélange de vinosité et de fraîcheur, agrémenté de saveurs citronnées délicates. ☆☆☆ ②

Voir aussi la section Ⓟ

DOMAINE ROLET

Cette cave familiale créée il y a plus de 60 ans élabore une gamme complète de vins du Jura, dont un crémant commenté à la page 423.

Trousseau 2007, Nos Vendanges, Arbois (11194592) 21,70$
S'il n'est pas particulièrement charnu ni profond, ce vin issu du cépage trousseau charme par son attaque en bouche souple et coulante, joliment fruitée et ponctuée de notes poivrées. Rien de bien grand, mais léger et désaltérant. ★★★ ②

Poulsard 2009, Vieilles vignes, Arbois (11537090) 20,50$
À défaut de profondeur réelle, on apprécie la légèreté et l'originalité de ce vin de couleur claire, presque rosée, composé du cépage local poulsard. ★★ ②

Voir aussi la section Ⓟ

ESSENCIA

Le vigneron de renom Jean-François Ganevat s'est associé à son ami Philippe Bouvret, caviste à Poligny, pour produire ce Côtes du Jura, issu d'achat de raisins.

Les Compères 2010, Côtes du Jura (11544003) 25,95$
S'il n'est pas le plus distinctif des Chardonnay jurassiens offerts sur le marché, ce vin charme néanmoins par sa texture assez vineuse; légèrement beurré, avec une pointe noisettée et une finale évoquant la cossetarde au citron. ☆☆☆ ②

Voir aussi la section Ⓟ

LE SAVIEZ VOUS ?

À propos du Vin Jaune

Le Vin Jaune mérite une mise en contexte. Cette curiosité locale issue du cépage savagnin est certainement le représentant le plus célèbre du Jura. Après la fermentation, le vin est mis à vieillir en fûts, sans que l'on « ouille » la barrique (voir p. 172). Au cours de six années et trois mois d'élevage, il se forme à la surface du vin une mince couche de levures (le voile) qui le protège et lui confère des parfums très particuliers, que l'on appelle le « goût de jaune ».

TISSOT, BÉNÉDICTE ET STÉPHANE

Stéphane Tissot est la star du Jura. Lorsqu'il a repris le domaine de ses parents, il a entrepris une conversion à la viticulture biodynamique. En compagnie de sa femme Bénédicte, il signe aujourd'hui une gamme complète de vins, tous vinifiés avec des levures indigènes. En 1997, le couple a également fondé un commerce de négoce dans le secteur d'Arbois.

Savagnin 2008, Arbois, Cave de la Reine Jeanne (10783871) 26,80 $

Le Savagnin non ouillé présente des saveurs semblables à celles du Vin Jaune. C'est précisément le cas de ce très bon 2008, qui se signale par sa vigueur et sa tenue de bouche, ainsi que par ses parfums singuliers de noisettes grillées et de bouillon de poulet. Une originalité jurassienne à servir, par exemple, à la fin du repas avec un morceau de Comté. Excellent dans sa catégorie. ☆☆☆☆ ② ❋

Chardonnay 2010, Cave de la Reine Jeanne, Arbois (11575723) 19,25 $

Plus discret, mais tout aussi recommandable, un très bon Chardonnay aux saveurs nettes de fruits jaunes, mis en valeur par une acidité tranchante qui joue un rôle de colonne vertébrale. Fort bien tourné et offert à prix doux. ☆☆☆ ② ❋

TISSOT, JACQUES

Savagnin 2007, Arbois (11460686) 29,05 $

Jacques Tissot est l'oncle de Stéphane (Tissot), dont les vins sont déjà fort bien distribués au Québec. Bon vin original par sa composition de savagnin ; de facture assez conventionnelle, avec un caractère légèrement rancio et un bel équilibre d'ensemble. Servez-le à la fin du repas avec des fromages. ☆☆☆ ②

LE SAVIEZ VOUS ?

Les saveurs du Jura

Le chardonnay représente environ 70 % de l'encépagement en blanc, contre 30 % pour le savagnin.

Le cépage savagnin porte également le nom de traminer. Il appartient à la même famille que le gewurztraminer.

Le poulsard donne des vins généralement fruités et guillerets, relevés de parfums d'épices. Bien qu'ils demeurent aussi légers et fringants, les vins de trousseau ont souvent un meilleur potentiel de vieillissement.

Le Savagnin non ouillé présente des saveurs semblables à celles du Vin Jaune. De plus en plus de producteurs élaborent des cuvées de Savagnin ouillé (donc non oxydatif), dont les parfums plus frais évoquent les agrumes et les fleurs.

UN GOÛT DE JAUNE ?

À une époque où la standardisation du goût est devenue épidémique, le Jura offre une palette de saveurs uniques, qui n'a pas d'égal en France, ni ailleurs dans le monde.

Aussi minuscule soit-elle, cette région nichée entre la Bourgogne et la Suisse abrite certainement l'un des vignobles les plus originaux de l'Hexagone. Grâce à sa mosaïque de terroirs, à sa biodiversité et à l'indépendance d'esprit de ses vignerons, le Jura est la source de vins éminemment variés, dont le tempérament affirmé se situe à des lieues des tendances internationales, qui favorisent l'opulence et la rondeur.

Représentant le plus célèbre du Jura, le Vin Jaune «n'est pas un vin de néophytes», comme le rappelle l'auteur britannique Hugh Johnson. Antithèse parfaite d'un vin destiné à plaire à un vaste public, cette spécialité locale composée du cépage savagnin et vieillie en fûts pendant au moins six ans, présente une intensité peu commune, relevée de parfums de noix et de cari, semblables à ceux du xérès. C'est ce que l'on appelle: le «goût de jaune».

Outre cette curiosité, la région produit aussi des vins blancs secs – issus de chardonnay ou de savagnin – tantôt frais et épurés, tantôt intenses, vineux et structurés. À l'opposé du spectre, les cépages poulsard, trousseau et pinot noir donnent des vins rouges légers, guillerets et fringants, souvent ponctués d'accents d'épices.

Rouges ou blancs, les vins du Jura ont en commun cette «buvabilité», qui est le propre des grands vins de gastronomie. Une raison de plus pour apprécier leur sève authentique et une invitation renouvelée à sortir des sentiers battus.

Nadia Fournier

Texte publié cette année dans le magazine *L'actualité*

TISSOT, MIREILLE ET ANDRÉ

Lorsqu'il a repris le domaine de ses parents, Stéphane Tissot a progressivement entrepris une conversion à la viticulture biodynamique. Une viticulture soignée et des vinifications avec les seules levures indigènes ne sont sans doute pas étrangères à leur individualité et leur qualité exemplaire.

Pinot noir 2009, En Barberon (10269661) 34,50 $
Sans doute magnifié par la générosité du millésime, ce 2009 étonne par son attaque en bouche très mûre, presque sucrée, néanmoins empreinte de fraîcheur grâce à des aspérités tanniques finement dosées, peut-être attribuables à des vinifications en vendange entière (sans égrappage). Une synthèse idéale entre la fermeté et la rondeur, relevée de saveurs de fruits noirs et de noyau de cerise qui se dessinent en bouche avec élégance. Finale séveuse, ponctuée d'une touche d'amertume qui ajoute à sa longueur. ★★★★ ③

Spirale 2005, Passerillé à l'Ancienne (10322521) 61,75 $ – 375 ml
Une curiosité locale vendue à prix d'or, puisque produite à grands frais. Sur la contre-étiquette, on peut lire: «Moût de raisin partiellement fermenté issu de raisins passerillés.» Les raisins de savagnin et de poulsard sont mis à sécher sur de la paille selon une méthode jurassienne traditionnelle, mais comme le vin ne titre que 8% d'alcool, il ne peut être nommé «vin de paille», puisque le taux minimal d'alcool toléré par le décret d'appellation se situe à 14,5%. Quoi qu'il en soit, le Spirale 2005 est certainement l'un des meilleurs liquoreux de la région. Incroyablement riche (320 g/l de sucre), onctueux, intensément aromatique et doté d'une longueur exquise. À consommer avec gourmandise, à dose homéopathique! ☆☆☆☆☆ ▼

Voir aussi la section Ⓟ

Autre vin de qualité passable ★★

VIGNOBLE GUILLAUME **Pinot noir 2009, Vin de Pays de Franche-Compté** (11556311) 17,90 $

LE SAVIEZ VOUS ?

Une opération salutaire

L'ouillage est une opération qui consiste à remplir régulièrement le fût. Le vin en fût a tendance à diminuer de volume, surtout au cours des mois froids suivant la vendange. On assiste aussi à une évaporation à travers le bois, de l'ordre de 1 % par mois. Un creux se forme alors dans le haut de la barrique, et le vin s'oxyde au contact de l'air. Il faut donc procéder régulièrement à l'ouillage, c'est-à-dire au remplissage du fût.

SAVOIE

CHÂTEAU DE RIPAILLE

Vin de Savoie 2010 (896720) 15,65$
Comme toujours, ce vin blanc sec, produit en bordure du lac Léman, revêt le caractère fringant et désaltérant des bons vins de montagne. Modérément aromatique, original et abordable. ☆☆☆ ② ❋

DOMAINE BELLUARD

Dans la commune d'Ayse, la famille Belluard élabore cette curiosité issue de gringet, un cépage blanc rarissime qui couvre à peine une quinzaine d'hectares dans la vallée de l'Arve, en Savoie, où il est parfois utilisé pour l'élaboration de vins effervescents.

Les Alpes 2009, Vin de Savoie (11544417) 27,45$
Sans doute transcendé par la richesse du millésime, le 2009 déploie une texture ample et vineuse qui contraste avec la vigueur habituelle des vins de montagne. Malgré tout, le vin a beaucoup de style et possède une agréable tenue en bouche qui rehausse ses accents de miel et de cire d'abeille. À boire au cours des trois prochaines années. ☆☆☆→? ② ▼

DOMAINE SAINT-GERMAIN

Juste à l'est de Chambéry, les frères Raphaël et Étienne Saint-Germain ne laissent rien au hasard et confectionnent d'excellents vins blancs et vins rouges issus de variétés locales.

Mondeuse 2009, Le Pied de la Barme, Vin de Savoie (10884735) 22,65$
Une viticulture soignée et des vinifications traditionnelles peu interventionnistes expliquent certainement le caractère affirmé de cet excellent vin. Le 2009 est gorgé de saveurs mûres, une peu plus juteux et friand que d'habitude, mais toujours porté par cette fraîcheur des montagnes. Sa légèreté alcoolique à 12% le rend fort aimable. ★★★ ②

LE CELLIER DU PALAIS

Apremont 2010, Vin de Savoie (10884698) 20,80$
Produits juste au sud de Chambéry, les vins de l'appellation Apremont doivent leur originalité au cépage local jacquère. Très bon 2010, dont il faut souligner la légèreté alcoolique (11,5%), la fraîcheur et les saveurs très cristallines. Très sec et doté d'un caractère minéral fort agréable. ☆☆☆ ②

ITALIE

Bien que les vins de table et les vins de pays (IGT) représentent toujours plus des trois quarts de la production nationale, l'Italie excelle désormais dans l'élaboration de vins fins, souvent destinés à l'export. Entre la fraîcheur des montagnes au nord et les régions méridionales chaudes et arides, en passant par les Apennins au centre, le pays regroupe une multitude de sols et de climats. L'Italie bénéficie également d'une immense diversité biologique, comme le prouvent les 450 cépages répertoriés.

Malheureusement, la baisse de la consommation domestique et l'effondrement du marché du vermouth, nuisent à plusieurs viticulteurs du centre du pays qui peinent à vendre leur récolte. Pour y remédier, l'Union Européenne a instauré il y a deux ans un programme de primes à l'arrachage. L'avenir nous dira si cette initiative aura le même impact qu'elle a eu chez son voisin et rival commercial de toujours, la France.

L'ITALIE EN QUELQUES CHIFFRES

L'Italie abrite le 3e vignoble le plus vaste de la planète (820 000 ha) derrière l'Espagne.

Le pays se dispute depuis plusieurs années le 1er rang des pays producteurs de vin avec la France. En 2009, il a généré 47 milliards de litres, dont 77 % en dénomination vin de table et vin de pays (IGT).

PIÉMONT

Le secret de la richesse du Barolo et du Barbaresco réside dans ces coteaux escarpés et ses vignes plantées à 500 m d'altitude et profitant d'un climat tempéré idéal. Le mystère du vin est dans la terre d'Alba, mère de la truffe blanche…

FRIOUL

À quelques exceptions près – notamment des spécimens issus de variétés autochtones de Campanie –, les vins blancs secs les plus raffinés proviennent du Frioul, du Trentin et, plus rarement, de Vénétie.

TOSCANE

Personne ne nous oblige à dépenser toutes nos munitions pour les gros canons vendus épisodiquement. Solaia, Ornellaia, Sassicaia sont très bien, mais on peut aussi acheter d'autres cuvées beaucoup moins coûteuses.

SICILE, CAMPANIE, POUILLES

Les cépages indigènes comme le nero d'Avola en Sicile, l'aglianico en Campanie et le negroamaro dans les Pouilles, sont de mieux en mieux maîtrisés par les viticulteurs. Dans les meilleurs cas, ils donnent des vins originaux, parfois aussi étoffés que le meilleur sangiovese. Plusieurs sont recommandés dans cette édition.

SICILE

Bien qu'elle soit avant tout connue pour ses gros rouges charnus et chaleureux, la Sicile produit également de très bons vins rouges de soif – c'est-à-dire légers, friands et désaltérants – dans l'appellation Cerasuolo di Vittoria, au sud de l'île.

LES DIX DERNIERS MILLÉSIMES

2011

Un millésime de chaleur dans le Piémont et en Toscane a donné des vins parfois capiteux. Qualité variable, surtout en Toscane où certains vins de sangiovese ont souffert d'un stress hydrique, occasionnant des saveurs végétales. La réputation du producteur fait toute la différence. Grande année pour l'Amarone.

2010

Récolte déficitaire et qualité hétérogène dans le Piémont; la signature du producteur sera un critère de choix. Même scénario en Toscane – incluant Bolgheri – où des problèmes de pourriture ont causé des soucis à plusieurs. La région de Montalcino semble avoir profité de conditions plus propices. En Vénétie, les vins rouges de Valpolicella joueront – à défaut de puissance – la carte de la légèreté et de l'équilibre; les bons Amarone seront rares.

2009

Dans l'ensemble, bon millésime dans tout le nord du pays. Été très chaud dans le Piémont et récolte très satisfaisante de nebbiolo ayant donné beaucoup de bons vins. Grand succès annoncé dans le Valpolicella. Très belle fin de saison en Toscane; qualité générale prometteuse.

2008

Un été chaud et sec dans le Piémont; des Barolo et des Barbaresco apparemment de fort belle qualité. Chaleur et sécheresse en Toscane ont aussi conduit à un troisième succès d'affilée, après 2007 et 2006. En Vénétie, des conditions idéales pour le Valpolicella et l'Amarone.

2007

Grand succès dans le Piémont; une récolte de vins structurés, déficitaire d'environ 25% (grêle à Barolo). Dolcetto et barbera ont aussi donné des vins très satisfaisants. Excellent millésime en Toscane, que plusieurs comparent à 2004 et à 2001. Grand succès aussi à Bolgheri, où le cabernet sauvignon semble avoir eu le meilleur sur le merlot. Bonne qualité en Vénétie, surtout chez les producteurs patients qui ont attendu le beau temps.

2006

Excellent millésime dans le Piémont en dépit de conditions climatiques parfois extrêmes. Grande année en Toscane. Remarquable en Vénétie, en particulier pour les Amarone.

2005

Millésime hétérogène. Dans le Piémont, six jours de pluie consécutifs à compter du 2 octobre ont gâché bien des espoirs. En Toscane – autant dans le Chianti Classico qu'à Montalcino –, les températures fraîches de la fin de l'été n'ont pas favorisé le mûrissement idéal souhaité. À Bolgheri, les conditions climatiques ont été sensiblement plus favorables.

2004

Récolte abondante dans le Piémont. Les producteurs qui ont su contrôler les rendements ont obtenu des vins solides. Conditions idéales dans le Chianti Classico et qualité remarquable à Montalcino. Qualité au-dessus de la moyenne à Bolgheri.

DÉBOUCHER OU ATTENDRE?

Vins d'Italie • **De la cave, que boire en 2013?**

Dans les bons millésimes, les meilleurs Chianti Classico Riserva et Brunello demandent un peu de temps pour se révéler pleinement. Il faut donc laisser les 2006 et surtout les 2007 développer tout leur potentiel. En 2013, on pourra commencer à ouvrir les 2005 ainsi que les 2004. Les 2003 sont à boire sans trop attendre. La plupart des Chianti Classico «tout court» peuvent être appréciés dès leur mise en marché. Les Barolo et les Barbaresco des grandes années demandent du temps pour arriver à pleine maturité. On devra donc imérativement laisser les 2008, 2007 et 2006 continuer de mûrir. Les 2005 et les 2004 se révèlent progressivement. Tout ce qui est antérieur – à commencer par les 2003 – devrait, en 2013, faire le bonheur des amateurs de vins piémontais.

PIÉMONT

BAVA

Barolo 2006 (10856814) 36,50$
Plus ferme et structuré que d'habitude, mais néanmoins au style de la maison, privilégiant la fraîcheur et la délicatesse. À boire entre 2013 et 2017. ★★★ ②

BENI DI BATASIOLO

Barolo Riserva 2005 (11599231) 35,25$
Bon Barolo d'envergure moyenne, mettant en relief la poigne naturelle du nebbiolo. Le cadre tannique est solide, enrobé d'une chair mûre et laisse en bouche une impression un peu carrée, qui devrait s'estomper à table avec une bonne pièce de viande braisée. ★★★ ②

Barolo 2005, Vigneto Corda della Briccolina (10814631) 108$ – 1,5 litre
Dans ce minuscule vignoble situé à Serralunga d'Alba, cette importante entreprise piémontaise produit un vin assez étoffé, dont le souffle tannique s'inscrit dans la tradition des bons Barolo. Goûté en juillet dernier, le vin était encore un peu fermé, mais il devrait se bonifier d'ici 2015. ★★★ ③

Barolo 2008 (10856777) 28,15$
Bon vin rustique et correctement fruité, laissant en bouche un fini asséchant. ★★ ②

Barbera d'Alba 2009, Sovrana (10856751) 20,70$
Un Barbera de bonne facture, sans relief ni éclat particulier. ★★ ②

À TABLE AVEC LE...

Nebbiolo
Cépage très tannique, le nebbiolo se signale notamment par ses arômes plus près de la terre que du fruit: thé, tabac, sous-bois, champignons, tomates, voire compost. Dans le Piémont, on le sert avec du bœuf braisé aux carottes et aux tomates. C'est aussi un accord classique pour mettre en valeur la truffe et autres champignons sauvages. Par ses tanins imposants et sa faible teneur en arômes fruités seront exacerbés par le sucre, les protéines laitières et les épices. – *V.R.*

2003

Dans le Piémont, les meilleurs vins de nebbiolo sont riches et exubérants, mais n'égalent peut-être pas la splendide série 1997-2001; le barbera a donné plusieurs vins remarquables. Beaucoup de bons vins généreux et relevés en Vénétie et dans le Trentin. En Toscane, la canicule n'a pas toujours été propice à l'équilibre. Qualité disparate aussi à Bolgheri, où la météo excessive a parfois donné des vins lourds manquant de fraîcheur.

2002

Année misérable, autant dans le Piémont qu'en Toscane. Des vins à boire tôt, qui ne passeront pas à l'histoire. Sur la côte méditerranéenne – Maremma et Bolgheri –, les conditions ont été moins difficiles; ni puissants ni spécialement concentrés, les vins sont charmants et ont un bel équilibre.

DES PRODUCTEURS À RETENIR

PIÉMONT

Aldo Conterno, Bartolo Mascarello, Bera, Braida, Bruno Giacosa, Ca' du Rabaja, Cascina Tavijn, Fratelli Alessandria, Giacomo Conterno, Giuseppe Mascarello, Giuseppe Rinaldi, La Spinetta, Luciano Sandrone, Paitin, Paolo Scavino, Pietro Rinaldi, Pio Cesare, Poderi Colla, Produttori del Barbaresco, Silvio Grasso

TRENTIN – HAUT-ADIGE / FRIOUL – VÉNÉTIE JULIENNE

Alois Lageder, Borgo San Daniele, Colterenzio, Elena Walch, Elizabetta Foradori, Jermann, Livio Felluga, Schiopetto, Vistorta

VÉNÉTIE

Anselmi, Giuseppe Quintarelli, Inama, La Biancara, Maculan, Marion, Pieropan, Romano dal Forno, Tedeschi, Tenuta Sant'Antonio, Vignalta, Zymé

TOSCANE

Brunello / Barbi, Biondi Santi, Capezzana, Casanova di Neri, Gagliole, Il Grillesino, La Rasina, Poggio Nardonne, Poggio Verrano, Poliziano, San Polino.

Chianti Classico / Carpineta Fontalpino, Castello di Ama, Castello di Fonterutoli, Fèlsina, Fontodi, Poggio Scalette, San Fabiano Calcinaia, San Felice, Volpaia

Supertoscans / Antinori, Argentiera, Ca' Marcanda, Duemani, La Massa, Le Macchiole, Massa Vecchia, Ornellaia, Sapaio, Sassicaia, Sette Ponti, Terrabianca, Tolaini, Tua Rita

OMBRIE / MARCHES / ABRUZZES / LATIUM

Arnaldo Caprai, Castorani, Falesco, Luigi Mancini, Lungarotti, Masciarelli, Salviano, Vitalonga, Illuminati, Zaccagnini

CAMPANIE / POUILLES / BASILICATE

Cristiano Guttarolo, Monaci Masseria, Alessandro Moroder, Umani Ronchi

SARDAIGNE/ SICILE

Argiolas, Arianna Occhipinti, Benanti, Cos, Donnafugata, Planeta, Punica

CASTORANI

Barolo 2007, Follìa (10966845) 27,70 $
En plus de son domaine des Abruzzes, le coureur automobile Jarno Trulli et ses associés opèrent un commerce de négoce dans plusieurs régions italiennes dont le Piémont. Aussi bon que par le passé et toujours offert à prix doux, un Barolo courant, assez souple pour être apprécié dès maintenant et agrémenté de goûts de cacao et de kirsch. ★★★ ② 🅒

CERETTO

Monsordo 2009, Langhe (10856769) 30,25 $
Sans doute magnifié par le millésime, ce vin de facture déjà résolument moderne et internationale (cabernet sauvignon, merlot, syrah et nebbiolo) adopte une allure un peu surdimensionnée en 2009. Charmeur certes, mais pour la notion de terroir et de typicité, il faudra chercher ailleurs. À boire entre 2013 et 2016. ★★★ ②

CHIARLO, MICHELE

Barbaresco 2007, Reyna (11530672) 35 $
Un vin de facture moderne, riche en saveurs mûres et articulé autour de tanins souples et ronds. Correct et facile à boire, mais un peu prévisible et à court de personnalité et de cette poigne qui fait le charme des meilleurs… ★★→? ② ▼

Monferrato 2009, Countacc! (10271921) 24,30 $
Dans un registre international de par sa composition de barbera, de cabernet sauvignon et de syrah, un bon vin aux angles polis, assaisonné de parfums vanillés; néanmoins doté d'une bonne dose d'acidité. Techniquement correct, mais l'amateur de vin piémontais restera néanmoins sur sa soif. ★★→? ②

Monferrato 2010, La Vespa (11184976) 16,10 $
Barbera, merlot et cabernet sauvignon, assaisonnés de parfums boisés. Rien à déclarer. ★★ ② 🅒

CONTERNO, ALDO

L'un des grands noms du Piémont et une bonne adresse où trouver des vins à l'enseigne de l'équilibre et de la vérité.

Nebbiolo 2006, Il Favot, Langhe (11447431) 55,50 $
Si ses meilleurs Barolo s'inscrivent dans un style très classique, Aldo Conterno favorise toutefois des vinifications plus modernes pour son Favot. Loin d'être un défaut, cela permet d'apprécier dès aujourd'hui l'étoffe, la poigne tannique, la concentration fruitée et la vigueur de cet excellent Nebbiolo. À boire avec plaisir en attendant les grands crus. Cher certes, mais il n'a rien à envier à bien des Barolo. ★★★★ ② ▼

Voir aussi la section 🅟

FONTANAFREDDA

Depuis son entrée en poste il y a une dizaine d'années, l'œnologue Danilo Drocco a redonné ses lettres de noblesse à l'ancienne propriété du roi Victor Emmanuel II.

Barolo 1996, Serralunga d'Alba (11427350) 55,25$
Introduit dans le magazine *Cellier* de novembre 2011, un bon Barolo, pas spécialement grand, mais ouvert et évolué, doté d'une certaine tenue en bouche et d'une finale élégante aux accents de fruits secs et de champignons. ★★★ ②

Barolo 2004, Vigna La Villa, Paiagallo (11191404) 74,75$
Très bon Barolo moderne, c'est-à-dire un peu plus souple que la moyenne et conçu pour être apprécié dès son jeune âge. Charmeur, stylé et enrobé de tanins polis. Trop cher et sans la sève des meilleurs. ★★★→? ② ▼

Barolo 2007 (020214) 31,50$
Le Barolo courant de Fontanafredda défend assez bien la réputation de la maison. Souple, ouvert et équilibré, avec juste ce qu'il faut de tenue. À boire dès maintenant et d'ici 2015. ★★★ ② Ⓒ

Barbaresco 2007, Coste Rubin (11210388) 36,50$
Plus ouvert, ce Barbaresco repose sur un tissu tannique velouté, manifestement issu de fruits bien mûrs. Modérément aromatique, mais fort aimable par sa rondeur. À boire entre 2013 et 2016. ★★★ ②

Barbera d'Alba 2010 (038174) 15,35$
Bon Barbera d'entrée de gamme; fruit noir, vigueur typique du cépage, frais, digeste et pas mal de caractère pour le prix. ★★★ ② ❊ Ⓒ

Barbera 2011, Briccotondo, Piemonte (11315024) 15,75$
Arrivée prévue en début d'année 2013 pour ce vin courant un peu rustique et sans conséquence. ★★ ② Ⓒ

GIACOSA, BRUNO

Nebbiolo d'Alba 2009, Valmaggiore di Vezza d'Alba (11543932) 40,75$
En plus de cuvées «haut de gamme» provenant exclusivement de ses vignobles et vendus sous l'étiquette Falletto di Serralunga, Bruno Giacosa commercialise cette gamme de vins élaborés avec les raisins de producteurs environnants. Issu d'un millésime de chaleur, ce Nebbiolo ample et volumineux à 14% d'alcool est peut-être un peu moins typé que d'autres, mais néanmoins fort rassasiant par sa consistance et par sa concentration fruitée. ★★★→? ③

Dolcetto d'Alba 2010, Sorano di Treiso (11651571) 27,80$
Suave et tout en rondeur, avec un grain fin, texture ample et enrobée, dotée d'une franche acidité qui le rend encore plus appréciable à table. Très bon Dolcetto! ★★★ ②

À TABLE AVEC LES...

Barbera et Dolcetto

Barbera traditionnel (acidité prononcée, tanins modérés): avec une cuisine de bistro; les autres seront à marier en fonction de leur élevage et de leurs tanins;

Dolcetto: ils peuvent même accompagner une viande rouge. Privilégiez les viandes rouges saignantes, ou des viandes braisées, mais évitez les saveurs sucrées ou épicées, de même que les sauces crémeuses, qui pourraient durcir ses tanins. – *V.R.*

GRASSO, SILVIO

La famille Grasso produit du vin depuis 1927, mais elle n'a commencé à embouteiller qu'au milieu des années 1980, au moment où Alessio Federico a succédé à son père, Silvio.

Barolo 2006, Pì Vigne (11195801) 47,25$
Issu d'une menue parcelle située dans la commune de La Morra, ce Barolo est un mur de tanins, pour le moment. Incroyablement jeune, le vin se distingue avant tout par ses saveurs mûres de cerise noire et par son acidité franche, mais l'on peut déjà sentir l'intensité, la concentration, sous cette masse tannique. Nul doute, l'amateur patient sera largement récompensé. ★★★→★ ③

Barbera d'Alba 2010 (11580080) 22,45$
Interprétation plus moderne de la barbera, ce qui le rend déjà plus accessible et facile à boire. Juste assez d'acidité pour assurer sa fraîcheur et une finale relevée. Un vrai « crowd pleaser » comme disent les Anglais. En d'autres mots, un vin de soif, tout indiqué pour les réunions entre amis. ★★★→? ②

Voir aussi la section ⓟ

LA SPINETTA

Barbaresco 2003, Vigneto Starderi, Vürsù (10781824) 125$
Réputés pour leurs vins de Barbaresco, Giuseppe et Lidia Rivetti produisent notamment cette somptueuse cuvée, issue d'un cru du même nom, situé au nord de l'appellation. Maintenant parfaitement ouvert et à point, le 2003 est ample, vibrant et volumineux. Sa longue finale est empreinte de profondeur et dotée de cette troisième dimension, qui est la marque des meilleurs. Bon maintenant et pour longtemps. ★★★★ ②

Barbera d'Asti 2008, Ca'di Pian (11337961) 27,65$
Bon Barbera d'envergure, passablement corsé et nourri par un élevage de 12 mois en fûts de chêne. Très bon dans un style moderne et encore meilleur après une heure de carafe. ★★★→? ③ ♁

Moscato d'Asti 2011, Bricco Quaglia (10543746) 19,95$
Aromatique comme il se doit, 4,5% d'alcool, généreusement enrobé, mais soutenu par une acidité suffisante pour équilibrer le tout. ☆☆☆ ②

MARCHESI ALFIERI

Barbera d'Asti 2010, La Tota (978692) 22,95$
Ce domaine familial se spécialise dans l'élaboration de Barbera d'Alba de facture moderne, assez amples, mais généralement fort bien proportionnés. Très bel exemple du genre, le 2010 est savoureux, assez riche (14,5% d'alcool), large en bouche et doté d'un grain tannique velouté, quasi irrésistible. À boire dans les quatre prochaines année. ★★★★ ② ✳

MASCARELLO

Barolo 2007, Monprivato in Castiglione Falletto (10856435) 102,75$
Mauro Mascarello dirige cette propriété familiale créée en 1881 par son ancêtre Giuseppe. Le Barolo Monprivato est incontestablement le porte-étendard du domaine. À des lieues des bombes fruitées, le 2004 est tout en retenue et en nuances, il se distingue par ses tanins fins et son registre de saveurs singulières de champignons porcini, de sous-bois et de fumée. À point et bon facilement jusqu'en 2017. ★★★★ ②

Voir aussi la section ⓟ

OLIM BAUDA

Dans le secteur d'Asti, la famille Bertolino s'applique, depuis une quarantaine d'années, à la mise en valeur du barbera.

Barbera d'Asti Superiore 2007, Nizza (11383570) 34,75$
Un Barbera sérieux, gorgé de saveurs fruitées, juste assez charnu, ponctué de délicates notes salines et animé de cette vigueur typique qui rend les vins piémontais si désaltérants à table. C'est l'un des bons Barbera sur le marché. ★★★★ ② ▼

PAITIN

À Nieve, au cœur du Barbaresco, la famille Pasquero jouit d'une bonne réputation.

Sori Paitin 2006, Barbaresco (11338007) 51$
Plein en bouche, concentré et constitué de tanins très fermes qui laissent un fini un peu sec et anguleux, sans minceur. Pas le plus volubile des Barbaresco, mais le vin est encore jeune et pourrait révéler de belles surprises d'ici 2016. ★★★→? ②

LE VIN DÉCORTIQUÉ

À chacun son nez

Vous est-il déjà arrivé d'entendre votre voisin de table énumérer les arômes d'un vin, sans arriver à les percevoir dans votre verre ? N'ayez crainte, votre nez n'est pas défectueux.

Les recherches du neurologue Patrick MacLeod indiquent que la capacité à identifier les odeurs pourrait être d'ordre génétique, et que personne ne possède les mêmes récepteurs du goût. Le neurologue soutient qu'il existe 347 gènes olfactifs et que 50% d'entre eux diffèrent d'une personne à l'autre.

Une autre étude a démontré que les seuils de certaines substances odorantes peuvent varier d'un facteur de 1000 entre chaque personne. Si ces études disent vrai, que chacun est réceptif à des arômes différents et que nous avons une perception individuelle de ces odeurs, il n'est pas surprenant que chaque personne ait une interprétation différente d'un vin. Un conseil : gardez les choses simples. Amusez-vous, buvez sans complexe ! – *B.Z.*

PIO CESARE

Pio Boffa dirige avec rigueur une entreprise familiale fondée en 1881. Les vins de la gamme «classique» restent fidèles à la tradition piémontaise, alors que les crus Ornato (Barolo) et Il Bricco (Barbaresco) adoptent, de l'aveu même du producteur, une allure plus moderne et concentrée.

Nebbiolo 2008, Langhe (544973) 28,15$
Difficile de résister au charme de ce très bon Nebbiolo maintenant ouvert et attendri par quatre années de vieillissement. Rien d'exubérant ou de très complexe, mais des saveurs précises de cerises noires, une texture à la fois mûre (14% d'alcool) et soutenue par un fil d'acidité qui lui donne un éclat supplémentaire. ★★★★ ② ❋

PODERI COLLA

Tino Colla et sa nièce Federica ont créé Poderi Colla en 1993. Ils persistent à croire que la seule façon de tirer leur épingle du jeu dans un marché aussi vaste est de faire des vins qui demeurent à l'écart des tendances internationales. Leurs Barolo et leurs Barbaresco n'ont rien de spectaculaire, mais leur fibre authentiquement piémontaise a tout pour faire un malheur à table.

Barolo 2004, Dardi Le Rose, Bussia (10816775) 52,50$
Déjà commenté l'an dernier, ce vin présente ce même dépouillement et cette droiture, qui est la marque des Barolo classiques. Leçon d'équilibre, de distinction et de puissance contenue, il s'illustre par sa longue finale nuancée, garante d'un avenir prometteur. Arrivée prévue en décembre 2012. ★★★★ ②

Barbaresco 2006, Tenuta Roncaglia (11100120) 49$
Issu d'une parcelle voisine de Costa Russi et de San Lorenzo – les célèbres crus d'Angelo Gaja –, il s'inscrit très bien dans le style de la maison avec une poigne tannique ferme; très épuré, sans goût boisé, pas de sucrosité, juste une expression franche et distinguée du Nebbiolo. ★★★★ ② Ⓢ

Barbaresco 2008, Tenuta Roncaglia (11100120) 44,75$
Même dépouillement, même charme. Un peu moins structuré, mais très franc et doté d'un équilibre irréprochable. Il devrait se bonifier encore d'ici 2015. ★★★→? ③

Bricco del Drago 2007, Langhe (927590) 27,15$
Créé en 1969, cet assemblage de dolcetto et de nebbiolo fut le premier super vin de table du Piémont. Robuste et assez expressif, porté par une trame tannique souple et caressante, le 2007 s'inscrit dans la continuité des derniers millésimes. Franchement savoureux et encore meilleur s'il est servi autour de 15 °C. ★★★★ ② ❋

Dolcetto d'Alba 2011, Pian Balbo (11863258) 19,75$
Vif et modérément fruité; un peu terne et poussiéreux. ★★ ②

PRINCIPIANO, FERDINANDO

Malgré son jeune âge, Ferdinando Principiano s'impose déjà comme l'un des vignerons les plus en vue dans le Piémont.

Barolo 2006, Serralunga (11387301) 36,75$
Offert pour la première fois à la SAQ, ce vin s'inscrit bien dans le courant du Barolo «moderne». Le 2006 charme par son attaque gourmande, mais il laisse en fin de bouche une texture un peu sèche et rustique. Il faudra le revoir dans un an ou deux. ★★→? ②

PRODUTTORI DEL BARBARESCO

La coopérative de Barbaresco est certainement parmi les plus dynamiques de tout le nord du pays. Cette cave fondée en 1958 demeure une excellente adresse où trouver des vins piémontais de facture classique, à des prix fort abordables.

Barbaresco 2007, Rio Sordo, Riserva (11725470) 49$
Vin ferme et solide, charnu et généreux par ses accents de griotte et d'herbes séchées. Ampleur, équilibre, envergure et longue finale chaleureuse. Excellent dès aujourd'hui; il restera au sommet de sa forme jusqu'en 2017. ★★★★ ③

Barbaresco 2007 (10858182) 36,75$
Une attaque en bouche mûre, souple et soyeuse, mais néanmoins empreinte de vitalité; gorgé de fruit et savoureux. À boire au cours des trois prochaines années. ★★★→? ②

Nebbiolo 2010, Langhe (11383617) 20,75$
Retour à la normale après un 2009 passablement nourri et chaleureux. Le 2010 a vraiment des allures de vin de soif, façon nebbiolo. Très jeune, gorgé de fruit, animé d'un léger reste de gaz et tonifié par la vigueur naturelle du cépage. Atypique, mais très original. À ce prix et dans cette catégorie, il mérite bien quatre étoiles. ★★★★ ② ✻

PRUNOTTO

Depuis son acquisition par la famille Antinori en 1989, l'ancienne cave créée par Alfredo Prunotto en 1923 est devenue une référence dans le Piémont. Le porte-drapeau de la maison est le somptueux Barolo Bussia, un exemple de puissance et d'élégance qui provient d'un cru célèbre de la commune de Monforte.

Barolo 2008 (11563423) 39,75$
Très bon vin bien proportionné, sans excès de bois ni de concentration. Un Barolo en rondeur et aux angles très polis, chaleureux et suffisamment souple pour être apprécié dès maintenant et au cours des quatre prochaines années. ★★★→? ②

Barbaresco 2009 (11851257) 39,75$
Bien que cela ne soit pas un critère de qualité – surtout avec le nebbiolo –, la couleur très pâle annonce ici un vin dilué. Ténu, un peu creux en milieu de bouche et porté par des tanins secs. Je m'explique mal un tel résultat en 2009... ★★→? ②

Nebbiolo d'Alba 2009, Occhetti (11593876) 24,75$
En attendant les Barolo et Barbaresco, on pourra apprécier ce très bon Nebbiolo, vif, mais pas trop acide, juste assez enrobé pour laisser en bouche une sensation rassasiante. À boire entre 2013 et 2016. ★★★ ②

Barbera d'Asti 2010, Fiulot (11617111) 19,85$
Un reste important de gaz donne certes, beaucoup de vigueur à ce Barbera, mais le vin laisse une impression anguleuse en finale. ★★ ②

Barbera d'Asti 2011, Fiulot (11617111) 19,85$
Arrivée prévue en décembre pour le 2011 qui me semble encore plus mince et étriqué; rustique et à court de fruit. ★★ ②

Dolcetto d'Alba 2011 (11593817) 19,15$
Très vif, jeune et nerveux. À apprécier pour son caractère fruité juvénile. ★★★ ②

Mompertone 2008, Monferrato Rosso (11669148) 22,15$
Barbera et syrah; ouvert, dodu et arrondi par l'usage de la barrique. Un peu bancal avec une acidité vive qui le rend un peu rustique. ★★→? ②

Mompertone 2009, Monferrato Rosso (11669148) 22,15$
L'exercice me semble mieux réussi en 2009 avec un meilleur équilibre entre les éléments et une impression générale assez harmonieuse. Intéressant et bien construit. ★★★ ②

PUNSET

Barbera d'Alba 2010 (10985747) 21,45 $
Propriété de la famille Marcarino depuis des années, Punset est maintenant sous la gouverne de Maria Marcarino. Le vignoble est entièrement conduit en agriculture biologique. Fidèle au style dépouillé des vins de la maison, ce vin est tonifié par un léger reste de gaz qui s'estompe après un bref passage en carafe. Moins vif et un peu plus strict que la moyenne des Barbera, mais non moins équilibré et agréable à boire. Finale racée aux parfums de fruits noirs et d'anis. À boire au cours des trois prochaines années. ★★★→? ②

RATTI, RENATO

Barolo 2008, Marcenasco (896746) 49 $
Renato Ratti fut l'un des grands promoteurs des vins piémontais. Depuis son décès en 1988, ses successeurs s'occupent du domaine de La Morra et, plus récemment, du vignoble de Villa Pattono près d'Asti. Mélange de subtilité et d'intensité, le 2008 est enrobé par un élevage en fûts, qui l'assaisonne de parfums vanillés et lui confère une certaine sucrosité. Pas désagréable, mais résolument moderne. ★★★→? ③

RINALDI, PIETRO

Barbera d'Alba Superiore 2010, Bricco Cichetta (11863215) 27,50 $
Paolo Tenino et Monica Rinaldi profitent des conseils de l'œnologue Beppe Caviola et élaborent un excellent Barbera d'Alba, intense et voluptueux (14,5 % d'alcool), fort agréable par sa puissance contenue et sa suavité finale, et heureusement tonifié par la vigueur naturelle du cépage qui agit comme une colonne vertébrale. Finale savoureuse agrémentée d'une pointe d'amertume. À boire entre 2013 et 2018. ★★★★ ②

RIVETTO

Barolo 2006, Comune di Serralunga d'Alba (11599012) 67 $
Excellent Barolo de facture traditionnelle, à des lieues des vins destinés à plaire à un vaste public. L'amateur de nebbiolo authentique se régalera de son caractère séveux et de ses longues saveurs de fruits noirs et d'épices, portées par des tanins serrés qui laissent la bouche franche et nette. Déjà savoureux, il sera à son apogée entre 2016 et 2020. ★★★→★ ③ ▼

SEBASTE, MAURO

L'œnologue Mauro Sebaste ne possède pas de vignoble, mais il opère un commerce de négoce « haute couture » en entretenant des liens étroits avec des viticulteurs triés sur le volet.

Roero Arneis 2010 (11579986) 18,55 $
Cette appellation située sur la rive gauche de la rivière Tanaro trouve son identité dans l'arneis, un ancien cépage blanc du Piémont qui connaît un regain de popularité depuis une décennie et qui, entre les mains de l'œnologue Mauro Sebaste, fait preuve d'une vinosité notable. Pas très aromatique ni complexe, mais tout à fait dans l'esprit des bons vins de l'appellation : léger et désaltérant. L'un des bons exemples du genre ! ☆☆☆☆ ② ❄

SETTIMO, AURELIO

Privilégiant une élégance à l'ancienne, la famille Settimo élabore de bons vins de Barolo assez authentiques.

Barolo 2004, Riserva Rocche (11599776) 69 $
Maintenant âgé de huit ans, ses goûts de cacao et de fruits secs indiquent un vin à pleine maturité. Corsé et assez consistant, manifestement issu d'un grand millésime et doté d'une dimension et d'une persistance aromatiques exemplaires. Appréciable dès maintenant, il tiendra la route pour de belles années encore. ★★★★ ②

Barolo 2005 (11039269) 37 $
Tendu, un peu austère, mais incontestablement authentique. Un vin vif et vigoureux, s'articulant autour de tanins serrés, typiques du nebbiolo. Finale savoureuse au goût de noyau de cerise. ★★★→? ③

SOTTIMANO

Dolcetto d'Alba 2010, Bric del Salto (10856558) 18,70 $
L'entreprise fondée en 1974 par Maggiore Sottimano est aujourd'hui sous la gouverne de ses fils Rino et Andrea qui poursuivent avec la même rigueur. Du moins si l'on en juge par la qualité de ce Dolcetto aussi savoureux que rassasiant de fraîcheur. Vigoureux, vibrant, gorgé de saveurs nettes et précises de fruits noirs et relevé d'une finale poivrée fort originale. À boire dès maintenant pour en savourer la fougue juvénile. Bravo! ★★★★ ② ✳

LE VIN DÉCORTIQUÉ

Le verre à pied: plus que du simple snobisme!
Un verre de qualité améliorera toujours votre vin. Mai au-delà du prix et de la marque, qu'est-ce qui définit un bon verre à vin?

Premièrement, le rebord doit être très mince. Rien de plus désagréable que de poser les lèvres sur un verre épais qui donne l'impression de boire dans une tasse à café. Le verre doit permettre une transition douce et fluide du verre à la bouche.

Les bons verres ont aussi une embouchure relativement plus étroite afin de concentrer les arômes. Selon le vin pour lequel il a été conçu, le verre présentera un diamètre et une profondeur différentes afin de maximiser le mélange des parfums.

Lorsque vous êtes en présence d'un gros verre, ne cédez pas à la tentation d'y verser la moitié de votre bouteille. Ce volume doit vous permettre de faire tourner le vin afin de l'oxygéner et d'en marier tous les arômes. Modérez votre enthousiasme et limitez les portions à 120 ml (4 oz). – *B.Z.*

VINCHIO & VAGLIO

La cave coopérative des communes de Vinchio et de Vaglio Serra regroupe plus de 220 producteurs dans les collines de l'Alto Monferrato.

Tutti Per Uno 2005, Monferrato (10872961) 31,25$
Cet assemblage de barbera, de cabernet sauvignon et de merlot s'affirme davantage par sa puissance que par son harmonie et laisse malgré tout une impression à la fois généreuse et charmeuse. Une belle réussite technique, à défaut d'authenticité. ★★★ ②

D'autres vins du Piémont de qualité moyenne ★★ et ☆☆

BERSANO **Barbera d'Asti 2010, Costalunga** (506824) 15,95$ Ⓒ

CASTELLO DEL POGGIO
Barbera d'Asti 2008 (10391447) 18,20$
Moscato d'Asti 2011 (11676591) 18$

MONDO DEL VINO **Barbera d'Asti 2010, Ricossa** (11315446) 13,95$ Ⓒ

RICOSSA **Barbera d'Asti 2010** (11315446) 13,95$ Ⓒ

TERRE DA VINO **Barbera d'Asti 2009, La Luna e I Falo** (627901) 20,95$

TORRACIA DEL PIANTAVIGNA **Gattinara 2005** (11598714) 35$

VAL D'AOSTE

GROSJEAN

Vallée d'Aoste 2011, Torrette (11660645) 22,20$
Dauphin Grosjean et ses fils misent avant tout sur les variétés locales de cette petite région sise entre la frontière franco italienne et le Piémont. Issu de petit rouge (80%), de vien de nus, de fumin et de cornalin, le Torrette est un très bel exemple de vin de montagne. Par sa souplesse, son attaque en bouche juteuse et gorgée de fruit et sa finale poivrée, il n'est pas sans rappeler le caractère de certains bons vins de gamay. Original, léger en alcool (12,5%) et rafraîchissant. ★★★ ②

LOMBARDIE

CA' DEL BOSCO

Durant les années 1970, Maurizio Zanella a créé Ca' del Bosco et en a fait un haut lieu de la viticulture lombarde. Ce magnifique domaine appartient aujourd'hui à l'importante société vinicole Santa Margherita, mais Zanella est toujours aux commandes et continue d'élaborer des vins de table et des spumanti remarquables.

Curtefranca 2007 (214189) 28,40$
Cet assemblage de cabernet sauvignon, de cabernet franc, de merlot, de nebbiolo et de barbera profite d'un élevage qui lui donne du corps et lui confère une légère amertume, sans nuire à la pureté du fruit. Charmant, mais le prix est dissuasif. ★★★→? ②

TRENTIN-HAUT-ADIGE

LAGEDER, ALOIS

Ambassadeur pour sa région, Aloïs Lageder produit parmi les meilleurs vins blancs du Haut-Adige.

Sous l'étiquette Tenutæ Lageder, il commercialise des vins issus exclusivement de ses propres vignobles, cultivés selon les principes de la biodynamie.

Chardonnay 2008, Lowengang, Alto Adige (10264608) 45,75$
La cuvée Lowengang fait toujours partie des triomphes du chardonnay en terre italienne. Le 2008 se profile avec élégance; pas trop gras, juste assez vineux, tout en retenue, doté d'une acidité du tonnerre, minéral et accentué d'une amertume noble en finale. Excellent vin blanc en devenir. ☆☆☆→☆ ③

Pinot grigio 2011, Porer, Alto Adige (10248712) 25,20$
Autrefois nommé Benefizium Porer, ce vin demeure l'un des meilleurs Pinot gris italiens sur le marché. Vineux, presque onctueux, mais à la fois vigoureux et soutenu par un fil d'acidité qui met en relief ses saveurs miellées. ☆☆☆☆ ② ✻

Beta Delta 2011, Vigneti delle Dolomiti (11534462) 23,30$
Chardonnay et pinot gris. Un vin blanc désaltérant, empreint de saveurs minérales et pourvu d'un équilibre impeccable. Beaucoup de profondeur et de caractère pour le prix. ☆☆☆☆ ② ✻

Les vins de la gamme **Alois Lageder** sont issus d'un assemblage de raisins achetés à des agriculteurs locaux et de raisins cultivés en biodynamie dans les vignobles de Lageder.

Pinot bianco 2010, Haberle, Alto Adige (898395) 23,70$
Le cépage pinot blanc donne rarement des vins remarquables. Raison de plus pour souligner le caractère distinctif et la précision aromatique de cet excellent vin. Très sec, presque tranchant et hautement désaltérant. ☆☆☆☆ ② ✻

Pinot bianco 2011, Sudtirol Alto Adige (11035911) 19,40$
Un peu plus discret, mais néanmoins très bon. Sec, modérément aromatique et équilibré. ☆☆☆ ②

Gewurztraminer 2011, Alto Adige (10780400) 24,10$
De nouveau cette année, ce vin est à retenir parmi les bons exemples de «Gewurz» offerts sur le marché. Très aromatique, mais également sec, nullement pommadé et animé d'un léger reste de gaz. ☆☆☆☆ ② ✻

Cabernet 2008, Riserva, Alto Adige (744011) 24,25$
Arrivée prévue en février 2013 pour cet assemblage de cabernet sauvignon et de cabernet franc, vinifiés ensemble. Le nez évoque les parfums d'épices et d'herbes séchées propres aux vins de Chinon. La bouche est plus ferme et concentrée; charnue et suffisamment enrobée pour être appréciée en jeunesse, mais apte à se bonifier d'ici 2015. ★★★★ ② ✻

MEZZACORONA

La coopérative de Mezzacorona jouit d'une bonne réputation malgré une production énorme de 25 millions de bouteilles. Sa force réside dans la production de bons vins simples à prix abordables.

Teroldego Rotaliano 2009, Riserva (964593) 16,55$
Le teroldego est un cépage autochtone du Trentin qui serait le plus riche en resvératrol, cette substance miracle pour la prévention des maladies cardio-vasculaires. De nouveau un bon vin de facture moyenne; assez charnu, riche en parfums de fruits noirs et original. ★★★ ②

Pinot noir 2010, Vigneti delle Dolomiti (10780311) 14,40$
Bon vin souple, coulant et facile à boire. ★★ ②

Pinot grigio 2009, Riserva, Trentino (10780320) 16,20$
Pinot gris nourri par un élevage en fûts de chêne. Vineux, des parfums d'érable; recommandable à ce prix. ☆☆☆ ②

Pinot grigio 2011, Vigneti delle Dolomiti (302380) 14,45$
Vif, léger et peu aromatique. ☆☆ ②

LE VIN DÉCORTIQUÉ

Les *quercus* ne naissent pas tous égaux

Si plusieurs essences de bois sont utilisées en vinification (le cerisier pour les Valpolicella, par exemple), il demeure que le chêne domine de loin au palmarès de la popularité. Cela s'explique du simple fait que des forêts entières étaient laissées à l'abandon après que le métal eut détrôné le chêne comme matière de choix pour la construction des navires.

Parmi la centaine de variétés de chênes qui existent, seulement trois sont retenues pour la fabrication des fûts. Ces trois *Quercus* nous proviennent d'Amérique (*Quercus alba* – chêne blanc) et d'Europe (*Quercus robur* – chêne pédonculé, et *Quercus sessiliflora* – chêne sessile). La croissance plus lente du chêne européen favorise un grain plus serré. Du coup, les chênes européens libèrent moins de saveur que leur cousin américain, au goût plus robuste. On tend donc à éviter le chêne blanc pour la fabrication de vins blancs.

En revanche, le chêne américain peut donner d'excellents résultats s'il est conjugué à la richesse de vins amples comme les vins californiens. Le chêne français, pour sa part, offre une plus grande gamme de composants aromatiques plus fins, qui varient même d'une forêt à l'autre ! Les vinificateurs sont souvent sensibles à ces différences et les exploitent, donnant aux vins des tons subtilement distincts. – *B.Z.*

VÉNÉTIE

ALLEGRINI

La famille Allegrini a acquis une importante notoriété en Vénétie, notamment grâce à ses vins des crus de La Poja et de La Grola.

Palazzo della Torre 2009, Veronese (907477) 24,95$
Issu à 70 % de raisins frais de corvina veronese, de rondinella et de sangiovese ; le reste provient de baies mises à sécher jusqu'en décembre. La recette est au point et donne toujours un très bon vin dont les saveurs de fruits confits sont mises en valeur par une acidité bien dosée. À savourer dès maintenant, à la fin du repas avec un vieux cheddar ou un fromage bleu. ★★★→? ②

Valpolicella 2011 (11208747) 15,95$
Bon Valpolicella coulant et facile à boire, comme il se doit, sans toutefois manquer de chair. Nerveux, fruité et désaltérant. ★★★ ②

ANSELMI

Dans sa cave de Monforte, Roberto Anselmi produit des vins parmi les plus achevés de la région. Comme il a abandonné l'appellation Soave en 2000, toute sa production est désormais commercialisée sous la dénomination Veneto.

San Vincenzo 2011, Veneto (585422) 15,95$
Maintenant élaboré avec une plus grande proportion de chardonnay, le vin courant de Roberto Anselmi est tout aussi satisfaisant en 2011. J'aime sa nervosité, mettant en valeur les saveurs délicates du garganega ; simple, mais sa constance au cours des dernières décennies mérite une mention spéciale. ☆☆☆ ② ✻

Capitel Croce 2010, Veneto bianco (928200) 22,90$
Sur un mode plus vineux, nourri par un élevage bien maîtrisé en fûts, ce vin est une autre belle réussite ! Du gras, un fruit à parfaite maturité et une juste dose d'acidité. Excellent vin blanc à boire entre 2013 et 2018. ☆☆☆☆ ② ✻

Capitel Foscarino 2011, Veneto (928218) 24,40$
Pourtant à peine plus sucré que le 2010 commenté l'an dernier (8,6 g/l de sucre), ce vin accusait une certaine lourdeur lorsque goûté en août dernier. Correct, mais sans la fougue et l'éclat habituels. ☆☆→? ②

À TABLE AVEC LES...

Soave

Les meilleurs Soave ont en commun une minéralité presque saline qui en font d'excellents compagnons pour les poissons fins et fruits de mer. La cuisine vénitienne en est une de simplicité et de fraîcheur, qui utilise aussi beaucoup les herbes aromatiques, les légumes (petits pois, radicchio, etc.), le citron frais ou confit, et qui sera mise en valeur par les vins de Soave. Si la crème est de la partie, choisissez un Soave plus rond. Pour une base de vin blanc et de citron, on choisit un vin plus axé sur la fraîcheur. – *V.R.*

ATTEMS

Pinot grigio 2010, Venezia-Giulia (11472409) 20,20 $
La famille Frescobaldi s'est aventurée pour la première fois hors de sa Toscane natale et a acquis la propriété historique du Conte Douglas Attems, dans le Frioul. Bon Pinot gris à la fois vineux, modérément aromatique et plein de vigueur. Tout à fait recommandable. ☆☆☆ ②

CECILIA BERETTA

Amarone della Valpolicella 2006, Terre di Cariano (10298234) 54,50 $
De nouveau un très bon Amarone, très typé par son attaque en bouche chaleureuse – heureusement encadrée par une structure tannique assez ferme – et animé d'une franche acidité qui équilibre le tout. Finale relevée aux goûts caractéristiques de fruits confits, sur un fond d'herbes séchées. Encore très jeune et imposant, il sera à son meilleur vers 2016. ★★★→? ③

Picàie 2009, Veronese (11034396) 25,95 $
L'amateur de Valpolicella sera en terrain connu avec cet assemblage de corvina, de cabernet et de merlot. Très satisfaisant par l'ampleur de ses parfums de fruits noirs et de poivre, riche et nourri, mais pourvu d'une juste acidité qui permet au vin de conserver un bon équilibre d'ensemble malgré ses 14,5 % d'alcool. À boire entre 2013 et 2018. ★★★→? ②

DAL FORNO, ROMANO

Le vigneron-artiste Romano dal Forno ne fait pas de cadeau à ses clients. Ses prix sont astronomiques, mais en échange, il ne lésine sur aucun détail pour extraire la quintessence du terroir véronais.

Valpolicella Superiore 2004 (11587142) 135,75 $
Exercice de style flamboyant et très réussi, son Valpolicella effectue un retour à sa forme habituelle après un 2003 exceptionnellement chaleureux. Le vin est riche d'une multitude de détails aromatiques et embaume de parfums vaporeux de fruits et d'eau-de-vie. Concentré, très serré, aussi plantureux que complexe et doté d'un élan inimitable. Un vin que l'on peut aisément apprécier dès maintenant, mais qui n'atteindra son plein potentiel que dans une dizaine d'années. ★★★★★ ③

DAL MASO

Montebelvedere 2008, Colli Berici (11581007) 19,95 $
Très bon vin issu d'un assemblage de cabernet sauvignon et de cabernet franc à part égale. Sans excès, digeste, équilibré et agrémenté d'une finale chaleureuse aux accents de fruits mûrs et de cacao. Tout à fait recommandable à ce prix. ★★★ ②

INAMA

En 1997, Stefano Inama a rejoint l'entreprise familiale créée par son père, sur les terres volcaniques de Monte Foscarino, il est aujourd'hui, un acteur important du Soave.

Vigneto du Lot 2010, Soave Classico (10542866) 33,50 $
Issu de raisins parfaitement mûrs, cette cuvée vinifiée et élevée en fûts de chêne – partiellement neufs – pendant six mois, est certainement le triomphe d'Inama. Tout aussi complet que le 2008 décoré d'une Grappe d'or l'an dernier. Un excellent vin blanc, à la fois délicat et généreusement aromatique, rond en bouche et pourtant sec et désaltérant. Une expression achevée du Soave. ☆☆☆☆ ②

Vigneti Foscarino 2010, Soave Classico Superiore (907428) 25,40 $
Un bon vin sec à retenir avant tout pour sa retenue, sa franchise et ses goûts d'amande fraîche. Pas d'effet spectaculaire, que des saveurs précises et une agréable fraîcheur. ☆☆☆ ②

Soave Classico 2011 (908004) 18,35$
Nerveux et animé d'un important reste de gaz; léger, mais pas du tout insipide. ☆☆☆ ②

Carmenère 2009, Piu, Veneto (11389074) 21,15$
Encore plus complet cette année, le vin perd un peu en détail aromatique, mais compense largement par son volume en bouche et sa texture veloutée, séduisante et chaleureuse, sans lourdeur. Encore jeune et dessiné à gros traits, il devrait s'affiner au cours des quatre prochaines années. ★★★→★ ③

MACULAN

Fausto Maculan est maintenant solidement épaulé par ses filles Angela – en charge du marketing – et Maria Vittoria, qui l'assiste à l'élaboration des vins. L'entreprise semble entre de bonnes mains si l'on en juge par la qualité des vins goûtés cette année.

Cabernet 2010, Veneto (11028261) 18$
Issu de cabernet sauvignon (80%) et d'une proportion de cabernet franc, le vin est, bon an mal an, bien en chair avec un bon goût de cassis. De belles aspérités tanniques ajoutent à sa tenue en bouche. À boire entre 2013 et 2017, autour de 15 °C. ★★★→? ②

Brentino 2010, Breganze (10705021) 17,85$
J'ai une légère préférence cette année pour cet assemblage de merlot et de cabernet sauvignon. Ouvert, relevé de saveurs de poivre et fort charmeur par sa chair tendre, suave et juteuse. À boire jeune pour profiter de son exubérance juvénile. ★★★ ② ✻

Palazzotto 2009, Breganze
(11580995) 29,45$
Avec le Fratta, le Palazzotto constitue l'élite des vins rouges produits dans les collines de Breganze par Fausto Maculan. Constitué exclusivement de cabernet sauvignon et mis en valeur par un usage bien dosé de la barrique, le 2009 est à la fois viril et regorge de fruit et de vitalité. Encore très jeune, on peut aisément le laisser reposer jusqu'en 2016, le temps qu'il gagne en nuances. ★★★→★ ③

Pino & Toi 2011, Veneto Bianco (10218935) 17$
Bon vin blanc original et aromatique, à apprécier pour son caractère nerveux et désaltérant. ☆☆☆ ② ✻

Dindarello 2011, Veneto (850420) 31$
Un Muscat aromatique comme il se doit et doté d'un très bel équilibre entre le sucre et l'acidité. ☆☆☆☆ ②

À TABLE AVEC LES...

Valpolicella et Amarone

Valpolicella courant: sont à marier plutôt comme un gamay. Idéal avec un foie de veau aux oignons. Ripasso: plus riches, puissants et capîteux. À marier avec des viandes en sauce, ou des grillades. Amarone, un vin d'une puissance peu commune, qui requiert une cuisine tout aussi riche et savoureuse: canard ou gibier braisés longuement mijotés en sauce. Les épices aromatiques (cannelle, girofle, anis étoilé, genièvre) lui vont à ravir, tout comme les sauces au chocolat, ou aux fruits secs. Aussi délicieux en fin de repas avec certains fromages ou même du chocolat noir. – *V.R.*

MARION

Lorsqu'elle a acheté ce domaine en 1988, la famille Campedelli a d'abord consacré beaucoup d'efforts à la restauration et à la réorganisation du territoire pour ensuite y introduire de la vigne. Encouragés par Celestino Gaspari – alors œnologue chez Quintarelli –, qui croyait au potentiel du lieu, Stefano Campedelli, son épouse Nicoletta et son frère Marco décident de prendre en main leur récolte jusqu'alors vinifiée à la coopérative locale. Aujourd'hui, leurs vins sont considérés à juste raison, parmi les plus achevés de la région.

Valpolicella Superiore 2008 (10710268) 37,75 $
Rien à voir avec les petits Valpolicella de *trattoria* souvent faciles qui ont hélas! fini par banaliser toute une appellation, celui-ci évolue dans une classe à part. Alors qu'une partie des raisins ultramûrs sont récoltés dans les premiers 10 jours d'octobre, d'autres raisins, vendangés plus tôt en septembre, sont mis à sécher pendant une quarantaine de jours. L'idée est d'obtenir un vin puissant et gras, mais ne titrant pas plus de 13,5 % d'alcool. Charnu, raffiné, long en bouche et surtout très distingué, ce 2003 est un mélange exquis de fraîcheur et de vinosité. ★★★★ ②

Cabernet sauvignon 2007, Veronese (10443091) 37,50 $
Excellent Cabernet sauvignon semble inspiré de l'Amarone. Vin puissant, gras et titrant 14,5 % d'alcool, plantureux et néanmoins équilibré. Un Cabernet pas comme les autres. ★★★★ ②

Passito bianco 2005, Veneto (11484514) 36 $ – 375 ml
Presque tannique tant il a de la matière ; 11 % d'alcool ; vif et marqué par une pointe d'acidité volatile qui rehausse sa longue finale aux parfums de caramel, d'oranges et abricots grillés. Un vin hors norme. ☆☆☆☆ ③

MASI

Avec une production annuelle de près de 7 millions de bouteilles, le domaine de la famille Boscaini est l'une des locomotives de la Vénétie.

Amarone della Valpolicella Classico 2007, Costasera (317057) 40,75 $
Au répertoire général, un Amarone quasi sucré, aux accents de torréfaction. À défaut de profondeur, l'amateur du genre aimera sa nature chaleureuse à 15 % d'alcool. À ce prix, il y a mieux. ★★→? ② ©

Brolo di Campofiorin 2008, Oro, Veronese (583369) 26,95 $
Riche en parfums de réglisse et de fruit confit, le vin offre passablement de volume en bouche, appuyé sur des tanins souples et dodus. ★★★ ②

Rosso del Veronese 2010, Serego Alighieri, Possessioni Rosso (10202095) 16,95 $
Bon vin modeste, de consommation courante. ★★ ② ©

Valpolicella Classico 2010, Bonacosta (285585) 16,95 $
Riche en fruit, à la fois souple et suffisamment charnu. ★★ ②

Pinot grigio-Verduzzo 2011, Masianco, Veneto (10439404) 16,95 $
Vin vif, techno, modérément parfumé. ☆☆ ②

Modellissimo delle Venezie 2008 (11254604) 15,95 $
Vin moderne et parfumé, à saveur technologique. Correct, sans plus. ★★ ② ©

Bianco del Veneto 2011, Serego Alighieri Possessioni (409862) 14,95 $
Bon vin blanc modérément aromatique, léger et nerveux. ☆☆ ②

MASOTTINA

Montesco 2005, Colli di Conegliano rosso (11581082) 40,25$
Dans la province de Trévise, sur la rive gauche du fleuve Piave, cette appellation mise essentiellement sur les cépages bordelais, ainsi que sur le marzemino, un cousin du teroldego, cultivé dans le Trentin. Maintenant ouvert et à point, le vin de la famille Dal Bianco charme par sa fraîcheur, son tonus et sa tenue en bouche. Un vin de facture classique, sans débordement, mais tout de même un peu anonyme pour valoir pleinement son prix. ★★★ ②

MONTE TONDO

Soave Classico Superiore 2009, Foscarin Slavinus (11858951) 25,90$
Issu de raisins de garganega récoltés tardivement dès la fin du mois d'octobre, ce vin adopte des allures de Riesling allemand, sans en avoir l'envergure. Sucré, presque doucereux et un peu lourd. ☆☆→? ②

PRÀ

Soave Classico 2010 (11587134) 19,50$
La famille Prà s'inscrit dans la lignée des Pieropan, Inama et autres Anselmi qui s'appliquent à redonner au garganega ses lettres de noblesse. Leur «simple» Soave est un heureux mariage d'onctuosité et de fraîcheur; juste assez aromatique et fort agréable à boire. ☆☆☆☆ ② ✻ ▼

QUINTARELLI, GIUSEPPE

Le grand artiste de la viticulture véronaise s'est malheureusement éteint en janvier 2012. Modèle d'inspiration pour de nombreux vignerons d'Italie et d'ailleurs, il laisse en héritage des vins d'une race quasi inimitable, qui ont depuis longtemps fait école.

Bianco Secco 2007, Veneto (10663801) 35,75$
Non seulement Giuseppe Quintarelli excelle dans l'élaboration d'Amarone et de Valpolicella d'envergure, mais l'illustre producteur véronais élabore également un savoureux vin blanc sec, composé de garganega, de chardonnay et de sauvignon blanc, dont la finesse et la précision ont valeur d'exemple. Riche, mais surtout équilibré, agrémenté de saveurs fines et délicates, avec une finale racée aux tonalités salines. Pas donné, mais c'est le prix à payer pour un morceau de la haute couture signée Quintarelli. ☆☆☆☆ ②

Valpolicella Superiore Classico 2003 (10811253) 79,25$
Bien qu'il se situe indiscutablement dans une classe à part, ce Valpolicella ne m'a pas semblé aussi complet dans le millésime 2003. Opulent, ample, volumineux, gorgé de saveurs exubérantes de fruits confits, mais sans la précision et sans cette puissance contenue qui faisait le charme distinctif des millésimes précédents. Déjà ouvert et à point, il pourrait continuer de s'épanouir au cours des cinq prochaines années. ★★★→? ②

Primofiore 2008, Veneto (11542518) 54,25$
Pour permettre au commun des mortels de goûter le fruit de son art, Giuseppe Quintarelli a aussi la bonté de commercialiser un vin de table à prix plus terrestre, composé de corvina, de corvinone, de cabernet sauvignon et de cabernet franc. Le 2008 présente des notes végétales sans doute attribuables aux deux cabernet. Malgré tout, le vin est assez ample et généreux, appuyé par de bons tanins et se tient bien en bouche. Une bouteille à boire dès maintenant et d'ici 2017. ★★★ ②

TEDESCHI

La famille Tedeschi s'est taillé une réputation enviable grâce à des Valpolicella authentiques, aussi racés que savoureux, que les amateurs de vin véronais apprécient avec un plaisir gourmand.

Capitel San Rocco 2009, Veronese (972216) 20,55 $
Plus riche et plus concentré encore, ce Ripasso présente encore un léger reste de gaz cette année. Cela lui donne du tonus et rehausse ses bons goûts de fruits confits. Très bon dans sa catégorie; encore meilleur après une demi-heure en carafe. ★★★→? ③ ♙

Capitel Nicalo 2009, Valpolicella Classico Superiore, Appassimento (11028156) 16,40 $
Corvina, corvinone, rondinella et autres variétés locales mises à sécher et vinifiées de manière traditionnelle confèrent à ce vin une concentration supplémentaire, sous le sceau de l'équilibre. Un Valpolicella nettement supérieur à la moyenne de l'appellation qui gagnera à être aéré une demi-heure avant d'être servi. À la fois riche, intense et servi par une saine acidité, le vin a beaucoup de caractère pour le prix. ★★★ ② ❄ ♙

Valpolicella Classico Superiore 2010 (537316) 14,40 $
Autre bel exemple de Valpolicella «tout court»: plein de fruit et de vitalité, animé d'un léger reste de gaz et agrémenté de jolies notes poivrées. Servir frais autour de 14 °C. ★★★ ② ❄

TENUTA SANT'ANTONIO

Depuis qu'ils ont pris les rênes de la petite entreprise familiale, les frères Castagnedi en ont quadruplé la superficie et porté la production annuelle à 600 000 bouteilles.

Valpolicella Superiore 2008, La Bandina (10705207) 26,95 $
De nouveau une version fort achevée et distinguée du Valpolicella. Rien pour rivaliser avec ceux de Quintarelli ou de Dal Forno, mais pour une fraction du prix, l'amateur de cette spécialité véronaise appréciera cette combinaison harmonieuse de concentration fruitée, de tenue et de fraîcheur. À boire entre 2013 et 2018. ★★★★ ② ❄

Amarone della Valpolicella 2008, Selezione (10704984) 39,75 $
Bon Amarone tout en rondeur, gommeux et plein en bouche, mais un peu unidimensionnel pour l'heure. Il y manque les nuances gustatives et la vigueur qui sont la marque des meilleurs. Quelques années de repos lui seront peut-être bénéfiques. ★★→? ③

Valpolicella 2009, Monte Manfro (11027971) 18,45 $
Sans doute en raison de la générosité du millésime, ce 2009 est particulièrement opulent et étonne par la richesse de son fruit. Beaucoup de volume en bouche et un léger reste de gaz qui donne de l'éclat et du nerf à l'ensemble. ★★★ ②

Valpolicella 2009, Monti Garbi, Ripasso (10859855) 19,35 $
Après un excellent 2008 commenté l'an dernier, je dois avouer ma déception pour ce vin quasi sucré, dans lequel le bois domine, laissant en finale des relents fumés. Peut-être a-t-il seulement besoin de repos... ★★→? ②

Soave 2010, Monte Ceriani (11028025) 19,20 $
Plus frais que le 2009 commenté l'an dernier; les saveurs sont délicates, mais portées par un caractère nerveux. ☆☆☆ ②

TOMMASI

Amarone della Valpolicella Classico 2008 (494393) 47,50 $
Bon Amarone d'envergure moyenne, qu'un élevage en fûts agrémente de parfums de café, sur un fond de kirsch. À défaut de complexité, on apprécie sa texture ronde et mûre, laissant en bouche une impression quasi sucrée. ★★→? ③

Valpolicella Superiore Classico 2010, Ripasso (862110) 24,95 $
Une valeur sûre au rayon des Ripasso. Le 2010 est encore animé d'un léger reste de gaz carbonique qui contribue à sa vigueur. Un vin séduisant et original, doté d'une attaque en bouche quasi sucrée. ★★★ ② ©

Valpolicella Classico Superiore 2009, Vigneto Rafael (711994) 20,15 $
Dans un style plus épuré et souple, mais offrant plus de tonus que la moyenne des Valpolicella, un très bon 2009 particulièrement dodu, que l'on boira autour de 15 °C pour savourer pleinement la fraîcheur de son fruit. ★★★ ②

Arele Appassimento 2010 (11770836) 19,95 $
Corvina veronese, rondinella, oseleta et merlot, partiellement déshydratés et élevés pendant 12 mois en fûts de chêne de Slavonie. Je devine que cette richesse plaira aux fervents du genre. Personnellement, je ne suis pas convaincue de cet exercice de style. ★★→? ②

Rosso delle Venezie 2010, Palanca (11770756) 18,60 $
Ce vin laisse une impression quasi sucrée tant le fruit est mûr, au point de paraître un peu lourd. Laissons-lui quelques mois de repos... ★★→? ③

Valpolicella Classico 2011 (560797) 15,40 $
Un vin plaisir tout simple ; correctement fruité, digeste et parfait pour accompagner un plat de pâtes. ★★ ② ©

Pinot grigio delle Venezie 2011, Le Rosse (10230555) 16,85 $
Sec, peu aromatique, nerveux et facile à boire. ☆☆ ②

VIGNALTA

Gemola 2006, Colli Euganei rosso (11581074) 43,50 $
La cuvée Gemola est le fer de lance de Vignalta, producteur phare de l'appellation Colli Euganei, au sud-ouest de Padoue. Les variétés bordelaises plongent leurs racines dans les sols volcaniques de la région depuis le XIXe siècle. Cet excellent vin issu de merlot et de cabernet franc n'est donc pas le fruit d'une tendance récente, mais bien d'un savoir-faire séculaire. Vibrant, il se distingue tant par sa chair nourrie, suave et veloutée, que par son relief et son éclat aromatique. En d'autres mots : le meilleur du nord de l'Italie, mis en bouteille. ★★★★ ②

Rosso Riserva 2007, Colli Euganei (10705071) 21,80 $
Plus modeste, mais tout autant savoureux, ce vin mise sur les qualités complémentaires du merlot, qui apporte de la rondeur et une expression fruitée franche et généreuse, et du cabernet sauvignon qui constitue son épine dorsale. Un vin très complet ; rassasiant tant par sa mâche que par sa fraîcheur. ★★★★ ② ✻

Fior d'Arancio 2006, Donna Daria, Passito dei Colli Euganei (11169792) 35 $ – 375 ml
Vin liquoreux très original provenant de raisins muscat fleur d'oranger, passerillés, donc déshydratés, ce qui concentre les saveurs, mais également l'acidité, et permet d'obtenir un équilibre idéal. Longue finale vaporeuse aux accents d'épices. Une curiosité à découvrir ! Les amateurs à la dent sucrée voudront aussi goûter un excellent *spumante* commenté dans la section des vins effervescents. ☆☆☆☆

ZÝMÉ

Formé aux côtés de son beau-père, l'illustre Giuseppe Quintarelli, Celestino Gaspari a travaillé pendant plusieurs années comme œnologue-conseil avant de fonder ce domaine il y a une dizaine d'années. S'ils sont tous charnus et rassasiants, les vins de Gaspari brillent surtout par leur élégance et leur équilibre irréprochable.

Harlequin 2006, Veneto (11617946) 340 $
Fruit d'un assemblage inusité de 15 cépages (11 rouges, 4 blancs) cette curiosité vénitienne produite en quantité lilliputienne profite d'un élevage en fûts de chêne neufs à 200 %. Le vin est d'abord élevé pendant 15 mois dans des barriques neuves, puis transféré dans de nouveaux fûts pour 15 autres mois. Une opération coûteuse qui se traduit par un prix élevé. Quoi qu'il en soit, le vin est somptueux et conjugue dans des proportions idéales l'intensité, la puissance et l'élégance. Profond, complexe et apte à vieillir pendant de longues années encore. ★★★★→? ③ Ⓢ

60 20 20 2007, Veneto (11581058) 51,25 $
S'il est moins typé que d'autres, ce vin de très bonne facture propose une interprétation originale et tout italienne des cépages cabernet sauvignon, cabernet franc et merlot, qui sont mis en valeur par un usage intelligent de la barrique. Vigoureux et gorgé de saveurs. À boire sans se presser au cours des cinq prochaines années. ★★★→? ③

D'autres vins de Vénétie de qualité passable ★★ et ☆☆

BOLLA
Pinot grigio delle Venezie 2011 (11462391) 14,35 $
Valpolicella Classico 2011 (16840) 15,35 $
Valpolicella Classico Superiore 2010, Ripasso (11570682) 20,05 $

BOTTER CARLO
Corvina 2010, Divici, Veronese (11676778) 18,85 $ Ⓒ
Malbech 2010, Vivolo di Sasso, Veneto (11557517) 16,35 $ Ⓒ
Merlot 2011, Vivolo di Sasso, Veneto (485565) 11,65 $ Ⓒ
Pinot blanc 2011, Veneto (464651) 11,65 $ Ⓒ
Pinot noir delle Venezie 2011, Santi Nello (11254313) 10,45 $ Ⓒ

CESARI, GERARDO
Bosan 2008, Valpolicella Superiore, Ripasso (11355886) 25,90 $
Valpolicella Ripasso 2010, Mara (10703834) 17,55 $

DANZANTE **Pinot grigio 2011, Veneto** (10705151) 15,15 $

FARINA, REMO
Amarone della Valpolicella Classico 2008 (10271904) 33 $
Valpolicella Classico Superiore 2009, Montecorna, Ripasso (908269) 18,90 $

LAMBERTI **Pinot grigio delle Venezie 2011, Santepietre** (560524) 14,75 $ Ⓒ

LUIGI RIGHETTI
Amarone della Valpolicella Classico 2008 (976183) 26,20 $
Campolieti 2009, Valpolicella Classico Superiore, Ripasso (964569) 16,15 $

PASQUA **Valpolicella Superiore Classico 2009, Sagramoso, Ripasso** (602342) 22,05 $

SA' SOLIN **Valpolicella 2009, Ripasso, Terre Di Verona** (11462041) 18,55 $ Ⓒ

SARTORI
Garganega 2011, Garda (11767645) 14,50 $ Ⓒ
Valpolicella Superiore 2010, Ripasso (10669242) 16,15 $ Ⓒ

SI **Soave 2011** (11254495) 13,15 $ Ⓒ

VILLA DI PONTICELLO **Pinot grigio delle Venezie 2011** (11621144) 12,95 $ Ⓒ

VOGA **Pinot grigio delle Venezie 2011** (10803114) 14,20 $ Ⓒ

FRIOUL–VÉNÉTIE JULIENNE

FANTINEL

Sauvignon blanc 2010, Sant'Helena, Collio (11580830) 19,95$
Un bon sauvignon blanc sec, commercialisé par l'une des entreprises importantes du Frioul. Rien de bien distinctif, mais désaltérant et agréable à boire. ☆☆☆ ②

FELLUGA, LIVIO

Pinot grigio 2010, Colli Orientali del Friuli (11450074) 24,35$
Les descendants de Livio Felluga veillent avec beaucoup de sérieux sur la vaste propriété familiale et élaborent un très bon Pinot gris à la fois vineux et doté d'un caractère légèrement perlant qui ajoute à sa fraîcheur. Finale assez persistante et distinguée aux bons goûts de miel et d'ananas. ☆☆☆ ②

JERMANN

Blau & Blau 2009, Venezie (11035823) 30,25$
Une originalité locale composée de franconia – nom donné au cépage blaufränkisch dans le nord de l'Italie – et d'une pointe de pinot noir. Le 2009 est délicatement acidulé et riche en saveurs de cerises. Des arômes de réduction lui donnent un petit air rustique, néanmoins fort sympathique. ★★★ ②

Pinot nero 2009, Red Angel on the Moonlight, Venezia Giulia (11035786) 27,15$
Pinot noir complété d'une touche de merlot et conçu dans un style un peu plus international. Bon vin d'ampleur moyenne, encore un peu jeune, timide et presque austère, mais néanmoins très net, avec une attaque en bouche franche, aux fines tonalités florales. ★★★ ②

Chardonnay 2010, Venezia Giulia (10835853) 28,90$
La famille Jermann élabore aussi de bons vins blancs secs, dont ce Chardonnay modérément vineux. Pas d'arômes boisés, mais de délicates notes florales et une agréable fraîcheur. ☆☆☆ ②

Ribolla gialla 2011, Vinnae, Venezia Giulia (10854018) 27,10$
Peut-être légèrement en recul par rapport aux derniers millésimes, mais néanmoins charmant par ses saveurs de fruits tropicaux. ☆☆☆ ②

LIS NERIS

Jurosa 2009, Friuli-Isonzo (11580813) 32$
En plus d'un excellent Pinot gris vendu au Québec au cours des dernières années, Alvaro Pecorari, autre étoile du Frioul, produit un très bon Chardonnay qui se distingue du lot par ses tonalités minérales évoquant la pierre à fusil. Vineux, riche en parfums de fruits mûrs, quasi tropicaux, et pourtant rassasiant de fraîcheur. Il gagnera sans doute à s'ouvrir en carafe une trentaine de minutes. ☆☆☆ ②

Chardonnay-Muller Thurgau 2011, Intaglio, Vigneti delle Dolomiti (11766562) 16,95$
En revanche, très peu à dire sur ce vin aqueux et insipide, inscrit au répertoire général de la SAQ. ☆☆ ① Ⓒ

SCHIOPETTO

Jusqu'à son décès en 2003, Mario Schiopetto a été une figure de proue de la viticulture frioulienne. Ses enfants ont repris le flambeau et le domaine continue d'être la source d'excellents vins blancs.

Friulano 2009, Collio (11450066) 25,90 $
Sans doute magnifié par les conditions météorologiques généreuses du millésime, cet excellent vin adopte une allure particulièrement somptueuse en 2009. Une attaque en bouche vineuse, ample et rassasiante, agrémentée de parfums de fruits exotiques, portés par une saine acidité. En prime, une délicate amertume qui prolonge les saveurs en finale. Distingué et distinctif. ☆☆☆☆ ②

Rivarossa 2008, Venezia Giulia (11035946) 26,75 $
Très bon vin d'inspiration bordelaise, tant par sa composition de merlot, de cabernet sauvignon et de cabernet franc que par son empreinte boisée assez prononcée, sans excès. Une tenue en bouche appréciable, des saveurs intenses de fruits noirs et une finale passablement persistante. À boire dès maintenant et au cours des cinq prochaines années. ★★★→? ②

VISTORTA

Avec les conseils de Samuel Tinon et de Georges Pauli (Château Guaud-Larose), le Vénitien Brandino Brandolini gère de main de maître la splendide propriété acquise par ses ancêtres en 1780.

Merlot 2009, Friuli Grave, Conte Brandolini d'Adda (10272763) 23,30 $
Arrivée prévue au début de l'année 2013 pour ce somptueux 2009 dont le tissu tannique se dessine avec une suavité et une élégance peu communes. N'y cherchez pas l'opulence d'un Merlot moderne. Le cépage bordelais adopte ici une allure très classique, quasi semblable au fini d'un vin de Lalande-de-Pomerol, par exemple. Mûr et pourtant plein de vitalité. C'est le meilleur des mondes, surtout à ce prix. ★★★★ ② ✻

Friulano 2011, Grave del Friuli (11660864) 17,40 $
Sec et modérément aromatique; un léger reste de gaz contribue à sa vitalité en bouche et rehausse ses parfums floraux. ☆☆☆ ② ✻

ÉMILIE-ROMAGNE

CESARI, UMBERTO

Sangiovese 2005, Tauleto, Rubicone (10446962) 39,75$
Sans donner dans la finesse ni la complexité, le Tauleto me semble plus complet que les autres vins d'Umberto Cesari. Maintenant ouvert, assez étoffé, large d'épaules et agrémenté des parfums fumés de la barrique. Malgré tout, à ce prix, je reste sur ma soif. ★★★ ②

En revanche, rien de bien élogieux pour le reste de la gamme. ★★ et ☆☆
Sangiovese-Cabernet sauvignon 2009, Liano, Rubicone (927707) 26,70$
Sangiovese-Merlot 2009, Yemula, Rubicone (11039787) 25,95$
Sangiovese di Romagna 2009, Riserva (10780338) 19$
Moma 2010, Rubicone (10544781) 16,35$
Sangiovese-Merlot 2011, Iove, Rubicone (11766917) 14,55$
Albana di Romagna 2011, Colle del Re (10780354) 14,10$
Moma bianco 2011, Rubicone (11072851) 13,95$

DREI DONA

Sangiovese 2010, Notturno, Forli (10780346) 18,40$
Bon vin d'envergure moyenne, misant avant tout sur une expression fruitée primaire du sangiovese. Correct, mais un peu terne. À ce prix, on trouve mieux. ★★ ②

PODERI DAL NESPOLI

Sangiovese di Romagna Superiore 2010, Prugneto (11298404) 20,40$
Cuvée parcellaire composée exclusivement de sangiovese, le Prugneto me semble encore meilleur cette année. Une chair fruitée nourrie, encadrée de tanins serrés, le tout enjolivé de bons goûts de cerises et de réglisse. Vibrant, assez léger en alcool (13%) et animé d'une agréable fraîcheur qui donne envie d'un second verre. Encore jeune, il pourrait se bonifier d'ici 2016. ★★★→? ②

POGGIO AL DRAGO

Rubicon 2011 (10780469) 13,70$
Bon vin quotidien, typiquement italien par sa vigueur et son acidité prononcée; correctement fruité et tout à fait recommandable à moins de 15$. ★★★ ② ❊

SAN VALENTINO

Sangiovese di Romagna 2010, Scabi (11019831) 16,10$
En bordure de la mer Adriatique, le vignoble de Roberto Mascarin jouit d'une influence maritime qui permet une maturation lente des raisins. Tout aussi ample et généreux (14,5% d'alcool) que le 2009 commenté l'an dernier, mais avec une pointe d'acidité supplémentaire et cette vigueur tannique propre au sangiovese. Un vin gourmand que l'on devrait servir à une température maximale de 15 °C, sans quoi il pourrait paraître lourd. Beaucoup de qualités pour le prix. ★★★★ ② ❊

TRERÈ

Sangiovese di Romagna 2008, Amarcord d'un Ross (10780485) 24,55 $
Bien qu'il soit davantage répandu en Toscane, le cépage sangiovese est aussi implanté en Émilie-Romagne. Il donne ici un vin à la fois rassasiant par ses saveurs franches de fruit et d'épices. Pas de maquillage boisé superflu, mais toute la chair et la structure voulues. Déjà très bon, il continuera de se bonifier jusqu'en 2015. ★★★ ②

ZERBINA

Sangiovese di Romagna 2008, Ceregio (11295511) 16,15 $
Malheureusement disparu des tablettes au moment d'écrire ces lignes, cet excellent vin courant élaboré de main de maître par Cristina Geminiani, l'une des étoiles de l'Émilie-Romagne viticole, a été l'un de mes petits bonheurs de l'été 2012. Encore meilleur s'il est servi frais autour de 15 °C; gorgé de saveurs de cerises, mais surtout doté de cette franchise tannique et de cette vitalité qui fait tout le charme des bons vins de Sangiovese. À 16 $, difficile de demander mieux. Surveillez de près l'arrivée du 2009... ★★★★ ② ✳

TOSCANE

ALTESINO

Dans les collines au nord-est de Montalcino, ce beau domaine a été racheté en 2002 par les propriétaires de Tenuta Caparzo.

Brunello di Montalcino 2006 (10221763) 52,75 $
Ce 2006 confirme la tendance observée depuis quelques années chez Altesino, qui semble avoir adopté un style résolument plus moderne pour tous les vins de la gamme. Un Brunello tout en rondeur, dont les saveurs de cassis se mêlent aux accents torréfiés de la barrique, qui évoquent le sirop d'érable. Rassasiant et imposant, mais pour la typicité, il faudra chercher ailleurs. ★★→? ②

Rosso di Montalcino 2010 (11472345) 24,65 $
Toujours peu d'affinités pour ce Rosso certes flatteur avec son grain mûr et sa forme sphérique, mais sans la fougue et le caractère hautement digeste qui fait le charme d'un bon Sangiovese de facture classique. ★★→? ②

À TABLE AVEC LE...

Sangiovese

Des plus légers (Chianti, Chianti Colli Senesi, etc.) aux plus costauds et boisés (Brunello di Montalcino), les Sangiovese de Toscane se déclinent en plusieurs styles, mais l'archétype du Chianti Classico reste à mon avis l'un des meilleurs vins de gastronomie. Privilégiez les sauces tomates et l'amertume de certains légumes (radicchio, brocoli, rapini, etc.), les saveurs de champignon, de poivron, de betterave, de prosciutto, de saucisses italiennes, de fines herbes pour donner le ton à vos plats de pâte, de volaille ou de viande, blanche ou rouge. – *V.R.*

ANTINORI

Au cours des 40 dernières années, le marquis Piero Antinori s'est imposé en chef de file de la renaissance viticole toscane. Maintenant entouré de ses trois filles, il dirige un véritable empire qui s'étend du nord au sud de l'Italie, jusqu'au Chili, en passant par la côte Ouest américaine et l'île de Malte. Malgré tout, le nom d'Antinori reste indissociablement lié au Chianti et son Tignanello demeure l'un des plus illustres produits de la viticulture toscane moderne.

Solaia 2008, Toscane (10821064) 247 $
Créé en 1995 et toujours issu du même assemblage (cabernet sauvignon à 75 %, sangiovese et cabernet franc), le Solaia acquiert une sève supplémentaire à chaque millésime. Les travaux effectués il y a quelques années sur le vignoble de la Tenuta Tignanello portent fruit et le vin est à la hauteur des attentes. Plus encore, il offre en prime, quoique cette prime ne soit pas gratuite, des saveurs intenses qui comblent le palais. Rien de tapageur, mais tout y est, dans des proportions idéales. Très chic et d'une race incontestable. À boire sans se presser au cours des 15 prochaines années. ★★★★→? ③

Chianti Classico Riserva 2007, Marchese Antinori (11421281) 29,25 $
Un peu plus ouvert, ce 2007 commenté l'an dernier est dense, constitué de tanins mûrs et bien proportionné. Agréable dès maintenant, il le restera jusqu'en 2016. ★★★ ②

Chianti Classico Riserva 2008, Marchese Antinori (11421281) 29,25 $
Arrivée prévue en décembre pour le 2008 ; un peu plus ferme et tendu, avec des goûts de cerises fraîches. À boire entre 2013 et 2018. ★★★→? ③

Chianti Classico 2007, Badia a Passignano (403980) 42,50 $
Dans un style plus moderne, ouvert et flatteur, ce vin commenté favorablement l'an dernier m'a laissée un peu sur ma faim lorsque goûté de nouveau cet été. La bouche est séduisante avec ses riches saveurs confites, son attaque mûre et capiteuse (14 % d'alcool), mais l'ensemble manque de poigne. Une aération en carafe permettra d'atténuer ses parfums de torréfaction. ★★→? ②

Chianti Classico 2009, Peppoli (10270928) 24,25 $
Conçu pour être bu dès sa commercialisation et misant avant tout sur la souplesse, ce bon Chianti Classico charme par sa rondeur fruitée, à défaut de profondeur. ★★★ ②

Villa Antinori 2008, Toscane (10251348) 23,95 $
Assemblage de sangiovese, de cabernet sauvignon, de merlot et de syrah, profitant d'un élevage en fûts qui lui donne du coffre et l'assaisonne de parfums de cèdre, sans masquer l'expression généreuse du fruit. À boire entre 2013 et 2016. ★★★ ② Ⓒ

Villa Antinori 2009, Toscane (10251348) 23,95 $
Un peu plus sévère et sur la réserve, mais suffisamment dense et concentré, le 2009 devrait continuer de se développer dans les trois ou quatre prochaines années. ★★★ ③ Ⓒ

Santa Cristina 2010, Toscane (076521) 15,30 $
Moderne et formulé pour plaire, avec de bons goûts de cerises et d'épices, tonifié par un léger reste de gaz. ★★★ ② ✳ Ⓒ

Santa Cristina 2009, Chianti Superiore (11315411) 17 $
Plus rudimentaire, assez charnu, mais à court d'éclat. ★★ ② Ⓒ

ARGENTIERA

Créé au tournant de la décennie, aux limites sud de l'appellation Bolgheri, cet ambitieux projet est né d'un partenariat entre les frères Corrado et Marcello Fratini, d'importants entrepreneurs florentins, et le marquis Piero Antinori.

Argentiera 2008, Bolgheri Superiore (11547378) 64,75$
Excellente qualité. Peut-être un peu moins dense et concentré que le 2007 commenté l'an dernier, mais juste assez structuré et doté de cette même puissance contenue, qui lui confère une allure fort élégante. Beaucoup de grain et de panache. ★★★→★ ③

Villa Donoratico 2008, Bolgheri (10845074) 26,25$
Le deuxième vin d'Argentiera étonne par son coffre et sa droiture. Rien à voir avec beaucoup de vins flatteurs produits à Bolgheri. Plutôt un bon vin de gastronomie, certes intense et structuré, mais élaboré dans un esprit d'équilibre et doté d'une finale persistante aux parfums de graphite. Un peu plus ouvert lorsque goûté en août 2012, le vin a encore beaucoup en réserve. Excellent! ★★★★ ② ✻

Villa Donoratico 2009, Bolgheri (10845074) 26,25$
Une impression tout aussi favorable pour ce 2009. Certes un peu plus mûr et concentré, mais néanmoins digeste et fort bien proportionné. Encore un peu sévère, il faudra le revoir dans trois ou quatre ans. ★★★→★ ③

Poggio ai Ginepri 2009, Bolgheri (11161299) 20,55$
Particulièrement intense et bien en chair, avec une finale chaleureuse à 14% d'alcool. À boire dès maintenant et jusqu'en 2015. ★★→? ②

Poggio ai Ginepri 2010, Bolgheri (11161299) 20,95$
Tout aussi riche et gorgé de saveurs mûres que le 2009, mais doté d'une acidité supplémentaire qui le rend encore plus savoureux. ★★★ ②

BARBI

Hermétique au vent de modernisme qui a gagné Montalcino depuis une dizaine d'années, la famille Colombini continue de produire des Brunello dans un esprit traditionnel et dépouillé, qui contribue à leur singularité.

Brunello di Montalcino 2005, Riserva (10215793) 84$
Bien qu'il semble un peu ténu en attaque, ce vin vigoureux, fruité, expressif et relevé se fait justement valoir par sa forme dépouillée et son tissu tannique de qualité. Franc et ouvert, avec des tonalités animales assez persistantes. ★★★→? ③

Brunello di Montalcino 2006, Vigna del Fiore (10217300) 61,75$
Sans doute magnifié par la nature du millésime, ce vin provenant d'un vignoble situé aux limites sud de l'appellation fait preuve d'une tenue en bouche et d'une concentration supérieures en 2006. Très complet, typiquement toscan et apte à se bonifier au cours des trois prochaines années. Bravo! ★★★→★ ③

Brunello di Montalcino 2007 (11213343) 42,75$
Plus modeste, mais non moins savoureux; une texture souple et franche, accompagnée de bons goûts d'herbes séchées et de cerises. ★★★ ②

BELGUARDO

Après avoir donné ses lettres de noblesse à Fonterutoli, la famille Mazzei lance et compte de nouveau dans Maremma où elle a développé, durant les années 1990, un vignoble d'une trentaine d'hectares.

Belguardo 2008, Maremma Toscana (11192108) 49,50$
Majoritairement composé de sangiovese, un bon vin ferme et droit, dont les tanins sont polis par un élevage soigné qui l'agrémente aussi de notes fumées. Finale suave et gourmande. À boire entre 2013 et 2017. ★★★→? ②

Serrata 2009, Maremma Toscana (10843394) 19,95$
Composé de sangiovese, ainsi que d'une petite proportion d'alicante (20%), un bon vin tout en rondeur et amplement fruité. À boire dès maintenant. ★★★ ②

BISERNO

Insoglio del Cinghiale 2010, Campo di Sasso, Bibbona Toscana (11617858) 14,05$ – 375 ml
Retour en forme pour cet assemblage de cabernet franc, de merlot et de syrah, après un 2009 quelque peu surdimensionné. Toujours aussi ample et chaleureux, il a cependant toute la fraîcheur qui faisait défaut au 2009. ★★★ ②

BORGO SCOPETO

Chianti Classico 2007, Riserva (10560351) 24,55$
Ce domaine viticole de Castelnuovo Berardenga, tout au sud de l'appellation Chianti, appartient à Tenuta Caparzo (Montalcino). On apprécie la fraîcheur et la tenue de ce très bon 2007 qui laisse en bouche une impression très franche. À boire dès maintenant après un bref passage en carafe ou à laisser reposer en cave jusqu'en 2014. ★★★ ② ♁

BRANCAIA

Propriété suisse depuis 1981, ce domaine produit de très bons vins modernes avec les conseils du célèbre œnologue Carlo Ferrini. La propriété est aujourd'hui menée avec rigueur et dynamisme par Barbara Widmer et son mari Martin Kronenberg.

Il Blu 2007, Toscana (10769622) 73$
Composé de sangiovese, de merlot et de cabernet sauvignon – issus majoritairement de la Maremma – et complété de raisins de la propriété de Chianti Classico, le vin est charpenté, constitué de tanins fins et élégants, avec beaucoup de relief en bouche. Déjà ouvert et abordable, mais apte à vieillir jusqu'en 2016, au moins. ★★★★ ②

Tre 2009, Toscana (10503963) 22,55$
Provenant du secteur de Castellare in Chianti et issu d'un assemblage de trois cépages (sangiovese, merlot et cabernet sauvignon), d'où son nom. Ouvert et conçu pour être bu dès maitenant, souple, dodu et facile à boire. ★★★ ②

CAIAROSSA

Domaine acquis en 2004 par le Néerlandais Eric Albada Jelgersma, également propriétaire des Château Giscours et Château du Tertre à Margaux.

Caiarossa 2007, Toscana (11648726) 61$
Ceux parmi vous qui ont aimé le Pergolaia – présenté dans le dernier numéro du magazine *Cellier* – seront certainement aussi charmés par le premier vin de cette propriété. Un très bon vin de facture moderne, tout en suavité et en rondeur; ample, chaleureux et riche en saveurs de fruits confits. À boire entre 2013 et 2017. ★★★→? ③

CA' MARCANDA

Magari 2009, Toscana (10217721) 59,75$
Durant les années 1990, le flamboyant producteur piémontais Angelo Gaja a créé ce domaine à Bolgheri. Les vins ne manquent pas d'envergure ni de personnalité. Composé de cépages bordelais (merlot à 50%, cabernet sauvignon et cabernet franc), de toute évidence nourri par la richesse du millésime, particulièrement étoffé, dense, charnu et long en bouche. Certainement bâti pour tenir la route plusieurs années; on peut commencer à le boire sans se presser. ★★★→? ③

Promis 2009, Toscana (746941) 43,50$
Issu d'un assemblage de merlot, de syrah et de sangiovese, un vin à la fois sphérique et porté par une texture juste assez serrée qui procure un tonus notable en bouche. Franchement savoureux et assez équilibré pour être apprécié dès maintenant. À boire entre 2013 et 2017. ★★★→? ②

CAMPO ALLA SUGHERA

Ce projet d'envergure développé au tournant du millénaire par l'Allemand Baldwin Knauf – *leader* européen des matériaux de construction – fait de plus en plus parler de lui dans la presse internationale.

Adèo 2009, Bolgheri (11547482) 30,50$
Fruit d'un assemblage d'inspiration bordelaise, ce vin regorge des saveurs de cassis et des tonalités herbacées propres au cabernet. Un bon vin de confection moderne, assez typique de Bolgheri, c'est-à-dire sphérique, sans aspérité tannique, ample et savoureux. Même si le style me semble un peu convenu et prévisible, le vin ne manque vraiment pas de chair et plaira à coup sûr à l'amateur de vins intenses. ★★★→? ②

Arnione 2006, Bolgheri Superiore (11338015) 47,50$
Ce 2006 m'avait semblé plus imposant que distingué lorsque dégusté plus tôt cette année. Quelques mois plus tard et dans un contexte différent, le vin m'a laissé une meilleure impression. Certes, son attaque en bouche chaleureuse, son épaisseur tannique et sa concentration ne passent pas inaperçues, mais le vin ne sombre pas dans la lourdeur et conserve d'heureuses proportions. À boire sans se presser au cours des cinq prochaines années. ★★★→★ ③

CAPARZO

Brunello di Montalcino Riserva 2006 (859892) 77,50$
Situé au nord de l'appellation, Caparzo est un domaine réputé de Montalcino. Fruit d'un millésime d'une grande qualité – le meilleur des 20 dernières années selon certains –, le vin est très bien tourné, le grain est mûr, le tout porté par une texture franche et droite. Sans être un défaut, une pointe d'acidité volatile rehausse ses saveurs de noyaux de cerise et d'épices. ★★★→★ ③

Brunello di Montalcino 2007, La Casa (11098752) 70,25$
En Toscane comme ailleurs, l'œnologie moderne a permis de réduire la marge d'erreurs et d'accroître la qualité générale des vins. Hélas! Trop de technologie tue parfois la typicité. C'est malheureusement le cas de ce vin sphérique, chargé de saveurs confites et des parfums torréfiés de la barrique. Correct, mais sans cette fibre toscane qui fait le charme des bons vins de l'appellation. ★★→? ②

Brunello di Montalcino 2007 (10270178) 44,75$
Également moderne, mais de bonne facture, un vin coloré, dense et sans excès boisé. À apprécier dès maintenant et au cours des cinq prochaines années pour sa chair mûre et ses saveurs de cerises à l'eau-de-vie. ★★★ ②

Rosso di Montalcino 2010 (713354) 18,35$
Vendu à prix doux, un bon Rosso courant mettant en relief les vertus de fraîcheur du sangiovese. Franc de goût, à la fois vif et mûr et tout à fait recommandable. ★★★ ②

CAPEZZANA

À l'écart des Chianti Classico – la zone de Carmignano est située à l'est de Florence –, la famille Bonacossi produit une gamme de vins de qualité, au style plus charnu et plus structuré depuis quelques années.

Ghiaie della Furba 2007, Toscana (745232) 41$
Année après année, cette cuvée composée de cabernet, de merlot et de syrah charme immanquablement par son élégance et son équilibre d'ensemble. Un supertoscan élaboré dans un esprit de finesse et de détail, appuyé sur un tissu tannique d'une grande suavité. La fraîcheur et l'opulence conjuguées au plus que parfait. Parmi les bons supertoscans sur le marché. ★★★★ ②

Carmignano 2007, Villa di Capezzana (977827) 27,75$
Jamais lourd ni concentré, ce vin de sangiovese et de cabernet sauvignon est, à sa manière, un classique de Toscane. Le 2007 privilégie de nouveau l'équilibre; on apprécie sa vigueur tannique et sa longue finale aux accents de noyau de cerise. ★★★→? ③

Barco Reale di Carmignano 2009 (729434) 17,95$
L'appellation Barco Reale est à Carmignano ce que le Rosso est à Montalcino: un vin jeune, souple et coulant pour lequel l'élevage en fûts demeure marginal. Le 2009 mise à fond sur l'expression fruitée du sangiovese. Très bon vin mûr et joufflu, juste assez charnu et passablement complet pour le prix. ★★★ ② ❊

CARPINETA FONTALPINO

Située sur les Colli Senesi – les collines de Sienne –, cette fattoria familiale est habilement gérée par l'œnologue consultante Gioia Cresti et son frère Filippo.

Do ut des 2009, Toscana (10214441) 42,25$
Do ut des signifie: «On récolte ce que l'on sème». Issu à part égale de merlot, de sangiovese et de cabernet sauvignon, le 2009 est un peu plus concentré et intense, mais tout aussi savoureux que par le passé. À retenir parmi les bons supertoscans sur le marché. On peut l'apprécier dès maintenant pour sa structure tannique ferme, sa mâche fruitée rassasiante, son équilibre exemplaire et sa longue finale aux accents de fleurs séchées, mais il n'atteindra son apogée que vers 2016. ★★★→★ ③

CARPINETO

Cabernet sauvignon 2006, Farnito, Toscana (963389) 26,75$
Bon vin de facture internationale de par sa composition, dont il faut néanmoins souligner la tenue en bouche, la fermeté tannique et la vigueur. Un bon Cabernet généreux et ample comme tant d'autres. Prêt à boire, et jusqu'en 2015. ★★★ ② ©

Dogajolo 2011, Toscana (978874) 16,40$
Bon vin vif, nerveux et juteux, composé de sangiovese et de cabernet sauvignon. Rien de bien distinctif, mais droit, franc de goût et recommandable à ce prix. ★★★ ②

D'autres vins de ce producteur de qulité moyenne ★★ et ☆☆

Chianti Classico 2010 (478891) 19,10$ ©
Dogajolo Bianco 2011, Toscana (11259966) 16,60$

CASA DI TERRA

Mosaico 2007, Bolgheri (11581040) 43,50 $
Produit dans le secteur de Castagneto Carducci, à quelques kilomètres au sud de Bolgheri, cet assemblage de cabernet, de merlot et de syrah est rond, gourmand, charnu, appuyé sur un cadre tannique assez solide et costaud, mais pas trop. Finale chaleureuse à 14,5 % d'alcool. ★★★→? ③

Moreccio 2010, Bolgheri (10830649) 20,60 $
Issu de jeunes vignes de sangiovese, de merlot et de cabernet sauvignon. Joufflu et juteux, mais à la fois doté d'une assise tannique qui assure son tonus. Finale étonnamment persistante pour un vin de Bolgheri à ce prix. ★★★ ②

CASANOVA DI NERI

Au cours des dernières années, le domaine créé en 1971 par Giacomo Neri s'est imposé comme l'une des locomotives de Montalcino. L'œnologue florentin Carlo Ferrini y élabore des vins riches et denses.

Brunello di Montalcino 2004, Cerretalto (10851141) 229 $
Monument d'étoffe et de prestance, intense sans être trop puissant, à la fois très large en bouche et marqué par la souplesse caractéristique du Brunello moderne. Le vin impressionne déjà par son intensité, mais il est encore très jeune et certainement apte à garder la forme pour les 10 prochaines années. Séveux et nuancé, mais hors de prix. ★★★★ ②

CASTELLO DEL TERRICCIO

Replanté vers la fin des années 1980, le domaine de Gian Annibale Rossi di Medelana profite des conseils de l'œnologue Carlo Ferrini depuis ses débuts.

Balzello 2009, Toscana (11604774) 25,25 $
Produit exclusivement pour le marché québécois, le Balzello est assez représentatif des bons vins de facture moderne élaborés dans la région côtière de Bolgheri. Mûr, charnu et coulant, mais également doté d'une certaine fermeté et d'une délicate amertume qui lui donnent du caractère. Pas d'arômes boisés, mais un grain tannique suave et une finale chaleureuse et rassasiante. À ce prix, la proposition est invitante. ★★★★ ② ✻

CASTELLO DI AMA

Dans les hauteurs de Gaiole in Chianti, Marco Pallanti veille sur Castello di Ama depuis plus d'un quart de siècle. En visite à Montréal en 2012, l'actuel président du *Consorzio Vino Chianti Classico* a présenté à la presse spécialisée la gamme complète de la propriété. Du plus modeste au plus grand, tous avaient en commun une finesse et une fraîcheur exemplaires.

Chianti Classico 2008 (11315403) 33,50 $
Le simple Chianti Classico demeure le fer de lance de la propriété. Très complet, il offre un heureux mariage de chair fruitée mûre et caressante, tout en conservant la vigueur tannique, propre aux bons Sangiovese. Longue finale rassasiante aux nuances de fleurs, de kirsch et d'épices qui laisse en bouche une impression de plénitude. Plus cher que la moyenne de l'appellation, mais la qualité est irréprochable. Grande classe ! ★★★★ ②

Vigneto Bellavista 2004, Chianti Classico (10903246) 119,50 $
Récompensé d'une Grappe d'or dans *Le guide du vin 2009*, le Bellavista 2004 est toujours sur les étagères des magasins Signature et maintenant vendu à 30 % de rabais… Certes, le vin est un peu moins complet que le somptueux 2006 qui lui a succédé, mais sa sève et sa finesse ne font aucun doute. À apprécier davantage pour la subtilité de son grain tannique que pour sa puissance. Maintenant à son apogée, il y restera sans doute jusqu'en 2015. ★★★★ ② Ⓢ

L'Apparita 2005, Toscana (11034513) 211,50$
Concentration, fraîcheur et relief. Tous les éléments sont réunis dans de bonnes proportions. Pas de goût de torréfaction ni de sucrosité ou d'effet spectaculaire, mais une expression élégante, racée et sans artifices d'un grand Merlot. Pas étonnant que le magazine brésilien *ADEGA* vienne de le classer parmi les cinq meilleurs Merlot au monde. Une récompense bien méritée! À boire entre 2012 et 2019. Bravo! ★★★★→? ②

Vigneto La Casuccia 2004, Chianti Classico (10992293) 141,50$
Sorte de compromis entre le Bellavista et L'Apparita, ce vin s'appuie majoritairement sur le cépage sangiovese, complété de 20% de merlot. Déjà passablement ouvert; mûr, charmeur, soutenu par un cadre tannique bien dosé qui apporte du tonus et met en relief son jeu de nuances aromatiques. Équilibré, velouté et long en bouche, il a tout un pouvoir de séduction! ★★★★ ②

Il Chiuso 2010, Toscana (11546957) 25,55$
Un vin fort original de par sa composition inusitée de pinot noir et de sangiovese à parts égales. Léger, juteux, plein de fraîcheur et animé d'un léger reste de gaz. Un bon vin souple et vigoureux, destiné à être bu au cours des trois prochaines années. ★★★ ②

Al Poggio 2010, Toscana (10542401) 32,75$
Que des éloges pour le vin blanc de la propriété, issu d'un assemblage de pinot gris et de chardonnay cultivés sur des sols calcaires et vinifiés à la fois en cuves d'inox et en barriques. Riche en saveurs de fruit mûr, vineux, mais rehaussé par une saine acidité qui met en valeur sa finale miellée. L'un des bons vins blancs de Toscane dégustés récemment. ☆☆☆☆ ② ▼

CASTELLO DI BOSSI

Chianti Classico Riserva 2007, Berardo (11370496) 27,75$
À une vingtaine de kilomètres au nord de Sienne, ce vaste domaine de 600 hectares abrite un vignoble dont l'on tire de très bons Chianti. Très bien fait dans un style assez classique; agrémenté de tonalités animales et soutenu par des tanins serrés qui laissent en bouche un fini un peu sec, sans rudesse. L'idéal serait de l'aérer en carafe pendant une heure. ★★★→? ②

CASTELLO DI FONTERUTOLI

Ce vaste domaine, situé dans la partie sud du Chianti, est dirigé par la famille Mazzei, qui bénéficie des conseils de l'œnologue Carlo Ferrini. Un nom à retenir pour l'amateur de vins toscans modernes, au sens noble du terme.

Chianti Classico 2007 (11494481) 46,50$
Bien qu'il soit commercialisé comme Chianti Classico «tout court», ce vin est en quelque sorte la Réserve de Fonterutoli. Élevé pendant 16 mois en fûts de chêne, puis pendant 18 mois supplémentaires en bouteille, ce vin dense et large d'épaules est assurément conçu pour vieillir. Déjà imposant par sa stature et sa concentration de saveurs fruitées, mais il n'atteindra son apogée que vers 2017. ★★★→★ ③

Chianti Classico 2009, Fonterutoli (856484) 25,45$
Le Chianti courant de la maison ne semble pas avoir souffert de la générosité du millésime. Évidemment, les saveurs sont mûres et le vin déploie un volume en bouche digne de mention, mais le tout est présenté dans un cadre tannique suffisamment serré, typique des bons Sangiovese. À boire dès maintenant et au cours des cinq prochaines années. ★★★→? ②

COLLEMASSARI

Bolgheri Rosso 2009 (11547546) 29,80 $
À défaut de complexité ou de caractère, ce vin rouge aux saveurs généreuses de confiture de fraises fait preuve d'une tenue en bouche appréciable qui le rend fort agréable à boire. ★★★ ②

DUEMANI

Cifra 2010, Costa Toscana (11838415) 26,25 $
L'œnologue Luca D'Attoma est un adepte de la biodynamie. Sur la parcelle la plus élevée de son domaine de Riparbella, à une vingtaine de kilomètres au nord de Bolgheri, il cultive le cépage cabernet franc, dont il tire un vin particulièrement intense et concentré. N'y cherchez pas l'expression d'un Chinon, vous serez déçu. Appréciez plutôt ses saveurs concentrées de fruit noir, sa puissance contenue et sa trame à la fois suave et serrée, aux accents de réglisse et de mûres. Très élégant ! À boire entre 2013 et 2019. ★★★★ ② ✻

FONTODI

Dans son domaine de Panzano en plein cœur du Chianti Classico, Giovanni Manetti est un monument de la viticulture toscane. Sa rigueur se traduit par des vins d'une qualité remarquable.

Chianti Classico Riserva 2008, Vigna del Sorbo (742072) 52,75 $
Autre triomphe de plénitude, ce vin auquel une petite proportion de cabernet sauvignon apporte la juste structure s'affirme une fois de plus par la finesse de son grain tannique, tissé très serré, qui laisse en bouche une impression irrésistiblement alléchante de puissance contenue. Ajoutons à cela une finale persistante aux bons goûts de fruit noir et d'épices et vous avez une expression aussi distinctive que distinguée du Chianti Classico. Grand vin en devenir. Déjà accessible, mais il n'atteindra son apogée que vers 2016, au moins. ★★★★ ③

Chianti Classico Riserva 2009, Vigna del Sorbo (742072) 52,75 $
Dans un registre un peu plus mûr et nourri (l'effet du millésime sans doute), le 2009 se signale par une certaine robustesse, teintée de concentration et d'opulence. Un peu moins vibrant que d'habitude, mais néanmoins fort bien construit, avec une notion d'équilibre dans la générosité. Il sera intéressant de le déguster à nouveau au cours des prochaines années. ★★★→? ③

Chianti Classico 2009 (879841) 28,15 $
Le Chianti Classico « tout court » impressionne toujours par son relief aromatique étonnamment complexe, mariant tabac, olive, tomates séchées et cerises. Le bois joue son rôle de faire-valoir, apportant un soutien tannique au vin, sans l'alourdir. Déjà somptueux, mais il ne se révélera à sa juste valeur que dans quelques années. ★★★★ ③ ✻

Flaccianello 2009, Colli Toscana Centrale (11364571) 82 $
Issu de l'agriculture biologique, le Flaccianello semble avoir tiré le meilleur du millésime 2009. Le vin gagne en volume et en intensité, sans sacrifier la vigueur le tonus et le caractère vibrant. Longue finale multidimensionnelle aux parfums de fleurs, d'épices, de fruits mûrs. L'un des grands, on comprend pourquoi. ★★★★ ③

FRESCOBALDI, MARCHESI DE

Propriétaires de 1000 hectares de vignes répartis sur 9 propriétés, les marquis de Frescobaldi sont parmi les plus importants producteurs de vins toscans. La famille est aussi propriétaire d'Ornellaia et de Luce.

Montesodi 2008, Chianti Rufina (204107) 50,25$
De nouveau fort bien réussi en 2008, le Montesodi semble avoir encore gagné en nuances et en précision. Pas trop puissant ni concentré, mais équilibré, solidement constitué autour de tanins mûrs et enrichi de saveurs persistantes. À boire idéalement entre 2015 et 2019. ★★★→? ③

Mormoreto 2009, Toscana (864512) 60,50$
Le 2009 est une autre victime des dérives de la barrique. Au nez comme en bouche, le bois prend le dessus; le vin est dessiné à gros traits et laisse une impression de déséquilibre et de sécheresse. Moins boisé, je crois qu'il aurait été meilleur. Un peu anguleux pour l'heure. ★★→? ③

Nipozzano 2008, Riserva, Chianti Rufina (107276) 23,25$
Bon vin nourri, fondu et savoureux; à la fois vigoureux, charnu et suffisamment fruité. Parmi les plus avantageux de la gamme Frescobaldi. ★★★ ② Ⓒ

Santa Maria 2009, Morellino di Scansano (11224456) 20,15$
Rond, riche en saveurs confites, néanmoins vigoureux et assez bien équilibré. À boire au cours des trois prochaines années pour profiter de son caractère fruité juvénile. ★★★ ②

Sangiovese 2010, Pater, Toscana (409896) 15,65$
Simple, fruité et sans grande personnalité. ★★ ② Ⓒ

Benefizio 2010, Pomino (420216) 34,75$
Dans la vaste propriété de Pomino, qui s'étend sur les flans des Apennins toscans, les Frescobaldi élaborent aussi de bons vins blancs, dont cette cuvée «haut de gamme» composée de chardonnay et enrichie par un élevage en fûts de chêne partiellement neufs, mais élaborée dans des proportions harmonieuses. À boire sans se presser au cours des cinq prochaines années. ☆☆☆→? ③

Pomino bianco 2011, Pomino (65086) 19,20$
L'un des bons vins blancs italiens offerts au répertoire général de la SAQ, issu de chardonnay et de pinot blanc. Simple, léger et guilleret, il fait preuve d'une constance notable. ☆☆☆ ② Ⓒ

Pinot nero 2008, Pomino (11547175) 29,25$
Les millésimes se succèdent et je n'ai toujours aucune affinité pour ce vin qui laisse une impression creuse en milieu de bouche. On peut certes apprécier sa souplesse, mais à ce prix, on prendrait volontiers un peu plus de chair autour de l'os. ★★ ②

Chardonnay 2011, Albizzia, Toscana (541235) 14,95$
Bon vin blanc moderne «tout aller». ☆☆ ② Ⓒ

FRIGGIALI (CENTOLANI)

Brunello di Montalcino 2004, Riserva (11565040) 59$
Très bon vin ample, onctueux et ponctué de notes fumées élégantes et persistantes. Séveux et nourri; des saveurs persistantes de vanille et de noix de coco trahissent encore un élevage sous bois, mais cela devrait s'atténuer au cours des prochaines années. Bel équilibre d'ensemble. ★★★→? ②

GAGLIOLE

Cette jeune propriété de Castellina in Chianti a été acquise par Thomas et Monika Bar, un couple d'origine suisse.

Rosso 2007, Colli della Toscana Centrale (11565091) 70,75 $
Cet assemblage de sangiovese et de cabernet présente l'opulence et la densité typiques des bons rouges modernes de Toscane. Mis en valeur par une saine fraîcheur et nourri par un usage intelligent du bois de chêne, il se distingue tant par son équilibre, que par la persistance de ses saveurs. Attendre idéalement jusqu'en 2016. ★★★→★ ③

GUADO AL TASSO

L'immense domaine de la famille Antinori à Bolgheri compte quelque 300 hectares de vignes en production.

Bolgheri Superiore 2007 (977256) 87,75 $
Dans un style quasi bordelais, le 2007 offre un mélange harmonieux de concentration, d'envergure tannique et d'élégance. La barrique affine le vin et lui confère des arômes persistants d'épices orientales, qui s'ajoutent aux saveurs de poivron et le rendent particulièrement charmeur. Très bien fait en son genre. ★★★→? ③

Bolgheri Superiore 2008 (977256) 87,75 $
Arrivée prévue en 2013 pour ce vin qui semblait un peu plus mûr et concentré lorsque goûté en août 2012. Une attaque en bouche chaleureuse, presque sucrée, saveurs de fruits noirs portées par un grain serré, qui laisse en finale une sensation très franche. Serré et un peu timide pour l'heure, mais construit pour durer. ★★★→★ ③

Il Bruciato 2009, Bolgheri (11347018) 24,95 $
Seconde étiquette de la propriété. Typique Bolgheri, costaud, chaleureux (14 % d'alcool), le vin conjugue la structure du cabernet sauvignon, la chair fruitée du merlot et les saveurs épicées de la syrah, dans d'heureuses proportions. À boire entre 2013 et 2017. ★★★→? ③

Vermentino 2011, Bolgheri (11771433) 19,95 $
Bon vin sec et modérément aromatique ; simple, mais désaltérant. ☆☆☆ ②

IL GRILLESINO

Ciliegiolo 2010, Maremma (10845146) 16,45 $
Comme d'habitude, un très bon vin frais, juteux et gorgé de fruit. Le 2010 me semble encore meilleur en ce qu'il est plus frais que le 2009 commenté l'an dernier et animé d'un léger reste de gaz. Servi frais autour de 14 °C, c'est le bonheur à peu de frais. ★★★★ ② ✻

ISOLE E OLENA

Cepparello 2008, Toscana (928911) 69,75 $
Créé dans les années 1980 par Paolo de Marchi, le Cepparello demeure une référence en matière de classicisme toscan. Un nez de fruits très mûrs évoquant le cassis, une bouche vive, constituée de tanins fermes et un peu carrés, sans dureté. Peut-être pas la plus grande réussite des dernières années, mais il n'est pas exclu qu'il se bonifie d'ici 2016. ★★★→? ②

Chianti Classico 2010 (515296) 28 $
Encore jeune, le 2010 porte la marque du sangiovese avec la fermeté tannique typique du cépage, mais il est également nourri d'une chair fruitée volumineuse. Une aération en carafe permet d'atténuer les parfums boisés et de révéler de bons goûts de cerise. À laisser reposer en cave de six mois à un an. ★★→? ② ♁

LA BRACCESCA

Créé par Piero Antinori au début des années 1990, ce domaine donne aujourd'hui de très beaux fruits.

Vino Nobile di Montepulciano 2008 (11324895) 24,80$
Fort agréable par sa fraîcheur, sa trame mûre et serrée et ses bons goûts de fruits noirs. À boire au cours des quatre prochaines années. ★★★→? ②

Vino Nobile di Montepulciano 2009 (11324895) 24,80$
Plus mûr, évidemment, mais non moins empreint de fraîcheur. Déjà fort charmant par son attaque en bouche chaleureuse et veloutée, mais il n'atteindra son apogée que vers 2014, au moins. ★★★→? ③

Syrah 2007, Bramasole, Cortona (10379771) 35,25$
Dans la foulée de la famille d'Alessandro (Il Bosco), Piero Antinori s'est aussi lancé dans l'élaboration de Syrah dans le secteur de Cortona, nouveau lieu de prédilection pour le cépage rhodanien en Toscane. La Syrah sous son jour le plus charmeur: compact et serré, imposant sans être brutal et riche en parfums de violette et de poivre. Impossible de rester indifférent à tant de concentration et de d'intensité aromatique. Encore jeune, il a les atouts pour affronter les années. ★★★→? ②

Syrah 2009, Achelo, Cortona (11208085) 20,40$
Sans doute traversait-il un creux de vague lorsque goûté en août dernier, le 2009 m'a alors semblé très peu expressif. Mûr, velouté et doté d'un bel équilibre; il sera intéressant de le revoir dans six à huit mois. ★★→? ③

Syrah 2010, Achelo, Cortona (11208085) 20,40$
Un cran au-dessus, le 2010 qui lui succédera est savoureux et doté d'une chair fruitée toute méditerranéenne. Expressif, sphérique et bien équilibré; parmi les belles réussites des derniers millésimes. ★★★→?

LE VIN DÉCORTIQUÉ

Des pesticides dans la bouteille

Les plants de vigne sont très fragiles et la liste des insectes et des champignons qui peuvent les ravager est impressionnante. Il existe donc de nombreux fongicides, pesticides et herbicides pour contrer ce problème. En Europe, les vignes ne représentent que 3,5% des cultures, mais elles requièrent 15% de tous les pesticides utilisés.

Ces produits chimiques se retrouvent-ils dans le vin? La réponse est oui. En 2008, l'organisation European Pesticides Action Network (PAN) a testé 34 vins faits de raisins cultivés selon la méthode classique et 6 vins biologiques. Les vins non biologiques contenaient collectivement les résidus de 148 pesticides différents. Quant aux vins biologiques, une seule bouteille contenait les traces d'un pesticide.

Les quantités trouvées sont si minuscules qu'elles ne représentent pas un risque pour la santé. Cependant, peu d'études se sont penchées sur l'effet cumulatif de la consommation à petites doses de ces pesticides. Est-ce une raison de plus pour se tourner vers des produits biologiques? – *B.Z.*

LA MASSA

Quelques années seulement ont suffi à Giampaolo Motta pour apprendre à faire du bon Chianti. Ce Napolitain s'est installé en Toscane depuis 1992 est l'une des *stars* de la région.

Toscana 2010 (10517759) 25,75$
Retour à la normale après un 2009 particulièrement ample et généreux. Un vin solidement construit, tannique et charpenté, enrobé d'une chair mûre qui laisse une impression fort rassasiante en bouche. À boire idéalement entre 2014 et 2019. Les impatients peuvent aussi l'aérer une heure en carafe afin qu'il s'ouvre un peu. ★★★→★ ♁

Giorgio Primo 2006, Toscana (10986053) 82,75$
Comme d'habitude, ce supertoscan se distingue avant tout par sa concentration et ses saveurs opulentes. Les arômes, comme la bouche quasi sucrée, évoquent les fruits confits et l'ensemble est dessiné à gros traits. Pas particulièrement complexe, mais solidement constitué, persistant et relevé. ★★★→? ③

LE MACCHIOLE

Cette jeune propriété située en bordure de la mer Tyrrhénienne, est menée avec beaucoup de rigueur par Cinzia Merli et profite des conseils de l'œnologue vedette Luca d'Attoma.

Paleo 2007, Toscane (11369081) 96,50$
Une interprétation moderne, juteuse et dodue du cabernet franc. De toute évidence abondamment nourri par le soleil de la Toscane, ce vin s'exprime avec générosité, mais sans la moindre mollesse. Un relief de saveurs longues et distinguées, des tanins fins et tissés serrés et une impression générale fort harmonieuse. À apprécier dès maintenant et jusqu'en 2017. ★★★★ ②

Bolgheri 2009 (11098285) 26,75$
Arrivée prévue vers la fin du mois de novembre pour ce vin de facture résolument moderne, nourri par un usage calculé de la barrique qui contribue à sa rondeur et l'agrémente de parfums vanillés. Taillé pour plaire et assez bien fait dans son genre. ★★★ ③

LE PUPILLE

Morellino di Scansano 2010, Elisabetta Geppetti (11097320) 22,95$
Bon vin ample, chaleureux et nourri, auquel les cépages sangiovese, alicante et malvasia nera donnent suffisamment de corps et de chair. À apprécier avant tout pour sa tenue en bouche et sa finale relevée. Il pourrait acquérir un peu plus de nuances au cours des quatre prochaines années. ★★→? ②

LUCE DELLA VITE

Le projet Luce a été repris dans sa totalité par la famille Frescobaldi, suite au démembrement de l'empire Mondavi. Les vins sont produits avec les raisins des domaines de Nipozzano (Chianti Rufina) et de Castelgiocondo (Montalcino).

Luce della Vite 2008, Toscana (10222766) 100,50$
Élaboré dans les règles de l'art pour obtenir le maximum d'extraits, Luce ne manque certes pas d'envergure. Le 2008 est assez bien ficelé dans un genre musclé et imposant. Techniquement impeccable, large d'épaules, abondamment boisé et passablement long en bouche. Encore jeune et austère, il serait préférable de l'attendre jusqu'en 2017, au moins. ★★★→? ③

Lucente 2009, Toscana (860627) 34,95$
Le deuxième vin est issu d'un assemblage de sangiovese, de merlot et de cabernet. Encore plus chaleureux en 2009, servi par un usage calculé de la barrique et un peu unidimensionnel pour l'heure. ★★→? ②

MONTETI

Caburnio 2009, Toscana (11305580) 18,90 $
Encore plus complet en 2009, ce vin de cabernet sauvignon, d'alicante et de merlot déploie une chair gourmande, mise en valeur par une saine acidité qui ajoute au plaisir en bouche. Beaucoup de caractère pour le prix! ★★★★ ② ✻

Monteti 2006, Toscana (11547061) 32 $
Peut-être a-t-il été défavorisé par le contexte de la dégustation, mais j'ai eu peu de plaisir à goûter ce vin de facture rustique, sec et anguleux, au fruit un peu évasif. Une certaine corpulence et une finale persistante aux parfums de fleurs et d'épices, mais sans distinction particulière. ★★→? ②

MORIS

Vermentino 2011, Maremma Toscana (11337952) 18,55 $
Très bon Vermentino vif et nerveux, comme il se doit; pas spécialement aromatique, mais plein d'élan et de fraîcheur. Finale saline agrémentée d'une fine amertume. Charmant! ☆☆☆ ② ✻

ORNELLAIA, TENUTA DELL'

Le domaine développé par Lodovico Antinori durant les années 1980 à Bolgheri appartient maintenant à la famille Frescobaldi. Avec les conseils de Michel Rolland, l'œnologue français Axel Heinz, élabore des vins rouges flatteurs et taillés pour plaire.

Ornellaia 2009, Bolgheri Superiore (11239771) 180 $
Cette année encore, les inconditionnels d'Ornellaia y retrouveront le style flatteur, sphérique et corpulent qui a contribué à son succès. Encore très jeune, le vin manque un peu de détail pour le moment, mais il compense par sa richesse et son ampleur en bouche. Charnu, intense, puissant et porté par des tanins gommeux. À boire entre 2014 et 2018. ★★★→? ③

Masseto 2009, Toscana (10816636) 475 $
Arrivée prévue en décembre – juste avant Noël! – pour cette cuvée vendue à un prix prohibitif. Malgré tout, l'amateur fortuné aura, sans le moindre doute, beaucoup de plaisir à déguster ce vin d'envergure. Ample comme pas un, tapissant la langue d'une texture velours, mais également pourvu d'une solide assise tannique. Déjà appréciable grâce à son équilibre et son opulence; il n'atteindra son zénith que vers 2018. ★★★★ ③

Le Serre Nuove 2010, Bolgheri (10223574) 59,75 $
Véritable second vin d'Ornellaia. Un grain suave, velouté et charmeur, ponctué de tonalités de graphites qui lui confèrent une certaine dimension en bouche. Très bon et apte à se développer au cours des cinq prochaines années, même si je persiste à croire que l'on trouve, sur la côte toscane, des vins plus complets pour une fraction du prix. ★★★→? ②

Le Volte 2010, Toscane (10938684) 30 $
Dans la continuité des derniers millésimes, Le Volte semble de nouveau sorti du même moule œnologique: rond, facile, sphérique et aimable. Satisfaisant, sans être une aubaine. ★★→? ②

PALAZZO

Brunello di Montalcino 2006 (10380166) 54,50 $
Commenté durement par le passé, ce vin me laisse une impression plus favorable en 2006. Bon Brunello solide et large d'épaule auquel une fermeté tannique confère une allure quelque peu austère pour l'heure, mais néanmoins enrobé d'une chair fruitée bien mûre qui harmonise l'ensemble. Finale assez persistante aux accents de menthe et de kirsch. ★★★→? ③

PIAN DELLE VIGNE

Depuis 1995, la famille Antinori a développé un domaine à Montalcino, où elle élabore des Brunello de facture moderne, mais équilibrés et élégants.

Brunello di Montalcino 2006, Riserva, Vignaferrovia (11419683) 101 $
Bon vin mûr et sphérique, aux accents de sous-bois et de bourbon fort aimables. N'y cherchez pas la vigueur typique du sangiovese. Sans être vraiment puissant, le vin repose sur des tanins très mûrs et laisse en bouche une sensation chaleureuse, presque capiteuse à 14,5 % d'alcool. À boire entre 2013 et 2018. ★★★→? ③

Brunello di Montalcino 2006 (11097733) 65,75 $
Le 2006 semble avoir bien profité de la générosité du millésime dans le sud de la Toscane. Son grain tannique mûr est tonifié par une agréable fraîcheur qui rehausse ses parfums d'eau-de-vie de fruits. ★★★→? ②

Brunello di Montalcino 2007 (11097733) 59 $
Arrivée prévue en mars pour ce 2007. Encore assez boisé lorsque goûté en septembre dernier et gorgé de bons goûts de fraises cuites, le vin s'articule autour de tanins un peu secs, mais sans dureté. Laissons-lui quelques années de repos. ★★★→? ②

PIAZZANO

Syrah 2008, Colli della Toscana Centrale (10845171) 28,45 $
Très bon vin mettant en relief le caractère aromatique et la structure de la syrah en zone méridionale. Très bien, constitué de tanins serrés, mais un peu austère pour le moment. Compte tenu de sa concentration, de son équilibre et de son intensité aromatique, il a de bonnes chances de gagner en détail au cours des cinq prochaines années. ★★★→? ③

PODERE SAN CRISTOFORO

Carandelle 2011, Maremma Toscana (11546922) 24,50 $
Ce vin ambitieux et imposant constitué de sangiovese est à nouveau très imposant par son attaque capiteuse et ses riches saveurs confites. Il demeure néanmoins très vigoureux, ferme et solide, au point de paraître presque sévère. Costaud, mais intéressant. ★★★ ②

POGGIO VERRANO

Dròmos 2006, Maremma Toscana (11370453) 33 $
Excellent vin constitué de sangiovese, de cabernet sauvignon, de cabernet franc, de merlot et d'alicante, élaboré sous les conseils de l'œnologue florentin Carlo Ferrini. Loin d'être issu du même moule que nombre de cuvées ambitieuses de Maremma, ce vin maintenant ouvert brille par l'originalité de ses saveurs d'herbes séchées qui évoquent presque la garrigue du midi de la France. Suave, porté par des tanins fondus et élégants et doté d'une finale séveuse, savoureuse et persistante. ★★★★ ②

Chance 2005, Maremma Toscana (11546965) 31,75 $
Sangiovese, merlot, cabernet sauvignon et cabernet franc composent ce vin à point qui exhale de parfums de cuir. Bouche tendre, texture tannique assouplie par les années. Chaleureux, longue finale chaleureuse aux tonalités fumées. Excellent dans son genre ; à ce prix, il en vaut bien d'autres. ★★★★ ② ▼

RIGUARDO

Brunello di Montalcino 2006 (875203) 39,75 $
Cette propriété voisine de Castelgiocondo (Frescobaldi) produit un bon Brunello d'envergure moyenne, qui séduit davantage par son tissu tannique souple et velouté, que par profondeur. Un peu timide pour l'heure, il bénéficiera peut-être d'un an ou deux de repos. ★★→? ③

SAN FABIANO CALCINAIA

Guido Serio et sa femme ont racheté cette propriété de Castellina in Chianti, en 1983. L'œnologue florentin Carlo Ferrini agit comme consultant.

Chianti Classico 2009 (10843327) 19,90 $
Excellent Chianti Classico qui illustre à merveille le visage moderne de la Toscane, au bon sens du terme. Un bel usage de la barrique et juste ce qu'il faut d'extraction tannique pour soutenir la chair fruitée généreuse, gorgée de saveurs mûres de fruits noirs. À ce prix, on se régale encore plus. ★★★★ ② ✻

Cabernet sauvignon 2008, Toscana (11546914) 25,05 $
À défaut de contenir une fibre purement toscane, l'amateur de vin droit, structuré, équilibré y trouvera son compte et se régalera de ses parfums intenses de fruits noirs, de cèdre et d'iode. Savoureux dès maintenant, mais on peut le laisser reposer un an ou deux, le temps qu'il gagne en nuances. ★★★★ ③ ✻

Vin Santo del Chianti Classico 2001 (11819644) 40,25 – 375 ml
Ambré, riche et gracieux, au caractère rôti plein de détails aromatiques, allant des champignons aux fruits séchés, en passant par les épices et les accents de noisette grillée. Une exquise onctuosité, une finale merveilleusement longue et un équilibre parfait. Ouvert et bon pour plusieurs années encore. ☆☆☆☆☆

SAN FELICE

Grâce aux efforts conjugués des œnologues Enzo Morganti et Leonardo Bellacini, cette vaste propriété située au sud-est de l'appellation Chianti Classico a grandement contribué à la réhabilitation de variétés autochtones de Toscane.

Chianti Classico 2009 (245241) 19,85 $
J'aime beaucoup San Felice. Même en 2009, le vin demeure fidèle à l'esprit des bons Sangiovese. Un peu plus mûr certes, mais équilibré, digeste et rassasiant, tant par sa chair que par sa vitalité. Une valeur sûre au répertoire général. Une mention spéciale pour sa constance exemplaire au cours des 10 dernières années. ★★★ ② ✻ ©

Chianti Classico Riserva 2008, Il Grigio (703363) 25,20 $
Malgré la vivacité propre aux vins de sangiovese et un dépouillement certain, la bouche fait déjà preuve d'une grande concentration. Une attaque tannique très franche, agrémentée de parfums de cèdre, peut-être attribuable à l'élevage. Pour redécouvrir le goût authentique du Chianti Classico. Une mention spéciale pour sa constance exemplaire au cours des 10 dernières années. ★★★★ ③ ✻

Poggio Rosso 2007, Chianti Classico Riserva (11213191) 50,25$
Plus nourri, mais de facture néanmoins classique, ce vin de sangiovese, de colorino et de pugnitello s'articule autour de tanins francs et droits, enrobés d'une chair mûre et rassasiante. Finale savoureuse aux bons goûts de kirsch et d'épices. Très bon, sans être une aubaine. ★★★→? ③

Pugnitello 2007, Toscana (10873673) 49,50$
Le pugnitello est un cépage prometteur dont on a retrouvé la souche mère entre Montalcino et Maremma et dont on tire aujourd'hui un vin savoureux. Vin gorgé de fruits mûrs, passablement dense et charnu et égayé par cette vigueur typique de la région. Encore très jeune, mais plein de sève et apte à se bonifier au cours des cinq prochaines années. ★★★→? ②

SANGERVASIO

Toscana 2008 (11201537) 19,15$
Fruit d'un assemblage de sangiovese, de merlot et de cabernet issus de l'agriculture biologique, ce vin de conception moderne se fait avant tout valoir par sa concentration fruitée et par une charpente tannique digne de mention pour cette catégorie de prix. Le 2008 est bien en chair et assez corsé, sa finale chaleureuse aux accents de kirsch et de cuir lui donne un certain panache. À moins de 20$, bravo! ★★★★ ② ✻

SAPAIO

Massimo Piccin a fondé cette propriété de Bolgheri en 1999. Les variétés bordelaises qu'il a plantées commencent déjà à donner leurs plus beaux fruits. L'œnologue florentin Carlo Ferrini y signe d'excellents vins de facture moderne.

Volpolo 2010, Toscana (11002941) 28,35$
Cabernet sauvignon, merlot et petit verdot donnent un vin droit, assez structuré, portant les arômes caractéristiques du cabernet, avec une touche italienne. Vigoureux, fringant et nullement dessiné à gros traits, comme c'est parfois le cas dans la région. Beaucoup de vin dans le verre pour le prix. ★★★★ ③ ✻

SETTE PONTI

Avec l'aide de l'œnologue-consultant Carlo Ferrini, la famille Moretti – propriétaire de Sette Ponti – a récemment développé un nouveau vignoble, voisin d'Ornellaia, dans le secteur prisé de Castagneto Carducci.

Orma 2007, Toscana (11298842) 63,50$
Produit pour la première fois en 2005, l'Orma demeure fidèle au style qui a fait le succès de Sette Ponti, avec une attaque en bouche intense et volumineuse, riche en saveurs mûres, mais heureusement soutenu par un solide cadre tannique qui lui apporte la fraîcheur nécessaire et met en relief sa finale distinguée aux accents de graphite. À boire idéalement entre 2013 et 2018. ★★★→★ ♁

Oreno 2009, Toscana (10297047) 68,25$
Dans un registre plus généreux, ce vin déploie une attaque en bouche très sphérique et capiteuse, sans doute attribuable à la nature du millésime. Ses saveurs prononcées de vanille et son épaisseur tannique laissent une impression un peu prévisible et rudimentaire, du moins pour le moment. ★★★→? ③ ♁

Crognolo 2009, Toscana (10297039) 29,05$
Dégusté l'an dernier, ce vin composé de sangiovese et d'une petite proportion de merlot m'avait semblé plutôt rustique. Maintenant plus ouvert, le 2009 a gagné en nuances et paraît un peu moins massif et taillé d'une seule pièce. Très bien, à condition d'aimer les vins costauds et larges d'épaules. ③ ♁

TENUTA DEI PIANALI

Coronato 2007, Bolgheri (11588276) 44 $
Créé il y a près de dix ans par Lodovico Antinori, ce domaine est géré par la même équipe que Tenuta di Biserno, qui y élabore un vin de confection moderne, mais néanmoins fidèle à l'esprit d'équilibre qui est devenu la marque de la famille Antinori. Des saveurs intenses et une chair fruitée généreuse, encadrée par un tissu tannique passablement dense, qui confère au vin un tonus appréciable. À boire idéalement entre 2013 et 2017. ★★★→? ③

TENUTA DI NOZZOLE

Chianti Classico Riserva 2009 (11881878) 24,95 $
Ce domaine situé au nord de Greve in Chianti appartient à Ambrogio Folonari et à son fils Giovanni depuis que l'empire Ruffino a été divisé en deux parties au tournant du millénaire. Arrivée prévue en janvier pour ce très bon Chianti manifestement nourri par la nature générosité de l'année 2009. Des saveurs mûres, une attaque en bouche chaleureuse et une juste vigueur tannique pour tonifier l'ensemble. À boire entre 2013 et 2017. ★★★ ②

Voir aussi la section Ⓟ

TERRABIANCA

Campaccio 2007, Toscana (928119) 35 $
Ce domaine fondé vers la fin des années 1980, dans le secteur de Radda in Chianti est notamment la source de ce très bon vin, issu d'un assemblage de sangiovese et de cabernet sauvignon. Déjà assez ouvert, agrémenté de jolis parfums de cuir, le 2007 laisse en bouche une sensation franche, vive et élégante. Les tanins sont fins, la finale épicée, persistante. Que de bons mots! ★★★★ ②

TOLAINI

Valdisanti 2008, Toscana (11307403) 35,25 $
Après avoir fait fortune dans l'industrie du transport, l'entrepreneur italo-canadien Pierluigi Tolaini a acquis cette vaste propriété dans le secteur de Castelnuovo Berardenga, au sud de la zone du Chianti Classico. Très bon vin d'inspiration médocaine, tant par sa composition (majorité de cabernet sauvignon), que par sa droiture et par sa charpente tannique, nourrie par un bel usage de la barrique. Déjà très rassasiant; il n'atteindra sans doute son apogée que dans cinq ans. ★★★→★ ③

Al Passo 2008, Toscana (11794344) 24,55 $
Sangiovese, arrondi par une proportion de merlot. Un vin fort aimable, à la fois vigoureux, plein en bouche, savoureux et très bien construit dans un style moderne et poli. À boire sans se presser jusqu'en 2017. ★★★→? ②

TUA RITA

Ce domaine fondé en 1984 dans la province de Livourne s'est notamment fait connaître sur les marchés internationaux grâce au Redigaffi, une cuvée de merlot vendue à un prix astronomique.

Rosso dei Notri 2010, Toscana (10843335) 22,20 $
Plus modeste et plus accessible, le Rosso dei Notri révèle un aspect moderne du Sangiovese de Toscane, sans verser dans la démesure. De bons goûts de cerises à l'eau-de-vie, 14 % d'alcool, une charpente tannique suffisamment solide et une saine acidité pour harmoniser l'ensemble. Charmant! ★★★★ ② ❄

Rosso 2010, Toscana (11547431) 24,95$
Composé essentiellement de merlot et, par conséquent, un peu moins typé, mais il compense par sa rondeur, sa suavité et sa mâche fruitée, qui distillent un grand pouvoir de séduction. Au moins aussi rassasiant que bien des cuvées ambitieuses vendues deux fois plus cher. Excellent! ★★★★ ② ✻

VAL DI SUGA

Brunello di Montalcino 2007 (897017) 44,50$
Le groupe familial Angelini possède trois domaines viticoles en Toscane: San Leonino (Chianti Classico), Tre Rose (Montepulciano) et Val di Suga à Montalcino. Très bon Brunello à retenir avant tout pour sa vigueur, ses goûts de fruits secs et sa finale chaleureuse. À boire d'ici 2014. ★★★ ②

VOLPAIA

Giovanella Mascheroni Stianti a participé activement à la renaissance du Chianti au cours des années 1980. Son domaine est toujours la source de vins sincères et élégants.

Chianti Classico 2009 (10858262) 22,85$
Excellent Chianti facile à boire, bien ancré dans ses racines et fidèle à sa vocation originale: désaltérer. Plus de notions de cuir et d'herbes que de fruit, une touche fumée et avec de belles aspérités tanniques qui supportent la finale et lui donnent du mordant. Garçon! Une pizza s'il vous plaît! ★★★★ ② ✻

Chianti Classico Riserva 2008 (730416) 30,25$
Encore plus complexe, avec une bouche multidimensionnelle aux saveurs de cèdre et d'épices marocaines. Très authentique, typé sangiovese et porté par une vigueur tannique qui lui donne beaucoup de prestance en bouche. On peut l'apprécier dès maintenant, mais sera à son meilleur vers 2016. ★★★★→? ③

D'autres vins de Toscane de qualité passable ★★ et ☆☆

BANFI **Rosso di Montalcino 2010** (864900) 25,25$

BARONE RICASOLI
Campo Ceni 2010, Toscana (10286161) 15,55$ Ⓒ
Chianti Classico Riserva 2009, Rocca Guicciarda (10253440) 27,25$
Chianti Classico 2010, Brolio (003962) 24,75$ Ⓒ

CASTELLANI **Chianti Superiore 2009, Burchino** (741272) 16,25$ Ⓒ

CASTELLO D'ALBOLA **Chianti Classico 2009** (11472337) 19,95$ Ⓒ

FONTELLA **Chianti 2010** (10382081) 14,95$ Ⓒ

FORNACINA **Brunello di Montalcino 2006** (11195325) 44$

PICCINI **Chianti Classico Riserva 2007** (11768795) 19,95$ Ⓒ

POGGIO MORINO **Maremma Toscana 2010** (11315438) 16,35$ Ⓒ

RUFFINO
Chardonnay 2011, Libaio, Toscana (211441) 14,95$ Ⓒ
Chianti 2010 (001743) 15,95$ Ⓒ
Chianti Classico 2006, Riserva Ducale Oro (11517380) 46,25$
Chianti Classico 2008, Riserva Ducale (045195) 24,95$ Ⓒ
Il Ducale 2009, Toscana (11133204) 18,95$ Ⓒ

VILLA CAFAGGIO **Chianti Classico 2009** (571539) 24,40$ ★★→? ③

OMBRIE

CAPRAI, ARNALDO

Rosso Outsider 2005, Umbria (11580821) 28,80$
Si ses détracteurs reprochent parfois à Arnaldo Caprai de façonner des vins rustiques, on ne peut toutefois pas nier leur originalité. Même s'il s'appuie sur des cépages internationaux, cet assemblage de cabernet et de merlot est assez fidèle à l'esprit de fraîcheur et de droiture des bons vins italiens. Du style, du caractère et un juste équilibre entre la puissance, la chair fruitée et les aspérités tanniques. Pas étonnant que Caprai demeure une référence en Ombrie. ★★★★ ② ❋

CASTELLO DELLA SALA

Durant les années 1980, Piero Antinori a développé un grand domaine dans le secteur d'Orvieto.

Cervaro della Sala 2009 (191049) 54$
Bien que le Cervaro contienne un faible pourcentage de grechetto, histoire de dire qu'une variété authentiquement italienne soit employée, c'est essentiellement le caractère du chardonnay qui domine dans ce vin élaboré en barriques. Un bon vin de facture conventionnelle, passablement gras, agrémenté de goûts de beurre, sur un fond de saveurs florales. Prix élevé, mais très bonne qualité. À boire entre 2014 et 2019. ☆☆☆→? ③

San Giovanni della Sala 2011, Orvieto Classico Superiore (11565710) 20,15$
Comme toujours, un bon vin blanc technologique, modérément parfumé; vineux, mais sans profondeur réelle. ☆☆ ②

Bramito del Cervo 2011, Umbria (10781971) 22,35$
Dans le même esprit, mais marqué par un élevage en barriques qui lui confère des notes de beurre et d'érable. Un goût de déjà bu. ☆☆→? ②

FALESCO

Riccardo Cotarellla est un œnologue consultant parmi les plus réputés du pays et son frère Renzo est le directeur technique de la maison Antinori. Ensemble, ils ont développé la marque Falesco, en Ombrie et dans le Latium.

Marcilliano 2007, Umbria (11155614) 50,50$
Cette cuvée composée de cabernet sauvignon et de cabernet franc est le porte-étendard de leur domaine. Encore très jeune et assez discret au nez, le vin se fait valoir avant tout par son harmonie en bouche; très belle constitution tannique, vigueur et saveurs raffinées de cuir et de graphite. À la fois corsé et élégant. ★★★→? ③

Vitiano 2010, Umbria (466029) 15,45$
Très bon vin de consommation courante: souple, rond et misant avant tout sur l'expression fruitée primaire du merlot, du cabernet et du sangiovese. Bien en chair et plein de vigueur. À ce prix, rien à redire. ★★★ ② ❋

LUNGAROTTI

Rubesco Riserva 1977, Vigna Monticchio, Torgiano (10976269) 305$
Vendu en exclusivité dans les succursales Signature de Montréal et de Québec, ce vin maintenant arrivé à parfaite maturité illustre bien que les crus toscans ne détiennent pas le monopole de la finesse et de la longévité. Hors de prix évidemment, mais il est rare de pouvoir savourer un vin d'Ombrie ayant atteint un tel degré de complexité. ★★★★ ① Ⓢ

San Giorgio 2005, Umbria (11399694) 38,75$
Maintenant ouvert, à point, mais aucunement fatigué, cet assemblage de cabernet sauvignon, de sangiovese et de canaiolo est à retenir pour son équilibre et son tissu tannique serré. Un vin de facture très classique, franc de goût et doté d'une finale élégante aux nuances de cuir et de tabac. Déjà âgé de 7 ans, il pourrait s'épanouir encore d'ici 2015. ★★★→? ②

Rubesco 2008, Rosso di Torgiano (041947) 15,45$
Difficile de résister au charme de cet assemblage de sangiovese et de canaiolo. Rien de complexe, mais tous les éléments sont en place et le vin procure un plaisir certain par sa tenue en bouche, ses saveurs fruitées très nettes et sa vitalité. Excellent dans sa catégorie. ★★★★ ② ❄

Torre di Giano 2011, Bianco di Torgiano (049205) 15,45$
Bon vin blanc technologique auquel les cépages trebbiano et grechetto confèrent tout de même un certain charme. ☆☆ ②

SALVIANO (TITIGNANO)

Orvieto Classico Superiore 2011 (10782034) 14,10$
Propriété de la marquise Nerina Corsini Incisa della Rocchetta, Salviano fait partie du vaste domaine de Titignano, situé dans un village médiéval, au cœur de la zone d'Orvieto Classico. Dans la lignée des derniers millésimes, cet Orvieto est de nouveau fort satisfaisant. Un léger reste de gaz garantit la vivacité et donne à ces accents citronnés un élan supplémentaire. À la fois sec et correctement vineux; un très bon vin apéritif. ☆☆☆ ② ❄

TUDERNUM

La cave coopérative de Todi regroupe quelque 350 membres et produit annuellement plus d'un million de bouteilles.

Rojano 2010, Rosso Todi Superiore (11155585) 21,80$
À l'ouverture, cet assemblage de sangiovese, de sagrantino et de merlot accuse des senteurs de réduction peu engageantes. Pour le reste, il s'agit d'un vin robuste et riche en matière auquel des tanins mûrs apportent beaucoup de consistance. Un peu rustique, mais de bon aloi et doté d'une jolie finale poivrée. Une aération en carafe lui sera bénéfique. ★★★ ② ♁

Merlot 2009, Umbria (10781963) 14,75$
Plus modeste et misant avant tout sur l'expression fruitée du cépage. Assez charnu, mais pas spécial. ★★ ②

VITALONGA

Terra di Confine 2007, Umbria (11452061) 25,80$
Depuis une vingtaine d'années, la famille Maravalle a donné un souffle nouveau à ce domaine situé dans les hauteurs d'Orvieto. L'œnologue Riccardo Cotarella (Falesco) agit à titre de consultant et signe des vins modernes, mais de bonne facture. Très bon vin issu de montepulciano, arrondi par une petite proportion de merlot. Un élevage de 12 mois en fûts de chêne français lui donne une tenue en bouche appréciable et l'agrémente de parfums d'épices. Tout à fait aimable, bien ficelé et doté d'une finale chaleureuse et rassasiante. ★★★ ②

MARCHES

MANCINI, LUIGI

Pinot noir 2009, Impero (11819661) 40,50 $
Plus qu'un simple exercice de style, ce vin blanc de pinot noir semble bien inscrit dans l'histoire moderne du domaine. Un pressurage délicat permet d'obtenir un vin dense et vineux, sans couleur. L'élevage en fûts apporte un gras supplémentaire et des notes grillées un peu intenses pour l'heure, sans toutefois être envahissantes. Déjà appréciable par sa tenue en bouche et son équilibre d'ensemble, mais il devrait gagner en nuances et en complexité d'ici 2014. ☆☆☆→? ③ Ⓢ

MORODER, ALESSANDRO

Moroder 2008, Rosso Conero (11155307) 16,80 $
L'amateur de vin méridional sera comblé par l'attaque en bouche gourmande et la fibre tannique de ce Montepulciano. Aucun parfum boisé, mais des saveurs franches et une finale rassasiante, tant par sa mâche généreuse que par sa fraîcheur. Une belle réussite! ★★★ ② ✻

OASI DEGLI ANGELI

Kurni est le morceau de bravoure du couple Eleonora Rossi et Marco Casolanetti. Une démonstration brillante de ce que peut donner le cépage montepulciano lorsqu'il profite d'une viticulture en biodynamie, de rendements limités et de vinifications maîtrisées.

Kurni 2006, Marche (11073993) 147,50 $
Bien sûr, ce vin quasi extrême (17,3 % d'alcool), qui fait l'objet d'un élevage de 200 % en fûts de chêne neufs, ne joue pas dans la subtilité et s'impose plutôt par son intensité aromatique et sa sucrosité en bouche. Malgré tout, on est loin des bombes fruitées modernes. Une concentration tannique bien dosée apporte au vin toute la structure nécessaire à son équilibre et laisse entrevoir un excellent potentiel de vieillissement. Coûteux, mais c'est le prix à payer pour un produit cousu main. ★★★★ ③ Ⓢ

UMANI RONCHI

Avec une production annuelle de quelques millions de caisses, l'entreprise de la famille Bernetti est une dynamo pour la viticulture des Marches.

Pelago 2008, Marche (735977) 40,50 $
Le caractère rustique du montepulciano est tempéré par une proportion importante de cabernet sauvignon (50 %) et de merlot. Sans doute encore trop jeune pour être apprécié à sa juste valeur, le Pelago 2008 m'a semblé un peu plus timide et ténu que par le passé. Le vin se signale néanmoins par sa texture veloutée et ses tanins denses, ainsi que par sa longue finale épicée. Son équilibre d'ensemble est garant d'un bel avenir. À revoir en 2016, au moins. ★★★→? ③

Cúmaro 2008, Conero Riserva (710632) 28,65 $
Un modèle du genre. Robuste, mais jamais épais, pourvu d'une bonne acidité et d'une amertume fine qui ajoute à sa longueur en bouche. Élaboré dans un style certes moderne, mais dans le meilleur sens du terme. Le cépage montepulciano assure sa personnalité et lui confère un caractère légèrement rustique qui le rend d'autant plus sympathique. Bravo! ★★★★ ② ✻

San Lorenzo 2010, Rosso Conero (397174) 16,70 $
Une expression à la fois fougueuse et polie du cépage montepulciano; rien de complexe, mais plein en bouche et tonique comme il se doit. ★★★ ②

Medoro, Sangiovese 2011, Marche (565283) 11,80 $
Le vin de trattoria par excellence. Du fruit, une juste acidité et un bon équilibre. Autour de 14 °C avec un plat de pâtes, j'en ferais mon vin quotidien. ★★★ ② ✻ ©

Casal di Serra 2009, Vieilles vignes, Verdicchio dei Castelli di Jesi (11490341) 23 $
Pour la première fois à la SAQ, un excellent vin blanc sec empreint d'un caractère salin, remarquablement nourri et exprimant une matière fruitée intense. Vineux et soutenu par une excellente acidité. Impeccable! ☆☆☆☆ ② ✻

Plenio 2008, Verdicchio dei Castelli di Jesi (11294884) 22,95 $
Un peu en recul par rapport aux derniers millésimes. Sans cet éclat qui faisait le charme du savoureux 2007 commenté l'an dernier, mais tout de même très bon, assez gras et gorgé de saveurs mûres. ☆☆☆ ②

Casal di Serra 2011, Verdicchio dei Castelli di Jesi (10254725) 16,70 $
Sec, désaltérant et suffisamment vineux. ☆☆☆ ②

VELENOSI

Roggio del Filare 2008, Rosso Piceno (11488267) 32,25 $
Je m'explique toujours mal l'existence de vins comme celui-ci. Certes, autant de concentration et d'intensité peuvent séduire, mais cette attaque en bouche sucrée, presque gommeuse et cette profusion de parfums boisés? On peut le laisser reposer quelques années, mais je doute qu'il ne se bonifie vraiment. ★★→? ③

Il Brecciarolo 2009, Rosso Piceno Superiore (10542647) 13,65 $
Les cépages montepulciano et sangiovese donnent un très bon vin courant, passablement charnu, gorgé de fruit et agrémenté d'une délicate amertume qui prolonge les saveurs en bouche. À ce prix, rien à redire! ★★★ ② ✻

Il Brecciarolo Gold 2009, Rosso Piceno Superiore (11155542) 22,05 $
Encore plus joufflu et concentré en 2009, le vin regorge de saveurs de fruits confits, sur un fond de réglisse, portés par une texture à la fois ample, sphérique et néanmoins tonique. À aérer en carafe idéalement une demi-heure avant de servir. ★★★→? ③

Vigna Solaria 2011, Falerio (11155032) 15,45 $
Les saveurs naturelles des cépages trebbiano, peccorino et passerina sont mises en valeur par un reste de gaz carbonique. Juste assez gras et délicieusement citronné. ☆☆☆ ② ✻

Verdicchio dei Castelli di Jesi 2011 (11155665) 13,65 $
Bon vin blanc sec et désaltérant comme il se doit, avec de bons goûts d'agrumes. Un très bon achat à ce prix. ☆☆☆ ② ✻

ABRUZZES

CASTORANI

Situé près de Pescara, le domaine du pilote de Formule 1 Jarno Trulli produit des vins de facture moderne, aptes à séduire un large public.

Montepulciano d'Abruzzo 2004 (10383113) 28,80 $
Cette année, je dois avouer ne pas être restée insensible au charme de ce 2004, maintenant attendri par l'âge, ouvert, fondu et généreux. Pas spécialement complexe en jeunesse, le vin révèle aujourd'hui de généreuses saveurs de fruits secs, de champignon et de cuir qui le distinguent du lot de cuvées juvéniles vendues à la SAQ. Avec sa texture veloutée, mais concentrée, il s'inscrit dans la veine des bons vins modernes des Abruzzes. À boire au cours des trois prochaines années. ★★★★ ② ❋

Jarno 2006, Colline Pescaresi (10463025) 62,25 $
Version abruzzaise de l'Amarone, le Jarno est fait de raisins cueillis en octobre et partiellement mis à sécher pendant une cinquantaine de jours, dans une salle équipée de la plus récente technologie et conçue spécialement pour l'élaboration de ce produit hors norme. Le vin est encore une fois mûr, concentré et riche en saveurs de fruits confits. Il est aussi soutenu par une saine acidité, ainsi qu'une trame tannique franche et solide qui le rendent fort agréable. Déjà ouvert, mais apte à se bonifier d'ici 2016. ★★★→? ③

Montepulciano d'Abruzzo 2009, Majolica (10754252) 13,10 $
Particulièrement concentré en 2009, très coloré, avec juste ce qu'il faut d'aspérités tanniques et une masse fruitée généreuse, aux accents de noyau de cerise. ★★★ ② ❋ Ⓒ

Jarno bianco 2008, Colline Pescaresi (11030951) 45 $
Soumis à des rendements limités et vinifiés dans les règles de l'art, les cépages trebbiano d'abruzzo, malvasia et cococciola se présentent ici avec une étoffe et une intensité remarquables. Une couleur dorée, des tonalités légèrement oxydatives et une grande vinosité, teintée de goûts d'abricot confit, de pêche et d'ananas, sans lourdeur, grâce à une acidité bien présente qui confère au vin le tonus nécessaire. Un exercice de style intéressant, mais coûteux. ☆☆☆→? ②

Pecorino Abruzzo superiore 2011, Amorino (10859249) 23,30 $
Longtemps laissé pour compte au profit du trebbiano, le pecorino est une variété trop peu connue des Marches et des Abruzzes. On en tire ici un excellent vin ayant une agréable vinosité, mais également un caractère minéral qui le rend particulièrement désaltérant. L'un des bons vins du genre goûtés récemment. ☆☆☆☆ ② ❋

Trebbiano d'Abruzzo 2011, Coste delle Plaie (10788946) 19,35 $
Plus neutre, mais néanmoins très bien fait; suffisamment vineux et assez original et fort agrémenté de bons goûts d'ananas. ☆☆☆ ②

Voir aussi la section Ⓟ

FARNESE

Soluna 2010, Terre di Chieti (11676604) 15,55 $
Bon vin tout en rondeur, assaisonné d'une touche boisée et taillé pour plaire. ★★ ② Ⓒ

Casale Vecchio 2011, Montepulciano d'Abruzzo (10921276) 13,30 $
Également boisé et flatteur; le vin est bon, mais la technologie prend beaucoup de place. ★★ ②

ILLUMINATI

Depuis qu'il est à la direction de ce domaine situé dans le nord des Abruzzes, aux limites des Marches, Dino Illuminati a pris tous les moyens pour améliorer la qualité des vins.

Montepulciano d'Abruzzo 2009, Ilico (10858123) 15$
Particulièrement nourri, à la faveur d'un millésime généreux, gorgé de fruit, doté d'une chair ample et veloutée, mais également soutenu par un cadre tannique assez solide. À boire entre 2013 et 2016. ★★★ ②

Riparosso 2009, Montepulciano d'Abruzzo (10669787) 13,65$
Très bel exemple de vin courant de cette appellation des Abruzzes. Un peu rustique par sa vigueur tannique et ses saveurs de fruits sauvages et d'épices, mais cela contribue aussi à son originalité. Une qualité qui mérite d'être signalée pour un vin de ce prix. ★★★ ② ❋ ©

MASCIARELLI

Décédé en 2008 à l'âge de 53 ans, Gianni Masciarelli était l'un des hommes forts des Abruzzes. Ses cuvées haut de gamme comptent parmi les plus achevées de la région.

Marina Cvetic 2008, Montepulciano d'Abruzzo (10863766) 27,55$
Baptisée du nom de son épouse et collaboratrice d'origine serbe, la gamme Marina Cvetic compte quatre vins, dont cet excellent Montepulciano qui fait preuve d'une élégance peu commune. Le 2008 m'a semblé particulièrement séveux; mûr, gorgé de saveurs amples de fruit, mais empreint d'une trame minérale aux accents de graphite qui lui donne une dimension supplémentaire. Rares sont les vins de montepulciano ayant autant d'étoffe et de prestance. Une Grappe d'or pour la seconde année consécutive. Bravissimo! ★★★★ ② ❋

Montepulciano d'Abruzzo 2010 (10863774) 14,80$
Le vin courant de la propriété mise avant tout sur la vigueur et les saveurs fruitées et épicées du cépage montepulciano. Simple, mais fort bien tourné. Encore meilleur après une brève aération en carafe. ★★★ ②

MONREGALE

Montepulciano d'Abruzzo 2010 (11374374) 14,40$
Vin un peu rustique, mais élaboré dans de bonnes proportions et auquel le cépage montepulciano apporte une touche d'originalité fort appréciable dans cette gamme de prix. Issu de l'agriculture biologique. ★★★ ② ❋

À TABLE AVEC LE...

Montepulciano d'Abruzzo

Les meilleurs vins issus de Montepulciano ont un fruit mûr et une bouche charnue, mais non dénuée de structure. Il faut faire attention au taux d'alcool, qui peut être élevé, mais bien équilibrés, ces vins sont des compagnons idéaux pour des plats simples et goûteux: hachis parmentier à l'agneau ou au confit de canard, lasagne, pizza, pâtes à la saucisse épicée et autres *comfort food*. – V.R.

UMANI RONCHI

Jorio 2010, Montepulciano d'Abruzzo (862078) 16,75 $
Dans les hauteurs des collines abruzzaises, la maison Umani Ronchi produit ce vin gourmand et coloré auquel le cépage montepulciano confère un caractère distinct. Rendez-vous habituel avec la vigueur et l'exubérance fruitée; joufflu et sans détour. Encore meilleur s'il est servi un peu rafraîchi. ★★★ ② ©

Jorio bianco 2011, Marche (11573218) 16,35 $
Bon vin blanc sec et technologique composé de verdicchio, de chardonnay et de sauvignon blanc. Parfumé et désaltérant. ☆☆☆ ②

ZACCAGNINI

Cuvée dell'Abate 2010, Montepulciano d'Abruzzo (908954) 16,95 $
À Bolognano, à une dizaine de kilomètres au sud-ouest de Pescara, cette *fattoria* a été fondée il y a plus de 300 ans par Ciccio Zaccagnini. Bien qu'il soit particulièrement mûr et joufflu, le 2010 n'en demeure pas moins fort rassasiant par son attaque en bouche suave, gourmande et généreuse. ★★★ ② ❋

D'autres vins rouges des Abruzzes de qualité moyenne ★★

BOSCO, NESTORE **Pan 2008, Montepulciano d'Abruzzo** (907436) 20,15 $

ENOTECA INTERNATIONALE DE RHAM **Bacchus 2010, Montepulciano d'Abruzzo** (11462024) 15,40 $ ©

LATIUM

FALESCO

Ferentano 2009, Lazio (10782085) 24,70 $
Sans être spécialement dépaysant, ce vin blanc sec issu de roscetto est nourri par un élevage en barriques qui lui donne une certaine envergure en bouche et des notes beurrées un peu convenues. Encore jeune et assez bien équilibré pour continuer de se bonifier; il se révélera peut-être avec plus de subtilité dans quelques années. ☆☆☆→? ③

Syrah 2010, Tellus, Lazio (11660792) 20,20 $
Présenté dans une bouteille massive et trapue, un vin typiquement méditerranéen par sa composition et par la générosité de ses saveurs de fruits et d'herbes séchées. Techniquement bien fait, savoureux, joufflu et gourmand, mais dans des proportions harmonieuses. ★★★ ②

Un autre vin rouge de qualité moyenne ★★

VINI DI VELLETRI **Velletri 2007, Riserva** (175141) 16,20 $ ©

CAMPANIE

MASTROBERARDINO

Cette entreprise familiale a joué un rôle déterminant dans la préservation des cépages autochtones de Campanie.

Cento Trenta 1999, Riserva, Taurasi (11355771) 60 $
Pour souligner son 130e anniversaire, l'entreprise a produit une cuvée spéciale composée exclusivement d'aglianico et issue d'un excellent millésime dans la région. Le résultat est remarquable. Sa forte personnalité, son intensité et son équilibre naturel illustrent très bien les vertus de ce cépage unique, l'un des plus originaux du sud de l'Italie. Juste assez de structure et de poigne, des notes d'épices et une finale minérale aux accents de graphite et de cèdre. À point, mais encore en très bonne forme. ★★★★ ② ▼

VESEVO

Falanghina 2011, Beneventano (11660670) 17,35 $
Bien qu'il ne couvre aujourd'hui que 300 hectares le cépage falanghina – ainsi que le fiano et le greco – joue un rôle important dans l'originalité des vins blancs de Campanie. On en tire ici un vin très sec, modérément aromatique et doté d'une acidité et d'une vigueur qui ne sont pas sans rappeler certains Riesling australiens. Un voyage dans le sud de l'Italie en classe économique. ☆☆☆ ② ❋

À TABLE AVEC LES...

Vins blancs de Campanie
Les cépages Fiano, Greco di Tufo et Falanghina donnent certains des meilleurs vins blancs de la péninsule. À la fois frais et plus texturés que leurs cousins du nord. Délicieux avec les poissons et fruits de mer, ils peuvent aussi soutenir des préparations crémeuses et légèrement fruitées. – *V.R.*

MOLISE

DI MAJO NORANTE

Contado 2009, Riserva, Aglianico del Molise (11294817) 16,60 $
Le domaine le plus connu de Molise. L'amateur en quête d'un remontant retrouvera le moral dans ce vin original composé d'aglianico, un cépage d'origine grecque surtout cultivé en Campanie. Du fruit à revendre et juste ce qu'il faut d'aspérités tanniques pour donner du tonus à l'ensemble. D'autant plus recommandable à ce prix que ce bon vin fringant et nerveux ne manque pas de personnalité. ★★★ ② ❋

POUILLES

CASTORANI

Scià 2011, Sangiovese, Puglia (10966765) 11,55$
Scià est une vieille interjection du dialecte des Pouilles que l'on pourrait traduire par «allez, oust!». Bon vin un peu rustique et nerveux, mais de bon aloi. On apprécie sa consistance et sa fraîcheur. Tout à fait satisfaisant à ce prix. ★★★ ② ✻ ©

FEUDI DI SAN MARZANO

Primitivo di Manduria 2009, Sessantanni (11660371) 29,05$
Autre exemple typique des cuvées ambitieuses qui naissent chaque année sur la planète. Épais, concentré, presque sucré, copieusement boisé et présenté dans une bouteille lourde et volumineuse pour donner au consommateur l'impression de boire un grand vin. Aucune affinité avec ce genre de vin! ★→? ②

FINO, GIANFRANCO

Primitivo di Manduria 2010, Es (11805473) 70$
En 2004, Gianfranco Fino a acquis une parcelle plantée de vieilles vignes de primitivo – cousin italien du zinfandel – âgées d'une cinquantaine d'années. Il n'est donc pas étonnant de retrouver dans ce vin plantureux des Pouilles des caractéristiques semblables à celles de certains zins californiens. L'amateur de ce genre de colosse appréciera sa bouche capiteuse, presque sucrée à 16,5% d'alcool. Un peu rustique, mêlant la confiture de groseilles et les arômes de torréfaction, mais néanmoins bien proportionné et incontestablement original. Il est impératif de le servir frais autour de 15 °C, sans quoi il paraîtra brûlant. À boire entre 2015 et 2020. Il faudra également surveiller l'arrivée à la SAQ Signature, d'un très bon vin de Negroamaro. ★★★→? ③

À TABLE AVEC LES...

Aglianico / Primitivo / Negroamaro

Aglianico: les meilleurs d'aglianico font preuve d'une minéralité qui semble issue des sols volcaniques où ils sont cultivés. Ils seront toujours à leur meilleur avec des viandes rouges, servies saignantes et sans accompagnements pouvant nuire aux tanins. **Primitivo:** alter ego du zinfandel, il donne des vins gorgés de saveurs confites, capiteux et laissant souvent une impression de sucrosité. Les plus simples sont des vins passe-partout pour une cuisine relevée et épicée (pâtes ou cuisine tex-mex, par exemple). Les plus ronds et fruités pourront soutenir des sauces au Porto, aux fruits secs ou au fromage bleu. **Negroamaro:** plus épicés mais aussi plus distingués que ceux de primitivo, ces vins s'appuient sur des tanins costauds. Délicieux avec de l'agneau et toute autre viande goûteuse, relevée d'accents méditerranéens: herbes fraîches, ail, tomates, olives noires, aubergine, courgette, etc. – *V.R.*

PASQUA

Primitivo 2011, Lapaccio, Salento (610204) 13,95$
Le primitivo est aussi l'équivalent génétique du zinfandel, le cépage emblématique de la Californie. Ce n'est donc pas un hasard si l'on trouve dans ce bon vin, inscrit au répertoire général de la SAQ, la même forme trapue, l'attaque en bouche juteuse et les saveurs de confiture de framboises. Le vin quotidien idéal, tout indiqué pour une assiette de charcuteries ou un plat de pâtes, à condition de le servir légèrement rafraîchi autour de 15 °C. ★★★ ② ❋ Ⓒ

Sangiovese 2011, Puglia (545772) 10,65$
Plus modeste et vendu à prix encore plus attrayant, un bon Sangiovese coulant, fruité et vigoureux; tout à fait convenable comme vin quotidien. ★★ ② ❋ Ⓒ

PERVINI

I Monili 2010, Tarantino Primitivo (577684) 10,15$
Ce vin des Pouilles ne connaît aucun fléchissement et demeure l'exemple même d'une boisson quotidienne : fringant, digeste, original et offert à prix d'aubaine. ★★★ ② ❋

RIVERA

La famille De Corato est l'un des *leaders* de cette appellation des Pouilles.

Il Falcone 2006, Riserva, Castel del Monte (10675466) 24,25$
Ce vin typiquement méditerranéen est majoritairement composé de nero di troia – une variété propre à Castel del Monte – et nourri par un élevage de 12 mois en fûts de chêne français qui ajoute à son étoffe tannique et lui confère de jolis parfums d'épices. Toujours ample, équilibré et assez corsé. Un peu plus de profondeur et c'était quatre étoiles. ★★★→? ② ⚗

TAURINO COSIMO

Cosimo Taurino a été un pilier de la viticulture des Pouilles. Son fils Francesco assure aujourd'hui la relève et signe de très bons vins, témoins éloquents des progrès accomplis dans le sud du pays.

A64 2004, Salento (11355835) 24,60$
Les amateurs du Notarpanaro, souvent primé dans *Le guide du vin*, se trouveront en terrain connu avec cette cuvée composée essentiellement de negroamaro. Une petite proportion (15%) de cabernet sauvignon ne nuit en rien à son identité régionale et ajoute au vin une poigne supplémentaire qui crée un ensemble harmonieux et parfaitement désaltérant, malgré ses 14,5% d'alcool. Beaucoup de vin dans le verre pour le prix. ★★★★ ② ❋

A64 2006, Salento (11355835) 24,60$
Attendu au Québec au début de l'année 2013, le 2006 est aussi satisfaisant. Grâce à une bonne dose d'acidité et à un cadre tannique juste assez dense pour soutenir l'ensemble, cet excellent vin n'accuse aucune lourdeur en dépit de sa richesse alcoolique (15%). Quel agréable dépaysement! ★★★★ ② ❋

Notarpanaro 2006, Salento (709451) 19,10$
Encore plus achevé que le 2004 commenté l'an dernier, le Notarpanaro brille de nouveau par son originalité, sa chair généreuse, relevée de bons goûts de cerises confites et d'épices et son profil juste assez rustique qui lui donne une personnalité d'enfer! Tout le bon goût du sud de l'Italie mis en bouteille. À moins de 20$, c'est le bonheur! ★★★★ ② ❋

Reserva 2008, Salice Salentino (411892) 15,40$
Une invitation renouvelée à mordre dans le fruit irrésistiblement gourmand et généreux des bons vins méditerranéens. Les cépages negroamaro et malvasia apportent une touche rustique de bon ton qui donne au vin un caractère affirmé. Un grain mûr et une fougue digne de mention. ★★★★ ② ❄

I Sierri 2010, Salento (11581381) 15,85$
Bien qu'il soit essentiellement constitué de chardonnay, ce vin blanc sec fait preuve d'une certaine originalité. Pas de bois, mais de bons goûts de fruit et de fleur, mis en valeur par une saine acidité. ☆☆☆ ②

TENUTE DEL SOLE

Negroamaro 2008, Salento (11253960) 15,35$
Un bon vin rouge typique du sud de l'Italie tant par ses arômes un peu rustiques que par sa tenue en bouche à la fois chaleureuse et fringante. Rien de complexe, mais original et abordable. ★★★ ② ❄ ©

TORMARESCA

Déjà omniprésente en Toscane et en Ombrie, la famille Antinori a développé cet important domaine dans les Pouilles avec l'intention de mettre en valeur les cépages autochtones de la région.

Trentangeli 2009, Castel del Monte (11355843) 23,35$
Bien qu'il se signale d'amblée par sa richesse fruitée et son volume aromatique, le vin demeure parfaitement digeste et équilibré. Juste ce qu'il faut de poigne tannique, et une légère amertume en finale qui ajoute à sa personnalité. Encore jeune et marqué par l'élevage, il vaudrait mieux le laisser reposer jusqu'en 2014-2015. ★★★→? ③

Neprica 2010, Salento (11660346) 15,70$
Negroamaro, primitivo, cabernet sauvignon - d'où le nom - donnent ici un vin nerveux, animé d'un léger reste de gaz. Rustique, mais original et tout à fait recommandable à ce prix. ★★★ ② ❄

Primitivo 2010, Torcicoda, Salento (11331631) 19,95$
Dans un registre tout aussi moderne que le 2008 commenté précédemment, ce vin rond et abondamment fruité est assaisonné des accents vanillés de la barrique qui laissent une impression plutôt fabriquée. ★★→? ②

Primitivo 2008, Torcicoda, Salento (11676049) 20,45$
Ce vin maintenant ouvert et à point est rond, abondamment fruité et assaisonné d'accents vanillés. On apprécie sa tenue et son originalité. ★★→? ②

TORRE QUARTO

Au cours des dernières années, Stefano Cirillo Farrusi a restauré ce vignoble créé en 1847.

Negroamaro 2008, Sangue Blu, Puglia (10675933) 16,30$
Animé d'un léger reste de gaz qui lui donne une air rustique, mais fort sympathique, ce vin met en relief de bons goûts de fruits confits, sur un fond épicé. Quelques angles tanniques bien dosés ajoutent à sa présence en bouche. ★★★ ②

D'autres vins rouges de qualité moyenne ★★

GIORGIO & GIANNI **Negroamaro 2010, Nero, Salento** (11462008) 12,05$ ©

LEONARDO, LUIGI **Primitivo 2010, Salento** (643544) 12,95$ ©

MONDO DEL VINO
Merlot-Primitivo 2010, Trevini Primo, Pouilles (643106) 13,95$ ©
Negroamaro 2010, Mezzo Mondo, Salento (11254452) 10,45$ ©

MOTHER ZIN **Primitivo 2009, Tarantino** (905521) 18,25$

TORREVENTO **Vigna Pedale 2008, Castel del Monte Riserva** (11494501) 19,50$

SARDAIGNE

ARGIOLAS

La maison Argiolas est une force de la viticulture sarde et met uniquement à profit des cépages locaux pour produire des vins singuliers tous élaborés avec soin.

Costera 2009, Cannonau di Sardegna (972380) 17,90$
Goûté de nouveau en juillet 2012, le Costera 2009 se signale toujours par ses saveurs gourmandes et la richesse du cépage grenache, appelé cannonau en Sardaigne. Pansu, charmeur, 14% d'alcool et pourtant digeste. Le vin idéal pour se réchauffer par une froide soirée d'hiver. ★★★★ ② ❄

Perdera 2009, Monica di Sardegna (424291) 14,20$
Un autre franc succès pour ce vin sarde dont l'originalité repose sur le cépage monica, une variété ancienne, inconnue ailleurs dans le monde. Plus vigoureux et expressif que d'habitude; gorgé de fruit mûr et encore meilleur s'il est servi frais. ★★★ ② ❄

S'elegas 2011, Nuragus di Cagliari (10675159) 14,65$
Le nuragus – cépage autochtone dont les origines remontent au temps des colonies phéniciennes – est surtout réputé pour donner des vins insipides et sans grand intérêt. Celui-ci est pourtant très satisfaisant par sa texture vineuse, ses parfums de fruits exotiques et sa vitalité, auquel contribue un léger reste de gaz. Un très bon achat à moins de 15$. ☆☆☆ ② ❄

PUNICA

Ce projet d'envergure développé il y a une dizaine d'années est né d'un partenariat entre la coopérative sarde Santadi et la Tenuta San Guido (Sassicaia).

Montessu 2009, Isola dei Nuraghi (11098322) 24$
Misant aussi essentiellement sur le cépage carignan, complété de syrah, de cabernet sauvignon, de cabernet franc et de merlot. Plus modeste, moins concentré et destiné à être bu au cours des quatre prochaines années, mais néanmoins très méditerranéen par la générosité de ses saveurs de fruits mûrs et de fleurs. Idéal avec des grillades ou des saucisses italiennes. ★★★ ②

SELLA & MOSCA

Cannonau di Sardegna 2008, Riserva (425488) 16,65$
Force majeure de l'industrie viticole sarde, Sella & Mosca commercialise ce très bon vin courant, issu exclusivement du cépage cannonau, nom sarde donné au grenache. Le 2008 révèle de bons goûts de fruits mûrs et d'épices et adopte ce même profil un peu vif et rustique, qui ajoute à son caractère. ★★★ ② ©

Capocaccia 2007, Sardegna Alghero (11254268) 16$
Souple et arrondi par l'élevage; malgré tout un peu mince et linéaire. ★★ ②

SICILE

BAGLIO DI PIANETTO

Ramione 2007, Nero d'Avola-Merlot, Sicilia (10675693) 18,65$
Dans la continuité des derniers millésimes, cet assemblage très réussi de merlot et de nero d'Avola est toujours aussi savoureux et encadré par un tissu tannique juste assez serré pour assurer sa fraîcheur. Sa finale séveuse et riche en parfums de fruits noirs est accentuée de délicates notes iodées qui lui donnent encore plus de caractère. ★★★★ ② ✻

Nero d'Avola 2010, Sicilia (11097346) 17,75$
Plus modeste, mais néanmoins fort charmant par sa rondeur et ses bons goûts de fruit noir. Presque sucré tant le fruit est mûr, mais vigoureux et agréable à boire, surtout s'il est servi frais autour de 15 °C. ★★★ ②

Merlot 2006, Salici, Sicilia (11792197) 28,80$
Maintenant âgé de presque 6 ans, ce 2006 étonne par la densité de sa mâche fruitée et sa structure tannique. Encore jeune, très tendu, relevé des accents fumés de la barrique, structuré et agrémenté d'une finale légèrement amère qui lui donne du caractère. N'hésitez pas à le passer en carafe 30 minutes avant de servir. ★★★→? ②

Syrah 2009, Sicilia (10960734) 17,90$
Ce vin déjà fort charmeur détient un pouvoir de séduction certain en 2009. Plus mûr que d'habitude, doté d'une attaque en bouche quasi sucrée tant la chair est à point, mais il a toute la poigne voulue et conserve un bel équilibre. ★★★ ②

BENANTI

Giuseppe Benanti fut l'un des premiers vignerons siciliens à connaître un rayonnement international et continue d'être un ambassadeur pour la région de l'Etna.

Rosso di Verzella 2008, Etna (11348459) 21,25$
Cette originalité locale provient de vignes de nerello mascalese et de nerello cappuccio, cultivées à 700 m d'altitude, non loin du célèbre volcan. À la fois délicat, élégant et plein de caractère, le vin a toute la fraîcheur et la «buvabilité» nécessaires pour accompagner des plats copieux comme des aubergines alla parmigiana. Chaleureux, mais pourtant plein de vigueur et accentué d'une fine pointe d'amertume qui prolonge ses saveurs. À ce prix, on ne peut que se réjouir d'y trouver autant de style et d'authenticité. ★★★★ ② ✻

Il Drappo 2005, Sicilia (11577251) 26,05$
Sur un mode plus souple et constitué de tanins fondus par le temps, un très bon vin de nero d'Avola, produit dans le secteur de Noto, au sud-est de la Sicile. Peut-être un peu moins distinctif que le précédent, mais néanmoins fort agréable par son grain suave et élégant. À boire au cours des quatre prochaines années. ★★★ ②

BOTTER CARLO

Inzolia 2009, Era, Sicilia (11015638) 15,60 $
Vin issu de l'agriculture biologique. Rien de complexe, mais friand, facile à boire et agréable à l'apéritif. ☆☆ ② Ⓒ

CORVO

Duca di Salaparuta 2010, Sicilia (061168) 13,60 $
Très bon vin blanc, fort intéressant pour le prix et doté d'un bel équilibre entre le fruit, l'acidité et l'amertume. Tout indiqué à l'apéritif. ☆☆☆ ② ❋

Rosso 2010, Sicilia (034439) 13,95 $
Moins convaincant et un peu plat, avec des relents de caoutchouc brûlé. ★★ ② Ⓒ

COS

Ce domaine phare de Vittoria a été développé dès 1980 par Giambattista Cilia, Cirino Strano et Giusto Occhipinti, l'oncle d'Arianna (voir p. 235), à qui il a aussi insufflé la passion du métier. Les vins sont élaborés de façon la plus naturelle possible.

Cerasuolo di Vittoria 2009 (11577391) 30,50 $
Assemblage très réussi de nero d'Avola et de frappato. Toujours plein d'éclat et nourri de jolies saveurs d'épices et de fruits sauvages; sa présence en bouche vive, animée d'un léger reste de gaz, lui donne un petit air rustique, au sens positif du terme. Beaucoup de relief et de tempérament. Racé et parfaitement digeste. Mode d'emploi: en carafe une demi-heure avant de servir à 16 °C, à boire au cours des cinq prochaines années. ★★★★ ②

CUSUMANO

Syrah 2011, Sicilia (960777) 13,40 $
À prix d'aubaine, cette interprétation sicilienne, mais surtout typiquement méditerranéenne de la Syrah devrait faire un malheur. Un vin nerveux et guilleret qui goûte bon le fruit noir et laisse une impression franchement rassasiante. À boire d'ici 2015 autour de 14 °C. ★★★ ② ❋

À TABLE AVEC LE…

Nero d'Avola

Sûrement l'un des cépages les plus intéressants du sud, le nero d'Avola combine un taux de sucre élevé à une acidité fraîche et des tanins robustes. La structure de ses vins se prête bien au mariage avec des plats qui nécessitent matière et tanins, et leur caractère méridional, qui ne craint pas les préparations goûteuses, s'associe naturellement bien à la cuisine méditerranéenne. – *V.R.*

DONNAFUGATA

Depuis 1983, Giacomo Rallo a insufflé un dynamisme et une énergie nouvelle à la Sicile. Son succès a incité plusieurs de ses pairs à revoir leurs méthodes désuètes.

Mille e una Notte 2007, Contessa Entellina (10223460) 74,75$
Ce vin respire la plénitude. Une couleur profonde et encore jeune; un nez dense et compact, très concentré; une attaque franche, avec des couches de fruits mûrs et des tanins enrobés. Longueur et profondeur. De nouveau, l'un des meilleurs Nero d'Avola présents sur le marché. ★★★→★ ③

Tancredi 2008, Contessa Entellina (10542129) 30,50$
C'est chaque année un plaisir de redécouvrir cet assemblage de nero d'Avola et de cabernet sauvignon qui réunit toutes les vertus de fraîcheur nécessaires à un bon vin de gastronomie. De la mâche, un grain tannique très franc et une finale relevée aux accents de tabac et d'épices. À boire entre 2013 et 2017. ★★★★ ②

Angheli 2008, Sicilia (11097354) 25,50$
Un vin issu d'un assemblage de nero d'Avola et de merlot. Du fruit, de la chair et un grain tannique juste assez ferme pour apporter du tonus à l'ensemble. Déjà savoureux, il pourrait s'épanouir jusqu'en 2015. ★★★→? ②

Sedara 2010, Sicilia (10276457) 18,20$
Autre jolie réussite pour ce vin courant auquel le cépage nero d'Avola confère un joli relief fruité et une agréable vigueur. À boire dès maintenant et au cours des trois prochaines années. ★★★ ②

La Fuga 2010, Contessa Entellina (11580151) 20,15$
À une époque où nombre de vins blancs formatés et prévisibles inondent le marché mondial, il faut souligner l'originalité et le caractère affirmé de ce Chardonnay produit par l'une des entreprises les plus dynamiques de la Sicile. Pas de goût boisé, mais des saveurs fines, précises et délicates, rehaussées par une pointe d'amertume. Désaltérant et parfaitement rassasiant à ce prix. ☆☆☆☆ ② ❋

Vigna di Gabri 2010, Contessa Entellina (11098269) 23,80$
Expression rafraîchissante et raffinée du cépage ansonica, ce vin est un peu moins vineux que le 2009 commenté l'an dernier, mais il se distingue tout de même par son équilibre irréprochable et ses délicieux parfums de fleurs. Excellent! ☆☆☆☆ ② ❋

Anthilia 2011, Sicila (10542137) 17,20$
Cet assemblage d'ansonica (aussi nommé inzolia) et de catarratto est de nouveau un modèle de fraîcheur, de vitalité et d'éclat aromatique. Un léger caractère perlant met en relief de jolies notes florales. À ce prix, il n'y a aucune raison de s'en priver. ☆☆☆ ② ❋

Polena 2011, Sicilia (11355704) 18,35$
La *polena* est la figure de proue située à l'avant d'un bateau. Fruit d'un assemblage très réussi de cataratto et de viognier, le 2011 semble un peu à court de fraîcheur. Néanmoins assez agréable par son gras et ses saveurs mûres. ☆☆☆ ②

Ben Ryé 2009, Passito di Pantelleria (11301482) 18,20$
Produit sur l'île de Pantelleria, au large de la Tunisie, ce Muscat est issu de raisins passerillés ou desséchés. Un vin liquoreux d'une grande onctuosité, au parfum de pêche, d'abricot et d'épices; presque sirupeux, mais soutenu par une franche acidité qui laisse en bouche une impression très harmonieuse. Une friandise à apprécier en substitution au dessert. ☆☆☆☆ ②

FEUDI DEL PISCIOTTO

Il y a une dizaine d'années, les propriétaires de Castellare di Castellina se sont également aventurés en Sicile.

Nero d'Avola 2009, Versace, Sicilia (11489631) 26,25$
Ce bon gros vin coloré, au nez compact et fumé m'a laissé une meilleure impression que le 2008 vendu l'an dernier. Une attaque sucrée, beaucoup de chair et de matière, le tout est enrobé par un usage calculé de la barrique qui ajoute à son étoffe tannique. À boire entre 2014 et 2017. ★★★→? ③

Merlot 2009, Valentino, Sicilia (11341716) 25,35$
Un peu moins d'affinités avec le Merlot. Certes, le vin est solidement construit et ne manque vraiment pas de chair ni de concentration, mais le tout semble davantage dessiné à gros traits. Du moins, pour le moment. Souhaitons qu'il s'affine avec le temps. ★★→? ③

FONDO ANTICO

Grillo Parlante 2011, Sicilia (10675685) 15,20$
Autrefois utilisé dans l'élaboration du Marsala, le grillo est un cépage indigène qui n'occupe maintenant que 3% de la superficie du vignoble sicilien. Il donne ici un bon vin blanc sec, modérément aromatique et suffisamment vineux. Un dépaysement sympathique à prix doux. ☆☆☆ ② ✳

MAZZEI

Zisola 2009, Sicilia (10542225) 23,95$
La famille Mazzei est aussi active en Sicile où elle signe depuis peu ce très bon vin. Interprétation généreuse et très polie du nero d'Avola. Souple, sphérique et manifestement issu de raisins à parfaite maturité. Les tanins sont mûrs et les saveurs gourmandes, mais le vin pourrait avoir un peu plus de nerf. Encore meilleur lorsque servi frais autour de 15 °C. ★★★ ②

MIOPASSO

Nero d'Avola 2010, Sicilia (11677092) 16,95$
Au répertoire général, ce Nero d'Avola est partiellement issu de raisins passerillés. Ce procédé de séchage concentre évidemment les saveurs fruitées et les tanins, mais également l'acidité, qui harmonise le vin et le préserve de la lourdeur. Tout à fait recommandable à ce prix. ★★★ ② Ⓒ

MORGANTE

Nero d'Avola 2010, Scinthili, Sicilia (11384492) 15$
Vendu à prix attrayant, ce bon vin nerveux séduira l'amateur de vin généreux au profil méditerranéen. Coulant, plein de fruit et animé d'une agréable acidité. Le Nero d'Avola façon «vin de soif». ★★★ ② ✳

OCCHIPINTI, ARIANNA

Âgée d'à peine 30 ans, Arianna Occhipinti a appris le métier dès l'adolescence, aux côtés de son oncle, Giusto Occhipinti (COS). Dans le secteur de Vittoria, tout au sud de l'île, elle cultive un petit vignoble planté de frappato et de nero d'Avola, cultivés sans produit de synthèse.

SP68 2011, Sicilia (11811765) 23,30$
Du fruit, du fruit et encore du fruit! Une attaque en bouche juteuse, friande et vibrante, grâce à une acidité parfaitement dosée, tout à fait admirable pour un vin produit à la même latitude que la ville du Tunis! Beaucoup de personnalité et une finale complexe mêlant les saveurs de violette, d'épices et de réglisse. Un vrai régal! ★★★★ ② ✳

PLANETA

À partir de 1995, après avoir fondé et veillé sur la coopérative Settesoli, la famille Planeta a développé une série de vignobles dans différents secteurs de la Sicile. Véritable locomotive de la viticulture locale, l'entreprise regroupe aujourd'hui quatre domaines en production dans le sud de l'île. Tout récemment, Francesca et Alessio Planeta ont aussi acquis deux propriétés au nord-est de la Sicile, dont un vignoble dans le secteur du mont Etna. Deux projets qu'il faudra suivre de près au cours de cette décennie.

Santa Cecilia 2008, Noto (705947) 33,25$
Issu exclusivement de nero d'Avola et produit dans le secteur de Noto, au sud-est de l'île, le Santa Cecilia est, en quelque sorte, le porte-étendard de la maison Planeta. Le 2008 semble un peu plus austère que les derniers millésimes. Loin d'être un défaut, cela lui donne encore plus de prestance en bouche et de caractère. Long et concentré, il a une certaine puissance contenue qui augure pour le mieux. À laisser reposer pendant au moins cinq ans. ★★★→★ ③

Cerasuolo di Vittoria 2010 (10553362) 23,75$
Cet assemblage de nero d'Avola et de frappato est un bel exemple de vin d'été, façon méditerranéenne. Pas très exubérant, mais fort bien tourné, juteux et doté d'une fraîcheur appréciable. ★★★ ②

Syrah 2007, Sicilia (747097) 37,75$
De style pansu et poivré typique du cépage rhodanien, bon vin ferme, ample, charnu et généreux, mais sans excès ni rudesse. Finale chaleureuse et un peu capiteuse à 14,5% d'alcool. Agréable, à condition de le servir à 15 °C maximum. ★★★ ②

Syrah 2008, Maroccoli, Sicilia (747097) 38,25$
Maintenant issu d'une parcelle unique, le vin me semble avoir un supplément de personnalité en 2008. Des tanins serrés, assez typiques du cépage, une structure appréciable et de franches saveurs poivrées. Élégant, racé, persistant. Ce pas en avant dans la qualité mérite d'être signalé. Bravo! ★★★→★③

Merlot 2007, Sicilia (705962) 38,25$
Bon vin de facture internationale, charnu et capiteux (14,5%), gorgé de bons goûts de cerises confites et de réglisse, suffisamment corsé et porté par un joli grain tannique. Les parfums boisés occupent encore une place importante, mais le vin a l'équilibre nécessaire pour s'épanouir encore jusqu'en 2016, au moins. Surveillez aussi l'arrivée du 2008 qui m'a semblé gagner en précision et en fraîcheur. ★★★→? ③

La Segreta 2011, Sicilia (898296) 16,70$
L'an dernier, La Segreta 2009 m'avait semblé un peu en recul par rapport aux dernières années. Habillé d'une nouvelle étiquette et coiffé d'une capsule à vis, le 2011 affiche ce même caractère guilleret, gourmand et relevé qui a largement contribué à son succès. Servir jeune et frais. ★★★ ② ✻

Planeta propose aussi un bel éventail de vins blancs:

Cometa 2010, Sicilia (705046) 38,25$
Issu du cépage local Fiano, une variété aromatique du sud de l'Italie rendue populaire grâce au Fiano di Avellino, une appellation de Campanie. Le 2010 est encore meilleur. On a abandonné l'usage du bois neuf et c'est tant mieux! Sa fraîcheur et sa tenue en bouche témoignent d'un vin élaboré avec beaucoup de sérieux. ☆☆☆☆ ②

Alastro 2010, Sicilia (11034361) 20,70$
Très bon vin blanc composé de grecanico – une variété également connue sous le nom garganega à Soave – et qui adopte ici une allure nettement plus exubérante que son cousin du nord. Vineux, gorgé de soleil, mais néanmoins assez désaltérant pour être apprécié à table. Quatre étoiles pour son originalité. ☆☆☆☆ ② ✻

Chardonnay 2009, Sicilia (855114) 37,75$
Bien que le Chardonnay ne soit pas la spécialité de Planeta, ce vin blanc est assez bien fait dans un style gras, presque crémeux et enrichi par l'élevage en fûts. Finale chaleureuse aux parfums de beurre. ☆☆☆ ②

La Segreta bianco 2011, Sicilia (741264) 16,95$
Une autre belle réussite pour ce vin courant issu de grecanico, de chardonnay, de fiano et de viognier. Aromatique, sec, juste assez rond et animé d'un léger reste de gaz. ☆☆☆ ② ✻

SETTESOLI (MANDRAROSSA)

Timperosse 2010, Sicilia (11595441) 22,20$
Un vin original par sa composition de syrah et de petit verdot, mais malheureusement assaisonné d'arômes boisés qui masquent l'expression du fruit. Rond, souple, chaleureux, porté par des tanins gommeux et somme toute un peu lourd. ★★ ②

Urra di Mare 2010, Sicilia (11595450) 22,25$
Guère plus d'enthousiasme pour ce Sauvignon blanc très aromatique, au point de sembler pommadé. Technologique et prévisible.

TASCA D'ALMERITA

Regaleali Rosso 2009, Sicilia (482604) 16,60$
Constant dans sa corpulence et son envergure fruitée, ce Nero d'Avola demeure l'un des plus satisfaisants de sa catégorie. À servir légèrement rafraîchi et bon à boire au cours des trois prochaines années. ★★★ ② ✻

Nero d'Avola 2008, Lamuri, Sicilia (11029159) 21,45$
Toujours aussi savoureux, ce vin composé entièrement de nero d'Avola et qui profite d'un élevage de 10 mois en fûts de chêne français, impressionne par sa vigueur et par la pureté de son fruit. Une expression coulante, tonique et juteuse du vin sicilien. À boire avec un plaisir gourmand au cours des cinq prochaines années. ★★★★ ② ▼

Regaleali blanc 2011, Sicilia (715086) 14,90$
À prix attrayant, un très bon vin blanc nourri, mais également désaltérant, grâce à une bonne dose d'acidité et à un léger reste de gaz qui rehausse les saveurs ces cépages inzolia, grecanico et cattarrato. ☆☆☆ ② ✻

Voir aussi la section Ⓟ

D'autres vins rouges de Sicile de qualité moyenne ★★

CASA GIRELLI **Nero d'Avola 2011, Lamura, Sicilia** (10304041) 12,45$ Ⓒ

FAZIO **Cabernet sauvignon 2008, Casa Santa, Sicilia** (741561) 19$

FIRRIATO
Nero d'Avola 2009, Primula, Sicilia (606368) 11$
Santagostino 2010, Baglio Soria, Sicilia (10327605) 23,95$

MANDRAROSSA
Bonera 2011, Sicilia (11833374) 17,95$
Syrah 2009, Sicilia (11314996) 13,65$

MEZZO GIORNO **Nero d'Avola-Syrah 2008, Sicilia** (898783) 16,10$

MONTALTO **Merlot 2010, Collezione di Famiglia, Sicilia** (11676794) 16,95$ Ⓒ

PRINCIPI DI BUTERA
Merlot 2008, Sicilia (10675554) 15,60$
Syrah 2008, Sicilia (10960161) 18,20$

RAPITALÀ
Nero d'Avola 2011, Sicilia (928739) 13,95$
Catarratto-Chardonnay 2011, Sicilia (613208) 12,95$

STRADA ALTA **Cabernet sauvignon-Sangiovese 2010, Sicilia** (11581373) 14,95$ Ⓒ

PÉNINSULE IBÉRIQUE ESPAGNE - PORTUGAL

DOURO

Un grand millésime pour le Porto n'est pas nécessairement aussi grand pour les vins de table du Douro et vice-versa. D'abord connu pour le Porto, le Douro produit aujourd'hui plus de grands vins de table que toute autre région viticole portugaise.

BIERZO

Située tout au nord du Portugal, la petite appellation Bierzo a le vent dans les voiles depuis une dizaine d'années. Principal outil des vignerons, le cépage mencia est aussi connu sous le nom de jaen dans la région du Dão. Une analyse d'ADN a récemment permis de dissiper la théorie soutenant que cette variété serait un proche parent du cabernet franc.

DÃO

Contrainte à un monopole de caves coopératives jusqu'en 1974, la région du Dão est un écrin de granit entouré de montagnes. Les cépages touriga nacional et jaen (mencia dans Bierzo) y donnent des vins rouges souvent plus souples que ceux du Douro.

ALENTEJO

La région d'Alentejo, à une centaine de kilomètres à l'est de Lisbonne, connaît un développement remarquable depuis quelques années. Son vaste vignoble donne généralement de très bons vins plus généreux et chaleureux que ceux du Douro.

L'ESPAGNE EN QUELQUES CHIFFRES

Le vignoble espagnol représente environ 13,5 % de la superficie mondiale plantée. L'Espagne arrive toutefois au 3e rang des pays producteurs de vin, derrière la France et l'Italie.

LE PORTUGAL EN QUELQUES CHIFFRES

Un peu plus de 50 % de la production de vin du Portugal est destinée à l'exportation.

RIOJA ET RIBERA DEL DUERO

Outre ceux destinés à la production de vins bon marché, les vignobles d'Espagne sont généralement situés à des altitudes assez élevées. Les vignes de La Rioja grimpent jusqu'à 600 m, celles de la Ribera del Duero jusqu'à 800 m.

LE SAVIEZ-VOUS?

Le développement accéléré de l'appellation Ribera del Duero fait en sorte que les vins ne remplissent pas toujours leurs promesses. Le meilleur côtoie le quelconque. Pour éviter les déceptions, mieux vaut se fier à la réputation du producteur et éviter les supposés « vins cultes », issus de jeunes vignes, copieusement boisés et vendus à prix ambitieux.

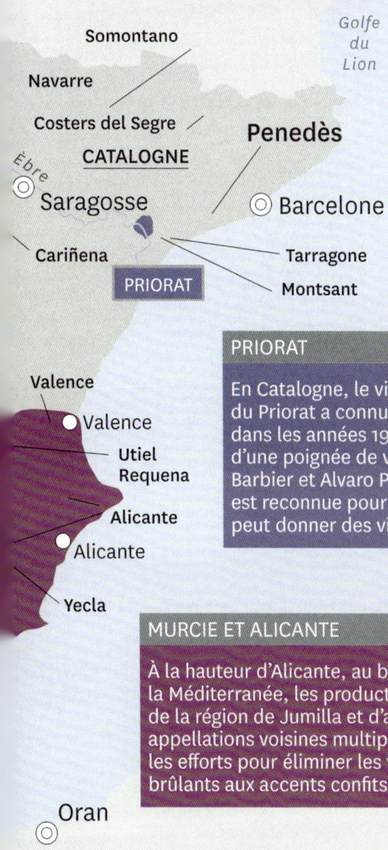

PRIORAT

En Catalogne, le vignoble historique du Priorat a connu un nouvel essor dans les années 1990, grâce aux efforts d'une poignée de vignerons, dont René Barbier et Alvaro Palacios. La région est reconnue pour ses sols d'ardoise et peut donner des vins très complexes.

MURCIE ET ALICANTE

À la hauteur d'Alicante, au bord de la Méditerranée, les producteurs de la région de Jumilla et d'autres appellations voisines multiplient les efforts pour éliminer les vins brûlants aux accents confits.

LE SAVIEZ-VOUS ?

Le goût parfois fortement boisé de certains vins espagnols provient de l'utilisation de bois de chêne américain. Moins coûteux que le bois français, il communique parfois des senteurs envahissantes de vanille et de chocolat.

LES CINQ DERNIERS MILLÉSIMES

2011

Un été chaud dans la Rioja a engendré de plus faibles rendements et des vins plus concentrés qu'en 2010. L'été 2011 a été marqué par une sécheresse générale et certaines régions viticoles ont commencé la vendange dès la fin du mois de juillet!

2010

Rendements réduits dans la Rioja et dans Ribera del Duero en raison des pluies printanières; le beau temps qui a suivi permet d'anticiper des vins solides. Année fraîche dans le Priorat, et plusieurs vins particulièrement harmonieux.

2009

Qualité satisfaisante un peu partout au pays. Très bons vins jugés équilibrés et de belle tenue dans la Rioja. Millésime caniculaire dans Ribera del Duero, où des pluies automnales ont été bénéfiques. Belle récolte dans les Penedès; grande chaleur aussi dans le Priorat où les vins manquent parfois d'équilibre.

2008

Qualité variable causée par un été frais, notamment dans la Rioja et dans Ribera del Duero. Dans ces deux régions ainsi que dans les Penedès, les résultats semblent variables, avec tout de même plusieurs vins satisfaisants.

2007

Récolte déficitaire de 30 % dans la Rioja, mais la qualité s'annonce fort satisfaisante. Grand succès dans les Penedès, des rendements inférieurs à la moyenne, mais des raisins à maturité idéale. Moins de chance dans Ribera del Duero où les vendanges ont eu lieu dans des conditions cauchemardesques; la plus mauvaise récolte depuis 1997.

DES PRODUCTEURS À RETENIR

PORTUGAL

Anselmo Mendes (Vinho Verde), Quinta do Feital (Vinho Verde), Casal Figueira (Lisbonne), Cortes de Cima (Alentejo), Luís Pato (Bairrada), Mouchão (Alentejo), Quinta de Foz de Arouce (Beira), Quinta dos Carvalhais (Dão), Quinta dos Roques (Dão).

DOURO

Casa Ferreirinha, Casal dos Jordões, Chryseia, Dow›s, Duorum, Niepoort, Olazabal, Poeira, Prats & Symington, Quinta de la Rosa, Quinta do Crasto, Quinta do Infantado, Ramos Pinto, Sogrape.

ESPAGNE

Le vignoble espagnol est le plus vaste de la planète. Il couvre plus d'un million d'hectares, dont la moitié sont concentrés dans la région de La Manche, au centre du pays.

L'Espagne s'est imposée sur les marchés d'exportation par sa capacité à produire des vins abordables et de qualité constante. À vouloir plaire aux goûts d'une nouvelle clientèle en quête de sensations fortes, elle est aussi devenue le royaume du vin bon marché, corsé, rustique et chargé en relents boisés un peu caricaturaux.

Heureusement, le renouveau de l'Espagne ne tient pas qu'à cela. Depuis une dizaine d'années, le paysage viticole semble en constants développements. Des régions comme Bierzo, Valdeorras et tant d'autres suscitent de plus en plus d'intérêt et dynamisent l'image – certes noble –, mais un peu poussiéreuse des caves historiques de la Rioja. Le Priorat semble aussi renouer avec un style de vins moins flamboyants, plus digestes et mieux adaptés aux plaisirs de la table.

À l'heure de l'apéritif, les amateurs voudront profiter de l'arrivée sur le marché de quelques très bons vins de l'appellation Rias Baixas, sorte de Muscadet de la Galice, mais les plus curieux voudront absolument s'initier au goût unique des Fino et Manzanilla, qui figurent parmi les vins les plus originaux du monde.

GALICE

ADEGAS MORGADIO

Albariño 2010, Legado del Conde, Rias Baixas (11155403) 19,50 $
La zone de Condado do Tea, voisine de O Rosal, est située sur la rive nord de la rivière Miño, face au Portugal. Dans un style plus mûr et vineux que d'autres vins de l'appellation, ce vin révèle des tonalités florales charmantes, à défaut d'étoffe réelle. ☆☆☆ ②

BODEGAS LA VAL

Rías Baixas 2010, Albariño, Finca de Arantei (11695119) 19,25 $
L'albariño semble avoir le vent dans les voiles. Non seulement les vins de Rias Baixas qui en sont issus connaissent un intérêt croissant sur les marchés d'export, mais ce cépage originalement planté dans les régions voisines de Galice (Espagne) et Vinho Verde (Portugal) commence lui-même à prendre racine dans le Nouveau Monde, en Australie notamment. L'amateur de vin blanc sec et désaltérant en quête d'aubaines voudra mettre la main sur quelques bouteilles de cet excellent Albariño. Très tendu, presque salin et rassasiant de fraîcheur. Bravo ! ☆☆☆☆ ② ✻

FILLABOA

Rias Baixas 2010 (11668129) 20,70 $
L'un des meilleurs vins d'albariño goûtés au cours des derniers mois. Sec, droit au but, des saveurs cristallines qui évoquent l'iode et une trame minérale qui sous-tend une texture juste assez vineuse. Équilibré, hautement désaltérant, étonnamment profond et relevé d'une amertume noble. Difficile de demander mieux. ☆☆☆☆ ② ✻

À TABLE AVEC LE…

Rias Baixas

Plutôt légers, frais, mais sans mordant, dotés d'un fruit mûr aux tonalités de pêche et le plus souvent non boisés, ce sont des vins très polyvalents à table. Ils accompagneront une cuisine fraîcheur : salades, plats de poissons et de fruits de mer délicats, saveurs d'agrumes, pamplemousse et orange en particulier, d'avocat, de camomille, de jasmin. – *V.R.*

NORA

Rias Baixas 2010 (11639580) 22,95 $

Un peu plus mûr et vineux que la moyenne des vins de Rias Baixas, mais néanmoins fort original par ses saveurs de fruits exotiques, sur un fond légèrement salin. Bon vin d'apéro ! ☆☆☆ ②

TERRAS GAUDA O ROSAL

Rias Baixas 2010 (10858351) 22,90 $

L'appellation galicienne Rias Baixas compte cinq zones de production. O Rosal, la plus méridionale, est située aux limites de la frontière avec le Portugal, sur la rive nord de la rivière Miño. Ce n'est donc pas un hasard si l'on trouve dans les vins blancs de la région le même caractère sec, vif et fringant des Vinho Verde. Après un 2009 mûr et opulent, ce vin renoue avec le caractère vif et désaltérant, rehaussé d'une touche iodée, évoquant les coquilles d'huîtres, propre aux crus de certaines régions maritimes. ☆☆☆☆ ② ✻

CATALOGNE

BUIL & GINÉ

Javier Buil est la force motrice de ce domaine familial fondé en 1998 dans la prestigieuse région du Priorat.

Baboix 2007, Montsant (10856355) 21,80 $

Quoiqu'un peu plus chaleureux et imposant en 2007, ce bon vin souple, qui mise avant tout sur l'expression suave et gourmande des cépages grenache, carignan, ull de llebre, cabernet sauvignon et merlot ne manque pas de charme. Encore meilleur s'il est servi frais, après un passage d'une demi-heure en carafe. ★★★ ② ⚗

CASTELL DEL REMEI

Gotim Bru 2009, Costers del Segre (643858) 17,45 $

Un peu plus chaleureux et nourri en 2009, cet assemblage de tempranillo, de garnacha, de cabernet sauvignon et de merlot ne surprend guère, mais on apprécie la générosité de sa chair fruitée. À boire au cours des trois prochaines années, autour de 15 °C. ★★★ ②

ODA 2010, Coster del Segre (11667353) 23 $

Chardonnay et macabeu, élevés sous bois avec bâtonnage donnent un vin passablement nourri, onctueux et agrémenté de notes d'érable et de caramel. Un peu convenu, mais pas dépourvu de charme. ☆☆☆ ②

MAS IGNEUS

Priorat 2008, FA112 (11691986) 40,25$
L'œnologue Albet i Noya pratique une viticulture biologique et produit trois vins rouges appelés FA – pour *fusta allier*, élevés en fûts de chêne français. Pour les distinguer, on ajoute un numéro indiquant la durée de l'élevage et l'âge des barriques. À titre d'exemple, le FA112 a été élevé dans des fûts d'un an (1) pendant douze mois (12). Intense, chaleureux et large d'épaules, le vin est savoureux, chargé de bons goûts de cerises et de chocolat noir. Fort agréable dès maintenant grâce à son fruit affriolant et à son équilibre, mais il n'atteindra son apogée que dans trois ou quatre ans. ★★★→★ ③

Priorat 2008, FA206 (10358671) 25,95$
Grenache, carignan, cabernet sauvignon et syrah donnent de nouveau un bon vin typiquement catalan par sa richesse et sa structure tannique franche; gorgé de fruit, floral et poivré. Intense, mais pas débridé. Déjà bon dès maintenant et pour les quatre prochaines années. ★★★→? ③

Priorat 2010, Barranc dels Closos (10857999) 21,95$
D'ordinaire plutôt franc et équilibré, je m'explique mal les relents de caoutchouc brûlé et le caractère capiteux, presque sucré, de ce vin de grenache. Mauvaise année? Creux de vague? ★★→? ③

Priorat 2010, Barranc dels Closos blanc (10857729) 21,35$
Assemblage de macabeu, de grenache blanc, de pedro ximenez et de muscat. S'il est un peu moins racé et volubile que l'an dernier, le vin est toujours fort recommandable. Sec, gras et un peu plus riche que par le passé; original et de bonne facture. ☆☆☆ ②

Sous une étiquette éponyme, Albet i Noya commercialise aussi:

Albet I Noya, Tempranillo 2010, Classic, Penedès (10985801) 15,60$
Issu de l'agriculture biologique, un vin gorgé de fruit, juteux et tout à fait rassasiant à ce prix. ★★★ ②

MAS MARTINET

L'un des domaines de la première heure, créé dans le mythique secteur de Gratallops au cœur du Priorato. Propriété de José Luis Perez et de sa fille Sara, elle-même œnologue, la propriété couvre 10 hectares et ne produit que 3000 caisses par an.

Clos Martinet 2005, Priorat (10860899) 65,75$
Le grand vin du domaine est issu de grenache, de syrah, de carignan et de cabernet sauvignon dont les rendements sont limités à 20 hl/ha. Le 2005 s'affirme davantage par son grain fruité chaleureux et sa puissance que par sa complexité aromatique. Ample et volumineux, à boire entre 2012 et 2015, au moins. ★★★→? ② ▼

À TABLE AVEC LE...

Priorat
En jeunesse, les vins du Priorat méritent d'être aérés en carafe et servis avec des viandes goûteuses et saignantes. Ce sont des vins puissants, souvent tanniques, mais dotés d'une saine fraîcheur qui les rend étonnamment digestes. Une cuisine qui relève cette fraîcheur – notamment par l'utilisation d'herbes aromatiques, de petits fruits ou d'olives noires – les mettra en valeur. Des parfums d'anis étoilé ou de girofle leur conviennent aussi très bien. – *V.R.*

PALACIOS, ALVARO

En 1989, Alvaro Palacios a quitté l'affaire familiale de Rioja – Palacios Remondo –, et a trouvé son eldorado dans les montagnes du Priorat, où il a créé l'Ermita, l'un des vins espagnols les plus célèbres et les plus chers...

Gratallops 2010, Vi de la Vila, Priorat (11337936) 51,50$
Alvaro Palacio a joué un rôle déterminant dans la délimitation des crus du Priorat. Depuis 2009, la région compte 12 villages reconnus sous l'appellation Vi de la Vila. Le plus fameux d'entre eux, Gratallops, figure sur les étiquettes d'Alvaro Palacio depuis 2006. Issu de très vieilles vignes de grenache et de carignan, le 2010 fait preuve d'un remarquable équilibre entre générosité et finesse. Un parfum discret mais envoûtant, précède une bouche riche, dense et complexe, à la fois soyeuse et ferme. Un vin qui nourrit le corps et l'esprit! ★★★★ ③

Finca Dofi 2009 Priorat (705764) 64,25$
Finca Dofi est un lieu-dit cultivé en biodynamie et planté de grenache surtout. Le 2009 exhibe un fruit très mûr, qui lui confère une texture crémeuse et un caractère quasi sensuel, mais aussi cette minéralité typique des meilleurs sites du Priorat. Costaud, avec une finale ferme et des tanins serrés, il nécessitera plusieurs années pour atteindre son apogée. ★★★→★ ③

Les Terrasses 2010, Priorat (10931562) 31$
Pour le commun des mortels, Alvaro Palacios a aussi eu la bonté de mettre au point cette cuvée. Fruits mûrs, fleurs, épices et minéralité donnent le ton à ce vin solide, dense et tricoté serré. Une importante proportion de carignan (60%) contribue à sa fraîcheur, et les vieilles vignes desquelles il est issu lui confèrent une profondeur et une minéralité notables. Puissant, mais sans lourdeur, il gagnera à vieillir quelques années. ★★★→★ ③

Camins del Priorat 2009, Priorat (11604651) 46$ – 1,5 litre
Composé essentiellement de grenache, de carignan et de cinsault, ce vin de soif à la catalane est un régal de fruit et de fraîcheur. Sa chair juteuse et ses saveurs de fruits noirs et d'épices donnent l'impression de croquer dans le raisin. À servir frais et à boire au cours des trois prochaines années. ★★★★ ② ❋

TOMAS CUSINE

Vilosell 2008, Costers del Segre (10858511) 20,45$
Tomàs Cusiné – la star de Costers del Segre – a développé son propre vignoble à El Vilosell, environ 100 km à l'ouest de Barcelone. Conçu dans un style moderne, destiné à être bu dès sa commercialisation, ce vin joufflu est tout à fait réussi dans son genre. Charmeur et animé d'une fraîcheur enviable. À boire entre 2013 et 2016. ★★★ ②

TORRES

Avec une production annuelle d'environ 40 millions de bouteilles, la famille Torres exerce sans relâche un rôle de locomotive pour la viticulture espagnole, notamment par ses investissements importants dans la recherche et le développement et par son implication dans différents projets de protection de l'environnement et du patrimoine naturel.

Salmos 2009, Priorat (10857690) 30,25$
Initié dès 1996, le projet de Salmos dans le Priorat commence à donner des résultats convaincants. Le 2009 est chaleureux et bien nourri par la générosité du millésime, comme en témoignent ses parfums de cassis et de kirsch, mais heureusement porté par une saine acidité qui harmonise le tout et laisse en bouche une sensation rassasiante, sans lourdeur. ★★★→? ②

Mas Borras 2009, Penedès (856039) 33,25$
L'attaque est volumineuse et la chair fruitée et dodue, suffisamment encadrée, mais l'ensemble est un peu creux en milieu de bouche. À défaut de finesse, on appréciera sa finale quelque peu austère qui ajoute à son caractère. ★★★ ②

Gran Coronas 2008, Penedès (036483) 20,05$
Bon Cabernet de forme plutôt classique, charnu comme il se doit, nourri par un élevage en fûts et correctement étoffé. Jamais d'effet spectaculaire, mais toujours un bon vin sincère et digeste. ★★★ ② Ⓒ

Sangre de Toro 2010, Penedès (006585) 12,75$ **|** (11254698) 6,60$ – 375 ml
Toujours une expression souple, sphérique et coulante de garnacha et de cariñena. ★★ ② ✻ Ⓒ

Coronas 2009, Penedès (029728) 14,05$
Bon vin droit, assez charnu, avec de bons goûts de fruit noir. Tout à fait recommandable à ce prix. ★★★ ② Ⓒ

Fransola 2009, Penedès (10270047) 25,50$
Toujours irréprochable, ce savoureux vin blanc présente une feuille de route impeccable. Sans surprise, les habitués y retrouveront les parfums caractéristiques de fruits tropicaux auxquels l'élevage en fûts de chêne apporte de jolies tonalités de noix de coco, ainsi qu'une agréable vinosité. Quatre étoiles bien méritées pour sa constance au fil des ans. ☆☆☆☆ ②

Gran Viña Sol 2010, Penedès (064774) 17,25$
Chardonnay et parellada donnent un vin coulant, facile à boire, agrémenté de saveurs exotiques et doté d'une certaine vinosité, attribuable à une fermentation partielle en fûts de chêne. ☆☆☆ ②

Viña Sol 2011, Penedès (028035) 12,05$
La constance de ce vin blanc aromatique composé de parellada mérite une mention spéciale. Modérément aromatique, vif et léger en alcool. ☆☆☆ ② ✻ Ⓒ

Viña Esmeralda 2011, Penedès (10357329) 15,05$
Une bonne dose d'acidité et un léger reste de gaz donnent à ce cocktail d'inspiration alsacienne – moscatel et gewurztraminer – un éclat aromatique fort charmant. Sucré, mais équilibré. ☆☆☆ ② ✻ Ⓒ

Natureo 2010, Muscat, Vin d'Espagne (11334794) 9,15$
Vin blanc désalcoolisé. Vif, très parfumé, pas trop sucré, vigoureux.

RIOJA

ARTADI

Dans la province d'Álava, Juan Carlos López de Lacalle compte parmi les œnologues vedettes de la Rioja.

Rioja 2007, Pagos Viejos (701623) 149 $
Ce Rioja de facture moderne en impose par sa largeur en bouche, son ampleur tannique et sa longueur. Cher, mais hors du commun, tout en richesse et en concentration, avec un tissu tannique dense et serré, sans dureté. Déjà assez ouvert, mais tout le coffre nécessaire pour traverser les années. ★★★→★ ③

BODEGAS PALACIO

Rioja 2008, Cosme Palacio (237834) 18 $
Bon an mal an, un bon vin souple, tendre et nourri de bons goûts de fruit noir et de réglisse. Une valeur sûre au répertoire général. Servir frais autour de 15 ou 16 °C. ★★★ ② ©

EL COTO DE RIOJA

Rioja 2005, Reserva, Coto de Imaz (10857569) 19,35 $
Bon Rioja expressif, velouté, charmeur et fondu, au nez classique marqué par le bois, qui apporte des notes de vanille et de sucre brun. Bien fait et très satisfaisant avec sa bouche chaleureuse et joufflue, sans excès. Maintenant ouvert et à point. ★★★ ②

IBÉRICOS – TORRES

Rioja 2009, Ibéricos (11180342) 18,30 $
La famille Torres s'est lancée, en 2005, dans la construction d'une *winery* ultramoderne à Labastida, dans La Rioja Alavesa. Très bon vin coloré, charnu et riche en fruit auquel un élevage de 12 mois en fûts de chêne américain et français donne des allures un peu internationales. Pas très profond, mais riche en fruit et agréable à boire. ★★★ ②

IJALBA

Cette cave dynamique de Logroño s'est donné pour mission de préserver le patrimoine viticole de la Rioja en y réintroduisant des variétés telles que le graciano et la maturana tinta, que l'INDO – équivalent de l'INAO français – avait fait arracher au profit du populaire tempranillo. On y pratique également une agriculture biologique.

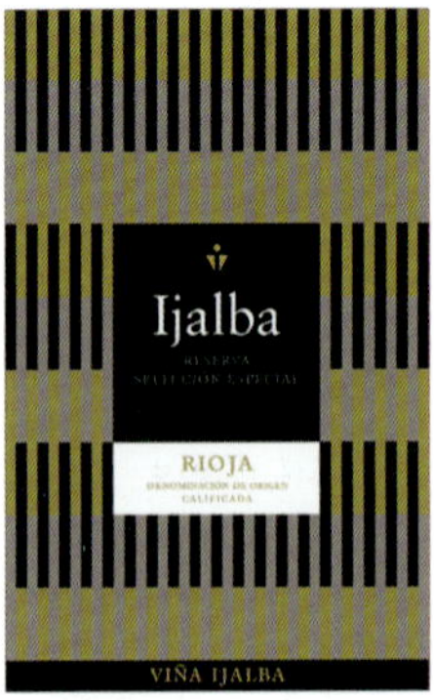

Reserva Seleccion Especial 2001, Rioja (705103) 47,25 $
Produit exclusivement dans les grandes années – quatre millésimes seulement depuis 1990 ! –, ce Rioja maintenant ouvert déploie en bouche un tissu tannique velouté, sur un fond encore passablement ferme. Encore jeune, il a de belles années devant lui. Assez moderne, mais très habilement joué. Prix mérité. ★★★★ ②

Reserva 2007, Rioja (478743) 19,25 $
Typique Rioja, mis en valeur par un élevage bien maîtrisé ; à la fois suave, plein de corps et agrémenté de saveurs un peu sauvages qui contribuent à son caractère. De nouveau parmi les plus satisfaisants dans sa catégorie. Bravo ! ★★★★ ② ✻

Maturana Blanca 2011, Rioja (11383596) 21,30 $
Un vin blanc original, ample, presque sucré tant le fruit est mûr, riche en saveurs de citron et de pommes compotées, mais également doté d'une agréable tenue en bouche et d'une vive acidité qui harmonise le tout. ☆☆☆☆ ② ✻

Genoli 2011, Rioja (883033) 12,40 $
Même s'il demeure simple, ce vin blanc de viura charme de nouveau par sa vitalité et son originalité. À table comme à l'apéro, on appréciera son caractère friand et désaltérant. À ce prix, c'est un incontournable! ☆☆☆ ② ✻

LOPEZ DE HEREDIA

Rioja blanc 2002, Vina Gravonia (11667927) 26,25 $
Un vin blanc espagnol, de 2002, vraiment? À l'ouverture, des parfums de caramel et de pommes oxydées laissent croire à un vin un peu ténu, presque fatigué. Après une longue aération en carafe, il se révèle toutefois avec beaucoup de profondeur et de relief aromatique, évoluant à chaque nouvelle gorgée. Complexe, mais un peu déstabilisant par sa singularité. Pas étonnant que cette *bodega* fasse partie de l'élite de la Rioja. À boire dès maintenant et jusqu'en 2016, autour de 10 ou 11 °C, avec des pétoncles grillés. Un régal! ☆☆☆☆ ② ✻

Rioja 2001, Vina Tondonia (11667901) 44 $
Pruneaux, figues séchées et ces notes balsamiques classiques, avec un caractère très délicat, presque dépouillé qui évoque la texture d'un Pinot noir. Pas de bois ni d'exubérance fruitée. Au contraire, il continuera à s'affiner avec le temps et deviendra encore plus intense, à sa manière. À une époque où la Rioja semble parfois perdre son âme, il fait bon y trouver une telle authenticité. ★★★★ ②

MARQUÉS DE MURRIETA

Fondé en 1872, Marqués de Murrieta est un nom réputé de la Rioja. Des plus grands aux plus modestes, les vins sont des modèles de qualité.

Castillo Ygay, Gran Reserva Especial 2004, Rioja (11166647) 49 $
Cette cuvée prestigieuse élaborée uniquement dans les meilleurs millésimes – sept fois seulement depuis 1978... – a largement contribué à la renommée de Murrieta. Nourri par un élevage prolongé en fûts de chêne américain, qui ajoute à sa dimension et à sa prestance en bouche et lui confère des accents de torréfaction qui s'harmonisent très bien à l'ensemble. Déjà particulièrement épanoui; il le restera jusqu'en 2018. Grand style! ★★★★ ③

Ygay, Reserva 2006, Rioja (10823166) 25,10 $
Déjà commenté l'année dernière et dégusté de nouveau en juillet 2012, ce vin demeure l'un des modèles de l'appellation. Séveux, ample et judicieusement boisé, avec une texture caressante et distinguée. Comme toujours, on achète les yeux fermés. ★★★★ ② ✻

MARQUÉS DE RISCAL

Cette cave fondée en 1858 n'a rien perdu de son éclat et demeure attachée à une idée très classique du vin espagnol.

Rioja 2007, Reserva (10270881) 22,20 $
Dans la continuité des derniers millésimes, ce très bon vin réunit toutes les qualités attendues dans un Rioja. Sa texture veloutée et soyeuse, comme ses saveurs de tabac, de cuir et de vanille Bourbon, lui confèrent un charme certain. Maintenant ouvert et bon jusqu'en 2016. ★★★ ②

PALACIOS, ALVARO

Dans sa région natale qu'il avait quittée en 1989 pour trouver son eldorado dans les montagnes du Priorat, Alvaro Palacios élabore de bons Rioja de facture moderne.

La Montesa 2009, Rioja (10556993) 19,10 $
Composé de garnacha, de tempranillo et de mazuelo, issus du vignoble familial. Charnu, suave et riche en saveurs de fruits secs, presque cuits. Tout en rondeur, mais pas dépourvu de tonus, il sera encore plus séduisant après une aération d'une demi-heure en carafe. Le bonheur avec des hamburgers sur le barbecue. ★★★ ②

La Montesa 2008, Rioja (11614631) 39 $ – 1,5 litre
Comme toujours, un très bon Rioja juteux, friand, tout de fruit et de souplesse; sans profondeur réelle, mais fort agréable à boire. Le format magnum ne devrait pas laisser croire qu'il s'agit d'un vin de garde. Plutôt un bon vin de soif à servir lors de réunions en grand comité. À servir frais autour de 15 °C. ★★★ ②

Vendimia 2011, Rioja (10360317) 15,65 $
Comme toujours, un bon vin riche en saveurs fruitées, souple, coulant et facile à boire. ★★★ ②

Plàcet 2009, Rioja (11318170) 25,05 $
Une très belle réussite en 2009 pour cette cuvée de viura à laquelle une fermentation et un élevage en foudres confèrent un très beau gras. Riche et complexe, mais doté d'une finale fraîche aux tonalités d'agrumes et, surtout, d'un boisé savamment dosé. D'autant plus recommandable qu'il coûte 5 $ de moins que l'an dernier. ☆☆☆☆ ② ✳

RODA

Ce domaine fondé vers la fin des années 1980 par les Barcelonais Mario Rotllant et Carmen Daurella génère d'excellents Rioja d'inspiration moderne.

Reserva 2006, Rioja (11629517) 46,75 $
Issu de tempranillo et de graciano, le Reserva est soigneusement élevé pendant 16 mois en fûts de chêne français, neufs pour la moitié. Le bois y joue bien son rôle et enrobe sa texture suave, constituée de tanins fins, tout en agrémentant le vin de délicates notes fumées et vanillées. Encore jeune et un peu timide, il gagnera sans doute en détail au cours des cinq prochaines années. ★★★→★ ③

Rioja 2009, Sela (11693375) 27,90 $
Une très bonne note aussi pour ce Rioja de facture moderne, pourvu d'une attaque en bouche franche et droite, à laquelle de belles aspérités tanniques apportent tout ce qu'il faut de vigueur et de corps. Finale nourrie de saveurs de fruit et de réglisse. ★★★→? ③

À TABLE AVEC LE...

Rioja
Les vins rouges de la Rioja peuvent être séparés en deux camps : les traditionnels et les modernes. Les premiers, avec leurs accents de prune, de cuir et d'épices, sont excellents avec des plats de viande braisée, dont la longue cuisson des sucs apporte une certaine onctuosité. Un lapin ou une pintade aux pruneaux, aux tomates séchées, aux champignons lui iront aussi à merveille. Les Rioja modernes varient énormément en style. Il est ainsi plus difficile de faire des généralisations pour la table. – *V.R.*

NAVARRE

IÑAKI NÚÑEZ

Pago de Circus 2009, Navarra (11222901) 16,55$
Le cinéaste Iñaki Núñez a développé un vaste vignoble d'une centaine d'hectares en Navarre, au nord-ouest de la ville de Saragosse. Sans rien révolutionner, cet assemblage de tempranillo, de merlot et de cabernet sauvignon plaira aux amateurs de vins de soleil. Riche et nourri, mais sans excès et particulièrement rassasiant à ce prix... ★★★ ② ❋

CASTILLE ET LÉON

BEBERIDE, LUNA

Mencia 2009, Bierzo (11668153) 15,10$
Riche en saveurs de cassis, assez charnu; rien de complexe, mais assez rassasiant par sa chair généreuse et ses saveurs de fruit noir, accentuées par une saine amertume. ★★★ ② ❋

BODEGA CEPA 21

C21 2008, Ribera del Duero (11668444) 28,60$
Le Ribera del Duero façon «moderne». Vanillé, concentré, dodu et chaleureux, mais sans lourdeur, grâce à une bonne dose d'acidité. Même si je n'affectionne pas spécialement ce type de vin, je dois convenir qu'il est facile de se laisser séduire par tant d'opulence. ★★★ ②

BODEGAS ESTEFANIA (TILENUS)

Cette bodega d'une trentaine d'hectares a été fondée en 2000 par un important producteur laitier de la région de Burgos. Le porte-étendard de la maison est certainement le Pagos de Posada, une cuvée phare de l'appellation Bierzo. Les quatre vins suivants sont exclusivement issus du cépage local mencía.

Pagos de Posada 2003, Bierzo (10855889) 37,75$
Encore disponible dans quelques succursales à travers le Québec, ce vin ouvert et à point provient d'une seule parcelle, dont les vignes ont atteint l'âge vénérable de 85 ans. Il révèle des saveurs profondes aux accents de cuir et de sous-bois. De la chair et du fruit, le tout encadré de tanins fins et serrés. ★★★★ ②

Bierzo 2004, Pagos de Posada (10855889) 35,75$
À la faveur d'un millésime généreux dans presque toute l'Espagne, la grande cuvée de Tilenus me semble encore plus intense et complète. Intense et chaleureux, passablement structuré, avec des tanins bien présents qui lui donnent actuellement une allure un peu carrée, mais suffisamment enrobée pour se bonifier, sans s'assécher. Finale racée aux tonalités florales et animales. ★★★→★ ③

Bierzo 2006, Crianza (10856152) 23,90$
Chaleureux, dense et concentré; un peu sévère pour l'heure et encore marqué par l'élevage, tant par ses tonalités fumées que par sa fermeté tannique. Laissons-lui un peu de temps, il se révélera sans doute plus harmonieux dans quelques mois. ★★★→? ③

Bierzo 2007, Roble (11664152) 21,20$
Sorte de modèle réduit des deux vins précédents, avec le même caractère digeste et désaltérant, et une finale relevée et savoureuse aux goûts de cerises, accentuée d'une saine amertume. À boire entre 2013 et 2016. ★★★★ ② ❋

CASTRO VENTOSA – EL CASTRO DE VALTUILLE

Après avoir étudié l'œnologie à Valence, le jeune Raúl Pérez – aussi vinificateur chez Bodegas Estefania (Tilenus) – est rentré à la maison avec l'intention de reprendre en main le vignoble appartenant à sa famille depuis 1750.

Bierzo 2008 (11155569) 24,95$
Tout aussi bon que le 2007 commenté l'an dernier, même s'il se montrait sous un jour un peu austère en août 2012. Une belle densité de fruit, un cadre tannique serré, qui donne du tonus et laisse en finale une impression très franche. À laisser idéalement reposer un an ou deux; dans l'immédiat, une aération d'une heure lui sera bénéfique. ★★★→★ ③ ✳ △

Bierzo 2009, Joven (11668145) 17,60$
Même éclat aromatique, avec des saveurs de kirsch et de noyau de cerise, des notes d'épices et une finale étonnamment persistante pour un vin de cette catégorie. Vibrant, plein de vigueur, très digeste avec sa finale quasi saline. Beaucoup de vin pour le prix. ★★★★ ② ✳

DESCENDIENTES DE J. PALACIOS

Après avoir contribué à la résurrection du Priorat, l'œnologue Alvaro Palacios s'est aventuré dans la région de Bierzo avec son neveu, Ricardo Pérez Palacios. Le vignoble est essentiellement cultivé en biodynamie.

Pétalos 2010, Bierzo (10551471) 21,05$
Le Pétalos est conçu dans un style moderne qui permet de l'apprécier dès sa mise en marché. Souple, suave, mais à la fois charnu et plein de mâche. Tout à fait recommandable à ce prix et encore meilleur après 30 minutes en carafe. ★★★ ② △

Bierzo 2009, Villa de Corullón (10823140) 23$
Certainement conçu pour être apprécié à table et jouant à la fois de puissance et de vitalité, ce 2009 présente un équilibre idéal. Le caractère fruité très mûr est soutenu par une fraîcheur florale et une minéralité marquée. Encore marqué par le bois neuf, il gagnera sans doute en complexité d'ici cinq ans. ★★★→★ ③ ✳

En plus du Villa de Corullón, Desciendientes de J. Palacios commercialise désormais trois cuvées parcellaires qui mettent en relief les typicités distinctes de leurs terroirs.

Morcerbal 2006, Corullón, Bierzo (11100277) 110$
Très bon vin stylé issu de vignes cultivées à 730 m d'altitude. Passablement structuré, séveux et bien proportionné, il conjugue des goûts généreux de réglisse, d'olives noires et d'épices. Plus cher que la moyenne de Bierzo, mais il augure un bien bel avenir. ★★★→★ ③ Ⓢ

À TABLE AVEC LE...

Bierzo

Le mencía donne des vins fascinants à Bierzo: puissants, mais doté de beaucoup de minéralité et de fraîcheur. Ils accompagneront toutes les viandes rouges (plutôt saignantes à moins que le vin n'ait de l'âge), mais attention aux saveurs trop sucrées qui pourraient durcir les tanins et exacerber l'acidité. Ils seront mis en valeur par des saveurs de petits fruits qui jouent à la fois sur le sucré et l'acidité, de poivrons rouges, de betteraves, de navets, de chou rouge, de tomates séchées, de lavande, de réglisse ou de pimentón. – *V.R.*

Las Lamas 2006, Corullón, Bierzo (11100269) 110$
Tout aussi structuré, celui-ci provient d'une parcelle dont les sols au pH faible permettent de compenser pour l'acidité modérée du mencia. Cela donne un vin équilibré, au caractère affirmé, à la fois relevé et chaleureux, mais sans excès. Une aération prolongée en carafe est conseillée. ★★★→★ ③ Ⓢ ⚗

San Martin 2006, Corullón, Bierzo (11100285) 85,25$
Plus flatteur, mais aussi un peu plus rustique, il charme tout de même par ses parfums exotiques de kirsch et de chocolat. Riche en extraits, sphérique et enrichi d'une finale opulente. ★★★→? ③ Ⓢ

DOMINIO DE EGUREN

Toro 2009, Romanico (11676719) 17,40$
Expression juteuse, chaleureuse et flatteuse du tempranillo, baptisé tinta de toro dans la région. Gorgé de fruit, assez corsé et satisfaisant à ce prix. ★★★ ② Ⓒ

Protocolo 2009, Vino de la Tierra de Castilla (10754439) 11,65$
Produit dans la région de Castille La Manche, le Protocolo est l'un des bons exemples de vin espagnol courant, à la fois rassasiant et digeste. Pas de parfums boisés inutiles, mais une bonne dose de fruit. Le tout à un prix alléchant. ★★ ② ❋ Ⓒ

DOMINIO DE TARES

Godello 2010, Bierzo (11631852) 25,25$
Le vinificateur en chef de Dominio de Tares, Pedro González, est un acteur majeur de l'appellation Bierzo. En plus d'un très bon vin rouge inscrit au répertoire de la SAQ, il y élabore ce savoureux Godello, nourri par un élevage de six mois en fûts de chêne français qui l'enrobe d'une vinosité appréciable. Très bel équilibre entre le gras, le fruit et l'acidité, et une finale aux bons goûts de pêche. Pour l'apprécier pleinement il ne faudrait pas le servir trop frais et l'aérer une demi-heure en carafe. ☆☆☆→? ② ⚗

DOMINIO DO BABEI

Lacima 2005, Ribeira Sacra (11157265) 72,50$
Tout comme son voisin Bierzo, cette petite appellation de Galice mise sur l'originalité du mencía. La talentueuse œnologue-conseil Sara Pérez exploite le cépage avec finesse et élégance. Son grain tannique serré lui donne passablement de caractère et assure sa fraîcheur en finale. Un franc succès qui se livrera pleinement dans trois ou quatre ans. ★★★→? ② Ⓢ

LURTON, FRANÇOIS

El Albar 2008, Barricas, Vino de la Tierra de Castilla y Leon (10358006) 20,20$
Fort bien tourné cette année : suave, mûr et velouté, suffisamment corsé, sans excès boisé et doté d'une finale séveuse et savoureuse qui lui donne un caractère enviable pour le prix. Saveurs minérales persistantes qui évoquent le graphite et amertume de bon aloi. Servir autour de 15 ou 16 °C. ★★★★ ② ❋

Verdejo 2011, Rueda (727198) 15,90$
Très bon vin blanc issu de verdejo. Sec, juste assez parfumé, délicatement perlant et acidulé. Très agréable à l'apéritif ! ☆☆☆ ② ❋

Tempranillo 2009, Vino de la Tierra de Castilla y Leon (10362435) 14,30$
Bon Tempranillo, suffisamment fruité et assaisonné d'une touche boisée. Une proposition honnête à ce prix. ★★ ② Ⓒ

MORO, EMILIO

Ribera del Duero 2007 (11129993) 24,05 $
Ce domaine créé dans les années 1940 continue de produire un très bon vin qui conjugue la générosité naturelle du climat de la Castille et la fermeté qu'adopte les bons vins de tempranillo de facture classique. Un élevage judicieux en fûts de chêne américain et français apporte à la fois de la rondeur, de la structure et des notes grillées. Un bon compromis pour l'amateur de vins du Nouveau Monde. Idéal pour accompagner une bonne pièce de viande saignante. ★★★→? ②

NAIA

Rueda 2010 (11465153) 19,45 $
L'une des *bodegas* renommées de Rueda élabore ce très bon vin blanc sec issu de verdejo. Beaucoup de style et de fraîcheur, avec en prime des saveurs généreuses de fruits exotiques. Servir à l'apéritif, autour de 8 °C, avec un fromage de chèvre frais. ☆☆☆ ② ❄

PITTACUM

Mencia 2007, Bierzo (10860881) 19,10 $
La jeune œnologue Elisa Gomez est à la tête de cette bodega créée en 1999. Maintenant bien ouvert, ce bon vin rouge est à la fois dodu, chaleureux et encadré par des tanins suffisamment fermes pour assurer sa tenue en bouche. ★★★ ②

À TABLE AVEC LE...

Rueda
Le verdejo de Rueda s'apparente beaucoup au sauvignon blanc et peut être traité de même à table. – *V.R.*

PRADO REY

La *bodega* Real Sitio de Ventosilla est un exemple du développement effréné de l'appellation Ribera del Duero. Elle produit annuellement quelque deux millions de bouteilles. Sans pouvoir les comparer aux meilleurs, ses vins sont tout de même de qualité satisfaisante.

Crianza 2008, Ribera del Duero (929034) 19,75 $
Le version Crianza se distingue par l'usage du chêne américain qui l'assaisonne de notes épicées, sur un fond de torréfaction. Bon 2008 passablement structuré, un peu carré même, et riche en notes de fruits noirs. À boire entre 2014 et 2017. ★★→? ③

Roble 2009, Ribera del Duero (585596) 14,80 $
Plus modeste, ce bon vin juteux mise à fond sur le caractère fruité juvénile du tempranillo. Pas trop de bois ; simple et savoureux. ★★★ ②

Roble 2010, Ribera del Duero (928762) 11,40 $ – 500 ml
Plus jeune et plus fringant encore, le 2010 est en ce moment offert en demi-litre. ★★★ ②

Crianza 2006, Recorba, Ribera del Duero (10463826) 17,35 $
Bon Crianza maintenant à maturité, dont les tanins souples et la chair veloutée plairont à coup sûr à l'amateur de vin dodu. À boire de 2013 à 2016, autour de 16 °C. ★★★ ②

TORRES

Celeste 2009, Ribera del Duero (10461679) ▌21$ (11326946) 40,75$ – 1,5 litre
Hors de son château fort catalan, la famille Torres a développé un vignoble à 900 m d'altitude dans Ribera del Duero. Dans l'esprit de «buvabilité» qui a contribué au succès planétaire de l'entreprise, un très bon vin tout en suavité et gorgé de fruits mûrs, avec la vitalité nécessaire à son équilibre. Très bon vin dans sa catégorie. ★★★ ② ©

VALDESIL

Godello 2010, Valdeorras (11412941) 22,05$
Dans la partie sud-est de la Galice, non loin de Bierzo, l'appellation Valdeorras connaît depuis quelques années une véritable renaissance, grâce au succès des vins de Godello, un cépage blanc indigène qui était largement répandu dans la région avant la crise du phylloxéra. Nettement mieux équilibré que le 2009 commenté l'an dernier. Un excellent Godello typique de son appellation, c'est-à-dire frais, digeste et ponctué d'une délicate salinité qui accentue ses saveurs fruitées et florales. ☆☆☆☆ ② ✻

EXTREMADURA

CAMPOBARRO

Tempranillo 2010, Ribera del Guadiana (10357994) 9,30$
Ce vin de tempranillo fera le bonheur des chasseurs d'aubaines. Ni lourd, ni rustique, ni boisé. Très bel exemple de vin quotidien. Gorgé de fruit, souple, coulant et facile à boire. ★★ ② ✻ ©

Tempranillo 2011, Ribera del Guadiana (10357994) 9,30$
Dans le même esprit et tout à fait recommandable. ★★ ② ✻ ©

ALICANTE

EL MIRACLE

Monastrell 2009, Planet, Alicante (11184941) 13,85$
Au répertoire général, un bon vin simple, mais assez charnu auquel le cépage monastrell (mourvèdre) confère une touche d'originalité fort agréable à ce prix. ★★ ② ✻ ©

EL SEQUÉ

Laderas de El Sequé 2011, Alicante (10359201) 13,25$
Figure très connue de la Rioja, Juan Carlos Lopez de la Calle – Domaine Artadi – a développé un projet dans la région d'Alicante où il cultive principalement du monastrell. Particulièrement mûr cette année, au point de paraître presque sucré, cet assemblage de monastrell, de syrah et de cabernet sauvignon est généreusement fruité et fort rassasiant par sa chair dense. Bon vin pour accompagner des grillades.. ★★★ ② ✻♙

LAUDUM NATURE

Barrica 2009, Alicante, Bodegas Bocopa (11015611) 14,10$
Les cépages monastrell (mourvèdre), tempranillo et cabernet sauvignon issus de l'agriculture biologique donnent ici un bon vin joufflu, juteux, rond et savoureux. Rien de bien compliqué, mais un vin charmant, relevé de bons goûts de réglisse et tout à fait rassasiant à ce prix. ★★★ ② ✻ ©

ARAGON

ALTO MONCAYO

Garnacha 2009, Veraton, Campo de Borja (11668241) 28,70$
Bodega de création récente née d'un partenariat entre l'importateur bostonnais Jorge Ordoñez et le *winemaker* australien Chris Ringland. Le Garnacha servi à la façon culturiste: concentré, intense, capiteux (15,5% d'alcool), copieusement boisé et porté par des tanins très mûrs, presque gommeux. L'amateur du genre aimera sans doute. Je préfère passer mon tour. ★★→? ③

BODEGAS ATECA

Old Vines 2010, Atteca, Calatayud (10856873) 20,25$
Fondée en 2005, la *bodega* Atteca fait de plus en plus parler d'elle. Commenté assez favorablement l'an dernier, je n'ai cette fois rien de bien positif à dire sur ce vin issu de vieilles vignes de grenache, mais hélas! maquillé par une profusion de saveurs boisées qui gomment le fruit et laissent en bouche une impression fabriquée. Très peu pour moi. ★★→? ②

Garnacha 2011, Honoro Vera, Calatayud (11462382) 15,10$
En revanche, j'aime beaucoup l'éclat aromatique, la vigueur et l'équilibre d'ensemble de ce vin nouvellement inscrit au répertoire général. Jeune, gorgé du soleil méditerranéen et parfaitement recommandable à ce prix. ★★★ ② ✳ ©

BORSAO

Depuis quelques années, cette importante coopérative située dans l'appellation Campo de Borja, juste au sud de la Rioja, exporte au Québec des vins rouges particulièrement friands et vendus à des prix abordables.

Crianza 2009, Campo de Borja (10463631) 14,95$
Retour en force pour cet assemblage de garnacha, de tempranillo et de cabernet sauvignon. L'élevage sous bois semble mieux maîtrisé et le vin est fort rassasiant, tant par sa mâche fruitée, que par sa vigueur. À moins de 15$, c'est une valeur sûre. ★★★ ② ✳ ©

Garnacha 2010, Tres Picos, Campo de Borja (10362380) 21,95$ | (11639045) 43,25$ – 1,5 litre
Cette année encore, ce vin issu de vieilles vignes de grenache me semble inutilement dominé par le bois. Les saveurs naturelles du grenache se perdent dans les goûts de vanille et de café et laissent une impression plutôt convenue. Souhaitons que cela s'estompe avec le temps... ★★→? ②

Garnacha 2011, Campo de Borja (10324623) 12,15$
Autrefois commercialisé sous le nom Joven, ce bon vin courant mise à fond sur la richesse fruitée et la souplesse du grenache. Simple, mais constant et bien agréable à boire, surtout autour de 14 °C. ★★★ ② ✳ ©

Tocado 2011, Campo de Borja (10845701) 9,25$
Vin espagnol aux airs de Nouveau Monde: souple, plein de fruit et arrondi par un léger reste de sucre pour plaire un vaste public. Et ça marche! ★★ ② ©

Macabeo 2011, Joven, Campo de Borja (10856161) 13,45$
Vin 100% macabeu, aromatique comme il se doit, vif et plein de fraîcheur. Pour le prix, rien à redire. ☆☆☆ ② ✳

VALENCE

CASTILLO DE LIRIA

Bobal-Shiraz 2010, Valencia, Vicente Gandia (539320) 8,40 $
Modeste, mais fruité, sec, équilibré et tout à recommandable. ★★ ② ✻ Ⓒ

DOMINIO DE ARANLEON

Blés 2009, Crianza, Valencia (10856427) 14,75 $
Bon vin courant composé de tempranillo, de cabernet sauvignon et de monastrell, issus de l'agriculture biologique. Très jeune, animé d'un léger reste de gaz carbonique et tout à fait recommandable comme vin quotidien. ★★★ ② ✻

MURCIE

CASA DE LA ERMITA

Crianza 2007, Jumilla (638486) 17,10 $
La Casa de la Ermita est un projet de création récente qui illustre le renouveau qui souffle sur la région. Issu de monastrell et de petit verdot, le 2008 charme avec son attaque en bouche nourrie et gourmande. Beaucoup de plaisir en perspective pour l'amateur de vin espagnol. ★★★ ② ✻ Ⓒ

Voir aussi la section Ⓟ

CASTAÑO

Avec la coopérative locale, Bodegas Castaño est l'un des acteurs majeurs de l'appellation Yecla, aux limites septentrionales de la région de Murcie.

Solanera 2009, Viñas viejas, Yecla (11664902) 19,60 $
Monastrell (mourvèdre), cabernet sauvignon et tintorera donnent un très bon vin gorgé de fruit généreusement nourris par le climat méditerranéen. Un joli grain tannique apporte tout le tonus nécessaire à l'ensemble et laisse une impression fort rassasiante en bouche. Aérer une demi-heure en carafe. À boire entre 2013 et 2017. ★★★ ② ⏃

Monastrell 2009, Hécula, Yecla (11676671) 14,70 $
Même s'il a une allure un peu plus ample et moderne que le vin courant commenté au cours des dernières années, ce très bon Monastrell s'avère fort recommandable. Bel équilibre entre le bois et le fruit et une mâche suffisamment rassasiante pour le prix. ★★★ ② ✻

Pozuelo 2008, Reserva, Yecla (725150) 17,35 $
Assemblage de monastrell, de cabernet sauvignon, de syrah et de merlot, élevé en fûts de chêne pendant 20 mois. Rien de bien original, mais un bon rouge habilement tourné, charnu et relevé de bons goûts d'épices. ★★★ ②

Chardonnay-Maccabeo 2011, Yecla (10855758) 13,25 $
Vin technologique, plutôt neutre, mais tout à fait correct à ce prix. ☆☆ ②

FELIX SOLIS

Tempranillo 2010, Los Molinos, Valdepeñas (548875) 8,20 $
Bon vin courant misant avant tout sur le fruit; souple, coulant et facile à boire, avec des notes épicées. ★★ ② ✻

LE VIN DÉCORTIQUÉ

Clarifions... la filtration

Au moment d'embouteiller son vin, le vigneron doit décider s'il le clarifiera et/ou le filtrera, afin de le débarrasser des petites particules n'ayant pas été naturellement éliminées au cours du soutirage. La plupart des vignerons choisiront d'effectuer une filtration grossière à l'aide d'un tampon filtre ou d'un filtre à diatomées, qui déloge la majeure partie des particules solides. À l'échelle industrielle, les vins subissent une microfiltration qui les stérilise. Ce dernier procédé ne fait toutefois pas l'unanimité chez les vignerons, puisqu'ils estiment que cela dépouille le vin de ses qualités.

La clarification est un procédé au cours duquel on force les fines particules à se coller à des clarifiants comme des blancs d'œuf, de la gélatine ou de la bentonite afin qu'elles puissent être retirées du liquide. L'objectif premier est purement esthétique : clarifier le vin afin qu'il n'y ait plus de lie dans les bouteilles. La clarification retire également des bactéries et la levure résiduelle qui pourrait relancer la fermentation d'un vin. Dans les vins rouges, ce procédé peut aussi retirer certains tannins, ce qui en amortit l'amertume. Il peut malheureusement aussi décolorer le vin et, selon les adeptes des vins non clarifiés, occulter le jeux subtil des saveurs et des textures.. – *B.Z.*

JUAN GIL

La famille Gil Vera est l'un des grands noms de l'appellation Jumilla, à une centaine de kilomètres au sud-ouest de Valence.

Monastrell 2011, Vieilles vignes, Jumilla (10858086) 14,30 $
Cette année encore, ce vin déploie la générosité caractéristique du climat de Jumilla avec son attaque en bouche quasi sucrée tant le fruit est mûr (15 % d'alcool). Très aromatique et animé d'un léger reste de gaz qui contribue à son tonus en bouche. Beaucoup de vin pour le prix. ★★★ ② ❋

Monastrell 2010, Silver Label, Jumilla (10758325) 20,65 $
Plus chère, plus puissante, mais pas forcément meilleure, cette cuvée ambitieuse issue de vignes de monastrell âgées de 40 ans me laisse de nouveau l'impression que parfois, à force de vouloir trop en faire, on passe à côté de l'essentiel. Beaucoup de tout, mais l'ensemble sature vite le palais et sombre dans la caricature. Dommage. ★★→? ③

LUZON

Ce domaine de 700 hectares fondé en 1916 a été entièrement restauré vers la fin des années 1990, à la suite de son rachat par une importante entreprise du secteur agroalimentaire.

Jumilla 2006, Altos de Luzon (10858131) 23,80 $
Commenté pour la troisième année consécutive, ce 2006 n'a toujours rien perdu de sa vigueur. La trame tannique est encore mieux fondue et révèle des saveurs expressives de fruits et d'épices, avec des accents de cuir en finale. Riche, corpulent et typiquement méditerranéen, mais équilibré dans l'opulence. ★★★★ ② ❊

Jumilla 2009 (10858158) 13,95 $
À prix d'aubaine, un vin juteux, charnu, nourri de bons goûts d'épices et de fleurs. Beaucoup de caractère pour un vin de cette catégorie. ★★★ ② ❊

Jumilla 2009, Organic (10985780) 14,50 $
Encore plus complète, cette cuvée issue de monastrell (mourvèdre) cultivée en agriculture biologique offre toute la générosité des bons vins méditerranéens, avec une juste dose d'acidité qui met en relief de bons goûts de fruits noirs et une pointe d'herbes séchées évoquant les parfums de la garrigue. À ce prix, bravo ! ★★★★ ② ❊

TAJA

Reserva 2008, Jumilla, Mähler-Besse (11474640) 15,35 $
La maison de négoce bordelaise Mähler-Besse commercialise aussi ce très bon assemblage de monastrell, de tempranillo, de cabernet sauvignon et de merlot. Tout aussi satisfaisant en 2008; coloré, juteux et gorgé du soleil de la Méditerranée. Parmi les plus satisfaisants dans cette gamme de prix. ★★★ ② ❊

À TABLE AVEC LE...

Grenache

Les Grenache plus modestes d'Espagne, hors Priorat, sont le plus souvent des vins simples mais fruités et joufflus, parfaits pour une cuisine facile et savoureuse : saucisses grillées, côtes levées, hamburgers et pizza. Tout à fait indiqués aussi pour accompagner des plats de viande exotiques comme des tajines ou des caris. – *V.R.*

CASTILLE - LA MANCHE

BODEGA REAL

Vega Ibor 2007, La Mancha (11676647) 15,40$
Bon vin assez typique de la région de Valdepeñas - environ 200 km au sud de Madrid - où les vins ne sont pas toujours aussi lourds qu'on les imagine. Composé à 100% de tempranillo, chaleureux, ample et quasi sucré tant le fruit est mûr, mais élaboré dans de bonnes proportions. À boire autour de 16 °C, entre 2013 et 2016. ★★★ ② ✻

CAMPOS REALES

Gladium 2008, Crianza, La Mancha (11155462) 16,25$
Au pays de Don Quichotte, le tempranillo emprunte le nom cencibel et adopte dans ce cas-ci un caractère riche, fondant et capiteux, qui le rend fort charmant. L'amateur de bon gros vin juteux et moderne appréciera sa texture mûre et ses parfums de vanille, certes prévisibles, mais séduisants. ★★★ ②

Canforrales 2011, La Mancha (10327373) 12,70$
Très bon vin courant issu de tempranillo nourri par l'usage du bois de chêne. Simple, mais riche en goûts de fruits noirs et d'épices, équilibré et étonnamment charnu. ★★★ ② ✻

DOMINIO MANO A MANO

Venta La Ossa 2008, Vino de la Tierra de Castilla (11465161) 22,60$
Des parfums de prune et d'eau-de-vie annoncent un vin bien en chair. Opulent et imposant, tant par son volume en bouche que par son attaque capiteuse, le vin est malgré tout pourvu d'une certaine fermeté tannique qui le garde de la mollesse. L'amateur de sensations fortes en aura pour son argent. ★★→? ②

SANCHEZ MULITERNO

Au sud-est de Madrid, cette *bodega* développée dès 1985 dans les hauteurs d'El Bonillo, à plus de 1000 m d'altitude, est devenue une référence dans la région.

Vega Guijoso 2009, Pago Guijoso (11195851) 25,55$
Le situation géographique du vignoble n'est certainement pas étrangère à la fraîcheur et à la légèreté alcoolique (13%) de ce vin savoureux issu essentiellement de merlot. Très près du fruit, harmonieux et modérément corsé, il n'accuse ni sécheresse ni dureté tannique. Un peu monolithique pour l'heure, mais il devrait gagner en nuances au cours des cinq prochaines années. ★★★→? ③

VOLVER

Single Vineyard 2010, La Mancha (11387327) 19,45$
Issu à 100% de tempranillo provenant du climat aride de la région continentale de La Manche et nourri par un élevage en fûts de chêne. Le résultat ne surprend guère, mais donne pleine satisfaction grâce à sa mâche et à son tonus, à sa chair mûre et à ses saveurs relevées de fruits et de vanille. ★★★ ②

D'autres vins d'Espagne de qualité satisfaisante ★★★ et ☆☆☆

BODEGAS RIOJANAS **Monte Real 2004, Rioja** (856005) 22,45 $

DINASTIA VIVANCO **Crianza 2008, Seleccion de Familia, Rioja** (11679258) 18,95 $

FAUSTINO **Faustino I Gran Reserva 1999, Rioja** (10483026) 29,40 $

GONZALEZ BYASS **Gran Reserva 2001, Beronia, Rioja** (11688550) 30,50 $

LAN **Reserva 2005, Rioja** (11414145) 23,90 $

MONTECILLO
Gran Reserva 2003, Rioja (239277) 33,50 $
Reserva 2006, Rioja (928440) 21,70 $ Ⓒ
Crianza 2008, Rioja (144493) 17,95 $

MUGA
Rioja 2008, Reserva (855007) 22,05 $
Rioja blanc 2011 (860189) 14,30 $

D'autres vins d'Espagne de qualité passable ★★ et ☆☆

ALTOS DEL DURATON **Vino de la Tierra de Castilla y Leon 2008** (11387343) 19,05$

BARON DE LEY **Rioja 2007, Reserva** (868729) 20,20 $

CAMINO SAN PABLO **Sauvignon blanc 2011, Vino de la Tierra de Castilla y Leon** (11315147) 13,95 $ Ⓒ

CAMPO VIEJO **Crianza 2008, Rioja** (11462446) 15,10 $ Ⓒ

CANDIDATO **Tempranillo 2008, Oro Barrica 6, Vino de la Tierra de Castilla** (628115) 10,05 $ Ⓒ

CASTILLO DE MONSERAN
Garnacha 2011, Cariñena (624296) 9,35 $ Ⓒ
Garnacha 2008, Old Vines, Cariñena (10898723) 15,05 $

CONDE DE VALDEMAR
Reserva 2005, Rioja (882761) 21,25 $
Finca Alto Cantabria 2010, Rioja blanc (860171) 19,05 $
Garnacha 2008, Rioja (11315737) 21,15 $

CORCOVO **Crianza 2008, Valdepenas** (898189) 13,15 $

CORONA DE ARAGON **Reserva 2005, Carinena** (10462778) 17,15 $

EL BONHOMME **Valence 2010** (11157185) 17,95 $

FINCA ANTIGUA
Syrah 2009, La Mancha (10498121) 14,70 $
Garnacha 2009, La Mancha (11254225) 13,90 $ Ⓒ
Moscatel Dulce 2011, La Mancha (11414604) 16,80 $ – 375 ml

HOYA DE CADENAS
Reserva Privada 2008, Utiel-Requena (11133108) 14,60 $ Ⓒ
Tempranillo 2008, Reserva, Utiel-Requena (978387) 12,45 $ Ⓒ

MONASTERIO DE LAS VINAS
Crianza 2008, Cariñena (539528) 11,20 $ Ⓒ
Gran Reserva 2004, Cariñena (10359156) 18,45 $ Ⓒ
Reserva 2006, Cariñena (854422) 14,40 $ Ⓒ

MONTE DUCAY **Cariñena 2005, Gran Reserva, Bodegas San Valero** (10472888) : 18,55 $

NAVARRO LOPEZ **Laguna de la Nava, Gran Reserva 2006, Valdepenas** (902965) 14,75 $ Ⓒ

OLARRA **Crianza 2008, Cerro Anon, Rioja** (11472581) 16 $ SAQ Dépôt

OSBORNE **Tempranillo-Cabernet sauvignon 2009, Solaz, Vino de la Tierra de Castilla** (610188) 12,50 $ Ⓒ

VINA BUJANDA **Crianza 2009, Rioja** (11557509) 15 $ Ⓒ

VINOS DE ARGANZA **La Mano 2008, Mencia, Roble, Bierzo** (11462180) 12,95 $

PORTUGAL

Révélé au monde entier grâce à l'Exposition universelle de Lisbonne en 1998, le Portugal a de nombreux atouts pour s'imposer sur la scène viticole internationale.

S'il fut longtemps considéré comme un handicap pour le développement de la viticulture, le régime conservateur qui a régné sur le pays pendant une quarantaine d'années a également tenu les vignerons portugais à l'écart de la tendance mondiale, qui favorisait la culture de cépages dits internationaux : cabernet sauvignon, merlot, chardonnay, etc.

Aujourd'hui, le vignoble portugais abrite une cinquantaine de variétés autochtones sur lesquelles misent près de 7000 vignerons pour assurer la singularité de leurs vins. Les vedettes demeurent le touriga nacional pour les vins rouges et l'alvarinho pour les vins blancs, mais certains cépages comme le baga, l'alicante bouschet et le vital, longtemps délaissés en raison de leur profil rustique, ont droit à un second souffle grâce au travail de quelques vignerons intrépides et passionnés.

MINHO

ANSELMO MENDES

Alvarinho 2010, Muros Antigos, Vinho Verde (11612555) 20,25$
Anselmo Mendes est l'un des acteurs importants de la sous-appellation Monção, au nord de la région du Vinho Verde. Il se spécialise dans l'élaboration d'Alvarinho nourris et singuliers dont le style évoque certains vins de Rias Baixas, auquel il emprunte la même vitalité et la fraîcheur. Son 2010 est vif, citronné et délicatement minéral, mais aussi doté d'une certaine vinosité qui le rend encore plus rassasiant. ☆☆☆☆ ② ✻ ▼

QUINTA DO MINHO

Vinho Verde 2011 (10371438) 15$
Planté de part et d'autre du fleuve Minho, dans Rias Baixas et dans la région du Vinho Verde, le cépage autochtone loureiro donne ici un bon vin léger en alcool, légèrement perlant et agrémenté de délicats parfums de fleurs et de sauge. Désaltérant et d'une originalité fort appréciable à 15$. ☆☆☆ ① ✻

À TABLE AVEC LE...

Vinho Verde

Légers en alcool, dotés d'une franche acidité et parfois même d'une pointe de gaz carbonique, les Vinho Verde sont des vins de soif par excellence. Leur délicatesse peut toutefois être facilement dominée par des saveurs prononcées. Réservez-les pour l'apéritif, ou pour des plats délicats de poisson et de fruits de mer préparés en toute simplicité. Les vins d'alvarinho peuvent s'harmoniser comme les vins espagnols de Rias Baixas. – *V.R.*

VIN DU DOURO

ALTANO

Les Symington – Graham's, Dow's, Warre's – sont, sans l'ombre d'un doute, les propriétaires terriens les plus influents de toute la région du Douro.

Douro 2008, Reserva (10370814) 26,25 $
Sous l'étiquette Altano, ils produisent un très bon Reserva, étoffé par un élevage en fûts de chêne qui lui confère aussi des arômes boisés prononcés, sans toutefois verser dans l'excès. Encore jeune et capable de tenir la route pour de bonnes années, mais déjà séduisant par son attaque charnue et généreuse. ★★★→? ② ▼

Douro 2009 (579862) 12,75 $
Très bon Douro moderne, auquel les cépages portugais donnent juste ce qu'il faut de corps pour encadrer une chair fruitée bien dodue. Un classique indémodable au répertoire général. ★★★ ② ❄ ©

ALVES DE SOUSA

Spécialiste des vins de table du Douro, le producteur Domingos Alves de Sousa signe une vaste gamme de produits.

Douro 2009, Vale da Raposa, Reserva (11073758) 16,40 $
Le 2009 privilégie toujours la souplesse et la chair mûre. Sans perdre la couleur locale que lui confèrent les cépages régionaux, le vin profite d'un élevage en fûts de chêne qui l'agrémente de notes vanillées. ★★★ ②

Douro 2010, Caldas (10865227) 13,40 $
Bon Douro courant, fruité, juteux et assez rassasiant par sa chair fruitée généreuse. Servir frais autour de 15 °C. ★★★ ② ❄

Domingos 2009, Douro (11372782) 14,95 $
Sur un mode plus souple, un vin de facture moderne, c'est-à-dire rond et taillé pour plaire ; rudimentaire mais charmeur. ★★ ② ©

CASA FERREIRINHA

Vinha Grande 2009, Douro (865329) 18,95 $
À défaut du Barca Velha ou du Quinta da Leda, on pourra se consoler à prix doux avec ce vin courant dont la qualité au fil des ans ne se dément pas. Le 2009 semble particulièrement mûr et généreux, mais demeure fidèle à l'esprit d'équilibre de Sogrape. Souple, tendre et correctement fruité. ★★★ ②

DOW'S

Douro 2009, Vale do Bomfim (10838982) 15,95 $
Tinta barroca, tinta roriz, touriga nacional et touriga franca proviennent des mêmes vignobles du Haut Douro qui approvisionnent la maison de Porto Dow. Pas étonnant que l'on trouve dans ce vin courant cette même fermeté qui donne un caractère digne de mention. Jolie finale relevée d'accents de fleurs et de réglisse. Excellent, surtout à ce prix. L'amateur de vin du Douro voudra en faire provision. ★★★★ ② ❄

DRINK AND DREAMS

D + D 2005, Douro (11605540) 51 $
Cette entreprise créée en 2007 est née d'un partenariat entre le producteur espagnol Emilio Moro, la société portugaise Sogevinus et quelques autres actionnaires, dont le joueur de soccer Luis Figo. Un an plus tard, je garde sensiblement la même opinion quant à ce vin ambitieux, séduisant, riche et techniquement profilé pour plaire. Certes savoureux et doté d'une agréable tenue en bouche, mais à 50 $, on souhaiterait tout de même plus de race et d'individualité. ★★★→? ③

DUORUM

Dans le Douro Supérieur, le projet Duorum est né de l'initiative de l'œnologue José Maria Soares Franco, anciennement chez Sogrape et jadis responsable de l'élaboration du célèbre Barca Velha.

Douro 2009, Reserva (11818297) 42,75 $
Ce vin robuste et bien en chair a profité d'un élevage prolongé en fûts de chêne, sans que cela ne nuise à l'expression naturelle des cépages portugais. Généreux et nuancé; riche et mûr, mais tout de même bien proportionné et encadré par une structure tannique. Très bon vin prometteur, à boire entre 2015 et 2019. ★★★→? ③

Douro 2009 (11510102) 19,40 $
À prix abordable, ce bon vin de facture moderne mise essentiellement sur l'individualité et la vigueur tannique des cépages portugais touriga franca, touriga nacional et tinta roriz. Juste assez charnu, riche en saveurs de fruits noirs et tout à fait recommandable à ce prix. À boire dès maintenant et jusqu'en 2015. ★★★ ②

Douro 2010 (11510102) 19,40 $
Le 2010 semble encore plus complet. Mûr et volumineux, avec une matière appréciable, mais également soutenu par une étoffe tannique plus dense et serrée. À boire entre 2014 et 2017. ★★★→? ③

Voir aussi la section Ⓟ

LURTON, FRANÇOIS

Quinta Beira 2009, Douro (11632345) 38 $
Question de goût sans doute, mais j'ai peu de plaisir à boire un vin, certes techniquement irréprochable, mais néanmoins élaboré dans un style un peu trop léché et prévisible. Flatteur, tant par sa texture suave et polie que par ses saveurs mûres, assaisonnées de parfums vanillés. À ce prix, on souhaiterait toutefois un peu plus de caractère et de mordant. ★★→? ③

Pilheiros 2008, Douro (11062531) 19,95 $
En revanche, à moins de 20 $, il faut retenir ce très bon Douro de facture moderne, dans le bon sens du terme. De l'élan aromatique, des saveurs franches, une bonne tenue en bouche et une juste dose d'acidité pour tonifier l'ensemble. À boire au cours des cinq prochaines années. ★★★ ②

Douro 2009, Barco Negro (10841188) 15,25 $
Sur un mode plus rustique, animé d'un léger reste de gaz et dégageant pour le moment des odeurs de réduction. Quelques mois de repos ou une aération d'une heure en carafe lui feront certainement du bien. ★★→? ③ ♺

À TABLE AVEC LES...

Vins du Douro

La région du Porto produit des vins rouges solaires et charpentés, auxquels les terroirs de granite confèrent malgré tout une minéralité rafraîchissante. Des viandes rouges grillées, accompagnées d'une sauce au vin, au Porto ou aux fruits noirs leur feront honneur, tout comme des plats aux parfums de thym, de romarin, d'ail ou d'olives noires. – *V.R.*

NIEPOORT

En plus de produire de somptueux Vintage, Dirk Niepoort signe une gamme de très bons vins de table. La fonction de maître de chais est assurée depuis cinq générations par la famille Nogueira.

Redoma 2008, Douro (11634375) 44,75$
Produit pour la première fois en 1991, cette cuvée, issue de vignes de tinta amarela, de touriga franca, de touriga nacional, de tinta roriz et de tinto cão, âgées de plus de 60 ans, prouve à quel point les cépages autochtones portugais ont de la sève. Point de parfum toasté de la barrique, plutôt des saveurs intenses et pénétrantes, encadrées de tanins présents mais polis et suaves. Bien qu'on se régale déjà de sa longue finale anisée, on peut facilement espérer qu'il traversera les années avec bonheur. ★★★→★ ③

ODISSEIA

Reserva 2010, Douro (11349056) 20,40$
En 2006, à la suite de la vente de la *quinta* qui l'employait, Jean-Hugues Gros a décidé de créer une affaire de négoce à petite échelle. Bon vin blanc du Douro issu de malvoisie et de viosinho, sentant bon le miel. Sec, peu aromatique, mais très bien fait en son genre. L'un des bons blancs du Douro actuellement offerts. ☆☆☆ ②

OLAZABAL

Quinta do Vale Meão 2008, Douro (11684903) 160$ – 1,5 litre
Les descendants de Doña Antónia Ferreira, fondatrice de la maison de Porto du même nom, veillent sur cette *quinta* historique et en tirent un vin d'une grande richesse, mettant à contribution les vertus des cépages autochtones portugais. Très coloré, intense, concentré, mais parfaitement harmonieux, le vin a la fermeté tannique propre aux grands vins du Douro, sans sacrifier l'élégance. Racé et volubile. Déjà excellent, il a tous les atouts pour continuer de se bonifier jusqu'en 2017, au moins. Surtout en magnum... ★★★★ ③

POÇAS

Coroa d'Ouro 2003, Douro (743252) 14,15$
Maintenant ouvert et à point, un bon vin souple et chaleureux, un peu rustique, mais aimable. ★★ ②

Coroa d'Ouro branco 2011, Douro (412338) 12,85$
Bon vin blanc abordable auquel les cépages malvasia fina, codega, rabigato, viosinho et moscatel donnent une touche d'originalité. ☆☆☆ ② ✻

PRATS & SYMINGTON

Ce projet est né d'un partenariat entre la famille Symington et Bruno Prats, ancien propriétaire du Château Cos d'Estournel à Bordeaux.

Chrysea 2008, Douro (11444070) 72$
S'il paraît un peu plus riche et costaud cette année, avec une attaque en bouche quasi sucrée tant le fruit est mûr, le haut du panier de Prats & Symington est heureusement encadré par une juste charpente tannique, qui assure son équilibre en bouche. Très volubile et au grand pouvoir de séduction. Encore très jeune, il devrait continuer de se bonifier au cours des dix prochaines années. Le prix laisse toutefois songeur... ★★★→? ③

Post-Scriptum 2009, Douro (10838780) 28,75$
Nommé ainsi en raison des initiales des deux familles (P et S), ce deuxième vin n'a rien d'un prix de consolation. Une assez bonne tenue en bouche et des tanins fermes, enrobés d'une chair fruitée tendre et généreuse, aux accents nets et persistants de fruits noirs et d'épices. ★★★→? ②

Depuis 2009, le tandem Prats & Symington est aussi propriétaire de cette *quinta* historique, qui appartenait à la famille Van Zeller depuis des générations:

Roriz, Prazo de Roriz 2009, Douro (10688208) 20,50$
Élaboré dans un style moderne; ample, rond et juteux, à défaut d'avoir la sève et la carrure typiques des bons vins de table du Douro. ★★★ ②

QUINTA DA ROMANEIRA

Douro 2008 (11605566) 30,50$
Viticulteurs depuis des générations, la famille Borges Vinagre embouteille ses vins sous sa propre étiquette depuis 1986. Un Douro de bonne facture, arrondi par un élevage en barrique, qui confère au vin des parfums de vaille et de torréfaction. Un peu timide pour l'heure, mais généreux et agréable à boire. ★★★ ②

QUINTA DE LA ROSA

Si la famille Bergqvist se consacre majoritairement à la production de Porto, elle signe aussi d'excellents vins de table.

Douro 2009 (928473) 19,90$
Remarquablement frais et l'un des meilleurs vins du Douro goûtés depuis longtemps: concentré en goûts de fruits noirs, de figues et de dattes, avec une touche vanillée et une longue finale, fraîche et minérale. À ce prix, c'est un achat du tonnerre! ★★★★ ② ✻

Douro 2009, Réserve (11825067) 39,75$
Encore jeune et plus discret, mais néanmoins fort attrayant avec ses parfums de violette et d'épices. Bien poli par l'élevage, avec une attaque veloutée, gourmande et rassasiante, mais aussi fort bien équilibrée, grâce, entre autres, à une trame tannique franche qui ajoute à son tonus. Finale aux nuances d'encre et de graphite. À revoir dans quelques années. ★★★★ ③

QUINTA DO INFANTADO

Outre ses excellents Porto, la famille Roseira commercialise de savoureux Douro.

Douro 2009 (10371761) 19,40$
Sans doute favorisé par la nature généreuse du millésime, le 2009 adopte une allure particulièrement pansue avec des saveurs de réglisse et de fruits confits, sans toutefois manquer de corps ni de tonus. Un peu atypique, mais fort agréable dans un style gourmand et juteux. ★★★→? ② ✳

RAMOS PINTO

En plus de somptueux Tawny, cette *quinta* appartenant à la maison champenoise Roederer depuis 1990 est la source de très bons vins de table.

Duas Quintas 2009, Douro (10237458) 16,60$
Issu d'un assemblage des raisins de deux *quintas*, ce Douro courant compte de nouveau parmi mes préférés cette année. Rien de compliqué, mais un bon vin du Douro authentique et sans fard. Du fruit, juste ce qu'il faut de tanins et une fine amertume en finale qui ajoute à son caractère. Une mention spéciale pour sa régularité exemplaire. ★★★ ② ✳

SOGRAPE

Numéro un de la viticulture portugaise avec 1200 hectares de vignes, la société Sogrape englobe notamment Ferreira, Sandeman et Offley.

Vila Regia 2011, Douro (464388) 10,25$
La constance au fil des années de ce très bon Douro mérite une mention spéciale. Du fruit, de la chair et un bel équilibre. Difficile de trouver mieux à ce prix! ★★★ ② ✳ Ⓒ

VAN ZELLERS

Douro 2010 (11817577) 19,50$
Dense, assez typiques des bons vins du Douro par sa charpente et ses aspérités tanniques, ses saveurs de fruits confits et de réglisse noire. Encore très jeune, il mériterait un an ou deux de repos avant d'atteindre son plein potentiel. ★★★→? ③

DÃO

MEIA ENCOSTA

Dão 2010 (250548) 11$
Au répertoire général, un bon vin du Dão misant avant tout sur le fruit. Simple, mais satisfaisant. ★★ ② ✳ Ⓒ

QUINTA DAS MAIAS

Dão 2009 (874925) 15,85$
Ce domaine appartient à Quinta dos Roques. Principalement composé du cépage local jaen, ce vin m'a semblé un peu plus complet en 2009. Rustique, original assez droit et agrémenté de notes de cuir et d'épices. Vigoureux, mais pas très fin. ★★→? ②

QUINTA DOS ROQUES

Dão 2009 (744805) 14,80$
À des lieues des gros rouges tonitruants, ce très bon vin du Dão révèle le charme subtil des cépages touriga nacional, jaen et tinta roriz. Tanins fins et texture délicate, profondeur, une pointe d'amertume qui lui donne une certaine austérité, de fort bon aloi. ★★★★ ② ✳

À TABLE AVEC LES...

Vins du Dão

Les vins du Dão sont habituellement plus modérés que ceux du Douro, et leur fruit moins intense est accompagné de parfums de sous-bois. Évitez les saveurs sucrées ou épicées, et privilégiez celles qui se rapprochent de la terre. Des viandes mijotées avec des carottes, des navets, des oignons, des pommes de terre sont tout à fait dans le ton. – *V.R.*

QUINTA DA PONTE PEDRINHA

Dão 2005, Reserva (883645) 22,65$
Dans la partie est du Dão, entre Seia et Gouveia, cette *quinta* appartient à la même famille depuis le XVIIIe siècle. Bon vin équilibré à l'expression aromatique séduisante, avec des parfums de fleurs et de cèdre, encadrés par une texture suave et veloutée. Déjà ouvert, il devrait rester en forme pendant quelques années encore. ★★★ ②

Sogrape, Duque de Viseu 2008, Dão (546309) 14,95$
Dans le Dão, le géant Sogrape élabore ce très bon vin issu à la fois des raisins de sa propriété locale, Quinta dos Carvalhais, et d'achat de raisins. Le Duque de Viseu est, bon an mal an, l'une des valeurs sûres de cette région en pleine croissance. ★★★ ② ✳ Ⓒ

ALENTEJO

ALBERNOAS

Vinho Regional Alentejano 2010 (10803051) 9,05$
Toujours vendu sous la barre des 10$, cet assemblage d'aragonez, de trincadeira et de castelão est coulant, juteux, fruité et facile à boire. À servir autour de 14 ou 15 °C. Très bon vin dans sa catégorie. ★★★ ② ✳ Ⓒ

CORTES DE CIMA

Parti en voilier en quête d'un vignoble, le couple d'aventuriers américano-danois Carrie et Hans Kristian Jørgensen est débarqué dans cette région méridionale du Portugal au terme d'un long périple en mer. Depuis 1988, ils ont transformé la propriété en y introduisant notamment de la syrah et de l'aragonez.

Cortes de Cima 2009, Alentejo (10944380) 21,10$
Tout aussi complet cette année, appuyé sur des tanins parfaitement mûrs, qui tapissent la bouche d'une texture veloutée fort charmante. Juste assez d'acidité pour donner aux cépages aragonez (tempranillo), syrah, cabernet sauvignon, touriga nacional et petit verdot un bel élan aromatique. Servir frais autour de 15 °C. ★★★★ ② ✳

Chaminé 2011, Alentejo (10403410) 14,55$
Idem aux autres millésimes, avec une fraîcheur supplémentaire qui lui donne encore plus de charme. ★★★ ② ✳

Chaminé blanc 2011, Alentejo (11156238) 13,60$
Que des éloges cette année encore pour cet assemblage de cépages portugais qui conjugue les vertus de l'antao vaz, du viognier, du verdelho et du sauvignon blanc. Parfumé, sec, original et désaltérant. *Muito bom!* ☆☆☆☆ ② ✳

JOSE MARIA DA FONSECA

José de Sousa 2009, Vinho Regional Alentejano (396689) 17,70 $
Cépages trincadera, grand noir et aragonez, arrondis par un élevage maîtrisé en fûts de chêne. Typique du climat chaud de l'Alentejo par sa richesse alcoolique (14 %), sa rondeur et ses saveurs exubérantes de fruits confits. ★★★ ②

José de Sousa 2010, Vinho Regional Alentejano (396689) 17,70 $
Lorsque goûté en juillet 2012, ce vin présentait un léger reste de gaz qui lui donnait une allure plus nerveuse. Loin d'être un défaut, cela contribue à sa fraîcheur et à son équilibre et donne de l'éclat à sa finale savoureuse aux goûts de cerises à l'eau-de-vie. ★★★ ②

Periquita 2009, Reserva, Vinho Regional Alentejano (11767442) 15,95 $
Assez bien fait, nourri par un élevage qui apporte une certaine étoffe et l'agrémente de parfums vanillés. ★★ ②

D'autres vins de qualité passable ★★ et ☆☆

AVELEDA **Fonte 2011, Vinho verde** (005322) 11,30 $ Ⓒ

CABEÇA DE TOIRO **Tejo 2009, Reserva, Caves Velhas** (11605574) 19,95 $

CAVES VELHAS **Catedral 2008, Reserva, Dão** (739680) 12,95 $ Ⓒ

CHARAMBA **2008, Douro** (554667) 10,80 $ Ⓒ

COOPERATIVA AGRICOLA DE SANTO ISIDRO DE PEGOES
Adega de Pegoes 2011, Vinho regional Peninsula de Setubal (10838801) 14,05 $
Fontanário de Pegoes 2009, Palmela (10432376) 13,55 $

MARQUES DE MARIALVA
Reserva 2008, Bairrada (626507) 11,10 $
Colheita Seleccionada 2011, Bairrada branco (626499) 11,20 $ Ⓒ

QUINTA DAS SETENCOSTAS **2009, Alenquer** (897512) 13,50 $

QUINTA DO AMEAL **Loureiro 2010, Vinho Verde** (11459992) 18,55 $

QUINTA DO CASTELINHO **Douro 2009, Reserva** (11115073) 15,90 $

VALE DA JUDIA **Moscatel 2011, Vinho regional Terras do Sado** (10513184) 10,75 $

VICENTE LEITE DE FARIA
Douro 2008, Gloria, Reserva (11156297) 16,45 $
Douro 2009, Animus (11133239) 12,30 $ Ⓒ

À TABLE AVEC LES...

Vins de l'Alentejo

Tout en fruit, ronds et joufflus, les vins rouges de l'Alentejo sont plutôt faciles à marier grâce à leurs tanins souples. Ils nécessitent toutefois des saveurs expressives pour ne pas dominer la nourriture, comme des saucisses épicées ou des plats avec du chorizo. Ce sont de très bons vins passe-partout. – *V.R.*

AUTRES PAYS D'EUROPE
GRÈCE

LA GRÈCE EN QUELQUES CHIFFRES

La Grèce produit environ 60 % de vin blanc et 40 % de vin rouge. Près de 30 % de la production nationale est destinée à la consommation domestique par les vignerons et leurs proches.

SANTORIN

L'île volcanique de Santorin abrite l'un des vignobles les plus anciens et les plus individuels de la planète. On y pratiquait la viticulture dès le XVIIe siècle av. J.-C. L'assyrtiko – cépage blanc local – y qui conserve une acidité digne de mention, malgré un climat très chaud.

Au cours de la dernière décennie, le vignoble grec a connu une évolution importante. Ce vent de renouveau est providentiel pour l'industrie vitivinicole qui accusait près d'un siècle de retard. Certaines régions du nord du pays, comme la Macédoine, en étaient encore à la reconstruction postphylloxérique du vignoble.

Plus au sud, dans le Péloponnèse, les progrès s'effectuent à grande vitesse et l'on ne cesse d'accroître la qualité des équipements et de développer les connaissances œnologiques. Il reste toutefois beaucoup de travail à accomplir dans le vignoble.

Consciente de la concurrence mondiale, la Grèce entend miser essentiellement sur la singularité de ses cépages pour faire sa place sur l'échiquier mondial. D'ailleurs, si quelques producteurs privilégient les cépages internationaux, de nombreux viticulteurs restent fidèles à la kyrielle de variétés autochtones, vestige de 3500 années d'histoire vinicole.

La réponse semble bonne puisque, en dépit de la crise économique, les vins grecs continuent de conquérir les marchés d'exportation, avec une hausse de 7,5% en 2011.

NAOUSSA

Sur le flanc sud-est du mont Vermio, le cépage xinomavro est, de manière imagée, le Nebbiolo de la Grèce. Colonne vertébrale des crus de l'appellation Naoussa, il donne des vins souvent stricts, dotés d'une agréable fermeté tannique et aptes à vieillir longuement.

Le SAVIEZ-VOUS ?

Contrairement à l'idée préconçue, le climat chaud de la Grèce n'est pas un obstacle à la viticulture. La plupart des vignobles sont orientés vers le nord et établis dans des régions fraîches. Les vins ont souvent un caractère fringant et un pH faible tournant autour de 3,2.

PÉLOPONNÈSE

Cépage rouge de l'appellation Nemea, dans le Péloponnèse, l'agiorgitiko se caractérise par une texture souple, un caractère aromatique épicé et une saine acidité.

Le cépage blanc moschofilero contribue au caractère floral unique des vins de l'appellation Mantinia, également dans le Péloponnèse.

ARGYROS

Longtemps connue exclusivement pour la qualité de son somptueux Vinsanto, la famille Argyros y élabore aussi d'excellents vins de table qui mettent en relief les vertus des variétés locales.

Assyrtiko 2010, Santorin (11639344) 21,15 $
Vinifiée exclusivement en cuve d'inox, cette cuvée offre une expression franche et inaltérée de l'assyrtiko avec, en prime, le caractère tranchant, minéral et quasi salin des meilleurs vins blancs de Santorin. À noter que le vin ne se révèle pleinement qu'après une longue aération en carafe. Une bouteille ouverte et carafée pendant une journée entière n'avait rien perdu de sa fraîcheur, mais plutôt gagné en nuances et en relief. À boire entre 2013 et 2018. ☆☆☆→☆ ② ✻ ⏃

Vinsanto 1990, Santorin (11012568) 94,75 $
Digne représentant de cette recette traditionnelle qui remonte au XVIe siècle. Les raisins d'assyrtiko, d'aidani et d'athiri sont mis à sécher au soleil, puis vinifiés et élevés pendant de longues années en barriques de chêne. Le processus est laborieux et coûteux, mais ce nectar à la couleur ambrée présente une concentration de saveurs et une race peu communes. Sur un mode très *« earthy »*, comme disent les Anglais, avec des parfums de champignon qui évoquent les sous-bois, sur un fond de figues séchées. Irrésistiblement long et onctueux. Un délice sans pareil ! ☆☆☆☆☆ ② Ⓢ

Atlantis 2011, Vin de Pays des Cyclades (11097477) 17,10 $
Cet assemblage d'assyrtiko, d'athiri et d'aidani est vite devenu un classique au rayon des vins blancs grecs. Avec raison, puisqu'il a tous les attributs pour plaire. Sec, juste assez vineux, animé d'un léger reste de gaz qui ajoute à son tonus et rehausse ses notes salines et minérales. Aucune raison de s'en priver à ce prix. ☆☆☆☆ ② ✻

BIBLIA CHORA

Biblia Chora est né d'un partenariat entre les œnologues de renom Vangelis Gerovassiliou et Vassilis Tsaktsarlis. Fondé au tournant du millénaire dans leur Macédoine natale, leur domaine compte actuellement une quinzaine d'hectares et les résultats semblent fort prometteurs.

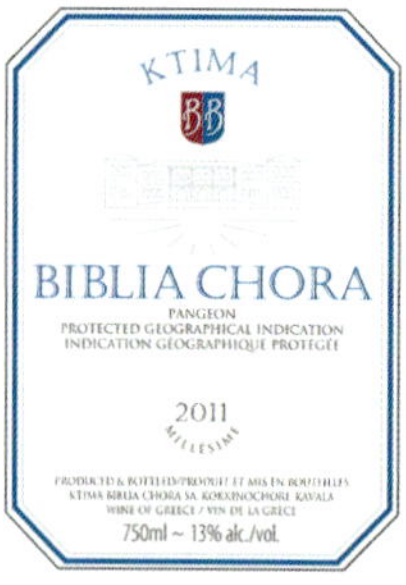

Ovilos 2011, Vin de Pays de Pangée (10703594) 28,25 $
Dans un style plus international, cet assemblage d'assyrtiko et de sémillon à parts égales est très réussi. L'élevage en fûts de chêne est bien maîtrisé et apporte au vin une fine vinosité, sans gommer les saveurs naturelles de miel, propres au sémillon. Le 2011 me semble particulièrement complet. Excellent ! ☆☆☆☆ ② ✻

Blanc 2011, Vin de Pays de Pangée (11901138) 19,90 $
Sur un mode plus vif et fringant, le vin blanc courant du domaine mise sur un assemblage de sauvignon blanc et d'assyrtiko. Nerveux, doté d'une bonne dose d'acidité et agrémenté des parfums d'herbes et d'agrumes, propres au sauvignon. Très agréable en son genre. Arrivée prévue au printemps 2013. ☆☆☆ ②

estiatorio Milos
La Grèce à son Meilleur
Montréal
New York
Athènes
Las Vegas
Miami
Pour votre réservation 514 272 3522
5357 Avenue du Parc, Montréal, QC H2V 4G9
www.estiatoriomilos.com

GAIA

Fondée en 1994 au nord du Péloponnèse par Yiannis Paraskevopoulos – aussi enseignant à la faculté d'œnologie de l'Université d'Athènes –, la maison Gaia s'est rapidement imposée avec des vins de belle facture, de style moderne et mettant en valeur les vertus des cépages helléniques.

Notios rouge 2011, Vin de Pays de Péloponnèse (10700967) 14,60 $
« Notios » signifie : celui qui vient du sud. Ce savoureux vin rouge courant mise à fond sur la rondeur, la souplesse et le fruit généreux de l'agiorgitiko, le cépage auquel on doit l'originalité des vins de l'appellation Nemea. Très bon vin de soif que l'on gagnera à servir frais, autour de 15 °C. ★★★ ② ❋

Notios blanc 2011, Vin de Pays de Péloponnèse (10700924) 14,95 $
Bon vin blanc sec auquel les cépages moschofilero et roditis confèrent une certaine originalité. Assez parfumé et désaltérant. ☆☆☆ ②

Ritinitis Nobilis, Retsina (11097434) 15,90 $
Pour les amateurs intrépides, une spécialité grecque qui résulte de l'ajout de résine de pin au cours de la fermentation d'un vin blanc. La recette donne au vin une saveur prononcée de sapinage, certes déconcertante, mais rassasiante par sa fraîcheur. À boire à l'apéritif ou en accompagnement de plats grecs. Plus chère que la moyenne, mais c'est de loin la meilleure Retsina sur le marché. ☆☆☆ ❋

LE VIN DÉCORTIQUÉ

Boire autrement

Assyrtiko ? Teroldego ? Pineau D'Aunis ? Si ces noms vous semblent étranges et inusités, c'est peut-être parce que ces cépages ne sont cultivés que dans des endroits bien précis. D'ailleurs, plusieurs variétés indigènes, déjà rares, sont appelées à disparaître. Les vieilles vignes de sylvaner sont remplacées par le pinot gris en Alsace, comme la syrah prend la place du carignan au Languedoc.

Pourquoi arrache-t-on ainsi ces vignes ? Leur « performance » n'est aucunement remise en doute. Elles sont tout simplement difficiles à mettre en marché. Les critiques et autres spécialistes *ès vinum* devraient sans doute être plus sensibilisés à l'importance de recommander ces cépages moins connus. Mais la responsabilité ultime revient à nous tous, amateurs de vins.

Si acheter, c'est voter, la protection de la diversité vitivinicole passe nécessairement par des choix conscients de consommation. Les amoureux du vin doivent passer outre les options évidentes et autres valeurs sûres, et oser l'aventure des cépages « nouveaux ». D'une part, pour soutenir les producteurs qui travaillent d'arrache-pied afin de préserver les cultivars locaux et d'autre part parce que, plus souvent qu'autrement, vous vous régalerez ! – *B.Z.*

À TABLE AVEC L'...

Assyrtiko

L'assyrtiko donne des vins d'une minéralité et d'une salinité quasi sans pareilles. Très droits, d'un caractère presque tranchant, ils sont aussi dotés d'une matière imposante. Une symbiose extraordinaire prend place avec des huîtres crues ou de la pieuvre grillée. En fait, tous les produits fins de la mer mettront de l'avant le caractère iodé de cet excellent vin de gastronomie. – *V.R.*

GEROVASSILIOU

Après avoir œuvré à titre d'œnologue au Château Carras, Evangelos Gerovassiliou a fondé son propre domaine en Macédoine en 1981. Aujourd'hui, ses 45 hectares de vignes donnent une série de vins de conception moderne et techniquement très au point.

Malagousia 2011, Vin de Pays d'Epanomi (119011120) 21,75 $
Cette variété ressuscitée il y a quelques années par Evangelos Gerovassiliou produit de très bons vins blancs aux parfums floraux riches et intenses. Issu de vignes maintenant âgées d'une trentaine d'années, le 2011 se distingue par son intensité en bouche. Incontestablement un vin de repas, tant par sa structure et sa vinosité, que par son équilibre et sa légèreté en alcool à 12,5 %. Une amertume subtile en finale ajoute encore davantage à son caractère et à sa longueur. Bravo! Arrivée prévue au printemps 2013. ☆☆☆☆ ②

Vin de Pays d'Epanomi 2011 (10249061) 19,80 $
Toujours excellent, il se distingue de la cohorte de vins à saveur internationale par sa composition originale d'assyrtiko et de malagousia. Encore très jeune, guilleret, délicieusement aromatique et animé d'un léger reste de gaz carbonique, le 2011 brille en ce moment par l'éclat de ses saveurs de fleurs et d'agrumes, mais il devrait gagner encore en nuances d'ici 2016. À l'apéritif ou avec un poisson blanc à chair délicate. J'en veux! ☆☆☆☆ ② ❋

Avaton 2008, Vin de Pays d'Epanomi (11901111) 31,75 $
Excellent vin rouge issu de limnio, de mavroudi et de mavrotragano. À l'ouverture, des tanins un peu rugueux et des notes fumées prononcées lui donnent une allure rustique. Après une aération prolongée, les arômes boisés s'estompent et le vin s'avère franchement savoureux. Ample, très nourri et débordant de saveurs, sans verser dans l'excès. Sa longue finale aux accents de cacao et de kirsch lui donne des airs de Châteauneuf-du-Pape... Arrivée prévue au printemps 2013. ★★★→★ ③

Vin de Pays d'Epanomi 2007 (10248931) 24,65 $
Particulièrement complet cette année il traduit bien la rondeur du merlot, la structure de la syrah et la présence en bouche dodue et gourmande du grenache. Des saveurs mûres, une texture caressante et de justes proportions. L'amateur de vin au caractère méridional sera ravi! ★★★ ②

KATSAROS

Le domaine de la famille Katsaros est établi à environ 600 m d'altitude, sur les coteaux du mont Olympe, depuis 1978. Exploité en agriculture biologique et essentiellement planté de cépages internationaux, le vignoble fait maintenant plus de place à diverses variétés autochtones.

Cabernet sauvignon 2006, Vin de Pays de Krania (974725) 41,50 $

Le 2006 est fidèle à ce style strict, voire un brin austère : couleur profonde, nez dense et riche en parfums d'épices, très fin, à défaut d'être exubérant. Une bouche droite appuyée sur des tanins compacts et une longue finale élégante aux accents de graphite. Bon à boire dès maintenant et pour longtemps. Afin de révéler pleinement ses arômes complexes, il est souhaitable de le passer en carafe quelques heures avant de le servir. ★★★★ ③ ♨

Voir aussi la section Ⓟ

KIR-YIANNI

Depuis 1997, l'aîné de la famille Boutari et son fils Stellios ont développé leur propre affaire dans le village de Yannakohori.

Ramnistia 2008, Naoussa (11370517) 20,35 $

Très bon Xinomavro de facture moderne, qui profite d'un élevage calculé en fûts de chêne qui lui confère des notes torréfiées. Un vin large d'épaules qui s'articule autour de tanins denses et un peu carrés, sans toutefois accuser de dureté. Encore jeune, assez vif et nerveux, il serait préférable de le laisser reposer encore trois ans en cave. ★★★→? ③ ▼

LYRARAKIS

Fondée en 1966, cette entreprise familiale de Crête n'a commencé à commercialiser ses vins sous sa propre étiquette qu'en 1992.

Vilana 2011, Crête (11607553) 14,10 $

Le vilana est le cépage blanc principal de l'île de Crête. Il donne ici un bon vin léger et facile à boire, mais relevé de bons goûts de fruits exotiques qui le rendent encore plus appréciable. ☆☆☆ ② ❋

Kotsifali 2010, Crête (10703818) 13,45 $

Bon vin d'envergure moyenne, souple, fruité, constitué de tanins mûrs et dodus, mais également soutenu par la vigueur naturelle du cépage kotsifali. Original et tout à fait recommandable à ce prix. ★★★ ② ❋

À TABLE AVEC LE...

Moschofilero

Vin d'apéritif par excellence, le délicat parfum floral et la fraîcheur du moschofilero en font aussi un vin idéal avec de nombreuses entrées de légumes, de poissons et de fruits de mer. Courgettes panées, calmars frits arrosés de citron, crevettes grillées ou mezze grecs ne sont que quelques plats qui lui vont comme un gant. – *V.R.*

À TABLE AVEC LE...

Xynomavro
Le vin de garde de la Grèce, le xynomavro donne des vins à l'acidité et aux tanins prononcés, avec des arômes de tomates, de fleurs et d'herbes séchées, de thé, de sous-bois. Les viandes rouges aideront à amadouer ses tanins, mais les viandes braisées ou en ragoût – aux saveurs de champignons, de tomates, de carottes, de lardons – rehausseront ses arômes si particuliers. – *V.R.*

PAPAGIANNAKOS

Savatiano 2011, Vin de Pays de Markopoulo (11097451) 15,40 $
Cet important producteur de l'Attique obtient un résultat fort convaincant avec le savatiano, une variété apparemment sans lustre particulier, surtout connue pour ses vins blancs minces et très acides. Preuve qu'avec une viticulture soignée et des rendements limités, on peut obtenir d'excellents résultats, ce vin sec se distingue de nouveau par sa texture, son caractère désaltérant (12,5 % d'alcool) et par ses fines tonalités iodées, sur un fond de fruits exotiques. À l'apéro ou avec un ceviche de pétoncle, c'est un régal d'originalité et de fraîcheur! ☆☆☆☆ ② ❋

PARPAROUSSIS

Sideritis 2012, Vin de Table (11900995) 18,70 $
Dans le secteur de Patras, tout au nord du Peloponnèse, Thanasis Parparoussis a fait partie de la première vague de *winemakers* grecs formés à l'étranger. Ses filles Erifili and Dimitra travaillent aujourd'hui à ses côtés. Surveillez l'arrivée au printemps 2013 de cet excellent vin issu de sideritis, une variété autochtone qui contribue à l'originalité de ses saveurs; délicieusement frais et désaltérant.

SIGALAS

En 1991, après avoir longtemps enseigné les mathématiques à Athènes, Paris Sigalas est rentré à Santorin pour se consacrer au vignoble familial, où il élabore depuis des vins de forme classique qui sont une référence sur l'île.

Santorini 2011 (11034302) 22 $
Archisec, droit, appuyé par une trame minérale d'une étonnante intensité pour le prix et empreint du caractère typiquement salin des meilleurs vins de l'île. Tellement droit, tendu et riche en extraits secs qu'il semble presque tannique. Un vin blanc d'envergure qui gagnera à être aéré une demi-heure en carafe ou à reposer en cave quelques années. ☆☆☆☆ ② ❋ ♁

Assyrtiko-Athiri 2010, Santorini (11607377) 17 $
Sur un mode plus tendre, guilleret et destiné à plaire à un vaste public, ce bon vin blanc tire du cépage athiri – dont il est composé à 25 % – une rondeur et une onctuosité qui enrobent la vigueur parfois tranchante de l'assyrtiko. Satisfaisant et recommandable. ☆☆☆ ② ❋

THYMIOPOULOS

À peine âgé de 31 ans, Apostolos Thymiopoulos est déjà l'un des vignerons les plus en vue du pays. L'authenticité, la pureté, la profondeur et l'équilibre de ses vins suscitent l'enthousiasme.

Naoussa 2009, Terre et Ciel (11814368) 28,40 $
Par leur excellent potentiel de garde, leur profil strict parfois austère en jeunesse et par la vigueur que leur confère le cépage local xinomavro, certains vins de Naoussa évoquent de jeunes Nebbiolo piémontais. Bien qu'il soit un peu moins complet et typé que l'excellent 2008 goûté l'an dernier, ce vin offre néanmoins une expression fort achevée du xinomavro. Beaucoup de caractère, une trame tannique franche et vigoureuse et de longues saveurs de fruits noirs, d'herbes séchées et d'épices. À boire entre 2013 et 2018. Aérer en carafe une demi-heure avant de servir. À découvrir! ★★★★ ② ✳ ♙

Naoussa 2010, Jeunes vignes (11607617) 16,75 $
Dans la lignée du savoureux 2009 décoré d'une Grappe d'or l'an dernier, ce vin issu de vignes de xinomavro brille de nouveau par son éclat aromatique et sa délicieuse légèreté. Un vin rouge d'une grande «buvabilité»; souple, tendre, juteux et agrémenté de jolies notes florales et épicées qui le rendent encore plus attrayant. ★★★★ ② ✳

TSANTALIS

Autrefois spécialisée dans la distillation d'ouzo, l'entreprise fondée en 1860 est maintenant active dans plusieurs appellations du nord du pays.

Rapsani 2009 (590836) 11,50 $
Les variétés locales xinomavro, stavroto et krassato, nourries par le soleil méditerranéen, donnent un vin rouge gorgé de saveurs de fruit confits et d'anis étoilé. Assez corsé et doté d'une personnalité enviable pour le prix. ★★★ ② ✳ ©

Rapsani Réserve 2007 (741579) 17,85 $
Issu des mêmes cépages, la Réserve est enrichie par un élevage de 12 mois en barriques qui ajoute à son étoffe tannique, malheureusement au détriment de l'éclat fruité. ★★★ ②

Nemea 2009 (713602) 10,35 $
Bon vin courant de Nemea misant avant tout sur le caractère souple, fruité et friand du cépage local agiorgitiko. Servir frais, autour de 14 °C. ★★ ② ✳

Thessalikos 2011, Vin de Pays Agioritikos (861856) 15,05 $
Léger, modérément aromatique et rafraîchissant. ☆☆ ① ©

TSELEPOS

Yannis Tselepos a fait ses études d'œnologie à Dijon et a travaillé pendant plusieurs années en Bourgogne avant de fonder son propre domaine, avec sa femme Amalia.

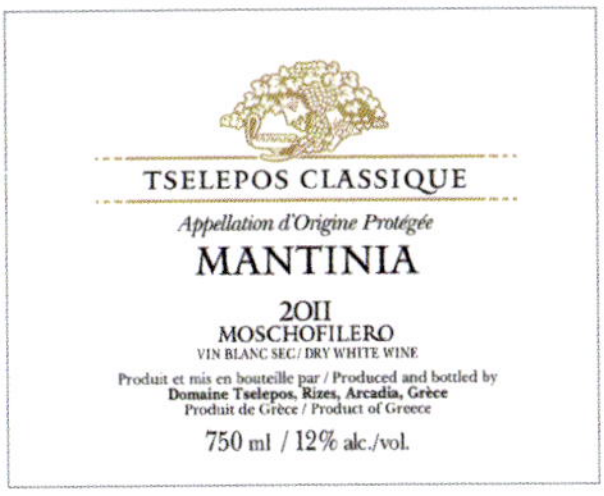

Moschofilero 2011, Mantinia (11097485) 19,55$
Plus que tout autre producteur, Yannis Tselepos a contribué à l'essor et à la mise en valeur du cépage moschofilero, qui constitue l'essence de l'appellation Mantinia, au cœur du Péloponnèse. Son 2011 demeure assez fidèle au style des dernières années : moyennement gras, avec des saveurs intenses et persistantes de fleurs blanches, rehaussées d'un reste appréciable de gaz qui apporte du tonus à l'ensemble. Idéal à l'apéritif! ☆☆☆☆ ② ❄

Driopi 2009, Nemea (10701311) 19,15$
Toujours très satisfaisant, cet excellent vin de Nemea issu de vignes d'une quarantaine d'années, semble magnifié par la générosité du millésime 2009. Sous le signe de l'équilibre, très élégant avec sa texture tannique fine et suave, et fort original par sa longue finale relevée de bons goûts de réglisse noire. Autant de personnalité pour moins de 20$ mérite une mention d'excellence. À découvrir! ★★★★ ② ❄

D'autres vins grecs de qualité moyenne ★★ et ☆☆

BOUTARI
Santorini 2008 (11097590) 17,85$
Lac des Roches 2010, Vin de Pays Peloponnèse (11389031) 11,35$

KECHRIBARI **Retsina** (11370437) 7,80$ – 500 ml

KOURTAKIS **Kouros 2011, Patras** (144584) 12,90$

ŒNOFOROS **Cabernet sauvignon 2010, Asprolithi, Péloponèse** (978197) 16$

PAVLIDIS **Sauvignon blanc-Assyrtiko 2011, Thema, Vin de Pays de Drama** (10701265) 19$

À TABLE AVEC L'…

Agiorgitiko
De nombreux styles différents coexistent, mais l'agiorgitiko offre en général un fruité joufflu, des tanins souples et des notes de garrigue. Très passe-partout, il semble particulièrement heureux en présence d'une cuisine méditerranéenne, mais relèvera aussi très bien le défi de plats légèrement épicés, d'une cuisine nord-africaine ou, en toute simplicité, de grillades au barbecue. – *V.R.*

ALLEMAGNE

Peu de pays se résument à un seul cépage. Ainsi, même si le pays est la source de quelques Pinot noir de calibre international (spätburgunder) et de très bons Pinot blanc (weissburgunder), la pierre angulaire de la viticulture allemande demeure incontestablement le Riesling. De la Moselle au Palatinat, de la Nahe jusqu'au Reinghau, tout tourne inévitablement autour de cette variété. Tant mieux!

Selon plusieurs experts, le riesling est le cépage blanc le plus noble de la planète, et c'est en Allemagne – particulièrement dans les vallées fluviales de la Moselle, de la Sarre et de la Ruwer – qu'il atteint son expression la plus singulière et la plus achevée.

Les Québécois connaissent les joies des longues journées d'été, caractéristiques des régions situées près des pôles. La Moselle se situe près du 50e parallèle Nord, environ à la même latitude que Sept-Îles. Son vignoble est l'un des plus septentrionaux du monde! L'ensoleillement prolongé dont elle bénéficie pendant la saison estivale, conjugué au climat naturellement frais des régions nordiques, permet aux raisins de mûrir très lentement et d'acquérir une complexité aromatique inégalée.

Si l'envergure des Riesling allemands repose sur la latitude de son vignoble, peut-on espérer que Baie-Comeau, Chapais ou Matagami deviennent de nouveaux eldorados de la viticulture? Pas tout à fait. L'Allemagne bénéficie du Gulf Stream, un courant d'air chaud qui retarde les épisodes de gel jusqu'à la mi-novembre, offrant aux raisins quelques semaines supplémentaires de mûrissement. Ajoutons à cela un sol pauvre couvert d'ardoise, une connaissance séculaire du cépage riesling, transmis de génération en génération et vous obtiendrez un vin d'une envergure peu commune.

Bien que la sélection à la SAQ demeure assez limitée, l'amateur curieux trouvera dans cette section plusieurs vins d'excellente qualité.

BURG RAVENSBURG

Pinot noir 2009, Löchle, Qba, Baden (11207779) 33,25$
Dans un style tendre et dodu, ce vin n'est pas spécialement profond, mais assez bien tourné et riche en goûts de fraises compotées. Une expression variétale du Pinot noir, certes charmante, mais à ce prix… ★★→? ②

CHRISTOFFEL ERBEN, JOH. JOS.

Depuis 2001, Robert Eymael (Mönchhof) gère également ce domaine appartenant à la famille Erben depuis plus de 600 ans.

Riesling Spätlese 2010, Ürziger Würzgarten, Mosel (10303224) 31,75$
Somptueux Spätlese: onctueux, vibrant, très aromatique, riche en saveurs de botrytis qui évoquent les Sauternes, mais surtout doté d'une belle trame minérale et de cette acidité tranchante qui confère aux meilleurs Riesling de la Moselle un équilibre irréprochable et inimitable. Déjà excellent, il n'atteindra son zénith que vers 2018, au moins. ☆☆☆☆ ③

LES CINQ DERNIERS MILLÉSIMES

2011
Récolte déficitaire dans la Moselle en raison d'importants orages de grêle. Néanmoins, un très bon millésime dans l'ensemble, avec une mention spéciale pour les TBA de la Saar et de la Ruwer. Très bons vins fruités et vigoureux dans le Rheinhessen, la Nahe et le Palatinat.

2010
Des conditions météo précaires autant en Moselle que dans le Rheingau où, entre coulure et millerandage, les raisins ont souvent eu peine à mûrir. Petite récolte et qualité hétérogène.

2009
Floraison irrégulière et été tardif ; récolte déficitaire de 15 % par rapport à la moyenne. Belle récolte de raisins aromatiques cueillis à maturité idéale.

2008
Automne pluvieux, et vendanges dans des conditions difficiles. La rigueur de la sélection était déterminante. Qualité irrégulière, avec possiblement un avantage pour le Rheingau.

2007
Comme en France, juillet et août n'ont pas été brillants, mais le soleil de septembre est arrivé tel un baume. Au début d'octobre, et après une saison végétative exceptionnellement longue, on a pu ramasser des raisins riches en matière. Quantité et qualité sont au rendez-vous.

LE VIN DÉCORTIQUÉ

Toujours meilleur à la bonne température

Encore aujourd'hui, les erreurs les plus fréquemment commises lors du service du vin sont relatives à la température. Les vins blancs sont servis trop froids et les rouges, trop chauds. Ce détail revêt une importance capitale puisqu'il a une grande incidence sur le goût, les arômes et la texture du vin.

Les vins blancs sont souvent servis à la sortie du réfrigérateur (2-4 °C), ce qui amplifie l'acidité et atténue les arômes. Les blancs plus acidulés (Muscadet, Champagne, Sauvignon blanc) devraient être servis entre 6 et 8 °C. Quant aux blancs plus riches (Chardonnay), on les servira entre 8 et 12 °C afin d'amplifier leur texture vineuse.

Les rouges légers et fruités (Beaujolais, Pinot noir) devraient être servis entre 14 et 16 °C. Les rouges plus charnus et plus tanniques, ainsi que les Porto seront servis à 18 °C. Au-delà de cette température, l'alcool pourrait paraître trop élevé et masquer les subtilités du vin.

Si vous mangez à l'extérieur par une soirée chaude d'été, assurez-vous d'avoir à portée de main un seau à glace afin que vos vins conservent leur fraîcheur ; n'hésitez pas à y plonger votre bouteille de rouge de temps à autre. – *B.Z.*

KELLER, KLAUS

S'il élabore essentiellement des vins blancs, Klaus Peter Keller s'inscrit aussi parmi les producteurs de Pinot noir germanique les plus réputés.

Riesling 2011, Trocken, Rheinhessen (10558446) 24,05$
Arômes complexes de zestes de citron, sur un fond minéral; le nez annonce déjà de belles choses. La bouche est franche, très vive, juste assez enrobée et relevée d'une pointe d'amertume en finale qui rehausse et prolonge les saveurs. À moins de 25$, peut-on demander mieux ? À boire entre 2015 et 2019. ☆☆☆☆ ③ ✻

KERPEN

Martin Kerpen possède près de 3 hectares dans le célèbre vignoble de Sonnenuhr où il cultive encore un bon nombre de vignes non greffées.

Riesling 2011, Spätlese Trocken, Wehlener Sonnenuhr, Mosel
(11409338) 22,35$
Encore jeune et très serré pour le moment, presque austère, mais néanmoins assez racé, avec une certaine puissance contenue. Après une brève aération, le vin s'ouvre et révèle de jolis parfums de pêche et d'abricot, sur un fond minéral, quasi salin. Pas exubérant, mais il gagnera en nuances après quatre ou cinq ans de repos. ☆☆☆→☆ ③ ✻

KESSELSTATT

Ce vieux domaine historique de la Moselle – plus de 650 ans – est la plus vaste propriété viticole privée de la région, comptant une quarantaine d'hectares de vignes plantés exclusivement de riesling.

Riesling Spätlese 2003, Scharzhofberger, Mosel-Saar-Ruwer
(11363472) 24,25$
Pourtant déjà âgé de 8 ans, ce très bon Riesling n'a rien perdu de sa vitalité et de son éclat fruité. Léger en alcool (8%) et riche en sucre, mais idéalement proportionné et doté d'une finale intense et persistante aux parfums de miel. Un bel exemple du potentiel de garde énorme des meilleurs Riesling allemands. Excellent! ☆☆☆☆ ② ✻

KÜNSTLER

Riesling 2010, Kabinett Trocken, Hölle, Rheingau (11607596) 30$
Assez typique des vins de Rheingau, c'est-à-dire un peu moins minéral que ceux de la Moselle et davantage porté sur les saveurs de fruits exotiques. Même si trocken signifie sec, on note tout de même un léger reste de sucre, mais pas trop, juste assez pour enrober l'acidité et laisser en bouche une sensation rassasiante. À boire sans se presser entre 2015 et 2022. ☆☆☆→☆ ③

LOOSEN BROS.

Riesling 2011, Dr. L., Qba, Mosel (10685251) 13,60$
Le Dr Ernst Loosen mène de front plusieurs projets en Allemagne et dans l'État de Washington. Ses vins ont en commun délicatesse et subtilité. Largement distribué à travers le réseau, le Dr. L. séduit tant par sa légèreté alcoolique à 8,5% que par ses saveurs de fruits et de fleurs, enrobées d'un reste appréciable de sucre. Nerveux, animé d'une touche de gaz. Désaltérant et original. ☆☆☆ ② ✻

MÖNCHHOF

Créé au XIIe siècle par les moines cisterciens, Mönchhof est l'un des domaines les plus anciens de la Moselle. Depuis plus de deux siècles, la famille Eymael y élabore d'excellents vins à partir de très vieilles vignes non greffées.

Riesling 2010, Kabinett, Ürzig Würzgarten, Mosel (11034804) 24,80$
Issu d'un vignoble particulier aux sols d'ardoise rouge et dont le nom signifie «jardin d'épices». Très aromatique, frais, parfaitement équilibré dans l'opulence, grâce à un fil d'acidité qui joue à la perfection son rôle de colonne vertébrale. Longue finale aux goûts d'ananas, ponctuée de notes de muscade et de poivre blanc. Intense et déjà très complexe; il sera intéressant de le revoir dans cinq ans. ☆☆☆→☆ ③ ❋

Riesling 2010, Qba, Mosel (11334920) 18,35$
Le vin courant de la propriété charme par l'éclat de ses saveurs fruitées et sa franche acidité, enrobée d'une juste dose de sucre, comme le veut la tradition allemande. À peine 9% d'alcool, et pourtant satisfaisant à souhait. Plaisir garanti à l'apéritif... ☆☆☆ ②

LE SAVIEZ VOUS ?

Les étiquettes de vins allemands

Les meilleurs vins allemands portent la mention Qualitätswein mit Prädikat, équivalent de l'appellation d'origine protégée.

Le système d'appellations germanique ressemble à celui de la Bourgogne :

- Il existe **13 régions viticoles** (*Gebiet*), définies par des critères géologiques et climatologiques. Elles s'étalent essentiellement autour du Rhin et de ses affluents.
  Ces régions se divisent en **communes** (Bereich), qui rassemblent plusieurs **groupes de vignobles** (*Grosslage*), divisés en **crus** (Einzellagen).
- Les vins portent le nom du village, suivi du nom du cru. Par exemple, Ürzig Würzgarten (cru Würzgarten dans le village d'Ürzig).
- En plus du nom de la région d'origine et du cépage, les étiquettes indiquent l'état de maturité du raisin selon sa teneur en sucre par l'un des termes suivants :

Kabinett : vendanges normales ; vin léger, sec ou un peu doux.
Spätlese : vendanges tardives ; vin plus mûr ; certains ont un bon potentiel de vieillissement.
Auslese : vendanges tardives de grappes sélectionnées, parfois botrytisées ; vin moelleux qui profite d'un élevage en cave.
Beerenauslese : raisins botrytisés, cueillis un à un ; vin liquoreux.
Trockenbeerenauslese (TBA) *:* raisins secs et botrytisés, cueillis un à un ; vin très liquoreux.

Trocken signifie sec ; *halbtrocken*, demi-sec.

MÜLLER-CATOIR

Riesling 2011, Kabinett, Mussbach, Pfalz (11230477) 30,50 $
L'entrée en fonction du propriétaire actuel, Jakob Heinrich Catoir, a marqué la fin de la longue tradition féminine de ce domaine. Fondé au milieu du XVIIIe siècle par une famille de huguenots, Müller-Catoir est aujourd'hui encore un grand nom du Palatinat et un incontournable de la viticulture allemande. Peut-être encore trop jeune pour être apprécié pleinement, ce vin n'avait pas l'acidité nécessaire pour équilibrer la dose de sucre résiduel. Sirupeux et presque pommadé. ☆☆ ②→?

SELBACH-OSTER

Décédé en 2004, Herr Selbach a fait de l'affaire familiale établie en Mittel Mosel l'une des entreprises viticoles les plus respectées d'Allemagne. Aujourd'hui, son fils Johannes est aux commandes et dirige aussi, parallèlement, une activité de négoce appelée J.H. Selbach.

Riesling Auslese 2009, Zeltinger Sonnenuhr, Mosel (10750809) 36,25 $
Le plus complet de la gamme Selbach offert à la SAQ. L'équilibre entre le sucre et l'acidité est impeccable. Tous les éléments sont en place et le vin est très élégant, mais il a également cette puissance contenue qui fait l'étoffe des meilleurs. Intense, dense et complexe, avec une finale minérale aussi racée que persistante. Prix justifié pour un vin de ce calibre. À laisser mûrir au moins jusqu'en 2017. ☆☆☆☆→☆ ③

Riesling Kabinett 2010, Mosel (10750841) 22,35 $
Style très classique de la Moselle, droit au but et sans fioriture. Des accents discrets de sapinage lui confèrent une jolie touche exotique. Frais et doté d'une sucrosité fine. Pas très complexe, mais net et fort agréable. ☆☆☆ ②

La gamme J.H. Selbach regroupe des vins de négoce vendus à des prix plus abordables, dont :

Riesling Kabinett 2011, Zeltinger Himmelreich, Mosel (927962) 16,60 $
Heureux mariage de légèreté et de vitalité, ce bon vin demi-sec (*halbtrocken*) a des airs de Muscadet sucré et perlant. Tendre en bouche et pourtant très vigoureux, égayé de délicates tonalités minérales et bien équilibré. ☆☆☆ ② ✻

D'autres vins blancs allemands de qualité moyenne ☆☆ et ★★

DEINHARD
Riesling 2010, Rheinhessen (060004) 13,05 $ Ⓒ
Hanns Christof 2011, Rheinhessen (003269) 12,05 $ Ⓒ
Pinot blanc 2011, Pfalz (271072) 13,05 $ Ⓒ
Pinot noir 2010, Pfalz (11254102) 14,05 $ Ⓒ

GUNDERLOCH
Riesling 2009, Cuvée Jean-Baptiste, Rheinhessen (10763589) 19,55 $
Riesling 2010, Fritz, Rheinhessen (11387015) 14,45 $

PRÜM **Riesling Kabinett 2009, Wehlener Sonnenuhr, Mosel-Saar-Rüwer** (898841) 22,45 $

SCHMITT SÖHNE **Riesling 2011, Relax, Qba, Mosel** (11254065) 14,15 $ Ⓒ

AUTRICHE

Après avoir traversé la terrible crise des vins contaminés à l'antigel dans les années 1980, l'Autriche a reconstruit sa crédibilité en misant résolument sur la qualité. La spécialité demeure le vin blanc (le plus souvent sec), mais les vins rouges progressent aussi et font de plus en plus parler d'eux. Un pays à surveiller, surtout que des cépages locaux comme le grüner veltliner, le blaufränkisch, le zweigelt et le saint-laurent sont en mesure de donner des vins aussi qualitatifs qu'originaux. Le choix dans les succursales de la SAQ demeure limité, mais les vins de quelques-uns des meilleurs producteurs autrichiens sont offerts en importation privée. À découvrir dans la section Ⓟ, à la fin du *Guide*.

BRÜNDLMAYER

Grüner Veltliner 2010, Kamptaler Terrassen, Kamptal (10707069) 22 $
Véritable locomotive pour le Kamptal – région viticole située à 70 km au nord-ouest de Vienne, le long du Danube –, le domaine de Willi Bründlmayer est une référence en viticulture autrichienne. Sa cuvée Ried Lamm compte parmi les Grüner Veltliner les plus achevés. Bien que moins ambitieux, celui-ci se signale néanmoins par son attaque en bouche franche, son caractère désaltérant, animé d'un reste de gaz, ses saveurs fines de pomme verte et de citron et sa finale presque saline. Très bel exemple de Grüner courant. ☆☆☆ ②

HEINRICH

Gernot Heinrich est un acteur important de Burgenland, une région viticole tempérée par la proximité du lac Neusiedler, qui donne parmi les meilleurs vins rouges du pays. Le domaine créé en 1985 est exploité en agriculture biodynamique depuis 2006.

Blaufränkisch 2009, Burgenland (10768478) 20,30 $
Difficile de résister au charme discret de ce vin constitué de blaufränkisch, le cépage rouge le plus planté et le plus qualitatif d'Autriche, que l'on a longtemps associé, à tort, au gamay. À la fois pansu, vigoureux et animé d'une acidité notable, qui donne de l'éclat aux franches saveurs de fruits et ajoute à son caractère vibrant. Maintenant ouvert, le vin se révèle tout de même davantage après une demi-heure en carafe et servi frais autour de 14 °C. Excellent compagnon de table, très polyvalent, que l'on pourra même servir avec un pavé de saumon grillé. ★★★★ ② ❄ ♁

LE SAVIEZ VOUS ?

Des TBA moins ruineux
Les amateurs de vins blancs liquoreux, comme le Trockenbeerenauslese (TBA), seront heureux d'apprendre que l'Autriche propose aussi quelques vins fort satisfaisants, souvent moins coûteux que les grands crus allemands.

HIRSCH

Grüner Veltliner 2011, Heiligenstein, Kamptal (11695055) 23,45 $
Pionnier de la capsule à vis en Autriche, vigneron innovateur, adepte de la biodynamie, Johannes Hirsch a été élu œnologue de l'année par le guide autrichien *Falstaff* de Peter Moser. Avec raison si l'on en juge par la qualité de cet excellent Gruner produit dans la région du Kamptal. Parfaitement sec, vibrant, plein d'éclat aromatique avec une finale subtile aux accents de poivre. Original et éminemment digeste. Un régal avec des huîtres! ☆☆☆☆ ② ✳

MARKOWITSCH

Pinot noir 2009, Carnunthum (11684831) 24,30 $
Entre Vienne et la frontière slovaque, le climat de la région de Carnunthum est tempéré à la fois par le Danube et par l'immense lac Neusiedler. Cette caractéristique permet d'y produire de bons vins rouges aussi substantiels que ceux du Burgenland et affichant parfois un supplément de fraîcheur. Markowitsch est l'un des leaders de l'appellation. Très bon Pinot noir souple et gouleyant, auquel un élevage en fûts de chêne apporte un charme et une rondeur certaines. Jolie matière fruitée et texture veloutée. Très bon et fort plaisant dès maintenant. ★★★→? ②

SCHLOSS GOBELSBURG

Cette propriété historique fut gérée par des moines jusqu'à son rachat, en 1996, par Michael et Eva Moosbrugger.

Riesling 2011, Trocken, Domaene Gobelsburg, Kamptal (10790309) 17,70 $
En plus de vins éminemment complexes issus de quelques-uns des meilleurs crus du Kamptal, le couple commercialise sous la gamme Domaene Gobelsburg, des vins de consommation courante, destinés à être bus jeunes. Le Riesling 2011 est à retenir pour la pureté de ses arômes de fleurs et de citron, le tout porté par un léger reste de gaz et par une fine acidité qui laisse la bouche fraîche et nette. Quatre étoiles dans sa catégorie. ☆☆☆☆ ② ✳

Grüner Veltliner 2011, Trocken, Kamptal (10790317) 15,50 $
Sec, vibrant, nerveux, minéral et cristallin, avec de délicates notes de poivre blanc. Léger, mais il a vraiment beaucoup de caractère et de style, ainsi qu'une finale étonnamment persistante pour un vin de ce prix. À l'apéro, avec des huîtres... ☆☆☆☆ ② ✳

LE SAVIEZ VOUS ?

Un classement pour le Wachau

Avant tout connue pour ses grands vins blancs, la région de Wachau est la seule, pour le moment du moins, à s'être dotée d'un système de classification efficace. Les vins blancs secs sont regroupés en trois catégories, selon leur richesse et leur concentration:

Steinfeder: maximum de 11,5 % d'alcool, essentiellement destinés à la consommation locale.
Federspiel: entre 11,5 % et 12,5 % d'alcool, il est l'équivalent du Kabinett allemand.
Smaragd: au minimum 12,5 % d'alcool, avec un maximum de 9 g/l de sucre. Les meilleurs Smaragd sont à retenir parmi les vins blancs les plus complets du pays.

AUTRICHE : PAR-DELÀ LES MONTAGNES

Son nom évoque tant les montagnes et les scènes hivernales qu'il semble quasi improbable d'y produire du vin. Pourtant, bien à l'est des pistes vertigineuses d'Innsbruck, adossé aux frontières tchèque, slovaque, hongroise et slovène, le vignoble autrichien couvre un peu plus de 45 000 hectares. Très peu, certes, comparé à celui de la France – 20 fois plus vaste –, mais la qualité de ses vins n'a pourtant rien à envier à celle des crus de vignobles européens de plus grande envergure.

Virtuellement absents du marché nord-américain il y a une dizaine d'années, les vins autrichiens occupent une place croissante sur les cartes des meilleurs restaurants de Montréal, New York et autres destinations gastronomiques en vogue. Ce n'est d'ailleurs pas un hasard si ces vins ont la cote auprès des sommeliers, sachant combien la fraîcheur est une vertu recherchée à table.

À cet égard, la popularité et l'originalité de l'Autriche viticole résident avant tout dans l'élaboration de vins blancs si frais et singuliers que l'on reconnaît souvent leur nationalité à vue de nez, bien avant de déceler s'ils sont issus de riesling ou de grüner veltliner, la variété locale. On dit alors que le terroir transcende le cépage. Contrairement à son pendant germanique, le Riesling autrichien est sec, très sec, ce qui le rend d'emblée plus accessible pour les consommateurs, souvent réfractaires au sucre résiduel. Il en va de même pour le Grüner : droit, cristallin, avec des goûts de fruits blancs et de délicates saveurs poivrées, ponctuées de tonalités minérales.

Les vins rouges ne représentent en ce moment qu'un tiers de la production nationale, mais ils ne font pas exception à cette précieuse notion d'équilibre. Sur les rives du lac de Neusiedl, les zweigelt, blaufränkisch, saint-laurent, blauburgender (pinot noir) et autres cépages septentrionaux ont trouvé un terrain de jeux rêvé et donnent généralement des vins souples, vibrants, gorgés de fruit et désaltérants. Si désaltérants que l'on résiste difficilement à la tentation d'un autre verre, surtout avec la chaleur estivale parfois accablante que nous venons de connaître.

Nadia Fournier
Texte publié cette année dans le magazine *L'actualité*

BULGARIE

Bien qu'elle semble avoir un fort potentiel qualitatif, la Bulgarie est encore essentiellement reconnue pour produire à bon prix, des vins issus de cépages internationaux.

YAMBOL

Cette *winery* fondée en 1924 exploite un vignoble de 600 hectares sur les rives de la rivière Tundza, dans l'est du pays.

Syrah 2009, Persona, Vallée de Thrace (11200850) 12,45$
Sans rien transcender, ce vin souple, rond et gorgé de fruit est agrémenté de notes anisées en finale qui ajoutent à sa personnalité. Tout à fait recommandable à ce prix. ★★★ ② ❋

Cabernet sauvignon-Syrah 2009, Persona, Valle de Thrace (11200825) 12,45$
Le cabernet sauvignon apporte une structure supplémentaire à la syrah, ce qui le rend encore plus rassasiant. Très bon vin quotidien. ★★★ ② ❋

LE VIN DÉCORTIQUÉ

Quand le raisin ne sent pas le raisin...

Vous est-il déjà arrivé d'ouvrir une bouteille et de découvrir que le vin sent tout sauf le raisin ? Comment une boisson faite de raisins peut-elle offrir des arômes si éloignés de son ingrédient de base ? La réponse se trouve dans les composés aromatiques volatils qu'ont en commun différentes variétés de raisins et autres végétaux. Si un gewurztraminer a un bouquet fleuri, c'est en partie à cause du gérianol, que l'on trouve aussi dans les carottes, la coriandre et les roses. Si vous décelez l'odeur du poivre noir dans un vin de syrah, c'est qu'il partage avec le poivre noir un composé aromatique appelé rotundone. Mais alors, pourquoi les vins de syrah ne sentent-ils pas tous le poivre ? Une étude menée par l'Australian Wine Research Institute dans différentes vignes australiennes a démontré que les raisins de syrah offrent un taux variable de rotundone selon le clonage utilisé, le type de sol et le climat. Pour le reste, il faut bien entretenir une part de mystère... – *B.Z.*

HONGRIE

La «renaissance» viticole hongroise qui a suivi la fin du régime communiste s'est effectuée essentiellement autour de la renommée historique du Tokaji (prononcer To-Caille). C'était il y a vingt ans. Depuis, le retard se rattrape à grands pas avec l'arrivée d'une nouvelle génération de vignerons dynamiques, animés d'un désir de redonner leurs lettres de noblesse aux terroirs hongrois.

En plus des somptueux vins liquoreux de Tokaji, la Hongrie est aussi la source d'excellents vins secs, issus de furmint ou de kékfrancos, l'équivalent hongrois du blaufränkisch.

BÈRES

Furmint 2008, Löcse, Tokaji (11766335) 21,75$
Des parfums exubérants de fruit exotiques, de fleurs blanches et d'épices témoignent de raisins à grande maturité. Aromatique et imposant, mais sans tonus et un peu plat. ☆☆→? ②

CHÂTEAU PAJZOS

Furmint 2011, Tokaji (860668) 12,45$
Le cépage furmint représente environ les deux tiers de la superficie totale du vignoble hongrois et contribue au caractère unique des vins azsú. À ce prix, on ne peut que se réjouir de la présence sur le marché d'un vin aussi original. Un très beau relief aromatique mariant la pomme aux fleurs blanches, avec des tonalités grillées, portées par une amertume de bon aloi. Excellent dans sa catégorie. ☆☆☆ ② ✻

KIRALYUDVAR

Cette propriété historique de la région de Tokaji a été acquise en 1997 par le financier américain d'origine philippine, Anthony Hwang, également propriétaire du Domaine Huet à Vouvray.

Furmint sec 2008, Tokaji (11812127) 28,45$
Cet excellent Furmint offre de l'opulence et une touche d'exotisme, mais avec une certaine retenue qui le rend fort charmant. Des saveurs intenses de fruits jaunes bien mûrs; juste assez vineux et animé d'une acidité franche qui donne soif et appelle un second verre. Finale savoureuse et persistante aux accents de miel, rehaussés par une amertume délicate. ☆☆☆☆ ② ✻

NYAKAS

Irsai Olivér 2008, Budai (11200497) 13,10 $
À prix d'aubaine, ce très bon vin sec met en relief les vertus aromatiques de l'irsai olivér, un cépage typique de l'Europe de l'Est qui a été développé vers 1930 comme raisin de table et dont le profil aromatique s'apparente à celui du muscat. L'amateur du genre se trouvera en terrain connu devant ces parfums de fleur d'oranger, de pêche et d'épices. La bouche est savoureuse, légère, aérienne, désaltérante. Idéal à l'apéritif! ☆☆☆ ② ✻

Pinot gris 2011, Budajenoi (10800933) 14,30 $
Sec, rafraîchissant et modérément aromatique, ponctué de notes fumées et doté d'une assez bonne tenue en bouche. Juste assez gras et soutenu par une saine acidité. Au moins aussi intéressant que bien d'autres Pinot gris vendus plus cher… ☆☆☆ ②

PATRICIUS

Tokaji Aszu 2000, 6 Puttonyos (11258058) 137,25 $
Sans doute en raison du contexte de la dégustation, mais ce Tokaji ne m'a pas semblé avoir la complexité associée à cette grande spécialité hongroise. Moelleux, exubérant et plein de charme, mais sans la sève et la profondeur des meilleurs. ☆☆☆ ② Ⓢ

TELEKI

Cabernet franc 2008, Villanyi, Csanyi (11200446) 15,95 $
Le cépage cabernet franc s'est particulièrement bien adapté au terroir de la région montagneuse de Villány, tout au sud du pays. À prix tout à fait correct, ce bon vin charnu met en relief les parfums poivrés propres au Cabernet franc de région fraîche. Correctement fruité et relevé, il a une poigne et une vitalité dignes de mention. À découvrir! ★★★ ② ✻

À TABLE AVEC LE…

Tokaji
Le « Roi des vins », comme il fut longtemps connu, est un vin doux exceptionnel, tant par son élaboration que par son unicité. Il développe des arômes envoûtants de fruits confits, de noix, de caramel salé, qui en font un vin sur mesure pour le desserts. Plus le nombre de puttonyos est élevé, plus le vin est sucré. – *V.R.*

SUISSE

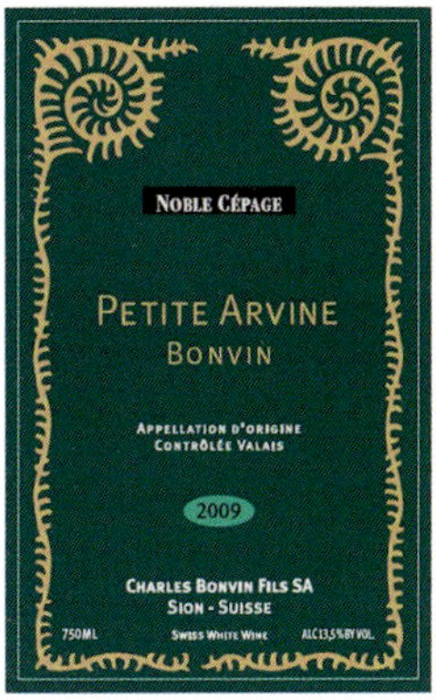

BONVIN, CHARLES ET FILS

Le domaine de la famille Bonvin est parmi les plus réputés de la région du Valais.

Petite Arvine 2010, Valais (11339915) 34$
Bien qu'on en trouve un peu dans la vallée du Rhône et dans le Languedoc – notamment au célèbre Mas de Daumas Gassac –, la petite arvine est un cépage quasi exclusif au Valais. Excellent vin sec, vineux, assez riche en extraits et dont les saveurs amples de fruit jaune sont mises en valeur par une délicate amertume. Belle occasion de découvrir cette originalité helvétique. À boire au cours des cinq prochaines années. ☆☆☆☆ ② Ⓢ

ROUVINEZ

Sur les flancs des montagnes de Sierre, au cœur du Valais, la famille Rouvinez produit une vaste gamme de vins originaux, essentiellement issus de cépages autochtones.

Pinot noir de Sierre 2011, Sierre, Valais (11770916) 22,45$
Bon Pinot noir de vignes cultivées en zone fraîche et mûri longuement. Rien de complexe, mais du fruit à revendre et une finale florale persistante. Tout aussi recommandable que bien des Pinot californiens à ce prix. ★★★→? ②

Petite Arvine 2010, Valais (10867599) 33,25$
Expression modeste mais sincère du cépage blanc emblématique du Valais. Correctement vineux, assez vif; pas de bois, ce qui laisse place aux arômes singuliers de la petite arvine. Maintenant ouvert et prêt à boire, il le restera jusqu'en 2016. ☆☆☆ ②

Fendant de Sierre 2011, Valais (11598538) 19,50$
Impression plus favorable cette année pour ce Fendant. Vif, nerveux et modérément aromatique, mais tout à fait convenable à moins de 20$. ☆☆☆ ②

Autre vin de qualité passable ☆☆

PROVINS **Fendant 2010, Swiss Valley, Valais** (11194971) 19,45$

AUTRES PAYS

La viticulture se développe à une vitesse folle à travers la planète. D'ailleurs, les tablettes de la SAQ sont garnies de plus en plus de vins provenant de nouveaux horizons. Cette section regroupe les vins de divers pays dont la production viticole, quoique relativement marginale, est tout à fait digne d'intérêt.

LIBAN

Bien que son histoire remonte au temps des Phéniciens, la viticulture libanaise telle qu'on la connaît aujourd'hui est relativement récente. Sur la vingtaine d'entreprises viticoles du pays, seules Musar et Ksara possèdent des vignes âgées de plus de 50 ans. Plantée essentiellement dans la vallée de la Bekaa, la vigne occupe environ 2000 hectares, l'équivalent de l'appellation Entre-deux-Mers. Les principaux cépages cultivés sont d'origine méditerranéenne: grenache, cinsault, syrah, carignan, auxquels s'ajoutent le cabernet sauvignon et un peu de merlot.

Contrairement à la plupart des pays du Moyen-Orient arabe, le Liban n'a aucune restriction sur le commerce, la promotion ou la consommation d'alcool. En raison des crises politiques qui ont ravagé le pays, la viticulture libanaise a été forgée de victoires dans l'adversité. Dans des conditions aussi hostiles, la seule survie des vins de la Bekaa les rend encore plus précieux.

CHÂTEAU KEFRAYA

Avec Ksara, ce vaste domaine établi au pied du mont Liban est un pilier de la viticulture libanaise. Très bonne qualité d'ensemble.

Comte de M 2007, Vallée de la Bekaa (722413) 48,75 $
Cuvée emblématique de Kefraya, cet assemblage de cabernet sauvignon et de syrah à parts égales compte parmi les vins les plus achevés du pays. Il s'impose d'emblée par ses senteurs de cuir, subtilement teintées d'accents de cèdre, et par sa droiture en bouche. Ferme et pourtant si charmeur avec sa finale persistante aux bons goûts de fruits noirs. Pas très puissant et certes un peu cher, mais remarquablement distingué. À boire sans se presser au cours des dix prochaines années. ★★★★ ③

Château Kefraya 2007, Vallée de la Bekaa (964536) 26,70 $
De nouveau un très bon vin issu de vignes de cabernet sauvignon, de mourvèdre, de carignan, de cinsault et de grenache, plantées entre 950 et 1100 m d'altitude. Mûr, généreusement fruité et porté par une texture tannique franche et droite qui apporte une sensation de fraîcheur à l'ensemble. À boire entre 2013 et 2016. ★★★ ②

Les Bretèches 2008, Vallée de la Bekaa (443317) 15,85 $
Cet assemblage inusité de cinsault, de syrah, de cabernet sauvignon, de tempranillo, de carignan, de grenache et de mourvèdre donne, bon an mal an, un vin aussi original que savoureux. Le 2008 est rond, relevé de parfums d'épices et suffisamment charnu. Un bon achat à ce prix. ★★★ ② ✻

CHÂTEAU KHOURY

Maintenant épaulés par leur fils Jean-Paul – formé en œnologie à Reims – Brigitte et Raymond El Khoury ont développé cette propriété dès 1995 sur le versant est du mont Liban, à une altitude de plus de 1300 m.

Symphonie 2006, Vallée la Bekaa (11607561) 20,30 $
Maintenant ouvert et issu d'un assemblage de variétés bordelaises et d'un peu de syrah, la cuvée Symphonie est assez typique des vins de la région par son attaque en bouche chaleureuse, gorgée de saveurs mûres; moyennement charnu et bien proportionné. À boire entre 2013 et 2015. ★★★ ②

CHÂTEAU KSARA

Fondée en 1857 par les pères jésuites, Ksara est la plus ancienne et la plus importante entreprise viticole du Liban, avec plus de 400 hectares répartis sur 7 parcelles différentes.

Réserve du Couvent 2009, Vallée de la Bekaa (443721) 14,90 $
Goûté de nouveau en août dernier, le 2009 m'a laissé une impression un peu plus favorable. Bon vin dodu et chaleureux, constitué de raisins de syrah, de cabernet franc et de cabernet sauvignon manifestement bien nourris par le climat libanais. Rien de complexe, mais il donnera pleine satisfaction à l'amateur de vin méridional. ★★★ ②

Clos St-Alphonse 2007, Vallée de la Bekaa (11315171) 14,05 $
Expression franche de cabernet sauvignon et de syrah, accentuée d'une légère amertume en finale. ★★ ② ©

Blanc de blancs 2011, Vallée de la Bekaa (10210677) 16,80 $
Les vertus conjuguées du chardonnay, du sauvignon blanc et du sémillon donnent un vin modérément aromatique, assez vineux et équilibré. ☆☆☆ ②

CHÂTEAU MARSYAS

Au Liban, l'industrie viticole représente aujourd'hui un chiffre d'affaires d'environ 40 millions de dollars et suscite l'intérêt d'une poignée d'entrepreneurs qui y voient un marché des plus florissants. C'est le cas de Johnny Saadé, qui a investi plus de 25 millions de dollars dans ce vignoble de la vallée de Marsyas, ancien nom de la vallée de la Bekaa.

Vallée de la Bekaa, Johnny R. Saadé 2007 (11214522) 39 $
Produit avec les conseils de l'œnologue bordelais Stéphane Derenoncourt, cet assemblage de cabernet sauvignon, de syrah, de merlot et de petit verdot témoigne d'une maîtrise technique certaine. Judicieusement boisé, riche en extraits et solidement constitué, à défaut d'originalité et de subtilité. Actuellement un peu sévère, il pourrait s'ouvrir d'ici deux ou trois ans. Dégusté pour la dernière fois en 2011. ★★★→? ②

CLOS ST-THOMAS

Domaine viticole libanais créé en 1997 sur le versant est du mont Liban, à environ 1000 m d'altitude.

Château St-Thomas 2007, Vallée de la Bekaa (927830) 26,35 $
Les amateurs de vins boisés et consistants apprécieront la facture traditionnelle de ce vin auquel une attaque tannique déjà assouplie par le temps et des notes d'épices donnent beaucoup de tempérament. Le 2007 est riche d'une foule de détails aromatiques et enrobé d'une chair fruitée mûre et chaleureuse à 14 %. À boire entre 2013 et 2017. ★★★→? ③

Les Émirs 2008, Vallée de la Bekaa (927822) 17,45$
Nourris par un élevage en fûts de chêne, cet assemblage de cabernet sauvignon, de syrah et de grenache séduit d'amblée par son attaque en bouche ample et juteuse, gorgée de saveurs de fruits et de réglisse, ponctuées de notes épicées. Beaucoup de chair et une assez bonne tenue en bouche. On se régale à peu de frais. ★★★ ② ❊

Les Gourmets 2007, Vallée de la Bekaa (927814) 13,85$
Cabernet sauvignon, syrah et cinsault. Vin souple et rond, gorgé de goûts de fruits confits. Guilleret et facile à boire. ★★ ② ❊

DOMAINE WARDY

Château Les Cèdres 2007, Vallée de la Bekaa (927806) 20,70$
Le meilleur vin rouge du Domaine Wardy est commercialisé sous le nom de Château Les Cèdres. Un assemblage de cabernet sauvignon, de syrah et de merlot profitant d'un élevage prolongé en fûts de chêne qui lui confère une étoffe supplémentaire et l'agrémente de jolies tonalité d'épices. Maintenant ouvert, expressif et porté par des tanins fondus, il restera au sommet jusqu'en 2017, au moins. Riche et capiteux (15,6% d'alcool), mais pourtant bien proportionné. Un vin tout indiqué pour accompagner un bon steak sur le barbecue et une aubaine à saisir... ★★★★ ② ❊

Cabernet sauvignon 2009, Vallée de la Bekaa (10700377) 16,40$
Bon Cabernet auquel des tonalités animales et un fini anguleux donnent une allure un peu rustique, mais néanmoins originale. On peut le laisser reposer un an ou deux, le temps qu'il s'ouvre. ★★→? ③

MASSAYA

De retour dans leur Liban natal en 1998 après avoir respectivement séjourné aux États-Unis et en France, Sami Ghosn et son frère Ramzi se sont associés au Bordelais Dominique Hébrard et aux frères Brunier du Domaine du Vieux-Télégraphe à Châteauneuf-du-Pape.

Gold Reserve 2009, Vallée de la Bekaa (10856929) 41,50$
Élaboré dans un style résolument moderne, cet assemblage de cabernet sauvignon, de mourvèdre et de syrah est doté d'un pouvoir de séduction certain. Les fans de Massaya seront ravis de retrouver dans ce 2009 la même exubérance aromatique, la structure et la mâche qui ont fait sont succès. Toujours élaboré avec beaucoup de doigté et apte à se bonifier jusqu'en 2017, au moins. ★★★→★ ③

Sélection 2009, Vallée de la Bekaa (904102) 20,40$
Encore jeune, nerveux, fougueux et animé d'un reste appréciable de gaz carbonique qui met le fruit en relief et apporte un certain tonus à l'ensemble. À boire entre 2013 et 2016. ★★★ ②

Classic 2009, Vallée de la Bekaa (10700764) 16,10$
Fidèle à lui-même, le vin courant de Massaya offre une expression juteuse, coulante et vigoureuse des cépages cinsault, syrah et cabernet sauvignon. Pas de bois, mais une chair fruitée généreuse et fort rassasiante pour le prix. ★★★ ② ❊

MAROC

GRAILLOT, ALAIN

Dès ses débuts en 1985, Alain Graillot s'est rapidement imposé comme l'un des artisans les plus sérieux et les plus respectés du nord de la vallée du Rhône. Depuis quelques années, il s'est aventuré loin des coteaux de Crozes-Hermitage, sur les flancs du mont Zenata, à une cinquantaine de kilomètres au nord-est de Casablanca.

Syrocco 2009, Zenata, Domaine Ouleb Thaleb (11375561) 20,35$
Même s'il est issu d'un climat chaleureux, ce vin composé exclusivement de syrah demeure fidèle à la signature de Graillot. Le 2009 m'a semblé un peu moins expansif et aromatique que le 2008, lauréat d'une Grappe d'or dans *Le guide du vin 2012*. Néanmoins un très bon vin à la fois ferme, gorgé de fruit et animé d'une saine fraîcheur qui harmonise le tout. Il gagnera peut-être en relief et en nuances après quelques mois de repos. ★★★→? ②

ISRAËL

La culture de la vigne dans ce pays très chaud et humide semble quasi improbable. L'apport d'une expertise étrangère, conjuguée aux particularités de quelques microclimats d'altitude, a toutefois permis d'accomplir des progrès considérables au cours des quinze dernières années. Les régions du plateau du Golan, dans le massif montagneux de la Galilée, au nord du pays, ainsi que les montagnes de Judée, dans la partie méridionale, sont aujourd'hui la source de vins de bonne qualité.

ELLA VALLEY VINEYARDS

Cette propriété située en périphérie de Jérusalem est avant tout reconnue pour la qualité de ses vins de chardonnay et de cabernet franc.

Merlot 2007, Samson, Collines de Judée (11386711) 31,75$
De nouveau un très bon Merlot qui séduit par son attaque mûre et sa matière fruitée concentrée, appuyée par des tanins ronds et serrés qui laissent en bouche une impression fort rassasiante. Chaleureux, mais sans lourdeur; finale persistante aux parfums de fruits noirs. À boire entre 2013 et 2017. ★★★→? ②

Chardonnay 2010, Samson (10700561) 23,85$
S'il ne brille pas par son originalité, ce vin blanc sec et vineux a plus de caractère que la moyenne internationale des Chardonnay. Pas trop de bois, mais une saine acidité qui lui donne tout le tonus voulu et des saveurs franches. ☆☆☆ ②

GALIL MOUNTAIN

Ce domaine de Galilée appartient majoritairement à Golan Heights Winery.

Alon 2009, Upper Galilée (11860583) 21,75$
Arrivée prévue en décembre 2012 pour ce vin tendre, capiteux (15% d'alcool) et quasi sucré, issu d'un assemblage de cabernet sauvignon, de syrah, de petit verdot et de cabernet franc. Un peu lourd à mon goût, mais je devine que l'amateur de vin opulent ne restera sans doute pas insensible à cette générosité. ★★→? ②

GOLAN HEIGHTS

Cette *winery* située dans la commune de Katzrin, au cœur du plateau du Golan, commercialise annuellement quelque six millions de bouteilles. La gamme Yarden est le haut du panier.

Syrah 2009, Yarden, Galilée (11616097) 28$
Chaleureux et imposant par son attaque en bouche gorgée de saveurs de fruits confits, sur un fond mentholé et doté d'une assise tannique bien sentie, ce vin se révèle tout de même un peu lourd en raison d'un taux d'alcool élevé (15%). Le 2005 dégusté l'an dernier m'avait pourtant semblé plus harmonieux. Laissons-lui le bénéfice du doute, peut-être gagnera-t-il en nuances après quelques années. ★★→? ③

Yarden red 2011, Mount Hermon, Galilée (10236682) 18,40$
Bon vin juteux et friand issu d'un assemblage bordelais (cabernet sauvignon, merlot, cabernet franc, malbec et petit verdot) et provenant de divers vignobles situés entre 400 m et 1200 m d'altitude. À apprécier avant tout pour sa richesse fruitée et sa souplesse. ★★★ ②

Chardonnay 2009, Galilée (10236666) 18,85$
Non boisé et agrémenté de parfums de poire et de fruits exotiques; bien sans être vraiment distinctif. ☆☆ ②

TEPERBERG 1870

L'ancienne *winery* Efrat, fondée en 1870, porte aujourd'hui le nom de ses créateurs : la famille Teperberg.

Meritage 2010, Shomron Mountains (11607385) 25,15$
Assemblage de cépages bordelais dont la matière nourrie et la finale chaleureuse contrastent avec une acidité vive, donnant à l'ensemble une allure plutôt bancale, pour le moment. Boisé et chargé de parfums torréfiés qui masquent le fruit. Laissons-lui un peu de repos, le temps qu'il digère son élevage en fûts. ★★→? ③

Riesling 2010, Silver, Vendanges tardives, Samson
(11375713) 20,60$ – 500 ml
En plus de quelques bons vins rouges, Teperberg commercialise aussi ce vin de dessert qui offre surtout une expression chaleureuse du cépage alsacien. Doucereux, vanillé et à court de vitalité. ☆☆ ②

VITKIN

Ce domaine familial créé en 2001, dans le village de Vitkin mise sur une poignée de cépages originaux comme le carignan, le viognier, le cabernet franc et la petite sirah.

Red 2010, Israeli Journey (11885633) 23,65$
Autant j'ai aimé le Cabernet franc dégusté l'an dernier, autant j'ai peine à m'enthousiasmer pour ce vin à l'attaque sucrée, assaisonné des parfums vanillés de la barrique, qui masquent l'expression naturelle des cépages carignan, syrah et cabernet franc. Arrivée prévue en janvier 2013. ★★ ②

TURQUIE

La viticulture est pratiquée en Turquie depuis six millénaires. Le pays occupe le quatrième rang mondial des producteurs de raisins, mais la quasi-totalité de la récolte est toujours commercialisée sous forme de raisin de table ou de raisins secs.

Occulté par la popularité du raki – un spiritueux parfumé à l'anis – pendant le long règne ottoman, le vin a connu un souffle nouveau en 1925, lorsque Kemal Atatürk, fondateur de la Turquie laïque, a inauguré le premier établissement vinicole moderne du pays dans le cadre de son programme d'occidentalisation.

Aujourd'hui, les cépages locaux dominent encore largement, mais les variétés internationales sont de plus en plus plantées, et le nombre de domaines viticoles augmente constamment depuis la libéralisation du marché des vins et spiritueux en 2003.

KAYRA

Tekel, l'ancien monopole d'État chargé du commerce des boissons alcoolisées, a été privatisé en 2003, puis acquis par un groupe d'industriels turcs, qui se sont associés avec la société américaine Texas Pacific Group dès 2006. L'entreprise, aujourd'hui rebaptisée, est dirigée par un *winemaker* californien.

Öküzgözü 2010, Terra (11885625) 16,45 $

Produit dans la région d'Elazığ et issu exclusivement du cépage local öküzgözü, arrondi par l'élevage en fûts et mis en valeur par les techniques de l'œnologie moderne. Pas dépaysant outre mesure, mais généreusement fruité, relevé de notes de cacao et fort charmeur avec sa texture veloutée. À boire dès maintenant et au cours des trois prochaines années. ★★★ ②

KAVAKLIDERE

Fondée en 1929, à Ankara, la capitale turque, Kavaklidere est la première entreprise viticole du pays.

Syrah 2010, Egeo (11811685) 20,30 $

Fort d'un vignoble de plus de 500 hectares réparti dans la plupart des régions viticoles, l'entreprise élabore une vaste gamme de vins issus de cépages locaux et internationaux, sous les conseils de l'œnologue bordelais Stéphane Derenoncourt. Nouvellement inscrite au répertoire de la SAQ, cette cuvée est à retenir avant tout pour son attaque fruitée ample, suave et séduisante. À défaut d'originalité, on appréciera sa finale chaleureuse aux bons goûts de réglisse noire. ★★★ ②

KOCABAG

Le domaine familial de Kocabag a été créé en 1972, dans la région volcanique de Cappadoce dans l'est du pays.

Kapadokya rouge 2011 (10703754) 13 $

Habillé d'une étiquette d'un autre âge, ce vin rouge ne paie pas de mine. Pourtant, cette curiosité locale n'en est pas moins digne d'intérêt. Élaboré exclusivement avec des variétés cappadociennes aux noms aussi exotiques qu'imprononçables, ce vin souple, juteux et gorgé de fruit est relevé de notes épicées qui ajoutent à son charme. Un sympathique voyage en Turquie, en classe économique. ★★★ ②

MEXIQUE

Le Mexique est le plus ancien pays producteur de vin des Amériques. Implantés dès la colonisation espagnole, au XVIe siècle, les variétés *vitis vinifera* ont prospéré au fil des siècles grâce au labeur des missionnaires catholiques qui ont notamment développé les vignobles de la Basse-Californie, plus précisément dans la vallée de Guadalupe, aujourd'hui responsable de 75 % de la production nationale.

Les quelques vins offerts au Québec sont tout à fait recommandables. Le Zinfandel et la Petite Sirah commentés ci-dessous sont même de bonnes solutions de rechange économiques pour l'amateur de vin californien.

CETTO, L.A.

Avec plus de 600 hectares de vignes, ce domaine, fondé en 1926 par un immigrant italien, est le plus important producteur de vins du pays.

Nebbiolo 2006, Reserva, Valle de Guadalupe (10390233) 19,05 $
Cette version mexicaine du grand cépage piémontais ne manque vraiment pas de qualités. Le 2006 séduit par sa texture tendre, sans la moindre mollesse, et sa finale chaleureuse agrémentée de jolis parfums de fruits noirs et de fleurs. À ce prix, il n'y a aucune raison de se priver d'un tel vent d'exotisme. ★★★ ②

Zinfandel 2009, Valle de Guadalupe (11202951) 13,95 $
Assez typé des bons *zin* de région chaude, semblable à ceux de Central Coast en Californie, un vin juteux, gorgé de saveurs confites et animé d'une bonne dose d'acidité. À ce prix, il en vaut bien d'autres… ★★★ ② ❋

Petite sirah 2010, Valle de Guadalupe (429761) 12,05 $
Plus ferme et structuré, comme le commande le cépage, mais néanmoins fort agréable par son attaque en bouche chaleureuse, aux bons goûts de réglisse et de poivre. Tout cela pour une chanson. ★★★ ② ❋

Cabernet sauvignon 2010, Valle de Guadalupe (721340) 12 $
Bon vin courant, mûr, souple et fruité, avec tout ce qu'il faut de vitalité. ★★ ②

Chardonnay 2010, Private Reserve, Valle de Guadalupe (10710559) 17,40 $
Une saine acidité, pas de bois, mais des saveurs très nettes de poire mûre et un bel équilibre d'ensemble. ☆☆☆ ②

GÉORGIE

TELIANI VALLEY

Saperavi 2008, Géorgie (11607545) 14,90 $
La Géorgie produit du vin depuis plus de 7000 ans. Cépage indigène reconnu pour sa capacité à engendrer des vins intenses et structurés, le saperavi provient de Kakhéti, une région située au sud-est du pays, source de 70 % de la production nationale. Très bon vin aux accents prononcés de fumée – sans doute attribuables à un élevage de trois mois en fûts –, sur un fond de fruit noir et d'épices. La texture est souple, mais le vin ne manque pas de corps. Très correct et tout à fait recommandable à 15 $. ★★★ ② ❋

AMÉRIQUE DU NORD
CANADA – ÉTATS-UNIS

DES PRODUCTEURS À RETENIR EN COLOMBIE-BRITANNIQUE

Blue Mountain, Osoyoos Larose, Mission Hill, Tantalus

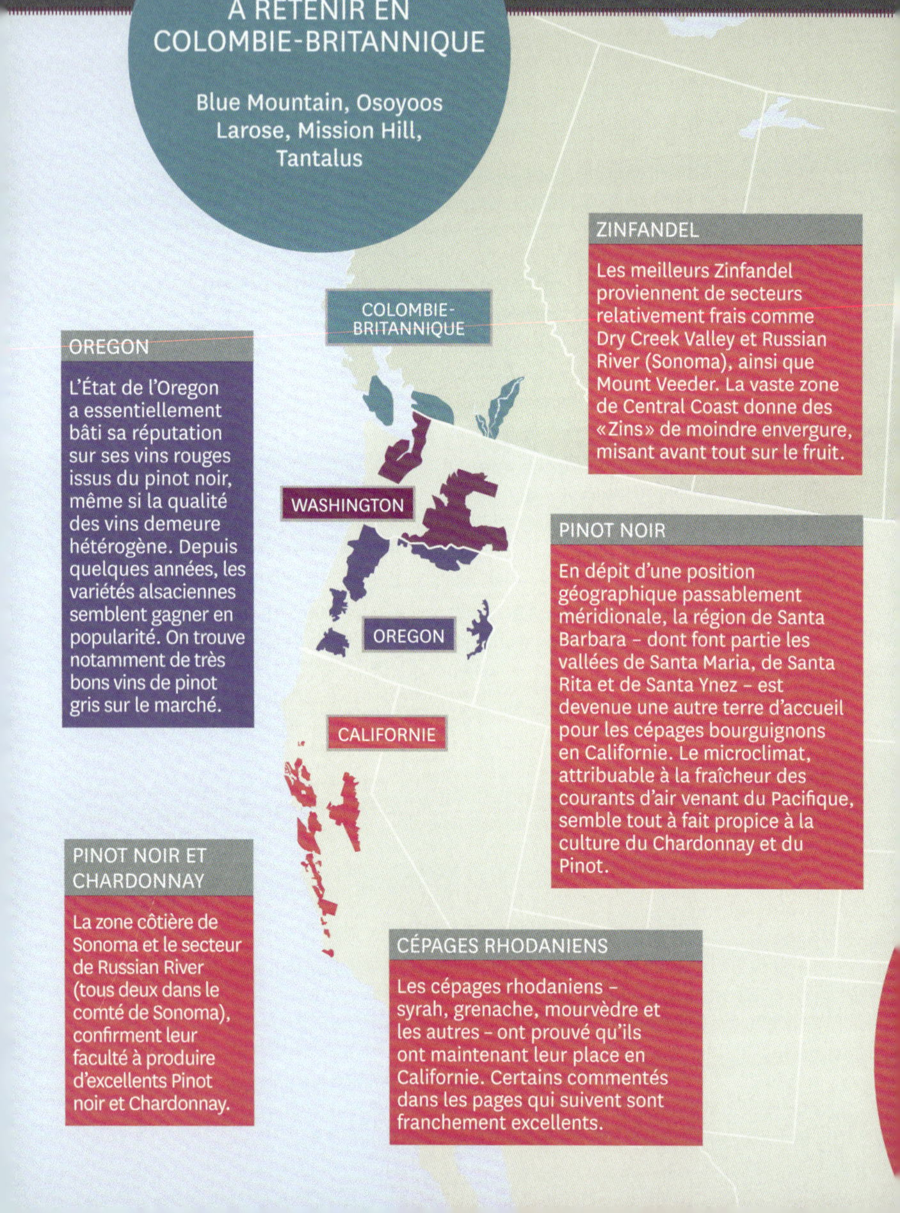

ZINFANDEL

Les meilleurs Zinfandel proviennent de secteurs relativement frais comme Dry Creek Valley et Russian River (Sonoma), ainsi que Mount Veeder. La vaste zone de Central Coast donne des «Zins» de moindre envergure, misant avant tout sur le fruit.

OREGON

L'État de l'Oregon a essentiellement bâti sa réputation sur ses vins rouges issus du pinot noir, même si la qualité des vins demeure hétérogène. Depuis quelques années, les variétés alsaciennes semblent gagner en popularité. On trouve notamment de très bons vins de pinot gris sur le marché.

PINOT NOIR

En dépit d'une position géographique passablement méridionale, la région de Santa Barbara – dont font partie les vallées de Santa Maria, de Santa Rita et de Santa Ynez – est devenue une autre terre d'accueil pour les cépages bourguignons en Californie. Le microclimat, attribuable à la fraîcheur des courants d'air venant du Pacifique, semble tout à fait propice à la culture du Chardonnay et du Pinot.

PINOT NOIR ET CHARDONNAY

La zone côtière de Sonoma et le secteur de Russian River (tous deux dans le comté de Sonoma), confirment leur faculté à produire d'excellents Pinot noir et Chardonnay.

CÉPAGES RHODANIENS

Les cépages rhodaniens – syrah, grenache, mourvèdre et les autres – ont prouvé qu'ils ont maintenant leur place en Californie. Certains commentés dans les pages qui suivent sont franchement excellents.

LE CANADA EN QUELQUES CHIFFRES

En 10 ans, la consommation de vin au Canada a augmenté de 66%. L'Ontario génère près de 80% de la production nationale. Les consommateurs québécois ont une nette préférence pour le vin rouge (70%).

LES ÉTATS-UNIS EN QUELQUES CHIFFRES

Les États-Unis occupent le 4e rang des pays producteurs de vin. 97% de la production du vin a été concentrée dans 4 États : Californie (88%), New York (4%), Washington (4%) et Oregon (1%).

DES PRODUCTEURS À RETENIR EN ONTARIO

Bachelder, Clos Jordanne (Le), Clossom Chase, Lailey Vineyard, Norman Hardie, Stratus, Tawse, Thirteen Street Winery

COMTÉ DU PRINCE-EDWARD (PEC)

Les sols argileux et la culture de vignerons constituent actuellement deux atouts majeurs pour le «County». Bien qu'une majorité des consommateurs ontariens n'ait que très peu d'atomes crochus avec la délicatesse très «bourguignonne» de leurs vins de pinot, la plupart des vignerons restent attachés à ce style. Souhaitons qu'il en demeure ainsi...

LA NOUVELLE-ÉCOSSE EN PLEINE EFFERVESCENCE

Le climat hivernal doux et les étés frais de la Nouvelle-Écosse constituent de très bonnes conditions pour la culture de raisins à forte teneur en acidité, nécessaires à l'élaboration de vins effervescents. Plusieurs mousseux de très bonne qualité y sont déjà produits et l'avenir s'annonce encore plus prometteur avec les plantations récentes de chardonnay, de pinot noir et de pinot meunier, les trois principaux cépages de la Champagne. Aucun vin n'est offert à la SAQ pour le moment.

QUELQUES CONSEILS

Les bons vins californiens abordables sont rares, voire rarissimes. Les produits d'entrée de gamme, essentiellement vendus au répertoire général de la SAQ, ont le plus souvent une allure préfabriquée, un goût usiné. Pour un vin de tous les jours, mieux vaut chercher ailleurs. On trouve toutefois quelques rapports qualité-prix attrayants, entre 25$ et 40$.

CANADA

Les efforts observés depuis dix ans et les quelque 1500 vins canadiens dégustés au cours des dernières années, permettent plus que jamais d'être confiant quant au potentiel du Canada de devenir non seulement un producteur de bons vins, mais aussi un producteur de vins de classe mondiale. Tout n'est pas parfait, mais avec les vignes qui gagnent en maturité et les progrès constants en connaissances viticoles et œnologiques, les vins ne pourront qu'être meilleurs.

L'Ontario arrive bonne première avec un vignoble couvrant un peu plus de 6500 hectares, suivie par la Colombie-Britannique et le Québec. La Nouvelle-Écosse sera aussi à surveiller au cours des prochaines années, notamment pour la qualité de ses vins effervescents.

ONTARIO

On observe de très belles avancées qualitatives, tant dans la péninsule du Niagara et que dans le comté de Prince Edward (PEC).

Si le chardonnay et le riesling semblent particulièrement à l'aise dans la péninsule de Niagara, les vins rouges issus des variétés associées au climat frais comme les gamay, pinot noir et cabernet franc gagnent en précision et s'avèrent évidemment plus nourris et charnus que ceux du comté de Prince Edward. En d'autres mots, nos voisins ontariens ont de tout pour tous les goûts!

ANGELS GATE

Le vignoble de cette *winery* située dans le secteur de Beamsville Bench a été planté dès 1996.

Riesling 2009, Süssreserve, Niagara Peninsula (11576890) 16,50 $
Léger en alcool (11,5 %), arrondi par un léger reste de sucre et heureusement tonifié par une saine acidité, qui met en valeur ses notes de poivre, de citron et d'abricot. Rien de bien complexe, mais à ce prix, l'amateur de vin rond et guilleret en aura pour son argent. Servi avec un sauté d'inspiration thaïlandaise, c'est un vrai petit bonheur! ☆☆☆ ② ❋ ▼

À TABLE AVEC LE...

Chardonnay
En général d'une grande fraîcheur, avec un boisé bien intégré, les Chardonnay d'Ontario peuvent s'harmoniser à table comme ceux de Bourgogne. – *V.R.*

BACHELDER

Le Montréalais Thomas Bachelder, ex-vinificateur au Clos Jordanne, exploite un commerce de négoce « haute-couture », qui s'étend de la Bourgogne, jusqu'à la côte Ouest américaine, en passant par la péninsule du Niagara, berceau de sa renommée désormais internationale. Passionné, intrépide, mais pas totalement téméraire, Bachelder a préféré concentrer ses efforts sur le chardonnay pour les premiers millésimes, le temps de s'adapter aux nombreux défis que comportent des vendanges et des vinifications quasi simultanées, dans trois régions aussi éloignées. Les premiers vins de pinot noir – dont un Nuits Saint-Georges Premier cru – devraient toutefois être commercialisés au cours des prochaines années. En attendant, quelques cuvées parcellaires de Chardonnay sont vendues en importation privée. Détails dans la section IP

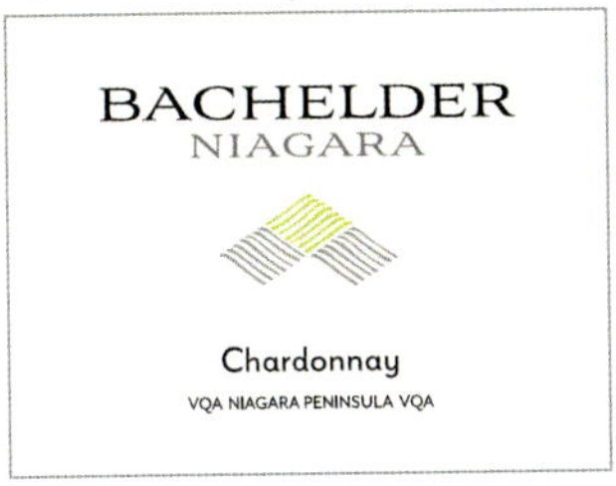

Chardonnay 2010, Niagara Peninsula (11584857) 36,75 $
Tout à fait dans l'esprit des très bons Chardonnay produits dans la région de Niagara; c'est-à-dire plein d'élan et de vigueur, très net et relevé de délicates notes florales. Le tout est mis en valeur par un élevage prolongé (16 mois) en fûts de chêne, qui apporte juste ce qu'il faut de gras et de corps, sans sacrifier la précision. Le 2010 me semble encore plus complet et précis; il brille par son tonus, son équilibre d'ensemble, ses saveurs pures et cristallines et sa vigueur minérale. Que de bons mots cette année. Excellent! À boire entre 2013 et 2018. ☆☆☆☆ ②

CHÂTEAU DES CHARMES

Riesling 2007, Niagara-on-the-Lake (11035778) 19,20 $
Installée dans un imposant bâtiment, la *winery* fondée en 1978 par le Français Paul Bosc est une institution de la viticulture ontarienne. Un reste perceptible de sucre met en valeur le bon goût de miel de ce savoureux Riesling. Simple, mais original, friand et équilibré. ☆☆☆ ② ▼

CLOS JORDANNE (LE)

Le projet né d'un partenariat entre le groupe Boisset et la société canadienne Vincor semble avoir atteint sa vitesse de croisière, alors que la qualité se manifeste même dans le vin courant de la propriété. Le Montréalais Thomas Bachelder a passé le relais à l'œnologue bourguignon Sébastien Jacquey.

Chardonnay 2008, Claystone Terrace, Twenty Mile Bench (10697331) 41,25 $
Le Chardonnay du vignoble Claystone est devenu, à juste titre, l'emblème de Clos Jordanne. La sève singulière du 2008, ses accents de pierre à fusil et sa texture à la fois vineuse et tendue laissent en bouche une impression vibrante et hautement désaltérante. À classer parmi les plus complets de la péninsule. ☆☆☆☆→? ② ▼

Chardonnay 2009, Village Reserve, Niagara Peninsula (11254031) 31 $
Même le Chardonnay courant a une identité qui va au-delà des simples arômes du cépage. Sec, franc de goût, suffisamment vineux et doté d'une trame minérale qui, conjuguée à une saine acidité, donne au vin une tenue en bouche digne de mention. Excellent! ☆☆☆☆ ②

À TABLE AVEC LE...

Pinot noir
La majorité des Pinot noir ontariens misent sur la fraîcheur et pourront s'harmoniser à table comme un Pinot noir bourguignon du même acabit. - *V.R.*

Pinot noir 2008, Talon Ridge, Vinemount Ridge (11451051) 38 $
Acidulé, nerveux et mettant en relief l'expression fruitée, la matière et la texture serrée que l'on associe au pinot cultivé sous un climat frais. Pas le plus intense ni le plus charmeur, ce vin se distingue plutôt par sa ligne tannique très pure et la finesse de son grain. Encore jeune, vigoureux et doté d'une finale persistante, il serait sage de le laisser reposer encore quelques années. ★★★→? ③

Pinot noir 2009, Village Reserve, Niagara Peninsula (10745487)
Bien qu'un peu plus ferme et tendu en 2009, le Pinot noir courant demeure tout de même fort agréable par sa franchise et sa vigueur. Pas aussi exubérant que d'autres, mais il compense par sa précision et son caractère un peu austère, qui lui confère un certain charme. À boire entre 2013 et 2017. ★★★ ②

HARDIE, NORMAN

L'ancien sommelier Norman Hardie a créé son vignoble à Wellington, dans le secteur en pleine expansion de Prince Edward County. En plus des cuvées du «County», Hardie élabore quelques vins dans le secteur de Niagara.

Pinot noir 2009, Prince Edward County (11638499) 38,50 $
Il suffit de goûter cet excellent Pinot pour saisir tout le potentiel de cette région viticole émergente, située à quelques heures au sud-ouest de Montréal, près de Kingston. Sa fraîcheur, la pureté du fruit, la délicatesse des tanins et sa finale précise aux bons goûts de griotte ont valeur d'exemple. Cher, mais à ranger parmi les meilleurs vins canadiens de pinot noir, avec ceux de Clos Jordanne. ★★★★ ②

Voir aussi la section Ⓟ

HENRY OF PELHAM

Sur un site historique de St. Catharines dont leur ancêtre fut propriétaire dès 1794, la famille Speck produit des vins de bonne qualité.

Baco noir 2010, Ontario (270926) 15,20 $
L'an dernier, j'avais émis quelques réserves au sujet du 2009 que je jugeais trop boisé. Heureusement, le millésime 2010 semble marquer un retour à la normale pour ce «classique» de Niagara. Les habitués y retrouveront ce même bon vin vif et vigoureux auquel le cépage hybride baco noir confère une allure rustique, mais néanmoins originale, avec de bons goûts de fruits sauvages. À boire au cours des trois prochaines années. ★★★ ② ✲

Riesling 2009, Reserve, Short Hills Bench (283291) 16,20 $
Comme toujours, un très bon vin blanc vif, nerveux et assez léger en alcool (11,5%), délicatement parfumé, mais désaltérant, plaisant et tout à fait recommandable. ☆☆☆ ②

MALIVOIRE

Pinot noir 2008, Beamsville Bench (11593614) 31,25 $
Très bon Pinot noir issu de l'agriculture biologique. Pas très exubérant, voire un peu timide au premier nez, mais cette retenue, plutôt que d'être un défaut, contribue à son charme. Typique de son millésime d'origine, à la fois strict et nerveux, sans verdeur ni sécheresse. L'amateur pressé pourra l'aérer en carafe au moins une demi-heure avant de le servir, mais il gagnerait idéalement à reposer encore un an ou deux afin de révéler son plein potentiel. ★★★→? ②

Voir aussi la section Ⓟ

STRATUS

Sur la route menant à Niagara-on-the-Lake, cette *winery* ultramoderne est l'une des plus dynamiques de la péninsule. L'œnologue Jean-Laurent Groux élabore quelques cuvées monocépages, mais la philosophie de Stratus repose essentiellement sur l'art de l'assemblage.

Stratus Red 2007, Niagara-on-the-Lake (11574430) 45,50 $
Les amateurs en quête de puissance et d'effets spectaculaires resteront certainement sur leur soif devant cet assemblage de cabernet sauvignon, de cabernet franc, de merlot et de gamay. Le 2007 est issu de raisins à parfaite maturité, mais conserve néanmoins cette acidité propre aux vins de régions fraîches. Les saveurs précises de fruits et de fleurs sont portées par une texture soyeuse, constituée de tanins fins et serrés, et le vin a beaucoup de tempérament. Encore jeune, il est possible qu'il se révèle davantage d'ici 2014. ★★★→?

Wildass White 2007, Niagara Peninsula (11098293) 24,50 $
Une moins bonne note pour ce vin blanc. Les saveurs manquent d'éclat et le vin tombe un peu à plat. À ce prix, il y a mieux. ☆☆ ②

Riesling 2008, Icewine, Niagara (10856937) 40,75 $
La clé d'un grand vin de glace réside avant tout dans l'équilibre entre cette texture d'une onctuosité quasi incomparable et une acidité suffisante pour laisser en bouche une sensation de fraîcheur. Les deux éléments sont ici réunis et le vin offre une palette complexe de fruits exotiques, qui persistent en bouche pour notre plus grand plaisir. ☆☆☆☆

Voir aussi la section Ⓟ

À TABLE AVEC LE...

Riesling

Souvent léger en alcool, parfois avec du sucre résiduel, les Riesling d'Ontario sont pourvus d'une grande acidité, idéal pour la table. Secs, ils iront avec des poissons et fruits de mer cuisinés en toute simplicité ou aux agrumes, aux herbes fraîches, aux légumes verts. Huîtres crues et sushis sont aussi tout indiqués, tout comme des plats délicats à saveur de pommes vertes ou de romarin.

Demi-secs, ils sont parfaits pour une cuisine thaïlandaise, ou tout autre plat qui s'inspire de ses saveurs (basilic thaïlandais, lime kaffir, citronnelle, coriandre), ainsi que pour des plats de poisson ou de volaille épicés ou aux fruits exotiques. – *V.R.*

À TABLE AVEC LES...

Cabernet, Merlot

Les cépages bordelais cultivés en Ontario donnent souvent des vins marqués par des arômes végétaux. Les Cabernet franc peuvent s'harmoniser comme ceux de la Loire, et les meilleurs assemblages, aussi marqués par une typicité de climat frais, comme des vins de Bordeaux. – *V.R.*

TAWSE

Sur les rives du lac Ontario, Tawse Winery est le joujou du financier torontois Moray Tawse. Il bénéficie des conseils du Québécois Pascal Marchand, anciennement au domaine de la Vougeraie en Bourgogne.

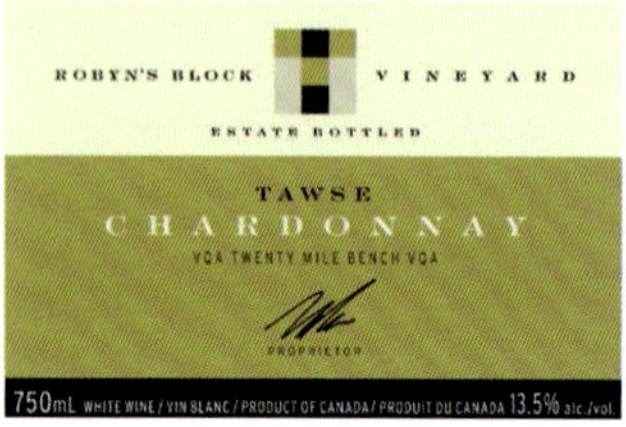

Chardonnay 2009, Robyn's Block, Twenty Mile Bench (11031443) 48 $
Parfois surdimensionné et dessiné à gros traits par le passé, je dois avouer être agréablement surprise par l'équilibre et la netteté aromatique de ce Chardonnay. L'élevage semble nettement mieux intégré et apporte une vinosité supplémentaire, sans masquer les saveurs intenses et persistantes de poire et de fleurs. Finale délicate et saline aux tonalités épicées. Très bon, mais vendu à un prix dissuasif. ☆☆☆→? ②

Chardonnay 2010, Échos, Niagara Peninsula (11039736) 23,25 $
Plus modeste, mais une belle expression variétale du chardonnay, sans parfum boisé et misant avant tout sur le fruit et la fraîcheur. ☆☆☆ ②

Riesling 2010, Echos, Niagara Peninsula (11156220) 19,95 $
Une pointe de sucre résiduel, 10 % d'alcool et une franche acidité qui met en relief de bons goûts de pommes acidulées. Bon Riesling variétal à apprécier à l'apéritif. ☆☆☆ ②

Riesling 2009, Icewine, Twenty Mile Bench (11572522) 36 $ – 200 ml
Toute l'expression aromatique d'un Riesling de qualité, à la puissance 10. Des notes pétrolées, florales et minérales, une concentration en sucre et une acidité d'enfer. Finale persistante et voluptueuse. ☆☆☆☆ ②

Cabernet franc 2010, Icewine, Niagara Peninsula (11689931) 35,75 $ – 200 ml
Un cran en dessous, mais néanmoins appréciable par ses saveurs de fruits rouges et d'épices. Bon équilibre d'ensemble. ★★★ ②

Voir aussi la section Ⓟ

WEIR, MIKE

Chardonnay 2009, Niagara Peninsula (10991215) 18,20 $
Le golfeur ontarien Mike Weir s'est associé à la famille Bosc du Château des Charmes pour produire une gamme éponyme dans la péninsule de Niagara. Bon Chardonnay courant, d'envergure moyenne, mais sec, frais, désaltérant et agrémenté d'une délicate amertume qui met en relief ses notes florales. ☆☆☆ ②

Autres vins de qualité moyenne ★★ et ☆☆

INNISKILLIN
Chardonnay 2009, Winemaker's Series, Three Vineyards, Niagara Peninsula (11593489) 17,95$

JACKSON TRIGGS
Sauvignon blanc 2010, Reserve, Niagara Peninsula (11677421) 14,95$ Ⓒ
Merlot 2010, Black Reserve, Niagara (11462112) 14,95$ Ⓒ

THE FOREIGN AFFAIR *WINERY*
Dream 2008, Niagara Peninsula (11593833) 31,25$
Riesling 2008, Niagara Peninsula (11593825) 29$

LE VIN DÉCORTIQUÉ

Cépage: qualité ou marketing?

Un des avantages du système rigide d'appellations européen est qu'il force les viticulteurs à utiliser un nombre restreint de cépages s'ils souhaitent adhérer à l'appellation. Outre quelques exceptions, les cépages des régions viticoles historiques d'Europe poussent au même endroit depuis des siècles.

En revanche, dans la plupart des régions du Nouveau Monde, les vignerons ne peuvent jouir de siècles d'expérience pour savoir ce qui est adapté – ou non – à leurs sols, à leurs climats. Lors d'une visite à la SAQ, vous constaterez que l'offre du Nouveau Monde s'articule souvent autour des mêmes cépages: cabernet sauvignon, merlot, chardonnay et sauvignon blanc. Pourquoi? Parce qu'ils se vendent bien!

Les clients sont attirés par ces cépages aux noms connus et les établissements vinicoles pressés d'engranger des profits l'ont bien compris. S'agit-il pour autant des cépages appropriés? Ici au Canada, on trouve beaucoup trop de mauvais Cabernet sauvignon alors que des cépages comme le gamay et le cabernet franc donnent de bien meilleurs résultats. La Californie doit composer avec du Chardonnay souvent trop mûr, alors que la roussanne et la marsanne semblent parfaitement adaptées aux conditions climatiques de la région. Les exemples se multiplient et entraînent cette interrogation: «Mais quand cultiveront-ils les bons cépages?» Quand les consommateurs manifesteront une volonté de les acheter. – *B.Z.*

COLOMBIE-BRITANNIQUE

Chaque année, parmi le lot de vins de Colombie-Britannique dégustés, ceux qui me semblent le plus complets sont issus des cépages alsaciens, pinot gris, riesling, gewurztraminer ou pinot blanc. Tout comme l'Alsace, la Colombie-Britannique bénéficie d'un climat sec et d'étés généralement chauds. Malgré une saison végétative un peu moins longue qu'en Alsace, les vins britanno-colombiens affichent ce même éclat aromatique. Des vins blancs originaux dont le marché canadien a grandement besoin.

Hélas! la soif générale des consommateurs pour des vins rouges corsés a orienté les plantations vers la mauvaise couleur. Même si les secteurs méridionaux d'Oliver et d'Osoyoos obtiennent d'assez bons résultats avec les variétés bordelaises – cabernet sauvignon et merlot –, on peut toujours s'interroger quant à l'avenir des vins rouges de Colombie-Britannique sur le marché international.

Les *wineries* de la province qui s'en tirent le mieux à mon avis, sont celles qui ont décidé d'opter pour un style de vins rouges plus frais et légers en alcool, dont quelques très bons Cabernet franc. Ne reste qu'à continuer d'espérer leur arrivée, un jour, sur les tablettes de la SAQ...

MISSION HILL

Installée à West Kelowna au bord du lac Okanagan, la spectaculaire *winery* de Anthony von Mandl est l'un des piliers de la viticulture britanno-colombienne. De manière générale, les vins rouges ont plus d'individualité.

Oculus 2009, Okanagan Valley (10411102) 80 $
Arrivée prévue en février 2013 pour un 2009 encore plus ample et davantage marqué par l'élevage, mais néanmoins plus complet, mieux équilibré et sans ces tanins « bruts de décoffrage » qui affligeaient le précédent. Musclé, très structuré, mais très bien construit dans son genre. À boire entre 2016 et 2022. ★★★→? ③

Compendium 2008, Okanagan Valley (11262891) 40 $
Jugé sévèrement l'an dernier en raison d'une profusion de bois neuf et d'une masse tannique un peu lourde, ce 2008 me semble maintenant un peu plus harmonieux. Un tissu tannique suave, constitué de tanins mûrs, mais surtout des tonalités minérales évoquant le graphite, qui lui confèrent une dimension supplémentaire. À boire sans se presser jusqu'en 2018. ★★★→? ②

Merlot 2009, Select Lot Collection, Okanagan Valley (10745524) 35,75 $
Gorgé de parfums de cassis, plus ample, assez charnu, mais encore un peu timide et dans sa coquille. Dégusté de nouveau 24 heures après avoir débouché la bouteille, le vin révélait plus de détail aromatique. Donnez-lui une bonne heure en carafe ou laissez-le reposer 3 ou 4 ans. ★★★ ③

Merlot 2009, Reserve, Okanagan Valley (11593551) 25,55 $
De nouveau fort bien tournée, cette cuvée est à retenir avant tout pour sa souplesse et sa rondeur, accentuées d'une juste dose de tanins qui lui donne du tonus. À boire au cours des trois prochaines années. ★★★ ②

Cabernet sauvignon 2009, Reserve, Okanagan Valley (11092051) 25,55 $
Simple, moderne et sphérique, mais de bonne facture, ce Cabernet se fait valoir par son élan fruité et sa fraîcheur. Rien de bien complexe, mais aussi recommandable que bien d'autres Cabernet du Nouveau Monde. ★★★ ②

Cabernet-Merlot 2008, Five Vineyards, Okanagan Valley (10544749) 17,95$
Offert dans l'ensemble du réseau, un bon vin courant qui conjugue la rondeur fruitée du merlot à la droiture tannique et à la vigueur du cabernet. Souple, suffisamment charnu et agréable à boire. Servir frais au cours des trois prochaines années. ★★★ ② ❄ ©

Pinot blanc 2011, Five Vineyards, Okanagan Valley (300301) 16,70$
Peu aromatique, léger, frais, désaltérant. Technologique, mais nerveux et de bon ton. ☆☆☆ ② ©

Riesling 2010, Reserve, Icewine, Okanagan Valley (10674033) 59,25$ – 375 ml
Plus raffiné certes, sans toutefois avoir l'étoffe des vrais bons spécimens. Saveurs intenses et acidité caractéristique du riesling qui contribue à l'équilibre d'ensemble. ☆☆☆ ②

D'autres vins corrects de ce producteur ★★ et ☆☆

Chardonnay 2010, Reserve, Okanagan Valley (11092078) 20,25$
Chardonnay 2010, Select Lot Collection, Okanagan Valley (11140421) 27,60$
Oculus 2008, Okanagan Valley (10411102) 80$
Pinot noir 2010, Reserve, Okanagan Valley (11092027) 25,30$
Riesling 2009, Reserve, Okanagan Valley (11092086) 20,25$
Riesling 2011, Reserve, Okanagan Valley (11092086) 20,25$
Sauvignon blanc 2011, Reserve 2011, Okanagan Valley (11593403) 20,45$
Vidal 2010, Reserve, Icewine, Okanagan Valley (11156262) 34$ – 375 ml
PROSPECT HILL **Chardonnay 2009, Townsend Jack, Okanagan** (11140463) 15,70$ ©

OSOYOOS LAROSE

Le projet d'Ossoyoos-Larose est né d'un partenariat entre le Groupe Taillan – Châteaux Gruaud-Larose, Ferrière, Chasse-Spleen – et la canadienne Vincor. Situé en bordure du lac Osoyoos, au sud de la vallée d'Okanagan, le vignoble planté il y a une douzaine d'années donne de bons fruits. Quelques millésimes ont suffi pour faire un vin rouge canadien parmi les plus étoffés.

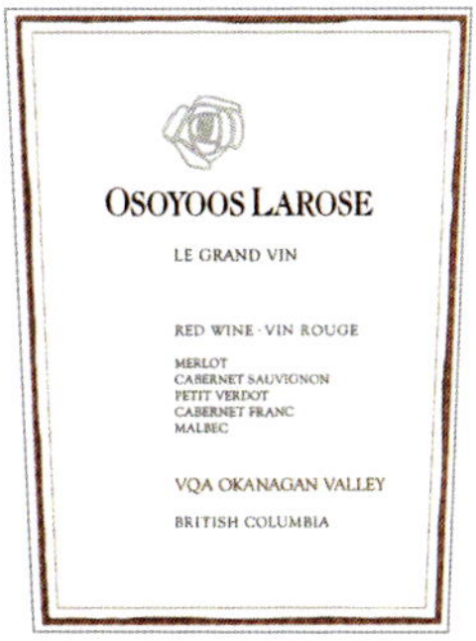

Le Grand Vin 2008, Okanagan Valley (10293169) 44,25$
D'emblée charmant avec son registre aromatique complexe, qui marie les notions de paprika à la réglisse, en passant par des notes de cerises confites, de violette et d'herbes séchées. L'attaque en bouche est franche et droite, dotée d'une belle assise tannique, et la finale est à la fois rassasiante et empreinte de fraîcheur. À boire idéalement entre 2016 et 2020. Les impatients voudront l'aérer au moins une heure avant de le servir. Bravo! ★★★★ ③

Pétales d'Osoyoos 2009, Okanagan Valley (11166495) 26,50$
Plus complet que le 2008 goûté l'an dernier, le second vin est charnu, correctement fruité, avec un beau registre de saveurs de fruits et d'épices. On peut déjà apprécier sa texture veloutée, mais il continuera de s'ouvrir jusqu'en 2016. ★★★ ②

QUÉBEC

Le seyval – cépage hybride blanc – demeure le moteur de l'industrie viticole québécoise et gagne en qualité d'année en année, mais il bénéficierait d'un peu plus d'expérimentations quant aux vinifications. Quelques vignerons obtiennent déjà des résultats concluants en l'assemblant à d'autres variétés ou en tentant de sortir du registre – très intéressant, mais aussi largement exploité – des vins blancs secs, légers et aromatiques. Les pages et la section des vins effervescents regroupent quelques très bons vins originaux, tantôt issus d'un assemblage inusité, tantôt vinifiés sous bois, sans ouillage, avec un caractère rancio.

Les rouges sont encore essentiellement composés de cépages hybrides et nécessitent, eux aussi, davantage d'expérimentations. Les domaines les plus dynamiques sont en recherche constante de nouvelles techniques qui permettent à des cépages rustiques de s'exprimer avec plus de finesse et d'élégance.

Même s'ils n'occupent qu'une place marginale sur l'échiquier économique national, les producteurs québécois de vins de glace, se trouvent en ce moment au cœur d'une bataille législative avec le reste du Canada pour conserver le droit d'employer la dénomination «vin de glace». Plus que jamais, le soutien des consommateurs d'ici revêt une importance capitale.

CHAPELLE STE-AGNÈS

Certainement le plus beau site viticole québécois. D'abord conseillée par Christian Barthomeuf (Clos Saragnat), Mme Antony est aujourd'hui épaulée par son fils aîné, John, qui gère le domaine et se spécialise dans l'élaboration de vins de glace.

Cuvée Majorique 2005, Reserve, Vin de glace (55$ – 200 ml)
La couleur dorée et le nez exubérant de caramel anglais, de figues séchées et de fleurs annonce un vin complexe. La bouche est ample, riche d'une foule de détails aromatiques, avec des accents de noisette grillée, laissant deviner un léger caractère rancio, qui, loin d'être un défaut, ajoute à sa personnalité. Superbe équilibre et longue finale savoureuse. ☆☆☆☆ ②

Vidal 2007, Vin de glace (50$ – 200 ml)
Plus modeste, un bon vin liquoreux aux parfums d'épices. Onctueux et élaboré dans de justes proportions. ☆☆☆ ②

COTEAU ROUGEMONT

Saint-Pépin 2011 (18$)
Issu de vignes d'à peine 3 ans, un très bon vin, assez gras, agrémenté de parfums de fleurs blanches et de vanille. Pas très long en bouche, mais franchement agréable. ☆☆☆ ①

Frontenac gris 2011 (15,50$)
Également doté d'une onctuosité agréable, de bons goûts de pêche et d'agrumes, avec une finale miellée. Original et assez rassasiant tant par sa vinosité que par sa fraîcheur. Essayez-le à table avec un poisson à chair grasse comme de la morue, nappé d'une brunoise d'agrumes. Savoureux! ☆☆☆☆ ② ✻

Rosé 2011, Ste-Croix (14,50 $)
Un rosé très sec qui se distingue du lot par la franchise et la netteté de ses saveurs de fruits sauvages et d'épices. Guilleret, friand et hautement désaltérant. ★★★ ② ❋

Frontenac gris 2010, Vendanges tardives (11680523) 23,65 $
Offerte à la SAQ, une curiosité issue du cépage frontenac gris, qui donne ici un vin doux gorgé de saveurs de fleur d'oranger et de miel. Onctueux et fort charmant. Un peu plus de tonus et d'acidité et c'était quatre étoiles. ☆☆☆ ②

Vidal 2011 (30 $ - 200 ml)
Très bel équilibre d'ensemble, richesse, onctuosité ; saveurs intenses et persistantes d'épices douces. ☆☆☆☆

DOMAINE DES CÔTES D'ARDOISE

Le domaine des Côtes d'Ardoise est le plus ancien vignoble du Québec encore en opération.

La Maredoise 2011 (734871) 17,20 $
Composé de seyval et d'aurore. Sec, assez tendu, saveurs délicates de fruits tropicaux. ☆☆☆ ②

Haute Combe 2009 (14 $)
Issu de cépages hybrides, complétés d'une pointe de gamay. On appréciera son attaque en bouche juteuse, sa souplesse et ses notes de fruits noirs et d'épices. ★★★ ②

DOMAINE DES MÉTÉORES

Ce vignoble, développé dès 2006 au bord de la rivière Petite-Nation, non loin de Montebello, est certifié biologique par Québec Vrai. L'emplacement du vignoble a été choisi avec soin pour la qualité de ses sols, son exposition et son inclinaison.

Cuvée du Minotaure rouge 2010 (16 $)
Marquette, sabrevois, radisson et un peu frontenac, élevés en barriques chêne américain. Bon vin franc et honnête. Le fruit est mûr, le chêne est bien dosé et quelques notes de feuille de tabac et de feuille de tomate ajoutent à l'intérêt sans imposer un caractère végétal. ★★★ ②

LE SAVIEZ VOUS ?

Une visite chez le vigneron

Les vins québécois ne sont pas encore bien distribués dans le réseau de la SAQ. Pour en acheter, rien ne vaut une visite à la propriété. Dans un premier temps, cela vous permet d'acheter les vins à des prix plus avantageux qu'à la SAQ, mais surtout, d'avoir un contact privilégié avec les acteurs qui façonnent les produits du terroir.

La plupart des domaines accueillent les visiteurs tous les jours en période estivale, et pendant les fins de semaine, de décembre à la fin juin. Toutefois, pour éviter une mauvaise surprise, il est toujours mieux de téléphoner avant de s'y rendre.

La Couronne boréale 2010 (16$)
Un court élevage sur lies avec bâtonnage donne à ce vin de frontenac gris – complété d'une touche de swenson – un certain gras en bouche. Frais et léger, avec des arômes bien typés de pommes vertes et de fleurs, sans notes végétales, et d'une longueur tout à fait respectable. Une belle réussite et surtout, une expression plus qu'honnête de son terroir. ☆☆☆☆ ② ✻

Fil d'Ariane 2010 (14$)
Issu essentiellement de frontenac rouge cueilli plus tardivement, le 2011 s'avère plus charpenté que le 2010. Pas du tout bonbon, au contraire, avec des notes de petits fruits rouges et d'herbes, une pointe qui rappelle le saké. Sec et d'une bonne tenue en bouche. Léger, franc et honnête. ★★★ ①

DOMAINE DU RIDGE

Les vins de ce producteur de Saint-Armand, dans les Cantons-de-l'Est, sont inscrits au répertoire général de la SAQ.

Vidal du Ridge 2010 (11679135) 17,95$
Bon vin blanc assez fidèles aux caractéristiques du vidal, naturellement moins acide et plus aromatique que le seyval. Modérément vineux, du fruit et un bon équilibre. ☆☆☆ ② ©

Vent d'Ouest 2010 (928523) 16$
Le cépage seyval donne à ce vin léger en alcool (12%) une rondeur et une vivacité appréciables, qui rehaussent ses goûts d'ananas. ☆☆ ① ©

DOMAINE LES BROME

Léon Courville est persuadé qu'il est possible de faire de très bons vins au Québec, à condition bien sûr de prendre tous les moyens nécessaires. Il n'a donc ménagé aucun effort ni moyen financier depuis qu'il a créé son domaine en bordure du lac Brome.

Cuvée Julien 2011 (10680118) 16,60$
Assemblage de maréchal foch, de baco noir et de de chaunac, inscrit au répertoire général de la SAQ. Sa souplesse, sa vitalité et ses bons goûts de fruits noirs rappellent un peu la vigueur de bons vins courants de Valpolicella. Une belle réussite! ★★★ ② ✻ ©

Pinot noir – Foch 2010 (24$)
Heureux mariage entre la délicatesse du pinot noir et la rusticité du maréchal foch. La bouche est souple, coulante, agréablement fruitée, avec des accents de cerise et de réglisse. Le résultat est fort intéressant, mais le prix demeure prohibitif... ★★★ ②

Baco 2008, Réserve (11632804) 24,05$
Exercice de style sur le thème du baco noir – cépage hybride – et de l'élevage en barriques. L'élevage permet sans doute d'arrondir les angles et de dompter l'acidité naturelle du cépage en plus d'assaisonner le vin de parfums vanillés, mais cela se traduit aussi par un coût plus élevé. ★★→? ②

Vidal 2011 (10522540) 18,05$
Un léger reste de sucre rehausse les saveurs épicées originales du vidal. Fort agréable à l'apéritif ou en accompagnement de mets indiens. ☆☆☆ ②

Chardonnay 2010 (24$)
Cépage blanc de la Bourgogne, vinifié et élevé en fûts de chêne (partiellement neufs). Sec, presque crémeux, agrémenté de notes de beurre et doté d'une délicate amertume en finale qui prolonge les saveurs et lui donne un certain caractère. Laissons-lui quelques années de repos. ☆☆☆→? ③

Cuvée Charlotte 2011 (11106661) 16,90$
Peu aromatique, mais sec et assez bien fait. Une expression légère des cépages seyval et geisenheim. ☆☆ ①

LE SAVIEZ VOUS ?

Certifié Québec

L'Association des vignerons du Québec (AVQ) s'est récemment dotée d'un programme de contrôle de qualité. Les acteurs de l'industrie souhaitent ainsi consolider l'expérience et l'expertise acquises au cours des trente dernières années et se fédérer sous des règles précises afin d'éviter les déroutes. Pour avoir droit à la mention « Produit du Québec », les vins doivent être élaborés au minimum avec 85 % de raisins du Québec. Les vins regroupés sous la bannière « Vins du Québec Certifiés » doivent, pour leur part, être issus à 100 % de raisins d'ici.

DOMAINE ST-JACQUES

Depuis 2005, Nicole Du Temple et Yvan Quirion mènent avec beaucoup de dynamisme cette propriété de Saint-Jacques-le-Mineur, en Montérégie. Leurs efforts semblent déjà porter fruit puisque la qualité générale des vins dégustés cette année est excellente.

Classique blanc 2011 (11506120) 15,50 $
Seyval et vidal. Aromatique, arrondi par un reste appréciable de 7,2 g/l de sucre, mais équilibré par une saine acidité, car on a eu l'idée de bloquer les malo-lactiques. ☆☆☆ ②

Pinot gris 2011 (22,95 $)
Malheureusement écoulé au moment d'écrire ces lignes, ce vin de pinot gris provient de vignes à peine âgées de 3 ans. Tendu, modérément aromatique, avec une jolie finale miellée. Un vin à surveiller dans le futur. Bravo ! ☆☆☆ ②

Réserve blanc 2010
Seyval, vidal et un peu de vandal-cliche, vinifiés en fûts de chêne américain (neufs à 25 %), ce qui apporte une certaine sucrosité au vin et des tonalités d'eau d'érable. Vineux, onctuosité, mais pas lourdeur. Surveillez l'arrivée du 2011 qui, de l'aveu du vigneron, sera moins boisé. ☆☆☆ ②

Sélection rouge 2011 (11506306) 17,50 $
Des goûts de fruits sauvages et une attaque en bouche juteuse, nerveuse et friande donnent à cet excellent vin rouge des allures de Gamay. Le foch et le baco apportent de jolis parfums poivrés qui le rendent encore plus agréable. Servez-le à l'apéritif, avec des charcuteries ou à table avec du poulet grillé façon portugaise. Succès garanti ! ★★★★ ② ✻

Réserve 2010 (11506365) 23,95 $
Issu d'une composition semblable, mais élevé en fûts de chêne français (neufs à 25 %), qui atténue un peu l'éclat fruité, mais apporte de l'étoffe tannique, du corps au vin. Très bon dans un style boisé et corsé. Il sera intéressant de voir comment il évolue. ★★★→? ②

Vin de glace 2010 (11506331) 32,25 $ – 200 ml
Grande concentration de saveurs de fleurs blanches – attribuables au vandal-cliche – et de fruits exotiques, sur un fond de notes d'épices. Onctueux, mais surtout doté d'une fine acidité. À compter de 2012, le vidal sera complété d'une proportion de riesling. Excellent, à boire entre 2013 et 2020. ☆☆☆☆ ②

À TABLE AVEC LE...

Vin de glace

Les vins de glace sont très sucrés. Les meilleurs renferment une acidité qui les rend tout de même digestes, mais si on les sert avec un dessert très sucré, à moins d'être une vraie bibitte à sucre, le tout risque de l'être un peu trop... Osez alors le contraste sucré-salé, avec des fromages par exemple, du foie gras, ou une tartelette salé aux poires et au fromage bleu. Ou servez-les avec des desserts peu sucrés : fruits frais avec crème fraîche ou desserts aux agrumes. Ou tout simplement en lieu du dessert !

Les vins de cabernet franc sont parfaits pour les desserts aux fruits rouges. Dans le même esprit que ci-dessus, privilégiez les petits fruits rouges aigrelets, ou associez-les au salé (tartelette au camembert et aux canneberges par exemple). – *V.R.*

Vin de glace rouge 2010 (11213600) 46$ – 200 ml
Vin de glace issu de lucie kuhlmann et de maréchal foch, deux cépages rouges. Un long pressurage permet d'obtenir une couleur rubis, sans tanins, et donne un très bon vin aux saveurs expressives à la fois de fruits à chair jaune et de fruits rouges sauvages. Quatre étoiles pour son originalité et sa fraîcheur. ★★★★ ②

L'ÉCOLE DU TROISIÈME RANG

Le domaine de Robert Brien et de sa conjointe Nancy Gauthier n'en est qu'à ses premiers balbutiements, mais les vins goûtés cet été augurent pour le mieux.

La Relâche 2009 (14$)
Premier millésime de production pour ce très bon rouge mettant en valeur l'une des plus belles vertus des vins québécois : la légèreté alcoolique (11,5%). Très belle réussite ; du fruit, une agréable souplesse et des bons goûts de poivre. Maintenant ouvert, le vin est encore meilleur s'il est servi frais autour de 15 °C. ★★★ ② ✻

La Marelle 2011 (14$)
Prairy star, saint-pépin, frontenac blanc. Vif et nerveux, doté d'une agréable vinosité et d'arômes de fruits bien mûrs. Idéal à l'apéritif. ☆☆☆ ①

Vin Cent Malice 2011, Rosé (14$)
Rosé issu de frontenac gris ; très sec, tranchant et correctement fruité. ★★★ ②

LES PERVENCHES

Véronique Hupin et Michael Marler exploitent avec rigueur et dynamisme leur domaine de Farnham, certifié Écocert. À chaque millésime, l'éclat et la singularité de leurs vins confirment la place de choix qu'ils occupent au sein de l'élite de la viticulture québécoise. Pas étonnant que leurs vins soient inscrits sur la carte des meilleures tables québécoises. Sans avoir eu l'occasion de les goûter cette année, je suis persuadée que l'amateur de vin franc, sincère et précis trouvera son compte avec l'une ou l'autre des cuvées vendues au domaine. Le Chardonnay vinifié et élevé en fûts de chêne français, l'assemblage de seyval et de chardonnay et le Solinou sont autant de valeurs sûres.

VIGNOBLE CEP D'ARGENT

Le Canadien Denis Drouin s'est associé aux frères champenois Jean-Paul et François Scieur pour développer ce beau domaine dans le secteur du lac Memphrémagog.

Vin blanc 2010 (741181) 14,25 $
Seyval et vidal donnent un vin sec et nerveux aux saveurs délicates de citron vert et d'herbes fraîches. ☆☆☆ ②

La Réserve 2010 (14 $)
L'apport boisé apporte une rondeur supplémentaire et de jolis parfums épicés à cet assemblage de maréchal foch et de de chaunac, de ste-croix et de frontenac. Saine acidité et bel équilibre d'ensemble. ★★★ ②

Fleur de Lys 2011 (734178) 15,35 $
Plus de 30 g/l de sucre et un peu trop doucereux à mon goût, mais néanmoins soutenu par une acidité suffisante. On apprécie la netteté des saveurs de cassis. 10 % d'alcool. Servir très frais.

Vin de glace 2010 (29 $ – 200 ml)
Expression très vigoureuse du vidal, une explosion de saveurs de fruits jaunes compotés et une tenue en bouche digne de mention, grâce à une bonne dose d'acidité. À boire entre 2013 et 2018. ☆☆☆→☆ ③

VIGNOBLE DE L'ORPAILLEUR

Rigoureusement mené par Charles-Henri de Coussergues et ses associés, ce domaine demeure le leader de la viticulture québécoise. On y produit une dizaine de cuvées, dont un somptueux vin de glace.

L'Orpailleur 2011 (704221) 14,70 $
Changement de style cette année pour le blanc courant du domaine, autrefois composé exclusivement de seyval, maintenant issu à 60 % vidal et de seyval. Peut-être un peu moins vif et tranchant, mais le vin a gagné en rondeur et en arômes. Toujours sympathique. ☆☆☆ ② ✻

Cuvée fût de chêne 2011 (16 $)
Seyval à 100 %, vinifié en fûts de chêne, puis élevé en cuve d'acier inoxydable. Assez vineux, du gras et cette acidité caractéristique du cépage. Bel équilibre et une finale ponctuée de parfums d'érable. ☆☆☆ ②

Cuvée Natashquan 2009 (25 $)
Le grand vin blanc sec de L'Orpailleur est produit en quantité limitée et vendu exclusivement au domaine. La vivacité naturelle du seyval est nourrie par un élevage d'un an en fûts de chêne français, qui ajoute à sa vinosité et à sa tenue en bouche. Le vin est agrémenté de jolies saveurs de caramel et de beurre, sans masquer le fruit. À boire au cours des quatre prochaines années. ☆☆☆ ②

L'Orpailleur rouge 2011 (743559) 14,75 $
Maréchal foch, frontenac et chancellor. Souple, vigoureux et modérément fruité. Bel équilibre d'ensemble. ★★★ ②

Vin gris 2010 (15 $)
Produit pour la première fois en 2001, pour souligner le vingtième anniversaire du vignoble, ce vin demi-sec est issu de vidal, de seyval et de muscat de New York, qui n'est sans doute pas étranger à son élan aromatique et à sa tenue en bouche. Sucré et parfumé, mais pas pommadé. Un très bon vin pour accompagner la cuisine indienne. Quatre étoiles pour souligner son originalité. ☆☆☆☆ ② ✻

La Marquise de L'Orpailleur (734780) 21,85$ – 500 ml
Ce vin apéritif est composé uniquement de seyval blanc, fortifié à l'eau-de-vie – à la manière d'un Pineau des Charentes – et dans lequel on a fait macérer des épices et des fruits. Le résultat est un vin doux ample, savoureux et tout à fait original. Servir très frais, autour de 8 °C.

L'Apérid'Or, La Mistelle de L'Orpailleur (734533) 16,15$ – 500 ml
Richesse et opulence aromatique typiques d'une mistelle, un moût de raisin fortifié. Un bon apéritif à servir très frais autour de 6 °C. ☆☆☆

La Part des Anges 2002 (17$ – 200 ml)
Une curiosité issue de seyval, élevé en dame-jeanne, non ouillé et soumis aux fluctuations climatiques des hivers québécois. Cela donne un vin intense et gorgé des saveurs de fruits confits, ponctué d'un léger caractère rancio qui ajoute à son originalité. À la fin du repas avec des fromages, c'est le bonheur! ☆☆☆☆

Vin de glace 2009 (10220269) 32,75$ – 200 ml
L'un des bons exemples et des valeurs sûres en matière de vins de glace. Un régal d'onctuosité et de saveurs intenses et persistantes de fruits exotiques et d'épices douces évoquant la muscade et le poivre rose. Beaucoup d'envergure et un équilibre irréprochable. ☆☆☆☆

VIGNOBLE DE LA BAUGE

Dans une vaste propriété de Brigham, où l'on pratique aussi l'élevage de sangliers, de lamas, de yaks, d'émeus et d'autres animaux exotiques, la famille Naud exploite aussi un vignoble depuis 1987. Plusieurs innovations rendent la visite au domaine encore plus divertissante.

Classique blanc 2010 (14$)
L'âge des vignes (25 ans) n'est sans doute pas étranger à la vinosité et à la définition aromatique de ce Seyval. Les saveurs citronnées s'expriment sur un fond minéral qui lui donne beaucoup de caractère pour le prix. Chapeau! ☆☆☆☆ ② ✻

Novembre 2010, Vendanges tardives (10853189) 17,40$ – 375 ml
Vidal, seyval, geisenheim et frontenac gris, récoltés en novembre et vinifiés à la manière des vins de la Moselle. Le résultat est fort intéressant. Léger en alcool, arrondi par un reste appréciable de sucre (72 g/l), délicatement aromatique, avec des notes florales et porté par une bonne acidité. ☆☆☆ ②

Sno 2011, Vin de glace (30$ – 200 ml)
Vin de glace de vidal parfumé comme il se doit, riche d'une foule de détails aromatiques et d'une bonne dose de sucre, avec l'acidité nécessaire pour harmoniser le tout. Excellent! ☆☆☆☆ ②

VIGNOBLE DOMAINE BRESEE

En plus de se consacrer à l'élevage de bœuf charolais, ce domaine familial situé au pied des monts de Sutton abrite un beau vignoble où le cépage ste-croix semble avoir trouvé un terrain de prédilection.

Bressoc Rouge 2010 (15$)
Composé de ste-croix. Un peu plus modeste que le millésime précédent. Tout en rondeur et en fruit, pas trop rustique et gorgé de bons goûts de groseille et autres petits fruits acidulées. ★★★ ②

Cuvée Mackenzie Parker 2007 (20$)
Dégusté à deux reprises au cours de l'été, ce vin m'a laissé deux impressions sensiblement différentes. Alors qu'une bouteille ouverte en août brillait par son éclat fruité et sa droiture, le même vin goûté en septembre était davantage marqué par l'élevage en fûts et laissait en bouche une sensation un peu verte et rustique. Les saveurs fruitées se révèlent après une aération prolongée en carafe et le vin paraît plus harmonieux. À retenir pour sa charpente, sa vigueur et sa finale poivrée. Boire entre 2013 et 2016. ★★★→? ②

Bressoc blanc 2011 (15 $)
Assemblage inusité de ste-croix (cépage rouge vinifié en blanc), de vandal-cliche, de vidal et de saint-pépin. Demi-sec, correctement aromatique, un peu pommadé. ☆☆ ②

Rosé Nessa 2011 (13,50 $)
Titrant 11,5 % d'alcool, une pointe de sucre résiduel et une acidité du tonnerre qui harmonise l'ensemble. Impression finale très serrée, presque tannique, rendant encore plus rassasiant. Original! ★★★ ② ✻

Gavin 2009, Vendanges tardives (25 $ – 375 ml)
Saveurs franches, saine acidité et goûts caractéristiques de citrouille. ☆☆☆ ②

VIGNOBLE DU MARATHONIEN

Dans leur domaine de Havelock, non loin de la frontière américaine, Line et Jean Joly élaborent des vins blancs et des rouges secs, mais leur réputation repose surtout sur la qualité remarquable de leurs vins liquoreux.

Boisé d'Avelock 2009 (13 $)
Seyval élevé en fûts de chêne avec un apport limité en sulfites. La méthode confère au vin un léger caractère rancio accompagné d'une pointe d'acidité volatile qui évoquent certains vins du Jura et lui donnent une personnalité enviable pour le prix. L'un des bons vins blancs québécois goûtés cette année. ☆☆☆☆ ② ✻

Cuvée Spéciale (13 $)
Non millésimé et composé de seyval, de cayuga, de gesenheim et de vidal passerillé. Ce dernier enrichit le vin de saveurs généreuses de fruits à chair jaune et apporte une onctuosité supplémentaire. Il affiche 7 g/l de sucre, mais un fil d'acidité qui harmonise le tout. Original! ☆☆☆ ② ✻

Seyval Blanc 2011 (11398325) 14,40 $
Bon vin blanc sec, délicatement aromatique et aussi savoureux que désaltérant. ☆☆☆ ② ✻

Rosé 2011, Marie-Line (13,50 $)
Une proportion de cépages blancs – cayuga et gesenheim – apporte du gras à ce rosé, tout en préservant l'expression fruitée du seyval noir et du de chaunac. ★★★ ②

Marathonien rouge 2011 (14 $)
Le chêne américain apporte une étoffe tannique et de délicates notes vanillées, qui ne masquent pas les arômes originaux des seyval noir et de chaunac. Bel équilibre entre le fruit et le bois, avec une finale aux accents d'érable. ★★★ ②

Vinifera 2011 (10 $ – 375 ml)
Il y a vingt ans, Jean Joly a planté des vignes de cabernet franc et de merlot à titre expérimental. Les résultats furent hétérogènes d'une année à l'autre et il n'a pu produire que très peu de millésimes au cours des deux dernières décennies. Tout récemment, sur les conseils d'un ami vigneron, Jean Joly a opté pour un nouveau type de conduite de la vigne qui permet désormais aux raisins d'atteindre leur pleine maturité phénolique. En 2011, il en tire un vin rouge assez charnu, agrémenté des tonalités herbacées propres au cabernet franc et animé d'une fraîcheur rassasiante. Une très belle avancée pour les vins québécois. Hélas! disponible, en quantité lilliputienne au domaine. J'ai déjà hâte de goûter le 2012… ★★★★ ② ✻

Vendanges tardives 2011 (28$ - 375 ml)
Par son onctuosité, son équilibre parfait entre le sucre et l'acidité et sa finale exquise aux parfums complexes de fleurs séchées, d'épices, de fruits secs et de miel, mis en valeur par une amertume noble, le «simple» Vendanges tardives vaut bien des vins de glace canadiens... Bien qu'il appelle déjà tous les superlatifs, ce 2011 pourrait aisément reposer en cave une bonne dizaine d'années. Chapeau! ☆☆☆☆☆ ③

Vidal 2008, Vin de glace (11398317) 53,75$ - 375 ml (32,75$ - 200 ml)
D'une richesse et d'une onctuosité incomparables, ce vin ne pèse pas lourd en alcool (9,9%), mais il en mène très large en bouche. À défaut du caractère digeste qui fait le charme de la vendange tardive, l'amateur gourmand – et hypoglycémique – se délectera de sa texture onctueuse et infiniment riche. Une friandise liquide à laisser reposer quelques années encore. ☆☆☆☆→☆ ③

Vidal 2007, Vin de glace (11398317) 54,25$ - 375 ml
Tout aussi somptueux par son ampleur, son opulence quasi incomparable (environ 300 g/l de sucre) et ses délicieuses saveurs de figues séchées, d'érable. Délicieux! ☆☆☆☆→? ②

Vidal 2009, Vin de glace (50$ - 375 ml)
En vente au domaine, ce 2009 est à ranger du côté des meilleurs. Concentré comme pas un, avec des saveurs riches et persistantes de fruits séchés, de tire-éponge et de caramel. Parmi les plus intenses, mais toujours équilibré dans l'opulence. ☆☆☆☆→☆ ③

VIGNOBLE LE MERNOIS

Lucille Mercier et Jean-Marc Harnois ont développé un vignoble dans le secteur de Joliette. L'œnologue Jean Bertollo consulte.

Trous de la Phine 2011 (11575791) 14,05$
Sabrevois, radisson, ste-croix et frontenac. Pas de bois, des saveurs délicates de fruits, portées par une acidité vive, mais tout en souplesse et léger en alcool. ★★★ ②

Côte d'Alban 2010 (14,75$)
À la fois onctueux et vigoureux, un mélange original d'adalmiina, de swenson blanc, de prairie star et de frontenac gris. ☆☆☆ ②

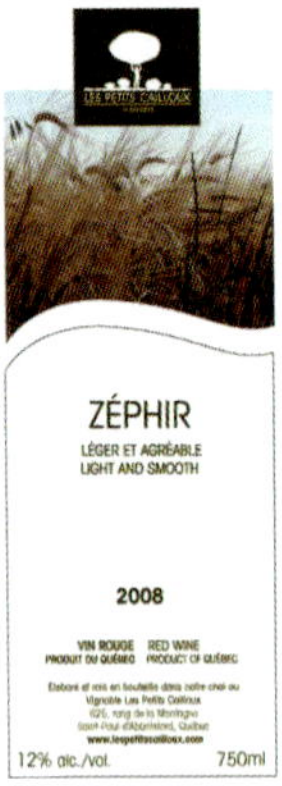

VIGNOBLE LES PETITS CAILLOUX

Dans leur vignoble établi au pied du mont Yamaska, Martin Lavertu et Françoise Goudreau profitent des conseils de l'œnologue David Cottineau et élaborent cinq différentes cuvées, dont un très bon vin rouge.

Zéphyr 2008 15,95$
Fruit d'un assemblage de maréchal foch, de ste-croix et de sabrevois, le Zéphyr charme par son caractère guilleret, léger et coulant, ses saveurs franches de fruits noirs et son équilibre d'ensemble. Encore meilleur s'il est servi frais, autour de 14 °C. ★★★ ②

VIGNOBLE MOROU

Acquis en 2003 par Suzanne Labrèque et Yvon Roy, ce domaine situé à Saint-Cyprien-de-Napierville a été développé dès 1987.

Vin de glace 2009 (30$ – 200 ml)
Produit pour la première fois en 2008 un très bon vin de glace aux goûts typiques de citrouille et d'épices. Déjà très bon, mais il gagnera encore en nuances d'ici 2015. ☆☆☆→☆ ③

La Closerie 2009
Cayuga et seyval. Pas très aromatique, mais sec et désaltérant. ☆☆ ②

Quelques adresses :

CHAPELLE STE-AGNÈS: **2565, chemin Scenic, Sutton. 450-538-0303**
DOMAINE DES MÉTÉORES: **203, chemin du Lac-Grosleau, Ripon. 819-428-1652**
DOMAINE DU RIDGE: 205, CHEMIN RIDGE, STANBRIDGE STATION. 450-248-3987
DOMAINE ST-JACQUES: **615, route Édouard VII, Saint-Jacques-le-Mineur. 450-346-1620**
LE CEP D'ARGENT: **1257, chemin de la Rivière, Magog. 1-877-864-4441**
LES BLANCS COTEAUX: **1046, route 202, Dunham. 450-295-3503**
LES CÔTES D'ARDOISE: **Route 202, Dunham. 450-295-2020**
L'ORPAILLEUR: **1086, route 202, Dunham. 450-295-2763**
VIGNOBLE DE LA BAUGE: **155, des Érables, Brigham. 450-266-2149**
VIGNOBLE DES PINS: **136, Grand Sabrevois, Sainte-Anne de Sabrevois. 450-347-1073**
VIGNOBLE DOMAINE BRESEE: **303 Draper Hill, Sutton. 450-538-3303**
VIGNOBLE DU MARATHONIEN: **318, route 202, Havelock. 450 826-0522**
VIGNOBLE LES DIURNES: **205, montée Lebeau, Cowansville. 450-263-1526**
VIGNOBLE LES PERVENCHES: **150, chemin Boulais, Farnham. 450-293-8311**
VIGNOBLE LES PETITS CAILLOUX: **625, rang de la Montagne, Saint-Paul-d'Abbotsford. 450-379-9368**
VIGNOBLE MOROU: **238, Route 221, Saint-Cyprien-de-Napierville 450-245-7569**

À TABLE AVEC LE...

Cidre de glace

Le cidre de glace peut aussi être très sucré, mais sa vive acidité le rend très polyvalent à table. C'est un allié naturel pour les desserts aux pommes et aux poires, mais il va aussi à merveille avec les fromages (vieux cheddar, bleus et chèvre en particulier), le foie gras, les rillettes. Pour le mettre en valeur, on le sert en entrée, ou en formule cocktail, avec des bouchées salées : tartare de saumon, ceviche, charcuteries de canard et de porc, viandes séchées ou fumées, canapés pomme et fromage. Il a une grande affinité avec les cuisines indiennes et nord-africaines (caris, tajine, pastilla). La betterave, la courge musquée, les canneberges, le romarin, la cardamome, le gingembre, la cannelle ont tous des saveurs complémentaires au cidre de glace. Laissez libre cours à votre imagination ! – *V.R.*

CIDRES DE GLACE

Le cidre de glace a été inventé au Québec en 1989 par Christian Barthomeuf, aujourd'hui propriétaire du Clos Saragnat. Produit québécois par excellence, il réunit le caractère unique de la pomme, le savoir-faire de nos artisans cidriculteurs et notre froid hivernal! D'abord appelé cidre liquoreux ou cidre fort, c'est grâce à la Cidrerie Saint-Nicolas que le terme Cidre de glace est accepté par les autorités en 1999.

Le cidre de glace est apprécié par les chefs et les sommeliers ici et à l'étranger pour son unicité et sa grande polyvalence à table. Doté d'une vive acidité, il est en effet souvent plus facile à marier que les vins liquoreux.

Un bon cidre de glace, comme un bon vin, doit faire preuve avant tout d'équilibre entre ses composants (acide, sucre, alcool). Ses arômes doivent être nets, dénués de défauts et d'arômes chimiques. Mais il ne sent pas exclusivement la pomme: comme pour le vin, les arômes et les saveurs changeront selon les variétés de fruits utilisées, les modes d'élaboration et la volonté du producteur.

– *Véronique Rivest*

CLOS SARAGNAT

Christian Barthomeuf a fondé le Clos Saragnat à Frelighsburg en 2003 avec sa conjointe Louise Dupuis. Ils travaillent avec des pommiers sauvages, des variétés anciennes, et n'utilisent que la cryoextraction. Fervents de la notion de terroir, ils cherchent à élaborer des produits qui sont une réelle expression du climat et de la terre, dans le plus grand respect de l'environnement. Leurs cidres de glace sont d'une richesse, d'une complexité et d'une profondeur rares, déployant ses saveurs en crescendo, le tout appuyé de longues finales salines. De véritables cidres de méditation.

LE SAVIEZ VOUS ?

D'où vient le sucre?

La concentration des sucres ne peut se faire que par le froid naturel.

Soit par cryoconcentration (la grande majorité des producteurs):

- pommes cueillies à l'automne, pressées à l'hiver;
- le jus est placé à l'extérieur, entraînant une séparation de la glace et du moût, très concentré en sucre;
- fermentation du moût.

Soit par cryoextraction:

- pommes cueillies gelées dans l'arbre en hiver (rares sont les variétés qui s'y prêtent), pressées encore gelées pour obtenir un jus très concentré en sucre.
- fermentation du moût.

Cette seconde méthode, beaucoup plus imprévisible et difficile à gérer, engendre un coût de production plus élevé.

À SURVEILLER...

Une mention spéciale pour ces quelques domaines dont la qualité au cours des dernières années connaît une progression constante :

- Val Caudalies
- Les Vergers Écologiques Philion
- Cidrerie Cryo

DOMAINE ANTOLINO BRONGO

Un domaine créé en 2007 à Saint-Joseph-du-Lac dans les Basses-Laurentides dans le but d'y élaborer un cidre de glace à vocation gastronomique. Dans cette optique, les propriétaires ont développé un procédé spécifique pour la production de cidres de glace tout en fraîcheur, fins et aériens, qui révèlent leur plein potentiel à table. Pari réussi ! Leur produit phare, le Cryomalus, se distingue toujours par sa fraîcheur, sa droiture, ses arômes de fruits frais et de fleurs. Moins exubérant au nez, c'est en bouche qu'il s'exprime pleinement avec beaucoup de finesse et de longueur.

DOMAINE DU MINOT

Robert Demoy, originaire de Bretagne et œnologue diplômé de l'Université de Bordeaux, est un autre des pionniers qui ont contribué au développement du cidre de qualité au Québec. Avec son épouse Joëlle et leurs deux enfants, il dirige de main de maître, mais avec grande modestie, le domaine de Hemmingford, où cette dynamique famille élabore près d'une douzaine de cidres, tranquilles, mousseux, sec et doux, tous d'une très bonne qualité. Une mention spéciale pour l'excellent Crémant de Glace Du Minot, dont les fines bulles ajoutent de la fraîcheur aux saveurs persistantes de fruits blancs confits et allègent l'impression de sucrosité, ainsi que pour le Du Minot Brut, un cidre effervescent demi-sec inspiré d'une vieille tradition bretonne et tout indiqué pour le brunch.

DOMAINE LAFRANCE

Pomiculteurs depuis quatre générations, la famille Lafrance s'est initiée à la production de cidres dès les années 1990, à Saint-Joseph-du-Lac. Leurs cidres de glace charment toujours par leur grande fraîcheur et leur équilibre exemplaire. Ce ne sont peut-être pas les plus complexes, mais ils sont d'une netteté et d'une droiture irréprochables. Par leur constance au fil des ans, ils se classent définitivement parmi les cidres de glace les plus fiables au Québec.

LA FACE CACHÉE DE LA POMME

Une mise en marché résolument moderne et une image très léchée ont beaucoup contribué au succès de l'entreprise de Stéphanie Beaudoin et de François Pouliot, qui n'aurait toutefois pas perduré si la qualité n'avait pas été au rendez-vous. On trouve leurs produits sur les grandes tables et chez les grands cavistes dans le monde entier. Ils ont un allié de taille en la personne de Loïc Chanut, l'œnologue-vinificateur à qui ils laissent carte blanche pour l'élaboration de nouvelles cuvées. Neige Première est une référence en matière de pureté et de fraîcheur, mais des cuvées telles le Neige sur lies ou le Neige Noire (cidre de glace fortifié) font le bonheur des mordus de produits authentiques et uniques. Leur esprit d'innovation et le maintien de la qualité, malgré une production volumineuse, mérite d'être salués.

LA POMMERAIE DU SUROÎT

Issus du monde de l'aéronautique, rien ne prédestinait Lucie Cousineau et Jean-Pierre Lepage à la cidriculture. Difficile de dire si cela est attribuable à leur parcours dans le monde de la technologie ou à leur amour de la nature, mais depuis 2006, la qualité ne cesse de progresser. Leurs cidres de glace sont élaborés dans un style riche et confit, mais toujours doté d'une grande fraîcheur et d'un bel équilibre.

MICHEL JODOIN

Si ce n'était des pionniers tel Michel Jodoin, l'industrie du cidre telle qu'on la connaît au Québec aujourd'hui n'existerait pas. Ardent défenseur des produits du terroir, cet artisan de Rougemont a poursuivi sa passion, même à l'époque où le cidre n'avait pas la cote et a développé une vaste gamme d'excellents alcools, de liqueurs, de cidres de glace, mais aussi des cidres tranquilles et mousseux, tous d'une qualité irréprochable. Élaboré avec la Geneva, une pomme à chair rouge, son cidre de glace rosé est unique tant par son nez affriolant de petits fruits rouges, que par sa finale légèrement tannique qui laisse peu de sucrosité en bouche. Parfait pour oser des harmonies inusitées : avec un carpaccio de pétoncles et de fraises, un tartare de saumon ou même un magret de canard aux cerises ou aux canneberges.

VERGERS DE LA COLLINE

On est pomiculteurs de père en fils depuis 1927 chez les Lasnier. Représentant la quatrième génération, Marc-Antoine est maintenant à la tête de l'entreprise familiale et se passionne pour la recherche de variétés de pommes singulières, servant à l'élaboration de cidres de glace qui le sont tout autant. De facture classique, Le Glacé fait toujours preuve d'une très belle tenue en bouche, accentué d'une pointe de salinité en finale. L'Exotique porte très bien son nom. Un peu déroutant par son caractère... exotique, avec des arômes intenses de fruits tropicaux qui évoquent la banane et enrobé d'une grande sucrosité. Un véritable dessert en bouteilles!

AUTRES PRODUITS DU TERROIR

– Véronique Rivest

DOMAINE ACER

Emblématique du terroir québécois, le produit de l'érable connaît ici une destinée nouvelle. Vallier Robert et Nathalie Decaigny transforment la sève d'érable en alcools fins. Le Charles-Aimé Robert, issu de la fermentation d'une eau d'érable tardive et élevé au moins 4 ans en barriques de chêne, est un produit tout à fait unique, riche et complexe, évoquant le xérès oloroso ou le Porto tawny, façon québécoise. Une très belle réussite!

DOMAINE DES SALAMANDRES

Loïc Chanut, œnologue-vinificateur chez La Face Cachée de la Pomme, a démarré sa propre entreprise à Hemmingford où il élabore des poirés et des vins de glace de la plus haute qualité. Très attaché à la notion de terroir et de minéralité, il travaille dans le plus grand respect de l'environnement, empruntant aux pratiques de la biodynamie, pour élaborer de véritables produits du terroir. Ses poirés de glace particulièrement sont d'une finesse et d'une profondeur exemplaires.

FERME APICOLE DESROCHERS

Située à Ferme-Neuve, au nord de Mont-Laurier, cette entreprise familiale se consacre à l'apiculture depuis plus de trente ans. Miels et hydromels sont produits avec énormément de sensibilité, dans le plus grand respect de l'environnement. La qualité exceptionnelle de leurs produits nous fait oublier l'image vétuste des vins de miel. Résolument modernes, tous leurs hydromels sont d'une qualité exceptionnelle, tout particulièrement la magnifique Cuvée de la Diable, qui pourrait faire pâlir d'envie de nombreux vins liquoreux plus réputés.

LE CLOS DES BRUMES

Pierre Gosselin travaille avec ses abeilles depuis 1978 dans la plus grande discrétion: pas de site Internet, pas de publicité, et ses produits ne sont offerts que depuis tout récemment à la SAQ. À moins d'aller le visiter à La Présentation, tout près de Saint-Hyacinthe, il y a de fortes chances que vous n'en entendiez jamais parler. Pourtant, il élabore ce qui est probablement un des plus beaux alcools au Québec: la Cuvée Blé Noir, un hydromel de miel de fleur de sarrasin. D'une complexité inouïe, digne des plus grands vins liquoreux de ce monde.

MONNA & FILLES, CRÈME DE CASSIS DE L'ÎLE D'ORLÉANS

Mise sur pied Bernard Monna en 1992, l'entreprise est maintenant entre les mains très capables de ses deux filles, Catherine et Anne, qui lui ont donné un souffle nouveau sans rien compromettre de la qualité exceptionnelle de leurs produits. Une crème de cassis en tout point remarquable, qui a de quoi faire rougir toutes les crèmes et liqueurs de cassis françaises.

LES CINQ DERNIERS MILLÉSIMES

2011
Autre année difficile. Des conditions semblables à celles de 2010, à l'exception d'une vague de chaleur au moment des vendanges qui a permis de donner un ultime coup de pouce à la vigne et a permis aux raisins d'atteindre leur maturité. Le moment de la récolte a été un facteur décisif dans plusieurs secteurs.

2010
De Napa à Santa Barbara en passant par Sonoma, ce fut l'année de tous les défis – et de tous les cauchemars! Les vignerons ont dû composer avec un printemps pluvieux, un été frais et des pluies au moment des vendanges. Qualité aléatoire. Il faudra «séparer le bon vin de l'ivraie»...

2009
Des conditions climatiques sans excès ont été favorables à une qualité générale fort satisfaisante. On annonce des vins équilibrés aptes à vivre longtemps. Cabernet sauvignon et Zinfandel semblent particulièrement réussis.

2008
Récolte précoce et qualité hétérogène; des vins de cabernet aux tanins parfois verts à Napa. La rigueur et la réputation du producteur sont à considérer.

2007
Dans Napa, septembre a été inhabituellement frais. Les Cabernet sauvignon sont apparemment fins et bien équilibrés. Dans Sonoma et Santa Barbara, des rendements réduits ont donné des Pinot noir solides et charpentés.

DES PRODUCTEURS À RETENIR

CALIFORNIE (Cabernet)

Arrowood, Blue Hall Vineyard, Château Montelena, Chimney Rock, Colgan, Diamond Creek, Dominus, Joseph Phelps, Grace, Harlan, Kenwood, Laurel Glen, Pahlmeyer, Ridge, Spottwoode, Staglin, Viader.

CALIFORNIE (Pinot noir)

Calera, Clos Saron, Etude, Flower, Rochioli, Sanford, Siduri, Wiliam Seylem.

CALIFORNIE (assemblage rhodanien)

Alban Vineyard, Austin Hope, Bonny Doon Vineyard, Easton, Tablas Creek.

CALIFORNIE (Zinfandel)

Joseph Swan, Limmerick Lane, Peter Franus, Rafanelli, Ridge, Rosenbloom, Seghesio, Sky, Storybook Mountain.

OREGON

Bachelder, Chehalem, Domaine Drouhin Oregon, I'M Wines, La Bête Wines, Willakenzie Estate

WASHINGTON

Andrew Will, Boudreaux, Cayuse, Efeste, Eroica, Hedges, L'Ecole No 41, Long Shadows, Pacific Rim.

ÉTATS-UNIS

Le vignoble américain a l'allure d'un géant en pleine croissance. Sa superficie a augmenté de plus de 20% entre 1986 et 2010. Cela tombe à point, puisque la soif de vin des Américains est apparemment insatiable. La consommation totale de vin chez nos voisins a tellement progressé en 15 ans que le pays a même détrôné la France au palmarès des nations consommatrices de vin!

La Californie génère toujours 90% de la production nationale, mais d'autres régions côtières comme Washington, New York, l'Oregon et la Pennsylvanie connaissent un développement considérable depuis une dizaine d'années.

DÉBOUCHER OU ATTENDRE?

Californie • **Que boire en 2013?**

Tous les Sauvignon californiens sont à boire jeunes. Cependant, les avis sont partagés sur les possibilités de vieillissement des Chardonnay. Selon moi, la prudence s'impose. Hormis quelques rares vins frais et équilibrés, la plupart sont bons à boire dans les 5 à 7 années suivant leur commercialisation. Les meilleurs Cabernet sauvignon peuvent vivre plusieurs années. Les vins de la période 2008-2005 devraient mûrir encore. En 2013, on privilégiera les vins de la période 2004-2000. Bien que la majorité des Zinfandel soient conçus pour être bus dans leur prime jeunesse, certains vins plus corsés et vinifiés dans les règles de l'art gagnent aussi à vieillir. Leur texture s'affine et ils développent alors des arômes complexes.

CALIFORNIE

ANTICA

Cabernet sauvignon 2009, Napa Valley (11632468) 46,75$
Ce domaine de Napa appartient au Florentin Piero Antinori. Autant j'apprécie les cuvées toscanes de la famille Antinori, autant je dois avouer ma réserve pour ce Cabernet. Techniquement correct, assez charnu et sans lourdeur, mais à ce prix, on trouve des vins plus étoffés en Californie. ★★→? ②

Chardonnay 2009, Napa Valley (11603413) 29,95$
Bon Chardonnay de facture internationale : gras, boisé, aux saveurs de beurre et laissant en bouche une impression de sucrosité. ☆☆→? ②

ARROWOOD

Cabernet sauvignon 2008, Napa Valley (11089776) 39,50$
Propriété de Robert Mondavi, puis de Constellation, cette *winery*, fondée en 1986 par Richard Arrowood et Alis Demers, a été vendue à Kendall-Jackson. Richard Arrowood est resté au gouvernail jusqu'en 2010, avant de céder son poste à Heidi von der Mehden au terme d'un mentorat de trois ans. Complété d'une petite proportion de merlot et d'une pointe de petit verdot, ce Cabernet de forme classique est soutenu par une texture tannique à la fois mûre, sphérique et serrée, qui lui confère une certaine élégance. J'aime beaucoup sa finale chaleureuse aux accents floraux. ★★★→? ③

AU BON CLIMAT

Depuis une dizaine d'années, le vinificateur Jim Clendenen est un *leader* dans Santa Barbara.

Pinot noir 2009, Santa Barbara County (11604192) 27,85$
Bien qu'il ait cette corpulence résolument californienne, ce Pinot noir conserve un équilibre et une fraîcheur notables grâce à une trame acide et minérale, quasi saline. Savoureux, mais contenu ; belle finale tonique aux goûts concentrés de canneberges et d'épices. Excellent rapport qualité-prix. ★★★→★ ③ ✻

Pinot noir 2008, Santa Maria Valley (11726747) 37,25 $
Plus délicat que le précédent, mais un peu à court de fraîcheur, ce qui laisse en finale une impression crémeuse et un peu lourde. Je crains qu'il ne satisfasse ni l'amateur en quête de finesse bourguignonne ni les fans de gros Pinot amples et sucrés qui abondent en Californie. Pour reprendre une expression amusante de Bernard Pivot, on pourrait dire de ce vin qu'il a «le cru entre deux chais». Du moins, pour le moment. ★★→? ②

AUSTIN HOPE

Le *winemaker* de Treana et de Liberty School a créé sa propre entreprise dans Paso Robles et y produit des vins d'inspiration rhodanienne.

Grenache 2010, Paso Robles (11089750) 43$
Sorte de Châteauneuf-du-Pape californien, ce vin évoque avec générosité les saveurs fruitées et chocolatées du grenache à parfaite maturité. Le 2010 me semble tout aussi harmonieux dans l'opulence. Dodu, gourmand, assis sur une trame tannique sphérique, très séduisante, sans mollesse. Servir frais autour de 15 °C pour éviter qu'il semble encore plus capiteux. ★★★→★ ②

Treana 2009, Paso Robles (875088) 39$
Principalement composé de cabernet sauvignon auquel s'ajoutent de la syrah et du merlot, le Treana est l'archétype du gros vin joufflu, costaud et déployant une profusion de fruit dont l'amateur de vin californien se régalera entre 2013 et 2018. Intense, concentré et chaleureux, sans verser dans les extrêmes. ★★★→? ②

Troublemaker, Assemblage # 2, Paso Robles (11509582) 25,25$
Je n'ai aucun doute quant au succès commercial de ce vin confectionné dans un style moderne, opulent, ultramûr et passablement boisé. Bien fait, sans défaut, mais tout de même un peu trop épais et lourd à mon goût. ★★→? ③

Chardonnay 2009, Mer Soleil Vineyard, Santa Lucia Highlands (903112) 31,25$
Une bombe de saveurs. Nuancé et relevé, gorgé de fruits exotiques et de parfums intenses de fleurs. Hors de l'ordinaire par sa vinosité et sa richesse. Chaleureux, mais pas brûlant; sa teneur alcoolique (14,5%) ajoute à son onctuosité. À boire entre 2013 et 2016. ☆☆☆→? ③

Marsanne-Viognier 2009, Treana, Paso Robles (875096) 29,35$
Amateurs de Muscadet s'abstenir! Séduisant, flatteur et heureusement ponctué d'une amertume noble qui atténue son caractère bonbon et rehausse ses goûts de fruits exotiques. D'autant plus recommandable qu'il a le potentiel de vieillir. Un 2004 goûté plus tôt cette année était encore en très bonne forme et avait gagné en complexité aromatique. ☆☆☆→☆ ③

BIRICHINO

Malvasia 2010, Monterey County (11073512) 19,35 $
Au répertoire général, John Locke – anciennement vinificateur chez Bonny Doon – commercialise un bon vin blanc sec, friand et assez bien équilibré. Les amateurs du genre apprécieront l'exubérance de ses parfums floraux. Technologique, mais de bonne facture. ☆☆☆ ② Ⓒ

BLUE HALL VINEYARD

Situé au cœur de Howell Mountain, une sous-appellation de la vallée de Napa, cette propriété a été développée au tournant du millénaire par Andrew Zolopa, un médecin spécialisé dans la recherche pour la prévention du sida. Avec l'aide de sa compagne québécoise, Annie Talbot, il cultive aujourd'hui un vignoble qui s'élève à plus de 500 m d'altitude.

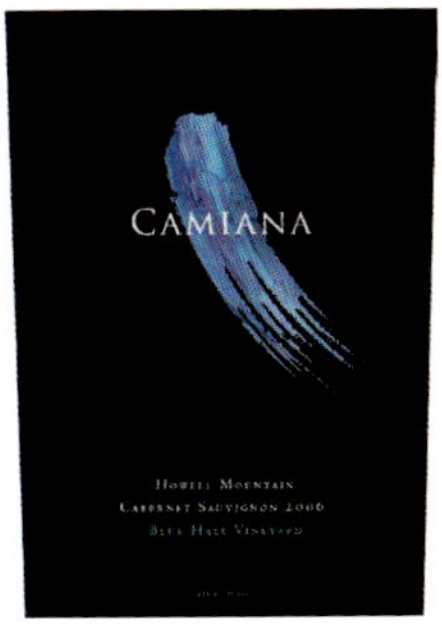

Cabernet sauvignon 2006, Camiana, Howell Mountain (11328538) 65 $
Élaboré par Phil Steinschriber, ancien *winemaker* chez Diamond Creek Vineyard, un Cabernet ferme et structuré, comme plusieurs vins d'Howell Mountain, mais résolument californien, par sa texture riche, gorgée de cassis et de mûre, avec une touche de menthe en finale. Déjà charmant par sa pureté et sa précision, il continuera de s'épanouir jusqu'en 2017-2020. Parmi les bons Cabernet californiens à retenir cette année. ★★★★ ③

BONNY DOON VINEYARD

En vendant ses marques Big House et Cardinal Zin, Randall Grahm a effectué un virage en biodynamie dans son domaine de Santa Cruz.

Le Cigare Volant 2007, California (10253386) 48,75 $
Son Cigare Volant me semble plus complet que jamais en 2007. Hommage aux vins du sud de la vallée du Rhône par sa composition de grenache, de syrah, de mourvèdre et de cinsault, il conjugue ampleur et onctuosité avec des notes légèrement amères en finale. Multidimensionnel, de la mâche, des saveurs intenses, sans excès. Sa longue finale aux parfums de noyau de cerise donne envie de le boire dès maintenant, mais on peut facilement le laisser reposer jusqu'en 2017. ★★★★ ②

BUENA VISTA

Pinot noir 2009, Carneros (11651669) 27,95 $
La plus vieille *winery* de Sonoma est encore la source de bons vins de chardonnay et de pinot noir. On peut en juger avec ce savoureux 2009 produit dans Carneros, tout au sud de la vallée de Napa. Riche et purement californien, pas très nuancé, mais velouté, charmeur, sans débordement et doté d'un assez bon équilibre. ★★★ ②

CALERA

Inspiré par un stage au domaine de la Romanée Conti au début des années 1970, Josh Jensen est l'un des maîtres du pinot noir sur la côte Ouest américaine.

Pinot noir 2009, Central Coast (898320) 31,50$
Issu de raisins généreusement nourris par le soleil de la Californie, ce vin gourmand et gorgé de saveurs de fraises cuites laisse en bouche une impression de quasi sucrée tant le fruit est mûr, mais sans lourdeur, grâce à une fine acidité qui harmonise le tout. Tout à fait rassasiant par sa finale épicée et chaleureuse ; il compte certainement parmi les bons Pinot noir californiens courants. Servir frais autour de 14-15 °C. ★★★★ ②

Chardonnay 2010, Mt. Harlan (11089944) 34,25$
L'un de mes producteurs de Chardonnay californien favoris et l'un des meilleurs millésimes goûtés récemment. Riche et satiné, une tonne de fruit - de la lime à l'ananas - avec une finale épicée. Élégance et intensité conjuguées. Une sorte de Meursault avec hâle californien. Servir entre 8 et 10 °C, dès maintenant et jusqu'en 2015 ; à l'apéritif ou avec une volaille en sauce crémeuse. ☆☆☆☆ ②

CAYMUS

De l'aveu même de Chuck Wagner, les vins de Caymus adoptent, depuis le tournant du millénaire, un style plus mûr et davantage axé sur la puissance et le volume en bouche.

Cabernet sauvignon 2010, Special Selection, Napa Valley
(10828602) 120,25$
La création mythique du regretté Charlie Wagner est devenue un vin culte de Napa. Arrivée prévue en décembre pour le 2010. Un colosse noir, concentré et tannique dont la puissance débridée me laisse perplexe. Plus de muscle que d'esprit... pour le moment du moins. Son évolution avec les années reste à surveiller. ★★→? ③

À TABLE AVEC LE...

Pinot noir

Le fruit mûr, le caractère généreux et la texture crémeuse des Pinot noir de Californie permettent des accords avec des plats fruités, crémeux ou sucrés qui pourraient autrement amaigrir des Pinot noir plus axés sur la fraîcheur.

Toujours bons avec des poissons gras, de la volaille et du gibier à plume, des viandes blanches et tout ce qui rappelle la terre, le sous-bois (betterave, champignons, tomates, etc.), ils seront particulièrement indiqués lorsque des saveurs fruitées ou sucrées se mêlent au plat : une dinde avec tout ses accompagnement sucrés-salés ou avec une farce aux fruits, un jambon glacé, des volailles ou gibiers cuisinés aux fruits. Même le canard à l'orange, très difficile à marier, trouvera probablement un allié de taille avec le Pinot noir californien. - *V.R.*

Cabernet sauvignon 2010, Napa Valley (10413790) 70,50 $
Dans la même veine, un vin sucré, aux tanins gommeux, presque épais. L'amateur de Cabernet intense à 15 % d'alcool sera peut-être séduit par ses formes imposantes. Personnellement, je trouve que tout cela manque un peu de détail. «Body bildé» comme disent les Français... ★★→? ③

Zinfandel 2009, Napa Valley (282459) 40,25 $
Zinfandel aux allures d'Amarone ; la vanille en plus, l'acidité en moins. Ce type de vin a ses adeptes et trouvera certainement preneur. À ce prix, je le leur laisse volontiers. ★★ ②

Conundrum 2010, California (10921073) 24,95 $
Ce cocktail de chardonnay, de sauvignon, de viognier et de muscat – dont les raisins proviennent de différentes régions californiennes – joue avant tout la carte du fruit et de la générosité. Arrondi par un reste de sucre et un peu trop pommadé à mon goût. ☆☆ ②

CHÂTEAU MONTELENA

Le domaine de la famille Barrett est un monument de Calistoga, dans la partie septentrionale de la vallée de Napa. Ce secteur caractérisé par des sols de nature volcanique et de grandes variations thermiques entre le jour et la nuit, a été reconnu officiellement comme une nouvelle appellation (AVA) en 2009.

Cabernet sauvignon 2007, Estate, Napa Valley (10209684) 138 $
Superbe exemple de Cabernet californien classique, façonné dans un style dépouillé, mais pourtant charpenté et riche d'une foule de détails aromatiques. Preuve qu'il n'est pas nécessaire d'atteindre des sommets de maturité phénolique pour obtenir de l'intensité. L'élevage sous bois nourrit le vin et apporte des notions distinguées d'épices et de boîte à cigare, enrobées par une trame suave et animée d'une acidité franche qui lui confère un équilibre irréprochable. Déjà excellent, et jusqu'en 2018, au moins. ★★★★→? ③

Cabernet sauvignon 2009, Napa Valley (897454) 54,25 $
Plus modeste (et bien moins cher!), mais dans la même veine, un Cabernet au grain serré, plein, tannique et bien proportionné. Un peu sur la réserve pour l'heure ; il a l'ampleur, le coffre et l'équilibre nécessaires pour se bonifier au cours des cinq prochaines années. ★★★→★ ③

Chardonnay 2010, Napa Valley (11328175) 55,75 $
Déclaré grand gagnant lors du célèbre Jugement de Paris en 1976, le Chardonnay de Montelena avait séduit les membres du jury par son élégance et sa finesse. Plus de 30 ans ont passé et les techniques ont évolué, mais le vin semble élaboré dans le même esprit. Certes chaleureux et issu de raisins mûrs, mais sans la lourdeur ni les parfums boisés caricaturaux qui affligent nombre de Chardonnay californiens. Finale distinguée aux délicates tonalités minérales. À boire entre 2013 et 2020. ☆☆☆☆ ② Ⓢ

CHATEAU ST-JEAN

Maintenant dans le giron du géant international Foster's, cette *winery* a connu son heure de gloire durant les années 1980, alors que les vinifications étaient conduites par Richard Arrowood.

Cabernet sauvignon 2010, California (10967397) 19,95$
Une agréable surprise ! Rien de bien complexe, mais en toute justice, je dois avouer qu'il réunit toute la droiture, les saveurs de fruit noir et la vigueur souhaitées dans un Cabernet. Très belle qualité. ★★★ ② ✻

Pinot noir 2008, Sonoma (567420) 24,95$
Moins complet et surtout moins distinctif, un Pinot noir comme tant d'autres, simplement fruité, limite sucré et assaisonné de parfums boisés. ★★ ②

Fumé blanc 2010, Sonoma County (897199) 19,95$
Assez bel exemple du genre. Sec, boisé comme il se doit, sans sucrosité inutile, ni parfums beurrés envahissants, mais doté d'une vinosité appréciable. Très bon Sauvignon à boire au cours des trois prochaines années. ☆☆☆ ②

Chardonnay 2010, Sonoma County (897215) 19,95$
Bon vin classique, pas transcendant, mais gras et assez bien équilibré. ☆☆ ②

CHIMNEY ROCK

Cette vaste propriété créée au début des années 1980 par Hack et Stella Wilson a été acquise par le groupe Terlato – Rutherford Hill, Sanford, Domaine Terlato & Chapoutier en Australie – en 2004.

Cabernet sauvignon 2008, Stags Leap District (11882213) 74,75$
Fruit d'un millésime un peu plus frais dans la vallée de Napa, un vin d'envergure, boisé et large en bouche, mais élaboré dans un style plutôt sobre, sans fioritures inutiles. À la fois ferme et velouté; sphérique, riche en matière et doté d'une finale savoureuse et persistante aux goûts de bleuet, sur un fond légèrement toasté. Du grain, de la mâche et une étoffe incontestable. Déjà excellent, mais il n'atteindra son pinacle que vers 2016. ★★★→★ ③

À TABLE AVEC LE...

Cabernet sauvignon

Les Cabernet sauvignon de Californie exhibent souvent un fruit très mûr et une puissance alcoolique qui leur donnent une texture crémeuse, pouvant même laisser une impression de sucrosité. Leurs tanins sont aussi plus enrobés et résistent mieux aux ennemis classiques que sont le fromage, les épices fortes et les aliments sucrés. Les viandes rouges saignantes sont toujours indiquées, surtout pour les vins très jeunes. Mais une sauce au fromage bleu, au porto, aux fruits rouges ou aux fruits secs, une pièce de viande relevée d'épices, ou encore des légumes racines caramélisés, ne leur porteront pas préjudice. En fait, plus ce type de saveurs sera présent dans un plat de viande, plus les Cabernet sauvignon californiens se prêteront au jeu. – *V.R.*

DE LOACH

Zinfandel 2010, Heritage Reserve, California (492397) 15,95$
Propriété du géant bourguignon Boisset depuis 2003, De Loach propose à prix abordable un zin fort satisfaisant. Pas de goût de bois, mais toute l'exubérance fruitée et le caractère fringant propres au cépage. Une gourmandise liquide à servir autour de 15 °C. ★★★ ② ❄

Cabernet sauvignon 2010, Heritage Reserve, Californie (11315500) 16,15$
Bon Cabernet courant, abondamment fruité et facile à boire. ★★★ ②

DOMINUS

Commencée en 1983, la grande aventure de Christian Moueix donne aujourd'hui ses plus beaux fruits. Depuis 1991, qui fut une année-charnière, le magnifique domaine de Yountville n'a cessé d'aligner des vins raffinés souvent très complets.

Dominus 2009, Napa Valley
(11650480) 135$
Dominus est l'expression pure et dépouillée d'un formidable site viticole dont la qualité était reconnue il y a plus de 50 ans alors que se développaient les grands domaines historiques de Napa. Le 2009 séduit d'amblée par sa texture tannique soyeuse et sa chair fruitée très concentrée, avec des saveurs minérales qui évoquent le graphite. S'il s'affirme déjà avec intensité et élégance, il n'atteindra son zénith qu'en 2018, au moins. L'histoire a démontré que les vins de Dominus ont besoin de temps pour bien se faire valoir. ★★★→★ ③

Napanook 2009 Napa Valley (11650439) 55$
Peut-être était-il encore secoué par le transport, mais le 2009 m'a semblé un peu moins complet que d'habitude. Séduisant par son attaque sphérique et chaleureuse, mais à court de tonus et laissant en bouche une impression capiteuse. Laissons-lui le bénéfice du doute, vue sa concentration et sa feuille de route exemplaire, il pourrait se révéler sous un jour meilleur après quelques mois de repos. ★★→? ③

EASTON – TERRE ROUGE

Spécialiste des cépages rhodaniens, Bill Easton cultive la vigne à l'intérieur des terres, non loin de Sacramento, où il produit des vins au tempérament fort.

Mourvèdre 2009, Amador County (921601) 28,20$
Un peu gros et quasi sucré pour le moment, mais ses jolies notes florales et la générosité de sa chair fruitée le rendent charmant. Pour avoir goûté le savoureux 2005 récemment, je me questionne sur son avenir. Un peu simple et taillé d'une seule pièce, il pourrait atteindre le même degré de complexité après quelques années de vieillissement. ★★★→? ②

Syrah 2008, Côtes-de-l'Ouest, California (897124) 22,40$
Ce vin ample, généreux et dodu appelle une bonne pièce de viande grillée sur le barbecue. Les parfums de violette sont conduits par des saveurs généreuses de fruit noir, avec une finale légèrement torréfiée qui évoque le café et le chocolat. À boire dès maintenant et au cours des quatre prochaines années. ★★★ ②

Tête-à-Tête 2008, California (10745989) 22,70 $
Encore très jeune et exubérant, ce vin déploie une certaine sucrosité, attribuable à l'élevage ou simplement à une grande maturité du fruit. Le mieux serait de laisser reposer un an ou deux pour qu'il gagne en complexité. ★★★→? ②

Enigma 2008, Sierra Foothills (921593) 28,25 $
Les parfums floraux et minéraux se mêlent aux saveurs tropicales et donnent un ensemble complexe qui se développe en bouche à chaque gorgée. Beaucoup de vin dans le verre. Déjà excellent grâce à son équilibre, mais il sera certainement meilleur après quelques années de repos. ☆☆☆☆ ② ✻

Roussanne 2007, Sierra Foothills (11691273) 28,90 $
Un peu plus plat et à court de fraîcheur, avec des saveurs de caramel et de miel. Laissons-lui le bénéfice du doute, peut-être s'améliorera-t-il avec le temps… ☆☆→? ②

Muscat à Petits Grains 2008, Shenandoah Valley
(11576970) 23,50 $ – 375 ml
Bon vin blanc fortifié, à la manière d'un Muscat de Beaume de Venise. Élégant et tout en finesse ; très sucré, avec des saveurs de fleur d'oranger et d'abricot. Sa finale aux bons goûts de confiserie et de jujubes a un petit quelque chose de réconfortant… ☆☆☆

Sous une marque éponyme, Bill Easton commercialise aussi :

Zinfandel 2010, Amador County (897132) 20,65 $
Riche en arômes très mûrs, sans toutefois verser dans les excès confits qui affligent tant de Zinfandel. Après une brève aération, le vin développe des saveurs expressives de fruits, de café et d'épices ; un peu plus tannique que la moyenne, mais néanmoins facile à boire. ★★★ ②

House 2009, California (10744695) 17,80 $
Encore plus contenu que d'habitude, ce 2009 pourra sans doute plaire aux palais «européens», curieux d'explorer les vins californiens. Des saveurs de fleurs et de cassis, une petite pointe de fruits confits et toute l'acidité nécessaire à sa fraîcheur. Simple, droit au but et facile à boire. ★★★ ② ✻

Natoma 2010, Sierra Foothills (882571) 19,20 $
Une agréable surprise. Contrairement au flot de Sauvignon acides et presque verts qui ont la cote en ce moment, ce vin respire. L'expression fruitée est contenue, avec des saveurs délicates de pamplemousse et de céleri, et mise en relief par une franche acidité qui vous désaltérera, sans vous faire grimacer… ☆☆☆ ②

FOPPIANO

Petite sirah 2009, Russian River Valley (611780) 25,35 $
Dans le secteur de Russian River, à l'ouest de la vallée de Napa, la famille Foppiano signe de bons vins qui contribuent au regain de popularité du cépage petite syrah, une variété aussi connue sous le nom de durif et utilisée dans les assemblages avec le zinfandel, comme support structural. Chaque année, j'aime redécouvrir ce vin original, certes intense avec ses saveurs exubérantes de fruits confits, mais doté d'une poigne tannique appréciable qui lui donne du tonus. Encore jeune et construit pour tenir la route facilement jusqu'en 2016. ★★★→? ③

FRANUS, PETER

Peter Franus a fondé cette entreprise en 1993, dans les coteaux de Mount Veeder. Bien qu'il ne possède aucune vigne, il s'approvisionne de bons raisins pour confectionner des vins riches, pleins de tempérament et de profondeur.

Zinfandel 2008, Brandlin Vineyard, Napa Valley (897652) 37 $
Trop de *zin* sont exagérément boisés, concentrés et presque aussi capiteux qu'un Porto. Pas celui-ci. On y retrouve les caractéristiques aromatiques du cépage avec du fruit noir et des épices, mais aussi de jolies tonalités florales et un tissu tannique serré qui encadre le tout. Encore un peu rustique, mais tellement authentique. Le meilleur Zinfandel goûté récemment. À savourer maintenant autour de 15 °C, ou à laisser reposer jusqu'en 2018. ★★★★ ②

LE VIN DÉCORTIQUÉ

Le Yin et le Yang du vin

L'œnologue et chercheur français Émile Peynaud a écrit : « Dans un bon vin, tout devrait être en harmonie ; la qualité est toujours garante d'un subtil jeu d'équilibre. »

L'équilibre désigne la façon dont interagissent les différents composants du vin. Cela peut signifier le contraste entre certains arômes et saveurs, par exemple le caractère fruité d'un vin par rapport à son goût de chêne. Mais lorsque les spécialistes du vin parlent d'équilibre, ils désignent habituellement les éléments structurels d'un vin, plus précisément l'acidité, le sucre, l'alcool et le tanin.

Le lien entre l'acidité et le sucre est l'un des éléments structurels les plus importants. Un excès de sucre peut rendre un vin mou tandis qu'un manque de sucre lui conférera un goût amer. Cela ne s'applique pas qu'au vin ; c'est l'une des bases de la cuisine. L'équilibre entre le sucre et l'acidité n'est toutefois pas le seul que les vignerons tentent d'atteindre dans leurs vins. Une autre, qui concerne particulièrement les vins rouges, est le lien entre l'acidité, les tanins et l'alcool.

Un taux relativement élevé d'acidité peut faire en sorte que les tanins deviennent plus astringents et plus secs. C'est le cas des jeunes vins de Bordeaux issus de méthodes classiques. Mais lorsqu'on ajoute l'alcool à l'équation – un haut degré d'alcool s'accompagnant souvent d'une acidité moindre –, on constate que les tanins semblent plus souples, moins anguleux, parfois un peu gommeux.

L'équilibre des grands vins fait souvent l'unanimité. Pour le reste, les préférences varient en fonction des personnes. Certains auront un haut seuil de tolérance pour le sucre, d'autres pour des vins astringents. Comme pour la musique, il en revient à chacun de déterminer l'harmonie qui lui convient. – *B.Z.*

À TABLE AVEC LE…

Zinfandel

Le fruité exubérant et la texture voluptueuse du Zinfandel en font un accompagnement sur mesure pour des plats aux saveurs prononcées, sucrées ou épicées : des viandes généreusement badigeonnées de sauce barbecue, des hamburgers tout garnis, la cuisine tex-mex, de l'agneau ou du gibier cuisinés avec des fruits, des caris, et ainsi de suite. – *V.R.*

HEITZ CELLARS

Joe Heitz a été un pionnier de l'histoire moderne du vin de Californie. Durant les années 1960, ses Cabernet – particulièrement le légendaire Martha's Vineyard – se sont imposés en ténors de la vallée de Napa. Aujourd'hui, ses héritiers, Kathleen et David, appliquent l'enseignement de leur père et continuent de signer des vins singuliers.

Cabernet sauvignon 2006, Napa Valley (702092) 51,50$
Sans faire de bruit, le Cabernet courant de la famille Heitz reste fidèle au goût classique et sincère des grands vins rouges californiens. Riche et pansu, certes, il a néanmoins juste ce qu'il faut de poigne tannique pour assurer son équilibre en bouche et mettre en relief ses saveurs de fruits noirs, sur un fond délicatement mentholé. La grande tradition de Napa est bien présente dans cette bouteille. Goûté de nouveau en août 2012, le vin est encore ferme, intense et concentré. Il continuera de s'épanouir d'ici 2016. ★★★★ ③

Chardonnay 2008, Napa Valley (11098816) 29,05$
Maintenant ouvert et plus épanoui, ce 2008 m'a laissé une impression plus favorable cette année. Rien de spécial, mais franc de goût, suffisamment vineux et animé d'un léger reste de gaz qui lui donne du tonus. ☆☆☆ ②

KENWOOD

Cabernet sauvignon 2005, Sonoma (902247) 21,80$
Dans la région de Glen Ellen, cette entreprise viticole produit annuellement plus d'un demi-million de caisses de vin, dont la qualité d'ensemble est digne de mention. Très rassasiant par sa chair californienne et sa texture à la fois juteuse et charnue, ce bon «Cab» profite d'un élevage en fûts de chêne qui enrobe le fruit. Sphérique et facile à boire. ★★★ ②

Cabernet sauvignon 2009, Yulupa, California (862953) 18,35$
Cabernet courant élevé en fûts de chêne. Franc de goût, droit, assez plein en bouche et facile à boire grâce à une saine acidité. À retenir parmi les bons vins californiens à moins de 20$. ★★★ ②

ZINFANDEL, CAMÉLÉON CALIFORNIEN

Friande de vins rouges légers de la Loire, de la Bourgogne et du Beaujolais, je «confesse» pourtant mon affection pour le zinfandel, surtout connu pour sa puissance et sa richesse alcoolique. Or, limiter ainsi ses vertus, c'est sous-estimer la grande polyvalence et le pouvoir de séduction de ce cépage au parcours fascinant qui a même son festival, le ZAP. La XXIe livraison du ZAP a d'ailleurs réuni des milliers d'amateurs conquis à San Francisco en janvier 2012.

D'abord qualifié de «raisin mystère» en raison de ses origines obscures, puis reconnu comme un sosie génétique du primitivo italien, le zinfandel est finalement sorti des limbes en 2001, lorsque des chercheurs de l'Université de Californie à Davis ont identifié un cépage croate comme son véritable ancêtre. Ils ont ainsi prouvé, contre toute attente, que le zinfandel serait arrivé en Amérique autour de 1830, près d'une quarantaine d'années avant d'aboutir dans le sud de l'Italie. Vendu dans les pépinières de Boston, le zinfandel aurait voyagé jusqu'en Californie pendant la ruée vers l'or. Là-bas, sous le climat méditerranéen des vallées côtières situées au nord de San Francisco, il connut un succès instantané auprès d'une clientèle qui appréciait sa ressemblance avec les bons *French Clarets*.

Hélas! les années qui ont suivi la prohibition ont été bien sombres pour le zinfandel. Soumis à des rendements trop élevés, à une viticulture et à des vinifications industrielles, parfois même arraché pour faire place au cabernet sauvignon ou au chardonnay, le cépage emblématique de la Californie n'était plus que l'ombre de lui-même.

Puis, durant les années 1970, alors que le white zinfandel – un rosé demi-sec – connaissait un essor sans précédent et que la vallée centrale générait des tonnes de petits zin souples, faciles et sans conséquence, quelques vignerons, comme Paul Draper (Ridge Vineyards) et Joel Peterson (Ravenswood), menaient leur petite révolution. Leur acharnement a permis de prouver que, lorsqu'il bénéficie d'un climat frais et qu'il est traité avec le même soin que des variétés dites «nobles», tel le cabernet, le zinfandel peut donner des vins complexes, profonds, parfaitement équilibrés et aptes à se bonifier avec le temps.

Aujourd'hui, la palette d'expressions du zinfandel demeure très variée. Certaines wineries confectionnent des vins puissants pour les amateurs de sensations fortes, alors que les Ridge, Sky, Limmerick Lane et Joseph Swan continuent d'élaborer des vins fins et complexes, destinés à la garde, et que le white zinfandel représente toujours près d'une bouteille sur dix vendues aux États-Unis.

Quel que soit son style, le Zinfandel demeure un vin populaire, résolument américain. «Et malgré tout le bien que l'on pourra en dire ou en écrire, résume Paul Draper, ça ne sera jamais un vin de snob.» Tant mieux!

Nadia Fournier
Texte publié cette année dans le magazine *L'actualité*

L'AVENTURE

Le Bordelais Stéphane Asséo a fondé ce domaine en 1997 dans la partie ouest de Paso Robles.

L'Aventure 2009, Estate, Paso Robles (10773357) 92$
Composé de vignes de syrah, de cabernet sauvignon et de petit verdot maintenant âgées de 6 à 8 ans, le 2009 me semble un peu mieux défini que par le passé. Puissant et costaud, évidemment, mais davantage poli et doté d'une finale légèrement austère, qui met en relief ses tonalités minérales et donne une longueur supplémentaire à ses tonalités florales et épicées. ★★★→? ③

MARKHAM

Sauvignon blanc 2009, Napa Valley (892364) 23,45$
Fondée en 1978 par Bruce Markham, cette *winery* de Napa appartient à la société japonaise Mercian depuis une vingtaine d'années. Une interprétation fraîche et modérément aromatique du sauvignon, avec des accents subtils de fines herbes et de poivre. Très bon en son genre. ☆☆☆ ② ▼

MONDAVI, ROBERT

Fondée en 1966 par un visionnaire au nom universellement connu, l'entreprise vinicole la plus célèbre de Napa a été achetée par Constellation en 2004. Le classicisme qui a fait la renommée de Robert Mondavi – et qui lui valu tant de critiques de la part des médias américains – a fait place à un style plus convenu, misant comme tant d'autres sur la puissance et la concentration.

Cabernet sauvignon 2009, Napa Valley (255513) 34,25$
Vin droit et fort bien tourné, assez digeste malgré une richesse de 14,5%. Finale graphite, fruit noir et kirsch. Suave, tendre et sphérique, avec de belles aspérités tanniques qui le gardent de tomber dans la lourdeur. ★★★→? ③

Pinot noir 2010, Napa Valley (10560360) 29,15$
À défaut de profondeur ou de complexité, la trame mûre et les saveurs de fruits noirs de ce Pinot procurent un certain plaisir. Modérément boisé et doté d'un bon équilibre d'ensemble. ★★★ ②

Fumé blanc 2010, Napa Valley (221887) 24,45$
Ce classique de la maison s'avère tout aussi satisfaisant en 2010. Pas très complexe, mais sec, doté d'une saine acidité et agrémenté de jolies saveurs d'agrumes, sur un fond délicatement vineux. ☆☆☆ ②

Peu d'enthousiasme pour les vins de la gamme Private Selection. « *A corporate taste* », comme diraient les Anglais. ★★ et ☆☆

Cabernet sauvignon 2010, Private Selection, California (392225) 19,45$ Ⓒ
Chardonnay 2010, Private Selection, California (379180) 19,45$
Pinot noir 2010, Private Selection, California (465435) 19,45$

MORLET

Le Champenois Luc Morlet a quitté la France en 1996 pour s'établir en Californie, patrie de sa conjointe Jodie.

Pinot noir 2009, Coteaux Nobles, Sonoma Coast (11614227) 99 $
Résolument californien par son nez concentré évoquant la confiture et surtout par son attaque ultramûre et juteuse, quasi sucrée à 14,5 % d'alcool. L'opulence, doublée d'exubérance aromatique, sur un fond vaguement fumé et torréfié. Le vin idéal pour combler l'amateur de Pinot ventru et plantureux, pour qui l'argent ne constitue pas un obstacle… C'est une bonne idée de le passer en carafe une heure avant de servir afin d'atténuer les parfums de vanille. ★★★ ② ♁

NEAL

Les vignobles de ce domaine, situé dans le secteur frais de Howell Mountain, sont conduits en agriculture biologique.

Cabernet sauvignon 2007, Napa Valley (11575897) 49,75 $
Lorsque dégusté en août 2011, ce Cabernet ne m'avait pas semblé spécialement complexe ni harmonieux. Imposant, chargé de saveurs de fruits confits et assorti d'une finale plutôt abrupte qui manque de finesse, du moins, pour le moment. Quelques mois de repos semblent lui avoir été favorable et le vin se montre maintenant sous un plus beau jour. Rien de vraiment transcendant, mais une trame tannique dense et serrée lui assure une certaine étoffe. ★★★ ③

PHELPS, JOSEPH

Fondée en 1973, la *winery* de Joseph Phelps a grandement contribué à l'essor moderne des vins de Napa.

Cabernet sauvignon 2009, Innisfree, Napa Valley (11419616) 32,25 $
Innisfree est en réalité le troisième vin de la maison : un assemblage de vins jugés insatisfaisants pour entrer dans la composition du Insigna ou du Cabernet sauvignon « Estate ». Après un 2007 jugé un peu sévèrement, le 2009 me semble plus complet. Typiquement californien par son ampleur, suffisamment étoffé et solidement constitué pour soutenir cette masse fruitée. Déjà très bon, il sera agréable de le revoir dans quelques années. ★★★→? ③

QUPÉ

Syrah 2009, Central Coast (866335) 24,75 $
Dans Santa Maria Valley, entre San Francisco et Los Angeles, le producteur Bob Lindquist a été un apôtre de la syrah sur la côte Ouest. Il y élabore notamment ce bon vin au nez intense de fruit noir et de garrigue, doté d'une attaque en bouche franche, serrée et encadrée de tanins fins. Mûr, mais sans sucrosité ; sa finale chaleureuse et rassasiante est ponctuée de notes minérales qui évoquent le graphite. À boire au cours des cinq prochaines années. ★★★★ ② ❄

RAVENSWOOD

Zinfandel 2010, Vintners Blend, California (427021) 18,95$
Propriété du géant Constellation, cette *winery* de Sonoma a largement contribué à l'essor et à la popularité du cépage zinfandel, la spécialité du winemaker fondateur, Joel Peterson. La cuvée Vintners Blend demeure un classique du genre. Modeste et rustique, mais suffisamment charnu et expressif. Recommandable à moins de 20$. ★★★ ② Ⓒ

RAYMOND

Cabernet sauvignon 2008, Reserve, Napa Valley (920777) 34,75$
Typiquement californien, sphérique, un minimum de tenue et une pointe d'amertume en finale. Pas beaucoup de dimension, mais charmeur et agréable. Aérer au minimum une demi-heure en carafe. À boire dès maintenant et au cours des six prochaines années. ★★★ ②

Merlot 2008, Reserve, Napa (10253298) 27,10$
L'élevage apporte des arômes de cèdre et de fumée, ce qui n'est sans doute pas étranger à cette texture un peu asséchante en finale. Pas dépourvu d'intérêt, mais pas spécialement avantageux. ★★→? ②

Chardonnay 2010, Reserve, Napa Valley (707711) 24,05$
Bien californien, mais un peu trop racoleur à mon goût, avec une attaque en bouche sucrée et des goûts de maïs en crème. ☆☆ ②

SAINTSBURY

Chardonnay 2009, Carneros (211136) 25,40$
Installés depuis 1981 dans les collines de Carneros, Richard Ward et David Graves ont été parmi les premiers à miser à fond sur le pinot noir dans ce secteur alors peu exploité au sud-ouest de Napa. Le climat frais de la région permet de produire un très bon Chardonnay à la fois gras, nourri de saveurs mûres, correctement boisé et surtout muni d'une franche acidité. À boire entre 2013 et 2016. ☆☆☆ ②

SANFORD

Richard Sanford fut l'un des premiers à planter du pinot noir dans la région de Santa Barbara. Depuis, la région est devenue une généreuse terre d'accueil pour le cépage bourguignon. La belle *winery* qu'il a fondée en 1981 appartient aujourd'hui au Terlato Wine Group.

Pinot noir 2009, Santa Rita Hills (10248528) 44,25$
Excellent vin qui procurera un plaisir rassasiant aux amateurs de Pinot noir fin et distingués. Le 2009 révèle de bons goûts de baies noires et d'épices, sur un fond minéral. Encore très jeune, presque nerveux et animé d'une acidité parfaitement dosée, qui illumine le fruit et supporte sa texture satinée. On peut le boire dès maintenant mais avec un plaisir coupable, car il n'atteindra son apogée que vers 2016. ★★★★ ③

Pinot noir 2008, La Rinconada, Central Valley (11343535) 60$
Dans un registre plus crémeux, sans excès, un bon vin chaleureux (14,6% d'alcool), ample et plein en bouche, animé d'une pointe de gaz carbonique qui génère fraîcheur et tonus. Sans doute trop jeune pour être apprécié à sa juste valeur, il serait préférable de l'attendre jusqu'en 2016. ★★★→★ ③ Ⓢ

À TABLE AVEC LE…

Chardonnay
Mûrs, juteux et souvent plus souples que leurs compères européens, les Chardonnay californiens s'accordent bien à une cuisine aux saveurs mûres et fruitées, ainsi qu'aux sauces très crémeuses. Tous les Chardonnay iront avec un saumon grillé, mais accompagnez-le d'une salsa à la mangue, d'un risotto au maïs ou d'une purée de pommes de terre sucrées et l'accord sera des plus justes avec un Chardonnay de Californie. – *V.R.*

SHAFER

Chardonnay 2009, Red Shoulder Ranch, Carneros (10976091) 58$
Ce domaine réputé pour ses Cabernet larges d'épaules et costauds élabore aussi un Chardonnay typiquement californien par son volume en bouche et ses saveurs amples de fruits jaunes et de beurre. Équilibré, mais tout de même un peu linéaire pour justifier un tel prix. ☆☆☆ ②

ST-SUPÉRY

Cabernet sauvignon 2007, Napa Valley (423806) 33,50$
Le Français Robert Skalli a développé cette *winery* de Rutherford dans les années 1980. Comme toujours, son Cabernet est bien servi par l'œnologie moderne ; ample, sphérique, mais de forme assez classique, correctement boisé et sans puissance débridée. À boire entre 2013 et 2017. ★★★→? ②

TOGNI, PHILIP

Cabernet sauvignon 2003, Napa Valley (11056093) 157,75$
Après avoir passé une longue carrière à faire le vin des autres, notamment chez Mayacamas et Cuvaison, le Suisse Philip Togni a fondé son propre domaine à Spring Mountain, dans les hauteurs de Napa Valley. S'il est un peu moins achevé que le 2001 commenté l'année dernière, ce vin s'appuie sur des tanins ronds qui laissent une impression généreuse, tout en conservant le tonus nécessaire à sa fraîcheur. Distingué, mais hors de prix. ★★★→? ③

Autres vins de qualité passable ★★ et ☆☆

BELLE GLOS **Pinot noir 2010, Meiomi, California** (10944208) 24,95$

BLACKSTONE **Pinot noir 2010** (10544811) 18,25$ Ⓒ

BONTERRA
Zinfandel 2009, Mendocino County (530139) 20,05$
Cabernet sauvignon 2009, Mendocino County (342428) 19,45$ Ⓒ

CLOS DU BOIS
Cabernet sauvignon 2009, North Coast (397497) 19,95$ Ⓒ
Chardonnay 2010 (11768568) 18,95$ Ⓒ

CONCANNON **Petite sirah 2008, Conservancy, Livermore Valley** (859157) 20,90$

COPPOLA, FRANCIS
Cabernet sauvignon 2010, Claret, Diamond, Black Label, California (863654) 26,75$
Cabernet sauvignon 2010, Directors Cut, Alexander Valley (11383545) 29,95$
Merlot 2008, Diamond, Blue Label, California (541888) 25,75$
Syrah 2009, Diamond, Green Label, California (10355526) 23,75$
Chardonnay 2009, Diamond, Monterey (10312382) 21,75$

DELICATO **Gnarly Head 2009, Lodi** (11770553) 15,95$

FETZER
Cabernet sauvignon 2009, California (336974) 15,55$ Ⓒ
Chardonnay 2010, California (291674) 15,05$ Ⓒ
Fumé blanc 2010, Valley Oaks, Californie (255448) 15,05$ Ⓒ

FOLIE À DEUX **Zinfandel 2010, Dry Creek Valley** (11156115) 26,25$

FOREST GLEN
Cabernet sauvignon 2010, California (10254231) 19,15$
Merlot 2010, California (708263) 18,75$

FREI BROTHERS VINEYARDS **Cabernet sauvignon 2009, Redwood Creek, California** (612531) 16,05$ Ⓒ

IRONSTONE **Symphony 2011, Obsession, California** (11074021) 14,60$ Ⓒ

LIBERTY SCHOOL
Cabernet sauvignon 2009, Paso Robles (856567) 19,95$ Ⓒ
Chardonnay 2009, Central Coast (719443) 19,95$
Syrah 2009, Central Coast (10355454) 19,95$ Ⓒ
Zinfandel 2010, California (10709021) 19,95$ Ⓒ

LOUIS M MARTINI
Cabernet sauvignon 2008, California (11462403) 20,95$ Ⓒ
Merlot 2010, Ghost Pines, Winemaker's Blend, California (11461988) 19,95$ Ⓒ

MICHAEL-DAVID WINERY **Zinfandel 2009, Deadly 7 Zins, Lodi** (11383473) 23,40$

MIRASSOU
Pinot noir 2009, California (10845681) 15,15$ Ⓒ
Riesling 2008, California (11315489) 15,05$ Ⓒ

NAPA CELLARS **Zinfandel 2010, Napa Valley** (11091833) 25,10$

REBEL WINE **Cabernet sauvignon 2010, The Show, California** (11603510) 21,10$

RH PHILLIPS
Cabernet sauvignon 2010, California (10355358) 14,25$ Ⓒ
Chardonnay 2010, California (594457) 14,25$ Ⓒ
Chardonnay 2010, EXP, California (594341) 18,45$ Ⓒ
Liaison 2010, EXP, California (11674764) 17,95$ Ⓒ
Syrah 2009, California (576272) 14,25$ Ⓒ
Syrah 2010, EXP, California (864801) 18,95$ Ⓒ

RODNEY STRONG
Chardonnay 2009, Reserve, Russian River Valley (11368839) 40,75$
Chardonnay 2010, Chalk Hill, Sonoma County (11368847) 25,45$
Chardonnay 2010, Sonoma County (10544714) 18,95$ Ⓒ
Pinot noir 2010, Russian River Valley (11383502) 24,95$

SEA RIDGE **Merlot 2010, California** (10967389) 11,65$ Ⓒ

SEBASTIANI
Cabernet sauvignon 2010, Pepperwood, California (903005) 16,95$
Merlot 2007, Sonoma County (11091796) 19,95$
Pinot noir 2010, Sonoma Coast (11089899) 22,95$

ST-FRANCIS **Chardonnay 2010, Sonoma County** (11053909) 19,40$

WATERSTONE **Cabernet sauvignon 2008, Napa Valley** (11156211) 29,45$

WENTE **Chardonnay 2010, Morning Fog Vineyards, Livermore Valley** (10754084) 19,45$

WOODBRIDGE
Cabernet sauvignon 2010, California (048611) 14,95$ Ⓒ
Merlot 2010, California (494492) 14,95$ Ⓒ
Pinot grigio 2011, California (11133167) 14,25$ Ⓒ
Sauvignon blanc 2010, California (040501) 14,25$ Ⓒ
Zinfandel 2010, California (329110) 14,95$ Ⓒ

OREGON

A TO Z

D'abord consultant pour différents vignobles de l'Oregon – dont le Domaine Drouhin –, Bill Hatcher a développé sa propre affaire au début des années 2000.

Pinot noir 2010, Oregon (11334073) 25,95$
Au nez, des accents herbacés laissent deviner un léger manque de maturité. La bouche est pourtant fort agréable, assez ronde, avec quelques aspérités tanniques qui apportent une touche rustique, mais de bon aloi. À boire jeune pour profiter du fruit ; servir autour de 14 °C. ★★★ ②

Chardonnay 2010, Oregon (11399678) 21,95$
Pas de parfums boisés convenus et prévisibles, plutôt un bon goût d'ananas et une saine acidité. Rien d'original, mais recommandable. ☆☆☆ ②

Pinot gris 2011, Oregon (11334057) 21,95$
Simple, sucré et quasi doucereux. Une dose d'acidité rehausse ses saveurs, mais le vin est court et sans grande personnalité. ☆☆ ②

CHEHALEM

Pinot gris 2009, 3 Vineyard, Willamette Valley (11203129) 23,70$
Cette *winery* située au nord-ouest de l'Oregon est surtout reconnue pour la qualité de ses vins blancs de riesling et de pinot gris. Avec raison, puisque ce vin est l'une des belles – et malheureusement rares – démonstrations du potentiel tant annoncé pour ce cépage alsacien sur la côte Ouest américaine. Des couches de saveurs fruitées et une finale saline qui lui confère une certaine dimension. Après une heure de carafe, le vin se révèle avec encore plus de détails aromatiques. Peut-être gagnerait-il même à reposer en cave quelques années... ☆☆☆☆ ② ❄ ♆

CLOUDLINE

Le marchand de vin Dreyfus Ashby a fait appel à la Bourguignonne Véronique Drouhin-Boss (Domaine Drouhin Oregon) pour l'élaboration de ses vins.

Pinot noir 2009, Oregon (11334161) 20,35$
Bon vin friand, nerveux et guilleret, misant avant tout sur le charme fruité et la délicatesse du pinot. Rien de bien profond évidemment, mais à ce prix, l'amateur de vin souple, fruité et digeste sera servi. Encore meilleur après une brève aération en carafe. ★★★→? ② ♆

DOMAINE DROUHIN OREGON

Depuis sa création en 1988, Véronique Drouhin-Boss a fait du Domaine Drouhin l'un des meilleurs producteurs de Pinot noir en Oregon.

Pinot noir 2009 Willamette Valley (11166559) 39,25$
Encore jeune, vigoureux et marqué par l'élevage en fûts, qui arrondit les angles et laisse en bouche une impression de sucrosité, ce 2009 ne manque toutefois pas d'étoffe et semble avoir les qualités requises pour vivre longtemps. Grain mûr et chaleureux ; finale persistante aux tonalités florales. L'idéal serait de le revoir dans 3 ou 4 ans. Dans l'immédiat, aérer en carafe pendant une heure et servir frais autour de 15 °C. ★★★→? ③ ♆

À TABLE AVEC LE...

Pinot gris de l'Oregon

Ils n'ont pas la richesse des meilleurs Pinot gris alsaciens, ni l'insipidité de tant de Pinot gris italiens. Plutôt neutres, et rarement très marqués par le bois, on peut les traiter à table comme des Chardonnay de corps moyen, peu ou pas boisés. – *V.R.*

EOLA HILLS

Pinot noir 2008, Reserve, La Creole, Willamette Valley (10947783) 26,95$
Plus substantiel et charnu, fruité et bien enrobé, à défaut de profondeur. Encore jeune et marqué par un élevage en fûts de chêne. Il sera intéressant de suivre son évolution au cours des trois prochaines années. ★★★ ②

Rien à signaler à propos de ces autres vins ★★ et ☆☆

Chardonnay 2010, Willamette Valley (11203591) 20,50$
Pinot noir 2010, Oregon (10947759) 24,85$
Pinot gris 2010, Willamette Valley (11603501) 19,65$

I'M WINES – ISABEL MONDAVI

Après le rachat de la société familiale créée par son père, Michael Mondavi a fondé Folio Wine, bannière sous laquelle se déclinent plusieurs marques, dont Isabel Mondavi Wines (I'M).

Pinot noir 2008, I'M Isabel Mondavi, Willamette Valley (11409389) 37,75$
Excellent Pinot noir dont le nez à la fois concentré et contenu annonce pour le mieux. Une texture délicatement crémeuse, avec juste ce qu'il faut de tanins et un bel équilibre entre les saveurs opulentes de fruits noirs, caractéristiques d'Oregon, et des accents plus «terreux», qui rappellent la Bourgogne. Encore meilleur s'il est servi frais autour de 15 °C. ★★★→★ ②

SOKOL BLOSSER

Pinot noir 2008, Dundee Hills (11603448) 35,75$
Bon vin mûr, charmeur et tout en rondeur, dans un style assez caractéristique des Pinot de l'Oregon. La trame minérale, quasi saline laisse deviner une certaine complexité, hélas! masquée par les relents vanillés de la barrique, pour le moment du moins. ★★★→? ③

Evolution, Lucky no 9, Oregon (10744708) 20,95$
Assemblage inusité de neuf cépages. Cela donne un bon vin demi-sec, assez exubérant par ses saveurs de fruits tropicaux et de fleurs. Modeste, mais original et assez bien équilibré dans l'opulence. À consommer à la fin du repas ou avec un poulet au beurre bien relevé... ☆☆☆ ②

WILLAKENZIE ESTATE

En 1991, le Bourguignon Bernard Lacroute a quitté Silicon Valley, où il œuvrait dans les hautes technologies, pour développer son vignoble plus au nord, dans la région de Chehalem Mountains. Aujourd'hui, avec sa femme Ronni, il se consacre essentiellement aux différents pinots (noir, gris, blanc, meunier), ainsi qu'au gamay.

Pinot noir 2009, Cuvée Pierre Léon, Willamette Valley (11334129) 43 $
Beaucoup d'éclat ; gorgé de fruit avec de légères tonalités végétales. On apprécie sa texture soyeuse, sa trame minérale porteuse de tonus et sa finale agrémentée des notes épicées de la barrique, quoiqu'un peu trop vanillées et envahissantes à mon goût. Souhaitons qu›elles s'atténuent avec quelques années de repos. ★★★→? ③

Pinot gris 2011, Willamette Valley (11333775) 23,75 $
Bel équilibre entre les éléments. Riche et volumineux, avec une acidité qui rehausse les saveurs d'agrumes, de fruits exotiques et d'épices, et laisse en finale une impression fraîche et juteuse. Pas spécialement profond, mais tout de même savoureux et satisfaisant. ☆☆☆→? ③

WILLAMETTE VALLEY VINEYARDS

Pinot noir 2009, Willamette Valley (11333804) 29,95 $
Plus mûr et moins rustique que le 2008 goûté l'an dernier, mais tout de même un peu banal et conçu dans un style rond et flatteur. ★★ ②

Riesling 2011, Willamette Valley (11202821) 19,40 $
Élaboré dans un style allemand, c'est-à-dire léger en alcool (9 %), arrondi par un reste appréciable de sucre et soutenu par une bonne acidité. Correct sans être une aubaine. ☆☆ ②

D'autres vins de qualité passable ★★ et ☆☆

KING ESTATE
Pinot noir 2010, Acrobat, Oregon (11333812) 25,75 $
Pinot gris 2009, Acrobat, Oregon (11333767) 18 $

À TABLE AVEC LE...

Pinot noir de l'Oregon

Les Pinot noir de l'Oregon font preuve de plus de fraîcheur que ceux de Californie et exhibent souvent des arômes végétaux. Hormis un boisé parfois plus soutenu, ils sont d'un style plus près du Vieux Monde. À table, on peut donc les harmoniser comme on le ferait avec des Pinot noir bourguignons. – *V.R.*

WASHINGTON

Contrairement à ceux de l'Oregon, les vignobles de l'État de Washington s'étendent essentiellement sur le versant est du prolongement de la chaîne des Cascades. Le climat y est beaucoup plus sec et les températures plus élevées. Cette différence géographique explique en partie l'impopularité du pinot noir dans cette zone pourtant plus septentrionale. Les variétés bordelaises et rhodaniennes donnent, en revanche, de très bons résultats.

Bien qu'ils couvrent environ la moitié du vignoble, les cépages blancs ne semblent pas particulièrement prometteurs, à l'exception du riesling, qui donne des résultats étonnants.

Les vins puissants et boisés sévissent encore dans Washington – comme partout ailleurs, malheureusement –, mais on compte aussi bon nombre de domaines axés sur le terroir et l'authenticité.

EROICA

En partenariat avec l'œnologue allemand de réputation internationale, Dr. Ernst Loosen, le Château Ste-Michelle a développé, depuis 1999, le projet Eroica, qui explore le potentiel du riesling dans la vallée de Columbia.

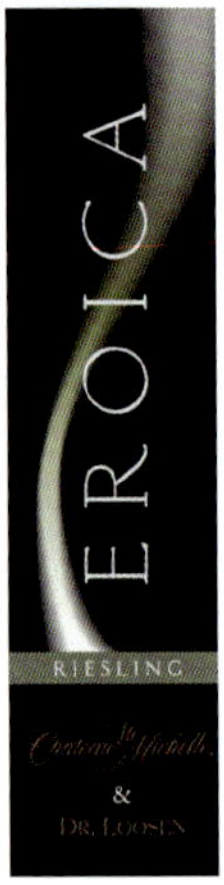

Riesling 2010, Columbia Valley (10749681) 28,30 $
Encore plus complet que le 2008 commenté plus tôt cette année, cet excellent Riesling réunit toutes les vertus d'équilibre qui font le charme des bons vins de Moselle, sur un mode toutefois un peu plus volumineux. Des parfums de fruits tropicaux et de pêche, une dose appréciable de sucre, mais aussi – et surtout – une saine acidité et un caractère minéral qui apportent toute la fraîcheur requise et harmonisent l'ensemble. Servir très frais à l'apéritif ou en accompagnement de plats asiatiques épicés, comme un cari thaïlandais. ☆☆☆☆ ② ✻

HEDGES

Les membres de la famille Hedges sont des figures majeures de l'État de Washington. Leur indépendance d'esprit, leur croisade contre la dictature des scores et leur détermination à mettre en valeur le terroir méritent d'être soulignés.

C.M.S. 2009, Columbia Valley (10354478) 18,55 $
La marque C.M.S. – ici pour cabernet, merlot et syrah –, réunit une gamme de vins plus abordables (un blanc, un rouge), issus d'une activité de négoce. Bon produit tout en souplesse, animé d'un léger reste de gaz qui met en valeur ses saveurs franches de fruits noirs. Pour flirter avec l'esprit de Washington sans se ruiner. ★★★ ②

LACHINI

Il Mulinello 2006, Klipsun Vineyard, Red Mountain (11199561) 60,75 $
Cette cuvée provient d'un vignoble dans l'appellation Red Mountain, où les vignes ont été plantées en 1984. Ce détail n'est sans doute pas étranger à sa précision aromatique, à la qualité de sa structure tannique et à sa finale distinguée. Encore jeune et dans sa coquille pour l'heure, il devrait continuer de s'affiner au cours des cinq prochaines années. ★★★→? ③ Ⓢ

LONG SHADOWS

Après avoir formé des partenariats avec Piero Antinori (Col Solare) et Ernst Loosen (Eroica) à titre de pdg du Château Ste-Michelle, Allen Shoup a réuni quelques-uns des plus célèbres œnologues sous une même enseigne. Chaque *winemaker* apporte sa griffe, mais l'ensemble de la production est sous la responsabilité du Français Gilles Nicault, établi dans l'État de Washington depuis 1994.

Cabernet sauvignon 2007, Feather, Columbia Valley (11335519) 49 $
Un vin 100 % cabernet élaboré par le Californien Randy Dunn. Des saveurs intenses de fruits noirs et une attaque en bouche mûre et juteuse – soutenue par une saine acidité et par un solide cadre tannique – procurent au vin une agréable tenue. Très bon vin en devenir qui gagnerait à reposer au moins jusqu'en 2015. ★★★→★ ③

Merlot 2007, Pedestal, Columbia Valley (11202741) 69,75 $
Le Pedestal porte la signature maintenant largement répandue de Michel Rolland. Suave, charnu et charmeur, avec une attaque en bouche très mûre, compensée par une touche d'amertume en finale qui harmonise l'ensemble. Pas dénué d'intérêt, mais à ce prix, on est en droit d'espérer plus de sève. ★★★ ②

Chester-Kidder 2005, Columbia Valley (11335501) 47,50 $
Ce vin élaboré par Gilles Nicault est de loin le plus avantageux de tous. Nourri par un élevage prolongé (30 mois) en fûts, le vin révèle une expression sincère des cépages bordelais et de la syrah. Passablement charnu, constitué de tanins mûrs et fondus par le temps, et soutenu par une trame minérale aux accents de graphite. Déjà agréable à boire et jusqu'en 2017. ★★★★ ②

Syrah 2007, Sequel, Columbia Valley (11202791) 61,80 $
Moins d'enthousiasme pour ce vin dense et capiteux, adéquatement boisé, mais tout de même à court de tonus. Laissons-lui le bénéfice du doute ; il semble avoir l'équilibre nécessaire pour se bonifier d'ici 2016. ★★→? ②

Saggi 2007, Columbia Valley (11335527) 44,25 $
Assemblage de sangiovese, de cabernet sauvignon et de syrah, élaboré par les œnologues toscans Ambrogio et Giovanni Folonari. À la fois rond, capiteux et un peu creux en milieu de bouche. L'ambition y est, mais le résultat n'est pas convaincant. ★★→? ③

Riesling 2010, Poet's Leap, Columbia Valley (11157038) 27,60 $
Fruit d'un partenariat avec l'Allemand Armin Diel, un très bon Riesling arrondi par un reste de sucre (13 g/l) et doté d'un assez bon équilibre grâce à une dose importante d'acidité. Savoureux et friand, mais pas tout à fait aussi complet que le Eroica commenté à la page précédente. ☆☆☆ ②

Voir aussi la section Ⓟ

SMITH, CHARLES

Ex-gérant de groupe de musique rock, ce producteur réputé de Walla Walla produit des vins aussi exubérants et colorés, à l'image de sa personnalité.

Château Smith 2009, Columbia Valley (11818300) 24,75$
Vin très coloré, concentré, tannique et copieusement marqué par le bois de chêne avec des goûts de caramel brûlé. Moderne, dessiné à gros traits et fignolé dans un style très «médiatique» et tapageur. Pour la subtilité, il faudra chercher ailleurs. ★★→? ③

Syrah 2010, Boom Boom, Columbia Valley (11208561) 24,75$
Autre bombe fruitée dont les arômes très prononcés de vanille frôlent la caricature. Pas convaincant, du moins pour le moment... ★★→? ②

Riesling 2010, Kung Fu Girl, Washington State (11629787) 18,10$
Bon Riesling variétal; doucereux, acidulé et modérément parfumé. ☆☆ ②

D'autres vins de qualité moyenne ★★ et ☆☆

BELLE VALLÉE
Pinot noir 2008, Willamette Valley (10947839) 27,05$
Red 2006, Southern Oregon (11208405) 18,15$

CHÂTEAU STE MICHELLE **Syrah 2009, Columbia Valley** (10960890) 18,50$

COLUMBIA CREST **Cabernet sauvignon 2009, Grand Estates, Columbia Valley** (11383668) 17,65$ Ⓒ

COLUMBIA WINERY **Gewurztraminer 2009, Columbia Valley** (11208376) 19$

HOGUE CELLARS
Cabernet sauvignon 2008, Genesis, Columbia Valley (11036519) 20,45$
Gewurztraminer 2010, Columbia Valley (11334751) 15,75$ Ⓒ
Merlot 2008, Genesis, Columbia Valley (10709056) 20,20$
Syrah 2009, Genesis, Columbia Valley (11372889) 19,95$ Ⓒ

WASHINGTON HILLS **Merlot 2008, Columbia Valley** (10846641) 14,95$ Ⓒ

À TABLE AVEC LES...

Vins rouges de Washington

Souvent massifs, avec beaucoup d'extraction et de bois, ce qui peut leur conférer une certaine lourdeur. Évitez les plats délicats et privilégiez une cuisine riche, aux saveurs prononcées. Pour les syrahs en particulier, jouez avec des aliments tels que le bacon, la viande fumée ou le chocolat pour donner le ton à un plat. Les vins rouges très boisés peuvent soutenir les viandes fortement grillées, de même que des saveurs de torréfaction (café, chocolat) et d'épices comme le girofle, la cannelle, la muscade, le cinq-épices. – *V.R.*.

NEW YORK

BEDELL

Cette *winery* créée en 1980 par Kip Bedell appartient depuis 2000 à Michael Lynne, un producteur hollywoodien à qui l'on doit notamment la trilogie du Seigneur des Anneaux.

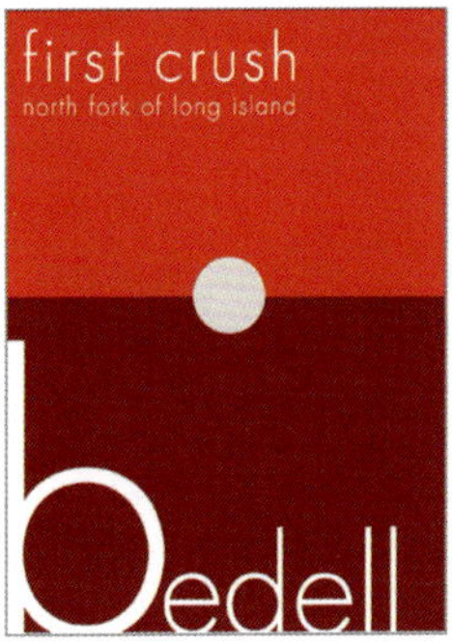

First Crush 2009, North Fork Long Island (11040180) 24,75$
Véritable seconde étiquette du domaine, le First Crush se veut une expression vive et septentrionale des cépages merlot et cabernet franc, à parts quasi égales. Il n'est donc pas étonnant de retrouver dans ce vin les notes herbacées de certains vins rouges de la Loire. Une macération carbonique partielle – méthode utilisée dans le Beaujolais – accentue l'expression fruitée et atténue l'acidité. Un peu rustique, mais original. ★★★ ②

DR. KONSTANTIN FRANK

Riesling 2010, Finger Lakes (11036084) 22,30$
Décédé en 1985, le docteur Frank fut le pionnier de la viticulture dans le nord-est des États-Unis. Son fils Willy poursuit aujourd'hui son œuvre. Particulièrement friand et parfumé cette année, le Riesling sec du domaine déploie des saveurs intenses de fleurs et de miel, animées par l'acidité propre au cépage. Équilibré et agréable à boire. ☆☆☆ ②

LAMOREAUX LANDING

Riesling 2006, Finger Lakes (11036501) 21,50$
Depuis 1990, Mark Wagner, avec une vaste gamme de vins, s'est taillé une réputation enviable sur la rive est du lac Seneca, juste en face du vignoble de Hermann J. Wiemer. Soigneusement élaboré et misant avant tout sur le fruit, ce Riesling charme par ses tonalités de miel. Une expression originale du cépage alsacien. ☆☆☆ ② ▼

WIEMER, HERMANN J.

Arrivé sur les rives du lac Seneca vers la fin des années 1970, l'Allemand Hermann J. Wiemer fut l'un des acteurs importants de la viticulture dans les Finger Lakes.

Riesling 2006, Finger Lakes (11039648) 23,85$
Son Riesling 2006 illustre bien le potentiel de cette région viticole de l'État de New York. Fin et délicieusement fruité, rond et enrobé de nuances aromatiques assez distinguées. Ouvert et prêt à boire. ☆☆☆☆ ② ▼

HÉMISPHÈRE SUD CHILI

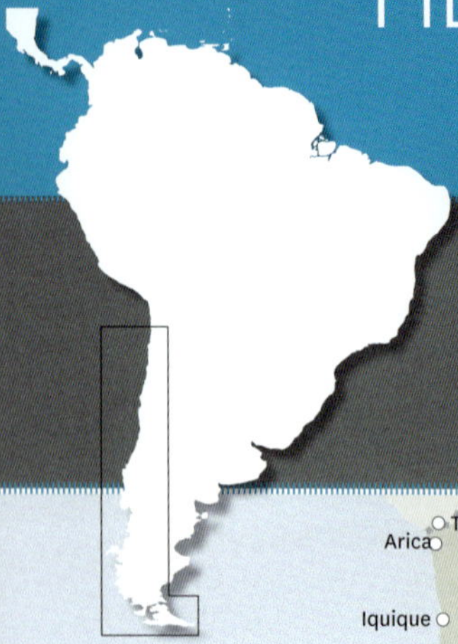

LE CHILI EN QUELQUES CHIFFRES

8e producteur mondial. La Région de Maule représente plus de 45% de la production nationale. Le cabernet sauvignon couvre environ le tiers de la superficie du vignoble chilien.

CASABLANCA ET LIMARI

En blanc, le chardonnay reste roi. Ses nouvelles interprétations, issues de régions fraîches telle la zone côtière de Casablanca, ou plus récemment la région septentrionale de Limari, sont parfois dotées d'une finesse et d'une minéralité remarquables.

VALLÉE DE MAIPO

Le Chili reste une source importante de vins fiables à prix doux, mais il produit aussi de grands vins dotés d'un excellent potentiel de vieillissement, particulièrement les Cabernet de Maipo. Le prix n'est pas un indicateur de la longévité et les meilleurs vins chiliens à moins de 25$ peuvent aussi vieillir harmonieusement.

Deuxième force viticole sud-américaine après l'Argentine et huitième producteur mondial, le Chili est l'un des pays qui comptent le plus de vignes non greffées. Protégé géographiquement de tous les côtés, il est quasi exempt de phylloxéra. Ces barrières naturelles le tiennent aussi à l'abri de nombreux autres insectes et maladies, en faisant un paradis naturel pour l'agriculture biologique. Et pourtant... Peu de producteurs osent franchir le pas vers ce mode de culture qui engendre, certes, des coûts plus élevés, mais donne souvent au vin un caractère nettement plus singulier.

Le cabernet sauvignon occupe toujours, et de loin, le premier rang des cépages. Au deuxième rang, le païs, traditionnellement destiné à la production de vins rustiques, connaît une renaissance, tout comme le carignan, dont les très vieilles vignes suscitent l'intérêt de certains vignerons dans la région de Maule. Quant à la carmenère, elle offre des vins de plus en plus achevés depuis qu'elle profite de techniques viticoles mieux adaptées. Elle pourrait bien être à l'origine des vins les plus originaux du pays. – *Véronique Rivest*

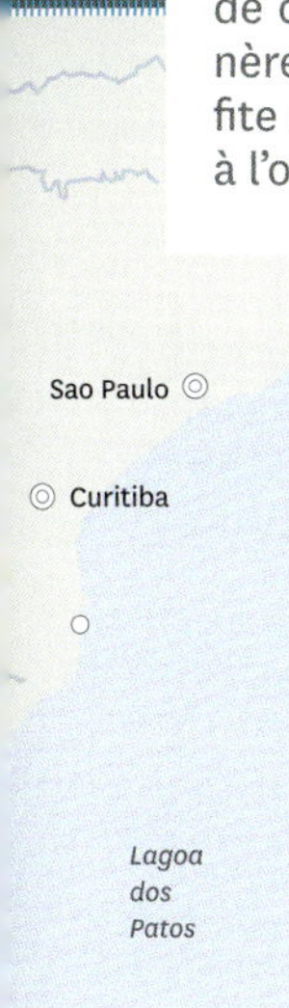

LE SAVIEZ-VOUS ?

Les premiers vignobles ont été établis près des grandes villes, dans la vallée centrale. Plus récemment, la recherche des meilleurs terroirs a conduit les investisseurs vers les extrémités nord et sud du pays, ainsi que dans les zones côtières.

DES PRODUCTEURS À RETENIR

Altair, Antiyal, Araucano, Cono Sur, De Martino, Emiliana Organic Vineyards, Haras de Pirque, Louis-Antoine Luyt, Matetic, Montsecano, Seña, Tabali, Viña Arboleda

ALTAIR

Sideral 2007, Valle de Rapel (10692830) 26,70$
Même s'il est un peu plus riche et nourri que l'an dernier, avec des arômes confits et une certaine épaisseur tannique, le deuxième vin de la propriété n'en est pas moins agréable. Déjà âgé de 5 ans et pourtant très jeune, avec une mâche fruitée intense et des saveurs exubérantes de cassis. L'idéal serait de le laisser reposer encore de deux à trois ans. Dans l'immédiat, un séjour d'une heure en carafe l'aidera à mieux s'exprimer. ★★★→? ③

ARAUCANO

Collaborateurs globe-trotteurs depuis 1988, les frères Jacques et François Lurton ont mis fin à la plupart de leurs partenariats en 2007. Le projet de la vallée de Colchagua est aujourd'hui sous la responsabilité de François.

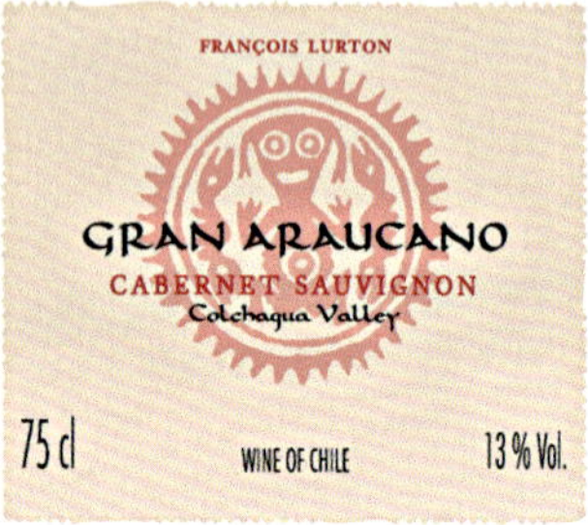

Cabernet sauvignon 2009, Gran Araucano, Valle de Colchagua (10466200) 26,95$
Ce Cabernet d'envergure issu d'une parcelle située dans le secteur d'Apalta, me semble plus achevé cette année. La bouche est ample et gorgée de saveurs de cassis, mais le vin ne manque ni de tonus ni de profondeur et laisse une impression rassasiante tant par sa mâche fruitée que par sa vitalité. À boire entre 2014 et 2019. ★★★→? ③

Clos de Lolol 2009, Valle de Lolol (10689868) 23,95$
Un peu moins complet, cet assemblage de carmenère, de cabernet sauvignon, de syrah et de cabernet franc séduit néanmoins par son relief fruité, sa trame tannique droite et son équilibre d'ensemble. Vigoureux, ample et velouté, à défaut de profondeur. ★★★ ②

Carmenère 2009, Reserva, Valle de Colchagua (10694413) 15,95$
Déjà ouvert et conçu pour être apprécié dans sa prime jeunesse, ce vin déploie les parfums caractéristiques de paprika et de fleur propres à ce cépage chilien emblématique. Les tanins sont mûrs, tendres et laissent en bouche un fini suave et caressant. À ce prix, que de bons mots. ★★★ ② ❋

Cabernet sauvignon 2009, Reserva, Valle de Colchagua (10693154) 15,45$
Un peu moins original que le Carmenère, mais tout aussi agréable, avec sa structure franche et droite et ses saveurs nettes de fruits noirs. Très bon Cabernet chilien. ★★★ ②

BARON PHILIPPE DE ROTHSCHILD

Cabernet sauvignon-Carmenère 2011, Mapu, Valle Central (10530283) 9,95$
Bon vin d'envergure moyenne, néanmoins fidèle aux caractéristiques du cabernet, qui apporte la tenue en bouche, et de la carmenère par ses arômes de fruits noirs et de paprika. Servir frais autour de 15 °C. ★★★② ❋ ©

Escudo Rojo 2009, Valle Central (577155) 18,95$
Escudo Rojo – écusson rouge – est un clin d'œil au patronyme familial, *Roth* pour rouge et *schild* pour écusson. Un vin de bonne facture, ni trop chaleureux ni trop boisé. Un peu technologique, mais bien fait. ★★★ ②

CALITERRA

Installée dans Colchagua, l'entreprise Caliterra appartient à Eduardo Chadwick, aussi propriétaire de Errazuriz.

Malbec 2009, Tributo Single Vineyard, Valle de Colchagua (11675652) 19,45 $
Très bon, étoffe tannique digne de mention, grain mûr; solidement construit, sans dureté. Bel équilibre, saveurs précises de fruits noirs. Servir idéalement autour de 16 °C. ★★★→? ② ©

Sauvignon blanc 2011, Reserva, Valle de Casablanca (275909) 12,55 $
Bien que modeste, ce vin blanc sec ne manque vraiment pas de qualités. Vif, nerveux, agrémenté de parfums exubérants d'agrumes et au moins aussi bon que certains Sauvignon néo-zélandais vendus deux fois plus cher. ☆☆☆ ② ✻

CARMEN

Cette importante cave appartient au même propriétaire que Santa Rita, mais elle est gérée indépendamment. La qualité générale des vins est régulière et satisfaisante.

Chardonnay 2006, Gran Reserva, Nativa, Valle del Maipo (904656) 15,35 $
La marque Nativa regroupe les vins de Carmen produits en agriculture biologique. Plus que juste un autre Chardonnay issu du même moule, un très bon vin blanc sec et d'une pureté enviable; plutôt que de l'alourdir, l'élevage en fûts de chêne l'enveloppe d'une vinosité appréciable. Bravo! ☆☆☆ ② ✻

Chardonnay 2010, Casablanca Valley (522771) 12,70 $
À prix d'aubaine, un bon Chardonnay non boisé, modeste, mais de bonne facture; franc et tout à fait désaltérant. ☆☆ ② ✻

LE SAVIEZ VOUS ?

Nord-sud ou est-ouest?
Depuis son apparition sur la scène internationale, le Chili a présenté ses régions viticoles du nord au sud. La latitude semblait alors un facteur déterminant quant aux conditions climatiques. Les appellations initiales (*Denominación de Origen* ou D.O.) demeurent, mais avec une meilleure compréhension de l'effet de la topographie et des terroirs, le vignoble se divise maintenant aussi d'ouest en est: les régions côtières (*Costa*), celles du centre (*Entre Cordilleras*) et celles situées au contrefort des Andes (*Andes*). La vallée d'Aconcagua, par exemple, regroupe aussi l'appellation Aconcagua Costa, une zone plus fraîche, destinée à la production de vins blancs. – *V.R.*

CHÂTEAU LOS BOLDOS

Merlot 2009, Vieilles vignes, Alto Cachapoal (10693921) 23,15$
Pourtant déjà bien commentée dans les éditions précédentes du *Guide du vin*, cette cuvée issue de merlot, élevé pendant 12 mois en fûts de chêne français, me semble adopter un style un peu facile depuis quelques années. Certes flatteur, avec ses tanins sphériques et ses saveurs intenses de fruits noirs sur un fond vanillé, mais sans la sève et le caractère distinctif qui faisaient jadis son charme… du moins, pour le moment. ★★→? ③

CONCHA Y TORO

Acteur principal de la viticulture chilienne, le domaine des familles Guilisasti et Larrain regroupe plusieurs gammes de vins. Des plus modestes aux plus ambitieux, la constance est remarquable.

Carmenère 2007, Carmín de Peumo, Valle del Cachapoal (10825874) 119$
Fruit de plusieurs années de recherche dans l'art de mettre en valeur les qualités aromatiques et la structure tannique de la carmenère, cette cuvée est en quelque sorte le triomphe de l'œnologue Ignacio Recabarren. Un vin plein, serré, à la fois ferme et velouté; son ampleur, sa sève distinctive et sa longueur en bouche lui donnent vraiment beaucoup de panache. À boire entre 2015 et 2022. ★★★→★ ③ Ⓢ

Pinot noir 2011, Casillero del Diablo, Valle de Casablanca (853390) 14,95$
En raison de son climat frais, le secteur de Casablanca, entre Santiago et Valparaiso, est devenu une terre d'accueil pour les cépages blancs et le pinot noir. Bien qu'il soit manifestement issu de raisins mûrs et gorgés de soleil, ce vin misant à fond sur la souplesse et le fruit, conserve une fraîcheur exemplaire. Les Pinot noir ayant autant à offrir à ce prix sont rares. À boire jeune et servir frais. ★★★ ② ❄ Ⓒ

Carmenère 2010, Casillero del Diablo, Valle del Rapel (10915052) 13,45$
Riche, rond et flatteur, mais assaisonné de parfums boisés qui gomment malheureusement l'originalité aromatique de la carmenère. Dommage. ★★ ② Ⓒ

À TABLE AVEC LA…

Carmenère

Typiquement chilienne avec son fruité exubérant et ses notes d'eucalyptus, la Carmenère exhibe aussi des arômes d'épices (paprika) et d'herbes fraîches. Viandes et légumes grillés (poivron tout particulièrement) lui siéent très bien, mais l'accord est des plus réussis avec de la tourtière, un ragoût, un gibier en sauce, spécialement s'ils sont relevés de girofle, de muscade, de genièvre ou de cannelle. Les herbes – romarin, origan, menthe – le *pebre* chilien, ou bien les épices indiennes comme le curcuma, le cari, la cardamome, créent avec la carmenère des accords des plus intéressants. – *V.R.*

Merlot-Carmenère-Cabernet sauvignon 2011, Trio, Valle del Rapel (10694510) 14,95$
Bien constitué, charnu et pourvu d'un bel équilibre entre le fruit, les tanins, l'acidité. Finale chaleureuse aux goûts de fruits noirs et de réglisse. ★★★ ②

Chardonnay-Pinot gris-Pinot blanc 2011, Trio, Valle de Casablanca (853408) 14,95$
Bon vin blanc sec, un peu technologique et sans originalité particulière, mais correct pour le prix. ☆☆

CONO SUR

Cono Sur a été développé il y a une quinzaine d'années par le groupe Concha y Toro dans la région de Chimbarongo, au sud de la vallée de Rapel.

Cabernet sauvignon-Carmenère 2011, Valle de Colchagua (10694376) 15,45$
Toujours aussi savoureux et issu de l'agriculture biologique, cet assemblage de cabernet et de carmenère séduit par son attaque en bouche nerveuse, relevée de bons goûts de cannelle. Juteux, croquant et facile à boire, il a beaucoup de personnalité pour le prix. Excellent achat dans sa catégorie! ★★★★ ② ✻

Pinot noir 2010, Vision, Valle de Casablanca (10694309) 19,95$
Jugé difficilement dans *Le guide du vin 2012*, ce 2010 m'a laissé une impression nettement plus favorable lorsque goûté à l'été 2012. Plus épanoui et nuancé, souple et friand; les saveurs de fruits mûrs sont mises en valeur par une saine acidité qui laisse la bouche fraîche. Servir autour de 14 °C. ★★★ ②

Pinot noir 2010, Reserva, Valle de Colchagua (874891) 15,95$
Très bon vin, souple, frais et gorgé de fruit, qui séduit par sa finale chaleureuse aux goûts de fraises confites. Rien de compliqué, mais c'est l'un des bons vins de pinot noir que l'on peut trouver dans cette catégorie de prix. ★★★ ② ✻

COUSIÑO MACUL

Cabernet sauvignon 2010, Antiguas Reservas, Valle del Maipo (212993) 18,65$
Le domaine historique de Cousiño-Macul, au sud-est de Santiago, a été grugé par l'étalement urbain. Pressée par les investisseurs immobiliers et la classe politique, la famille Cousiño a développé un nouveau domaine viticole de 600 hectares dans la vallée de Maipo, où elle continue de produire ce bon Cabernet de facture classique; c'est-à-dire modérément boisé, sec, franc de goût et sans excès d'alcool ni de concentration. On peut le boire dès maintenant, mais il gagnera peut-être en nuances d'ici 2015. ★★★→? ③

CASAS DEL TOQUI

Cabernet sauvignon 2009, Prestige, Valle de Cachapoal (10694237) 20,20$
Les propriétaires du Château Larose-Trintaudon s'activent eux aussi à produire du bon vin au Chili. Et ils réussissent bien, du moins si j'en juge par ce bon Cabernet dense, structuré et riche en fruit; un peu carré et difficile à apprécier pour l'heure, mais solidement construit et assez bien proportionné pour s'affiner au cours des cinq prochaines années. ★★★→? ③

CASA SILVA

Carmenère 2009, Reserva, Valle de Colchagua (11156625) 17,45$
Bon Carmenère d'envergure construit dans un style abordable et facilement appréciable. Souple, issu de raisins bien mûrs, pas complexe, mais assez typé avec ses accents de paprika, propres au cépage. ★★★ ②

LE VIN DÉCORTIQUÉ

Le plaisir appartient à ceux qui ouvrent tôt

On devrait toujours ouvrir ses bouteilles quelques heures avant de passer à table.

D'abord, pour éviter les mauvaises surprises. Imaginez que vous n'ayez aucune bouteille en réserve et que, au moment de passer à table, vous constatez que votre unique bouteille est bouchonnée...

La véritable raison que je souhaite évoquer ici est qu'il faut laisser au vin le temps de respirer, de s'oxygéner.

La plupart des vins sont bus immédiatement après leur achat, alors qu'ils sont encore très jeunes. L'oxygène qui entre dans la bouteille déclenche toute une série de réactions chimiques qui ajoutent de la complexité au vin. Un vieux vin peut être ouvert juste avant d'être servi. Quant aux vins jeunes, j'aime bien les aérer dès le matin en les transvidant d'une carafe à l'autre à quelques reprises. Ensuite, il n'y a qu'à reverser le vin dans sa bouteille et à remettre le bouchon jusqu'au moment de passer à table.

Si vous n'avez pas de carafe à la maison, n'importe quel contenant en verre – grande tasse à mesurer, pichet, pot Mason, etc. – fera l'affaire. – *B.Z.*

EMILIANA ORGANIC VINEYARDS

Développé sous la supervision de l'œnologue vedette et adepte de la biodynamie, Alvaro Espinoza, Emiliana figure parmi les noms connus en matière de viticulture «verte» au Chili.

Gê 2007, Valle de Colchagua (11639328) 70,50 $
Fruit d'un assemblage de syrah, de carmenère et de cabernet sauvignon, le haut du panier du domaine est solide et structuré, avec une belle concentration tannique, mise en valeur par un usage intelligent de la barrique. Savoureux et rehaussé d'une fine acidité qui contribue à son équilibre d'ensemble. Il faudra le revoir dans cinq ans, car il a tous les atouts nécessaires pour vieillir en beauté. ★★★★ ③ Ⓢ

Signos de Origen 2010, Aconcagua (11639037) 22,45 $
Très bon vin blanc aromatique composé de viognier, de marsanne et roussanne. Juste assez vineux et plutôt bien équilibré. ☆☆☆ ②

ERRAZURIZ

Dans ce superbe domaine fondé en 1870 dans la vallée d'Aconcagua, Eduardo Chadwick et son équipe produisent des vins dont la régularité ne se dément pas au fil des années.

Cabernet sauvignon 2010, Max Reserva, Valle de Aconcagua (335174) 18,95$
Inscrit au répertoire général de la SAQ depuis plusieurs années, ce très bon vin mise avant tout sur la structure du Cabernet, avec de bons goûts de cassis et de menthe. Correctement boisé et équilibré. ★★★ ② Ⓒ

Syrah 2010, Max Reserva, Valle de Aconcagua (864678) 18,95$
Bon vin mettant en valeur le grain tannique serré propre à la syrah, enrobé par un élevage en fûts qui lui confère par ailleurs des parfums prononcés de vanille. Un peu convenu, mais bien fait. ★★★ ② Ⓒ

Pinot noir 2010, Max Reserva, Valle de Casablanca (11192095) 19,95$
Bon Pinot noir auquel l'élevage apporte des tonalités fumées. Droit au but et un peu linéaire, mais assez charnu pour être recommandable. Finale chaleureuse aux parfums floraux. ★★★ ② Ⓒ

Fumé blanc 2011, Valle de Casablanca (541250) 14,95$
Comme toujours, un bon vin blanc sec et parfumé, bien servi pas la technologie. ☆☆ ② Ⓒ

FÈVRE, WILLIAM

Le Chablisien William Fèvre a consacré sa vie à la politique et au vin. Après la vente de son prolifique domaine de Bourgogne au négociant Bouchard Père & Fils, il a développé un partenariat avec la famille Arrigorriaga, dans la région de Maipo au Chili.

Chardonnay 2010, Gran Cuvée, Valle del Maipo (10692629) 19,05$
Ce vin m'a semblé avoir de nouveau gagné en précision, en fraîcheur et en caractère cette année. Le 2010 se distingue des sempiternels Chardonnay par ses saveurs minérales qui évoquent presque la pierre à fusil, ses tonalités légèrement oxydatives et son équilibre irréprochable. Le bois est présent, mais il joue en sourdine et agrémente le vin de bons goûts d'érable qui ne nuisent en rien à l'expression du fruit. Jolie réussite! ☆☆☆☆ ② ✻

HARAS DE PIRQUE

Cabernet sauvignon 2007, Elegance, Valle del Maipo (11602891) 36$
Dégusté l'été dernier en préparation du *Guide du vin 2012*, ce Cabernet m'avait surtout semblé imposant et taillé d'un seul bloc. Maintenant plus ouvert, le vin charme toujours par ses saveurs mûres, encadrées d'une solide poigne tannique, mais il a acquis une dimension supplémentaire en bouche. Encore très jeune, il faudra le revoir dans quelques années. ★★★→? ③

Albis 2005, Valle de Maipo (10945008) 50$
En partenariat avec le Florentin Piero Antinori, Eduardo Matte a aussi développé Albis, un projet qui met à contribution le talent des œnologues Renzo Cotarella (Italie) et Alvaro Espinoza (Chili). Cette cuvée ambitieuse composée de cabernet sauvignon et de carmenère ne manque vraiment pas de sève ni de profondeur. Encore très agréable par son étoffe et sa finale vibrante lorsque goûté de nouveau en août dernier, mais construit pour vivre au moins jusqu'en 2016. ★★★→★ ③

LUIS FELIPE EDWARDS

900 Single Vineyard 2008, Valle de Colchagua (11617874) 30,75$
Issu d'un vignoble planté en 2005 à quelque 900 m d'altitude, ce vin gourmand, charnu et passablement boisé me semble plus ambitieux que vraiment distinctif. Plein en bouche, gorgé de saveurs confites et doté d'une finale chaleureuse et rassasiante aux accents d'épices. ★★★→? ②

Cabernet sauvignon 2010, Gran Reserva, Valle de Colchagua (10272510) 17,45$
J'ai peine à m'enthousiasmer pour ce vin costaud et plein en bouche, élaboré dans un style convenu. Un Cabernet correct, comme tant d'autres. ★★ ②

Chardonnay 2010, Gran Reserva, Valle de Casablanca (10694093) 17,55$
Chardonnay pourvu d'une saine acidité, pas boisé outre mesure, quoiqu'une légère sucrosité lui donne une allure un peu facile. Visiblement taillé pour plaire. ☆☆☆ ②

MALVILLA

Sauvignon blanc 2010, Valle de San Antonio (11635909) 18,95$
Les propriétaires de Viña Chocalan ont également développé ce vignoble dans la zone côtière de San Antonio, au sud de la vallée de Casablanca, où ils produisent ce très bel exemple de Sauvignon blanc chilien. Très sec, nerveux et animé d'un léger reste de gaz qui met en valeur ses saveurs d'asperges, d'herbes fraîches et d'agrumes. ☆☆☆ ②

MATETIC

Syrah 2010, Corralillo, San Antonio (11890379) 24,95$
Sorte de Cornas chilien par son tissu tannique très serré, sa carrure et ses arômes de poivre et de fumée. Le vin est évidemment plus riche et s'impose en bouche par son ampleur, son volume aromatique et sa finale chaleureuse. À l'ouverture, le vin présentait des arômes prononcés de réduction. Pour l'apprécier à sa juste valeur, on pourra l'aérer au minimum une heure en carafe, mais l'idéal serait qu'il repose en cave jusqu'en 2015. ★★★→★ ③ ✻

Sauvignon blanc 2011, EQ, San Antonio (10986361) 20,75$
Bel exemple des vins blancs secs que l'on peut aujourd'hui produire au Chili, grâce aux bienfaits combinés d'un climat relativement frais et de la technologie moderne. Le 2011 est tout aussi vibrant, animé d'un léger reste de gaz qui rehausse ses saveurs d'asperges et d'herbes fraîches. Finale désaltérante aux accents iodés et salins. ☆☆☆☆ ② ✻

MONTES

Aurelio Montes a fait sa marque en signant des vins rouges modernes, opulents et généreux. Depuis quelques années, il semble accorder plus d'importance à l'harmonie et à l'équilibre.

Syrah 2009, Montes Alpha, Valle de Colchagua (10692872) 21,95$
L'amateur du genre aimera certainement ce vin au tissu tannique ample, presque épais et enrobé par un usage prononcé de la barrique. Un peu lourd et dessiné à gros traits, mais il pourrait s'affiner un peu au cours des cinq prochaines années. ★★★→? ③

Pinot noir 2010, Montes Sélection Limitée, Valle de Casablanca (10944187) 16,95$
Interprétation un peu dure et carrée du cépage pinot noir. Les tanins sont secs et le vin semble à court de chair. On peut l'attendre quelques mois, mais je doute qu'il ne s'améliore. ★★→? ③

SANTA CAROLINA

Carmenère 2009, Reserve de Familia, Valle del Rapel (11386893) 20,45$
Bien servi par un usage de la barrique et relevé des saveurs typiques du cépage carmenère lorsqu'il parvient à maturité, ce vin ample et large d'épaules – élaboré par une importante *bodega* fondée au XIXe siècle – donnera pleine satisfaction à l'amateur du genre. Déjà très rassasiant par sa chair fruitée et ses saveurs intenses de fruits noirs et d'épices, mais encore trop jeune pour être apprécié pleinement. Il gagnera certainement en nuances au cours des cinq prochaines années. ★★★→? ③ ✳

Deux autres vins corrects de ce producteur ★★ ©

Cabernet sauvignon 2010, Reserva, Valle de Colchagua (11015988) 13,95$
Syrah 2010, Reserva, Valle del Rapel (11315155) 14,65$

SANTA EMA

Amplus One 2008, Peumo (11605531) 24,75$
Compte tenu des avancées en matière d'agronomie, je m'explique mal la présence sur le marché d'un tel vin étriqué, aux relents de plan de tomates, probablement issu de raisins de carmenère – complétés de syrah et de carignan – en sous-maturité. Sa texture en bouche sèche et ses tanins carrés laissent une impression rustique. ★★ ②

À TABLE AVEC LE...

Cabernet sauvignon

Comme pour tout Cabernet, les viandes rouges sont un allié naturel, mais le caractère fumé de ceux du Chili en font des partenaires de choix des viandes grillées. Privilégiez des saveurs de cassis (pour cuisiner du gibier par exemple), d'herbes fraîches (la menthe et le romarin entre autres). – *V.R.*

SANTA RITA

Avec 2200 hectares de vignes dans tout le pays – plus que la région du Jura ! – et une production d'environ 15 millions de bouteilles, Santa Rita est le numéro deux de la viticulture chilienne, derrière Concha y Toro.

Triple C 2006, Valle de Maipo (11386729) 48,25 $
Triple C pour cabernet franc, cabernet sauvignon, carmenère. Jugé durement l'an dernier dans *Le guide du vin 2012*, le 2006 semble maintenant un peu plus accessible. La bouteille, ouverte pendant plus de 12 heures, se révélait avec beaucoup plus de nuances et de profondeur aromatique. Fort belle structure en bouche, charnu, dense, tissé serré avec des accents de menthe et de tabac. *Mea Culpa…* ★★★→? ②

Cabernet sauvignon 2009, Medalla Real, Valle de Maipo (217059) 19,70 $
L'amateur de Cabernet intense et nourri sera en terrain connu avec ce vin solide et relevé de saveurs de cassis. Pas spécialement profond, mais imposant, dense et fort rassasiant. ★★★ ②

D'autres vins corrects de ce producteur ★★ et ☆☆

Cabernet sauvignon 2009, Reserva, Valle del Rapel (224881) 15,45 $ Ⓒ
Carmenère 2009, Reserva, Valle del Rapel (10694317) 16,05 $
Sauvignon blanc 2011, Reserve, Valle de Casablanca (11767881) 15,45 $ Ⓒ

SEÑA

Seña est né d'un partenariat créé durant les années 1990 entre le Chilien Eduardo Chadwick et l'Américain Robert Mondavi. À la suite du rachat de la société californienne par Constellation, Eduardo Chadwick a repris la totalité des actions.

Seña 2008, Aconcagua (11829439) 99 $
La recette originale qui misait essentiellement sur le cabernet sauvignon a été révisée et intègre aujourd'hui une pluralité de variétés bordelaises. Le 2008 repose sur une solide assise tannique, constituée de tanins fermes, mais parfaitement mûrs, laissant en bouche une impression déjà fort rassasiante. Longue finale vaporeuse où se mêlent fruits noirs, épices et tabac. Pour en profiter à sa juste valeur, la patience est de mise ; à boire entre 2017 et 2028. ★★★→★ ③

TABALI

Syrah 2009, Reserva, Valle del Limari (10960072) 17,70 $
La vallée de Limari, l'influence océanique permet une maturation lente des raisins. Encore très jeune, tant par sa couleur pourpre que par sa solide charpente tannique, le 2009 est bâti pour vivre pendant plusieurs années. Gorgé de goût de fruits mûrs et stylistiquement plus près d'une Syrah que d'un Shiraz. Une illustration fort convaincante des progrès accomplis avec le cépage rhodanien au Chili. ★★★★ ② ❄

Chardonnay 2010, Reserva Especial, Valle del Limari (11333361) 19,45 $
Mettant à profit le climat frais de Limari, on a obtenu un très bon Chardonnay sec et doté d'une saine acidité ; les saveurs sont denses, joliment dessinées, et le fruit est savamment mis en relief par un boisé bien dosé. Beaucoup de style. ☆☆☆→? ② ▼

VERANDA

Dans la vallée de Bío Bío, tout au sud de Santiago, l'œnologue québécois Pascal Marchand élabore de bons vins de conception moderne, destinés à plaire à un vaste public.

Chardonnay 2010, Oda, Miraflores Single Vineyard, Bío Bío (11039779) 25$
Très bon vin, vineux et ponctué d'une délicate amertume en finale qui ajoute à son caractère. Rien de transcendant ni de révolutionnaire – difficile de réinventer le Chardonnay! –, mais à prix tout à fait correct. L'amateur de vin blanc sec, net, franc et droit y trouvera son compte. ☆☆☆ ②

Pinot noir 2009, Oda, Negrete Single Vineyard, Bío Bío (10866529) 21,45$
Quoiqu'encore marqué par l'élevage en fûts lorsque dégusté cette année, ce vin jeune offre néanmoins une chair fruitée rassasiante. Ample et gourmand, à défaut de finesse; il serait avisé de l'aérer en carafe au moins une demi-heure avant de le servir. ★★★ ③ ♁

VIÑA ARBOLEDA

Ce projet développé en partenariat avec le regretté Robert Mondavi est la propriété exclusive d'Eduardo Chadwick (Errazuriz). La syrah et le cabernet sont cultivés au cœur de la vallée d'Aconcagua; les cépages blancs et le pinot ont été plantés plus près du littoral, où ils bénéficient de l'influence du courant de Humboldt.

Carmenère 2009, Valle de Colchagua (11331614) 19,90$
Produit au sud de la vallée de Rapel, où le climat convient particulièrement bien à la carmenère, ce vin s'avère tout aussi savoureux et séduisant en 2009. Pas d'arômes boisés, plutôt une expression suave et épurée du cépage emblématique chilien, avec des parfums délicats de paprika en finale. Le vin semblait se refermer un peu lorsque goûté en juin 2012. Il serait préférable de l'aérer en carafe une bonne demi-heure. ★★★★ ③ ✻ ♁

Cabernet sauvignon 2010, Aconcagua (10967434) 19,70$
Un cran moins original, mais tout à fait représentatif d'un bon Cabernet par sa fibre tannique, sa droiture et ses parfums de cassis. Un bon achat au répertoire général. ★★★ ② ©

Syrah 2010, Aconcagua (11625671) 19,20$
Très bon vin de syrah, élevé en fûts de chêne français et américain, neufs à 30%. Le grain tannique est serré et enrobé d'une chair fruitée mûre, laissant en bouche une impression à la fois tonique et rassasiante. L'un des beaux exemples du genre. Arrivée prévue en février 2013. ★★★→★ ③ ✻

Sauvignon blanc 2011, Aconcagua Costa (11256626) 18,95$
Sec, vif et désaltérant, agrémenté des parfums herbacés typiques, sur un fond citronné. Très bon à l'apéritif avec des asperges grillées. ☆☆☆ ②

Chardonnay 2011, Aconcagua Costa (11324289) 19,70$
Exercice convaincant sur le thème de la pureté et de la fraîcheur. Pas de bois neuf, une bouche à la fois vineuse et tendue, portée par un acidité vive. Les notes minérales se mêlent aux goûts de fleurs blanches et le vin est franchement savoureux. À boire entre 2013 et 2017. ☆☆☆☆ ② ✻

VIÑEDO CHADWICK

Viñedo Chadwick 2007, Valle del Maipo (720383) 163,25$
Produit pour la première fois en 1999, cette cuvée haut de gamme est la pièce maîtresse d'Eduardo Chadwick, propriétaire d'Errazuriz. Un Cabernet sauvignon d'envergure provenant d'un vignoble juché à 650 m d'altitude dans les hauteurs de Maipo. Parmi les vins les plus étoffés du Chili, à la fois suave et doté d'une poigne tannique digne de mention; riche en saveurs intenses de fruit noir sur un fond d'accents de graphite. Pas donné certes, mais rares sont les vins chiliens ayant autant de relief et de caractère. ★★★★ ③ ▼

VIU MANENT

Viu 1 2007, Valle de Cochagua (11213714) 75$
Beaucoup de sève et de dimension dans ce vin de confection moderne issu essentiellement de malbec et d'une touche de petit verdot. Le cadre tannique est juste assez solide, le caractère boisé est bien intégré et laisse sur une longue finale volumineuse et multidimensionnelle. Hélas! ce n'est pas donné… ★★★→? ③ ▼

Cabernet sauvignon 2008, Reserve, Valle de Cochagua (10694325) 17,65$
Des notes végétales trahissent un manque de maturité qui se manifeste en bouche par des tanins verts. Un Cabernet massif et taillé d'un seul bloc. ★★ ②

À TABLE AVEC LE…

Sauvignon blanc

Un accompagnement sur mesure pour les produits de la pêche, activité pratiquée sur près de 4000 km de côte au Chili ! Le *ceviche* est le plat de choix pour le Sauvignon chilien, mais tous les poissons et fruits de mer aux agrumes (cuits ou en carpaccio) lui iront très bien. Les salades de verdure ou de légumes, agrémentées de tranches de pommes vertes ou d'herbes fraîches (menthe, basilic, persil). Le Sauvignon plus fruité saura accompagner une salade asiatique à base de nouilles, de mangue ou de papaye. – *V.R.*

HÉMISPHÈRE SUD
ARGENTINE

L'ARGENTINE EN QUELQUES CHIFFRES

5e producteur mondial. Seulement 10 % du volume est destinée à l'exportation. L'Argentine est le 7e pays consommateur au monde. La province de Mendoza génère 80 % de la production viticole d'Argentine.

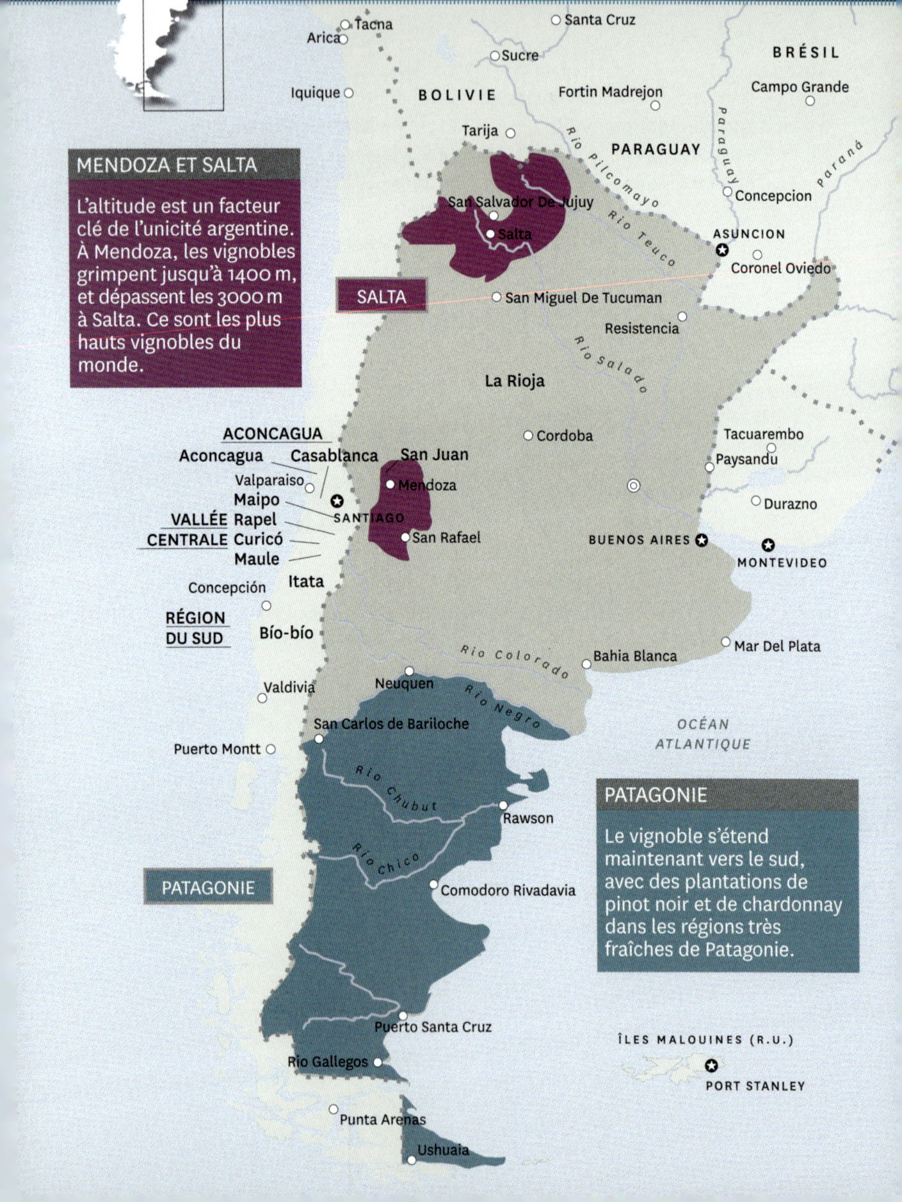

MENDOZA ET SALTA

L'altitude est un facteur clé de l'unicité argentine. À Mendoza, les vignobles grimpent jusqu'à 1400 m, et dépassent les 3000 m à Salta. Ce sont les plus hauts vignobles du monde.

PATAGONIE

Le vignoble s'étend maintenant vers le sud, avec des plantations de pinot noir et de chardonnay dans les régions très fraîches de Patagonie.

L'Argentine jouit d'une longue tradition viticole qui remonte à l'arrivée des colons européens, au XVIe siècle. C'est non seulement un des plus importants producteurs, mais aussi – reflet de son héritage culturel européen – un gros pays consommateur.

Les premiers vins argentins vendus au Québec, des Malbec et des assemblages bordelais, étaient élaborés dans un style très européen, ceux de la *bodega* Weinert, par exemple. Puis, la vague Malbec a déferlé, amenant avec elle son flot de vins pourpres, hyperdenses et aromatiques, crémeux, parfois vanillés, aux tanins dodus et à la sucrosité accentuée par des taux d'alcool élevés. Un style encensé par la presse américaine et qui a charmé un large public, au point d'occulter le reste de la production nationale.

L'Argentine a aussi d'autres cépages notables, comme le torrontés, une variété indigène qui est la source de vins blancs très aromatiques, et le bonarda, qui peut donner de délicieux vins de soif et de plaisir. Le pays profite aussi de conditions climatiques uniques, très favorables à la viticulture: un climat semi-désertique et une luminosité exceptionnelle, qui donne aux fruits un éclat hors du commun, ainsi que de grandes amplitudes thermiques qui permettent aux raisins de mûrir et de développer un bon potentiel aromatique, tout en préservant l'acidité. Ce dernier phénomène s'accentue avec l'altitude.

Heureusement, car la vigne continue de grimper: à Mendoza, non seulement le malbec, mais aussi le cabernet sauvignon, le cabernet franc et le chardonnay peuvent donner de grands vins lorsque cultivés en altitude. Souhaitons que la recette commerciale du Malbec charmeur et dodu s'essouffle bientôt et laisse enfin s'exprimer le plein potentiel de ces magnifiques terroirs. – *Véronique Rivest*

LE SAVIEZ-VOUS ?

Les meilleurs exemples de malbec argentin typique sont vendus entre 15 et 25$; gare aux cuvées ambitieuses beaucoup plus chères et à peine meilleures. En général, les très bons Malbec, dotés de structure et de minéralité, proviennent de vignobles situés à haute altitude.

DES PRODUCTEURS À RETENIR

Altos Las Hormigas, Bodega Chacra, Noemia, Bodega del Fin del Mundo, Decero, Etchart, Huarpe, Lorca, Masi Tupungato, Mendel, Nicolás Catena, Soluna, Terrazas de los Andes

ALAMOS

Malbec 2010, Alamos, Seleccion, Mendoza (11015726) 17,40 $
Sous la marque Alamos, Nicolas Catena et sa fille Laura produisent des vins abordables ayant en commun charpente et générosité. Au répertoire général, ce Malbec souple, bien enrobé et taillé pour plaire offre toute la chair voulue, à défaut d'originalité et de caractère. ★★★ ② ©

Chardonnay 2011, Mendoza (467969) 15,75 $
Boisé, gras, quasi sucré et taillé dans le même moule que la plupart des Chardonnay du Nouveau Monde. ☆☆ ②

ALTA VISTA

Malbec 2007, Terroir Selection, Mendoza (11602621) 26,90 $
L'amateur de sensations fortes aimera sans doute ce vin ambitieux, assez typique des cuvées modernes produites à Mendoza. Des saveurs de fruits confits et de réglisse, et un ensemble somme toute un peu lourd (15% d'alcool). On peut toujours le laisser reposer encore quelques années dans l'espoir qu'il gagne en nuances, mais le pari ne me semble pas gagné… ★★→? ③

ALTOS LAS HORMIGAS

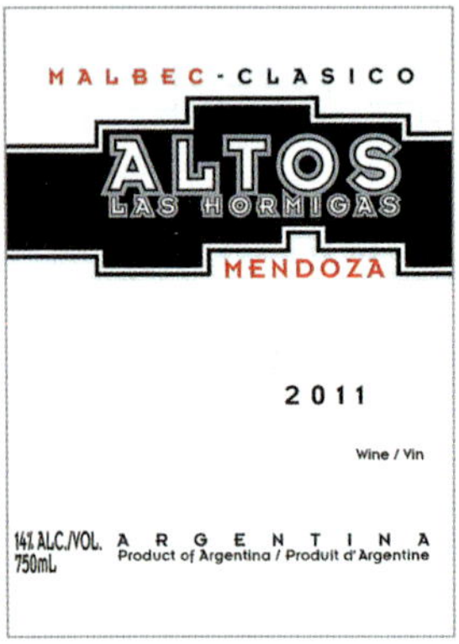

Fondé au milieu des années 1990 par le *flying winemaker* Alberto Antonini et quelques partenaires, Altos Las Hormigas occupe plus de 200 hectares dans le secteur de Lujàn de Cuyo.

Malbec 2011, Clasico, Mendoza (10692477) 16,60 $
De nouveau fort convaincant, ce vin mise avant tout sur l'expression franche et inaltérée du malbec, c'est-à-dire sans arômes boisés ni concentration inutile. Assez souple, gorgé de fruit et fort agréable à boire dès maintenant et au cours des quatre prochaines années. ★★★★ ② ✳

Malbec 2009, Reserva, Valle de Uco (11166962) 27 $
Un peu moins convaincue par cet exercice ambitieux, mettant à contribution la barrique neuve. Pas d'excès boisé ni de puissance débridée, mais une présence en bouche chaleureuse avec 14,5% d'alcool, heureusement équilibrée par une bonne dose d'acidité. Laissons-le reposer quelques mois, le temps qu'il acquière davantage de nuances. ★★★→? ③

Colonia Las Liebres, Bonarda 2011, Mendoza (10893421) 13,70 $
S'il est un peu plus charnu et étoffé que par le passé, ce très bon vin met tout de même de l'avant le caractère fruité et juteux du cépage bonarda. Pas de bois, mais des saveurs franches et une présence en bouche vraiment revigorante, surtout s'il est servi frais, autour de 14 °C. Une aubaine à saisir! ★★★★ ② ✳

À TABLE AVEC LE…

Bonarda
Les meilleurs Bonarda, ne souffrant pas d'excès de concentration ou de bois, peuvent être de véritables vins de soif et de plaisir. Le bonheur parfait avec des charcuteries, des saucisses ou du boudin grillés. – *V.R.*

BODEGA CHACRA

Piero Incisa est le petit-fils de l'illustre Mario Incisa della Rochetta, créateur de Sassicaia. Depuis 2004, il a commencé à acquérir de vieilles parcelles plantées de pinot noir dans la vallée du Rio Negro, au nord de la Patagonie. Les résultats sont déjà fort convaincants.

Pinot noir 2009, Treinta y Dos, Patagonia (11602859) 99,50 $
Plus étoffé et doté d'une profondeur et d'une intensité aromatique supplémentaires, ce vin provient d'un vignoble planté il y a 80 ans. Bien qu'il soit encore très jeune et plus discret que le précédent, il distille déjà une complexité certaine par sa longue finale relevée de parfums d'épices. Un vin complet et élégant, mais bien peu compétitif dans le contexte actuel du marché. ★★★→★ ③ Ⓢ

BODEGA DEL FIN DEL MUNDO

Créée de toutes pièces en 1999, cette *bodega* fut la première entreprise viticole à voir le jour dans le secteur de Neuquén (Patagonie), à près de 1000 km au sud de Mendoza.

Malbec 2010, Reserva, Patagonia (11156810) 18,15 $
La fraîcheur du climat de la Patagonie n'est sans doute pas étrangère à l'éclat aromatique de cet excellent Malbec qui se dessine ici avec plus de nuances que la moyenne des vins de Mendoza. Une texture tannique serrée et fine et une finale savoureuse aux tonalités de violette ajoutent à son charme. ★★★★ ② ✻

CATENA, NICOLÁS

Nicolás Catena a été un pionnier de la révolution viticole argentine. Très inspiré par la philosophie californienne, il a introduit dans Mendoza des méthodes visant à obtenir des vins amples et structurés qui ont vite attiré l'attention internationale.

Catena Zapata 2006, Mendoza (10954553) 79,75 $
Bien qu'il se distingue par son exubérance et son intensité en bouche, cet assemblage de cabernet sauvignon et de malbec distille une race et une élégance certaines. Cher, mais complexe, profond, plein de relief et promis à un bel avenir. ★★★→★ ③

Malbec 2010, Mendoza (478727) 21,50 $
Des saveurs à la fois mûres et franches de fleurs et d'épices ; nourri, charnu et sans rudesse ; très bon Malbec argentin de facture moderne, mais fort bien tourné. ★★→? ②

DECERO

Remolinos Vineyard 2009, Agrelo, Mendoza (11625743) 22,95 $
Fruit d'un vignoble planté à 1050 m d'altitude dans les hauteurs d'Agrelo, au cœur de Mendoza, cet excellent Malbec est un parfait exemple du genre de vin gourmand et séduisant que l'on peut trouver en Argentine. Rien d'ambitieux, mais une profusion de goûts de fruits noirs, d'épices et de fleurs, rehaussés d'une agréable vitalité. Remarquablement complet et pas le plus cher… ★★★★ ② ✻ ▼

DIAMANDES

Gran Reserva 2007, Valle de Uco-Mendoza (11434533) 39,75$
Produit par la famille Bonnie, également propriétaire du Château Malartic-Lagravière et du Château Gazin Rocquencourt, à Pessac-Léognan. Je m'explique mal cet exercice de style sur le thème de la concentration et de la puissance. Un vin riche en parfums confits, qui se présentait sous un jour pataud, lourd, quasi épais et monolithique. ★★→? ② ▼

ETCHART

Torrontes 2011, Cafayate (283754) 13,95$
Bon vin blanc original auquel le cépage indigène torrontés (un cousin du muscat) confère des parfums exubérants de fleurs et de fruits exotiques. Léger, sec et très volubile pour le prix. Tout indiqué à l'apéritif ou avec une cuisine indienne relevée. ☆☆☆ ② ✻ ©

À TABLE AVEC LE...

Torrontés
Sa filiation avec le muscat lui donne des affinités particulières avec les saveurs d'orange et de fleur d'oranger (en mode salé). Il sera le compagnon idéal si romarin ou lavande parfume un plat de poisson ou de légumes. Le torrontés accompagne aussi toujours très bien les sushis, épicés ou non, ainsi que les poissons et viandes blanches cuisinés, ou en sandwich, avec des fruits exotiques (ananas, mangue, papaye). – *V.R.*

FINCA FLICHMAN

Cette *bodega* centenaire créée par la famille Flichman a été rachetée en 1998 par Sogrape, le numéro un de la viticulture portugaise.

Malbec-Cabernet sauvignon 2010, Expresiones, Reserve, Mendoza (11462286) 16,95$
Ce 2010 me semble plus harmonieux que le 2009 dégusté en cours d'année. Des saveurs nettes et franches de fruits noirs et de fleurs, une certaine poigne tannique et un bel équilibre d'ensemble. À boire entre 2013 et 2017. ★★★ ②

Malbec 2011, Mendoza (10669832) 9,45$
Toujours parmi les vins les plus satisfaisants à moins de 10$. Riche en fruit et agrémenté des saveurs florales propres au Malbec. Charmeur, dodu et bien fait. ★★★ ② ✻ ©

FLECHAS DE LOS ANDES

Gran Malbec 2009 (10689876) 21,70$
Un autre domaine impliqué dans le projet Clos de los Siete. Propriété de Laurent Dassaut et de Benjamin de Rothschild, il doit d'ailleurs son nom aux flèches du blason de la famille Rothschild. Bon Malbec dont la bouche sphérique, généreusement fruitée, est fort charmeuse. Les amateurs du genre apprécieront ce vin, de toute évidence conçu pour plaire. À boire entre 2013 et 2016. ★★★ ②

LURTON, FRANÇOIS

Jacques et François Lurton ont mis fin à la plupart de leurs partenariats en 2007. À Mendoza, François continue de produire des vins techniquement impeccables et façonnés pour plaire à un large public.

Malbec 2010, Réserve, Bodega Piedra Negra, Mendoza
(10395034) 17,45$
Tout en souplesse et en rondeur, ce vin m'a semblé particulièrement aromatique cette année avec des parfums exubérants de fruit mûrs, de fleur et d'épices qui évoquent presque la syrah. Dodu, chaleureux et assez persistant. ★★★→? ③

Cabernet sauvignon 2008, Gran Lurton, Réserve, Mendoza
(11375596) 22,95$
Bon Cabernet de confection moderne, un peu trop fabriqué et prévisible, mais assez corsé, généreux et enrichi par la barrique. ★★★ ②

Pinot gris 2012, Mendoza (556746) 15,45$
Modérément parfumé, léger et assez vineux; un caractère légèrement perlant ajoute à sa vitalité et à l'éclat de ses saveurs. ☆☆☆ ②

LE VIN DÉCORTIQUÉ

Les sulfites ont le dos large

Tous les vins contiennent des sulfites. Ils sont l'un des sous-produits générés naturellement et en faible quantité (généralement moins de 10 ml/l), lors de la fermentation des sucres du raisin par la levure.

En revanche, il arrive très souvent que l'on en ajoute afin de protéger le vin contre les infections bactériennes et l'oxydation. Une des particularités des sulfites est qu'en entrant en réaction avec l'oxygène et d'autres éléments chimiques, ils sont ingérés par le vin. Une fois ingérés, l'effet de conservation de ces sulfites sur le vin est minime, voire nul. Pour cette raison, la plupart des vignerons ajoutent une dose plus ou moins importante de sulfites au moment de la mise en bouteille, afin de protéger le vin pendant le transport.

Plusieurs personnes souffrant de maux de tête près avoir bu du vin blâment à tort les sulfites. Selon les estimations, seulement 1 % de la population serait sensible aux sulfites, qui occasionnent habituellement des problèmes d'ordre respiratoire ou digestif.

Pour savoir si vous faites une réaction aux sulfites, mangez un bol de fruits séchés; ceux-ci qui contiennent beaucoup plus de sulfites que le vin. Si vous ressentez un des effets indésirables énumérés ci-haut, vous êtes peut-être allergique aux sulfites. Dans le cas contraire, vous souffrez surtout de déshydratation. Buvez un grand verre d'eau, ça ira mieux ! – *B.Z.*

MAIPE

Cabernet sauvignon 2009, Reserve, Mendoza (11602883) 18,85 $
Belle interprétation du cépage cabernet à Mendoza. Structuré, dense et généreusement fruité, avec une finale passablement persistante aux parfums d'épices et de vanille. ★★★ ②

MASI TUPUNGATO

Le spécialiste italien du Ripasso de Vénétie, Sandro Boscaini, a exporté son savoir-faire outre-Atlantique pour produire le même genre de vin dans le secteur de Tupungato, au sud de Mendoza.

Malbec-Corvina 2010, Passo Doble, Mendoza (10395309) 16,80 $
Ce produit original résulte d'une double fermentation de malbec et de corvina, le cépage classique du Valpolicella. Dans la lignée des derniers millésimes, le 2010 est un bon vin riche en saveurs fruitées et épicées. Il est animé d'une juste acidité qui procure en bouche une impression à la fois fraîche et rassasiante. Un métissage original et bien tourné. ★★★ ②

Pinot grigio-Torrontes 2010, Passo Blanco, Tupungato (11097979) 14,95 $
Vin blanc sec, mince et banalisé par la technologie. ☆☆ ①

MENDEL

Bodega née d'un partenariat entre Anabelle Sielecki et Roberto de la Mota, l'œnologue vedette argentin qui a notamment travaillé chez Terrazas de los Andes.

Unus 2007, Mendoza (11143509) 37,75 $
Issu d'un assemblage de malbec et de cabernet sauvignon élevés pendant 16 mois en fûts de chêne français, le 2007 est un franc succès sur le thème de l'équilibre et de la puissance contenue. Robuste et très relevé par son relief tannique. Encore jeune, dense et nerveux, il devrait être à son apogée vers 2016, au moins. ★★★→? ③

Semillon 2011, Luján de Cuyo (11634818) 21,70 $
Curiosité intéressante produite à 1100 m d'altitude, dans les hauteurs de la vallée de Uco et issue de vignes de sémillon âgées de 70 ans. Très frais en bouche ; du fruit, du relief et des saveurs franches, mais délicates, agrémentées de touches miellées, typique du cépage sémillon. Équilibré et très satisfaisant à ce prix. Un peu plus de longueur et c'était quatre étoiles. ☆☆☆ ②

MONTEVIEJO

L'une des sept *bodegas* impliquées dans le projet du Clos de los Siete. À sa barre, la Bordelaise Catherine Péré-Vergé, qui est aussi propriétaire de deux vignobles à Pomerol et Lalande de Pomerol.

Monteviejo 2007, Valle de Uco (11625719) 35,50 $
Goûté plus tôt cette année, le premier vin du domaine ne m'avait pas fait très bonne impression. En août dernier, les arômes boisés primaires avaient toutefois fait place à de jolies nuances aromatiques et le vin avait gagné en finesse. À boire dès maintenant et au cours des cinq prochaines années. ★★★→? ②

NORTON

Malbec 2009, Barrel Select, Mendoza (860429) 14,45 $
La constance qualitative de ce Malbec élevé en fûts de chêne mérite d'être signalée. Du corps, une saine fraicheur, de bons goûts de fruits noirs et une finale originale aux accents floraux. À ce prix, rien à redire. Bravo! ★★★ ② ✻

SANTA ANA

Cette vieille propriété familiale de Mendoza produit des vins de facture moderne.

Cabernet sauvignon 2009, La Mascota, Mendoza (10895565) 16,65 $
Très bon Cabernet passablement charnu, mûr et nourri par l'apport de bois de chêne français et américain. On peut le boire jeune pour profiter de son charme juvénile, mais il pourrait continuer de s'épanouir jusqu'en 2016. ★★★ ② ✻

LE SAVIEZ VOUS ?

La vigne a soif

Sans irrigation, une bonne partie des vignobles argentins ne serait que zones désertiques. Le climat sec limite les maladies fongiques et le phylloxera est rare. Les plus grands facteurs de risque pour la vigne sont un vent violent (le *zonda*) et la grêle. – *V.R.*

TERRAZAS DE LOS ANDES

La maison champenoise Moët & Chandon est établie depuis fort longtemps en Argentine, où elle produit de bons vins mousseux sous l'étiquette Bodegas Chandon. En 1999, elle a créé un projet ambitieux dans le secteur de Lujan de Cuyo, à une vingtaine de kilomètres au sud de la ville de Mendoza.

Malbec 2008, Reserva, Mendoza (10399297) 19,95 $
Commenté dans *Le guide du vin 2012*, le 2008 m'a laissé une impression moins favorable lorsque goûté de nouveau cette année. Très jeune et enveloppé d'une matière fruitée généreuse, toujours un peu marqué par un élevage prolongé en fûts de chêne français et américain, qui masque un peu l'expression aromatique du Malbec. Néanmoins, ce vin riche et tout à fait rassasiant donnera certainement pleine satisfaction à l'amateur du genre. À boire dès maintenant et au cours des trois prochaines années. ★★★ ② ▼

À TABLE AVEC LE...

Malbec

Le vin de toutes les grillades. Comme en Argentine, tout y passe : bœuf, agneau, porc et abats, bien grillés et salés. Le vin ne craint pas les épices comme le *chimichurri* traditionnel accompagnant les grillades, un *chili con carne*, ou un couscous aux merguez ; ni les accents sucrés dans les plats de viande comme les fruits frais (mûres, cassis et particulièrement bleuets s'y prêtent bien), les fruits secs (figues, dattes) ou les sauces (sauce barbecue, sauce au Porto, au balsamique).

Les Malbec plus modestes sont des vins idéaux pour les plats sans-façon : cuisine tex-mex, hamburgers maison, ailes de poulet, pizza... - *V.R.*

TOSO, PASCUAL

Malbec 2010, Édition Limitée (11676111) 17,30 $
Une bonne note pour ce Malbec passablement étoffé aux bons goûts de fruits noirs, ponctués de notes d'épices. Une structure tannique assez serrée et une finale franche. ★★★ ② ©

TRAPICHE

Viña Domingo F. Samiento 2007, Mendoza (11602816) 40,75 $
Déjà bien connue chez nous pour ces vins courants, la maison Trapiche élabore aussi cette cuvée haut de gamme de Malbec, issue des trois meilleurs vignobles de la propriété. Passablement charnu, de la tenue, des saveurs riches et volumineuse. Ni trop boisé ni trop concentré, mais l'ensemble manque tout de même de profondeur pour justifier un tel prix. ★★★ ②

Malbec 2010, Broquel, Mendoza (10318160) 17,20 $
Très bon vin de malbec auquel un élevage prolongé en fûts de chêne français et américain donne une allure un peu internationale. Dodu, bien en chair et tout à fait rassasiant, à défaut d'originalité. ★★★ ②

Pinot noir 2011, Reserve, Mendoza (10669533) 15,05 $
Bon vin souple et fruité ; une belle expression variétale du pinot noir. ★★ ②

Malbec 2010, Fût de Chêne, Reserve, Lujan de Cuyo (430611) 14,70 $
Toujours fiable et vendu sous la barre de 15 $, un bon Malbec charnu, droit et franc de goût. ★★ ②

Trois autres vins de ce producteur ★★ et ☆☆ ©

Chardonnay 2010, Reserve, Fût de Chêne, Mendoza (11133001) 14,70 $
Malbec 2011, Mendoza (501551) 11,05 $
Syrah 2010, Reserve, Mendoza (10893341) 15,05 $

TRIVENTO

Depuis 1996, le géant chilien Concha y Toro a développé un grand vignoble dans Mendoza.

Amado Sur 2010, Mendoza (11769261) 17,95$
Bon vin de malbec, auquel une petite proportion de bonarda et de syrah apporte un supplément de vitalité, de tonus et d'éclat fruité. Moins intense et concentré que d'autres, mais il compense par sa fraîcheur et son caractère digeste. À servir frais autour de 15 °C, au cours des trois prochaines années. ★★★ ② ❈

VIÑA COBOS

Bramare 2009, Luján de Cuyo (11602841) 40$
L'œnologue américain Paul Hobbs est passé maître dans l'art de confectionner des vins puissants qui ont l'heur de se faire remarquer dans les concours. Sans surprise, son Bramare séduit par sa texture sphérique et ses parfums vanillés, attribuables à l'élevage. Pas lourd ni épais, mais moderne dans le sens un peu facile du terme. ★★→? ②

Chardonnay 2010, Felino, Mendoza (11625727) 20,35$
Aucune envie de boire ce Chardonnay technologique, rond et pâteux, dont les parfums évoquent le sucre vanillé. ☆ ②

ZUCCARDI

Malbec Q 2010, Mendoza (11218460) 20,90$
Bel exemple de Malbec de confection moderne, bien élaboré et misant avant tout sur la générosité et la puissance, sans excès. Un usage mesuré de la barrique ajoute à son ampleur en bouche et à son pouvoir de séduction. ★★★ ②

Cabernet-Malbec 2010, Serie A, Mendoza (11676161) 16,95$
Juteux, presque sucré et taillé d'un seul bloc. ★★ ②

Chardonnay-Viognier, Série A, Mendoza (516443) 14,95$
Vin blanc technologique, parfumé, sans plus. ☆☆ ②

D'autres vins de qualité moyenne ★★ et ☆☆

ALMA NEGRA **M Blend 2008, Mendoza** (11156895) 20$

DOÑA PAULA
Malbec 2011, Estate, Mendoza (10692143) 17,20$
Malbec 2011, Los Cardos, Luyan de Cuyo, Mendoza (10893914) 14,30$

GRAFFIGNA
Malbec 2010, Centenario, Reserve, Mendoza (11557453) 13,95$ Ⓒ
Shiraz 2010, Centenario, Reserve (11675505) 13,95$ Ⓒ
Pinot grigio 2011, Centenario, Reserve (11557445) 13,95$ Ⓒ

MARCUS JAMES **Tempranillo 2011, Mendoza** (10398374) 9,95$ Ⓒ

NIETO SENETINER **Malbec 2011, Reserva, Mendoza** (10669883) 14,50$ Ⓒ

PIRCAS NEGRAS **Malbec 2011, Famatina Valley** (11155972) 16,30$

TORINO, MICHEL **Syrah 2011, Reserve, Don David, Cafayate** (10894431) 16,40$

HÉMISPHÈRE SUD
URUGUAY

L'URUGUAY EN QUELQUES CHIFFRES

80 % des propriétés viticoles uruguayennes s'étendent en moyenne sur 5 hectares; leur production est généralement acheminée aux caves coopératives.

URUGUAY

Le cabernet sauvignon, le merlot et la syrah sont bien implantés, mais c'est surtout le tannat – le cépage de Madiran, dans le sud-ouest de la France – qui est le fer de lance de la viticulture uruguayenne.

L'Uruguay joue un rôle mineur dans la production vinicole sud-américaine si on le compare au Chili et à l'Argentine. Cependant, une viticulture plus soignée, des rendements mieux maîtrisés et l'apport de la technologie lui permettent d'élaborer des vins de qualité parfois comparable aux meilleurs vins des pays voisins.

DON ADELIO ARIANO

Tannat 2006, Reserve Oak Barrel (10746527) 15,30 $
Les amateurs de vins qui aiment sortir des sentiers battus seront sans doute séduits par l'allure un peu rustique de ce Tannat maintenant ouvert et à point. L'attaque en bouche est à la fois mûre et nerveuse, et le vin ne manque pas de caractère, avec ses tonalités animales, sans que cela ne soit désagréable. Un peu bancal, mais original. ★★★ ②

DON PASCUAL

Tannat 2011, Reserve, Juanico (10299122) 12,55 $
De nouveau une expression modeste, mais tout à fait rassasiante du cépage tannat. Des saveurs de fruits noirs et d'épices, une agréable tenue en bouche et un bon sens des proportions. Très bon achat à ce prix. ★★★ ② ✻

Shiraz-Tannat 2011, Reserve, Juanico (10748371) 12,75 $
Les vertus complémentaires du tannat et de la syrah donnent un vin fort bien équilibré, avec tout le fruit souhaité, agrémenté de délicates notes fumées. ★★★ ②

IRURTIA

Sauvignon blanc 2010, Valle de Carmelo (10295797) 13,30 $
Vin blanc simple, coulant, facile à boire avec des saveurs délicates de fruits tropicaux. Tout à fait correct pour le prix. ☆☆ ①

Gewurztraminer 2011, Valle de Carmelo (10816951) 13,65 $
Sans avoir l'intensité des bons «Gewurz» alsaciens, ce vin plaira à l'amateur du genre par ses parfums typiques de rose et de fleurs sauvages. ☆☆ ①

JUAN CARRAU

Tannat de Reserva 2011, Castel Pujol, Las Violetas (10293847) 15,05 $
Loin d'être une autre bombe de fruit, taillée pour séduire un vaste public, ce Tannat affiche un profil classique fait de fermeté, d'angles tanniques - sans dureté - et de vivacité. L'amateur de bon vin de facture classique appréciera la droiture de ce très bon 2011. Un bon accompagnement pour une viande saignante. ★★★ ② ✻

Tannat 2007, Amat, Cerro Chapeu (10293978) 21,85 $
Nourri par un élevage en fûts de chêne français et américain qui l'agrémente d'arômes fumés. Texture suave et souple ; finale chaleureuse. ★★★ ②

1752 Gran Tradicion 2009, Cerro Chapeu (439331) 14,70 $
Toujours recommandable sous la barre des 15 $, cet assemblage de cabernet sauvignon, de tannat et de cabernet franc est particulièrement savoureux cette année. Souple, constitué de tanins mûrs et équilibré. Servir autour de 15 ou 16 °C. ★★★ ② ✻

HÉMISPHÈRE SUD
AFRIQUE DU SUD

L'AFRIQUE DU SUD EN QUELQUES CHIFFRES

Avec une production d'environ 10 millions d'hectolitres par année, l'Afrique du Sud se dispute le 8e rang avec le Chili. Les cépages rouges représentent 44 %; les cépages blancs 56 %, dont un peu moins du tiers est du chenin.

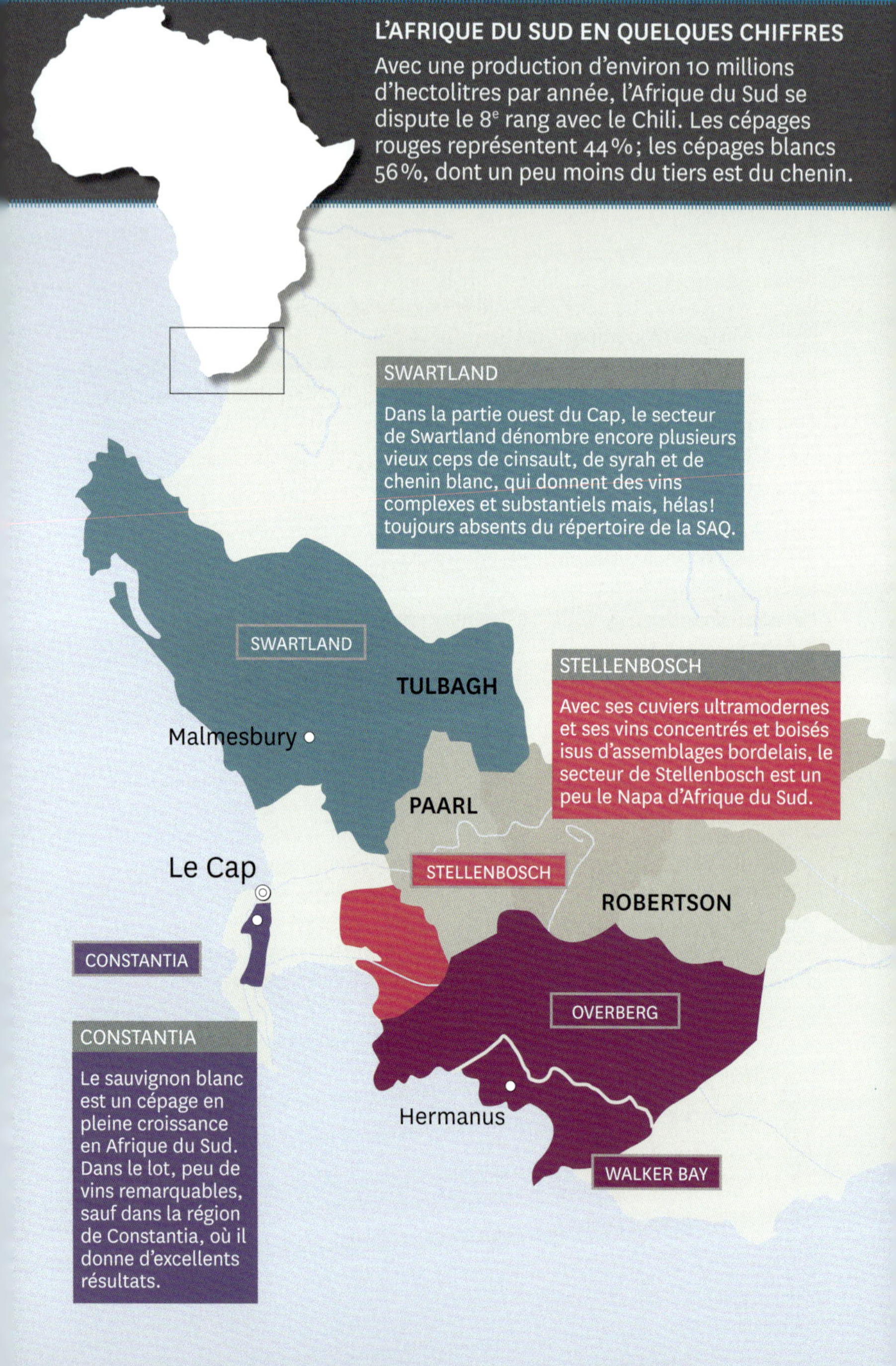

SWARTLAND

Dans la partie ouest du Cap, le secteur de Swartland dénombre encore plusieurs vieux ceps de cinsault, de syrah et de chenin blanc, qui donnent des vins complexes et substantiels mais, hélas! toujours absents du répertoire de la SAQ.

STELLENBOSCH

Avec ses cuviers ultramodernes et ses vins concentrés et boisés issus d'assemblages bordelais, le secteur de Stellenbosch est un peu le Napa d'Afrique du Sud.

CONSTANTIA

Le sauvignon blanc est un cépage en pleine croissance en Afrique du Sud. Dans le lot, peu de vins remarquables, sauf dans la région de Constantia, où il donne d'excellents résultats.

Depuis le milieu des années 1990, avec la fin de l'apartheid et la tombée des sanctions économiques, les ventes outre-mer sont passées d'un faible 22 millions à près de 360 millions de litres en 2011.

Longtemps méconnus chez nous en raison de l'étroitesse de la gamme offerte, les vins d'Afrique du Sud occupent une place croissante dans les succursales de notre monopole avec plus de 150 vins inscrits au répertoire. Dans le lot, quelques très bonnes bouteilles, mais aussi une pléiade de vins à saveur commerciale qui donnent aux consommateurs québécois une impression peu révélatrice du potentiel du Cap.

Gardons espoir et souhaitons que de grands noms comme Sadie, Scali, Badenhorst, Lammershoek, Reyneke, Kanonkop et Beyerskloof trouvent bientôt place sur les tablettes de la SAQ...

DES PRODUCTEURS À RETENIR

Boekenhoutskloof, De Toren, De Trafford, Fairview, Glenelly, Joubert-Tradauw, Kanonkop, Klein Constantia, Lammershoek, Meerlust, Raka, Reineke, Sadie Family, Scali, Thelema Mountain Vineyard, Tokara, Vergelegen

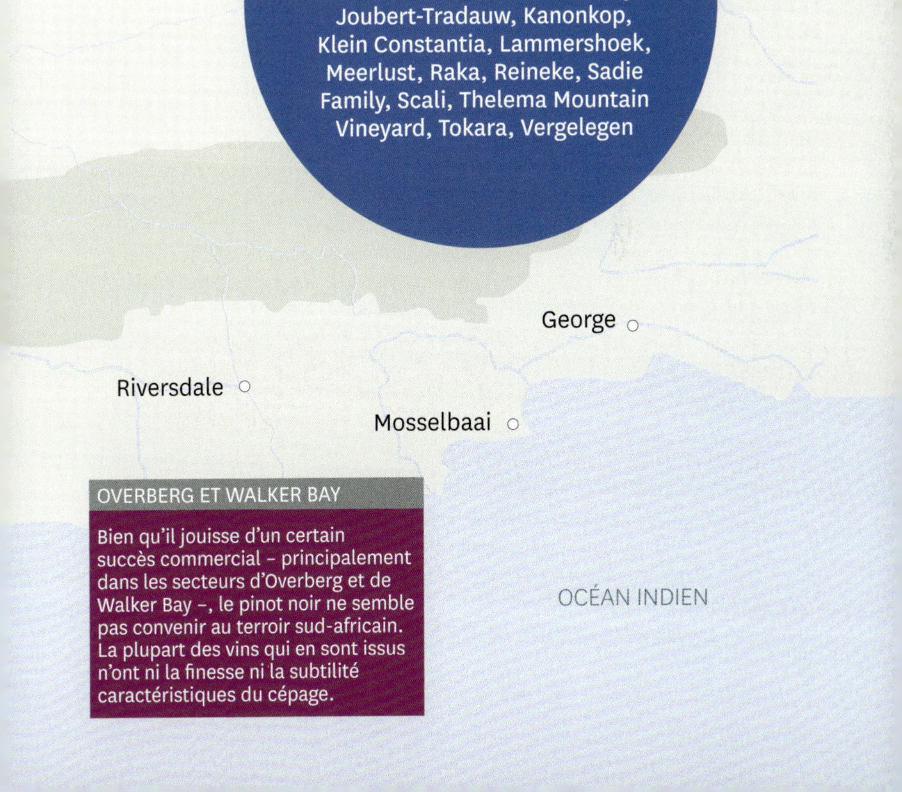

OVERBERG ET WALKER BAY

Bien qu'il jouisse d'un certain succès commercial – principalement dans les secteurs d'Overberg et de Walker Bay –, le pinot noir ne semble pas convenir au terroir sud-africain. La plupart des vins qui en sont issus n'ont ni la finesse ni la subtilité caractéristiques du cépage.

BOEKENHOUTSKLOOF

Aussi propriétaire de la marque Porcupine Ridge, cette *winery* de Franschhoek est tenue par l'œnologue Mark Kent, qui en assure le succès depuis bientôt 15 ans.

The Chocolate Block 2010, Western Cape
(10703412) 40$ **|** (11634797) 90$ – 1,5 litre
Un vin plantureux que l'auteur sud-africain John Platter a jadis qualifié de «délice d'hédoniste». Avec raison puisqu'il possède un pouvoir de séduction certain tant par son relief fruité, agrémenté d'accents fumés, que par son grain charnu et chaleureux, qui tapisse la bouche et donne l'impression de mordre dans une grappe bien mûre. Il pourrait continuer de s'épanouir jusqu'en 2016. ★★★→? ②

D'autres vins sous la marque Porcupine Ridge ★★ et ☆☆

Syrah 2010, Porcupine Ridge, Swartland (10678510) 17,15$ ©
Sauvignon blanc 2011, Coastal Region (592881) 14,35$

BON CAP

Syrah-Cabernet sauvignon 2010, Les Ruines, Eilandia (10985843) 16,45$
S'il est un peu moins original que le Pinotage de la même gamme, ce bon vin goûteux et correctement fruité est animé d'un léger reste de gaz, qui accentue sa vigueur et rehausse ses notes fumées. À boire jeune et frais. ★★★ ②

BOSCHENDAL

Chardonnay 2010, Coastal Region (935833) 16,90$
Créée par des huguenots en 1685, le long des pentes de la montagne de Groot Drakenstein, cette vaste propriété est l'un des plus vieux domaines viticoles du secteur de Franschhoek. Bien qu'il ne soit pas spécialement distinctif, ce Chardonnay assez gras et boisé affiche une qualité constante depuis une dizaine d'années. ☆☆☆ ②

BOUCHARD-FINLAYSON

Sauvignon blanc 2010, Walker Bay (11605849) 21,95$
La célèbre *winery* d'Hermanus n'appartient plus à la famille bourguignonne Bouchard, ni à Peter Finlayson, qui continue néanmoins de superviser l'élaboration des vins. Le cépage sauvignon blanc connaît une popularité croissante en Afrique du Sud, mais la qualité des vins qu'on en tire demeure hétérogène. Celui-ci laisse en bouche une impression de sucrosité qui, conjuguée à la nature aromatique du cépage, lui donne une allure un peu rudimentaire. ☆☆→? ②

À TABLE AVEC LE...

Chenin

Les Chenin blanc d'Afrique du Sud ont un style unique, rappelant étrangement ceux de la Loire bien mûrs, mais aussi certains vins blancs du Midi. Les plus modestes sont légers et très frais, mais les plus sérieux sont riches et texturés. Ils accompagneront une cuisine qui l'est tout autant: poisson, fruits de mer, volaille, viandes blanches avec de sauces crémeuses, risotto, saveurs de fruits jaunes, de champignons, d'amande. – *V.R.*

CLUVER, PAUL

Pinot noir 2009, Elgin (11379773) 29,10 $
La famille Cluver veille depuis 1896 sur cette propriété située dans la région fraîche de Elgin, environ 70 km au sud-est de Cape Town. Des notes fumées et une attaque en bouche passablement solide donnent à ce Pinot noir, encore très jeune, une allure costaude et un peu rustique. On appréciera néanmoins son toucher de bouche suave et sa finale persistante relevée de parfums d'épices. À boire entre 2013 et 2016. ★★★→? ②

DE MORGENZON

Chenin blanc 2010, Reserve, Stellenbosch (11631895) 25,25 $
Des vignes de chenin blanc âgées d'une trentaine d'années et soumises à de faibles rendements ne sont sans doute pas étrangères à la tenue de bouche et à l'opulence de ce vin. Très bien en son genre ; vif, sec et passablement boisé, sans excès. L'acidité propre au cépage rehausse les arômes de fruits blancs très mûrs et laisse en bouche une impression fort rassasiante. Original ! ☆☆☆ ②

DE TOREN

Z 2009, Stellenbosch (10704837) 26,55 $
Inspiré par les vins de la rive droite de Bordeaux de par sa constitution de merlot, de cabernet franc et de cabernet sauvignon, le Z offre en bouche une droiture tannique appréciable, bien enrobée par un fruit mûr, avec des notes fumées typiques. Charnu et sphérique ; À boire maintenant et d'ici 2016. ★★★→? ③

DE TRAFFORD

Sijnn, 2008, Swellendam (11447473) 32,25 $
Sous la marque Sijnn, David Trafford commercialise des vins issus de jeunes vignes provenant du secteur maritime de Malgas, environ 250 km à l'est du Cap. Fruit d'un assemblage hétéroclite de syrah, de mourvèdre, de touriga nacional et de trincadeira, ce vin permettra peut-être à quelques amateurs de se réconcilier avec les vins sud-africains. Peu ou pas d'arômes fumés, mais une attaque en bouche franche, des saveurs gourmandes de fruit noir et d'épices qui évoquent certains vins portugais et une fermeté tannique, sans dureté. Très original ! Un peu timide à l'ouverture, il se révèle davantage après une heure en carafe. ★★★★ ③

Chenin blanc 2011, Stellenbosch (11659273) 32,50 $
Un peu moins d'enthousiasme pour ce vin blanc sec, pourtant fort attrayant au nez avec ses riches parfums d'ananas confits. Hélas ! la bouche est un peu bancale et diffuse, avec une attaque chaleureuse, des saveurs floues et une finale un peu brouillon, du moins pour le moment… ☆☆→? ③

Chenin blanc 2009, Straw wine, Stellenbosch (11650121) 40 $ – 375 ml
Très bon vin issu de raisins mis à déshydrater sur un lit de paille ; ce qui lui vaut sa couleur dorée, sa consistance quasi sirupeuse (265 g/l de sucre) et son opulence aromatique. Une friandise liquide à consommer en dose homéopathique avec un plaisir coupable, mais fort agréable. ☆☆☆→? ③

À TABLE AVEC LE...

Pinotage
Création sud-africaine, le Pinotage ne ressemble à rien d'autre. Ses arômes très marqués par des notes de fumée et de torréfaction, en font un partenaire intéressant pour les plats où ce même type de saveurs est très présent: fumée, grillé, cacao, café. Son caractère mûr lui permet aussi de tenir tête à des saveurs modérément sucrées (sauce barbecue) ou épicées. – *V.R.*

DORNIER

The Pirate of Cocoa Hill 2009, Western Cape (10679361) 14,95$
Arrivés en Afrique du Sud en 1995, la famille Dornier – constructeur aéronautique de renom en Allemagne – a développé ce très vaste domaine de Stellenbosch. Fruit d'un assemblage de cabernet sauvignon, de merlot, de shiraz et de cabernet franc, ce vin rouge commenté l'an dernier charme toujours par son attaque mûre, nourrie de bons goûts de fruits, sur un fond délicatement fumé et tonifié par un reste de gaz. ★★★ ② ❄

ERNIE ELS

Le golfeur de renommée internationale Ernie Els et son ami Jean Engelbrecht, jadis à l'emploi de la célèbre cave Rust en Vrede, se sont associés pour créer cette marque.

Proprietor's Blend 2008, Stellenbosch (11130265) 31,25$
Fruit d'un assemblage de cépages bordelais et de syrah, cette cuvée élevée en fûts de chêne s'impose davantage par sa concentration et par la générosité de sa chair et de son fruit. Assez bien élaboré, sans excès, mais sans surprise... ★★★ ②

Guardian Peak Frontier 2010, Western Cape (11379837) 15,55$
Cabernet sauvignon, shiraz et merlot, issus des secteurs de Stellenbosch et d'Elgin (4%), donnent un vin riche, avec des accents fumés, du volume en bouche et une belle matière fruitée. Rien de bien complexe, mais tout à fait recommandable à ce prix. ★★★ ②

FAIRVIEW

Fondé en 1693, ce domaine appartient depuis 1937 à la famille Back, un grand nom de la viticulture sud-africaine. Charles Back produit des vins puissants, mais assez bien proportionnés.

Pinotage 2009, Paarl (10678481) 18$
Bon Pinotage de facture moderne, à la fois copieusement enrobé d'une masse fruitée et nourri par un apport boisé qui ajoute à sa tenue en bouche. Juste assez rustique et rehaussé de tonalités fumées typiquement sud-africaines. Servir autour de 15 °C. ★★★ ② ▼

Goats du Roam, Goat-Roti 2009, Coastal Region (10440691) 22,35$
En clin d'œil aux vins de la vallée du Rhône, le viticulteur Charles Back (Fairview) a lancé cette série en 1999. La cuvée Goat-Roti fait évidemment référence au plus septentrional des crus de la région, tant par son nom que par sa composition de syrah et de viognier. Bien que j'ai peu d'affinités avec ce style de vin, je dois reconnaître qu'il ne manque pas de charme. Dans un registre moderne, un bon rouge chaleureux, ample, savoureux et ponctué d'accents fumés. À boire entre 2013 et 2017. ★★★ ②

À TABLE AVEC LE...

Sauvignon blanc

Les meilleurs Sauvignon blanc sud-africains sont issus de climat frais et se situent stylistiquement à mi-chemin entre le Vieux et le Nouveau monde. À harmoniser à table comme des Sauvignon de Loire issus de millésimes chauds. – *V.R.*

GLENELLY

En 2003, à l'âge vénérable de 79 ans, May-Éliane de Lencquesaing, ex-propriétaire du Château Pichon Longueville Comtesse de Lalande, a acquis ce domaine historique dans les hauteurs de Simonsberg, dans l'appellation Stellenbosch.

Shiraz-Cabernet sauvignon-Merlot 2007, Grand Vin, Western Cape (11605785) 25,05 $

Pourtant composé à 47 % de syrah, complété de variétés bordelaises, le grand vin de la propriété adopte des airs de bon *claret* avec sa texture tannique serrée, très droite et sa longue finale relevée de parfums de tabac, de cèdre et de fumée. Encore jeune et concentré. Pour en profiter pleinement, mieux vaut l'aérer en carafe une heure avant de servir. À boire entre 2013 et 2017. ★★★★ ③ ♁

KLEIN CONSTANTIA

Sauvignon blanc 2011, Constantia (504183) 20,05 $

En reprenant ce domaine historique en 1980, la famille Jooste a fait revivre le légendaire vin de Constance, un affriolant Muscat dont raffolaient les riches et les puissants d'Europe aux XVIIIe et XIXe siècles, jusqu'à ce que le phylloxéra mette fin à sa production. On y élabore aussi un très bon vin blanc sec, auquel une petite proportion de sémillon apporte un supplément de vinosité. À retenir parmi les meilleurs vins blancs d'Afrique du Sud offerts à la SAQ. Pas d'arômes boisé, mais des saveurs précises d'agrumes et une finale minérale cristalline, hautement désaltérante. Excellent! ☆☆☆☆ ② ✻

À TABLE AVEC LE...

Cabernet

Les Cabernet sud-africains sont aussi marqués des arômes soutenus de fumée, et un boisé souvent bien affirmé. Il vaut mieux alors leur réserver les viandes les plus goûteuses, et les préparations où les notes de fumée ou de grillé sont bien en évidence. Pensez non seulement au gril pour la cuisson des viandes, mais aussi aux saveurs apportées par des viandes fumées, par du bacon, ou des légumes grillés au feu de bois. – *V.R.*

LE BONHEUR

Un domaine réputé d'Afrique du Sud dont les origines remontent à la fin du XVIIIe siècle.

Cabernet sauvignon 2009, Simonsberg-Stellenbosch (710731) 26,50 $
Très bon Cabernet sud-africain, de forme quasi bordelaise; c'est-à-dire ferme, mais sans dureté et sans l'onctuosité excessive qui caractérise souvent les vins rouges du Cap. À défaut de profondeur, on apprécie son cadre tannique serré et sa finale franche. À boire dès maintenant. ★★★ ②

Chardonnay 2011, Stellenbosch (710780) 16,50 $
Sans sortir vraiment de l'ordinaire, ce bon Chardonnay d'envergure moyenne, mais assez vineux, est nourri par un élevage en fûts qui l'agrémente par ailleurs de jolis parfums d'épices. ☆☆☆ ②

MAN VINTNERS

Cabernet sauvignon 2010, Coastal Region (10802832) 13,95 $
Bien que modeste, ce Cabernet procure un certain plaisir par sa présence en bouche chaleureuse et ses goûts de fruits noirs, sur un fond de cannelle. Encore meilleur s'il est servi frais autour de 14-15 °C. ★★★ ② ✻ Ⓒ

MURATIE

Ansela Van de Caab 2008, Stellenbosch (11305889) 26,15 $
Cette cuvée de merlot, de cabernet sauvignon et de cabernet franc est le porte-étendard de ce domaine familial situé dans la vallée de Knorhoek Valley, au nord de Stellenbosch. Un vin très complet, à la fois nourri, quasi sucré tant le fruit est mûr, mais soutenu par un solide cadre tannique. Encore un peu timide, mais il gagnera en nuances d'ici 2016. ★★★→? ③

OLDENBURG

Cabernet franc 2009, Stellenbosch (11631908) 39 $
Rares sont les vins du Nouveau Monde issus exclusivement de cabernet franc. Une bonne raison de plus pour souligner l'arrivée de ce vin sur le marché québécois. Une texture fine et soyeuse, pas autant de structure et d'éclat aromatique que d'autres, mais il compense par sa franchise de goût, sa finale racée aux saveurs délicates de fruit noir et de fleurs, ponctuées de notes de graphite. À boire entre 2013 et 2017. ★★★→? ③

ROBERTSON

Loin à l'intérieur des terres, Robertson Winery produit une gamme complète de vins.

Shiraz 2009, N° 1 Constitution Road, Robertson (10703332) 29,50 $
Leur porte-drapeau, nommé ainsi selon leur adresse, profite d'un élevage de 25 mois en fûts de chêne français et américain. Un vin mûr et bien nourri, qui m'a laissé une certaine impression de mollesse cette année. Solidement constitué et arrondi par un élevage en barrique, mais un peu à court de tonus. ★★→? ②

Shiraz 2007, Wolfkloof, Robertson (10649111) 19,80 $
Gros vin très fruité, joufflu, tannique et sentant le raisin confit; sa finale capiteuse (15 % d'alcool) lui donne une allure rustique. ★★→? ②

Shiraz 2010, Robertson (586149) 13,70 $
Moins avantageux que le Chapel Red, mais néanmoins un bon Shiraz d'envergure moyenne, offert à prix juste. ★★ ② Ⓒ

Chapel Red, Robertson (10845568) 10,05 $
Bon vin non millésimé, suffisamment fruité, souple et agréable à boire. Tout à fait recommandable à ce prix. ★★ ② ✻ Ⓒ

Chenin blanc 2011, Robertson (10754228) 10,05 $
Au répertoire général et à prix d'aubaine, on trouve aussi ce bon vin blanc sec, nerveux et modérément aromatique. Très bon achat! ☆☆☆ ② ✻ Ⓒ

SPICE ROUTE

Chakalaka 2009, Swartland, Charles Back (11385452) 26,55 $
En 1997, Charles Back (Fairview) a également acquis cette belle propriété dans le secteur recherché de Swartland, au nord-ouest de Paarl. Son Chakalaka est un peu moins marqué par les parfums *toastés* de la barrique cette année, ce qui permet d'apprécier l'expression fruitée des cépages syrah, mourvèdre, carignan, petite sirah, grenache et tannat. Équilibré, assez structuré et apte à se développer au cours des cinq prochaines années. ★★★→? ②

VERGELEGEN

Propriété anglo-américaine, ce somptueux domaine de Stellenbosch, fondé en 1685, est dirigé par André van Rensburg, une grande figure de la viticulture sud-africaine.

Vergelegen 2005, Stellenbosch (11379845) 61 $
Le vin provient exclusivement du terroir de Rondekop, un vignoble situé à environ 300 m d'altitude et cultivé sans irrigation. Maintenant ouvert, comme en témoignent ses tanins fondus et sa finale chaleureuse aux accents de sous-bois et de champignon, ce vin déjà âgé de 7 ans a encore passablement de mâche et de chair fruitée en réserve. Corsé, mais aucune dureté. À boire sans se presser jusqu'en 2017. ★★★→? ③

Cabernet-Merlot 2009, Western Cape (10678472) 19,80 $
Plus modeste, mais néanmoins élaboré avec un souci manifeste d'équilibre, un très bon vin à la fois charnu, velouté, riche en saveurs de fruits noirs sur un fond copieusement fumé. À boire entre 2013 et 2018. ★★★ ③

D'autres vins de qualité moyenne ★★ et ☆☆

BRAMPTON
OVR 2010, Western Cape (10678528) 15,35 $
Sauvignon blanc 2012, Rustenberg, Western Cape 2010 (11155104) 14,95 $
Shiraz 2009, Rustenberg, Coastal Region (10678341) 18,75 $

FLEUR DU CAP **Cabernet sauvignon 2010, Western Cape** (969097) 15,95 $ Ⓒ
Chardonnay 2011, (340406) 14,65 $ Ⓒ

KUMALA
Merlot-Pinotage 2011, Western Cape (10489743) 11,45 $
Shiraz 2011 (10754236) 11,45 $ Ⓒ

MANOR HOUSE **Cabernet sauvignon 2009, Nederburg** (11676313) 16,95 $ Ⓒ

MOPAYA **Shiraz-Cabernet sauvignon 2010, Stellenbosch** (11315454) 14,95 $ Ⓒ

SAXENBURG **Guinea Fowl 2010, Stellenbosch** (10678026) 14,55 $

TWO OCEANS **Sauvignon blanc 2011, Western Cape** (10967303) 12,45 $

HÉMISPHÈRE SUD
AUSTRALIE

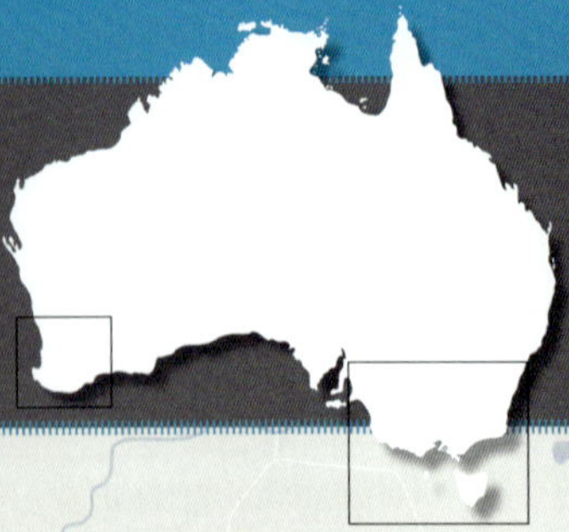

L'AUSTRALIE EN QUELQUES CHIFFRES

4e pays exportateur de vins

MARGARET RIVER

En Australie-Occidentale, les meilleurs Cabernet et assemblages bordelais de Margaret River ont déjà prouvé leur aptitude au vieillissement.

VALLÉE DE BAROSSA

La vallée de Barossa jouit d'une grande variété de sols et de climats qui sont certes, la source d'une marée de Shiraz riches et opulents, mais également de vins fins et élégants, dont d'excellents Riesling.

LE SAVIEZ-VOUS?

La tendance des Chardonnay moins boisés, plus purs et plus frais se confirme. On en trouve, entre autres, de très bons exemples dans les régions d'Adelaide Hills, de Margaret River, de Beechworth ou dans la baie de Port Phillip.

DES PRODUCTEURS À RETENIR

Bindi, Cullen, d'Arenberg, Dominique Portet, Dromana Estate, Frankland Estate, Galli Estate, Greenstone Vineyard, Howard Park, Kooyong, Mount Horrocks, Paul Osicka, Penfolds, Sandalford, Shaw and Smith, Tamar Ridge, Teusner, Tyrrell's, Yabby Lake Vineyard, Yalumba

L'Australie a percé sur les marchés étrangers avec de bons vins de facture commerciale, techniquement corrects, abordables et constants d'une année à l'autre. Malheureusement, à force de miser essentiellement sur la distribution de masse, les vins australiens ont fini par n'être perçus que comme des produits bon marché.

Il y a quelques années, conscients que les marques industrielles et les pratiques de prix planchers ne pouvaient représenter une stratégie viable à long terme, Wine Australia a entrepris un virage dans ses efforts de promotion, en misant davantage sur le régionalisme. L'Australie veut maintenant prouver au monde qu'elle a aussi de bons terroirs et des vignerons talentueux.

VALLÉE DE HUNTER

Le héros méconnu du pays est le Sémillon de la vallée de Hunter. Un vin à nul autre pareil, pesant rarement plus de 11 % d'alcool, qui acquiert avec l'âge une texture grasse et des arômes d'une complexité étonnante. Unique et incontestablement australien.

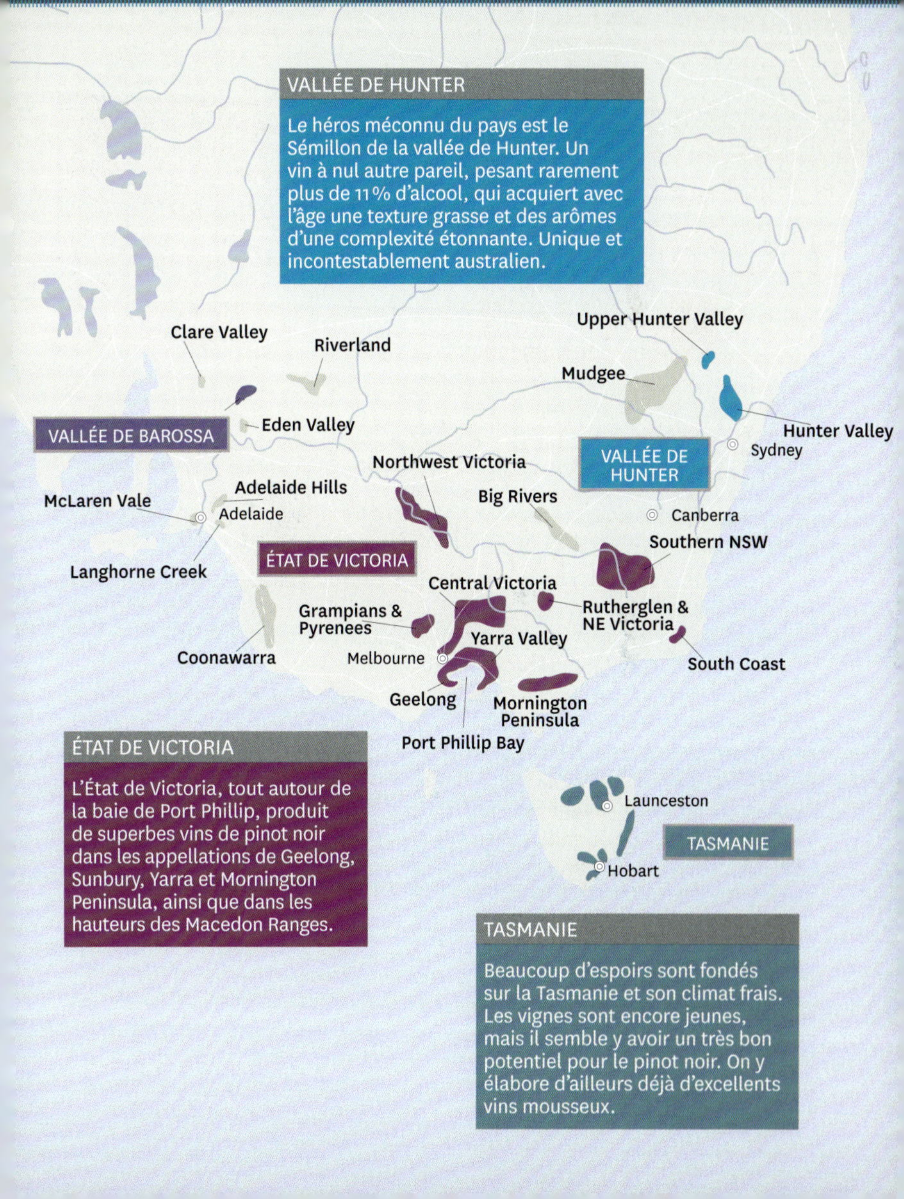

ÉTAT DE VICTORIA

L'État de Victoria, tout autour de la baie de Port Phillip, produit de superbes vins de pinot noir dans les appellations de Geelong, Sunbury, Yarra et Mornington Peninsula, ainsi que dans les hauteurs des Macedon Ranges.

TASMANIE

Beaucoup d'espoirs sont fondés sur la Tasmanie et son climat frais. Les vignes sont encore jeunes, mais il semble y avoir un très bon potentiel pour le pinot noir. On y élabore d'ailleurs déjà d'excellents vins mousseux.

BLACKJACK

Shiraz 2005, Block 6, Bendigo (11601709) 33,25$
L'appellation située dans l'État de Victoria jouit d'un climat tempéré qui permet généralement d'obtenir de bons vins à la fois amples et souples. Malgré cela, cette *winery* a plutôt choisi de produire un vin très concentré, presque épais, auquel la barrique apporte une rondeur superflue. ★★→? ③

CORIOLE VINEYARDS

Shiraz 2009, Redstone, McLaren Vale (10831300) 21,60$
Cet assemblage de syrah et de cabernet sauvignon (10%) a plus de caractère que la moyenne des vins de sa catégorie. Riche en saveurs de fruits noirs, à la fois mûr et soutenu par un bon cadre tannique. À boire d'ici 2015 pour apprécier son profil dodu et charmeur. ★★★ ②

À TABLE AVEC LE...

Cabernet sauvignon

Puissants et mûrs, avec un boisé vanillé, des notes médicinales (menthol, eucalyptus) et des tanins enrobés, les Cabernet sauvignon australiens accompagneront une cuisine aux saveurs aussi puissantes. Ils sont aussi tout indiqués pour des viandes en ragoût ou longuement braisées, ou avec des sauces à la confiture de fruits noirs. Ils ne craignent pas les épices aromatiques comme le girofle, l'anis étoilé ou la cannelle. – *V.R.*

CULLEN

Au cours des 40 dernières années, le domaine fondé par Kevin et Diana Cullen a grandement contribué à la renommée du secteur de Margaret River et de la viticulture en Australie-Occidentale. Arrivés durant l'année, mais malheureusement disparus des tablettes au moment d'écrire ces lignes, les deux vins suivants étaient exemplaires. Un nom à retenir pour le futur.

Diana Madeline 2009, Cabernet sauvignon-Merlot, Margaret River (11627520) 94$
Rares sont les vins rouges australiens qui distillent une telle race: 12,5% d'alcool, une attaque tannique franche qui rappelle certains vins du Sud-Ouest de la France, un superbe équilibre et une longue finale aux accents de cannelle. Bravo! ★★★★ ②

Sauvignon blanc-Sémillon 2010, Mangan, Margaret River (11627511) 33$
Ce vin tout en finesse et en subtilité marie harmonieusement la vitalité du sauvignon et l'onctuosité du sémillon. On appréciera sa finale rassasiante de fraîcheur, gorgée de bons goûts de miel. ☆☆☆☆ ②

D'ARENBERG

Au sud d'Adélaïde, Chester Osborn produit surtout des vins rouges musclés et chaleureux, mais aussi des vins blancs originaux et distinctifs.

Mourvèdre 2007, Twenty-Eight Road, McLaren Vale (10250804) 33,25$
Encore plus ouvert et charmeur que lorsque commenté l'an dernier, le 2007 n'a rien perdu de son fruit et de son étoffe tannique. De vieilles vignes de mourvèdre, cultivées en gobelet et parfaitement adaptées au terroir de McLaren Vale donnent un vin original et racé qui traduit bien le caractère strict du cépage. Déjà excellent et apte à vieillir jusqu'en 2017. ★★★★ ②

Shiraz 2008, The Dead Arm, McLaren Vale (728170) 55,50 $
Tout aussi imposant, avec des saveurs intenses de cerises confites et une attaque en bouche capiteuse, néanmoins soutenu par une charpente tannique assez solide. Un peu tiré à gros traits pour le moment ; à revoir dans quelques mois. ★★→? ③

The Galvo Garage 2008, McLaren Vale (11155876) 29,20 $
Sorte de Meritage australien (cabernet sauvignon, merlot, petit verdot et cabernet franc), ce vin s'affirme davantage par sa carrure et sa puissance, que par son sens du détail. À revoir dans cinq ans. ★★→? ③

Shiraz-Viognier 2008, The Laughing Magpie, McLaren Vale 2007 (10250855) 28,95 $
Lorsque dégusté l'an dernier, ce vin, fruit d'une recette traditionnellement utilisée en Côte Rôtie – syrah et viognier –, était animé d'une vivacité qui accentuait ses angles tanniques et son fini rustique. Il semble aujourd'hui plus complet, avec une attaque en bouche opulente, très parfumée et encadrée par des tanins assez fermes. Servir frais autour de 16 °C. ★★★→? ②

Pinot noir 2010, The Feral Fox, Adelaide Hills (11461128) 29,65 $
De nouveau un vin rustique animé d'un reste important de gaz qui rehausse ses parfums de caoutchouc brûlé. Vin de consistance moyenne, un peu sec, rustique et à court de chair. Correct, mais pas spécial. ★★ ②

The Stump Jump 2009, McLaren Vale (10748418) 16,95 $
Plus souple et plein de vitalité, ce bon vin courant séduit de nouveau par son attaque en bouche juteuse et pimpante. Pas de bois, mais du fruit à profusion et un bel équilibre d'ensemble. ★★★ ② ✻

Roussanne 2010, Money Spider, McLaren Vale (10748397) 21,95 $
Preuve que l'Australie peut donner d'excellents vins blancs frais, secs et distinctifs. Le 2010 semble un peu moins vineux que l'an dernier, mais il compense amplement par sa vigueur, sa vitalité et sa tenue de bouche. Un achat plus qu'avisé à ce prix. ☆☆☆☆ ② ✻

Viognier-Marsanne 2010, Hermit Crab, McLaren Vale (10829269) 20,20 $
Plus aromatique que le Money Spider, mais moins tonique, cet assemblage de variétés rhodaniennes s'inscrit dans la continuité des millésimes précédents. Original, constitué de raisins mûrs et animé d'un léger reste de gaz. ☆☆☆ ②

The Stump Jump blanc 2010, McLaren Vale (10748400) 17,45 $
Bon cocktail aromatique et perlant, qui conjugue les vertus complémentaires des cépages riesling, sauvignon blanc, marsanne et roussanne. Rafraîchissant et original. ☆☆☆ ②

À TABLE AVEC LES...

GSM

Les assemblages de grenache, de shiraz et de mourvèdre ont tout le fruit confituré des vins rouges australiens, avec une texture souple et juteuse. Ils peuvent eux aussi accompagner une cuisine où des fruits, des sauces, des épices, voire des piments, donnent des saveurs sucrées ou épicées. – *V.R.*

DEAKIN ESTATE

Shiraz 2010, Victoria (560821) 11,95 $
Deakin Estate est la gamme «grand public» de Katnook Estate. À prix d'aubaine, ce bon vin souple, juteux et modérément aromatique, mise avant tout sur l'expression fruitée de la syrah. Pas de bois, mais juste assez de chair et un bon équilibre. ★★★ ② ✳ Ⓒ

FRANKLAND ESTATE

Olmo's Reward 2008, Frankland River Region (10919221) 29,15 $
Arrivé à Frankland River au milieu des années 1950, le viticulteur américain Harold Olmo fut le premier à croire au potentiel vinicole de la région. Il y avait observé une grande similitude avec le climat bordelais. Ce n'est donc pas un hasard si cette cuvée lui rendant hommage résulte d'un assemblage de cabernet franc, de merlot, de malbec, de cabernet sauvignon et de petit verdot. Dans la lignée des deux derniers millésimes offerts à la SAQ, le 2008 privilégie de nouveau la finesse à la puissance, avec un grain tannique mûr et velouté et une pointe saline qui procure une sensation de fraîcheur en finale, malgré ses 14,3 % d'alcool. Rares sont les vins australiens qui en offrent autant à moins de 30 $. ★★★→★ ③

GREENSTONE VINEYARD

Shiraz 2007, Heathcote
(11601768) 33,50 $
À des lieues des Shiraz épais et confits qui abondent sur le marché, leur vin se distingue par sa forme épurée et distinguée, presque issue d'une autre époque. La couleur claire annonce un vin délicat et légèrement évolué, ponctué de saveurs de fumée, de cuir et de fleurs séchées, et soutenu par une saine acidité qui laisse la bouche fraîche et nette. Dépouillé et pourtant très complet. C'est du sérieux! ★★★★ ② ▼

GROSSET-HILL SMITH

Riesling 2010, Mesh, Eden Valley (11075930) 29,30 $
Dans l'esprit des bons Riesling australiens, un bon vin blanc sec, vigoureux, relativement léger en alcool (12,9 %) et relevé de bons goûts d'agrumes. Pas le plus expressif, mais désaltérant et facile à boire. ☆☆☆ ②

HOWARD PARK

Jeff Burch est une figure importante du paysage viticole de l'Australie-Occidentale.

Cabernet sauvignon 2009, Scotsdale, Great Southern Western Australia (11624716) 38 $
Un Cabernet de bonne facture dont la générosité, doublée d'une attaque en bouche franche et droite, ne laisse pas indifférent. Jeune et un peu fermé pour l'heure, mais son équilibre et sa finale nuancée aux tonalités de graphite semblent garants d'un assez bel avenir. À revoir dans 3 ou 4 ans. ★★★→? ③ Ⓢ

À TABLE AVEC LE...

Pinot noir

Les Pinot noir australiens ont un fruit bien mûr, mais souvent un peu moins de bois et une texture moins crémeuse que ceux de Californie. Souvent marqués par des arômes de sous-bois, ils font d'excellents partenaires pour les volailles rôties ou les poissons gras cuisinés avec des betteraves, des champignons, des légumes racines, des tomates. – *V.R.*

JACOB'S CREEK

Important succès de l'industrie vinicole australienne, la marque Jacob's Creek est connue dans tous les grands marchés d'exportation.

Tous des vins de Jacob's Creek offerts au répertoire général ★★ et ☆☆ Ⓒ

Chardonnay 2011, Reserve, Adelaide Hills (11677691) 16,95$
Sémillon-Chardonnay 2011, Australia (219105) 13,50$
Shiraz 2008, Reserve, Barossa (898502) 19,50$
Shiraz-Cabernet 2009 (106377) 15,45$
Three Vines 2009, Australia (11072481) 17,45$

MITOLO

Cette *winery* de McLaren Vale créée en 1999 par Frank Mitolo ne possède pas de vignoble, mais achète plutôt ses raisins à prix fort auprès des meilleurs viticulteurs de la région. L'œnologue réputé Ben Glaetzer est partenaire depuis 2001 et élabore des vins costauds, surdimensionnés et parfois un peu imposants en jeunesse.

Shiraz 2007, G.A.M., McLaren Vale (10868524) 43,50$
Bien que son nez de fleurs et de melons laisse croire à un vin plus opulent, le G.A.M. était un cran plus sévère lorsque dégusté en juillet dernier. Malgré tout, l'ensemble n'a rien de brutal et sa bouche franche et robuste de même que sa finale relevée renferment un certain pouvoir de séduction.
À boire idéalement entre 2013 et 2017. Malheureusement presque disparu des tablettes au moment d'écrire ces lignes. Il faudra surveiller l'arrivée prochaine du 2009 à la SAQ. ★★★→? ③ ▼

Cabernet sauvignon 2010, Jester, McLaren Vale (11155681) 26,25$
Manifestement issu de raisins très mûrs, très rond, au point d'accuser une certaine mollesse. ★★ ②

Voir aussi la section Ⓟ

MOLLYDOOKER

Voici quatre exemples patents de vins ambitieux, maquillés d'une épaisse couche de bois et confectionnés avec le seul souci d'impressionner. J'imagine difficilement que l'on puisse avoir du plaisir à table avec ce genre de mastodontes : lourds (15,5 % d'alcool et plus !), concentrés, presque sucrés. Et ces exécrables senteurs de torréfaction… Non merci !

Tous ★★

Shiraz 2007, Blue Eyed Boy, McLaren Vale (11393049) 74,25 $
Shiraz 2009, Carnival of Love, McLaren Vale (11393031) 102 $
Shiraz 2010, The Boxer, South Australia (11466130) 29,95 $
Two Left Feet 2010, Barossa Valley (11747177) 29,95 $

MOUNT HORROCKS

Riesling 2010, Watervale, Clare Valley (11465997) 26,05 $

Ce vignoble développé en 1982 a été racheté par l'œnologue Stephanie Toole, qui y produit annuellement 4500 caisses et 5 différentes cuvées, dont cet excellent Riesling issu d'une parcelle unique située dans Watervale, une sous-région de la Clare Valley. Vin sec, animé par un reste perceptible de CO_2 et doté d'une bonne acidité qui met en valeur sa finale franche, précise et délicate. Il se pourrait qu'il se présente sous un jour plus volubile et nuancé dans quelques années… ☆☆☆→? ②

Voir aussi la section Ⓟ

À TABLE AVEC LE…

Riesling

Les Riesling d'Australie sont très secs et parmi les plus vifs qui soient. Très marqués par des arômes de citron vert, ils font de bons compagnons à table pour les poissons et fruits de mer mariés à des agrumes ou simplement arrosés d'un filet d'huile et de citron. Comme tous les Riesling, ils ont aussi une affinité particulière avec le romarin. Évitez les saveurs sucrées qui exacerberont l'acidité. – *V.R.*

OATLEY, ROBERT

Shiraz 2009, Mudgee (11368898) 21,20 $

À une centaine de kilomètres au nord-ouest de Sydney, l'appellation Mudgee est réputée pour produire des vins rouges tendres et généreux. Ce 2009 en est un bel exemple : correctement charnu et nourri de belles saveurs fruitées, tonifiées par une bonne dose d'acidité. Tout à fait recommandable à ce prix. ★★★ ②

PENFOLDS

Outre son légendaire Grange, ce géant de l'industrie viticole australienne produit une gamme de vins rouges étoffés et robustes, mais généralement bien proportionnés.

Shiraz 2008, RWT, Barossa Valley (564278) 135 $
Haut en couleur... et en saveurs! Un vin d'abondance, charnu, sphérique, plein et intense, avec juste ce qu'il faut d'aspérités tanniques pour assurer son relief en bouche. Très structuré, mais pas brutal, et relevé d'une longue finale aux accents mentholés. On pourrait sans craindre le laisser se reposer jusqu'en 2018. ★★★★ ③

Cabernet-Shiraz 2008, Bin 389, South Australia (309625) 37,75 $
Un assemblage harmonieux de richesse et de charpente pour un vin stylistiquement très australien, c'est-à-dire costaud et équilibré dans son opulence. À boire sans se presser au cours des cinq prochaines années. ★★★→? ②

PIPING SHRIKE

Shiraz 2008, Barossa Valley (10960671) 21,95 $
Bon Shiraz issu de vieilles vignes non irriguées, dont certains ceps centenaires ont survécu à la crise phylloxérique. Par son grain mûr et ses saveurs de fruits confits, le 2008 porte l'empreinte de générosité de la vallée de Barossa, sans toutefois verser dans les excès. À boire entre 2013 et 2016. ★★★ ②

PIRRAMIMMA

Cabernet sauvignon 2007, McLaren Vale (11155729) 27,80 $
La famille Johnston veille depuis plus d'un siècle sur cette propriété de McLaren Vale, où elle élabore notamment l'un des rares vins issus exclusivement du cépage bordelais petit verdot. Bien qu'il soit moins distinctif, ce très bon Cabernet se distingue par sa forme franche et droite qui lui donne une allure nettement plus élégante que la moyenne régionale. Finale persistante aux accents de fleurs. ★★★→? ②

SANDALFORD

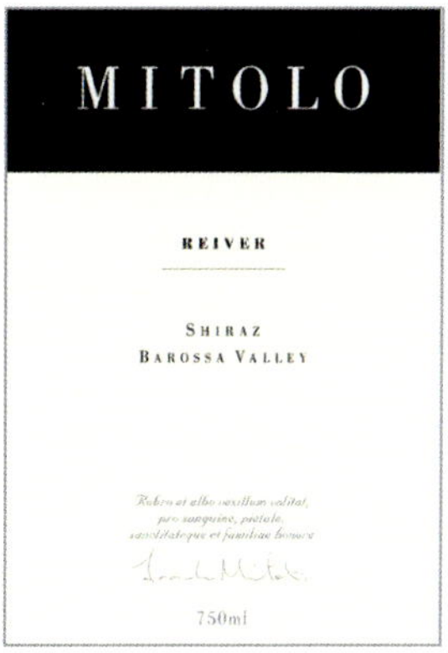

Shiraz 2007, Margaret River (904474) 25,70 $
Sandalford est l'un des principaux acteurs du réputé secteur de Margaret River. Des vignes d'une quarantaine d'années ne sont sûrement pas étrangères à l'étoffe et au spectre aromatique de ce Shiraz. Délicatement fumé, agrémenté de saveurs mûres, mais pas confites, sur un grain tannique assez fin, animé d'un léger reste de gaz. Équilibré, il ne manque vraiment pas d'attraits. À boire dans les cinq prochaines années. ★★★→? ② ♁

Shiraz-Cabernet 2009, Element, Western Australia (904482) 17,25 $
Bon vin souple, gourmand et tonifié par un reste de gaz carbonique, qui lui donne une allure un peu rustique, mais donne aussi un éclat supplémentaire aux saveurs fruitées. ★★★ ② ♁

LE VIN DÉCORTIQUÉ

Les deux principaux acides du vin

L'un des éléments les plus importants de la structure du vin est son acidité. C'est ce qui lui confère sa fraîcheur. Parmi les nombreux acides présents dans le vin, deux occupent un rôle plus important : l'acide tartrique et l'acide malique.

L'acide tartrique est le plus dominant des deux. Inodore, il est responsable de l'acidité du vin. Le raisin est l'un des rares fruits dans lequel on trouve une bonne quantité d'acide tartrique, mais toutes les variétés n'en contiennent pas la même concentration.

Quant à l'acide malique, il a un goût et une odeur. Le mot « malique » vient du latin malum qui signifie « pomme ». Alors que le taux d'acide tartrique du raisin demeure relativement stable pendant sa maturation, le taux d'acide malique diminue, car il est métabolisé par le fruit. Plus le raisin mûrit rapidement, moins sa teneur en acide malique sera élevée.

Dans les climats plus chauds, le taux d'acide malique dans le raisin est relativement faible au moment de la vendange. Les viticulteurs corrigent donc leur jus en ajoutant de l'acide tartrique, particulièrement dans les vins blancs.

Dans les climats frais où le raisin profite d'une maturation lente, le taux d'acide malique est encore trop élevé lorsque le fruit est récolté. Le viticulteur favorise alors une réaction chimique que l'on nomme « fermentation malolactique ».

Au cours de ce procédé, une bactérie transforme l'acide malique en acide lactique, généralement plus souple. Cette conversion rend le vin moins acidulé, tout en lui concédant une texture onctueuse et des arômes évoquant le beurre et le miel. – *B.Z.*

SCHILD ESTATE

Shiraz 2009, Barossa (11267077) 28,80 $

Ample et un peu dessiné à gros traits, mais pas dénué d'intérêt. Les saveurs de réglisse noire et de fruits confits sont mises en relief par une acidité bien dosée. À boire au cours des trois prochaines années. ★★★ ②

SCOTCHMANS HILL

Chardonnay 2009, Swan Bay, Victoria (10748434) 21,90 $

Établie à Bellarine Peninsula dans le secteur de Geelong, au sud-ouest de Melbourne, cette *winery* est un haut lieu de la viticulture de Victoria. Très bon Chardonnay issu de raisins bien mûrs, comme en témoigne sa texture ample et onctueuse. Aucun excès de bois, plutôt une finale franche et désaltérante. ☆☆☆ ②

TAMAR RIDGE

Tamar Ridge est la plus importante entreprise viticole de Tasmanie. La *winery* est située au sud du détroit qui sépare l'île de Tasmanie du continent australien.

Pinot noir 2009, Kayena Vineyard, Tasmanie (10947732) 28,95$
Cette année encore, ce très bon Pinot réunit la générosité fruitée et la fraîcheur dans de bonnes proportions. Pas très complexe, mais doté d'un joli spectre aromatique et suffisamment charnu pour continuer de se développer au cours des trois prochaines années. ★★★→? ② ♁

Pinot noir 2007, Kayena Reserve, Tasmanie (11625196) 58$
Fruit d'une sélection parcellaire, la Réserve de la propriété se signale avant tout par sa concentration et par son grain tannique plus ferme, nourri par un élevage d'un an en fûts de chêne français, neufs à 30%. Encore jeune et marqué par les parfums de torréfaction du bois, il ne se révélera pleinement que dans trois ou quatre ans. En attendant, une aération d'une heure en carafe le rendra plus volubile. ★★★→? ② ♁

Pinot noir 2010, Devil's Corner, Tasmanie (10947741) 24,55$
Plus modeste et conçu pour être apprécié dès sa mise en marché, ce vin est à retenir avant tout pour sa légèreté et sa vigueur fruitée. Coulant et facile à boire. ★★★ ②

TEUSNER

The Riebke 2010, Barossa Valley (11621081) 26$
Ancien restaurateur, Kim Teusner se serait lancé dans la viticulture pour sauver une parcelle de très vieilles vignes de grenache, qui était menacée d'arrachage. Avec l'aide du fils de Peter Lehmann, Phillip, il commercialise un vin costaud et savoureux, dans lequel le fruit s'exprime avec beaucoup de pureté. Typique de Barossa, avec ses saveurs mûres, mais doté d'un équilibre admirable entre la puissance du fruit, la vigueur tannique et l'acidité. ★★★★ ② ✻

TURKEY FLAT

La fierté de cette vieille propriété de Barossa est de pouvoir compter sur quelques vignes de syrah plantées en 1847.

Mourvèdre 2009, Barossa Valley (11627538) 39$
Stylistiquement plus près d'un Monastrell espagnol que d'un Bandol, très mûr et un peu tiré à gros trait pour le moment, mais doté d'une agréable tenue en bouche et équilibré. Laissons-lui le bénéfice du doute, il se révélera sans doute avec plus de nuances d'ici 2015. ★★★ ③

Butchers rouge 2009, Barossa Valley (10968171) 27,95$
Syrah, grenache et mourvèdre. Gros vin moderne, quasi sucré, épais et gorgé de fruit. Pas mon genre, mais certains ne seront pas insensibles a autant de générosité. ★★ ②

Butchers blanc 2010, Barossa Valley (11155833) 25,90$
Une meilleure note pour ce bon vin blanc d'inspiration méditerranéenne auquel les cépages marsanne, viognier et roussanne confèrent une texture vineuse et des saveurs généreuses de fruits et de fleurs, portées par une fine amertume. Bon vin! ☆☆☆ ② ✻

À TABLE AVEC LE...

Shiraz

Ces vins à la texture très crémeuse, dotés d'un fruit mûr et intense et laissant souvent une impression de sucrosité, ont besoin de saveurs aussi intenses pour leur tenir tête ! Viandes goûteuses – grillées idéalement –, mais aussi de nombreux plats qui affichent des notes sucrées ou épicées : sauce barbecue, sauce au chocolat, tajine, cari, etc. – *V.R.*

TWO HANDS

La recette pour ce genre de vins est maintenant bien connue : des raisins cueillis en surmaturité, de longues macérations et surtout un élevage intensif en fûts de chêne neufs. Le but est d'obtenir des vins noirs, épais et gorgés des saveurs de fruits confits, de vanille et de torréfaction. Imposants après un premier verre, sauf qu'on devient vite saturé de tant de concentration, surtout quant cela se fait au détriment de l'harmonie et de la « buvabilité ». Vieilliront-ils harmonieusement? Cela reste à voir. Servir autour de 15°C, sans quoi ils paraîtront brûlants.

Tous ★★→? ③

Angels Share 2010, McLaren Vale (10938975) 30,50 $
Braves Faces 2009, Barossa Valley (11601725) 35,75 $
Shiraz 2010, Gnarly Dudes, Barossa Valley (11457065) 32,75 $

VASSE FELIX

Cabernet sauvignon 2008, Margaret River (10250265) 34 $
Avec Cullen, Vasse Felix est l'autre nom célèbre de la viticulture en Australie de l'Ouest. Bien qu'il semble un peu plus complet que par le passé, le 2008 est de nouveau marqué par une acidité vive qui, pour l'heure, contraste avec l'attaque en bouche mûre et chaleureuse. Des parfums de cuir et de tabac contribuent à son originalité. Boire entre 2013 et 2016. ★★★ ②

WEDGETAIL

Chardonnay 2010, Single Vineyard, Yarra Valley (11155892) 32,75 $
Le photographe canadien Guy Lamothe possède un vignoble de 5,5 hectares dans la vallée de Yarra où il cultive essentiellement du pinot noir et du chardonnay. Plus modeste et sur un mode convenu, un Chardonnay de bonne facture, sans excès, mais sans grande surprise. ☆☆☆ ②

À TABLE AVEC LE...

Chardonnay

Les Chardonnay australiens sont en général d'un style moderne, même si, depuis quelques années, plusieurs font preuve de plus de retenue et d'un boisé plus fin. Ils demeurent toutefois plus imposants, avec un fruit plus mûr, que leurs cousins de Bourgogne. À harmoniser plutôt comme des Chardonnay de Californie. – *V.R.*

YABBY LAKE VINEYARD

Red Claw 2008, Mornington Peninsula (11640492) 35,25 $
Yabby Lake est surtout reconnu pour ses Pinot noir, mais l'entreprise élabore aussi de bons vins de consommation courante sous la gamme Red Claw. Mélange harmonieux d'onctuosité et de fraîcheur, cet excellent Chardonnay mise avant tout sur l'expression du fruit, mise en valeur par une finale minérale, digeste et désaltérante. Que de bons mots! ☆☆☆☆ ②

YALUMBA

Dans la région de Barossa, l'Australien Robert Hill-Smith manifeste depuis longtemps un intérêt pour les cépages rhodaniens.

Viognier 2011, Y series, Barossa (11133811) 16,95 $
Au cours des dernières années, ce vin m'a réconciliée avec le viognier, un cépage capricieux qui donne peu de résultats intéressants en dehors de la zone septentrionale du Rhône, où il forge la personnalité inimitable des vins de Condrieu et de Château Grillet. Sans avoir autant de sève, cette cuvée offerte au répertoire général de la SAQ demeure un bel exemple du genre par son opulence aromatique, sa vinosité et son équilibre. L'amateur de vin blanc du Rhône se régalera à peu de frais. ☆☆☆☆ ② ❋ Ⓒ

Grenache 2010, Bush Vine, Barossa (902353) 19,95 $
Interprétation originale et sincère du cépage grenache à Barossa. Pas d'effet spectaculaire de la barrique, juste une profusion de saveurs gourmandes de fruit, sur un fond de cacao, une attaque en bouche juteuse, coulante et fort plaisante. Pas étonnant qu'il demeure une référence dans sa catégorie. ★★★★ ② ❋

D'autres vins de qualité passable ★★ et ☆☆

ANGOVE'S
Shiraz 2010, Vineyard Select, McLaren Vale (10961155) 23,85 $
Shiraz 2009, Long Row, South Australia (11325732) 16,30 $

BAROSSA VALLEY ESTATE **Shiraz 2010, E Minor, Barossa** (11073926) 16,95 $ Ⓒ

CLIFF 79
Chardonnay, South Eastern Australia (11529591) 10,95 $ Ⓒ
Cabernet-Shiraz, South Eastern Australia (11133036) 10,75 $ Ⓒ

DE BORTOLI **Petite Sirah 2009, Vat 1, South Eastern Australia** (903419) 17,50 $

HARDYS
Chardonnay-Semillon 2011, Stamp of Australia, South Eastern Australia (10845971) 12,45 $ Ⓒ
Shiraz-Cabernet sauvignon 2011, South Eastern Australia (10754586) 12,45 $ Ⓒ

MCWILLIAM'S
Moscato 2009, South Eastern Australia (11462147) 14,70 $ Ⓒ
Red blend 2010, South Eastern Australia (11676452) 16,15 $ Ⓒ
Riesling 2009, South Eastern Australia (10754607) 15,45 $ Ⓒ

SETTLER'S COVE **Shiraz-Cabernet sauvignon 2010, South Eastern Australia** (598623) 13,85 $ Ⓒ

THORN CLARKE **Shotfire Quartage 2009, Barossa** (10339032) 26,30 $

WYNDHAM ESTATE
Chardonnay 2011, Bin 222, (093401) 14,25 $ Ⓒ
Shiraz 2009, Bin 555, South Eastern Australia (189415) 18,35 $ Ⓒ

YELLOW TAIL **Chardonnay 2010, South Eastern Australia** (10427171) 13,40 $ Ⓒ

HÉMISPHÈRE SUD
NOUVELLE-ZÉLANDE

LA NOUVELLE-ZÉLANDE EN CHIFFRES

17e producteur mondial. Le sauvignon blanc occupe plus de 62 % du vignoble ; le pinot noir occupe le 2e rang, suivi du chardonnay qui représente 12 % de la surface plantée.

LE SAVIEZ VOUS?

Bien qu'il n'existe aucune législation pour définir les cépages appropriés à chaque région viticole, le vignoble néo-zélandais est assez bien segmenté, et *les wineries* d'un même secteur concentrent généralement leurs efforts sur les mêmes cépages.

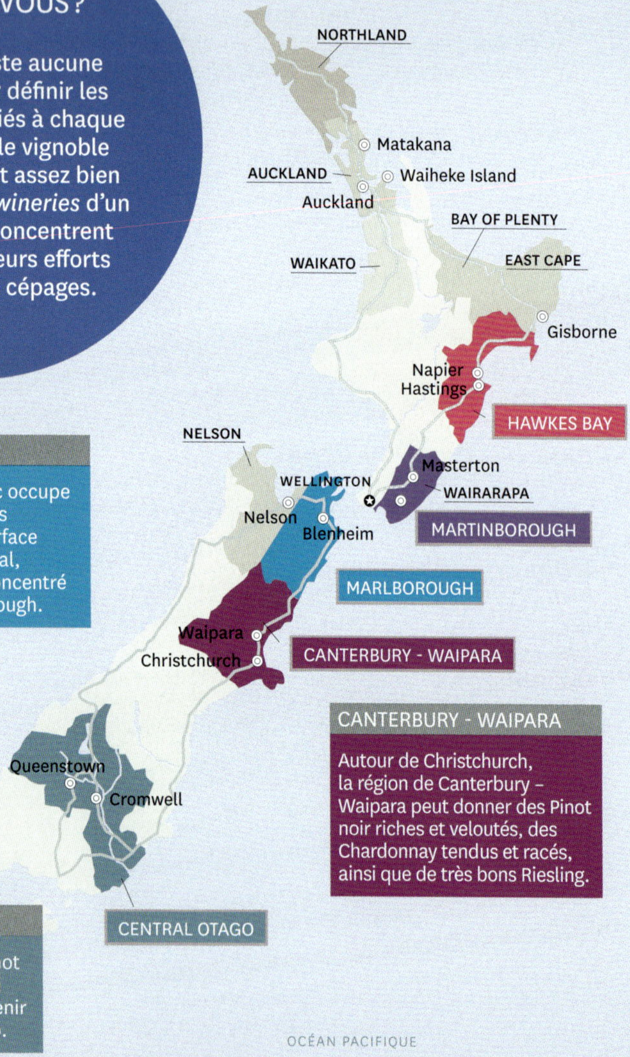

MARLBOROUGH

Le sauvignon blanc occupe toujours environ les deux tiers de la surface du vignoble national, essentiellement concentré autour de Marlborough.

CANTERBURY - WAIPARA

Autour de Christchurch, la région de Canterbury – Waipara peut donner des Pinot noir riches et veloutés, des Chardonnay tendus et racés, ainsi que de très bons Riesling.

CENTRAL OTAGO

Le Riesling et le Pinot gris semblent aussi promis à un bel avenir dans Central Otago.

Le sauvignon blanc a fait connaître la vocation viticole de la Nouvelle-Zélande dès les années 1980. Le pays a toutefois beaucoup plus à offrir que des vins blancs nerveux et parfumés, parfois édulcorés et souvent issus du même moule.

Planté durant les années 1990 dans la région montagneuse de Central Otago, le pinot noir – pourtant reconnu comme capricieux – a rapidement donné des résultats prometteurs, parfois comparables à ce qui se faisait de mieux en Oregon et en Californie, ce qui n'a pas tardé à attirer l'attention de la presse internationale.

Aujourd'hui, les premières vignes plantées ont atteint leur maturité et l'industrie s'est considérablement développée, mais tout n'est pas parfait. La complexité et la profondeur annoncées pour les Pinot noir de Central Otago tardent encore à venir, certains Merlot de Hawkes Bay demeurent un peu verts et plusieurs Chardonnay ne sont que des répliques de ceux produits partout ailleurs dans le monde. Malgré tout, la Nouvelle-Zélande pourrait servir de modèle de développement à plusieurs régions émergentes, tant par son efficacité, que pour la qualité générale de ses vins. Les pages suivantes font état de nombre d'excellentes bouteilles vendues à la SAQ.

HAWKES BAY

La région de Hawkes Bay est surtout plantée de cépages bordelais, mais la syrah y gagne de plus en plus de terrain et donne de fort beaux résultats.

LE SAVIEZ VOUS?

Il arrive que certaines bouteilles à capsule vissée renferment un reste de gaz carbonique. On peut facilement le dissiper en mettant le vin en carafe pendant une heure.

MARTINBOROUGH

Martinborough, à l'extrémité sud de l'île du Nord, est la source de bons Pinot noir.

DES PRODUCTEURS À RETENIR

Akarua, Alpha Domus, Amisfield, Blind River, Churton, Cloudy Bay, Delta, Kumeu River, Pyramid Valley, Seresin, Waimea

AKARUA

Pinot noir 2009, Central Otago (10947960) 33 $
À l'est de la ville de Queenstown, Bannockburn est considéré comme l'un des secteurs les plus prometteurs de Central Otago. Particulièrement opulent en 2009; sa richesse fruitée est heureusement soutenue par un tissu tannique serré et mise en valeur par une saine vitalité qui lui donne un éclat notable. Encore jeune et marqué par l'élevage en fûts, mais sa finale aux accents salins et son équilibre d'ensemble laissent entrevoir un bel avenir. À boire entre 2013 et 2016. ★★★★ ②

ALPHA DOMUS

Créé de toutes pièces par une famille d'immigrants hollandais arrivés dans l'île du Nord au début des années 1960, ce vignoble compte aujourd'hui 35 hectares dans le secteur de Hastings.

The Aviator 2009, Hawkes Bay (10866588) 42 $
Autre réussite pour cette cuvée d'envergure issue d'un assemblage bordelais, nourri par un usage judicieux du bois, qui donne une étoffe supplémentaire au vin et l'agrémente de jolies notes de cèdre. Encore jeune, le vin se distingue par sa sève généreuse et par sa texture tannique suave et veloutée. Longue finale aux parfums d'herbes séchées. Il a l'étoffe nécessaire pour s'épanouir au cours des sept ou huit prochaines années. ★★★→★ ③

The Navigator 2007, Hawkes Bay (11305643) 23,50 $
Cet assemblage bordelais se distingue toujours par cet heureux mariage entre la rondeur du merlot et la structure tannique nette et franche, typique du cabernet cultivé en régions tempérées. Un grain tannique juste assez ferme, tout ce qu'il faut de fruit et de chair et une jolie amertume en finale qui prolonge les saveurs en bouche. Dégusté de nouveau en août dernier, le vin commençait à s'ouvrir, mais il a encore de belles années devant lui. ★★★★ ②

Chardonnay 2011, Hawkes Bay (10955601) 20,85 $
Dans la lignée des derniers millésimes, un bon Chardonnay dans la moyenne; modeste, pas très distinctif, mais assez net, digeste et désaltérant. ☆☆☆ ②

À TABLE AVEC LE...

Sauvignon blanc
Le Sauvignon blanc en général a une affinité avec tout ce qui est vert, les légumes et les fines herbes en particulier, ainsi qu'avec les agrumes et les fromages caprins, ce qui offre de nombreuses possibilités (un poisson avec jus au pamplemousse et au basilic ou une salade de légumes grillés au fromage de chèvre, par exemple). Ceux de Nouvelle-Zélande sont par contre dotés d'un fruit très juteux, parfois même d'un léger sucre résiduel, ce qui leur permet d'accompagner une cuisine aux saveurs plus soutenues. Leurs arômes végétaux en font aussi des partenaires naturels pour des plats où asperges ou petits pois sont à l'honneur. – *V.R.*

LE VIN DÉCORTIQUÉ

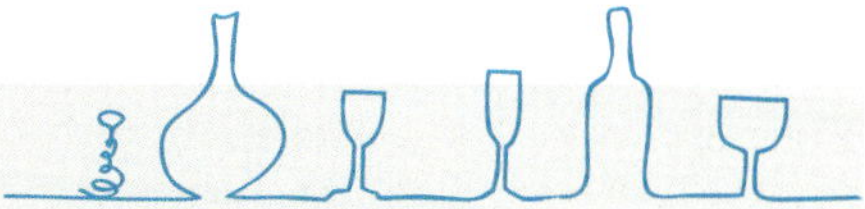

Vin réduit

Un vin «réduit» peut sembler manquer de fruit ou sentir le maïs en crème, le caoutchouc. Ces arômes sont attribuables à un manque d'oxygène dans le vin.

Depuis une dizaine d'années, le problème de la réduction est plus fréquent. Cela s'explique par l'utilisation croissante de la capsule vissée, plus hermétique, mais aussi, indirectement, par un apport de plus en plus limité en sulfites.

Les sulfites sont utilisés pour protéger un vin contre l'oxydation. Et comme de plus en plus de vignerons souhaitent limiter leur usage dans le processus de vinification, sans risquer d'obtenir un vin oxydé c'est-à-dire qu'ils minimisent les contacts du vin avec l'air.

Si vous sentez ces odeurs dans un vin, versez-en une petite quantité dans un verre et déposez-y une pièce d'un cent. Si le vin devient plus fruité, c'est qu'il est légèrement réduit. Une simple décantation suffira à ajouter l'oxygène nécessaire à l'élimination de ces odeurs indésirables. – *B.Z.*

AMISFIELD

Pinot noir 2008, Central Otago (10826084) 41,75 $
Légèrement en recul par rapport au 2007 commenté l'an dernier. Malgré tout, très bien tourné, avec des saveurs précises de fruits noirs et une fibre tannique franche et serrée. À défaut de complexité, on appréciera sa couleur locale, témoin des progrès accomplis dans la région en quelques décennies. Encore jeune, il gagnera à reposer en cave quelques années. ★★★→? ③

Pinot noir 2009, Lake Hayes, Central Otago (10948057) 34 $
Version plus fringante, relevée d'un reste perceptible de gaz carbonique qui contribue à son tonus et à son équilibre. Pour l'apprécier à sa juste valeur, il est préférable de l'aérer pendant une heure en carafe. ★★★→? ②

BABICH

Sauvignon blanc 2011, Marlborough (560144) 19,10 $
Créée en 1916, Babich est l'une des entreprises viticoles fondées par des émigrants croates qui s'installèrent en Nouvelle-Zélande à la fin du XIXe siècle. Dans la continuité des derniers millésimes, un bel exemple de Sauvignon néo-zélandais par ses parfums de pamplemousse, sa fraîcheur et sa vitalité. ☆☆☆ ②

CARRICK

Pinot noir 2009, Central Otago (10383973) 33 $
Maintenant âgées d'une dizaine d'années, les vignes commencent à donner des fruits plus concentrés. Cette caractéristique, conjuguée à un élevage en fûts de chêne français (neufs à 30 %) donnent un vin intense et passablement charnu, riche en saveurs de fruit noir, sur un fond de torréfaction. Encore jeune, vigoureux et plein de fougue. Il semble avoir les atouts nécessaires pour vieillir en beauté. À boire idéalement entre 2014 et 2017. ★★★→? ③

CHURTON

Propriétaire d'un petit vignoble situé à 150 m d'altitude dans le secteur de Marlborough, Sam Weaver jouit d'une très bonne réputation.

Pinot noir 2009, Marlborough (10383447) 31,25 $
Maintenant ouvert et fondu par une année supplémentaire de mûrissement, le 2009 me semble plus nuancé et profond que la moyenne des Pinot de Marlborough. Des notes gourmandes de cerises confites, mises en relief par une amertume noble et portées par un grain tannique fin et délicat. À boire sans se presser au cours des cinq prochaines années. ★★★★ ②

Sauvignon blanc 2009, Marlborough (10750091) 21,70 $
Le Sauvignon blanc de Weaver demeure l'un des plus recommandables sur le marché. Sec, désaltérant et gorgé de saveurs d'agrumes, sans verser dans la caricature, comme nombre de vins néo-zélandais présents sur le marché. Résultat d'une fermentation conduite avec des levures indigènes, ce vin stylé et passablement achevé mise à fond sur la vigueur du cépage et sur une agréable vinosité qui le rend particulièrement rassasiant. Très bon achat! ☆☆☆☆ ② ✻

CLOS HENRI

Le Français Jean-Marie Bourgeois et ses fils – domaine Henri Bourgeois dans la Loire – ont développé cette antenne néo-zélandaise.

Sauvignon blanc 2011, Marlborough (10681938) 30,50 $
Quoique classique, ce Sauvignon blanc de bonne facture plaira aux amateurs de vin vif et aromatique, pas édulcoré comme tant d'autres. Des parfums de pyrasine évoquant les herbes séchées laissent deviner une certaine verdeur. Malgré tout, le vin est agréable à boire et désaltérant. ☆☆☆ ②

Pinot noir 2008, Marlborough (10916493) 40,50 $
Maintenant ouvert et à point, le 2008 se présente sous un jour assez harmonieux et met en relief des parfums de fruits noirs, portés par une matière franche, plus structurée que la moyenne. Hélas! ce n'est pas donné... ★★★ ②

CLOUDY BAY

Cette *winery* appartenant au groupe français LVMH a probablement fait plus que toute autre pour faire connaître les vins de Nouvelle-Zélande sur les marchés internationaux.

Chardonnay 2009, Marlborough (10954086) 29,50 $
En plus de l'excellent Sauvignon blanc qui a largement contribué à son rayonnement planétaire, Cloudy Bay élabore ce très bon vin sec, désaltérant, suffisamment gras et mis en valeur par un usage judicieux de la barrique. Vineux et fort agréable à boire, bien qu'il manque encore un peu de nuances et de profondeur pour justifier le prix. À boire au cours des quatre prochaines années. ☆☆☆→? ②

À TABLE AVEC LE...

Pinot noir

Le Pinot noir de Nouvelle-Zélande se distingue par son fruité éclatant. Ces vins se marieront à tous les plats qui s'accordent bien au cépage, mais ils brilleront particulièrement si les mets sont relevés de petits fruits rouges. – *V.R.*

À TABLE AVEC LE...

Chardonnay

Les Chardonnay de Nouvelle-Zélande sont en général plutôt fins et axés sur la fraîcheur. À harmoniser plutôt comme des Bourgogne d'années chaudes. – *V.R.*

ESCARPMENT

Chardonnay 2008, Martinborough (11397197) 31,75 $
Produit dans le sud de l'île du Nord, un Chardonnay flamboyant dont le nez, plein de parfums de fruits exotiques, annonce une bouche riche et volumineuse. Le vin ne manque pourtant pas de fraîcheur et charme par sa tenue en bouche. Un bon usage de la barrique permet d'obtenir une vinosité supplémentaire, sans dénaturer les saveurs intenses d'ananas et de miel. Pas spécialement complexe, mais fort savoureux. ☆☆☆→? Ⓢ

KUMEU RIVER

Au nord de l'île du Nord, la famille Brajkovich est réputée à juste titre pour produire quelques-uns des vins les plus fins du pays. Michael Brajkovich a opté pour une approche peu interventionniste, qui a certainement contribué au fort caractère individuel de ses cuvées.

Chardonnay 2008, Hunting Hill, Kumeu (11416159) 39,75 $
La symbiose du chardonnay et d'un terroir de qualité n'est pas l'exclusivité de la Bourgogne. Cette année encore, le Hunting Hill me semble le plus complet de toute la gamme. Un vin nourri et onctueux, pourtant très minéral, sec, tendu et fleurant l'écorce de citron. On peut le laisser reposer aisément en cave pendant de cinq à dix ans. En attendant, les impatients voudront l'aérer au moins une heure en carafe. Classe et élégance! ☆☆☆☆→? ③

Chardonnay 2008, Coddington, Kumeu (11661971) 40 $
Vin coloré et profond, mêlant adroitement arômes de pêche à ceux du bois de chêne. À la fois solide et aérien; mûr, gras et volumineux, mais aussi riche en extraits secs, qui lui confèrent une tenue de bouche appréciable. Un peu nerveux pour l'heure. Il faudra le revoir dans quatre ans. ☆☆☆☆ ③ Ⓢ

Chardonnay 2008, Mate's Vineyard (11212631) 50 $
Plus de volume et d'ampleur que le précédent, mais également soutenu par un fil d'acidité qui harmonise le tout et laisse une impression très complète en bouche. Finale à la fois saline et accentuée d'une touche d'amertume qui prolonge les saveurs. À revoir dans trois ou quatre années; il a tous les atouts pour vieillir en beauté. ☆☆☆→☆ ③

Chardonnay 2008, Estate (10281184) 34 $
Comme toujours, un vin blanc sec, vibrant et racé, qui apporte un vent de fraîcheur dans la cohorte des Chardonnay boisés et prévisibles qui abondent sur les étagères. Juste assez gras, notamment attribuable à une petite proportion de botrytis, mais surtout une acidité fine et une finale élégante aux tonalités minérales. Une valeur sûre! ☆☆☆☆ ②

MAN O' WAR

Syrah 2008, Dreadnought, Waiheke Island (11615502) 49,75 $
Jugé sévèrement lorsque dégusté l'an dernier, ce 2008 me laisse maintenant une impression plus favorable. *Mea culpa*! Certes, le vin est puissant et plantureux et mais l'apport de la barrique neuve semble moins dominant, laissant plus de place aux saveurs naturelles de la syrah. Charpenté, à la manière d'un Cornas gonflé aux stéroïdes, le vin gagnerait à mûrir encore quelques années avant de se révéler à sa juste valeur. ★★★→★ ③ Ⓢ

MARGRAIN

Pinot noir 2008, Martinborough (10383261) 32,50 $
Déjà commenté l'an dernier, ce 2008 se caractérise avant tout par sa matière fruitée riche, dense et nourrie, au point d'accuser lourdeur et mollesse. Une finale marquée de notes amères lui donne par ailleurs des airs plutôt rustiques. ★★→? ②

MT DIFFICULTY

Roaring Meg 2011, Central Otago (10383762) 28,05 $
Mt Difficulty est une *winery* des plus réputées de Central Otago. Roaring Meg est une marque secondaire qui chapeaute des vins produits avec les plus jeunes vignes. De nouveau, un bon vin vif et nerveux, nourri de saveurs des fruits noirs, avec de jolies notes florales. Rien de bien complexe, mais bien fait et désaltérant. À boire maintenant et d'ici 2016. ★★★ ②

NAUTILUS

Pinot noir 2009, Marlborough (11200737) 35 $
Marlborough n'est pas un lieu recherché pour la production de pinot noir. Celui-ci provient toutefois d'un secteur vallonné, plus frais, et qui donne des vins assez structurés. On appréciera celui de Nautilus pour sa vivacité, qui met en relief ses saveurs précises de fruits rouges. Rien de complexe, mais une expression fort charmante du pinot noir à Marlborough. À boire jeune et frais pour savourer pleinement l'éclat du fruit. Hélas! ce n'est pas donné. ★★★→? ②

SAINT CLAIR

Sauvignon blanc 2011, Marlborough (10382639) 19,25 $
Bon Sauvignon dans la moyenne. Assez sec, modérément aromatique et accentué d'une fine amertume en finale. Bien fait. ☆☆☆ ②

SERESIN

Gewurztraminer 2009, Marlborough (11342006) 28,25 $
Si les vins blancs parfumés ne vous font pas peur, vous raffolerez de cet excellent vin riche et gras, débordant d'arômes de litchi. Plantureux, puissant, mais doté d'un excellent équilibre. Un léger fond moelleux lui confère une rondeur supplémentaire. L'amateur de « Gewurz » se régalera. ☆☆☆☆ ②

Riesling 2008, MOMO, Marlborough (11662106) 19,85 $
Sous la marque MOMO, Seresin commercialise des vins issus de ses vignobles et d'achat de raisins. Riesling assez typé avec des parfums de pomme verte et d'hydrocarbure. Sec, fringant et original. ☆☆☆ ②

TE AWA

Cabernet-Merlot 2009, Hawkes Bay (10382882) 24,75 $
Le millésime 2009 marque un autre franc succès pour le vin de cette *winery* de propriété américaine, dont le nom signifie « rivière de Dieu » en langue maori. La franche expression fruitée du merlot et la structure du cabernet sauvignon se marient dans d'heureuses proportions et le vin offre une chair à la fois droite et nourrie. Agréable à boire dès maintenant. ★★★ ③

TOHU

Première *winery* maori à exporter ses vins sur le marché international. Le vignoble de Tohu s'étend de Gisbourne, au centre de l'île du Nord, à Marlborough, au nord de l'île du Sud.

Chardonnay 2011, Unoaked, Marlborough (11213520) 19,90 $
Pas de bois, mais une belle expression variétale du chardonnay, avec des parfums de beurre. Simple, mais sec et bien fait. ☆☆☆ ②

Sauvignon blanc 2011, Marlborough (10826156) 19,65 $
Pas très original (difficile de réinventer la roue avec le sauvignon!), mais moins caricatural que d'autres. Frais, assez sec, nerveux et correctement aromatique. ☆☆☆ ②

WAIMEA

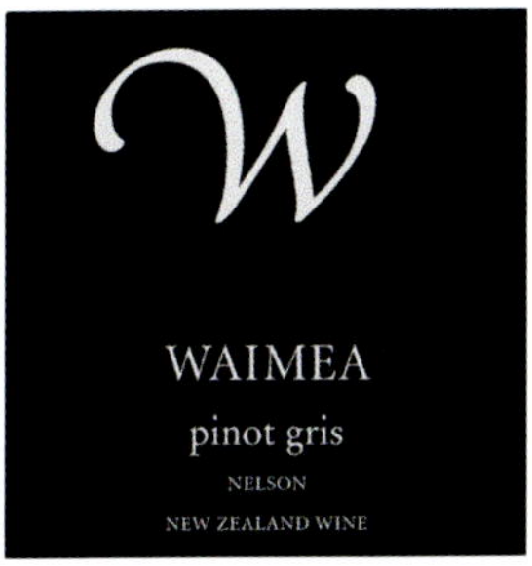

Pinot gris 2009, Nelson
(11662018) 20,80 $
Waimea est l'une des propriétés les plus importantes du secteur de Nelson, à l'ouest de Marlborough. En plus d'un très bon Pinot noir, Robyn et Trevor Bolitho élaborent cet excellent vin blanc, à ranger parmi les meilleurs Pinot gris – hors Alsace – offerts sur le marché. Savoureux, ample et volumineux, le vin se distingue néanmoins par sa grande précision aromatique, mettant en relief des parfums de fruits mûrs, d'épices exotiques, de minéral. Sa longue finale onctueuse laisse en bouche une impression fort rassasiante dont on ne peut que se réjouir à ce prix. Beaucoup de vin dans le verre! ☆☆☆☆ ② ✻

Pinot noir 2009, Nelson (10826447) 23,95 $
Très bon vin, assez typique de sa région d'origine en ce qu'il mise à fond sur le caractère dodu du pinot, sans tomber dans la mollesse. Passablement vigoureux, gorgé de saveurs de cerises et avivé par un léger reste de gaz qui ajoute à son élan aromatique. Un bon achat! ★★★ ②

WILD SOUTH

Sauvignon blanc 2010, Marlborough (10826383) 18,20 $
Très bon vin sec, vif et agrémenté de parfums invitants de poivre et de citron. Rien de complexe, mais désaltérant, plus original que la moyenne et vendu à prix d'aubaine. À retenir. ☆☆☆ ② ✻

D'autres vins de qualité passable ★★ et ☆☆

COOPERS CREEK
Riesling 2008, Marlborough (11034409) 18,45 $
Sauvignon blanc 2010, Marlborough (10826316) 18,45 $

CRAWFORD, KIM
Sauvignon blanc 2011, Marlborough (10327701) 20,05 $ Ⓒ
Chardonnay 2011, Unoaked, Marlborough (10669470) 18,95 $ Ⓒ
Pinot noir 2010, Marlborough (10754244) 21,95 $ Ⓒ

MONKEY BAY **Sauvignon blanc 2001** (10529936) 14,95 $ Ⓒ

OYSTER BAY
Pinot noir 2011, Marlborough (10826105) 22,05 $
Chardonnay 2011, Marlborough (10383691) 19,15 $
Merlot 2011, Hawkes Bay (10826113) 19,15 $
Sauvignon blanc 2012, Marlborough (316570) 19,15 $

PASK, C.J. **Merlot 2010, Roy's Hill, Hawkes Bay** (10382727) 18,15 $

STONELEIGH **Sauvignon blanc 2012, Marlborough** (10276342) 17,75 $ Ⓒ

TROUT VALLEY, **Pinot noir 2009, Nelson, Tyrrell's Wines** (11459861) 18,65 $

VINS ROSÉS

Encore tristement associé à des vins anodins, le rosé n'a pourtant rien d'un produit de seconde catégorie. La plupart des vignerons et vigneronnes qui s'y consacrent vous le diront d'ailleurs : l'élaboration dans les règles de l'art du vin rosé représente un plus grand défi que celle d'un vin rouge ou blanc. D'abord, il faut extraire la couleur de raisins à peau noire, mais pas trop ; obtenir une certaine tenue en bouche, mais surtout pas de tanins ; de l'onctuosité et du gras, sans jamais sacrifier la fraîcheur. Tout est question d'équilibre et de nuances.

Au Québec, 2012 n'a hélas pas fait exception : alors que le rosé a le vent dans les voiles, la SAQ a une fois de plus raté l'occasion d'en faire pleinement profiter les consommateurs québécois. Outre quelques bons produits offerts au répertoire général et dans l'édition d'été du magazine *Cellier*, l'offre demeure décevante et s'articule surtout autour de rosés bonbons et édulcorés, plutôt que de vins fins, sincères et désaltérants.

FRANCE

CHÂTEAU DE LANCYRE

Coteaux du Languedoc Pic-Saint-Loup rosé 2011 (10263841) 15,40 $
À 30 km du littoral méditerranéen, au nord de Montpellier, l'aire d'appellation Pic-Saint-Loup doit son nom à un sommet qui culmine à 658 m d'altitude. En plus d'un très bon vin rouge costaud offert à la SAQ, ce vaste domaine élabore aussi un excellent rosé issu de syrah, de grenache et de cinsault. Ample, gorgé de saveurs de framboise, nourri par la générosité du climat méditerranéen, mais à la fois très désaltérant. À ce prix, toutes les raisons sont bonnes pour ouvrir une bouteille à l'apéritif. Santé! ★★★ ② ❊ ©

CHÂTEAU DE NAGES

Rosé 2011, Costières de Nîmes (427625) 15,20 $
Les vins de Michel Gassier sont connus et appréciés des consommateurs québécois depuis plusieurs années. Bon an mal an, le rosé de la maison est l'une des valeurs sûres que l'on puisse trouver dans l'ensemble du réseau. Vineux, délicatement anisé et menthé, avec toute la tenue en bouche pour accompagne un repas, sans toutefois sacrifier la fraîcheur qui contribue à ses vertus désaltérantes. ★★★ ❊ ©

CHÂTEAU LA LIEUE

Rosé Tradition 2011, Côteaux Varois en Provence (11687021) 14,75 $
Sans surprise, ce domaine déjà connu sur le marché pour son excellent vin rouge produit également un rosé savoureux, élaboré dans les règles de l'art. Sec, rafraîchissant, égayé de saveurs précises de fruits rouges et ponctué d'une légère amertume qui lui donne encore plus de personnalité et ajoute à sa longueur en bouche. À ce prix, faites-en provision tant qu'il y en aura! ★★★ ❊ ©

LE SAVIEZ VOUS ?

On n'obtient pas du vin rosé en mélangeant du rouge et du blanc. Ce vin de teinte claire issu de raisins rouges est obtenu soit par une courte macération des baies, soit par un lent pressurage.

La plupart des pays du Nouveau Monde autorisent les assemblages de raisins rouges et blancs pour l'élaboration de vin rosé.

Sauf exception, le vin rosé doit être bu avant l'âge de 3 ans. Après, il risque fort d'avoir perdu son fruit et sa fraîcheur.

Les deux conditions essentielles à considérer dans le choix d'un rosé sont l'équilibre et l'absence de sucre résiduel. Le reste appartient au domaine subjectif du goût.

CHÂTEAU RIOTOR

Cotes de Provence 2011 (11686351) 18 $

Les propriétaires du Château Mont-Redon à Châteauneuf-du-Pape ont aussi développé une belle propriété provençale, à une trentaine de kilomètres au nord de Saint-Tropez. De passage à Montréal récemment, Jean Abeille disait ne pas comprendre la mode actuelle des rosés quasi incolores qui abondent en Provence. Il favorise plutôt une certaine extraction de couleur lors de la macération des baies et en obtient un très bon rosé d'une teinte violine, sec, désaltérant et délicatement fruité, mais assez structuré pour accompagner un plat de grillades. Très belle réussite! ★★★

DOMAINE DE GOURNIER

Rosé 2011, Vin de Pays de Cévennes (464602) 11,90 $

Rouges ou rosés, les vins de Maurice Bardouin font preuve d'une grande constance et résultent du désir sincère de procurer du plaisir à table. Son rosé n'a rien de bien compliqué, mais il a tous les atouts pour plaire. Plein de saveurs de fruits rouges, juste assez de gras et de tonus et une finale désaltérante que l'on appréciera à table comme à l'apéritif. À moins de 12 $, difficile de demander mieux. ★★★ ❋ ©

DOMAINE DE LA MORDORÉE

La Dame Rousse 2011, Tavel (11629664) 24,80 $

La réputation méritée de ce domaine de Tavel repose tant sur l'élaboration de vins rouges corpulents – à Châteauneuf notamment – que sur d'excellents rosés. Celui-ci réunit toutes les qualités des meilleurs vins de Tavel : couleur violine, du grain, très vineux, ample, gorgé de fruit. Un rosé de gastronomie, chaleureux, mais aussi structuré et idéalement équilibré. Parmi les bons rosés de l'été. Excellent! ★★★★ ❋ ▼

À TABLE AVEC LES...

Rosés

Les vins rosés très légers, sont très agréables au bord de la piscine, mais ceux qui présentent plus d'étoffe peuvent donner d'agréables accords à table. Il n'y a qu'à penser aux nombreux vins de Provence, du Languedoc et de la Rioja, par exemple, qui ont une grande affinité avec la cuisine aux saveurs provençales : tomates, ail, herbes de Provence, olives noires, légumes grillés, ratatouille, anchois. La pissaladière, la brandade de morue, la bouillabaisse et la paella ne sont que quelques exemples de plats avec lesquels les rosés sont tout à fait délicieux.

Attention aux rosés industriels, sucrés et au goût de bonbon. Avec leur allure de liqueur douce, ils ont peu d'affinité à table. – *V.R.*

DOMAINE DE LA RECTORIE

Côté Mer 2010, Collioure (11632441) 25,50 $
Dans leur domaine de Collioure, à une vingtaine de kilomètres de l'Espagne, les frères Parcé élaborent ce vin tout à fait singulier issu de grenache, de carignan et de syrah. Stylistiquement à mi-chemin entre un rosé et un vin rouge léger, leur Côté Mer est nettement plus étoffé que la moyenne, avec une chair ample, riche en saveurs de fruits noirs et d'épices. Tout le contraire d'un rosé de terrasse frais et léger; on gagnera plutôt à le servir à table avec un plat de viande grillée. ★★★ ② ▼

DOMAINE LE PIVE GRIS

Vin de Pays des Sables du Golfe du Lion 2011 (11372766) 14,45 $
Au cœur de la Camargue, près de la ville d'Aigues-Mortes, la famille Jeanjean élabore depuis quelques années cet exemple simple, mais tout à fait représentatif d'un bon rosé de pressurage direct, c'est-à-dire vinifié avec une macération très brève des baies dans le moût. Un habile assemblage de grenache gris, de grenache noir, de merlot et de cabernet franc qui donne un vin sec et de couleur pâle, dont les saveurs délicates de fruits et la finale désaltérante ont tout pour plaire, surtout à ce prix. Sec, abordable et issu de l'agriculture biologique. Joie! ★★★ ✻ ©

MAS JULLIEN

Coteaux du Languedoc rosé 2011 (11419595) 22,10 $
Le domaine fondé par le talentueux Olivier Jullien au milieu des années 1980 est toujours la source d'excellents vins, sincères et inspirés. Ce rosé issu d'une saignée, donc plus coloré, n'y fait pas exception. Le 2011 est vineux, presque texturé tant la chair fruitée est dense et ample; beaucoup de fruit et une présence en bouche chaleureuse, sans sacrifier l'équilibre. On peut le boire maintenant, mais il ne sera vraiment à son apogée que dans quelques années. Un 2006 ouvert récemment était toujours dans une forme olympienne et avait même gagné en complexité. ★★★★ ③ ✻

SUMEIRE, RÉGINE

Pétale de Rose 2011, Côtes de Provence (425496) 18,90 $
Certains rosés s'épuisent au rythme des modes et des années qui passent, d'autres pousuivent simplement sur le chemin de la qualité. C'est là tout le mérite du Pétale de Rose de Régine Sumeire. Composé de cinsault, de grenache, de syrah, de mourvèdre, de cabernet sauvignon, d'ugni blanc, de sémillon et de rolle, issus de l'agriculture biologique, le 2011 se distingue du lot par son spectre aromatique qui présente un équilibre parfait entre les saveurs de fruit rouge et les accents de fleurs blanches et d'épices, qui évoquent les odeurs de la garrigue. Juste assez vineux, hautement désaltérant et étonnamment long en bouche. Pour en savourer pleinement les subtilités, il serait avisé de ne pas le servir trop froid, idéalement autour de 13 °C. Grande réussite! ★★★★ ✻ ©

ITALIE

CARPINETO

Toscana 2011 (10263189) 14,55$
Surtout connu pour son Farnito et pour ses Chianti Classico, Brunello et Vino Nobile de Montepulciano, Carpineto produit aussi un vin rosé composé majoritairement de sangiovese. Le 2011 m'a semblé particulièrement réussi : léger reste de gaz, beau fruit, couleur violine ; sec et désaltérant, mais tout de même assez soutenu pour être apprécié à table. ★★★ ✻ ©

CASTELLO DI TERRICCIO

Sassi Rosa 2011, Rossi di Medelana, Toscana (11629672) 26,05$
Le domaine de Gian Annibale Rossi di Medelana est aussi la source d'un bon rosé issu de syrah à 100 %. Très vigoureux, rehaussé d'une franche acidité qui accentue ses saveurs de fruits rouges acidulés et laisse en finale une impression très nette. Idéal pour l'apéritif. ★★★

ESPAGNE

BORSAO

Rosado Seleccion 2011, Campo de Borja (10754201) 12,15$
La cave coopérative de Borsao élabore un rosé guilleret, juteux et gourmand auquel le cépage grenache donne une ampleur digne de mention, sans lourdeur. Simple et avant tout facile à boire, mais fort charmant ; il plaira à coup sûr à l'amateur de rosé du Nouveau Monde. ★★ ✻ ©

MARQUÉS DE CACERES

Rosato 2011, Rioja (10263242) 14,75$
Fondée en 1970 et ayant bénéficié à ses débuts des conseils de l'œnologue bordelais Émile Peynaud, cette *bodega* de la Rioja Alta a toujours façonné des vins équilibrés. Sans y faire exception, ce très bon rosé issu d'un assemblage de tempranillo et de grenache s'affirme par son attaque en bouche friande aux saveurs de fruits rouges. Franc de goût, assez bien constitué et désaltérant tout à la fois. C'est encore l'un des bons sur le marché. ★★★ ✻ ©

ÉTATS-UNIS

TERRE ROUGE

Vin Gris d'Amador 2010, Sierra Foothills (11629710) 22,20$
Bill Easton se spécialise essentiellement dans les cépages rhodaniens sur son vignoble situé à l'intérieur des terres, non loin de Sacramento. Il y produit, entre autres, cet excellent vin rosé issu de mourvèdre, de grenache et de syrah, vinifiés en fûts de chêne français usagés, un peu à la manière d'un vin blanc. Le résultat est un heureux mélange de fraîcheur et de vinosité, agrémenté de parfums de fruits rouges, de fleurs blanches et d'épices. Sec, minéral, à la fois délicat et persistant et doté d'un très bel équilibre d'ensemble. Bravo ! ★★★★ ✻

CANADA

DOMAINE ST-JACQUES

Rosé de St-Jacques 2011 (11427544) 15,50 $
Cette année, le rosé de ce domaine situé à Saint-Jacques-le-Mineur évoque presque un vin rouge léger, tant par sa couleur fuchshia que par son expression aromatique et par sa tenue en bouche. Un vin original, très sec, peut-être un peu moins fruité et friand que le 2010 présenté l'année dernière, mais néanmoins fort satisfaisant. ★★★ ✳ ©

VIGNOBLE DE LA BAUGE

Brise 2011, rosé (10850615) 14,75 $
Rosé demi-sec issu de frontenac gris et noir, fort charmant à sa manière avec ses goûts de fraises fraîches et doté d'un bon équilibre entre le sucre et l'acidité. ★★★

VIGNOBLE DE LA RIVIÈRE DU CHÊNE

Le Rosé Gabrielle 2011 (10817090) 15,75 $
Isabelle Gonthier et Daniel Lalande veillent sur ce vaste domaine de Saint-Eustache, qu'ils ont développé dès 1998, aux portes des Laurentides. Leur rosé 2011 est passablement coloré et présente un léger reste de gaz qui rehausse ses accents de fleurs et de fruits rouges. Un peu rustique, mais sec, correctement fruité et rafraîchissant. ★★★ ©

VIGNOBLE DE L'ORPAILLEUR

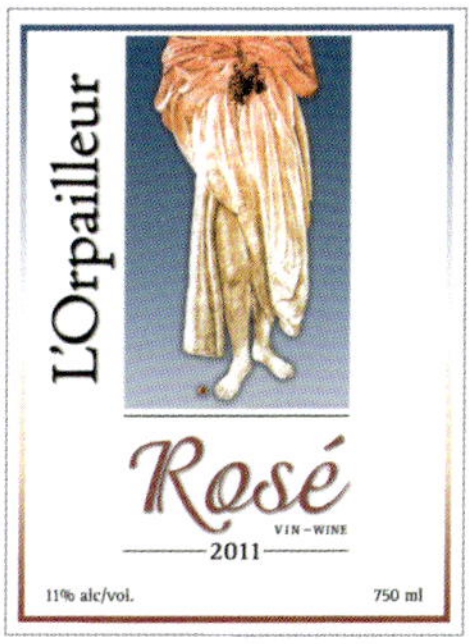

Les Bacchantes 2011, rosé (11678933) 16,30 $
À Dunham, Charles-Henri de Coussergues et son équipe élaborent une vaste gamme de vins secs et liquoreux, dont un excellent rosé issu de seyval noir. Sec, vineux, très délicat, avec des notes florales qui ajoutent une dimension aromatique fort agréable aux saveurs fruitées. L'un des bons rosés québécois goûtés cette année. Sa légèreté alcoolique (11 %) le rend encore plus appréciable. Bravo! ★★★★ ✳

AFRIQUE DU SUD

MULDERBOSCH

Cabernet sauvignon rosé 2011, Coastal Region (11688883) 15,05 $
Ce domaine de taille moyenne situé à Koelenhof, dans le secteur de Stellenbosch, donne régulièrement de bons vins rouges ainsi qu'un Sauvignon blanc nerveux et guilleret. Vendu pour la première fois à la SAQ, ce Cabernet rosé présente de délicats accents fumés qui agrémentent le fruit. Un vin original, à la fois désaltérant et assez charnu pour accompagner une volaille ou des côtelettes de porc grillées. Fort intéressant! ★★★ ✳ ©

CHAMPAGNE ET VINS MOUSSEUX

Les bulles et le bruit du bouchon qui saute sont devenus de tels symboles de glamour et de réjouissance, qu'il est parfois difficile de concevoir une célébration sans eux.

Qu'ils soient champenois, catalans, vénitiens, californiens, tasmaniens ou québécois, les vins effervescents ont la vertu de mettre en appétit et permettent de démarrer la soirée en beauté et en toute légèreté.

CHAMPAGNE

Depuis longtemps seules dans leur «bulle», les grandes marques doivent désormais rivaliser avec les vignerons indépendants, dont les vins connaissent une popularité croissante, tant dans la restauration haut de gamme qu'auprès d'une clientèle avisée, moins sensible au marketing.

Cette concurrence relativement nouvelle sur les marchés d'exportation n'aura sans doute aucun impact sur les politiques de prix des grandes maisons, mais, qui sait, cela incitera peut-être quelques-unes d'entre elles à redoubler d'efforts pour conserver leur clientèle.

En attendant, cette section regorge d'excellents vins, provenant de petits comme de grands producteurs, qui sauront satisfaire la soif apparemment insatiable des consommateurs québécois pour l'effervescence.

AGRAPART

Cette cave familiale compte à peine 10 hectares de vignes, qu'elle soigne scrupuleusement. Le labour des sols est fait à l'ancienne, les fermentations sont conduites avec les levures indigènes et les vins profitent d'un élevage en fûts.

Minéral 2003, Grand cru Blanc de blancs (10812951) 83,50 $
Issu exclusivement de vieilles vignes de chardonnay du village d'Avize, le 2003 témoigne brillamment de la richesse du millésime, avec sa vinosité exquise et ses saveurs minérales pénétrantes, mais demeure pourtant plein de fraîcheur. Il fait preuve d'une élégance et d'une profondeur peu communes. Cinq étoiles bien méritées pour un vin remarquablement chic. ☆☆☆☆☆ ② ▼

Terroirs, Extra Brut, Blanc de blancs (11552450) 59,50 $
Sur un mode un peu plus linéaire que le précédent, ce vin compense néanmoins par son attaque en bouche franche, aux saveurs de pomme verte et de brioche, et son caractère hautement désaltérant. À boire dès maintenant et au cours des cinq prochaines années. ☆☆☆☆

AYALA

Depuis son rachat par la compagnie Bollinger en 2005, la qualité des vins de cette maison basée à Aÿ est en progression constante.

Majeur brut (11553137) 51,50 $
Pinot noir, chardonnay et pinot meunier donnent un vin équilibré, assez tendu et agrémenté de jolies saveurs de fruits rouges. Sec, correctement vineux et modérément dosé. Bon Champagne d'apéritif. ☆☆☆

Majeur rosé (11674529) 56,25 $
Assez bien fait, mais sans distinction réelle, comme la plupart des Champagne rosés. Vif, avec des saveurs discrètes de fruits rouges. ★★ ②

LES PLUS RÉCENTS MILLÉSIMES COMMERCIALISÉS

2008
L'un des meilleurs millésimes de la décennie. Un peu austère en jeunesse, mais doté d'un équilibre classique et promis à un bel avenir.

2006
Beau mois de septembre et beaucoup de vins fins, mais aussi riches et généreux.

2005
Année de chaleur ; bon millésime en général, mais sans la classe des meilleurs.

2004
Récolte plantureuse. Des vins fins de forme classique. Plusieurs cuvées millésimées.

2003
Millésime caniculaire peu propice. Vins atypiques, faibles en acidité. Malgré tout, les vins issus des meilleurs terroirs étonnent, tant par leur plénitude que par leur équilibre.

2002
Excellent et abondant millésime qui a donné des vins riches, profonds et au caractère très mûr.

2000
Plusieurs cuvées millésimées. Très bon, mais pas une année exceptionnelle. Les meilleurs sont fins et vivront longtemps.

DES PRODUCTEURS À RETENIR

CHAMPAGNE

Agrapart, Anselme Selosse, Bollinger, Bruno Paillard, Charles Heidsieck, Drappier, Fleury, Franck Pascal, Jacquesson, Jérôme Prévost, Krug, Larmandier-Bernier, Lassaigne, Pascal Doquet, Pierre Gimonnet, Pol Roger, Roederer, Ruinart, Salon, Taittinger, Veuve Clicquot, Vouette & Sorbée

BARNAUT

Ce domaine conduit avec rigueur par Philippe Secondé compte parmi les maisons champenoises les plus en vue, selon l'auteur britannique Hugh Johnson.

Grand cru, Blanc de noirs (11152958) 47,75$
L'amateur de Champagne à l'affût d'aubaines sera immanquablement séduit par ce vin issu du terroir de Bouzy, situé une vingtaine de kilomètres au sud-est de Reims. Une agréable vinosité teintée de fraîcheur, du caractère et une tenue en bouche digne de mention pour le prix. À moins de 50$, ce vin a peu d'égal. ☆☆☆☆ ✻

BEAUMONT DES CRAYÈRES

Nostalgie 1999, Brut (11553153) 78,25$
Très bon Champagne, maintenant à maturité comme en témoigne sa finale relevée de parfums de champignon. Mûr, suffisamment onctueux, vineux, avec de bons goûts de beurre et d'ananas confit. À boire dès maintenant et au cours des trois prochaines années. ☆☆☆ ②

Grand rosé (11553196) 49$
Nez charmeur de noisettes grillées; la bouche ne suit malheureusement pas et laisse une impression un peu linéaire et rudimentaire. ★★

BEDEL, FRANÇOISE

À Crouttes-sur-Marne, la vigneronne Françoise Bedel cultive son petit vignoble de 8,4 hectares en biodynamie depuis 1998. Son fils Vincent travaille à ses côtés depuis 2003.

Dis, « Vin Secret », Brut (11551887) 54,75$
Dans un style très particulier, mais néanmoins savoureux, ce vin composé essentiellement de pinot meunier porte les traits de la générosité du millésime 2003, et laisse en bouche une impression quasi sucrée tant le fruit est mûr. Bulles persistantes; saveurs amples, intenses, passablement évoluées et accentuées d'une pointe d'acidité volatile qui ne nuit en rien à l'expression du fruit. ☆☆☆☆ ② ▼

BILLECART-SALMON

Cette maison réputée de Champagne appartient majoritairement à la compagnie financière Frey, aussi propriétaire du Château La Lagune à Bordeaux et de la maison rhodanienne Paul Jaboulet Aîné.

Brut Réserve (10653347) 60$
Fruit d'un assemblage de pinot noir, de pinot meunier et de chardonnay qui proviennent de trois différents millésimes et des meilleurs terroirs de la Marne. Le style est classique: des bulles très fines, un bouquet délicatement brioché et une très belle persistance en bouche. Pas particulièrement riche ni vineux, mais assez fin. ☆☆☆

Brut rosé (10812942) 91,25$ **|** (10866748) 49,50$ – 375 ml
On reconnaît l'esprit de la maison, mais l'ensemble est un peu court et linéaire, fruité et délicat. ★★★

BOLLINGER

Marque-culte, Bollinger demeure attachée aux vinifications en fûts de chêne qui ont tant contribué au style unique de ses vins.

Special Cuvée, Brut (384529) 66,50$ | (10351808) 145$ – 1,5 litre | (11154646) 36,50$ – 375 ml

Toujours impeccable, cette cuvée est un modèle en matière de brut non millésimé. Plus consistant et structuré que la moyenne, une saine acidité rehausse les arômes de noisette et les tonalités crayeuses de ce vin. Persistant, très stylé et doté d'une belle tenue en bouche. Excellent! ☆☆☆☆

CANARD DUCHÊNE

Depuis son rachat par Alain Thiénot, cette maison ancienne enregistre des progrès notables.

Cuvée Léonie, Brut (11154700) 55$

Le Brut non millésimé est composé de pinot noir, de pinot meunier et de chardonnay. Fin et distingué, il offre une agréable vinosité et une jolie tenue. Un nom à surveiller. Arrivée prévue en novembre 2012. ☆☆☆

Authentic Rosé, Brut (11572830) 57,25$

Bon rosé agrémenté à la fois de saveurs de fruits rouges et d'accents grillés. Pas profond, mais suffisamment gras et équilibré. ★★★

DELAMOTTE

Brut (10839660) 44,75$

Cette petite maison de Champagne située à Le Mesnil appartient à la firme Laurent-Perrier. Composé à moitié de chardonnay, ce vin n'est peut-être pas le plus exubérant, mais son équilibre, sa mousse fine et durable et sa finesse aromatique teintée de notes minérales laissent une impression élégante en bouche. Prix attrayant. ☆☆☆

À TABLE AVEC LE...

Champagne

Trop souvent cantonné à l'apéritif, le Champagne est pourtant un grand vin de gastronomie. Ses fines bulles et sa grande fraîcheur contribuent à ouvrir l'appétit, mais elles sont aussi un atout hors pair pour la table. Il a une affinité particulière avec tout ce qui est gras et salé (même les chips!). Selon son style, il accompagnera aussi bien des plats délicats de poissons et de fruits de mer, que des viandes blanches ou volailles en sauce, des fromages, voire certains desserts. Les plats salés, aux saveurs iodées, aux agrumes, sont toujours gagnants: huîtres crues, ceviche; saumon fumé ou gravlax; calmars frits. Les Champagne plus étoffés supporteront mieux la richesse: volailles, poissons poêlés, grillés, en sauce légèrement crémée, aux champignons, etc. Ils font aussi des merveilles avec le fromage en fin de repas, mais évitez les fromages bleus ou forts, et privilégiez des pâtes molles à croûte fleurie, des double ou triple crème. Avec un Champagne demi-sec ou doux, assurez-vous, comme toujours au dessert, que le vin soit au moins aussi sucré que le plat. Restez dans les couleurs pâles – flan, fruits blancs, sabayon, pâte d'amande – et évitez le chocolat! – *V.R.*

DEUTZ

Dans le giron de la famille Rouzaud (Roederer), Deutz est toujours géré de façon indépendante et produit annuellement 2 millions de bouteilles. Généralement assez dosés, les vins se distinguent néanmoins par leur effervescence fine et aérienne.

Brut Classic (10654770) 57,25 $ | (11154591) 148 $ – 1,5 litre
Toujours composée à parts égales de chardonnay, de pinot noir et de pinot meunier, la cuvée courante du domaine mise avant tout sur la fraîcheur et la vitalité, avec des tonalités florales. Délicat, sans toutefois manquer de tenue. ☆☆☆

DOQUET, PASCAL

En 2004, Pascal Doquet a racheté la totalité des parts de la maison familiale Doquet-Jeanmaire, située à Vertus, au sud de la côte des Blancs. Son vignoble est conduit en agriculture biologique depuis 2007.

Brut Blanc de blancs (11528046) 43 $
Fruit d'un assemblage des récoltes 2004, 2006 et 2007, ce Brut non millésimé se distingue par sa concentration de saveurs mûres et sa texture à la fois franche et crémeuse. Manifestement issu de raisins mûrs, dosé à 7 g/l de sucre, équilibré et désaltérant. Une délicate amertume en finale rehausse ses saveurs d'amande et ajoute à sa longueur en bouche. Que de bons mots, surtout à prix d'aubaine… ☆☆☆☆

DRAPPIER

La famille Drappier exploite un vignoble de 55 hectares dans la commune d'Urville, au sud de l'appellation. Le Brut Nature offre parmi les meilleurs rapports qualité-prix à la SAQ.

Brut Nature, Pinot noir, Zéro dosage (11127234) 44 $
Aucune liqueur d'expédition n'a été ajoutée après le dégorgement de cette cuvée composée de pinot noir ; son onctuosité est donc attribuable à la maturité des raisins plutôt qu'à un procédé œnologique. Sec et désaltérant, il offre un plaisir certain grâce à son attaque en bouche franche et à ses notes délicatement briochées. Quatre étoiles dans sa catégorie. ☆☆☆☆

Carte D'Or Brut (734699) 40,75 $
Un peu moins distinctif, mais est tout aussi recommandable. Son ampleur en bouche est compensée par une bonne dose d'acidité qui harmonise le tout et rehausse ses saveurs d'épices qui évoquent la muscade. ☆☆☆

DUVAL-LEROY

Cette importante entreprise familiale fondée en 1859 possède 170 hectares de vignes.

Design Paris (10516414) 64,75 $
Présenté dans une bouteille élégante qui rappelle les lieux célèbres de la Ville lumière, cet assemblage est dominé par le pinot noir, d'où sa vinosité et sa tenue en bouche. De délicats parfums briochés ajoutent à son charme. ☆☆☆

Femme de Champagne Brut 1996 (611814) 71,25 $
Très majoritairement composé de chardonnay provenant des grands crus d'Avize, de Chouilly et d'Oger, le 1996 exprime avec beaucoup de précision des saveurs fines de fruits et un caractère quasi salin. Très chic et très… féminin ! ☆☆☆☆ ▼

EGLY-OURIET

La famille Egly s'inscrit à merveille dans la grande tradition des vignerons champenois récoltants-manipulants, qui assurent l'élaboration de Champagne issus de leurs propres récoltes. De la vigne au chai, Francis Egly met tout en œuvre pour obtenir des vins racés, élégants et authentiques.

Tradition Grand Cru, Brut (11538025) 80,75$
S'il n'est pas le plus volumineux, ce vin issu essentiellement de pinot noir se distingue aisément par l'élégance de sa texture et la délicatesse aérienne de ses bulles. Sec, doté d'un caractère minéral très racé et d'une fin de bouche pénétrante. Un Champagne remarquable, multidimensionnel, long en bouche, et surtout doté de ces multiples couches de saveur qui font la marque des grands vins. Quelle exquise pureté! ☆☆☆☆☆

Blanc de noirs Grand Cru, Vieilles vignes (11538050) 161,25$
Encore plus intense et vineux, ce vin distille une race peu commune. Un monument en bouche: beaucoup de tenue, de sève et de détail; des bulles persistantes et une impression générale de plénitude. Même s'il n'est pas millésimé, ce grand vin a tous les atouts nécessaires pour vieillir en beauté. Dans les succursales Signature à compter du 10 novembre 2012. ☆☆☆☆ Ⓢ

FALMET, NATHALIE

Brut (11797377) 54,50$
Au sud de la Champagne, dans le département de l'Aube, l'œnologue Nathalie Falmet a repris l'exploitation familiale et élabore aujourd'hui de très bon vins, dont ce Brut issu essentiellement de pinot noir. La bulle est fine et les saveurs de fruits rouges sont mises en relief par une saine amertume et une agréable fraîcheur. Arrivée prévue en novembre, lors de la sortie du magazine *Cellier*. ☆☆☆

FLEURY

Avec à peine quelques centaines d'hectares certifiés biologiques – sur un total de 35 000 ha –, la Champagne fait pâle figure en matière de développement durable. Ce simple détail rend exceptionnel le domaine admirablement tenu par Morgane Fleury, puisque son vignoble de la côte des Bars est cultivé en biodynamie depuis 1989.

Brut 1996 (11544062) 98,50$
Dans la continuité des derniers millésimes, ce vin constitué essentiellement de pinot noir (80%) est impeccable. Bien qu'il renferme environ 10 g/l de sucre résiduel, le 1996 n'accuse pas la moindre lourdeur, puisqu'on a pris soin de bloquer les fermentations malolactiques afin de conserver une saine vivacité. La bouche est franche, volubile et volumineuse, égayée de bulles fines et persistantes qui mettent en relief de savoureux arômes de pain brioché et de fumée. Une belle bouteille! ☆☆☆☆ ②

GIMONNET, PIERRE & FILS

Pierre Gimonnet veille sur cette vaste propriété qui appartient à sa famille depuis 1750 et qui s'étend sur les zones de grands crus et de premiers crus. Les dosages sont généralement limités ; ainsi, le fruit peut s'exprimer dans toute sa subtilité.

Cuvée Cuis Premier cru, Blanc de blancs (11553209) 57,50 $
Ce vin vibrant et expressif, élaboré sans élevage en fûts de chêne, fait preuve d'une pureté exemplaire. Manifestement issu de raisins mûrs, sec, franc et naturellement vineux, il déploie en bouche des saveurs cristallines, minérales et persistantes. Belle bouteille ! ☆☆☆☆

Spécial Club 2005, Premier cru, Chardonnay, Brut (10230694) 75 $
Dans un tout autre style, très mûr, brioché et doté d'une grande complexité aromatique. Pour l'heure, la bouche est si riche et onctueuse qu'elle semble un peu manquer de fraîcheur. Quelques années de repos lui seront sans doute profitables. ☆☆☆→? ③

LE VIN DÉCORTIQUÉ

Champagne : l'ascension des viticulteurs-producteurs

L'industrie champenoise est dominée par les grandes maisons, sur qui repose environ 80 % de la production régionale. La plupart d'entre elles ne possèdent toutefois que peu de vignobles. Elles doivent s'approvisionner auprès des quelque 15 000 viticulteurs qui sont le moteur du vignoble champenois.

Pour maintenir le style de leur marque, les grandes maisons assemblent les vins de différents millésimes et de différents secteurs. Au fil des ans et du travail des hommes, chaque maison s'est tissé une personnalité et a adopté une marque, plutôt que d'exposer la spécificité d'un terroir précis.

Durant les deux dernières décennies, plusieurs vignerons indépendants ont cessé de vendre leurs raisins aux gros opérateurs pour commencer à élaborer leur propre vin.

Ces viticulteurs-producteurs n'utilisent que très rarement d'autres raisins que ceux qu'ils cultivent ; ainsi, leurs vins reflètent plus précisément la saveur d'un terroir. Aussi, parce que plusieurs d'entre eux ne peuvent profiter de stocks abondants de vins d'années précédentes, leurs cuvées de Champagne sont le fruit d'une seule récolte. Par conséquent, ils sont moins homogènes que les vins issus d'un assemblage de plusieurs millésimes. Peut-être sont-ils moins somptueux dans les petites années, mais ils compensent largement par leur authenticité.

Sans doute conscients de l'intérêt des amateurs québécois pour les vins du terroir produits à petite échelle, les acheteurs de la SAQ ont enfin ouvert les portes à d'excellents producteurs indépendants. Souhaitons que cela ne soit qu'un début… – *B.Z.*

GOERG, PAUL

Brut Premier cru 2005 (439190) 53,25 $
Cave coopérative de Vertus, au cœur de la côte des Blancs, Paul Goerg commercialise ce très bon Brut millésimé composé exclusivement de chardonnay. Pas très complexe, mais à ce prix, on apprécie sa fraîcheur et la netteté de ses arômes de levure. À boire au cours des deux prochaines années. ☆☆☆ Ⓒ

GOSSET

Grande Réserve Brut (10839619) 62,50 $
Jean-Pierre Cointreau veille sur cette vieille maison d'Aÿ depuis 2007. Une bonne proportion de pinot noir et de pinot meunier, majoritairement issus des terroirs de grands crus, ajoute à la tenue en bouche de ce vin une ampleur digne de mention. Très bon vin mûr, ouvert et équilibré. ☆☆☆

HEIDSIECK, CHARLES

Bien qu'elle évolue dans l'ombre de Piper-Heidsieck, cette maison, acquise en 2011 par la famille Descours (Groupe EPI), fait preuve de beaucoup de rigueur et offre d'excellents rapports qualité-prix.

Brut Réserve (11450533) 62 $
En plus de mentionner, sur la bouteille, la date de mise en cave, on a pris soin d'indiquer aussi celle du dégorgement. Ce vin de qualité constante se distingue par son élégante vinosité. Une marque fiable, et un produit à retenir pour l'amateur de Champagne au style vineux et nourri. ☆☆☆☆

HENRIOT

Cette maison fondée en 1808 par Apolline Godinot, veuve de Nicolas Simon Henriot, est également propriétaire de Bouchard Père & Fils et du domaine William-Fèvre en Bourgogne.

Cuvée des Enchanteleurs 1996 (11552901) 211,75 $
Encore disponible en petite quantité à la SAQ, la cuvée des Enchanteleurs a brillé par sa profondeur et sa complexité, en novembre 2011, lors de la 10e édition de Montréal Passion Vin. La richesse du millésime transparaît dans ce mélange complexe de vinosité, de puissance et de finesse, avec des saveurs de crème pâtissière et de fruit mûr, sur un fond minéral qui apporte au vin une fraîcheur sublime. Déjà grand, mais il a toutes les vertus nécessaires pour vieillir de façon majestueuse. Du moins si l'on en juge par la qualité du 1964, dégusté lors du même événement. Bravo ! ☆☆☆☆☆ ③

Blanc Souverain, Pur Chardonnay, Brut (10796946) 69 $
Composé de chardonnay cultivé en partie dans la côte des Blancs, ce brut non millésimé a profité d'un élevage de cinq années sur lie. Sa profondeur, sa richesse et son style, teintés de jolies nuances de brioche, mettent en relief toute la finesse et la complexité d'un grand Champagne. ☆☆☆☆

Brut rosé (10839635) 75,75 $
Encore frais et vigoureux ; fruité et délicatement aromatique, suffisamment de tenue et un bel équilibre. L'un des bons Champagne rosés offerts sur le marché. ★★★★

KRUG

Maintenant membre de l'empire LVMH – Louis Vuitton, Moët-Hennessy –, cette petite entreprise mythique est toujours dirigée avec rigueur et brio par la famille Krug (prononcer krougue), d'origine allemande.

Grande Cuvée (727453) 275,75 $
Légendaire pour les bonnes raisons, la Grande Cuvée doit sa qualité et sa constance irréprochables à une foule de détails qui lui permettent de s'élever au-dessus de la mêlée. Fruit d'un assemblage de 12 millésimes et de raisins provenant de plus de 300 parcelles, le vin est un triomphe de vinosité, de plénitude et d'équilibre. Une vinification en petits fûts de chêne – Krug est l'une des dernières maisons à s'offrir ce luxe – lui confère par ailleurs des notes oxydatives subtiles et une race hors du commun. Un Champagne d'exception ! ☆☆☆☆☆

LARMANDIER-BERNIER

Pierre Larmandier cultive 15 hectares en biodynamie. Les vins dégustés au cours des dernières années se distinguaient tous par une expression à la fois mûre, minérale et épurée du chardonnay.

Terre de Vertus Premier cru (11528011) 71,75 $
L'amateur de Champagne distingué et épuré sera immanquablement conquis par la race et les saveurs cristallines de cette cuvée issue exclusivement de chardonnay, cultivé en coteau dans la commune de Vertus, dans la Marne. Un vin non dosé, parfaitement sec, dont la texture à la fois crémeuse et délicate est portée par des bulles très fines. Le Blanc de blancs façon haute couture. ☆☆☆☆

MOËT & CHANDON

Membre fondateur de l'empire LVMH, la maison Moët & Chandon a longtemps été, tout comme Mumm, une figure emblématique de la Champagne. Moët écoule annuellement plus de 25 millions de bouteilles dans le monde.

Nectar Impérial (509695) 69,50 $
Champagne demi-sec tout indiqué pour accompagner le dessert. Ample, suave, doux et généreux, il exerce un certain charme. ☆☆☆

Les deux cuvées non millésimées de Moët sont satisfaisantes. ☆☆ et ★★

Impérial Brut (453084) 63,75 $

Impérial Brut rosé (482026) 75,25 $

PAILLARD, BRUNO

Créée en 1981, la société Bruno Paillard s'est vite taillé une place enviable dans cette région où règnent des institutions centenaires.

Brut Première Cuvée (411595) 57,50 $
À point, vineux et généreusement brioché, mûr, ample et sec ; une droiture et une franchise impeccables. Depuis 1985, cette maison indique systématiquement la date de dégorgement sur la contre-étiquette, une précision utile. ☆☆☆

Brut Première Cuvée, rosé (638494) 69,50 $
Plus délicat, assez fruité, équilibré et fort agréable. ★★★

PASCAL, FRANCK

Depuis quelques années, Franck Pascal a opté pour une conduite biodynamique dans son vignoble de la Marne. Vigneron inspiré, il donne naissance à des vins impeccables qui témoignent d'un désir sincère de transmettre les subtilités du terroir.

Prestige 2002, Équilibre, Brut (11552871) 65,50 $
Encore étonnamment jeune et frais pour un vin âgé de 9 ans, cet excellent Champagne joue davantage la carte de la finesse que celle de la puissance. Sa mousse crémeuse et délicate laisse filtrer des notes minérales et fruitées très précises qui traduisent la nature crayeuse des sols de la région. Longue finale distinguée. ☆☆☆☆ ② ▼

Tolérance, Brut rosé (11552839) 62 $
Les cépages pinot meunier et pinot noir ne sont certainement pas étrangers à la tenue en bouche de cet excellent rosé. Des saveurs pures et précises de fruits rouges, des bulles fines et une finale délicatement iodée. À classer parmi les meilleurs rosés de Champagne dégustés cette année. ★★★★

PERRIER, JOSEPH

Cette vieille maison de Châlons-en-Champagne fondée en 1825 possède une vingtaine d'hectares de vignes, dont elle tire des vins tout en finesse.

Cuvée Royale 2002, Brut (10654796) 77 $
La cuvée Royale est le fruit d'un assemblage de chardonnay, de pinot noir et de pinot meunier, issus de 15 crus différents. Il en résulte un vin élégant, dont les arômes de fruits à chair jaune et de pâtisserie sont portés par une effervescence très fine. Finale crémeuse ponctuée d'une saine amertume qui prolonge les saveurs. ☆☆☆☆ ②

Cuvée Royale, Brut rosé (10653291) 74,50 $
Bulle fine, bonne acidité. Saveur de fruits rouges, ponctuée d'une touche épicée qui contribue à sa singularité et le distingue du lot de rosés insipides et unidimensionnels qui abondent en Champagne. Quatre étoiles et une mention spéciale pour une belle leçon de choses. ★★★★

POL ROGER

Cette entreprise restée familiale a conquis une foule d'amateurs sur tous les continents, qui ne jurent que par le raffinement, l'élégance et la précision de ses vins. Tous ont en commun un équilibre et une fraîcheur exemplaires.

Sir Winston Churchill 1999 (892166) 210 $
Cette cuvée rend hommage au plus célèbre fan de Pol Roger. Pendant les 10 dernières années de sa vie, l'ancien premier ministre britannique en aurait bu quelque 500 caisses ! La cuvée qui porte son nom est parmi les plus achevées. Le 1999 appelle déjà tous les superlatifs. Long, caressant et soutenu par un fil d'acidité parfaitement dosé ; à la fois riche et épuré, comme en fait foi sa longue finale aux accents minéraux. Des vins d'une telle envergure ont besoin de temps pour s'épanouir ; celui-ci devrait dormir en cave jusqu'en 2016, au moins. ☆☆☆☆→? ③

Brut 2000 (10663123) 89,25 $
Composé de pinot noir et de chardonnay issus de 20 grands et premiers crus de Champagne, ce vin a profité d'un mûrissement de sept ans en cave avant d'être mis en vente. Le 2000 m'a semblé un peu plus nourri que le sublime 1999 qui l'a précédé. Volumineux et ponctué d'une pointe d'amertume qui ajoute à son caractère et à sa tenue en bouche. Il serait avisé de le laisser reposer encore quelques années. ☆☆☆☆ ③

Extra Brut, Pure (11043487) 70,50 $
Création récente au catalogue de Pol Roger, la cuvée Pure est un splendide Champagne non dosé, c'est-à-dire élaboré sans ajout de liqueur de tirage (sucre). Parfaitement sec et pourtant ample, généreux et friand. Le Champagne parfait pour accompagner les huîtres. Prix attrayant. ☆☆☆☆

Brut (051953) 61,75 $
Plus modeste, mais toujours impeccable, le non millésimé compte pour 70 % de la production de la maison. Pinot noir, pinot meunier et chardonnay à parts égales proviennent de 55 crus différents. Les bulles sont fines ; le vin est à la fois léger, tendre et vineux. Il demeure une référence. ☆☆☆☆

POMMERY

Depuis 1976, cette célèbre maison appartient à Vranken Pommery Monopole, deuxième groupe en importance derrière LVMH.

Brut Royal (346106) 64,75 $
Une quarantaine de crus et 20 % de vins de réserve assurent la qualité et la constance de cette cuvée. De subtils arômes briochés, un assez bel équilibre et une certaine vinosité. ☆☆☆

Brut rosé (158543) 73,50 $
Plus modeste, agrémenté de notes de beurre et de fruits frais ; assez souple pour l'apéritif, suffisamment vineux pour la table. ★★

ROEDERER

Dirigée avec brio par la famille Rouzaud, Roederer fait partie de l'élite de la Champagne. En rachetant une douzaine d'hectares du domaine Leclerc-Briant en 2010, l'entreprise s'est de nouveau imposée par sa gestion avant-gardiste, devenant propriétaire du plus important vignoble champenois cultivé en biodynamie. Soucieux de maintenir un bon taux d'acidité naturelle dans les moûts, Jean-Baptiste Lécaillon, chef de cave en poste depuis 1999, a commencé à repenser le travail à la vigne dès 2000. « Nous avons commencé par les labours, conséquemment nous avons pu cesser l'usage des désherbants, puis, comme une bonne partie du travail était faite, nous avons décidé de tenter la biodynamie sur une parcelle. Concrètement, cela nous permet déjà d'obtenir des raisins plus mûrs, sans sacrifier l'acidité. »

Pour l'heure, ce mode de culture ne s'applique qu'à 15 % du vignoble de Roederer, mais l'idée fait son chemin et fait déjà couler beaucoup d'encre. Souhaitons que cet élan, ou du moins l'intérêt qu'il suscite, saura inspirer d'autres acteurs importants de la région…

Cristal Brut 2005 (268755) 283,25 $
Les inconditionnels de ce vin mythique retrouveront la vitalité, la délicatesse et les saveurs minérales à la fois cristallines et complexes qui ont fait sa renommée. Pas le plus imposant, mais incontestablement fin, racé et élégant, le vin semble gagner en précision et en détail aromatique depuis quelques années. Autant d'atouts qui feront peut-être oublier son prix… ☆☆☆☆→? ②

Rosé 2007, Brut (368415) 87,75 $
Par sa tenue en bouche, sa vitalité et son registre aromatique, mariant les saveurs de cacao, de cerises mûres et de framboises, ce vin se distingue de la pléiade de rosés souvent rudimentaires et doucereux qui encombrent le marché. Beaucoup de caractère et d'éclat. Bravo! ★★★★ ③

Brut Premier (268771) 66,50 $
La forte contribution de deux tiers de raisins noirs explique son caractère vineux et sa plénitude; riche, mais d'une fraîcheur exemplaire. ☆☆☆

RUINART

La plus ancienne des maisons champenoises appartient au groupe LVMH depuis 1988.

Dom Ruinart 1998, Blanc de blancs (533851) 251,75 $
Réputé à juste titre pour sa finesse et sa somptueuse légèreté, le Dom Ruinart se distingue toujours par sa forme ronde et onctueuse. De ce 1998 se dégagent des notes crayeuses et minérales; la bouche est vive et accentuée de notes persistantes de mie de pain. À savourer au cours des dix prochaines années. ☆☆☆☆ ▼

«R» de Ruinart Brut (10326004) 77,50 $
Majoritairement composé de pinot noir et élaboré dans le même style très classique privilégiant l'élégance à la vinosité. Finale vaporeuse aux goûts de pâtisserie et de tire-éponge. ☆☆☆☆

TAITTINGER

Depuis son rachat par Pierre-Emmanuel Taittinger, cette maison historique est en voie de revenir au sommet après quelques années de purgatoire.

Brut Réserve (10968752) 58,25 $
L'élégance classique de la marque Taittinger transparaît dans ce très bon vin délicatement beurré, assez tonique et porté par des bulles fines. Bel équilibre d'ensemble. ☆☆☆

Cuvée Prestige rosé (372367) 74,50 $
Plus de définition aromatique et de tenue en bouche que la plupart des rosés, avec, en prime, une fine amertume qui ajoute à sa longueur en bouche et met en relief ses délicates saveurs de fruits rouges et d'épices. ★★★

Prélude Grands Crus (11787283) 70,25 $
Plus complet, cet excellent vin est composé à parts égales de chardonnay et de pinot noir, issus des terroirs de Grands crus et vieilli plus de 5 ans en cave. À la fois vineux, étoffé et savoureusement brioché, mais néanmoins fidèle à l'esprit de finesse et d'élégance propres à la marque. Une saine amertume en finale agit comme support aromatique et permet de prolonger le plaisir en bouche. Bravo! ☆☆☆☆

VARNIER-FANNIÈRE

Grand cru Blanc de blancs, Brut (11528089) 55,50 $
Bon Champagne au caractère brioché caractéristique des vins issus de chardonnay; pas particulièrement complexe, mais ample en bouche, agréable à boire et vendu à bon prix. À boire sans trop attendre. ☆☆☆

VEUVE CLICQUOT

Rigoureusement menée par Dominique Demarville et son équipe d'œnologues, cette grande maison champenoise reste bien présente dans le peloton de tête. À noter que le nom Ponsardin a été abandonné en 2011. La maison porte désormais le simple nom Veuve Clicquot.

La Grande Dame 1998 (354779) 250,75$
La Grande Dame fait partie de l'élite. Superbement riche et intense, un mélange exquis de finesse et de vinosité caractéristiques de la marque. Sa plénitude en bouche et son harmonie ont une allure souveraine. Peut vivre aisément 15 ans, sinon plus. ☆☆☆☆→? ③

Carte Jaune (563338) 67,25$
I (572586) 134,50$ – 1,5 litre I (389056) 40,50$ – 375 ml
Un classique. Pas le plus vineux, mais son dosage lui assure une certaine ampleur qui a tôt fait de séduire. Pas étonnant d'ailleurs que son succès ne se démente pas depuis sa création en 1957. Recommandable, quoique plusieurs cuvées offrent un rapport qualité-prix plus avantageux. ☆☆☆

D'autres Champagne de qualité satisfaisante ☆☆ et ★★

BESSERAT DE BELLEFON
Cuvée des Moines, Brut Blanc de blancs (11551941) 70,50$
Cuvée des Moines, Brut rosé (11154515) 59,50$

DEVAUX
Blanc de noirs, Brut (11588381) 47,25$
Cuvée D, Brut (11551852) 60$
Grande Réserve, Brut (11374315) 48,25$

LALLIER **Grande Réserve, Brut** (11374251) 46,75$ Ⓒ

LAURENT-PERRIER
Brut (340679) 64,75$
Cuvée rosé, Brut (158550) 99,75$
Ultra Brut (11787339) 75$

D'autres Champagne de qualité passable ☆ et ★

ABELÉ, HENRI **Brut** (11469568) 59,75$

BOIZEL **Brut rosé** (10970650) 57,50$

CHANOINE **Grande Réserve, Brut** (11766571) 43,75$

FEUILLATTE, NICOLAS **Réserve Particulière, Premier cru** (578187) 47,25$

FORGET-BRIMONT **Brut rosé Premier cru** (10845883) 49,50$ Ⓒ

LANSON, ROSE LABEL **Brut rosé** (11588639) 64,25$

MUMM **Cordon Rouge** (308056) 63,50$

PLOYEZ-JACQUEMART **Brut Sélection rosé** (11010280) 72,50$

VINS MOUSSEUX

Les cépages riesling, pinot gris et gewurstraminer entrent peu ou pas du tout dans la composition du Crémant d'Alsace. Ce sont surtout le pinot blanc et l'auxerrois qui sont mis à contribution, ainsi qu'un peu de chardonnay et de pinot noir.

Dans la majorité des cas, il est inutile de conserver des vins mousseux plus de trois ans. Plus longtemps, ils risquent de perdre leur fraîcheur.

À son meilleur, le Prosecco di Valdobbiadene (prosecco est le nom du cépage) est un très bon vin léger et délicatement aromatique, doté d'une saine effervescence.

FRANCE

ANTECH, GEORGES ET ROGER

Expression 2008, Crémant de Limoux (10666084) 18,40$
Un peu de chenin, ajouté au mauzac et au chardonnay, donne un vin plein de vitalité, aromatique et agréable à boire. Sec, droit et juste assez vineux. Parfaitement recommandable à moins de 20$. ☆☆☆ ✻ ②

BAILLY LAPIERRE

Dans l'Auxerrois, tout au nord de la Bourgogne, cette cave coopérative regroupe une centaine de vignerons. La qualité est tout à fait correcte.

Vive la Joie 2006, Brut, Crémant de Bourgogne (11791688) 26,85$
Excellent Crémant issu de chardonnay et de pinot noir. Un vieillissement sur lattes de plus de trois ans n'est sans doute pas étranger à sa couleur dorée, à sa texture vineuse et à son ampleur en bouche. Des saveurs d'agrumes, sur un fond légèrement végétal qui évoque l'aneth, sont mises en relief par une amertume de bon aloi. Rapport qualité-prix irréprochable. ☆☆☆☆ ② ✻

Crémant de Bourgogne (11565015) 23,80$
Le vin semble un peu plus dosé, sans la vinosité ni la tenue en bouche du précédent. Modeste, mais néanmoins recommandable. ☆☆☆

À TABLE AVEC LES...

Autres vins effervescents

Les vins mousseux élaborés dans les règles de l'art, avec chardonnay et pinot noir, peuvent s'accorder comme le Champagne, selon leur complexité et leur puissance.

Les Cava d'Espagne sont, en général, plus simples et plus légers, et accompagneront les bouchées apéritives à base de poisson et fruits de mer, les sushis ou encore le brunch.

Les Prosecco d'Italie ont un caractère un peu plus fruité. Ils accompagneront aussi très bien les sushis, tout comme des bouchées fruitées-salées et des poissons fumés.

Les vins mousseux font de bons accords avec les « mal-aimés » du vin : artichauts, salades, œufs, préparations vinaigrées, etc. – *V.R.*

BARMÈS BUECHER

Décédé prématurément en octobre dernier alors qu'il était au sommet de son art, François Barmès s'est taillé une réputation enviable en élaborant des vins particulièrement précis et savoureux, dont cet excellent Crémant d'Alsace.

Crémant d'Alsace 2009, Brut Zéro Dosage (10985851) 22,50 $
Fruit d'un assemblage d'auxerrois, de pinot gris, de chardonnay, de pinot blanc et d'une pointe de pinot noir, et élaboré sans ajout de liqueur d'expédition. Bien qu'il ne brille pas tant par sa fraîcheur ni par sa précision aromatique, le 2009 compense par son onctuosité et ses saveurs généreuses aux accents exotiques. Atypique, mais original. ☆☆☆ ②

BOUILLOT, LOUIS

Crémant de Bourgogne 2007, Perle Rare (884379) 20,95 $
L'une des nombreuses marques du portefeuille Boisset. Si les vins de la gamme Cuvée Grand Terroir – en importation privée – font preuve de raffinement et de complexité, je dois avouer ma réserve quant aux deux vins actuellement disponibles à la SAQ. Celui-ci est un bon vin léger et fluide, aux saveurs de citron et de pomme verte, sur un fond vaguement brioché ; frais, passablement dosé, mais équilibré et facile à boire. ☆☆ ②

Crémant de Bourgogne rosé, Perle d'Aurore (11232149) 21,80 $
Un rosé léger et fluide, mais un peu trop doucereux à mon goût. ★★

Voir aussi la section IP

CHÂTEAU MONCONTOUR

Cuvée Prédilection 2010, Brut, Vouvray (430751) 19,75 $
La famille Feray produit un très bon vin mousseux auquel le chenin blanc apporte un trait original. La cuvée Prédilection est toujours franchement recommandable avec son attaque savoureuse, rehaussée par l'acidité naturelle du chenin blanc. ☆☆☆ ② ✻

CHERMETTE, PIERRE-MARIE

Crémant de Bourgogne, Blanc de blancs (11537073) 21,80 $
Pierre-Marie et Martine Chermette sont installés tout au sud du Beaujolais, mais ils possèdent aussi quelques parcelles dans le secteur des crus, ainsi que dans le Mâconnais, où ils élaborent ce très bon Crémant. Un vin sec et rafraîchissant, dont les saveurs pures de fruits blancs sont portées par des bulles fines et délicates. À boire d'ici 2015. ☆☆☆

CHIDAINE, FRANÇOIS

Méthode traditionnelle, Brut non dosé, Montlouis (11537049) 22,95 $
Sur un mode plus subtil et délicat que celui d'Huet, le vin de cet artiste de Montlouis-sur-Loire met également en relief le caractère aromatique singulier et la poigne typique du chenin. Bien qu'aucune liqueur de dosage n'ait été ajoutée, ce vin particulièrement ample et onctueux est arrondi par un reste de sucre (6,3 g/l), attribuable à la richesse naturelle de fruits cueillis à parfaite maturité. À boire dès maintenant et au cours des trois prochaines années. ☆☆☆

DOMAINE DE FOURN

Blanquette de Limoux 2009 (220400) 19,20$
Particulièrement nourri en 2009, le vin charme par sa vitalité et par l'expression aromatique originales du cépage mauzac qui lui donne un caractère appréciable à ce prix. ☆☆☆ ①

GRATIEN & MEYER

Cuvée Flamme, Crémant de Loire (11177856) 20,20$
La Cuvée Flamme est le fruit d'un assemblage de chenin blanc, de cabernet franc et de chardonnay. En résulte un vin aux saveurs amples, assez frais et doté d'une agréable tenue en bouche. ☆☆☆

LABET

En plus de travailler aux côtés de son père Alain au domaine familial, Julien Labet élabore, depuis 2003, quelques cuvées parcellaires qu'il commercialise sous son propre nom.

Crémant du Jura 2010
(11549162) 20,80$
L'usage exclusif des levures indigènes n'est sans doute pas étranger à la singularité de cet excellent Crémant. De bons goûts de pomme et de fleurs blanches sont rehaussés d'une pointe d'acidité volatile qui, plutôt que de nuire au vin, lui donne une dimension supplémentaire. Un Crémant gras et vineux dans lequel l'amateur du Jura trouvera tout le caractère aromatique des bons vins de la région. ☆☆☆☆ ② ✻

LE VIN DÉCORTIQUÉ

La révolution des bulles

Les Québécois, comme tous les œnophiles du monde, boivent de plus en plus de vins mousseux. Dans la province, cette catégorie a connu une hausse de plus de 28 % au cours des trois dernières années. Pendant la même période, les ventes de vins de certaines régions, comme le prosecco, ont doublé au Québec.

Cette croissance ne peut être attribuée qu'au prix puisque les ventes de Champagne sont également en hausse. Cette tendance est peut-être attribuable au fait que de plus en plus d'amateurs recherchent des vins frais, faciles à boire et moins alcoolisés. Autant de qualités qui les rendent tout aussi agréables à table. – *B.Z.*

LAURENS

Crémant de Limoux 2010, Clos des Demoiselles (10498973) 20,85$
Au sud de Carcassonne, le Champenois Michel Dervin produit un excellent Crémant conjuguant les vertus du chardonnay, qui apporte une saine vinosité, du chenin, qui accentue sa fraîcheur en bouche, et du mauzac, qui contribue à l'originalité de ses saveurs. Vineux, avec tout ce qu'il faut d'acidité pour assurer sa tenue en bouche et son équilibre. Parmi les meilleurs vins mousseux sur le marché. ☆☆☆☆ ② ✻

MOINGEON

Crémant de Bourgogne, Prestige (871277) 20,75$
Propriété du domaine Bertagna, cette maison produit un Crémant de belle facture, très sec et droit en bouche; frais et nerveux, un bon mousseux authentique. Pas le moins cher, mais la qualité est digne de mention. ☆☆☆

ROLET

Crémant du Jura 2008, Brut (10653380) 20,80$
Connue dans le Jura pour ses vins tranquilles et son vin jaune, la famille Rolet produit aussi un très bon mousseux auquel les cépages chardonnay, salvagnin et poulsard confèrent une saine vinosité, aux notes très franches de pomme verte; modérément vineux et doté d'une saine fraîcheur. ☆☆☆

SIEUR D'ARQUES

Première Bulle 2008, Blanquette de Limoux (094953) 16,95$
Vêtue d'un nouvel habillage, la cuvée courante de cette cave coopérative du Languedoc mise sur le potentiel aromatique des cépages mauzac, chenin et chardonnay qui donnent un bon vin aux saveurs mûres. Correct. ☆☆ ②

TISSOT, MIREILLE ET ANDRÉ

Crémant du Jura, Brut (11456492) 22,05$
La famille Tissot est l'une des forces de la viticulture jurassienne. Il y a plusieurs années, André et Mireille ont transmis les rênes à leur fils Stéphane qui s'inscrit parmi les vignerons les plus talentueux de sa génération. Très bon Crémant, à la fois net, mûr, ample et très expressif, avec des saveurs franches de pâte d'amande. Aussi racé que savoureux et d'une très belle tenue en bouche. Il laisse une impression digeste et harmonieuse. Bravo! ☆☆☆☆ ② ✻

UNION DES PRODUCTEURS DE DIE

Cuvée Titus, Clairette de Die (333575) 18,95$
De la vallée du Rhône, une Clairette traditionnelle principalement composée de muscat et ne titrant que 7% d'alcool. Moelleux, léger, parfumé et savoureux, ce vin n'est pas sans rappeler l'Asti Spumante. À servir très frais au dessert ou après le repas. ☆☆☆

WOLFBERGER

Crémant d'Alsace, Cave vinicole d'Eguisheim (732099) 18,85$
Très bon mousseux riche et imprégné du caractère aromatique naturel des vins alsaciens; rond, fruité et aimable. Bonne qualité à ce prix. ☆☆☆

D'autres vins mousseux de France de qualité moyenne ☆☆ et ★★

ACKERMAN **X Noir, Brut rosé** (11315251) 18,65$ Ⓒ

BESTHEIM
Brut, Crémant d'Alsace (11140682) 18,25$
Crémant d'Alsace rosé (11445611) 19,30$

BLASON DE BOUGOGNE
Brut Réserve, Crémant de Bourgogne (10970131) 19$
Brut rosé, Crémant de Bourgogne (10839125) 19,20$

CAVE VINICOLE DE HUNAWIHR **Calixte, Brut rosé, Crémant d'Alsace** (871921) 20,35$

DOMAINE LANGLOIS-CHATEAU **Brut rosé, Crémant de Loire** (11140631) 19,40$

LOUIS DE GRENELLE **Grande Cuvée, Saumur** (11140703) 19,90$

PICAMELOT, LOUIS **Brut, Crémant de Bourgogne** (11140640) 19,70$

SIMONNET-FEBVRE **Crémant de Bourgogne** (11791830) 21,55$

ITALIE

BELLAVISTA

Franciacorta Brut (340505) 35,25$
Parmi les producteurs *leaders* de Franciacorta, cette entreprise réputée commercialise une gamme de vins mousseux de qualité exemplaire, dont certains rivalisent sans peine avec le Champagne. Le vin courant est tout aussi raffiné. Droit, sec et agrémenté de délicates notes florales, il a peu à envier à de nombreuses cuvées régulières de Champagne. Impeccable ! ☆☆☆☆

BISOL

Fondée au XIXe siècle, la vieille cave de la famille Bisol est une référence au sein de cette appellation vénitienne.

Crede 2011, Prosecco di Conegliano Valdobbiadene (10839168) 19,35$
▮ (11549349) 41,50$ – 1,5 litre
Le nom Crede fait référence aux terrains argileux d'où les vignes de prosecco, de verdiso et de pinot blanc tirent leur sève. Heureux mélange de vinosité et de fraîcheur, avec en prime de délicates saveurs florales et une finale saline et désaltérante. Quatre étoiles pour un Prosecco nettement supérieur à la moyenne et toujours l'un des meilleurs *spumanti* vendus à la SAQ. ☆☆☆☆ ✻

CA'DEL BOSCO

Franciacorta Brut (11008024) 33$
Maurizio Zanella a été un artisan majeur de l'essor des vins de Franciacorta. Sa cuvée brut non millésimée demeure une référence. Ni profond ni complexe, mais délicatement brioché, assez vineux et empreint de vitalité. Ses saveurs nuancées et sa belle mousse persistante donnent envie de prolonger l'apéritif. ☆☆☆

MONTENISA

Depuis 1999, le tableau de chasse de Piero Antinori regroupe aussi quatre cuvées de Franciacorta, élaborées par sa fille Allessia.

Dizero, Franciacorta Brut Blanc de blancs (11355528) 45,75$
La vinosité de ce Franciacorta ne repose pas sur l'ajout de sucre, mais plutôt sur des raisins de chardonnay récoltés à maturité et élevés sur lie pendant 30 mois. Goûté de nouveau en août 2012, le vin m'a semblé un peu moins complet. Très bien, mais sans l'éclat des meilleurs. ☆☆☆

Brut, Franciacorta (10678616) 30,50 $
Assemblage de chardonnay, de pinot blanc et d'une petite proportion de pinot noir, le Montenisa Brut est assez fin et agrémenté de saveurs franches de pomme verte. Qualité convenable. ☆☆

NINO FRANCO

Prosecco di Valdobbiadene (349662) 19,05 $
Dans les collines du nord de la Vénétie, Primo Franco produit de délicieux vins mousseux fruités et élégants. Son Prosecco est assez aromatique, arrondi d'un léger reste de sucre et néanmoins doté d'une saine fraîcheur. Une bonne note pour sa constance exemplaire au cours de la dernière décennie. ☆☆☆ ✻

VIGNALTA

Fior d'Arancio 2011, Spumante, Colli Euganei (726976) 18,70 $
Élaboré par un producteur phare des Colli Euganei, au sud-ouest de Padoue, cette curiosité vineuse est issue de muscat fior d'arancio, une variété très peu connue, née d'un croisement entre le muscat à petits grains et le chasselas. Cela donne un vin *spumante* délicieusement aromatique dont les parfums exubérants d'écorce d'orange et d'abricot bien mûr sont portés par une bulle fine et délicate. Léger en alcool (5,5 %), arrondi par une dose appréciable de sucre et heureusement équilibré par une saine acidité. Franchement, je peux difficilement imaginer un meilleur vin pour accompagner le brunch dominical. Bravo ! ☆☆☆☆ ✻

D'autres vins mousseux d'Italie de qualité sommaire ☆☆

BOTTER CARLO **Santi Nello, Prosecco di Valdobbiadene** (10540730) 16,20 $ Ⓒ

CA'BOLANI **Chardonnay Frizzante Delle Venezie, Casa Vinicola Zonin** (211847) 16,45 $

CARPENE MALVOLTI **Prosecco di Conegliano, Cuvée Brut** (591289) 15,05 $

CARPINETO, **Farnito, Chardonnay, Brut** (11341855) 24,80 $

CASTELLO DEL POGGIO **Brachetto, Casa Vinicola Zonin** (10970318) 19,90 $

MIONETTO, SERGIO **Rosé, Spumante** (11676727) 19,50 $

VOGA **Pinot grigio Italia mousseux** (11072894) 22 $

ZONIN **Prosecco Spécial Cuvée, Brut** (10540721) 14,95 $

ESPAGNE

CODORNIU

Codorniu, Brut Classico Cava (503490) 13,70 $
Le plus connu des *cava* espagnols est de qualité constante. Toujours agréable par sa fraîcheur, sa légèreté et ses saveurs franches. ☆☆ ✻ Ⓒ

Clasico Seco (503508) 12,65 $
Contrairement à ce qu'on pourrait penser, le terme « *seco* » ne signifie pas sec, mais fait plutôt référence à la vieille tradition anglaise des *dry Champagne* qui renferment généralement entre 35 g et 50 g/l de sucre. Un bon vin simple et sans prétention, à boire à la fin du repas, avec le dessert. ☆☆ Ⓒ

FREIXENET

Elyssia, Gran Cuvée, Brut (11912494) 19,95$
Arrivée prévue en février 2013 pour ce vin issu de la méthode traditionnelle ; assez typé, original et mettant à contribution les cépages locaux macabeo et paralleda, complétés de chardonnay et de pinot noir. Du corps, un bel équilibre d'ensemble et une finale persistante aux tonalités iodées. ☆☆☆

Cordon Rosado (352369) 14,25$
Un autre rosé effervescent sucré, bonbon, édulcoré. ★

PARÉS BALTÀ

Brut, Cava (10896365) 15,25$
Grâce aux efforts constants de la famille Cusiné, le domaine historique de Parés Baltà a énormément progressé au cours des 20 dernières années. Tous les vins disponibles au Québec sont irréprochables. Issu des mêmes cépages. Celui-ci est friand et relevé de bons goûts de fruits mûrs, tout en conservant une fraîcheur rassasiante. Une personnalité affirmée et un rapport qualité-prix remarquable! ☆☆☆☆ ✻

RAVENTÓS I BLANC

Le nom Raventós est intimement lié à l'histoire du *cava*. La famille actuellement propriétaire du géant Codorniu serait à l'origine de cette spécialité catalane. En 1986, Josep Maria Raventós et son fils Manuel ont vendu leurs parts dans Codorniu et ont créé un domaine d'une centaine d'hectares, juste en face des installations ancestrales.

Gran Reserva de la Finca 2009, Cava (11791709) 28,75$
Cette cuvée issue de variétés locales, auxquelles s'ajoutent un peu de chardonnay et de pinot noir, se signale par une plénitude qui la rend d'amblée fort aimable et accessible. Issue de raisins mûrs, comme en témoignent son attaque en bouche nourrie, presque onctueuse, et ses riches saveurs de pain brioché, de fruit jaune et d'amandes. Une finale persistante aux accents crayeux ajoute à son registre aromatique. Impeccable! ☆☆☆☆ ② ✻

L'Hereu 2010, Brut Cava (11140615) 19,05$
Les cépages macabeo, xarello et parellada adoptent ici une finesse et une vinosité admirables. Le 2008 est toujours aussi désaltérant, vineux, porté par une bulle assez persistante et animé d'une saine acidité. Le genre de vin dont on devrait toujours avoir une bouteille en réserve... ☆☆☆☆ ② ✻

De Nit 2010, Cava rosé (11457196) 23,60$
Excellent Cava rosé, dont la jolie couleur repose sur une petite proportion de monastrell (mourvèdre). Franc, droit, désaltérant et doté d'une délicate amertume qui relève ses saveurs de fruits rouges et de fleurs. Bien que je sois rarement enthousiaste quant aux vins effervescents rosés, je dois avouer que celui-ci ne manque vraiment pas d'attraits, surtout à ce prix... ★★★★ ✻

SEGURA VIUDAS

Brut Blanc de blancs (158493) 14,30$
Bon mousseux aux saveurs soutenues et marquées. Sans complexité, mais il se défend tout de même très bien dans sa catégorie. ☆☆ ✻ ©

HONGRIE

HUNGARIA

Grande Cuvée Brut (11463684) 12,15$
À prix d'aubaine, cette cuvée offerte depuis un certain temps à la SAQ m'a semblé assez bien réussie cette année. Un bon vin sec, auquel le chardonnay (60%) ainsi qu'une poignée de cépages locaux confèrent des saveurs originales de fleurs. Léger en alcool et recommandable à ce prix. ☆☆ ✻ Ⓒ

D'autres vins mousseux d'Europe de qualité sommaire ☆ et ★

CAVES BERNARD MASSARD
Cuvée de l'Écusson, Brut rosé, Luxembourg (11140674) 17,35$
Cuvée de l'Écusson, Luxembourg (095158) 17,50$

HENKELL TROCKEN **Allemagne** (122689) 14,95$ Ⓒ

VALLFORMOSA **Brut Lea, Cava, Espagne** (11574501) 15,15$

ÉTATS-UNIS

DOMAINE CHANDON

Moët & Chandon a été la première entreprise champenoise à s'implanter en Californie en 1973.

Blanc de noirs, Carneros (11456142) 25,30$
Très bon mousseux au style plus vineux auquel le pinot noir confère une tenue supplémentaire qui met en valeur ses saveurs briochées. ☆☆☆

Brut Classic (11456038) 25,45$
Un peu moins complet, mais ample, frais, velouté et fort plaisant en bouche. ☆☆☆

GLORIA FERRER

Brut, Sonoma County (10839184) 21,90$
Gloria Ferrer est le nom de l'antenne californienne de la firme espagnole Freixenet. Sans être vraiment achevé, le Brut compense par sa tenue en bouche et ses parfums de pinot noir. Simple, friand et facile à boire. ☆☆☆

MUMM

Cuvée Napa Brut (11442701) 29,95$
La société champenoise Mumm produit en Californie un vin bien proportionné et fort charmeur par sa vinosité et ses parfums de fruits mûrs. Une valeur sûre au répertoire général. ☆☆☆ Ⓒ

Cuvée Napa rosé, Blanc de noirs (11442672) 33$
La maison produit aussi un bon rosé assez riche en fruit et plein de vitalité. Satisfaisant, sans être complexe. ★★

ROEDERER

À son arrivée en Californie au début des années 1980, Roederer fut parmi les premières maisons à s'établir dans Anderson Valley, jugeant que le climat frais de ce secteur situé à une centaine de kilomètres au nord-ouest de Napa, le long de la côte du Pacifique, serait davantage propice à la production de vin mousseux. Un pari gagné puisque chaque année, ses vins figurent parmi les meilleurs effervescents du pays.

L'Ermitage Brut 2003, Anderson Valley (11682810) 48,50 $
Produite seulement dans les meilleurs millésimes et issue des meilleures parcelles du domaine, cette tête de cuvée déploie une race et une dimension aromatique phénoménales. Un élevage partiel en fûts de chêne n'est sans doute pas étranger à sa tenue en bouche et à sa texture délicieusement vineuse, mais tonifiée par une saine acidité qui donne un élan supplémentaire aux saveurs de fruits et de pain grillé, et laisse en bouche une impression aussi harmonieuse que rassasiante. La grande classe ! ☆☆☆☆☆ ②

Brut, Anderson Valley (294181) 27,70 $
Dégusté annuellement, ce Brut non millésimé est l'un de mes préférés dans sa catégorie. Il se distingue par sa vinosité, sa finesse et son harmonie d'ensemble. On peut acheter les yeux fermés. ☆☆☆☆

QUÉBEC

CEP D'ARGENT, LE

Le Canadien Denis Drouin s'est associé aux frères champenois Jean-Paul et François Scieur pour développer ce beau domaine dans le secteur du lac Memphrémagog.

Sélection 2009, Blanc de blancs (10504392) 23 $
Les origines champenoises de deux des propriétaires ne sont sans doute pas étrangères à la qualité de cette savoureuse méthode traditionnelle, autrefois nommée « méthode champenoise ». Ce vin effervescent issu de seyval est rehaussé de saveurs franches de pomme qui contribuent à son charme. Sec, désaltérant et très bien tourné. ☆☆☆

ORPAILLEUR

Brut (À la propriété) 25 $
Domaine viticole d'importance au Québec, l'Orpailleur élabore une vaste gamme de vins secs et liquoreux (voir p. 313), ainsi qu'un très bon vin effervescent issu de seyval et élaboré selon la méthode traditionnelle. Une belle occasion de constater le potentiel du terroir québécois pour l'élaboration de vins mousseux de qualité. Vif et vibrant, avec de fines saveurs de pommes vertes et de citron. Judicieusement dosé, juste assez pour tempérer la vigueur du seyval et arrondir les angles, sans jamais sacrifier le caractère désaltérant. Bravo ! ☆☆☆

AUSTRALIE

CHROMY, JOSEF

Tasmania 2008 (11638448) 29,30 $
Propriété d'une famille d'origine tchèque, ce domaine de Tasmanie produit ce très bon vin effervescent de pinot noir et de chardonnay issu de la méthode traditionnelle. Sec et animé d'une bonne dose d'acidité qui laisse en bouche une impression de fraîcheur et donne de l'éclat aux goûts de pomme verte. ☆☆☆ ②

GREG NORMAN ESTATES

Chardonnay-Pinot noir, Rosé (11163542) 24,35 $
Le célèbre golfeur Greg Norman apporte son prestige à ce vin mousseux australien produit en réalité par le géant Wolf Blass. Lorsque dégusté récemment, le vin semblait moins convaincant que par le passé, en raison d'une certaine mollesse et de notes beurrées un peu convenues. Charmant, sans être particulièrement avantageux. ★★★

JANSZ

Premium, Non Vintage Cuvée, Tasmania (11140586) 27,25 $
Cette *winery* fondée en 1986 par la maison champenoise Roederer appartient aujourd'hui à Yalumba. Au nord-est de l'île, le chardonnay, le pinot noir et le pinot meunier profitent d'un climat frais et d'une longue période de maturation. Résultat : un vin savoureux, joliment brioché et bien équilibré. ☆☆☆

NOUVELLE-ZÉLANDE

N° 1 FAMILY ESTATE

Cuvée No 1, Méthode traditionnelle, Marlborough (11140658) 33 $
Le Champenois Daniel Le Brun s'est installé en Nouvelle-Zélande en 1975. Dans le secteur de Marlborough, il commercialise depuis 1999 cette cuvée entièrement composée de chardonnay, pleine de vitalité et d'éclat aromatique. Nourri, exubérant et désaltérant. ☆☆☆

D'autres vins mousseux d'Océanie de qualité sommaire ☆☆ et ★★

DE BORTOLI **Pink Moscato, Emeri, South Eastern Australia** (11278139) 17,80 $

OYSTER BAY **Brut, New Zealand** (11565023) 24,95 $

THORN-CLARKE **Sandpiper NV, Brut Reserve, Pinot noir-Chardonnay** (10839117) 18,15 $

VINS FORTIFIÉS

Cette section regroupe tous les vins auxquels de l'alcool a été ajouté au cours de leur élaboration. Le principe consiste à ajouter de l'eau-de-vie avant, pendant ou après la fermentation. Ajoutée avant et pendant, elle a pour but de préserver le sucre naturel du raisin; ajoutée après, elle contribue à hausser le taux d'alcool du produit final.

PORTO

Après avoir atteint des sommets de popularité à la fin des années 1990 et au début des années 2000, les ventes de Porto au Québec ont sensiblement ralenti depuis cinq ans. En quantité, le recul représente plus de 1,2 million de bouteilles entre 2003 et 2010. La qualité des vins n'a pourtant pas fléchi, et les meilleurs Vintage figurent encore parmi les vins les plus racés du monde, mais les habitudes de consommation semblent avoir changé dans les marchés traditionnels et le Porto n'a plus la cote d'autrefois. Souhaitons que de nouveaux marchés prennent le relais et permettent à cette tradition viticole séculaire de survivre à la crise.

Les vins de Porto se divisent en cinq catégories : Vintage, Late Bottled Vintage, Tawny, Reserve et Ruby, ainsi que le Porto blanc. Afin de faciliter la consultation de cette section, nous avons choisi de classer les vins par catégorie et de ne retenir que les meilleurs produits.

LE BON USAGE

CONSERVATION : Les bouteilles de Porto Vintage et de Late Bottled Vintage, dit « *traditional* », sont toujours fermées d'un bouchon de liège pleine longueur. Par conséquent, elles doivent être entreposées en position horizontale et décantées avant l'usage. Les bouteilles scellées d'un court bouchon – aussi nommé *bar top* – doivent être conservées debout.

TEMPÉRATURE : Tawny, Late Bottled Vintage et Vintage doivent être servis entre 16 et 18 °C.

Il faut servir le Porto dans un vrai verre à vin – le modèle INAO est parfait – et surtout pas dans les petits verres à remèdes d'autrefois.

Une bouteille entamée de Ruby ou de Late Bottled Vintage ne doit pas être conservée plus d'une semaine. Trop peu de restaurants en tiennent compte. En revanche, un Tawny peut garder sa fraîcheur pendant un mois.

LES DIX DERNIERS MILLÉSIMES

2011
Les températures élevées du mois de juin ont brûlé quelques grappes. Juillet plutôt frais, suivi d'un mois d'août très chaud. Très bonne année pour le Porto, avec de faibles rendements, des tanins fins, mais fermes et une acidité notable. Plusieurs déclarations en perspective.

2010
Autre année de sécheresse dans le Douro. Qualité jugée satisfaisante, mais les déclarations semblent peu probables.

2009
Mois d'août cuisant et sec, et vendanges commencées 15 jours plus tôt qu'en 2008. Qualité variable. Les vignobles en altitude ont donné les meilleurs vins. Peu de déclarations en perspective.

2008
Récolte déficitaire, jusqu'à 30 %. Qualité hétérogène, parfois très satisfaisante. On anticipe un certain nombre de déclarations, particulièrement pour les vins de Single Quinta.

2007
Récolte inférieure à la moyenne; un été sec et des raisins de grande qualité. Plusieurs professionnels considèrent que 2007 est l'un des meilleurs millésimes des dernières décennies, à l'instar des 2000, 1994, 1977 et 1970. Déclarations généralisées.

2006
Des conditions difficiles aux vendanges et des vins de qualité moyenne, avec quelques bons succès. Très peu de déclarations.

2005
Troisième année de sécheresse, été torride. Des rendements de 10 à 40 % inférieurs à la moyenne et des vins colorés et charpentés. Peu de déclarations, mais plusieurs Single Quinta Vintage.

2004
Après une saison végétative en montagnes russes, les vendanges ont eu lieu sous le très beau temps de la fin de septembre. Des raisins en parfait état ont donné des vins très bien structurés. Année favorable à la production de Single Quinta Vintage.

2003
Un été torride et des vignes heureusement arrosées d'un peu de pluie, avant des vendanges débutées très tôt (1er septembre dans le Douro Supérieur). Qualité très satisfaisante; vins colorés, puissants et concentrés, assez proches des 1997. Déclarations générales.

2002
Année moyenne. Un été sec, mais les vendanges ont été interrompues par les fortes pluies de septembre. De quoi produire quelques bons Single Quinta Vintage, mais pas de grands Vintage.

DÉBOUCHER OU ATTENDRE ?

Porto Vintage • **De la cave, que boire en 2013?**

La richesse et la générosité spontanée des Vintage jeunes peuvent faire oublier que ces vins puissants et concentrés atteignent réellement leur apogée après une vingtaine d'années, voire plus. Les 2003 ne seront vraiment à leur zénith… qu'en 2020. Les 2000 sont encore dans l'enfance et devraient dormir au moins jusqu'en 2015. Idéalement, il faudrait aussi laisser mûrir encore quelques années les vins des millésimes 1994 et surtout 1997. Même s'ils sont encore bien jeunes, les 1991 – ainsi que les 1992 de Taylor-Fonseca – commencent à dévoiler leurs atours. Les 1985 et 1983 seront délicieux en 2013.

VINTAGE

Le Porto Vintage ne représente qu'une infime partie de la production et n'est élaboré, en moyenne, que trois fois par décennie, dans les grandes années, avec les raisins des crus les mieux cotés. La patience est de rigueur, puisqu'un vin aussi riche nécessite au minimum 12 ans, parfois même quelques décennies pour développer son potentiel. Une fois arrivé au sommet, il peut affronter les années avec un aplomb rare.

DOW'S

Cette maison fondée en 1798 a bâti sa réputation avec ses remarquables Vintage à la fois puissants et élégants.

Vintage 2003 (10456546) 84,25$
Séveux et tannique; ferme, droit et d'une harmonie exemplaire. Très distingué. Il faudra être patient, jusqu'en 2020 au moins. ★★★★→**?** ④

Vintage 2000 (708917) 91$
Également imposant et distingué, le 2000 a ce tempérament austère et sans fioritures, caractéristique de la marque, ce qui n'exclut pas la plénitude ni la longueur en bouche. La race des grands crus. Pas avant 2015. ★★★★→**?** ③ ▼

Vintage 1994 (10320534) 109$
Un splendide Porto qui a commencé à s'ouvrir et qui s'impose immédiatement par sa riche texture veloutée. Grand vin profond et racé que l'on peut commencer à boire, mais qui devrait gravir encore quelques échelons d'ici 2014. ★★★★→★ ③ ▼

FERREIRA

Vintage 2000 (718411) 54,50$
Ferreira est toujours la source de vins de grande qualité, concentrés, solides et provenant de quelques-uns des meilleurs terroirs du Douro. Moins robuste que ceux des grandes marques britanniques, le 2000 est très caressant, riche en goût de fruits mûrs et idéalement équilibré. L'élégance avant la puissance. Les Vintage de Ferreira ont prouvé depuis longtemps qu'ils acquièrent une finesse exquise avec l'âge. ★★★★ ③ ▼

FONSECA

Vintage 2000 (708990) 120,25$
À mon avis, le plus complet de ce millésime: multidimensionnel, profond et pénétrant, un vin vraiment impressionnant. On voudrait accélérer le passage du temps pour le goûter dès maintenant à maturité, tel qu'il sera vers 2015-2018. Un placement sûr. ★★★★→★ ④

GOULD CAMPBELL

Cette vieille maison britannique d'origine est une bonne adresse où trouver d'excellents Vintage, plus abordables que ceux des marques célèbres.

Vintage 2003 (10456466) 66$
Très bon Vintage ferme et tannique; solide charpente et profusion de fruit mûr. Convaincant et prometteur. Pour 2013-2015. ★★★→★ ④ ▼

GRAHAM'S

Porte-drapeau de l'empire Symington, cette entreprise tricentenaire est l'un des grands noms du Vintage.

Vintage 2003 (10456503) 96,50$
Graham's à son meilleur. Splendide vin à la fois gras et tannique, dont la dimension et la profondeur témoignent d'un grand millésime. Dans le peloton de tête, mais à laisser dormir au moins 15 ans. ★★★★→★ ③

NIEPOORT

Cette maison hollandaise fondée en 1842 élabore une gamme de très bons Porto ainsi que de remarquables vins de table.

Vintage 2003 (10469291) 95$
Très costaud et tannique; un vin concentré et massif qui aura sans doute besoin de beaucoup de temps pour s'exprimer pleinement. ★★★★ ③ ▼

OFFLEY

Vintage Boa Vista 2000 (718437) 71$
Vieille firme fondée en 1737 par William Offley. Très convaincant: vigoureux, gorgé de goût de fruits et très flatteur; sa fin de bouche ample et franche ajoute à sa tenue. Prometteur. ★★★→★ ③ ▼

QUARLES HARRIS

Vintage 2000 (727289) 63$
Marque de Porto établie depuis 1680 à Vila Nova de Gaia, qui appartient maintenant à la famille Symington. Pas le plus puissant, mais ferme, trapu et capiteux. Généreux et solidement constitué. ★★★→★ ④

QUINTA DO INFANTADO

Vintage 2000 (728790) 75$
Après avoir longtemps vendu ses raisins à Sandeman et à Taylor, la famille Roseira commercialise ses vins sous sa propre étiquette depuis la fin des années 1970. Une couleur profonde, plein de fruit et de chair, suave et nourri, à défaut de réelle profondeur, du moins pour le moment. ★★★→? ③

À TABLE AVEC...

Porto Vintage, Banyuls, Maury

Délicieux avec les desserts au chocolat ou au café, encore plus s'ils sont accompagnés de fruits rouges ou noirs; affinité avec la réglisse noire, les épices telles que badiane, girofle, et bien sûr certains fromages, particulièrement les fromages bleus.

Ambré et Tawny: ils iront avec les desserts aux noix, au caramel, à l'érable, aux fruits secs (dattes, figues, raisins, pruneaux), au pain d'épice. – *V.R.*

QUINTA DO NOVAL

Dans la vallée de Pinhao, cette *quinta* appartient à AXA Millésimes.

Vintage 2003 (10449979) 62,25$
Rien de moins qu'un triomphe. Grand vin à la fois puissant, chic et velouté. Une richesse impressionnante et une classe exemplaire, une longueur et une race considérables. Cinq étoiles garanties, mais la patience s'impose. ★★★★→★ ④ ▼

Vintage Silval 1998 (884650) 49,50$
Sorte de Vintage générique élaboré avec des raisins qui proviennent non seulement de Noval, mais d'autres vignobles des environs. Ce 1998 se caractérise par une trame tannique serrée et une forme très compacte. J'aime beaucoup son style direct, ferme et sans détour. On peut commencer à le boire sans se presser. ★★★★ ② ▼

SMITH WOODHOUSE

Dans l'écurie Symington – et moins prestigieuse que Graham's et Dow's –, cette marque offre néanmoins des vins de qualité exemplaire à des prix plus abordables.

Vintage 2003 (10450021) 70,50$
Deux fois moins cher que Fonseca et Taylor, il a pourtant bien peu à leur envier. Formidable Vintage puissant et multidimensionnel, considéré à juste titre comme l'un des meilleurs 2003. Un achat avisé. ★★★★→★ ③ ▼

TAYLOR FLADGATE

Plus de trois siècles après sa création, Taylor Fladgate trône toujours au royaume du Porto. La maison doit son prestige à ses somptueux Vintage, mais toute la gamme est exemplaire.

Vintage 2000 (708966) 129$
Un vin multidimensionnel dont le fruit mûr et doux est entouré de tanins serrés. Puissant et pourtant frais en bouche. Sa longueur confirme la race et le potentiel de ce vin monumental. ★★★★→★ ④

Vintage Quinta de Vargellas 2001 (10325010) 84,75$
Niché dans les collines abruptes du Douro Supérieur, Vargellas compte parmi les grands crus de la région. Un vin tellement complet et racé qu'il constitue toujours la colonne vertébrale des Vintage de Taylor. Dans les millésimes non déclarés, le vin est alors commercialisé sous le nom du cru. Le 2001 est très achevé, dense et compact. Il devrait dormir encore au moins quatre ans en cave. ★★★→★ ④ ▼

WARRE'S

Fondée en 1670, Warre's est la plus ancienne compagnie exportatrice de Porto. Propriété de la famille Symington depuis 1905, elle est encore la source de vins remarquables.

Vintage 2003 (10456458) 84,25$
Goûté à plusieurs reprises, toujours trop jeune, mais il faut bien se sacrifier... Le vin s'est avéré moins profond que celui de Graham's et de Dow's, mais chaque fois nourri et bien construit. ★★★→★ ④ ▼

Vintage 2000 (708941) 86$
Probablement à ranger parmi les grands succès de ce millésime. Des couches de saveur, volumineux, et offrant une mâche particulièrement goûteuse. Parviendra à maturité autour de 2015. Dégusté en mai 2006. ★★★★→★ ④

Vintage 1994 (10320542) 109$
Sans conteste, un superbe vin traduisant bien la densité et la profondeur de ce millésime. Très riche, beaucoup de force et de poigne. À laisser reposer encore jusqu'en 2014-2015. ★★★★→★ ④ ▼

LATE BOTTLED VINTAGE

Vin issu d'une seule année et conservé en fûts entre quatre et six ans, le LBV est prêt à boire dès sa commercialisation. Ses traits font penser à un Vintage, la richesse en moins. Certains LBV traditionnels – Offley et Ferreira, par exemple – sont toutefois remarquables.

GRAHAM'S

Late Bottled Vintage 2006 (191239) 19,95$
Très bon LBV, avec juste ce qu'il faut de tanins pour encadrer une chair fruitée ample et nourrie, agrémentée de parfums de poivre et de cannelle. ★★★

OFFLEY

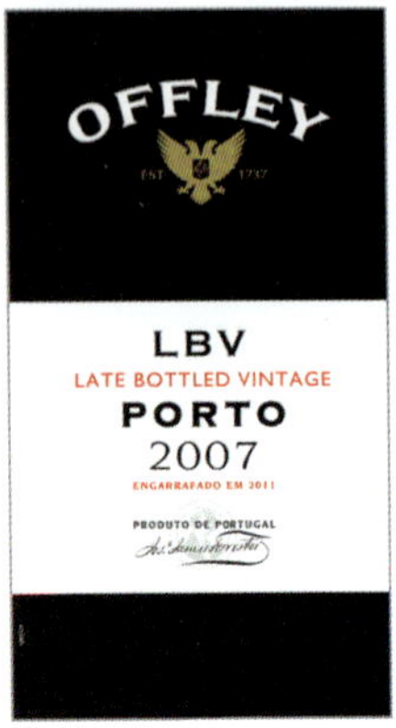

Late Bottled Vintage 2007 (483024) 19,95$
LBV de style traditionnel, c'est-à-dire sans filtration ni stabilisation par le froid, commercialisé dans le même type de bouteille qu'un Vintage et coiffé d'un long bouchon permettant au vin de continuer à se développer en bouteille. Avec la concentration de son fruit, sa charpente tannique et son volume en bouche, ce vin a régulièrement des allures de Vintage. Le 2007 n'y fait pas exception : on peut déjà l'apprécier pour sa pureté et son équilibre, ou le laisser reposer en cave quelques années puisqu'il gagnera certainement en nuances d'ici 2017. L'un des bons exemples du genre. ★★★★ ③ ✻ Ⓒ

QUINTA DO INFANTADO

Late Bottled Vintage 2007 (884361) 27,85$
Plus ferme et plus sec que la moyenne des LBV, cet excellent Porto de type «*traditional*» s'impose par sa densité, sa poigne tannique et son fruit d'une pureté exemplaire. Sucré, plein, long et généreux. Plus cher que d'autres, mais sérieux! Excellent! ★★★★

RAMOS PINTO

Late Bottled Vintage 2005 (743187) 25,35$
Bien qu'elle soit surtout connue pour ses délicieux Tawny, Ramos Pinto produit aussi des LBV très satisfaisants, alliant richesse et raffinement. Très bon LBV plein, riche et savoureux; persistant, doté d'un bon équilibre et vendu à un prix justifié. ★★★

TAYLOR FLADGATE

Late Bottled Vintage 2005 (046946) 20,95$
Taylor Fladgate doit son immense prestige à ses somptueux Vintage, profonds et indestructibles, mais pour le quotidien, la maison propose des Porto riches et savoureux à prix abordable, à commencer par celui-ci, toujours aussi riche en fruit, ferme et relevé. ★★★ ✻ Ⓒ

RESERVE, CRUSTED ET RUBY

La mention Vintage Character est maintenant remplacée par les termes Reserve ou Reserva. Cette catégorie aux caractéristiques un peu floues regroupe différentes sortes de Porto qui ont en commun la jeunesse, la couleur et le caractère fruité intense. Jamais millésimés, mais parfois aussi vigoureux que les Late Bottled Vintage.

FONSECA

Terra Prima (10985819) 28,25$
En plus de ses Porto Vintage à faire rêver, Fonseca commercialise désormais un Porto issu de raisins biologiques, mutés à l'eau-de-vie, également biologique. Un Ruby de bonne facture, gorgé de fruit et relevé de saveurs épicées. ★★★

GRAHAM'S

Six Grapes, Reserve (208405) 22,95$ | (299727) 13,95$ – 375 ml
Particulièrement riche, noir comme de l'encre, sucré, presque épais en bouche et pleinement rassasiant avec ses parfums de violette. Probablement l'un des plus généreux de sa catégorie. Parfait! ★★★★ ✳

QUINTA DO INFANTADO

Ruby Meio-seco (612325) 14,90$
Délicieux vin jeune, opaque, tannique, chaud et solidement charpenté. Sa finale chocolatée lui donne beaucoup de charme. Une aubaine à moins de 15$. ★★★★ ✳ ©

QUINTA DO NOVAL

Noval Black (11557576) 26,05$
Ample, capiteux et très rassasiant par sa texture ronde et veloutée. L'amateur de Porto pansu et de facture moderne appréciera sa finale riche en saveurs fruitées et florales, sur un fond d'eau-de-vie de prune. ★★★★

TAWNY VIEILLI EN FÛTS

Au contact prolongé du bois, le vin prend une couleur fauve et tuilée, d'où le mot «*tawny*». Il devient en même temps plus léger et un peu moins doux que le Vintage. Dans la barrique, le vin acquiert aussi un goût de noix et un caractère boisé (épicé) plus ou moins prononcé. Les Tawny sont prêts à boire dès leur commercialisation.

BARROS ALMEIDA

Barros Almeida est l'un des plus gros producteurs de la région. L'empire comprend Kopke, Feist ainsi que Hutcheson et Feuerheerd, deux marques inconnues chez nous. Sa renommée repose surtout sur le succès des Colheita.

Colheita 1997 (10328034) 35$
Excellent Tawny millésimé, correspondant à un 10 ans d'âge. Les amateurs y retrouveront la texture veloutée et caressante des meilleurs vins de cette catégorie. Doux, tendre et long en bouche. ★★★★

Colheita 1996 (618348) 43,25$
Aussi un excellent Tawny millésimé, correspondant environ à un 10 ans d'âge, qui offre les habituelles et combien exquises saveurs de caramel et de crème brûlée. Parfaitement recommandable à ce prix. ★★★★

DOW'S

Tawny 20 ans (10658295) 60,50$
Ce vin est en quelque sorte l'archétype du Tawny. Un vin exquis, aux irrésistibles senteurs de *toffey*; plein, velouté et fondu. ★★★★

FONSECA

Tawny (499145) 15,25$
Franc de goût et facile à boire, assez généreux pour être recommandé, surtout à ce prix. ★★★ Ⓒ

Tawny 10 ans (344101) 35$
Mieux encore, le 10 ans d'âge offre une texture suave et caressante, marquée d'un goût de fruits secs très relevé. Une belle finale sucrée et vaporeuse. Impeccable. ★★★★

GRAHAM'S

Tawny 20 ans (284216) 59,75$ ❙ (284307) 29,95$ – 375 ml
Ce remarquable Tawny illustre avec éclat que 20 ans est sans doute l'âge idéal pour ce type de vin. Plus complexe et plus raffiné que le 10 ans, plus doux et plus charnu, et surtout beaucoup moins cher que le 30 ans et le 40 ans. À la fois puissant et velouté, très onctueux, vaporeux, et offrant cette finale typique teintée de vanille et de crème brûlée. Sensationnel! ★★★★★ Ⓒ

Tawny 10 ans (206508) 29,95$
Riche et fruité, aux délicieux accents chocolatés; très nourri et parfaitement épanoui. Savoureux! ★★★★ Ⓒ

MARTINEZ GASSIOT

Tawny 10 ans (297127) 36,25$
Une belle couleur fauve et un nez engageant de fines odeurs de caramel, de vanille et de noisettes. Une texture onctueuse et, surtout, des saveurs relevées, raffinées et persistantes. Impeccable! ★★★★

OFFLEY

Tawny 30 ans (441618) 87,50$
Très épanoui et combien racé, ce vin s'impose par sa vitalité et sa couleur soutenue. Riche, complexe et multidimensionnel, il fond littéralement dans la bouche. ★★★★★

Tawny 20 ans (284224) 59,50$
Une texture veloutée irrésistible, une finale aux parfums subtils de champignons et de fumée. Qualité irréprochable. ★★★★ Ⓒ

Tawny 10 ans (260091) 28,95$
Aussi très bon; un joli relief fruité et une finale enveloppante aux accents d'épices. Très agréable. ★★★ Ⓒ

QUINTA DO NOVAL

Tawny 10 ans (324137) 36,75$
Lui aussi impeccable. Une belle couleur ambrée et un nez chocolaté très fin, sur un fond de tabac et d'épices. Dense, harmonieux, plein de vitalité et de fraîcheur. ★★★★

RAMOS PINTO

Surtout connue pour ses délicieux Tawny des *quintas* Bom Retiro et Ervamoira, cette maison appartient au groupe champenois Roederer.

Tawny 20 ans, Quinta do Bom Retiro (133769) 70 $
Une référence dans sa catégorie. Couleur soutenue, ambrée et brillante ; un nez évolué et complexe, aux accents de fruits secs ; un goût de *toffey* savoureux et caressant. Cher, mais au sommet de sa catégorie. ★★★★★

Tawny 10 ans, Quinta da Ervamoira (133751) 39,75 $
Remarquable vin. Son équilibre, sa vigueur et la plénitude de ses saveurs en ont fait un classique. Excellent comme toujours. ★★★★

TAYLOR FLADGATE

Taylor Fladgate n'excelle pas seulement dans les *full Port*, elle commercialise aussi une gamme de brillants Tawny.

Tawny 20 ans (149047) 69 $
Splendide vin onctueux et subtilement parfumé de notes affriolantes de vanille et de cacao. La quintessence du Tawny. ★★★★★ ©

Tawny 10 ans (121749) 34,75 $
Flamboyant, avec sa riche couleur fauve et sa complexité aromatique. Également inscrit au répertoire général. Excellent ! ★★★★ ©

Tawny 40 ans (540260) 241 $
Au sommet de la hiérarchie, un vin sensationnellement velouté, doux comme une liqueur, tout en dentelles, et pourtant intense et pénétrant. Certes, il coûte trois fois plus cher que le 20 ans d'âge. Il n'est sans doute pas trois fois meilleur, mais c'est tout de même un produit d'exception à nul autre pareil. ★★★★★

WARRE'S

Otima Tawny 20 ans (10667360) 39,75 $ – 500 ml
Warre's a aussi créé la gamme Otima, dont les vins sont taillés sur mesure pour séduire une clientèle plus jeune et lui faire découvrir les attraits du Porto. Suave et parfumé, un vin dont la texture et le relief distillent un charme irrésistible. ★★★★ ©

Otima Tawny 10 ans (565705) 24,95 $ – 500 ml
Lui aussi soyeux, velouté et d'une tendreté alléchante. Warre's recommande de servir ces deux vins rafraîchis pour profiter, selon ses mots, de cette boisson idéale pour les journées plus chaudes. Entièrement d'accord ! ★★★★ ©

PORTO BLANC

FERREIRA

Porto blanc (571604) 14,95 $
Propriété du groupe portugais Sogrape, Ferreira produit aussi un excellent Porto blanc. Doré et très doux, à la texture tendre et onctueuse. Ne pas confondre avec le type de Porto Extra Dry. On peut le servir nature, très frais, à l'apéritif ou à la fin du repas, en guise de vin de dessert. ☆☆☆☆

FONSECA

Porto blanc (276816) 14,80 $
Dans un style moelleux très caressant, aux parfums d'amandes et de noisettes. ☆☆☆

GRAHAM'S

Porto blanc (192377) 18,95 $
Très bon, fruité, frais et relevé. À boire nature, ou coupé de tonic et de glaçons. ☆☆☆

OFFLEY

Porto blanc Cachucha (582064) 19,20 $
Issu de vignes blanches portugaises – malvasia, codega, rabigato, etc. – plantées sur la Quinta de Cachucha, et mûri pendant six ans en fûts de chêne. Riche et onctueux, et pourtant frais en bouche et facile à boire, doté d'une dimension aromatique remarquablement intense et persistante. Cinq étoiles bien méritées, car il domine dans la catégorie du Porto blanc. ☆☆☆☆☆ ✻ ©

QUINTA DO INFANTADO

Porto blanc (884437) 16,30 $
L'étiquette indique sec, mais le vin est moelleux, moins toutefois que le Lagrima de Ramos Pinto ou le Cachucha d'Offley. Un Porto blanc traditionnel de couleur topaze, délicatement épicé. ☆☆☆

TAYLOR FLADGATE

Chip Dry (164111) 21,85 $
Taylor propose aussi de bons Porto blancs. Le cépage malvoisie apporte à ce très bon vin un caractère vaguement *rancio* et un goût de noisettes. Idéal pour l'apéritif Porto blanc-tonic. ☆☆☆

Special White Port (575969) 16,30 $
Traditionnel, doux, aromatique, onctueux et fort rassasiant. L'un des bons Porto blancs sur le marché. ☆☆☆☆ ✻

WARRE'S

Porto blanc (925461) 18,15 $
Une invitante couleur topaze annonce un vin très à point ; un nez très fin, fruité et délicatement boisé, aux évocations de fruits tropicaux. À la fois onctueux et glycériné, mais sans aucune mollesse, avec de la tenue et de la profondeur. Un régal à prix économique. ☆☆☆☆

LE SAVIEZ VOUS ?

La chasse au carbamate d'éthyle

Depuis quelques années, la SAQ applique à la lettre les recommandations de Santé Canada quant à la teneur maximale des boissons alcoolisées en carbamate d'éthyle, un composant dont on a démontré les propriétés cancérigènes, qui résulte de la combinaison de l'éthanol et de l'urée, et qui est naturellement présent dans plusieurs aliments fermentés comme le pain, la bière, le saké, le vin ou les spiritueux. La limite établie par Santé Canada est de 30 microgrammes par litre pour les vins tranquilles et de 100 microgrammes par litre pour les vins fortifiés. Notre monopole d'État ferme ainsi la porte à la plupart des vins issus de Solera. Si vous êtes amateur d'Oloroso, d'Amontillado ou de Palo Cortado, hâtez-vous d'en faire provision, puisqu'il sera de plus en plus difficile d'en trouver sur les rayons de la SAQ.

MADÈRE

Le Madère provient de l'île du même nom, située à environ 600 km au large de l'Afrique, à la hauteur de Casablanca. Cas unique dans le monde vinicole, le vin y est obligatoirement chauffé à 50 °C pendant trois mois avant d'être fortifié, d'où ce goût caractéristique de caramel et de fruits séchés. Le Madère a une longévité remarquable. Une bouteille débouchée peut facilement être gardée réfrigérée pendant plus d'un an.

SERCIAL: Le Madère le plus sec. Le cépage cercial est à l'origine de son acidité rafraîchissante. Servi à l'apéritif, autour de 4 °C.

BUAL: Plus riche, moelleux et profond. À servir en fin de repas, entre 9 et 12 °C. Délicieux avec les fromages relevés ou à pâte persillée.

MALMSEY: Issu du cépage malvoisie. Le plus doux de tous, il est presque sirupeux. Surtout apprécié en fin de repas, idéalement entre 11 et 14 °C. Un régal avec les fromages bleus.

MADEIRA WINE COMPANY

Cette compagnie est née d'un regroupement de plusieurs marques – Blandy's, Leacock's, Cossart Gordon, etc. – qui ont assuré leur survie en partageant les coûts de production et de promotion. Elle appartient aujourd'hui aux familles Blandy et Symington.

Leacock's, 5 ans Dry Sercial (10896664) 28,25$
Officiellement sec, mais en réalité contenant une dose appréciable de sucre résiduel, ce vin dégage d'agréables notes de noisettes et de torréfaction. Un plaisir simple, à servir frais à l'apéritif. ☆☆☆

Leacock's Rainwater (245530) 20,45$
Délicieux vin léger, semi-doux et très frais en bouche. Son acidité naturelle met en relief son goût, si particulier, de noisettes et d'écorces d'orange. Très bon vin apéritif, à servir frais. ☆☆☆☆

Cossart Gordon, Bual Colheita 1997 (10898731) 49,75$
Un cran plus nourri, avec une poigne solide et une finale longue et succulente aux accents caramélisés. ☆☆☆☆

Cossart Gordon, Bual, 5 ans (328070) 26,95$
Doux, caressant et empreint de ce goût inimitable de caramel acidulé; vaporeux et long en bouche. ☆☆☆☆

Blandy's, Bual 1977 (10758341) 161,50$
L'essence de ce vin éternel est résumée dans ce 1977. Complexe, multidimensionnel et doté de ces multiples parfums et couches de saveur qui sont la marque des grands vins. Unique en son genre et possédant la poigne caractéristique des Madère, le Bual 1977 a la plénitude et la persistance des meilleurs. ☆☆☆☆☆

Blandy's, Malmsey, 10 ans (10896701) 50,25$
Le plus riche de tous. Couleur marron foncé, parfums de torréfaction et de caramel brûlé; chaleureux sans être sirupeux, et nourri par une saine acidité qui soutient l'ensemble et laisse une finale harmonieuse. ☆☆☆☆ ▼

XÉRÈS

L'authentique Xérès est sans aucun doute le plus mésestimé des grands vins du monde. En Espagne comme à l'étranger, les ventes sont en régression constante. Les traditions se perdent, et la clientèle vieillissante est difficile à renouveler. Pour séduire davantage de consommateurs, le Consejo Regulador encourage les producteurs à adopter la capsule vissée et prescrit la mention de la date de mise en bouteille sur l'étiquette.

À TABLE AVEC LES...

Fino et Manzanilla

Ce sont des Xérès secs. On les sert frais à 4 °C environ, à l'apéritif, purs et sans glaçons. Ils peuvent aussi accompagner des poissons grillés et des crustacés. Une bouteille de Xérès sec ne doit pas rester entamée plus d'une semaine. Si possible, éviter d'acheter des bouteilles qui ont séjourné des mois sur les étagères. Surveillez les nouveaux arrivages. – *V.R.*

GONZALEZ BYASS

Entreprise familiale de première importance en Andalousie et connue mondialement pour son Tio Pepe, Gonzalez Byass commercialise une gamme complète de Xérès.

Tio Pepe (242669) 16,75 $ I (743997) 8,80 $ – 375 ml

Le Fino le plus connu au monde est toujours aussi bon. Un Xérès jeune et frais en bouche, étonnamment facile à boire en dépit de son taux d'alcool de 14,5 %. Aussi disponible en ☆☆☆ ✻ Ⓒ

Apostoles, Palo Cortado Muy Viejo (459529) 53 $

Un classique du genre, et certainement l'un des meilleurs Palo Cortado. Superbe vin demi-sec à la chatoyante couleur ambrée; un nez affriolant qui mêle des notes de caramel, de mélasse, de fruits confits et d'épices. En bouche, un moelleux exquis s'appuie sur des saveurs riches et pénétrantes. Multidimensionnel et combien racé. ☆☆☆☆☆ Ⓢ

LUSTAU

Propriété du groupe Caballero, Lustau est un grand nom du Xérès. Du plus sec au plus doux, tous les vins sont admirablement typés et dotés d'une forte personnalité.

Puerto Fino, Solera Reserva (10808901) 18,10 $

Disponible à prix d'aubaine, ce remarquable Fino a été élaboré à Puerto de Santa María, ville portuaire située tout près de Cádiz. Très sec, savoureusement désaltérant et d'une complexité aromatique incomparable, que met en relief une acidité tranchante, il est certainement le meilleur exemple du genre. ☆☆☆☆☆ ✻

Papirusa, Manzanilla, Very Dry
(10896470) 5,65$ - 375 ml
Le Manzanilla est en fait un Fino qui provient exclusivement de Sanlucar de Barrameda, en bordure de l'Atlantique. Du fait d'un climat plus frais et de raisins légèrement moins riches en sucre, il est connu pour sa légèreté. On l'appelle souvent le plus délicat des Xérès. On retrouve nettement cette caractéristique dans ce vin très sec et aérien dont la fraîcheur repose sur un équilibre parfait entre l'acidité et l'alcool. Superbe apéritif. ☆☆☆☆ ✻

WILLIAMS & HUMBERT

Dry Sack (013565) 13,95$
Le même bon Xérès riche, moelleux et facile à boire. Bon produit d'initiation, à prix d'aubaine. ☆☆☆ ✻

Canasta Cream Oloroso (416966) 13,95$
Un Xérès doux, au goût de chocolat et de *toffey*. Un produit commercial rudimentaire, de bonne facture et bon marché. ☆☆☆

MONTILLA MORILES

Les vins de Montilla Moriles proviennent d'une appellation située à une centaine de kilomètres, à vol d'oiseau, au nord-est de Jerez. Ils résultent des mêmes méthodes d'élaboration – *flor* et *solera* – et ont les mêmes dénominations: Fino, Oloroso et Amontillado. La différence est que le Montilla Moriles provient exclusivement de cépage pedro ximenez et qu'il n'est pas nécessairement fortifié. La richesse en sucre des raisins est telle que le vin atteint naturellement une teneur alcoolique de 18%, et même de 19%. Les vins de Montilla Moriles sont puissants, mais pas lourds ni épais.

ALVEAR

Alvear, le plus important producteur de Montilla Moriles, commercialise cinq vins à la SAQ. Tous sont franchement remarquables, dont les deux suivants:

Solera Cream, Montilla Moriles (884874) 17,45$ - 500 ml
Enrichi d'eau-de-vie et mûri pendant plus de 10 ans en barrique de chêne. Résultat: 18% d'alcool et 120 g/l de sucre résiduel. Un vin riche, merveilleusement doux et tendre, un peu à la manière d'un Porto Tawny. Fraîcheur exemplaire et goût irrésistible de caramel et de raisins secs. Une suavité très élégante. ☆☆☆☆ ✻

P.X. Reserva 1998, Montilla Moriles (10808821) 49$ - 500 ml
Ce vrai sirop épais – dont la consistance et la couleur évoquent presque la mélasse – contient probablement mille calories par centilitre. Un produit authentique, hors norme, à boire à doses homéopathiques. ☆☆☆☆ ▼

MUSCAT ET AUTRES VINS FORTIFIÉS

VIGNERONS DE BEAUMES DE VENISE

Muscat de Beaumes de Venise (093237) 19,70 $
Inscrit au répertoire général, ce bon Muscat du midi de la France est très fruité, parfumé et pourvu d'une agréable fraîcheur. ☆☆☆ ©

CAZES

Rivesaltes Ambré 1996 (10810091) 21,65 $ – 375 ml
Tendre, onctueux et velouté, avec des goûts de fruits séchés qui persistent et s'éternisent dans la bouche. Équilibre exemplaire et parfaitement à point. ☆☆☆☆☆

DOMAINE DE LA RECTORIE

Banyuls 2010, Cuvée Parcé Frères (10322661) 20,80 $ – 500 ml
En plus de leurs impeccables vins de Collioure, les frères Parcé produisent un savoureux Banyuls coloré, intense et riche en matière fruitée. Le 2010 donne littéralement l'impression de croquer dans des mûres juteuses et sucrées. Puissant et pourtant plein de détail aromatique; riche et soutenu par un cadre tannique serré qui procure une sensation de fraîcheur en bouche, le rendant encore plus agréable à boire. Déjà excellent, mais son équilibre et sa longue finale florale augurent pour le mieux… ★★★★ ③

DOMAINE DE MONTBOURGEAU

Macvin du Jura (11785624) 32 $
En plus d'un excellent vin blanc sec de l'appellation l'Étoile offert à la SAQ, Nicole Deriaux élabore cette curiosité jurassienne, issue exclusivement du cépage savagnin et fortifiée avant même le début des fermentations alcooliques, comme un Pineau des Charentes. L'amateur de vin du Jura y retrouvera ce même petit goût de jaune qui fait toute l'originalité du célèbre vin jaune, avec en prime une finale persistante aux accents d'aneth. Belle occasion pour sortir des sentiers battus. ☆☆☆☆ ②

À TABLE AVEC LES…

Muscats fortifiés
Frappés, ils font un malheur avec le melon! Encore mieux si ce dernier est accompagné de jambon cru. Ils ont une affinité toute naturelle avec les fruits, en particulier les fruits jaunes et blancs, en mode sucré ou salé. Délicieux avec tous les jambons crus, mais probablement à leur meilleur lorsqu'on les associe à un plat sucré-salé (comme melon-jambon). – *V.R.*

DOMAINE LA TOUR VIEILLE

Banyuls, Reserva (884916) 25,70$
Parfaitement savoureux, droit et bien équilibré, il a des goûts distingués de fruits mûrs; sa trame tannique lui assure une présence très affirmée. Vraiment excellent et valant pleinement son prix. Pour l'apprécier à sa juste valeur, il faut le servir à 13-14 °C. ★★★★

Rimage 2010, Banyuls (884908) 22,20$ – 500 ml
Sans être grand, le 2009 est souple, friand et égayé de notes fruitées délicatement confites. Un Banyuls de belle facture, à boire entre 2013 et 2016. ★★★ ②

Banyuls blanc 2011 (11544222) 22,80$
En revanche, guère convaincue par ce vin chargé en sucre et accusant un manque d'acidité. ☆☆

DOM BRIAL

Château Les Pins, Rivesaltes 2005, Primage (871897) 21,35$
Bon vin doux agrémenté d'arômes de sucre brun, à la fois tendre, franc et frais en bouche. Prix abordable. ★★★

Muscat de Rivesaltes 2010 (892455) 19$
Bon Muscat d'envergure moyenne. Très parfumé à défaut de complexité. ☆☆

FONSECA, JOSE MARIA DA

Alambre 2007, Moscatel de Setúbal (357996) 15,25$
Spécialité de la maison Da Fonseca – aucun rapport avec les Porto Fonseca –, ce très bon vin traditionnel de la péninsule de Setúbal, au sud de Lisbonne, est issu de muscat, de boal et de malvoisie. Passablement aromatique, avec un bon goût de pêche mûre. Rien de complexe, mais équilibré et original. ☆☆☆ ✻

MAS AMIEL

Maury Prestige, 15 ans (884312) 41,50$
La cuvée Prestige est un régal de douceur et de suavité, sur le thème des fruits confits. Ni puissant ni concentré, mais tellement bon. ★★★★

Maury Cuvée Spéciale, 10 ans (11154785) 32,50$
Plus simple et un peu unidimensionnel, le 10 ans charme avant tout par ses parfums très mûrs de fruits secs sur un fond vanillé et chocolaté. Trop cher. ★★★

MAS DE BELLEVUE

Lacoste, Muscat de Lunel (10272739) 17,25$
Le vignoble de Lunel couvre un peu plus de 350 hectares de vignes au nord-est de Montpellier. La famille Lacoste produit un affriolant Muscat gorgé de fruits, doux et parfaitement équilibré. Ce qui lui vaut un généreux relief aromatique aux accents de pêches ultramûres, doublé d'une fraîcheur irrésistible. On croque dans la grappe! Mon préféré dans cette catégorie. ☆☆☆☆ ✻

YALUMBA

Muscat Museum, South Eastern Australia (10366495) 24,45$ – 375 ml
Au nord d'Adélaïde, l'entreprise de l'Australien Robert Hill-Smith est depuis longtemps reconnue pour ses vins de qualité. Les amateurs se régaleront de ce Muscat riche, doux et onctueux qui exhale de plantureux parfums de raisins confits. Caressant et savoureusement aromatique. Superbe exemple d'une grande tradition australienne. ☆☆☆☆

IMPORTATION PRIVÉE

IP

En dépit d'un éventail considérable de vins qui s'est amélioré à la SAQ depuis quelques années, le choix dans les succursales peut paraître limité pour les amateurs à l'affût de découvertes et de raretés. Il suffit de consulter les cartes de nombreux restaurants pour dénombrer beaucoup de produits originaux absents du catalogue de la SAQ.

Pour l'heure, ces importations privées servent essentiellement à approvisionner les restaurateurs, mais plusieurs agences offrent aussi un service de commande directe sur le site Internet de leur entreprise. Les amateurs curieux désirant s'aventurer dans ce monde parallèle trouveront dans ces pages une liste de producteurs dont les vins sont accessibles en commande privée. Vous trouverez les coordonnées des diverses agences citées à la page 474.

Les listes ne sont pas exhaustives, mais elles proposent un bref aperçude l'offre actuelle et privilégient des producteurs réputés.

FRANCE

BORDEAUX

Bordeaux est certainement la région viticole la mieux desservie à la SAQ. Le site Internet de notre monopole recense plus de 1000 produits...

Voici tout de même quelques bonnes adresses pour sortir des sentiers battus.

Château Dalem

Au XVIIIe siècle, le vin de Fronsac dominait toute la région du Libournais et était vendu plus cher que des noms célèbres de Saint-Émilion. Les amateurs de Bordeaux authentiques apprécieront la chair et la texture nourrie du 2005 offert actuellement sur le marché. Pas le plus expansif, mais solide et de forme très classique, reposant sur un cadre tannique serré.
Agence: Sélection Caviste

Château Falfas

Ce domaine des Côtes de Bourg exploité en culture biodynamique est rigoureusement géré par un couple franco-américain. La qualité générale des vins est exemplaire.
Agence: Raisonnance

Château Graville-Lacoste

Adepte de la biodynamie, Hervé Dubourdieu met en valeur le terroir des Graves. Un très bon vin blanc vinifié avec les levures indigènes, sans passage en fût. Prix mérité pour un vin blanc sec et droit, auquel une proportion de sémillon ajoute une agréable rondeur.
Agence: Œnopole

Château Lagarette

Adeptes de la viticulture biologique depuis 1998, Olympe et Yvon Minvielle sont convertis à la biodynamie depuis 2003. Des vinifications naturelles, peu interventionnistes donnent des vins à la personnalité affirmée, dont le Cyrus, issu exclusivement de cabernet franc, vinifié et élevé en cuves d'inox.
Agence: La QV

LE SAVIEZ-VOUS ?

Les agences présentent leur catalogue de vins en importation privée sur leur site Internet. Une fois que l'intéressé a fait sa sélection:

1. Il contacte l'agence par courriel ou par téléphone et passe sa commande.
2. L'agence valide les disponibilités avec lui et convient de la succursale de la SAQ où il souhaite prendre livraison de ses bouteilles*.
3. Lorsque sa commande arrive à la succursale, un employé de la SAQ lui téléphone pour lui dire que ses vins sont arrivés.
4. Le paiement s'effectue lors de la prise de possession des bouteilles, au comptoir-caisse de la SAQ**.

*Les vins sont vendus en caisse de 6 ou 12 bouteilles.

**Certaines agences peuvent facturer des frais de transaction.

Château Mirebeau

À Pessac-Léognan, ce domaine exploité en biodynamie depuis 2005 est la source de vins droits et épurés, souvent offerts à prix d'aubaine. Cyril et Florence Dubrey sont aussi propriétaires du Château D'Ardennes en Graves (p. 61). *Agence: Primavin*

Château Tire-Pé

Il y a une dizaine d'années, Hélène et David Barrault ont acquis cette propriété de l'Entre-deux-Mers et se consacrent depuis à une réhabilitation du vignoble, sans engrais ni désherbant. La qualité des vins dégustés est excellente, avec une mention pour Les Malbec de Tire-Pé. *Agence: Réserve et Sélection*

Domaine de Jaugaret

Dans le minuscule vignoble de Saint-Julien appartenant à sa famille depuis 1654, Jean-François Fillastre n'a que faire des modes et des dégustations en primeur. Ses vins sont le reflet d'une tradition médocaine de plus en plus rare. Pas de merlot, de microbullage ou d'osmose inverse. Bâtis pour vivre longtemps, les vins sont issus de cabernet sauvignon, de petit verdot et de malbec dont certaines vignes ont plus de 100 ans. *Agence: RéZin*

Domaine de Viaud

À Lalande-de-Pomerol, ce domaine familial commercialise des vins de facture classique, dont quelques vieux millésimes qui permettent d'apprécier le charme discret d'un vin parfaitement ouvert. *Agence: Sélection Caviste*

Vieux Château Saint-André

Propriété de Jean-Claude Berrouet, l'œnologue maintenant retraité – mais toujours consultant – des Établissements Jean-Pierre Moueix (Pétrus, Magdelaine, Trotanoy), ce cru est l'un des plus réputés de Montagne. Maintenant aidé de Jean-François, son fils cadet, il signe un excellent vin teinté d'élégance et de suavité. Les bouteilles sont rares et on se les arrache. *Agence: Balthazard*

Vignobles Ouzoulias

À Saint-Émilion, le vignoble de la famille Ouzoulias, cultivé selon les normes de l'agriculture biologique depuis 1989, s'étend sur trois grandes propriétés. Une bonne adresse où trouver des vins de facture traditionnelle, offerts à bon prix. *Agence: Raisonnance*

À la SAQ, mais aussi en Ⓟ

Château le Puy
Agence: A.O.C. et Cie
Cru Barréjats
Agence: RéZin

BOURGOGNE

Combier, Arnaud

N'eût été sa rencontre avec Philippe Valette, Arnaud Combier aurait peut-être suivi la voie de ses aïeux et acheminé ses raisins à la coopérative locale. Il a plutôt tenté l'expérience du vin nature. On l'en félicite, car les résultats sont bons et traduisent bien le caractère de ce terroir souvent banalisé du Mâconnais. *Agence: Symbiose*

De Moor, Alice et Olivier

À Courgis, au sud de l'appellation Chablis, Alice et Olivier de Moor exploitent en culture biologique sept hectares de vignes, répartis sous quatre appellations: Chablis, Sauvignon Saint-Bris, Bourgogne Aligoté et Bourgogne Chitry. Leurs différentes cuvées expriment la typicité de leurs lieux d'origine. *Agence: Bergeron-les-Vins*

Domaine Méo-Camuzet

Un grand nom de la Côte de Nuits. Inspiré par l'enseignement d'Henri Jayer, Jean-Nicolas Méo signe d'impeccables Clos de Vougeot, Nuits-Saint-Georges, Richebourg et Vosne-Romanée, fins et élégants. L'entreprise opère aussi une affaire de négoce dont les vins – à prix plus abordable – sont commercialisés sous l'étiquette Méo-Camuzet frère et sœurs. *Agence: Le Maître de Chai*

Mugneret-Gibourg

La famille Mugneret est propriétaire de plusieurs parcelles de vignes sur les terroirs les plus prestigieux de la Côte de Nuits. Les vins s'affirment par leur suavité, leur finesse et leur profondeur.
Agence: Le Maître de Chai

Murat, Hervé

En 2005, après avoir travaillé durant quelques années au Domaine Anne-Françoise Gros, Hervé Murat a développé sa propre affaire à Concœur, dans les Hautes-Côtes de Nuits. Il y signe maintenant d'excellents vins, dont un superbe Chambolle-Musigny, tout en subtilité et en finesse. *Agence: La QV*

Pacalet, Philippe

Philippe Pacalet a monté une affaire de négoce peu commune en Bourgogne. Non seulement il entretient des liens étroits avec ses viticulteurs, mais il cultive lui-même certaines parcelles. Il vinifie ses cuvées de la façon la moins interventionniste possible, pour obtenir un vin authentique, empreint du goût du lieu, et qui mise sur la pureté du fruit. *Agence: RéZin*

Richoux, Thierry

Thierry Richoux est l'un des incontournables de cette petite appellation située tout au nord de la Bourgogne. Contrairement à d'autres vins d'Irancy, ceux de Richoux ne contiennent pas de césar, un cépage local connu pour ses goûts parfois rustiques. Il mise plutôt sur une expression franche, légère et délicate du pinot noir. Un modèle du genre.
Agence: Vinealis

Rossignol, Nicolas

Nicolas Rossignol a peaufiné son art dans la vallée du Rhône, à Bordeaux, puis en Afrique du Sud, avant de créer son domaine dans sa Bourgogne natale. Il possède aujourd'hui des parcelles dans plusieurs communes de la Côte de Beaune, dont Volnay, Pommard et Aloxe-Corton.
Agence: Balthazard

Roty, Joseph

Philippe Roty et son frère restent indifférents aux modes et élaborent d'excellents vins de facture traditionnelle. Leurs Marsannay, Gevrey-Chambertain et Côte de Nuits-Villages se distinguent par leur droiture, leur équilibre et leur long potentiel de garde.
Agence: Le Maître de Chai

Tribut, Laurent

Excellents Chablis vinifiés selon les règles de l'art – peu ou pas de soutirage, fermentation malolactique en barrique –, mais d'abord issus de raisins très mûrs qui leur donnent une texture nourrie et des saveurs intenses et nuancées. *Agence: Œnopole*

BEAUJOLAIS

Breton, Guy

Comme plusieurs vignerons de la région, Guy Breton a fait ses classes aux côtés de Jules Chauvet à qui l'on attribue la paternité du mouvement des vins dits «naturels». La qualité d'ensemble est irréprochable et le rapport qualité-prix – notamment celui de la cuvée Marilou – est fort attrayant. *Agence: GLOU*

Château Cambon

Sous la gouverne de Marie Lapierre, ce domaine exploité en agriculture biologique est la source de Beaujolais «tout court» passablement substantiels, dotés d'une personnalité affirmée. *Agence: RéZin*

Coquelet, Damien

Le beau-fils de Georges Descombes en est à ses premières armes en tant que vigneron, mais il fait déjà parler de lui. Gourmands et savoureux, les 2009 qui arriveront à l'automne appellent la soif… et les bonnes charcuteries.
Agence: La QV

Domaine des Côtes de la Molière

À l'ouest de Fleurie et de Moulin-à-Vent, le village de Vauxrenard ne jouit pas du statut de cru, mais il peut donner des vins particulièrement étoffés. Isabelle et Bruno Perraud y pratiquent une viticulture biodynamique et misent sur des vinifications naturelles, sans intrant. Le couple élabore aussi de très bons vins blancs dans le Mâconnais.
Agence: Raisonnance

Foillard, Jean

Aussi élève du regretté Jules Chauvet, Jean Foillard est un nom important de l'appellation Morgon. Il façonne des vins plutôt raffinés, élégants et dotés d'un excellent potentiel de garde. La cuvée π 3,14 – un clin d'œil à la Côte de Py de Morgon – est à découvrir.
Agence: RéZin

Métras, Yvon

Yvon Métras est à Fleurie ce que Marcel Lapierre était à Morgon. Un ardent défenseur du vin naturel. Des cuvaisons longues, des vinifications sans ajout de levures ni de soufre donnent des vins de caractère.
Agence: RéZin

Pacalet, Christophe

Après quelques années dans la biochimie et la cuisine, le neveu de Marcel Lapierre a démarré sa petite affaire de négoce qui s'étend aujourd'hui sur 6 des 10 crus du Beaujolais. Les sources d'approvisionnement sont sensiblement toujours les mêmes, pour des vins tantôt souples et coulants, tantôt denses et substantiels, de style quasi bourguignon. *Agence: RéZin*

Production Unique et Rebelle (P-U-R)

Située à Villefranche-sur-Saône, la maison créée par Cyril Alonso et Florian Looze s'approvisionne auprès de vignerons du Beaujolais et du Rhône n'utilisant ni désherbants, ni pesticides, ni insecticides ou autres produits de synthèse et signent des vins généralement vibrants, élaborés sans ajout de soufre. Les quelques cuvées goûtées cette année étaient irréprochables.
Agence: Les Vieux Garçons

Thévenet, Jean-Paul

Jean-Paul Thévenet produit aussi d'excellentes cuvées sous les appellations Morgon et Beaujolais. La cuvée Morgon vieilles vignes est sensationnelle!
Agence: Bergeron-les-Vins

Vionnet, Karim

Karim Vionnet a appris aux côtés de son ami Guy Breton. Les quelques cuvées commercialisées au Québec se distinguent par leur attaque en bouche franche et friande. Sympathiques et vendues à bon prix.
Agence: Œnopole

À la SAQ, mais aussi en IP

Demougeot, Rodolphe
Agence: Balthazard

Domaine de la Cadette
Agence: Œnopole

Domaine de la Pousse d'Or
Agence: Le Maître de Chai

Domaine Perrot-Minot
Agence: Le Maître de Chai

Giboulot, Emmanuel
Agence: Les vins Alain Bélanger

Goisot, Ghislaine et Jean-Hugues
Agence: Le Maître de Chai

La Soufrandière - Bret Brothers
Agence: Liquid Art

Maréchal, Catherine et Claude
Agence: Balthazard

Martray, Laurent
Agence: Le Maître de Chai

Mikulski, François
Agence: Vini-Vins

Muzard, Lucien
Agence: Le Maître de Chai

Domaine Valette
Agence: RéZin

ALSACE

Binner, Audrey et Christian

Des vins alsaciens classiques, droits, équilibrés et, surtout, sans excès de sucre résiduel. Christian Binner se familiarise progressivement avec les principes de la biodynamie et, lorsque les vins s'y prêtent, vinifie sans ajouter de soufre. *Agence: Plan Vin*

Boesch, Leon

Le cru Zinnkoepflé est situé dans le village de Westhalten, à une quinzaine de kilomètres de Colmar. La famille Boesch y puise d'excellents vins de vendanges tardives. Certifié biologique depuis 10 ans, le domaine est aujourd'hui conduit en biodynamie par Gérard et son fils Matthieu, qui produisent aussi des Riesling aux saveurs fines, précises et complexes.
Agence: La QV

Domaine Loew

Lorsqu'il a repris le vignoble ancestral de Westhoffen en 1996, Étienne Loew s'est appliqué à la réhabilitation du cépage sylvaner, dont la surface plantée a radicalement diminué au cours des 30 dernières années.
Agence: Vini-Vins

Frick, Pierre

Jean-Pierre et Chantal Frick cultivent leurs vignes à flancs de coteaux en biodynamie et en tirent des vins d'une précision remarquable.
Agence: Primavin

Kreydenweiss, Marc

Adepte de la biodynamie, Marc Kreydenweiss exploite une dizaine d'hectares dans le secteur d'Andlau, à une trentaine de kilomètres au sud-ouest de Strasbourg. La qualité d'ensemble est exceptionnelle, avec une mention spéciale pour le Pinot gris Moenchberg.
Agence: Mon Caviste

Meyer, Julien

Patrick Meyer était à peine sorti de l'adolescence lorsqu'il a pris les rênes du domaine familial de Nothalten, à mi-chemin entre Strasbourg et Colmar. Il a converti le vignoble à l'agriculture biologique dès 1991, puis à la biodynamie en 1999. Si le style de ses vins, parfois puissants et dotés de notes oxydatives, connaît quelques détracteurs, de nombreux *fans* apprécient néanmoins leur tempérament affirmé.
Agence: Insolite Importation

Schueller, Gérard

Gérard et Bruno Schueller sont des adeptes de la viticulture biologique, car ils ont la conviction que c'est la condition *sine qua non* pour permettre au terroir de s'exprimer véritablement. Les différentes cuvées du domaine, situé dans les hauteurs d'Eguisheim, ont en commun la maturité, la tenue et la complexité aromatique propres aux meilleurs vins alsaciens.
Agence: Œnopole

À la SAQ, mais aussi en IP

Barmès-Buecher
Agence: Œnopole

Deiss, Marcel
Agence: A.O.C. et Cie

Domaine Bott-Geyl
Agence: Les vins Alain Bélanger

Kuentz
Agence: Réserve et Sélection

Seppi Landmann
Agence: Le Maître de Chai

VAL DE LOIRE

Delaporte

La famille Delaporte est établie depuis le XVIIe siècle dans la commune de Chavignol, au cœur du Sancerrois. Jean-Yves et son fils Matthieu tirent, des sols de silex qui constituent la moitié du vignoble, des vins blancs intenses et racés.
Agence: Trialto

Domaine du Briseau

Dans son vignoble de la Sarthe, Christian Chaussard traduit avec beaucoup de sincérité le caractère unique du chenin et du pineau d'Aunis, une variété historique de la Touraine, aussi nommée chenin noir.
Agence: Insolite Importation

Domaine du Moulin, Hervé Villemade

Les cuvées de romorantin produites par Isabelle et Hervé Villemade comptent certainement parmi les plus réputées de la minuscule appellation Cour-Cheverny, laquelle totalise à peine 50 hectares au nord-est de la Touraine. Le domaine produit aussi d'excellents vins rouges.
Agence: RéZin

Domaine Landron

Le travail qu'a accompli Joseph Landron a largement contribué à redonner ses lettres de noblesse au Muscadet. Sur les 50 hectares que comptent les deux vignobles du Domaine Landron, le melon de bourgogne est roi et la biodynamie est reine. Les vins – Amphibolite est le plus connu – conjuguent avec style la légèreté alcoolique, la finesse et les saveurs minérales propres à l'appellation. *Agence: RéZin*

Janvier, Pascal

Au sud du département de la Sarthe, le vignoble du Jasnières a été façonné dès le Moyen-Âge par les moines cisterciens. Ce n'est toutefois que depuis une vingtaine d'années, sous l'impulsion d'une poignée d'artisans comme Pascal Janvier, que cette minuscule appellation de 128 hectares (Vouvray compte environ 2000 hectares) suscite un intérêt réel au-delà des frontières de la région.
Agence: Vinealis

Les Vins Contés

Sommelier de formation, Olivier Lemasson a pris goût au vin nature chez Marcel Lapierre. En 2002, il s'est associé à Hervé Villemade (Domaine du Moulin) pour créer une affaire de négoce qui s'approvisionnerait exclusivement auprès de viticulteurs respectueux des principes de l'agrobiologie. Maintenant seul à la barre, il continue de produire d'excellents vins dont on a toujours soif. *Agence: GLOU*

Mosse, Agnès et René

Si la robustesse et l'étoffe de ses Cabernet franc déroutent parfois les puristes, les vins blancs de René Mosse charment à tout coup par leur franche minéralité et leur caractère aromatique fougueux et original.
Agence: Vini-Vins

Reau, Nicolas

Il y a une dizaine d'années, Nicolas Reau s'est improvisé vigneron, dans le secteur de Thouars, au sud-ouest de Chinon. On l'en félicite! Ses vins de cabernet franc sont pleins, rassasiants, presque «virils»; sa cuvée «Attention Chenin Méchant» s'affirme par son caractère tranchant et très minéral. *Agence: Primavin*

Thierry Puzelat, Le Clos du Tue-Bœuf

Dans le secteur de Cheverny, les frères Puzelat veillent sur la vieille propriété familiale et en tirent des vins singuliers et très digestes, dont la teneur en soufre est quasi nulle. Thierry Puzelat opère aussi, en parallèle, une petite activité de négoce sous sa propre étiquette.
Agence: RéZin

À la SAQ, mais aussi en IP

Alliet, Philippe
Agence: Le Maître de Chai

Baudouin, Patrick; Anjou
Agence: Les vins Alain Bélanger

Baudry, Bernard; Chinon
Agence: Balthazard

Château Yvonne; Saumur
Agence: RéZin

Domaine de Bellivière; Coteaux du Loir
Agence: Le Maître de Chai

Domaine de la Garrelière; Touraine
Agence: Bergeron-les-Vins

Domaine Ogereau; Savennière
Agence: Le Maître de Chai

Pithon-Paillé; Anjou
Agence: Balthazard

VALLÉE DU RHÔNE

Allemand, Thierry

Agriculture biologique, travail à la pioche et au treuil, rendements limités, grande densité de plantation, etc. Sur les coteaux vertigineux de Cornas, Thierry Allemand bichonne ses vignes qui le lui rendent vivement. L'amateur de Syrah intenses, lumineuses et consistantes voudront goûter au moins une fois dans leur vie les Cuvée Nature, Chaillot, Reynards et autres. Chez Allemand, tout est grand! *Agence: GLOU*

Balme, Élodie

Depuis son premier millésime en 2006, cette ancienne «élève» de Marcel Richaud ne cesse de peaufiner son art. Ses Rasteau et Côtes du Rhône révèlent, à son meilleur, la nature pulpeuse du grenache. Un régal pour les papilles. Miam! Miam!
Agence: Œnopole

Château de La Selve

La famille Chazallon veille sur cette superbe propriété de l'Ardèche qui abrite un château fort construit au XIIIe siècle, ainsi qu'une vaste exploitation viticole menée en biodynamie.
Agence: Raisonnance

Chaume-Arnaud

Ce domaine familial créé en 2005 s'impose déjà comme une référence de l'appellation Vinsobres. Le Petit Coquet (assemblage de grenache, de cinsault et de syrah) offre un rapport qualité-prix attrayant.
Agence: Insolite Importation

Domaine de La Monardière

Vacqueyras foisonne de bonnes bouteilles vendues à prix mérité. Le domaine de Christian Vache est un digne représentant de l'appellation. Les 2 Monardes et ses autres cuvées sont équilibrées et assez bien constituées pour tenir la route.
Agence: Le Maître de Chai

Domaine de l'Anglore

D'abord apiculteur par héritage, puis vigneron par vocation, Éric Pfifferling est l'artiste de Tavel. Un original qui repense et questionne les méthodes agricoles commerciales promues depuis les années 1960 et signe des vins sincères dont la finesse, la singularité et la «buvabilité» ont valeur d'exemple. *Agence: GLOU*

Domaine du Coulet

Avec à peine 10 millésimes à son actif, Matthieu Barret est certainement parmi les jeunes vignerons les plus en vue de l'appellation Cornas. Son vignoble d'une dizaine d'hectares, essentiellement en coteaux, est cultivé en biodynamie et donne des vins rouges particulièrement denses et concentrés, aptes à vivre de longues années. *Agence: La QV*

Domaine Gramenon

Dans la Drôme, au nord du Rhône méridional, Mme Aubery pratique une viticulture biologique. La réputation des vins de Gramenon repose avant tout sur leur rondeur irrésistible ainsi que sur la finesse et la précision des saveurs. *Agence: RéZin*

Domaine Saladin

Les 20 générations qui se sont succédé au domaine Saladin n'ont jamais succombé à l'appel de la viticulture moderne et les vignes ne connaissent ni herbicides, ni pesticides, ni engrais chimiques. Les vins y sont purs et authentiques. *Agence: RéZin*

Domaine Viret - Clos du Paradis

Alain Viret et son fils Philippe produisent des Côtes du Rhône le plus naturels possible, sans nuire à leur équilibre. Dans la commune de Saint-Maurice, ils élaborent cette cuvée vinifiée en amphore d'argile, ce qui favorise la concentration du moût et permet d'obtenir ce goût unique. *Agence: Vini-Vins*

Richaud, Marcel

Marcel Richaud est le vigneron vedette de Cairanne. Son vignoble est en conversion progressive à la biodynamie; les vinifications sont conduites avec les levures naturelles, et les ajouts de soufre sont limités. Pour l'amateur à la recherche de grenache fruité, gourmand et désaltérant. *Agence: RéZin*

Souhaut, Hervé

En Ardèche, Hervé Souhaut s'inscrit aussi dans le courant du vin naturel. Les fermentations sont menées sans ajout de levures, et celui du soufre est réduit au minimum. La cuvée Souteronne, issue de vignes de gamay âgées d'une soixantaine d'années, offre un régal de fruit aussi rassasiant que désaltérant. *Agence: RéZin*

À la SAQ, mais aussi en IP

Bois de Boursan
Agence: GLOU

Chapoutier, Michel
Agence: Vins Philippe Dandurand

Château Mas Neuf
Agence: La Céleste Levure

Domaine de la Mordorée
Agence: La Céleste Levure

Domaine Gourt de Mautens
Agence: Œnopole

Domaine Rouge Garance
Agence: Anthocyane

Graillot, Alain et Maxime
Agence: Réserve et Sélection

Grand Veneur
Agence: Vitis

Vieux Donjon
Agence: Mon Caviste

Vignerons d'Estézargues
Agence: RéZin

Vignobles David
Agence: Isravin

Voge, Alain
Agence: La Céleste Levure

LANGUEDOC-ROUSSILLON

Clos du Rouge Gorge

Dans son vignoble au nord des Pyrénées-Orientales, Cyril Fhal applique avec soin les principes de la biodynamie et favorise des rendements très bas, entre 11 et 25 hl/ha. Ses vins sont concentrés et puissants. Leur équilibre et leur richesse tannique sont garants de longévité. *Agence: Œnopole*

Cros, Pierre

Un vigneron un peu marginal dans son Aude natale. L'encépagement de son domaine du Minervois – aramon, alicante, picpoul noir, vermantino et de vieux ceps de carignan –, comme les méthodes qu'il utilise, le placent dans une catégorie à part. La cuvée Les Mal Aimés, vendue comme simple «vin de table», gagne à être connue. *Agence: Insolite Importation*

Domaine d'Émile et Rose

Depuis 2004, Caroline Gisclard veille sur cette propriété de l'Hérault que lui ont léguée ses grands-parents, Émile et Rose. Avec son mari Marcel, elle exploite aujourd'hui un vignoble d'une quinzaine d'hectares, où poussent notamment quelques raretés comme du carignan blanc et de l'aramon, une variété rouge quasi unique à l'Hérault. Deux belles invitations à sortir des sentiers battus.
Agence: Mondia Alliance

Domaine des Schistes

Au pied des Pyrénées, la famille Sire vinifie elle-même les fruits de sa récolte depuis 1989. Les rouges sont à la fois droits, équilibrés, chaleureux et concentrés; les vins doux naturels, Muscat de Rivesaltes et Maury, sont plantureux et généreusement parfumés. Ils sont tous issus de l'agriculture biologique.
Agence: Raisonnance

Domaine du Possible

Dans le Roussillon, Loïc Roure mise, entre autres, sur l'apport de très vieilles vignes de grenache blanc et de carignan dont il tire des vins rouges et blancs distinctifs, fidèles à leur lieu d'origine. *Agence: Œnopole*

Domaine Le Pas de l'Escalette

Julien Zernott (Henri Pellé, Menetou-Salon) a développé son domaine dans les hauteurs des terrasses du Larzac, au nord-ouest du Languedoc. Blancs ou rouges, ses vins sont excellents.
Agence: Balthazard

Domaine Padié

D'abord chef de culture au Mas Amiel, puis chez Gérard Gauby, Jean-Philippe Padié veille sur une quarantaine de parcelles dans la commune de Calce, dans le Roussillon, sur lesquelles il applique, sans dogmes, les principes de la biodynamie. À la cave, l'approche est minimaliste et l'apport en soufre est d'ordre homéopathique. Au final, rouges et blancs sont purs, vibrants et savoureux. La cuvée Calice (100% carignan) est un modèle du genre.
Agence: GLOU

Duchêne, Bruno

Installé à Banyuls-sur-Mer depuis 2002, où il veille sur un minuscule vignoble de 4 hectares, Bruno Duchêne signe d'excellents vins rouges, dont la cuvée Anodine, une expression somptueuse et racée du grenache noir. *Agence: GLOU*

La Petite Baigneuse

Depuis 2008, Céline et Philippe Wies façonnent sur les sols de schiste de Maury, dans les Côtes-Catalanes, d'excellents vins de soleil au tempérament affirmé. À retenir, la cuvée Grand Largue: un assemblage de carignan et de lledoner pelut, un proche cousin du grenache noir, qui porte aussi le nom de grenache poilu.
Agence: Primavin

Magnon, Maxime

Dans la région Corbières, Maxime Magnon mise à fond sur l'originalité du cépage carignan pour l'élaboration de ses rouges. Les trois cuvées sont commercialisées sous la dénomination vin de pays de la vallée du Paradis: deux rouges, un léger (La Démarrante), un charnu (Rozeta); et un vin blanc (La Bégou), issu de grenache gris.
Agence: GLOU

Matassa

En 2002, après quelques années à multiplier les allers-retours entre le Roussillon et son Afrique du Sud natale, Tom Lubbe s'est installé dans les hauteurs de Calce, non loin de son beau-frère, Gérard Gauby. De très bons vins rouges et blancs au tempérament fort. À signaler, la cuvée Marguerite, un excellent vin blanc composé de muscat petit grain et de viognier, mais dont l'expression aromatique est littéralement dominée par le terroir.
Agence: Insolite Importation

Pithon, Olivier

En 2001, le frère de Jo Pithon, célèbre producteur de Loire, a repris un domaine de 15 hectares situé juste au nord de Perpignan. Sa cuvée D18 fait partie de l'élite des vins blancs du Midi.
Agence: Plan Vin

Senat, Jean-Baptiste

Installé depuis 10 ans dans le Minervois, ce Parisien d'origine s'est taillé une réputation enviable avec des vins rouges qui conjuguent habilement la rondeur fruitée, la densité et la fraîcheur. Les raisins sont bio et l'apport en soufre est limité au minimum lors des vinifications.
Agence: Vini-Vins

Zélige-Caravent

À Pic Saint-Loup, Marie et Luc Michel cultivent quelques cépages inusités et obtiennent des vins attrayants, tant à cause de leur originalité que de leur fruité et de leur fraîcheur.
Agence: Vini-Vins

À la SAQ, mais aussi en IP

Alquier, Jean Michel
Agence: Vini-Vins

Château La Grave, Minervois
Agence: Sélections UVAS

Domaine d'Aupilhac
Agence: Bergeron-les-Vins

Domaine de la Rectorie
Agence: Les vins Alain Bélanger

Domaine de Mouscaillo
Agence: Bergeron-les-Vins

Domaine du Loup Blanc
Agence: Plan Vin

Domaine Gauby
Agence: Bergeron-les-Vins

Domaine l'Oustal Blanc
Agence: Vini-Vins

Domaine Madeloc
Agence: Balthazard

Dupéré-Barrera
Agence: Le Maître de Chai

Ferrer-Ribière
Agence: RéZin

Gardiés, Jean
Agence: La Céleste Levure

Hecht & Bannier
Agence: LBV International

Mas Jullien
Agence: Bergeron-les-Vins

Vignobles les Tourelles
Agence: Les vins Alain Bélanger

PROVENCE ET CORSE

Château Barbanau

Sophie Cerciello et Didier Simonini opèrent deux propriétés en agriculture biologique. La première compte une vingtaine d'hectares dans les côtes de Provence, la seconde est située dans l'appellation Cassis. Blancs, rouges et rosés sont excellents.
Agence: Bergeron-les-Vins

Château Sainte-Anne

À Bandol, Françoise et son fils Jean-Baptiste élaborent de très bons vins blancs parfumés, et des vins rouges aux tanins soyeux et fondus ayant l'équilibre et l'étoffe nécessaires pour vieillir avec grâce. *Agence: Vini-Vins*

Comte Abbatucci

Conduit en biodynamie depuis l'an 2000, le vignoble historique de la famille Abbatucci puise dans les arènes granitiques de la vallée du Taravo, tout au sud de l'île, une sève unique qui donne aux cépages locaux vermentino, sciacarello et nielluccio un caractère et une dimension inimitables.
Agence: Vini-Vins

Domaine d'E Croce

Il y a quelques années, Yves Leccia a quitté l'entreprise familiale de Patrimonio et a fondé son propre domaine. Il continue d'exploiter une partie du vignoble de son père, notamment les parcelles E Croce et Partinelone. Les deux vins rouges, offerts en importation privée, misent sur la singularité du cépage local nielluccio, qui lui donne passablement de caractère.
Agence: Le Maître de Chai

Domaine Hauvette

Dominique Hauvette s'inscrit depuis une quinzaine d'années dans l'élite viticole de la Provence. Une viticulture biologique et des rendements naturellement limités lui permettent d'élaborer des vins rouges denses et soyeux, un vin blanc ample et racé et un rosé d'une complexité peu commune. *Agence: Vini-Vins*

Domaine La Suffrène

Après avoir acheminé ses raisins à la coopérative locale pendant de nombreuses années, cette exploitation familiale de Bandol s'est dotée de son propre chai de vinification et commercialise des vins sous sa propre étiquette depuis 1996. Les vins rouge, blanc et rosé de Cédric Gravier sont maintenant des références pour l'appellation.
Agence: Les Sélections Vin-Cœur

Domaine Tempier

Ce domaine fait partie des piliers de Bandol. Les descendants de Lucie Tempier et de Lucien Peyraud assurent aujourd'hui la relève, et cultivent une trentaine d'hectares répartis sur trois vignobles qui donnent naissance aux cuvées parcellaires La Tourtine, La Migoua et Cabassaou. Les vins de Tempier demandent du temps et de la patience pour se révéler pleinement.
Agence: Œnopole

À la SAQ, mais aussi en IP

Arena, Antoine
Agence: Balthazard

Château Revelette
Agence: RéZin

Domaine Des Béates
Agence: La QV

Domaine La Bastide Blanche
Agence: Altovin International

Dupéré-Barrera
Agence: Le Maître de Chai

SUD-OUEST

Château Lacapelle Cabanac

Dans la commune de Lacapelle-Cabanac, non loin du vignoble de Catherine Maisonneuve et de Matthieu Cosse, Thierry Simon et Philippe Vérax appliquent les principes de la biodynamie dans leur domaine de 18 hectares acquis en 2001. Leurs trois cuvées proposent autant de différentes facettes du Cahors d'aujourd'hui.
Agence: Importations Syl-Vins

Château Plaisance

Depuis 2000, Marc Penavayre exploite son domaine de Fronton sans engrais ni désherbants chimiques. Il défend avec force et conviction les vertus encore trop méconnues de la négrette. Ses vins, rouges, blancs et rosés, sont offerts dans un très bon rapport qualité-prix.
Agence: La Céleste Levure

Domaine Arretxea

Dans l'appellation Irouléguy, Michel Riouspeyrous exploite un vignoble de 8 hectares en culture biologique. Ses vins rouges se distinguent par leur matière suave et veloutée; ses vins blancs sont très riches et ont une sève distinctive. *Agence: RéZin*

Domaine du Souch

Si vous avez vu le documentaire *Mondovino*, vous vous souvenez peut-être de la première scène qui se déroule au pied des Pyrénées et qui met en vedette une dame qui parle avec sagesse de son amour du vin et de la vigne. Il s'agit d'Yvonne Hegoburu, «la grande dame de Jurançon». Ses vins secs et liquoreux se distinguent par leur équilibre et leur personnalité affirmée.
Agence: Vini-Vins

Domaine Herri Mina

En plus de ses propriétés dans le Libournais, Jean-Claude Berrouet a acquis un vignoble au pied des Pyrénées, dans son Pays basque natal. Depuis son premier millésime en 2001, Herri Mina est élaboré en étroite collaboration avec l'équipe du domaine Brana, qui assure notamment le travail de la vigne.
Agence: Balthazard

Mas del Périé

À Cahors, sur le plateau calcaire des causses du Lot, Fabien Jouves veille sur les vieux plants de malbec du vignoble familial depuis cinq ans. Il en tire des vins charnus et passablement structurés, mais aussi suffisamment enrobés pour séduire un vaste public.
Agence: Vinealis

Plageoles, Bernard

Le nom Plageoles est intimement lié à l'histoire récente du vignoble gaillacois. Les générations qui se sont succédé au domaine ont pérennisé le même combat contre la standardisation et contre les primes à l'arrachage de cépages autochtones. Leur conviction: la valeur du mauzac. Sec, liquoreux, tranquille ou effervescent, tout est singulièrement bon. *Agence: Vini-Vins*

À la SAQ, mais aussi en Ⓟ

Château Gaudou; Cahors
Agence: Les Sélections Vin-Cœur

Domaine Berthoumieu
Agence: Vini-Vins

Domaine Cauhapé; Jurançon
Agence: Balthazard

Domaine Causse Marines; Gaillac
Agence: RéZin

Domaine Le Roc
Agence: Bergeron-les-Vins

Domaine Rotier
Agence: Le Maître de Chai

JURA

Bornard, Philippe

En 2005, motivé par son ami Pierre Overnoy, Philippe Bornard a cessé d'envoyer les raisins du vignoble familial à la coopérative pour commercialiser sous sa propre étiquette. On l'en félicite, puisqu'il signe aujourd'hui une gamme de vins rouges et blancs dont la qualité et l'authenticité ne font aucun doute. L'une des belles découvertes de l'année! *Agence: GLOU*

Domaine Baud

Dans la commune de Le Vernois, les Baud étaient déjà vignerons de père en fils avant la Révolution française de 1789. Ils signent aujourd'hui des vins de facture classique sur trois des quatre appellations jurassiennes, soit Côte du Jura, l'Étoile et Château-Chalon. *Agence: Anthocyane*

Domaine Berthet-Bondet

Jean Berthet-Bondet s'est installé à Château-Chalon, au centre du vignoble jurassien, en 1984. La moitié du vignoble, qu'il gère aujourd'hui avec sa femme Chantal, est située dans l'appellation Château-Chalon, qui est la source de l'un des vins les plus originaux de France.
Agence: Symbiose

Domaine de la Pinte

Le domaine de la famille Marin est certifié Écocert depuis une dizaine d'années déjà. En 2009, avec l'arrivée de Bruno Ciofi (ancien œnologue de la maison alsacienne Pierre Frick), le vignoble a commencé la conversion en biodynamie. Les vins ont en commun une précision et un équilibre exemplaires. *Agence: Raisonnance*

Emmanuel Houillon (Pierre Overnoy)

À Arbois-Pupillin, Pierre Overnoy est une véritable légende qui a inspiré de nombreux jeunes vignerons, bien au-delà des limites du Jura. Artisan de longue date du vin «naturel», il a transmis tout son savoir à son héritier, Emmanuel Houillon. Si le vin rouge de poulsard évoque le jus de fruit, les vins blancs sont à prendre au sérieux.
Agence: Vini-Vins

Ganevat, Jean-François

Rentré au pays après avoir fait ses classes de maître de chai à Chassagne-Montrachet en Bourgogne, Jean-François Ganevat a acheté les 7 hectares de son père qu'il a progressivement exploités en agriculture biologique. Excellentes cuvées parcellaires et un savagnin ouillé dont l'amateur de vins du Jura se régalera. *Agence: RéZin*

SAVOIE

Cave Delalex

Les vins de Savoie ne sont pas nombreux au Québec. Raison de plus pour découvrir les cuvées de cette cave familiale. Une belle occasion de goûter le charme délicat et guilleret des vins de montagne et du chasselas, une variété aussi connue sous le nom de fendant du Valais. *Agence: La QV*

Domaine Dupasquier

André et Michel Quénard cultivent leur vignoble en terrasses, perchées à flanc de coteaux, à quelque 300 m d'altitude. Les fermentations sont conduites avec l'usage exclusif des levures naturelles. Une foule de détails qui se traduisent par une qualité impeccable, avec une mention particulière pour la Mondeuse et le Pinot noir, deux bijoux de précision et de fraîcheur. *Agence: Vinealis*

À la SAQ, mais aussi en IP

Bourdy, Jean
Agence: La QV

Domaine de la Renardière
Agence: Symbiose

Domaine Labet
Agence: Œnopole

Ganevat, Jean-François
Agence: RéZin

Magnin, Louis
Agence: Le Maître de Chai

Tissot, André & Mireille
Agence: Les vins Alain Bélanger

ITALIE

PIÉMONT

Altare, Elio

Excellents Barolo de facture moderne, au sens noble du terme. La qualité des Langhe, des Dolcetto et des Barbera est également indiscutable. *Agence: Le Maître de Chai*

Bera, Vittorio e figli

Cultivé en agriculture biologique depuis une quarantaine d'années déjà, le vignoble de la famille Bera est la source d'excellents Moscato et de savoureuses Barbera de facture traditionnelle. *Agence: RéZin*

Braida

Dans le secteur d'Asti, ce domaine d'une quarantaine d'hectares a la réputation méritée de produire la quintessence du Barbera. *Agence: Balthazard*

Ca' du Rabaja

À prix fort attrayant, cette maison piémontaise commercialise un très bon Barbera d'Alba, pas spécialement nuancé, mais rassasiant de fraîcheur. *Agence: Bellavita*

Cascina Tavijn

Dans la province d'Asti, la jeune Nadia Verrua se spécialise dans la culture du ruché (prononcer rouqué), un cépage aux origines obscures que certains comparent au mourvèdre. Les vins sont issus de l'agriculture biologique et commercialisés sous l'appellation Ruché di Castagnole Monferrato. *Agence: Œnopole*

Deltetto

Tonino Deltetto excelle tant dans l'élaboration de vins rouges majestueux que dans celle de *spumante* Extra Brut et de vins blancs délicats d'arneis. *Agence: Le Maître de Chai*

VÉNÉTIE

La Biancara - Angiolino Maule

Depuis son premier millésime en 1988, Angiolino Maule s'applique à poursuivre la tradition vinicole millénaire qui unit le cépage garganega à la Vénétie. Les vins qui portent sa griffe se signalent par une race et une expression aromatique très distinctives. Élaborés sans ajout de soufre. *Agence: GLOU*

FRIOUL

Borgo San Daniele

Mauro Mauri redonne ses lettres de noblesse au pinot grigio. Ses autres cuvées sont tout aussi savoureuses, grâce à leur pureté et à leur éclat aromatique. *Agence: Œnopole*

TOSCANE

Dei, Maria Caterina

Le domaine de Caterina Dei fait partie des noms majeurs de Montepulciano. L'œnologue Niccolò D'Afflito (Frescobaldi) y signe de savoureux vins de sangiovese amples et flatteurs, mais dotés d'une fibre toscane affirmée. *Agence: Le Maître de Chai*

La Rasina

Ce domaine familial est situé dans le secteur sud-est de Montalcino. Aujourd'hui élaborés par Marco Mantengoli, leurs Brunello s'affirment en bouche par une richesse aromatique et une ampleur considérable. *Agence: Altovin International*

Massa Vecchia

Dans la région côtière de Maremma, Fabrizio Niccolaini cultive avec rigueur un vignoble de 4,5 hectares, conduit selon les principes de la biodynamie depuis 1993. Les vins sont issus de rendements limités, vinifiés avec les levures indigènes, élevés en foudre de chêne et mis en bouteille sans collage ni filtration, avec des ajouts modérés en soufre. Autant de détails se traduisent par des vins hors normes, éclatant de pureté et d'authenticité. *Agence: Œnopole*

Podere Luisa

Les nostalgiques du *fiasco* – la bouteille de Chianti trapue et recouverte de paille, qui a servi de bougeoir à toute une génération de jeunes romantiques – seront heureux d'apprendre que le célèbre flacon est de nouveau offert au Québec. La nouvelle est d'autant plus réjouissante que, cette fois-ci, le vin est bon! Issu de l'agriculture biologique et élaboré de façon traditionnelle, ce Chianti n'a rien de complexe, mais il est tout à fait représentatif des bons vins de *trattoria*: souple, coulant et désaltérant. *Agence: Insolite Importation*

Poggio Nardonne

Sans avoir l'étoffe et la profondeur des meilleurs vins de l'appellation, le Brunello di Montalcino élaboré par Tiziano et Alessandra Ciacci est assez charmant dans un style traditionnel: souple et suave, sans fioriture ni ostentation. *Agence: Sélection Caviste*

Poggio Scalette

En 1991, Vittorio Fiore a acquis un ancien vignoble dans le secteur de Greve in Chianti. Aujourd'hui, avec son fils, il élabore de somptueux vins rouges, dont Il Carbonaione, issu exclusivement de très vieilles vignes de sangiovese, plantées dès la fin de la Première Guerre mondiale. Un excellent vin intense et concentré, mais aussi éminemment suave. *Agence: Sélection Caviste*

San Polino

Katia Nussbaum et Luigi Fabbro veillent depuis une vingtaine d'années sur cette propriété située à San Polo, dans la partie sud-est de Montalcino. Le vignoble est certifié en biodynamie et les vins sont élaborés dans un style très classique, sans concentration superflue ni effet spectaculaire de la barrique. *Agence: Insolite Importation*

ABRUZZES

Marramiero

En bordure de la mer Adriatique, sur les collines qui entourent la ville de Pescara, la famille de Marramiero produit des vins rouges nourris et corpulents, typiques du cépage montepulciano, ainsi qu'un bon trebbiano d'Abbruzzo, rond, vineux et nourri par un usage judicieux du bois de chêne. *Agence : Vins etcetera*

POUILLES

Guttarolo, Cristiano

Sur le plateau des Murges, à environ 400 m d'altitude, le jeune Cristiano Guttarolo exploite un vignoble de 5 hectares. Des vinifications conduites le plus naturellement possible permettent au Primitivo de s'exprimer avec beaucoup de personnalité et d'éclat aromatique. *Agence : GLOU*

Masseria Monaci

Au milieu des années 1990, l'œnologue Severino Garofano a repris cette propriété d'une trentaine d'hectares dans les Pouilles et en a fait une icône de l'appellation Copertino. Ses cuvées issues de negroamaro et d'aglianico unissent avec grâce la générosité méditerranéenne et la fougue naturelle des variétés autochtones du sud de l'Italie.
Agence : Le Maître de Chai

SICILE

Al-Cantàra

Ce domaine de création récente, situé à Catania, au pied du mont Etna, est la source de très bons vins auxquels les cépages indigènes nerello mascalese et cappuccio confèrent sève et singularité.
Agence : Insolite importation

À la SAQ, mais aussi en Ⓟ

Argentiera ; Toscane
Agence : Mark Anthony Brands

Campagnola, Giuseppe ; Vénétie
Agence : Le Maître de Chai

Clerico, Domenico ; Piémont
Agence : Le Maître de Chai

COS ; Sicile
Agence : Œnopole

Foradori ; Trentin
Agence : Balthazard

Fratelli Alessandria ; Piémont
Agence : Œnopole

Jermann ; Venezia-Giulia
Agence : Les Sélections François Fréchette

Mascarello, Bartolo ; Piémont
Agence : Œnopole

Occhipinti, Arianna ; Sicile
Agence : Œnopole

Piaggia ; Mauro Vannucci ; Toscane
Agence : Le Maître de Chai

Podere Castorani ; Abruzzes
Agence : Sélections François Fréchette

Poliziano ; Toscane
Agence : Balthazard

Produttori del Barbaresco ; Piémont
Agence : Œnopole

Sandrone, Luciano
Agence : Balthazard

Schiopetto ; Frioul-Vénétie Julienne
Agence : Balthazard

Sottimano ; Piémont
Agence : Le Maître de Chai

Terrabianca ; Toscane
Agence : Société Roucet

Zaccagnini ; Abruzzes
Agence : Balthazard

ESPAGNE

GALICE

Pazo de Barrantes

Propriété de Marqués de Murrieta (Rioja), cette *bodega* élabore d'excellents vins d'albariño, à la fois délicats, vineux et fidèles à leurs origines. *Agence : Bergeron-les-Vins*

Virxen de Galir

Les vins de cette *bodega* sont une bonne occasion de découvrir cette appellation émergente de Galice. L'originalité aromatique des cépages godello et mencia est mise en valeur par un apport bien dosé de la technologie. Les vins de la gamme Vila Nova offrent un excellent rapport qualité-prix. *Agence : Passion Gourmet*

CATALOGNE

Clos Mogador

Le Français René Barbier est un artisan qui a largement contribué au rayonnement du Priorat. Depuis maintenant 20 ans, son Clos Mogador trône au sommet de l'appellation. Plus modeste, le second vin, Manyetes, est une alternative plus abordable et passablement attrayante.
Agence: Le Maître de Chai

Clos Mont Blanc

Bien qu'elle soit relativement peu connue, l'appellation catalane Conca de Barbera est depuis longtemps renommée pour la qualité de ses raisins. Les deux grandes cuvées de Miguel Torres (Gran Muralles et Milmanda) en sont d'ailleurs issues. Depuis 1988, la famille Carbonell Figueras y élabore des vins de bonne facture, certes costauds et chaleureux, mais bien proportionnés.
Agence: Vins etcetera

CASTILLE

Finca los Alijares

Depuis sa plantation en 2005, le vignoble de José Luis Pérez Agudo n'a reçu aucun traitement avec des produits de synthèse. Quelques cuvées sont déjà disponibles au Québec, dont un savoureux Graciano Joven, à la fois joufflu, distinctif et offert à prix très avantageux.
Agence: Anthocyane

ARAGON

Jordan de Asso

Depuis une dizaine d'années, la famille Guelbenzu a donné un second souffle à une *bodega* historique située dans les hautes terres de la région de Cariñena. Elle y élabore aujourd'hui de bons vins rouges de facture moderne ainsi qu'un très bon *cava* brut nature. *Agence: Anthocyane*

Papa Luna

Projet développé par Norrel Robertson, *Master of Wine* établi dans la région de Calatayud depuis quelques années. Il y signe un vin d'envergure, constitué essentiellement de garnacha, dont il affiche la générosité caractéristique, sans être trop épais ni capiteux. Un peu technique, mais bien fait en son genre. *Agence: Vins etcetera*

VALENCE

Bodega Mustiguillo

La situation très méridionale de l'appellation Utiel-Requena ne devrait pas faire douter de son potentiel viticole. Les vins de la famille Sarrión Martinez brillent par leur équilibre et leur originalité aromatique, qui reposent avant tout sur le cépage bobal. Les efforts déployés, conjugués à une situation géographique favorable – 850 m d'altitude en moyenne –, ont même permis à Mustiguillo d'obtenir sa propre dénomination d'origine Vino de la Tierra del Terrerazo.
Agence: Le Maître de Chai

RIOJA

Bodeguera de Valenciso

Cette jeune *bodega* créée en 1998 fait de plus en plus parler d'elle en raison de la qualité de ses vins de Rioja. Issus exclusivement de tempranillo, ils se distinguent par leur intensité aromatique et leur forme classique.
Agence: Vini-Vins

Merino, Miguel

Miguel Merino dirige de main de maître ce petit domaine de Briones situé au cœur de la Rioja Alta. Il est réputé pour produire quelques-uns des vins les plus racés et les plus complexes de la région.
Agence: Le Maître de Chai

Rivière, Olivier

Établi dans la Rioja Alta depuis 2004, Olivier Rivière réussit, avec peu de moyens techniques, là où bien des bodegas dotées d'installations modernes échouent: élaborer des Rioja purs et authentiques qui reflètent la richesse de leur terroir.
Agence: Rézin

ANDALOUSIE

Barranco Oscuro, Andalousie

Au début des années 1980, lorsqu'il a entrepris de planter de la vigne dans le secteur de la Sierra de la Contraviesa, à plus de 1300 m d'altitude, on a pris Manuel Valenzuela pour un rêveur, un illuminé. Il est aujourd'hui une référence espagnole de la viticulture écologique et de l'élaboration de vins naturels. Ses cuvées ont en commun la complexité aromatique et la «digestibilité» des vins de climats extrêmes. Une curiosité andalouse à découvrir sans tarder.
Agence: Symbiose

À la SAQ, mais aussi en IP

Abadia Retuerta; Castille et Léon
Agence: Altovin International

Casa de la Ermita
Agence: Francs-Vins

Clos Figueras; Priorat
Agence: Le Maître de Chai

Dominio de Tares, Bierzo; Castille et Léon
Agence: Balthazard

Gratavinum, Penedès; Catalogne
Agence: Altovin International

Ijalba, Rioja
Agence: Charton-Hobbs

Laurona, Montsant; Catalogne
Agence: Le Maître de Chai

Parés Balta, Penedès; Catalogne
Agence: Altovin International

Rodriguez, Telmo
Agence: Altovin International

PORTUGAL

Campolargo, Bairrada

Après avoir vendu ses raisins au négoce pendant plus de 70 ans, la famille Campolargo s'est dotée d'un cuvier ultramoderne en 2004. Le domaine connaît maintenant un certain succès avec ses vins rouges, notamment de baga, le cépage emblématique de la région de Bairrada.
Agence: Les vins Alain Bélanger

Casa de Mouraz, Dão

António Lopes Ribeiro et Sara Dionísio sont parmi les rares producteurs du Dão qui mettent en application les principes de la biodynamie. Bons vins blancs et rouges issus de variétés locales. *Agence: Plan Vin*

Casal dos Jordões

L'entreprise centenaire de la famille Jordão a entamé un virage vers l'agriculture biologique en 1994. À prix d'aubaine, le Guardião est un très bon vin de table qui mise avant tout sur la rondeur du fruit et sur le charme singulier des cépages portugais.
Agence: La QV

Mendes, Anselmo

Anselmo Mendes est l'un des acteurs importants de la sous-appellation Monção, au nord de la région du Vinho Verde. Il se spécialise dans l'élaboration d'Alvarinho nourris et singuliers, dont le style évoque certains Rias Baixas.
Agence: Balthazard

Odisseia, Jean-Hugues Gros

Le Français Jean-Hugues Gros est installé depuis un bon moment au Portugal. En 2006, suite à la vente de la *quinta* qui l'employait, il a décidé de créer une affaire de négoce à petite échelle. Le Douro 2006, dégusté récemment, était fort bien tourné, très droit et équilibré.
Agence: Tandem Wine Selection

Poeira, Douro

En 2001, l'ancien vinificateur de Quinta de la Rosa, Jorge Moreira, a créé son propre domaine dans les hauteurs de Provesende. Ses vins du Douro sont solidement construits et pourtant élégants et équilibrés. *Agence: Les vins Alain Bélanger*

Quinta de Foz de Arouce

Dans le village de Foz de Arouce, au sud de l'appellation Bairrada, ce domaine appartenant au beau-père du célèbre œnologue João Portugal Ramos se consacre essentiellement à la mise en valeur du baga et autres cépages locaux. Offert pour environ 20$, le vin rouge courant du domaine fait preuve de beaucoup d'originalité, sans ce caractère parfois rustique qui a terni l'image des vins de Bairrada. *Agence: La Fontaine Vins et Liqueurs*

À la SAQ, mais aussi en Ⓘ

Alves de Sousa; Douro
Agence: Balthazard

CARM; Douro
Agence: Enotria Internationale

Ramos Pinto; Douro
Agence: Mondia Alliance

ALLEMAGNE

Karthäuserhof

Dans la commune d'Eitelsbach, ce domaine historique de la Ruwer élabore des vins exceptionnels. Si les Riesling trocken sont droits et tranchants, les Auslese et les autres vins liquoreux sont remarquablement opulents.
Agence: Les vins Alain Bélanger

Richter, Max Ferd

Ce domaine étale ses vignes sur les parcelles les plus prisées de la Mittelmosel, dans le secteur de Mülheim. L'entreprise commercialise aussi des vins de négoce sous une étiquette secondaire.
Agence: Liquid Art

AUTRICHE

Alzinger

Bien ancré sur quelques-uns des meilleurs terroirs du Wachau, Leo Altzinger s'impose comme un *leader* de la région. Faisant aujourd'hui équipe avec son fils Leo Junior, il signe des vins blancs d'envergure, imposant et déjà savoureux en jeunesse, mais aptes à se bonifier dans le temps, les Riesling surtout. *Agence: Vinealis*

Feiler-Artinger

Dans la commune de Rust – une sous-région du Burgenland –, la famille Feiler a bâti sa renommée internationale grâce à ses vins liquoreux d'envergure, mais elle élabore aussi de très bons vins rouges issus de zweigelt et de blaufränkisch.
Agence: Les vins Alain Bélanger

Geyerhof

Dans le Kremstal, sur le versant sud des coteaux qui longent le Danube, Ilse et Josef Maier se sont tournés vers l'agriculture biologique il y a une quinzaine d'années déjà. Ilse Maier est même l'auteur d'un essai pratique sur le sujet. Leurs efforts se traduisent par des vins blancs – grüner veltliner et riesling – d'une grande précision, à la fois amples, nourris et complexes.
Agence: RéZin

Knoll

Probablement le producteur le plus reconnu du Wachau, Emmerich Knoll excelle dans l'élaboration de vins blancs somptueux et pourtant éminemment tranchants et dotés de saveurs aussi précises que de l'horlogerie suisse. Il suffit de goûter quelques-uns de ses Riesling et Grüner pour comprendre l'intérêt croissant que suscitent les vins autrichiens auprès des œnophiles. Tous recommandables.
Agence: Les vins Alain Bélanger

Pichler, Rudi

Ce producteur situé dans la région de Wachau est reconnu pour ses Riesling et Grüner Veltliner aussi intenses que distingués.
Agence: Les vins Alain Bélanger

Pittnauer

À l'est du lac Neusiedler, dans le Burgenland, Brigitte et Gerhard Pittnauer produisent parmi les meilleurs vins de saint-laurent, une variété locale dont les vins évoquent parfois le pinot noir, en plus concentré et vigoureux. Le virage en biodynamie, entrepris il y a quelques années, donne déjà de beaux résultats et les vins ont beaucoup d'éclat. *Agence: RéZin*

Wenzel, Weinbau

Établie dans le Rust – une sous-région du Burgenland –, la famille Wenzel élabore des vins de Pinot noir à la fois racés, complexes et élégants ainsi que de très bons Blaufränkisch et autres vins blancs secs et liquoreux.
Agence: Les vins Alain Bélanger

Wess, Rainer

Fort d'une expérience professionnelle – commerciale et vitivinicole – acquise notamment en France et en Allemagne, Rainer Wess a démarré sa propre affaire en 2003. Aujourd'hui, ses vins du Wachau et du Kremstal jouissent d'une bonne réputation.
Agence: Les vins Alain Bélanger

GRÈCE

Antonopoulos

Cette entreprise de Patras, réputée pour ses Moschofilero amples et étonnamment structurés, produit aussi des vins blancs et des vins rouges avec des variétés internationales.
Agence: Kolonaki Group

Dalamaras

Tout au nord de la Grèce, en Macédoine, le cépage xinomavro est le cœur de l'appellation Naoussa. Yiannis Dalamaras et son fils Kostis, exploitent leur vignoble en agriculture biologique et en tirent des vins rouges vigoureux et solidement constitués qui vieillissent admirablement bien.
Agence: Œnopole

Domaine Economou

Dans son domaine haut perché sur le plateau de Ziros, Yannis Economou demeure imperméable aux modes et aux procédés technologiques modernes. Son Sitia, issu de vieilles vignes de liatiko non greffées, est remarquable en son genre. Un vin rouge vibrant et vigoureux, à la fois charnu, gorgé de fruit et doté d'une fraîcheur admirable pour un vin produit à la même latitude que la Tunisie. *Agence: Œnopole*

Domaine Mercouri

Mercouri est un grand nom du Péloponnèse. Le vignoble est la source de bons vins blancs composés de roditis et de vins rouges savoureux et structurés, issus notamment de refosco – la mondeuse savoyarde – et de mavrodaphné, mais également de mourvèdre, qui adopte aussi une allure très racée. L'une des belles découvertes de l'année!
Agence: Œnopole

Hatzidakis

Dans son minuscule vignoble de l'île de Santorini, Harydimos Hatzidakis produit des vins d'assyrtiko d'envergure à la personnalité affirmée et marqués de nuances oxydatives qui ajoutent à leur dimension aromatique.
Agence: Œnopole

Papaïoannou

Domaine réputé pour ses vins rouges de forme plutôt classique, généralement assez boisés. Quelques cuvées parcellaires fort intéressantes.
Agence: Kolonaki Group

SUISSE

Favre et fils, René

Dans la commune de Chamoson, au cœur du Valais, les fils de René Favre poursuivent le travail de leur père. Ils produisent de savoureux vins qui mettent en valeur l'originalité aromatique de la petite arvine. Également de très bonnes cuvées de pinot noir. *Agence: Les Vieux Garçons*

À la SAQ, mais aussi en Ⓘ

ALLEMAGNE

Dönnhoff, Hermann
Agence: Les vins Alain Bélanger

Selbach-Oster
Agence: RéZin

St-Urbans-Hof
Agence: Vinealis

AUTRICHE

Bründlmayer
Agence: La Céleste Levure

Heinrich
Agence: Le Maître de Chai

Schloss Gobelsburg
Agence: Les vins Alain Bélanger

GRÈCE

Argyros
Agence: Œnopole

Biblia Chora
Agence: Cava Spiliadis

Gerovassiliou
Agence: Cava Spiliadis

Katsaros;
Agence: Cava Spiliadis

Papagiannakos
Agence: Œnopole

Parparoussis
Agence: Cava Spiliadis

Pavlidis
Agence: Kolonaki Group

Tselepos
Agence: Œnopole

ÉTATS-UNIS

CALIFORNIE

Avalon

Cette petite *winery* de Napa élabore des vins charmeurs, chaleureux et parfumés que ses *fans* s'arrachent. Prix relativement abordables. *Agence: Les Vieux Garçons*

Barrel 27/McPrice Myers

Les *winemakers* McPrice Myers et Russell From se sont unis pour développer ce projet voué essentiellement aux variétés rhodaniennes. Ils y produisent notamment un savoureux Grenache de Santa Barbara, à la fois gourmand, suave et charnu, mais parfaitement équilibré et plein de détails aromatiques. *Agence: Insolite Importation*

Clos Saron

Depuis une dizaine d'années, Gideon Beinstock et sa conjointe, Saron, se sont lancés dans l'aventure du «vin naturel», dans le secteur des Sierra Foothills. En plus d'un Pinot noir particulièrement original, ils élaborent d'excellents vins blancs, dont la cuvée Carte Blanche, un assemblage de sauvignon blanc, de viognier, de chardonnay, de roussanne, maintenant produit sans ajout de soufre. *Agence: GLOU*

Diamond Creek

Cette *winery* mythique, fondée en 1968 par Al Brounstein, est célèbre pour ses Cabernet de Gravelly Meadow, de Red Rock Terrace et de Volcanic Hill. Des vins intenses et coûteux, réputés pour leur longévité. *Agence: Liquid Art*

Etude

Le *winemaker* Tony Soter a raffiné son art et signe parmi les meilleurs Pinot noir de Napa. Leur production est limitée. *Agence: Foster's Wine Estates Canada*

Pahlmeyer

Ce producteur célèbre pour ses vins de merlot plantureux fait aussi des Cabernet solides aux larges épaules. *Agence: Réserve et Sélection*

Seghesio

Jadis célèbre pour son Chardonnay Barrel Fermented, Seghesio concentre aujourd'hui son énergie sur les cépages zinfandel et sangiovese, dans les vallées d'Alexander et de Dry Creek. *Agence: Société Roucet*

Sky

Cette *winery* porte bien son nom puisqu'elle est perchée à 700 m d'altitude sur le sommet de la chaîne Mayacamas séparant Napa de Sonoma. À cette hauteur, des vignes en coteaux donnent un *zin* musclé racé et vigoureux, empreint de ce goût intense de fruits rouges propre du cépage. *Agence: RéZin*

OREGON

La Bête Wines

Inspirés par un séjour en Bourgogne, John et Kay Kusy-Eliassen ont fondé une entreprise de négoce haute couture et élaborent de très bons vins que l'on apprécie pour leur profil chaleureux et pour leur originalité. *Agence: Insolite Importation*

WASHINGTON

Boudreaux

Comme plusieurs de ses pairs, Rob Newsom a commencé à faire du vin dans son garage, avant de se doter d'un chai de vinification en 2001. Ses vins présentent une finesse tannique inimitable. À mi-chemin entre un Cabernet californien et un Médoc, son Cabernet Reserve est riche d'une foule de détails aromatiques, caressant comme du velours, racé et persistant. *Agence: La Céleste Levure*

Cayuse

Arrivé à Walla Walla il y a une vingtaine d'années, le Champenois Christophe Baron cultive son vignoble en biodynamie et mise essentiellement sur les variétés rhodaniennes. Il en tire une gamme de vins aussi exquis que rarissimes. *Agence: La Céleste Levure*

À la SAQ, mais aussi en IP

Foley
Agence: Altovin International

Morgan
Agence: La Céleste Levure

Phelps, Joseph
Agence: La Céleste Levure

Seghesio
Agence: Société Roucet

Sequoia Grove
Agence: Altovin International

Snoqualmie, Columbia Valley
Agence: Altovin International

Waterstone
Agence: Benedictus

CANADA

COLOMBIE-BRITANNIQUE

Blue Mountain

Au cours des dernières décennies, la famille Mavety s'est forgé une solide réputation en produisant d'excellents vins effervescents, ainsi que des Pinot noir d'envergure, aptes à se bonifier avec les années. Aussi de très bons Gamay, Chardonnay et Pinot gris offerts à des prix tout à fait corrects. *Agence: Vinealis*

ONTARIO

Lailey Vineyard

La famille Lailey jouit d'une excellente réputation. Son vignoble s'étend sur une dizaine d'hectares en bordure de la rivière Niagara et produit notamment du vin de chardonnay fin et élégant, ainsi que de savoureux vins rouges de cabernet franc et de merlot. *Agence: Sélection Caviste*

À la SAQ, mais aussi en importation privée. Ⓟ

Tawse
Agence: Importation Le Pot de Vin

CHILI

Antiyal

Alvaro Espinoza est un des vinificateurs les plus habiles du Chili. En plus d'avoir contribué au succès de Viña Carmen dans les années 1990 et d'être l'actuel chef des opérations chez Haras de Pirque, il a fondé sa propre *bodega* dans le secteur de Maipo. L'agriculture biodynamique est de rigueur et la qualité d'ensemble est excellente. *Agence: Liquid Art*

Bouchon, J.

Cette *bodega*, fondée en 1892 par un immigrant bordelais, produit une vaste gamme de vins dont le Mingre, une cuvée ambitieuse et imposante, mais équilibrée et dotée d'une certaine profondeur. Également, de bons vins courants à prix abordables. *Agence: Vins etcetera*

Chono

Sous la marque Chono, l'œnologue vedette et adepte de la biodynamie Alvaro Espinoza commercialise des vins provenant de divers terroirs chiliens, de la vallée de Elqui à la vallée de Bío Bío.
Agence: *Altovin International*

Luyt, Louis-Antoine

Formé dans le Beaujolais auprès de Marcel Lapierre, Louis-Antoine Luyt (anciennement Clos Ouvert) opère une petite affaire de négoce dans la région de Maule. Ils entretiennent des liens étroits avec quelques paysans locaux qui favorisent une agriculture biologique. Il élabore des vins à la personnalité affirmée, dont une cuvée issue exclusivement du cépage indigène païs, vinifié «à la beaujolaise». *Agence: RéZin*

Montsecano

Situé à une dizaine de kilomètres de la côte dans la vallée de Casablanca, ce vignoble, mené entre autres par le vigneron alsacien André Ostertag, est déjà réputé pour ses Pinot noir fins et complexes. *Agence: RéZin*

Vina Casas del Bosque

Avec près de 250 hectares de vignes et une production annuelle d'environ 850 000 bouteilles, Casas del Bosque est une force majeure de la vallée de Casablanca. Très bons Sauvignon blanc, Pinot noir et Syrah Réserve. *Agence: Importation Épicurienne R.A. Fortin*

ARGENTINE

Huarpe

Située dans le secteur réputé de Barrancas, cette *bodega* a été développée par les descendants de Pascual Toso en 2002, à l'endroit même où leur aïeul a planté ses premiers ceps il y a plus d'un siècle. La qualité générale des vins est impeccable. *Agence: Société Roucet*

Lorca

Mauricio Lorca mène avec rigueur ce petit vignoble, acquis en 1999 dans les hauteurs de la vallée de Uco. *Agence: Société Roucet*

Mendel

Outre son travail conjoint avec Pierre Lurton (Château Cheval Blanc) dans l'élaboration du Cheval des Andes, Roberto de la Mota élabore des vins sous sa propre étiquette dans les hauteurs de Lujan de Cuyo. De très vieux ceps de malbec francs de pied – c'est-à-dire non greffés – cultivés entre 900 et 1100 mètres d'altitude donnent des vins intenses et racés. *Agence: Altovin International*

Soluna

Développée en 2004 par un groupe de vignerons encore ébranlés par la crise économique qui a touché le pays entre 1998 et 2002, cette *bodega* de Mendoza a adopté un système de production équitable. Quoique modeste, les quelques cuvées offertes au Québec proposent une expression nourrie et passablement corsée du Malbec argentin. *Agence: Direct Terroir*

À la SAQ, mais aussi en IP

Cono Sur
Agence: Authentic Vins et Spiritueux

De Martino
Agence: Balthazard

Haras de Pirque
Agence: Mark Anthony Brands

Montgras
Agence: Société de Vins Fins

AUSTRALIE

Bindi

Avec beaucoup de patience et un travail très méticuleux, la famille Dhillon produit des Pinot noir et des Chardonnay reconnus pour leur longévité. *Agence: Le Maître de Chai*

Dromana Estate

Fondé en 1982 par Garry Crittenden, Dromana Estate a été une force motrice pour Mornington Peninsula, une région au climat frais située à une heure au sud de Melbourne et réputée pour ses Pinot noir. *Agence: Société Roucet*

Galli Estate

Développé durant les années 1950 par Lorenzo Galli, un immigrant d'origine toscane, le vignoble de Galli s'étend sur les secteurs d'Heathcote et de Sunbury, deux sous-régions de Victoria. On y élabore notamment l'excellent Chardonnay Camelback, un brillant exemple des vins blancs racés et équilibrés produits dans les environs de Melbourne. *Agence: Vins Etcetera*

Kooyong

À Mornington Peninsula, la famille Gjergja produit d'excellents Pinot noir et des Chardonnay équilibrés, fins et nuancés. *Agence: Le Maître de Chai*

Osicka, Paul

Dans la vallée d'Heathcote, à une centaine de kilomètres au nord de Melbourne, ce vigneron artisan s'est bâti une réputation enviable. Ses vins ne sont pas les plus puissants, mais ils expriment bien le terroir. *Agence: Société Roucet*

Pfeiffer Winery

La famille Pfeiffer est un nom important de Rutherglen. Une appellation située dans la partie septentrionale de Victoria, plus de 200 km au nord-est de Melbourne, surtout connue pour ses vins rouges massifs et ses somptueux vins fortifiés. *Agence: Benedictus*

Portet, Dominique

Après 25 ans à la barre de Taltarni, Dominique Portet – son père, André, a été le régisseur de Lafite-Rothschild pendant 20 ans – a fondé sa propre entreprise dans Yarra Valley. Ses vins sont bien étoffés et généreux.
Agence: Le Maître de Chai

Shaw and Smith

L'œnologue Martin Shaw, (Petaluma) associé à son cousin et premier *Master of Wine* d'Australie Michael Hill Smith, ont créé ce domaine de McLaren Vale, spécialisé dans la production de vins blancs distingués. La cuvée M3 est maintenant offerte en exclusivité dans les magasins Signature.
Agence: Altovin International

Tyrrell's

La cave fondée par Edward Tyrrell en 1858 demeure l'une des rares entreprises indépendantes d'Australie. Les vins de sémillon de Tyrrell's sont certainement à classer parmi les meilleurs du pays. Aussi quelques bonnes cuvées issues de syrah. *Agence: Mark Anthony*

Wedgetail

Le Canadien Guy Lamothe possède un vignoble de 5,5 hectares dans la vallée de Yarra, où il cultive essentiellement du pinot noir et du chardonnay.
Agence: Le Maître de Chai

À la SAQ, mais aussi en Ⓟ

Chapoutier, Michel
Agence: Vins Philippe Dandurand

Frankland Estate
Agence: Benedictus

Henschke
Agence: Charton-Hobbs

Katnook
Agence: Charton-Hobbs

Mitolo
Agence: Société de Vins Fins

Penfolds
Agence: Foster's Wine Estates Canada

Pirramimma
Agence: Altovin International

NOUVELLE-ZÉLANDE

Blind River

La vallée d'Awatere est une sous-région relativement fraîche de Marlborough, reconnue pour ses Sauvignon blancs au caractère plus minéral et herbacé. Planté dès 1999, le vignoble de Blind River mise à la fois sur le sauvignon blanc et sur le pinot noir. *Agence: Benedictus*

Delta

Cette *winery* récemment créée dans la région de Marlborough fait de plus en plus parler d'elle. Ses vins de pinot noir allient l'élégance et la générosité.
Agence: Altovin International

Kahurangi

Un domaine en pleine expansion dans le secteur de Nelson, à l'ouest de Marlborough. Le climat frais donne de bons vins blancs aromatiques et des Pinot noir souples et délicatement parfumés. *Agence: Univins*

Pyramid Valley

Le couple germano-américain Claudia et Mike Weersing s'est établi en 2000, dans le secteur de Waikari, environ 80 km au nord de Christchurch. Fort de plusieurs séjours en Alsace, en Allemagne et en Bourgogne – où il a notamment travaillé avec Hubert de Montille et Gérard Potel au Domaine de la Pousse d'Or –, Mike élabore aujourd'hui des vins éminemment élégants et légers en alcool, qui traduisent les subtilités du terroir de Pyramid Valley. Mention spéciale pour la cuvée Lion's Tooth, l'un des meilleurs Chardonnay néo-zélandais dégustés récemment.
Agence: Balthazard

AFRIQUE DU SUD

Eikendal

Cette *winery* connaît depuis quelques années un franc succès, notamment avec ses Chardonnay. *Agence: ABVS*

Joubert-Tradauw

Dans la vallée Tradouw, au cœur de la région de Klein Karoo, la famille Joubert produit en très petite quantité (4000 caisses par an) d'excellents vins dont le raffinement, l'équilibre et la profondeur ont valeur d'exemple.
Agence: Société Commerciale Clément

Kanonkop

Spécialiste incontestée du cépage pinotage, cette vénérable maison du Cap a été menée pendant une vingtaine d'années par Beyers Truter, qui dirige aujourd'hui son propre domaine: Beyerskloof. Aujourd'hui, le *winemaker* Abrie Beeslaar profite pleinement de toute son étoffe et de sa complexité. Il serait avisé de laisser reposer le vin en cave de 5 à 10 ans.
Agence: Balthazard

Lammershoek

Dans le secteur de Malmesbury, la famille Kretzel favorise une agriculture biologique et des vinifications traditionnelles. Cela se traduit par des vins fins, dotés d'une forte identité. Pas de sucrosité ni d'arômes boisés encombrants, juste une expression sincère du terroir de Swartland. La gamme LAM regroupe des vins de soif – façon Afrique du Sud – conçus pour être bus dès leur commercialisation.
Agence: RéZin

Raka

Actif dans plusieurs régions viticoles, le producteur Piet Dreyer s'est surtout fait connaître par ses cuvées Biography (un puissant Shiraz) et Figurehead, un vin d'assemblage bordelais complété d'un peu de pinotage. *Agence: Sélections UVAS*

Sadie Family

Adepte de la biodynamie et élève de Charles Back (Fairview), Eben Sadie est un viticulteur réputé du Cap. L'emblème de la propriété est la cuvée Columella, un vin intense et raffiné qui illustre bien les progrès accomplis en Afrique australe. *Agence: Liquid Art*

Thelema Mountain Vineyard

Propriété de la famille de Gyles Webb, Thelema est un domaine renommé du Cap. Blancs ou rouges, tous les vins sont remarquables.
Agence: John Lovett

Tokara

Sous la gouverne de Gyles Webb (Thelema), ce superbe domaine qui surplombe Stellenbosch produit d'excellents Sauvignon blanc et Meritage. *Agence: John Lovett*

À la SAQ, mais aussi en (IP)

NOUVELLE-ZÉLANDE

Craggy Range; Martinborough
Agence: Altovin International

Felton Road
Agence: Altovin International

Isabel; Marlborough
Agence: Altovin International

Mount Nelson; Marlborough
Agence: Altovin International

Prophets Rock; Central Otago
Agence: Univins

Schubert; Wairarapa
Agence: Authentic Vins et Spiritueux

Spy Valley
Agence: Le Maître de Chai

Villa Maria
Agence: LCC Vins et Spiritueux

AFRIQUE DU SUD

Beck, Graham
Importation Epicurienne R.A. Fortin

Boschendal
Agence: John Lovett

Ernie Els
Agence: John Lovett

Fairview
Agence: John Lovett

Meerlust
Agence: Altovin International

Vergelegen
Agence: John Lovett

ISRAËL

Flam

Inspirés par un voyage en Toscane, Golan et Gilad Flam ont décidé de développer leur domaine viticole dans les collines de Judée, au sud du pays. Le Cabernet Reserve disponible au Québec semble prometteur et élaboré avec sérieux. *Agence: Isravin*

Pelter

Ce jeune domaine créé en 2005 par Tal Pelter, dans les hauteurs du plateau de Golan, commercialise, entre autres, le Trio, un vin rouge juteux, velouté et fort bien tourné, issu de cabernet sauvignon, de merlot et de cabernet franc. *Agence: Isravin*

Tulip

Cette *winery* située dans le nord du pays et qui emploie essentiellement des jeunes ayant des difficultés d'adaptation, est notamment la source de vins denses et musclés issus de syrah. *Agence: Isravin*

TURQUIE

Doluca

Ce domaine est situé dans la région septentrionale de Thrace, mais son approvisionnement en raisins provient surtout de Denizli, au sud-ouest du pays. L'équilibre entre la richesse tannique et la générosité très méditerranéenne des vins de Doluca évoque le caractère de certaines cuvées produites dans la vallée de la Bekaa, au Liban. *Agence: Vinatolia*

À la SAQ, mais aussi en IP

Ella Valley Vineyards; Israël
Agence: Isravin

Golan Heights; Israël
Agence: Isravin

Kavaklidere; Turquie
Agence: Vinatolia

Teperberg; Israël
Agence: Isravin

Vitkin Winery; Israël
Agence: Isravin

CHAMPAGNE

Diebolt-Vallois

Jacques Diebolt et Nadia Vallois sont établis à Cramant, dans la Côte des Blancs, berceau champenois du chardonnay. Ils y cultivent une dizaine d'hectares dont ils tirent des vins onctueux et équilibrés, qui mettent en relief le caractère crayeux souvent associé aux meilleurs Blanc de blancs. *Agence: Mon Caviste*

Fleury

Avec moins de 200 hectares certifiés biologiques sur un total de 34 000, la Champagne fait pâle figure à côté des autres régions viticoles françaises en matière de développement durable. Ce simple détail rend la maison de Champagne Fleury exceptionnelle, puisque son vignoble de la côte des Bars est cultivé en biodynamie depuis 1989. *A fortiori*, les vins sont impeccables. Quelques cuvée sont offertes en importation privée, en plus du Brut millésimé 1996 vendu à la SAQ. *Agence: La QV*

Lallement, Jean

Sur le versant nord de la montagne de Reims, la commune de Verzenay est une terre de prédilection pour le pinot noir. Jean-Luc Lallement n'utilise que les levures naturelles, et tire de son vignoble de 4 hectares des vins amples, crémeux et structurés, typiques des bons Blanc de noirs. *Agence: Bergeron-les-Vins*

Larmandier-Bernier

Pierre Larmandier cultive 15 hectares en biodynamie. Les vins dégustés au cours des dernières années se distinguaient tous par une expression à la fois mûre, minérale et épurée du Chardonnay. *Agence: Vini-Vins*

Lassaigne, Jacques

Le viticulteur Emmanuel Lassaigne a quitté la cave coopérative, banni les désherbants et prouvé à tous que l'Aube – souvent considéré comme le parent pauvre de la Champagne – pouvait donner des vins inspirés. *Agence: Œnopole*

Pascal, Franck

Depuis quelques années, Franck Pascal a opté pour une conduite biodynamique dans son vignoble de la Marne. Dans la vigne comme au chai, ce vigneron inspiré use de beaucoup d'ingéniosité. Les résultats sont excellents et témoignent d'un désir sincère de transmettre avec authenticité les subtilités du terroir. *Agence: Anthocyane*

Prévost, Jérôme

Jérôme Prévost fait partie d'une nouvelle génération de vignerons qui, par leur indépendance d'esprit et par leur désir de bousculer les idées reçues, apportent un vent de fraîcheur sur la Champagne. Jadis coopérateur, il n'exploite que 2,2 hectares et mise exclusivement sur le cépage pinot meunier pour l'élaboration de sa superbe cuvée La Closerie Les Béguines. *Agence: Vini-Vins*

Selosse, Jacques

Véritable artiste de sa profession – ce qui n'exclut pas la rigueur –, Anselme Selosse a inspiré et formé quelques-unes des étoiles montantes de la Champagne. Par leur authenticité et leur sève affirmée, ses vins offrent une expérience à la fois intellectuelle et hédoniste. Ici, pas de recettes ni d'image de marque. Seulement la recherche sincère, depuis 1974, d'une expression de terroir. *Agence: Œnopole*

Tarlant

À Œuilly, la famille Tarlant exploite 14 hectares de vignoble divisé en 55 parcelles, réparties sur 4 crus différents. L'une de ces parcelles est plantée de très vieilles vignes de chardonnay non greffées, qui ont résisté au phylloxéra. La qualité d'ensemble est excellente. *Agence: LCC / Clos des Vignes*

Vouette & Sorbée

L'un des premiers domaines à recevoir la certification biodynamique Demeter en 1998. Bertrand Gautherot prend soin de son petit domaine de 4 hectares dans la Côte des Bar (Aube). Il en tire des vins racés, intenses et distingués, fermentés sans ajout de levure et souvent élevés en fût de chêne. *Agence: RéZin*

Autres vins à la SAQ

Fleury
Agence: La QV

Pol Roger
Agence: Balthazard

OÙ S'ADRESSER ?

Pour obtenir de plus amples informations quant aux coordonnées des différentes agences, vous pouvez aussi communiquer avec :

- **Le service à la clientèle de la SAQ (514-254-2020)**
- **L'AQAVBS (Association québécoise des agences de vins, bières et spiritueux) (514-722-4510)**
- **Le RASPIPAV (Regroupement des agences spécialisées dans la promotion de l'importation privée des alcools et des vins) à l'adresse: info@raspipav.com**

DES ADRESSES OÙ S'APPROVISIONNER :

A.O.C. et Cie
Tél: 514-931-9645
www.vinsaoc.ca

ABVS
Tél. : 514-680-1543
www.abvs.ca

Altovin International
Tél. : 514-989-9657
www: www.altovin.ca

Anthocyane
Tél. : 514-237-3902
www.anthocyane.ca

Authentic Vins et Spiritueux
Tél. : 514-356-5222
www.awsm.ca

Balthazard
Tél. : 514-288-9009
www.vinsbalthazard.com

Benedictus
Tél. : 450-671-5572
benlecavalier@sympatico.ca

Bergeron-les-Vins
Tél. : 514-522-9837
www.bergeron-les-vins.com

Cava Spiliadis Canada
Tél. : 514-272-7459
www.cavaspiliadis.com

Charton-Hobbs
Tél. : 514-355-8955
www.chartonhobbs.com

Direct Terroir
Tél. : 514-887-0171
www.direct-terroir.ca

Enoteca di Moreno de Marchi
moreno@lenoteca.ca

Enotria Internationale
Tél. : 514-955-8566
www.enotria.ca

Foster's Wine Estates Canada
Tél. : 514-289-2057
Jp.turgeon@am.fostersgroup.com

Francs-Vins (La Société)
Tél. : 514-270-6123
www.francs-vins.ca

GLOU
Tél. : 514-973-7216
www.glou-mtl.com

Importation Épicurienne R.A. Fortin
Tél. : 450-671-0631
www.importation-epicurienne.com

Importation Le Pot de Vin
Tél. : 418-997-9264
www.importationlepotdevin.com

Importations Syl-Vins
Tél. : 450-492-4474
www.importationssyl-vins.com

Insolite Importation
Tél. : 514-808-2648
www.insoliteimport.com

Isravin
Tél. : 514-991-9463
www.isravin.com

La Céleste Levure
Tél. : 514-948-5050
www.lacelestelevure.ca

La QV
Tél. : 514-504-5082
www.laqv.ca

LBV International
Tél. : 514-907-9680
www.lbvinternational.com

LCC / Clos des Vignes
514-985-0647
www.lccvins.com

Le Maître de Chai
Tél. : 514-849-7555
www.lemaitredechai.qc.ca

Les vins Alain Bélanger
Tél. : 514-931-6220
www.lesvinsalainbelanger.com

Les Sélections Vin-Cœur
Tél. : 450-754-3769
www.selectionsvincoeur.com

Les Vieux Garçons
Tél. : 418 571-3396
www.lesvieuxgarcons.ca

Liquid Art
Tél. : 514-312-5082
www.liquidart.ca

Mark Anthony Brands
Tél. : 1-800-905-6660
www.markanthony.com

Mon Caviste
Tél. : 514-867-5327
moncaviste@videotron.ca

Mondia Alliance
Tél. : 450-645-9777
www.mondiaalliance.com

Œnopole
Tél. : 514-276-1818
www.Oenopole.ca

Plan Vin
Tél. : 514-678-8777
planvin@videotron.ca

Primavin
Tél. : 514-868-2228
www.primavin.com

Raisonnance
Tél. : 450-226-5064
www.raisonnance.net

Réserve et Sélection
Tél. : 514-524-3993
www.reserve-selection.com

RéZin
Tél. : 514-937-5770
www.rezin.com

Sélection Caviste
Tél. : 450-963-7401
bvezina.selectioncaviste@sympatico.ca

Sélections UVAS
Tél. : 514-809-2875
jackcoh@videotron.ca

Société Commerciale Clément
Tél. : 450-641-6403
www.jlfreeman.ca

Société de Vins Fins
Tél. : 450-432-2626
www.sdvf.ca

Société Roucet
Tél. : 450-582-2882
www.roucet.com

Symbiose
Tél. : 418-951-7462
www.symbiosevins.com

Tandem Wine Selection
Tél. : 514-313-9190
www.tandemwine.com

Univins
Tél. : 514-522-9339
www.univins.ca

Vinatolia
Tél. : 819-609-3777
www.vinatolia.com

Vinealis
Tél. : 514-895-8835
www.vinealis.com

Vini-Vins
Tél. : 514-993-3727
www.vini-vins.com

Vins etcetera
Tél. : 450-621-5836
robert@vinsetcetera.com

Vins John Lovett
Tél. : 450-451-4334
www.lovettwines.com

Vins Philippe Dandurand
Tél : 514-932-2626
http://vinsdandurand.com

Vitis
Tél. : 418 683-5618
www.vitiscanada.com

LES PLAISIRS DU VIN

LE VIN À TABLE

– Véronique Rivest

DIX CONSEILS-CLÉS POUR RÉUSSIR SES ACCORDS DE PLATS ET DE VINS

1 Il n'y a pas de règles absolues. Le goût est un sens profondément individuel: ce qui plaît à une personne ne plaira pas à tous. Il est amusant d'explorer et d'expérimenter, mais l'essentiel est de choisir selon votre humeur et vos envies. Faites-vous plaisir!

2 Servez impérativement le vin à la bonne température. C'est la condition *sine qua non* pour en retirer tout le plaisir souhaité.

3 Ouvrez l'appétit de vos convives avec un verre de Champagne: c'est l'apéritif par excellence! Tout comme les Crémant, les bons mousseux de Lombardie, de Vénétie, de Catalogne, de Californie ou du Canada. Les Xérès Fino et Manzanilla sont aussi tout indiqués, ainsi que les vins blancs secs, frais et légers. Évitez de servir des vins moelleux ou liquoreux à l'apéritif et au début du repas. Le sucre sature les papilles.

4 Prenez en considération la couleur du plat. En règle générale, un plat de couleur claire appelle un vin blanc, un plat de couleur foncée s'accommode d'un vin rouge.

5 Tenez compte de la générosité du plat. Des saveurs relevées se marient à un vin jeune, expressif et généreux. Un plat plus sobre mettra en valeur la finesse d'un vieux vin. De façon générale, les vins du Nouveau Monde sont plus mûrs, plus dodus, et parviennent mieux à soutenir des plats aux accents sucrés, épicés.

6 Les poissons, les fruits de mer et les crustacés peuvent amaigrir et durcir les vins rouges tanniques, parfois même leur donner un goût métallique. Les vins blancs secs accompagnent généralement mieux les produits de la mer. Des vins rouges peu tanniques, en particulier le pinot noir, peuvent bien s'accorder avec un thon ou un saumon grillés, ou avec des poissons cuisinés au vin rouge.

7 Méfiez-vous de l'artichaut, des asperges, de la tomate fraîche, des épinards et des œufs. Ce ne sont pas les aliments avec lesquels mettre en scène de grands vins. Le vinaigre et les marinades ne font pas bon ménage avec le vin. En cas de doute, un bon vin mousseux s'en sort souvent très bien.

8 Servez le meilleur vin rouge avec le plat principal, puisque c'est en définitive le point d'orgue du repas. Rien n'interdit de servir ensuite un vin plus modeste, mais vigoureux – et pourquoi pas du blanc? – avec certains fromages.

9 N'oubliez pas que tous les vins fins et harmonieux ont d'étonnantes facultés gastronomiques et désaltérantes. Au contraire, les vins extrêmes, impressionnants en dégustation, sont difficiles à marier à table.

10 Rassurez-vous, le monde est vaste, et des centaines de vins peuvent accompagner un même plat. La véritable harmonie, c'est de se retrouver à table en bonne compagnie, autour de mets savoureux et de bons vins. Détendez-vous, buvez en paix!

LE PLAT, LE VIN

Évidemment, il y a des combinaisons gagnantes. Il n'y a qu'à penser au crottin de Chavignol avec du Sancerre, aux huîtres avec du Muscadet ou du Chablis, au Comté avec un vin blanc du Jura ou à un risotto à la truffe avec un vin de nebbiolo. Ces accords font pratiquement l'unanimité : la plupart des gens trouvent le vin et l'aliment meilleurs lorsque dégustés ensemble. Pourtant, certaines personnes ne les apprécieront pas. On parle ici de goût, un sens profondément individuel. Il n'y a pas deux personnes qui goûtent de la même façon. Incidemment, un accord parfait pour l'un ne le sera pas nécessairement pour tous.

Lorsque l'on boit du vin en mangeant, notre perception du vin, son « goût », change, influencé par ce qui se trouve dans notre assiette. Un aliment très sucré diminuera notre perception du sucre dans le vin et de la même façon, augmentera notre perception de l'acidité. On peut prédire comment réagira un vin dégusté avec tel ou tel mets, mais on ne peut vous dicter vos goûts. Certains amateurs de vins rouges tanniques préfèrent boire ces derniers en toutes occasions, même avec du poisson ou des desserts, qui auront pourtant tendance à amaigrir et à durcir le vin.

Le plus important, c'est de se faire plaisir, pas de se compliquer la vie ou de se créer des complexes. Arriver à une harmonie parfaite n'est pas une chose facile, et encore moins universelle, mais un bon repas, servi en bonne compagnie avec des vins qu'on aime, ça c'est une harmonie parfaite !

– Véronique Rivest

Publié dans le magazine Cellier, *n° 21*

Type d'accord

- ■ classique
- ■ alternatif (ou différent)
- ■ osé !

ENTRÉES, HORS-D'ŒUVRES

ANTIPASTO

(légumes marinés) : Xérès fino, manzanilla ; vin mousseux (cava, prosecco).

ARTICHAUTS

Sauvignon blanc de Nouvelle-Zélande ou du Chili, Riesling demi-sec.

ASPERGES

Nature, sauce mousseline ou hollandaise, gratinées : Muscat d'Alsace, Sauvignon blanc (Loire, Nouvelle-Zélande), Riesling Kabinett et Spätlese.

Grillées, rôties : Cabernet (franc ou sauvignon) boisé, Malbec d'Argentine.

AVOCAT

Aux crevettes, au crabe (avec ou sans mayonnaise) : Chardonnay californien ou australien, Riesling demi-sec.

Avec agrumes : Sauvignon blanc, Riesling demi-sec.

BETTERAVE

Nature : Cabernet franc ou Gamay de la Loire, Beaujolais, Pinot noir, Sauvignon blanc.

En salade avec du fromage de chèvre : Grüner Veltliner.

CARI

Peu importe la viande, le poisson ou les légumes utilisés, ce sont les épices qui donnent le ton à ce plat (le vin est choisi en fonction des épices).
Vins blancs souples (peu acides) et très aromatiques, particulièrement le Gewurztraminer (si le cari est moins puissant, aussi Torrontés, Malvoisie); vins rouges peu tanniques, souples, très fruités (avec impression de sucrosité): Grenache du Midi, d'Espagne, du Nouveau Monde, Primitivo, Zinfandel, Shiraz australien; bières de type lager, bières blanches, vins jaunes, retsina.
Cari très épicé ou très fruité: vins blancs avec sucre résiduel (Gewurztraminer, Pinot gris), bières de type lager.

CASSOULET

Cahors, Madiran, rouges du Sud-Ouest, du Languedoc, du Rhône.

CAVIAR

Champagne brut, Vodka glacée.

CHAMPIGNONS

Farcis (herbes, ail, chapelure): Pinot noir, Pinot gris, Pinot blanc.
Fricassée, avec volaille, sauce brune: Pinot noir, cru du Beaujolais, Pinot gris d'Alsace.
Sauce crème: Pinot gris d'Alsace, Chardonnay de Bourgogne ample.
Avec viande rouge, jus de viande, sauce brune: Pomerol, Chianti Classico, Nebbiolo.
Truffes: Barolo, Barbaresco, Pomerol, Naoussa, Champagne vineux (tous de préférence avec de l'âge).
Risotto: Pinot noir, Nebbiolo (Barolo), Xinomavro (Naoussa), Pinot gris, Bourgogne blanc ample.

CHARCUTERIES

*Attention aux accompagnements. Les aliments marinés ou confits font rarement bon ménage avec le vin.
Cornichons marinés: vins acides (Beaujolais)
Oignons confits: vins souples (Rhône, Languedoc, Zinfandel)
Saucisson sec: Beaujolais, Côtes du Rhône, Chianti, Gaillac rouge, Fronton, Marcillac, Nemea, Zweigelt. Tous servis frais!
Pâté, terrine: Beaujolais, Côtes de Bordeaux, Côtes du Rhône, rouges du Languedoc, Blaufränkisch, Zinfandel.
Prosciutto et melon: Muscat VDN, Jurançon, Riesling Kabinett ou Spätlese allemands, Moscato d'Asti, Prosecco fruité.
Mousse de foie: Mousseux riche et brioché, Pineau des Charentes, cidre de glace.

CHOUCROUTE GARNIE

Riesling, Sylvaner.

FOIE GRAS

Terrine, au torchon: Champagne brut soutenu, grand Bourgogne blanc, Pinot gris d'Alsace, Gewurztraminer, vins liquoreux (Sauternes, Barsac, Jurançon, Coteaux du Layon, Gewurztraminer ou Pinot gris vendanges tardives, Tokay Aszù, vin de glace), cidre de glace.
Poêlé: Champagne rosé, Champagne cuvée prestige, Condrieu, grand Bordeaux blanc, vins liquoreux, vin rouge de Graves, whisky écossais.

FOIES

Volaille: Salade tiède, salade landaise: vin rouge léger et souple (Gamay ou Cabernet franc de Loire, Beaujolais, Fronton, Gaillac, Valpolicella).
Veau: Cru du Beaujolais, Valpolicella, Chinon, Chianti.

FONDUE

Au fromage: vin blanc nerveux et fruité (Fendant, Neuchâtel, Vin blanc de Savoie, Riesling sec ou demi-sec).
Chinoise ou bourguignonne: si les viandes sont accompagnées d'une multitude de sauces, mieux vaut s'en tenir à des vins simples et fruités (Beaujolais, Bourgogne jeune, Pinot noir fruité (Nouvelle-Zélande, Californie), Grenache du Rhône, du Languedoc.

LÉGUMES

Légumes verts, laitues, herbes fraîches: Sauvignon blanc, Verdejo, Grüner Veltliner, Albariño, Riesling sec.
Légumes grillés: Cabernet franc ou Gamay de la Loire, Beaujolais, Grüner Veltliner, Sauvignon blanc si en salade avec fromage de chèvre.
Ratatouille: rouges, rosés ou blancs du Midi (Languedoc, Rhône, Provence), selon qu'elle soit servie avec de la viande ou du poisson, et selon vos envies!
Légumes farcis (tomates, courgettes, aubergines): Cabernet franc ou Gamay de la Loire, Beaujolais, Chianti; si beaucoup d'herbes et d'ail: rouge du Midi.
Légumes racines rôtis: rouges chaleureux (Grenache, Syrah, Zinfandel, Carmenère).
Légumineuses: Grüner Veltliner

PAELLA

Fruits de mer, poulet, saucisses: vin rouge espagnol souple (Rioja, Cariñena, Calatayud), rosé sec (Rioja, Provence), Nemea.

PÂTES

Sauce crème: blanc sec, rond et souple (Soave, Pinot blanc, Pinot gris, Chardonnay). Sauce tomate: rouge italien léger et vif.
Sauce à la viande, lasagne: Chianti, Valpolicella Ripasso, Barbera, Dolcetto.
Aux légumes et à l'huile d'olive: vins blancs du Trentin ou du Frioul, Sauvignon blanc, Vermentino, rouge souple et fruité (Gamay, Cabernet franc de Loire, Beaujolais, Chianti léger).
Aux fruits de mer, vin blanc, ail, persil: Soave, Verdicchio, Offida blanc, Assyrtiko, Grüner Veltliner.
Aux champignons: Pinot noir, Chianti, Chardonnay, Pinot gris.

PIZZA

Garnie, tomates, poivrons, saucisses: Chianti, Valpolicella, Montepulciano d'Abruzzo, Nero d'Avola.

QUICHES

Légumes, jambon: Sauvignon blanc, Riesling, vin mousseux brut.

RISOTTO

Aux fruits de mer: vin blanc sec généreux (Chardonnay, Pinot gris, Viognier).
Aux tomates: Pinot noir.
Au prosciutto, parmesan: Valpolicella, Sangiovese di Romagna.
Aux champignons: Pinot noir, Nebbiolo (Barolo), Xinomavro (Naoussa), Pinot gris, chardonnay ample.

SALADES

Laitues, légumes verts, herbes fraîches: Sauvignon blanc, Verdejo, Grüner Veltliner, Riesling sec.
Agrumes: Sauvignon blanc, Verdejo, Moschofilero, Champagne Extra Brut.
Betteraves: Cabernet franc ou Gamay de la Loire, Beaujolais.
Betteraves et fromage de chèvre: Grüner Veltliner, Sauvignon blanc.
Légumineuses: Grüner Veltliner, Cabernet franc, Gamay.
Légumes grillés et fromage de chèvre: Sauvignon blanc, Cabernet franc de la Loire.
Asiatiques (vermicelles, papaye ou mangue verte, coriandre, chili, etc.): vin blanc léger aromatique ou demi-sec (selon si très épicé ou non) Riesling, Torrontés, Moschofilero, Malvoisie, bière blanche.

SUSHI

**** Avec sauce soya, gingembre mariné et wasabi, privilégiez les vins contenant du sucre résiduel.*** Sake, Champagne ou mousseux brut, Riesling Kabinett ou Spätlese, Riesling d'Alsace ou du Nouveau Monde, Torrontés, Moschofilero, Sauvignon blanc du Chili ou de Nouvelle-Zélande.

TOMATES

Bruschetta, salade caprese (tomates fraîches, mozzarella, basilic): Soave, Verdicchio, Sauvignon blanc, Rosé de Provence.
Sauce aux tomates fraîches et aux herbes: Pinot noir.
Tomates séchées: Valpolicella, Chianti, Barbera.

VIANDES

On choisit généralement la qualité du vin selon la finesse du plat et l'envie du moment. Des vins plus simples pour les hamburgers, de plus prestigieux pour le filet mignon. Personnellement, j'adore boire des grands vins avec des hamburgers ou des ailes de poulet. Pourquoi pas?

Viandes rouges: la viande saignante attendrit les tanins; la viande bien cuite les durcit. On choisit donc un vin plus ou moins tannique selon la cuisson.

Viandes blanches: favorisez des vins aux tanins légers ou fondus.

Viande seule: tout ira, selon vos goûts. Ce sont les modes de cuisson et, surtout, les sauces et les accompagnements qui influencent le choix du vin.

Ragoûts et bouillis (navarin, pot-au-feu, etc.): vins rouges souples et légers (Gamay, Pinot noir, Cabernet franc, Merlot léger, etc.)

Les accompagnements sucrés ou épicés, les fromages (sauces au fromage bleu, au Porto, aux fruits, aux épices, etc.), peuvent durcir les tanins et amaigrir le vin; privilégiez des vins au fruit très mûr, voire confiturés, et aux tanins enrobés.

AGNEAU

Vins rouges du Midi (Provence, Rhône, Languedoc), Grenache du bassin méditerranéen, Nemea, Bordeaux, Syrah du Rhône, Cabernet sauvignon ou Syrah/Shiraz du Nouveau Monde, Ribera del Duero, Brunello di Montalcino, supertoscans, Rioja, Carmenère du Chili.
Aux herbes de Provence: vins rouges du Midi (Provence, Rhône, Languedoc), Grenache du bassin éditerranéen, Nemea, Carmenère du Chili.

BŒUF

Grillé, rôti, en brochettes: vins rouges charpentés (Cabernet sauvignon, rouges du Languedoc et du Sud-Ouest, Syrah/Shiraz, Nebbiolo, Malbec d'Argentine, Priorat, Douro, Ribera del Duero, etc.) ou tout autre vin rouge charpenté.
Au barbecue: rouge jeune et puissant (Cabernet sauvignon du Nouveau Monde, Madiran, Gigondas, Malbec d'Argentine, Zinfandel); Sauce vin rouge, jus de viande, lardons, champignons: Bordeaux, Chianti Classico.
Sauce poivrée: Côtes du Rhône, Shiraz, Alentejo, Pinotage.
Sauce barbecue: Zinfandel, Grenache, Alentejo, Petite sirah, Primitivo.
Ragoût: Côte de Nuits, Côte de Beaune, Saint-Émilion, Fronsac, Gigondas, Chianti Classico, Pinot noir du Canada, d'Oregon.
Pot-au-feu: vins rouges souples (Beaujolais, Cabernet franc de Loire, Merlot du nord-est de l'Italie).
Côte de bœuf, filet mignon, tournedos: Médoc, supertoscan, Cabernet du Penedès, Cabernet du Nouveau Monde, Côte Rôtie, Brunello di Montalcino, Barolo.
Chili con carne: Cabernet sauvignon ou Carmenère du Chili, Petite sirah, Zinfandel.
Carpaccio: Cabernet franc de Loire, Beaujolais, Bourgogne rouge, Chianti, Champagne rosé, Pinot gris d'Alsace, Marzemino, Teroldego.
Tartare: rouge fruité peu corsé (Beaujolais, Gamay ou Cabernet de Loire, Chianti léger), Champagne rosé.

CHEVREUIL, AUTRES GIBIERS

Tous les vins rouges généreux et puissants (Pomerol, Brunello di Montalcino, Barolo, Chambertin, Hermitage, Cabernet d'Australie, Amarone, Zinfandel).

PORC

Rôti, aux herbes: Cabernet franc, Pinot noir, Gamay, cidre.
Aux pommes: Pinot gris ample, cidre.
Côtes levées, saucisses fortes, sauces aux fruits, épicées: Zinfandel, Grenache du Languedoc, Carmenère du Chili, Rioja, Douro.
Jambon: rouge léger (Beaujolais, Chinon, Pinot noir), rosé sec, cidre.
Jambon à l'ananas: Riesling Kabinett, Spätlese, cidre rosé, Gewurztraminer, Sauternes.

RIS DE VEAU

Poêlés, laqués: Chardonnay, Pinot noir, Pinot gris.
Sauce au vin rouge, aux champignons: Pinot noir, Poulsard ou Trousseau du Jura, vieux Xynomavro.
Sauce à la crème: Chardonnay de Bourgogne ou du Jura, Pinot gris d'Alsace.

VEAU

Blanquette: Chardonnay, Chenin blanc de Loire, Pinot gris.
Côte grillée, rôtie: Médoc, Graves, Chianti, Brunello, Cabernet de Californie;
Sauce à la crème et aux champignons: Chardonnay boisé, Pinot gris d'Alsace, Côtes du Jura blanc, Fiano di Avellino.
Foie: Cru du beaujolais, Valpolicella, Chinon, Chianti.
Osso buco: Chianti Classico, Barbera, Montepulciano d'Abruzzo.

VOLAILLES

POULET

En sauce crème: blanc sec et ample (Chardonnay, Pinot gris).
Fricassée: rouge léger.
Préparation asiatique épicée, cari: Gewurztraminer.
Froid, barbecue: rosé du Rhône ou de Provence, Beaujolais.
Rôti, aux fines herbes: Beaujolais, Bourgogne, Bourgueil, Chinon, Valpolicella, Pinot noir du Nouveau Monde.

CAILLES

Rôties, grillées: rouge fruité et tannique (Pommard, Saint-Julien, Côte Rôtie, Châteauneuf-du-Pape), Pinot noir d'Australie, de Californie; blanc relevé (Hermitage, Puligny-Montrachet, Pinot gris ample).

CANARD

Aiguillettes: rouge de Loire.
Magret: Médoc, Pomerol, Fronsac, Côte Rôtie, Cahors, rouges du Languedoc, Cabernet sauvignon du Nouveau Monde.
À l'orange: hydromel liquoreux, Jurançon, Sauternes, Pinot gris demi-sec ou moelleux, rouges très fruité à base de grenache ou de syrah (en limitant au minimum le sucre dans le plat); cidre de glace, bière blanche.
Confit: Cahors, Madiran, Bergerac, Pinot gris ample.

OIE

Farcie à la viande: Côte Rôtie, Côte de Nuits.
Farcie aux noix, marrons, pruneaux: Pinot gris d'Alsace.

COQ AU VIN

Le vin qui sert à la sauce!

FAISAN, PERDRIX, PINTADE

Rouge relevé (Morey-Saint-Denis, Saint-Estèphe, Pomerol, Graves, Brunello di Montalcino, Cabernet sauvignon de Californie), de préférence avec de l'âge.

POISSONS ET FRUITS DE MER

Ils ont tendance à durcir les tanins du vin rouge, à l'amaigrir, parfois même à lui donner un goût métallique (en particulier les crustacés).

Les vins blancs vifs et secs, si possible marqués d'une certaine minéralité et salinité, sont des valeurs sûres. Des blancs de vignobles de bord de mer sont souvent très appropriés.

Envie de rouge? On cuisine le poisson ou les fruits de mer avec, par exemple, des jus de viande, des lardons fumés, du chorizo, des tomates séchées, des olives, et on sert un vin rouge aux tanins souples (Pinot noir bien sûr, mais aussi Rioja de quelques années ou Grenache par exemple).

POISSONS À CHAIR BLANCHE ET CRUSTACÉS

Pochés, grillés ou poêlés, nature: Vin mousseux, blanc, rosé ou même rouge léger de votre choix (sauf pour les crustacés).
Aux agrumes et aux herbes: Sauvignon blanc, Riesling sec, Verdejo, Albarino, Verdicchio, Assyrtiko.
Sauce riche, beurre blanc, crème: vin plus ample, Chardonnay, Pinot gris, Chenin blanc, Champagne vineux, Viognier, Riesling Auslese.
Sauce tomate: Pinot noir, Valpolicella.
Tomates et olives noires: Grenache du Midi, Syrah souple et fruitée.
Bouillabaisse: vin blanc sec (Cassis, Bandol, Bellet, Côtes de Provence), vin rosé (Cassis, Côtes de Provence, Tavel).
Ceviche: Riesling sec, Sauvignon blanc, mousseux brut.

CALMARS, PIEUVRE

Frits: Champagne ou vin mousseux brut, Vinho Verde, Verdicchio, Rias Baixas.
Grillés: Moschofilero ou Assyrtiko.

CRABE

Nature: Chardonnay de Bourgogne, Riesling, Viognier, Champagne Brut;
Sauce à base de crème: Chardonnay de Bourgogne, Pinot gris d'Alsace, Viognier, Champagne Brut.

CREVETTES, LANGOUSTINES

Natures: Sauvignon blanc, Graves blanc, Chablis, Assyrtiko, Riesling sec, Grüner Veltliner.
Au safran, au cari: Gewurztraminer, Riesling Kabinett ou Spätlese allemand.

HOMARD

Nature: Champagne Brut, Chardonnay de Bourgogne, Riesling, Viognier.
En sauce riche, quenelles: Meursault, Chardonnay de Californie, Condrieu, Pinot gris d'Alsace, viognier.
En risotto: Chardonnay de Bourgogne ou du Nouveau Monde, Pinot gris ample.

HUÎTRES

Huîtres crues: Muscadet, Chablis, Champagne Brut Nature, Bordeaux blanc (non boisé), Picpoul de Pinet, Assyrtiko, Grüner Veltliner, Xérès (Fino ou Manzanilla), Sauternes, Beaujolais.
En sauce vin blanc/crème: Champagne Brut, Bordeaux blanc (non boisé), Picpoul de Pinet, Grüner Veltliner.

MOULES, PALOURDES

Crues, en sauce vin blanc/crème: Muscadet, Chablis, Champagne Brut, Bordeaux blanc (non boisé), Picpoul de Pinet, Assyrtiko, Grüner Veltliner.

MORUE

Brandade: vin blanc du Rhône, du Languedoc, de Provence ou de Corse, rosé de Provence, blanc du Douro, de Dão, de Rias Baixas.
Acras: Ti-punch, Torrontés, Moschofilero, Muscat sec.

PÉTONCLES

Grillés: Champagne Brut, Hermitage blanc, Chablis Grand cru, Chardonnay vif, Sauvignon blanc, Assyrtiko.
Sauce à la crème: Bourgogne blanc, Pessac-Léognan, Pinot gris ample, Viognier, Chardonnay du Nouveau Monde.

THON

Grillé, nature: Pinot noir, Chardonnay ample, Champagne Brut rosé, Viognier, cidre.
Carpaccio: Chardonnay de Bourgogne ou du Nouveau Monde, Champagne rosé, Pinot noir, Bordeaux blanc boisé.
Tartare: Chablis, Chardonnay de Bourgogne ou du Nouveau Monde (fin, pas trop boisé), Champagne ou vin mousseux Brut blanc ou rosé, Pinot noir, Rosé sec du Midi (Provence, Rhône, Languedoc), Assyrtiko, cidre de glace.

SAUMON, TRUITE

Fumé: Champagne Brut, Chablis, Riesling, Sauvignon blanc de Loire, Chardonnay du Nouveau Monde, Pinot gris d'Alsace, Whisky écossais.
Gravlax: Sauvignon blanc, Riesling sec, Chablis, Pinot blanc d'Alsace, Rioja blanc boisé, Retsina, Aquavit.
Tartare: Champagne Brut blanc ou rosé, Sauvignon blanc de Loire, Graves blanc, Rosé de Provence, Sancerre rosé, Amyndeo rosé.
Grillé: bon rosé charpenté (Côtes du Rhône, Bandol), Pinot noir.
À la crème: grand vin blanc (Riesling, Pinot gris, Chablis, Puligny-Montrachet, Hermitage, Marsanne Roussanne de Californie).
Avec une salsa de fruits: Chardonnay Nouveau Monde, Pinot gris demi-sec.

FROMAGES

C'est maintenant de notoriété publique: l'accord fromages et vin rouge est loin d'être parfait. Les tanins du vin rouge, en présence des protéines laitières du fromage, se durcissent et laissent un goût amer, voire métallique. Le vin s'en ressort amaigri et décharné. La réaction est plus forte avec les croûtes lavées et les pâtes persillées: plus les fromages sentent fort et plus ils sont coulants, plus le vin rouge risque d'être anéanti. Afin de mettre en valeur des vins rouges tanniques, servez des fromages durs: plus la texture du fromage est friable, plus les tanins fondent au lieu de durcir.

En règle générale, préférez un vin blanc riche et ample. Dans un monde idéal, chaque fromage a son vin préféré, mais le Pinot gris d'Alsace est sûrement le plus polyvalent de tous.

CHÈVRE

Sauvignon blanc, particulièrement de Loire, cidre, cidre de glace.

Double et triple crème (Brillat-Savarin, Riopelle) Vins blancs secs, très fruités et peu acides (Pinot blanc, Pinot gris d'Alsace); vins blancs moelleux.
Pâtes molles à croûtes fleuries (Brie, Camembert, Riopelle) Champagne brut étoffé, Chardonnay ample, Pinot gris d'Alsace, cidre de glace.

Pâtes molles à croûtes lavées (Munster, Époisse) Gewurztraminer et Pinot gris d'Alsace; vins blancs moelleux et liquoreux; eaux-de-vie de fruits ou de marc.

Pâtes semi-fermes (Raclette, certaines Tommes)
Croûte naturelle: rouge fruité peu tannique: (Beaujolais, Gamay ou Cabernet franc de Loire, Valpolicella, Zweigelt, Pinot noir de Californie ou de Nouvelle-Zélande);
À croûte lavée: rouges solaires, peu tanniques: Primitivo, Zinfandel, Shiraz.

Pâtes fermes (Gouda, Mimolette, Cheddar, Gruyère, Parmesan, Manchego) Ce sont les meilleurs amis des tanins! Plus le fromage est vieux et plus sa texture est friable, plus le vin rouge peut être tannique.

Pâtes persillées (Roquefort, Stilton, Bleu d'Élisabeth, Gorgonzola) Vins blancs liquoreux (Sauternes, Jurançon, liquoreux de Loire, du Sud-Ouest, vin de glace), cidre de glace, vins fortifiés ou très alcoolisés: Porto Vintage, LBV, Banyuls, Amarone.

DESSERTS

Une règle d'or: le vin doit toujours être plus sucré que le dessert. Les desserts aux fruits par exemple, peuvent varier du très peu au très sucré; choisissez le vin en conséquence.

Fruits frais, salade de fruits

Moscato d'Asti, Muscat Vin Doux Naturel.

Desserts aux fruits blancs ou jaunes, aux agrumes, gâteau au fromage

Riesling ou Pinot gris vendanges tardives, vin de glace, Sauternes et ses satellites, vin doux de Loire (Vouvray, Coteaux du Layon), vin doux du Sud-Ouest (Jurançon, Pacherenc), cidre de glace, vins relevés d'épices, aux fruits exotiques: Gewurztraminer vendanges tardives.

Desserts aux fruits rouges

Brachetto d'Acqui, Aleatico, Black muscat, Recioto della Valpolicella, Porto LBV.

Desserts au café, aux fruits secs, noix, caramel, érable, pain d'épices ou tiramisu

Porto Tawny, Xérès oloroso, cream et PX, Maury âgé, Vin santo (Italie ou Grèce), Commandaria.

Dessert au chocolat

Banyuls, Porto Vintage et LBV, Maury jeune (rubis).

LA CAVE À VIN

DIX CONSEILS-CLÉS POUR UNE BONNE CAVE

1 Les conditions de conservation sont importantes. Une température fraîche et constante, entre 12 et 14 °C, est idéale. Mais il n'y a pas à s'inquiéter si le thermomètre passe de 10 °C l'hiver à 20 °C l'été. Le vin est plus résistant qu'on le dit. Un taux d'humidité de 70% est souhaitable.

2 Il vaut mieux six bouteilles d'un même vin dont on pourra apprécier l'évolution qu'une collection de spécimens différents.

3 N'attendez pas inutilement pour déboucher vos bouteilles. Mieux vaut boire un vin trop jeune que trop vieux. Consultez les courbes d'évolution des vins et le tableau des millésimes, présentés dans cette édition.

4 Achetez des vins à la réputation solide et de producteurs ayant fait leurs preuves, surtout pour les achats en primeur.

5 Dans la mesure du possible, goûtez à un vin avant d'en acheter plusieurs bouteilles.

6 Buvez vos vins au lieu de spéculer. La revente n'est pas facile, et le marché demeure imprévisible.

7 Rappelez-vous que le prix du vin n'est pas toujours le reflet de sa qualité ou de sa longévité. À l'inverse, des vins à prix abordable et provenant de régions classiques peuvent souvent donner du plaisir pendant de longues années.

8 Certains vins blancs peuvent aussi vivre longtemps. Avec le temps, ils acquièrent des qualités remarquables et procurent un plaisir immense. Les Riesling allemands, par exemple, ont un potentiel de longévité étonnant.

9 La qualité d'une cave n'est pas proportionnelle à la quantité de bouteilles qu'on y trouve. Restez à l'écart du club des collectionneurs débordés qui ne savent plus comment écouler leurs bouteilles.

10 Méfiez-vous des commentaires dithyrambiques sur les nouveaux vins cultes encensés par certains. La culture du vin est infiniment vaste et ne se résume pas aux scores attribués par quelques gourous. Le meilleur vin est, avant tout, celui qui vous procure du plaisir.

GRANDES TABLES, BISTROS ET BARS À VINS

Restaurants chics ou bistros sympathiques, voici une liste d'adresses où l'on accorde au vin une importance méritée. La carte n'est pas nécessairement longue, mais le choix est toujours soigné. Tous ces établissements ont en commun une cuisine sincère, parfois même très raffinée.

Délibérément, les établissements sont présentés pêle-mêle et non par ordre de mérite.

Le pictogramme ✪ indique un restaurant apparaissant pour la première fois dans le *Guide*.

MONTRÉAL ET LA RÉGION

Café Sardine ✪

9, avenue Fairmount Est, Montréal, H2T 1C8, 514-802-8899
cafesardine.com

Le local minuscule qui a accueilli hélas! trop brièvement le Bouchonné a droit à un nouveau souffle, façon buvette parisienne. En soirée, le beigne et le café font place à une belle variété des petites assiettes, assorties d'un bon choix de vins au verre. Un peu étroit pour y passer la soirée, mais tout indiqué pour l'apéritif.

Hambar ✪

355, rue McGill, Montréal, H2Y 2E8, 514-879-1234
hambar.ca

Au rez-de-chaussée de l'hôtel Saint-Paul, le Hambar fait davantage office de bar à vins que de restaurant. L'établissement se spécialise dans les charcuteries et propose, entre autres, du jambon *pata negra* à prix fort. Carte des vins étoffée, avec quelques grandes bouteilles de Bourgogne et de Bordeaux.

Maison Boulud ✪

1228, rue Sherbrooke Ouest, Montréal, H3G 1H6, 514-842-4224
ritzmontreal.com/fr/restauration/maison-boulud

Tout nouvellement rénové, le restaurant du chic Ritz-Carlton porte l'enseigne prestigieuse du chef étoilé Daniel Boulud. Formé dans les cuisines new-yorkaises de Boulud, le chef exécutif Riccardo Bertolino concocte une fine cuisine du marché. La carte des vins, ponctuée de quelques curiosités, est tout à fait à la hauteur de l'établissement. Superbe terrasse.

Helena ✪

438, rue McGill, Montréal, H2Y 2G1, 514-878-1555

La propriétaire du Portus Calle a ouvert à l'été 2012 cette nouvelle halte portugaise au coeur du Vieux Montréal. Le décor et le service sont à la hauteur de la qualité culinaire qui a fait la renommée de la chef Helena Loureiro. Bon choix de vins portugais à tous les prix.

Pastaga ✪

6389, boulevard Saint-Laurent, Montréal, H2S 3C3, 438-381-6389

Dans ce segment moins achalandé du boulevard Saint-Laurent, entre le Mile End et la Petite Italie, le chef Martin Juneau poursuit avec l'esprit de créativité qui a jadis fait le succès de la Montée de Lait. La cuisine est épurée, composée de plats de portion moyenne que l'on partage volontiers afin de pouvoir goûter à tout. Pastaga se spécialise dans les vins dits «naturels», c'est-à-dire souvent issus de l'agriculture biologique et parfois sans ajout de soufre.

Nora Gray ✪

1391, rue Saint-Jacques, Montréal, H3C 1H2, 514-419-6672
noragray.ca

Deux anciens de chez Joe Beef ont ouvert récemment cette excellente table dans un coin peu fréquenté de la rue Saint-Jacques. On y sert une cuisine italienne aussi savoureuse que réconfortante, assortie d'une belle sélection de vins triés sur le volet, issus de tous les horizons. L'ambiance est animée et le service courtois.

Sinclair ✪
125, rue Saint-Paul Ouest, Montréal, H2Y 1Z5, 514-284-3332
restaurantsinclair.com

L'ancien S de l'hôtel Saint-Sulpice est maintenant sous la gouverne du chef Stelio Perombelon – autrefois du restaurant Les Chèvres –, qui a apporté un vent de fraîcheur à l'établissement. Plusieurs bonnes bouteilles au menu.

Van Horne ✪
1268, avenue Van Horne, Montréal, H2V 1K6, 514-508-0828
vanhornerestaurant.com

Minuscule havre de paix au cœur d'Outremont, où l'ambiance est feutrée et où l'on s'entend parler. La cuisine est raffinée et inspirée de produits saisonniers. La carte des vins est concise, mais on y trouve facilement son bonheur. Service professionnel et courtois.

Accords
212, rue Notre-Dame Ouest, Montréal, H2Y 1T3, 514-282-2020
accords.ca

Aménagé dans les anciens locaux du restaurant Azsu, ce bar à vins plaira aux amateurs curieux, qui apprécieront autant le vaste choix de vins au verre et que les accords classiques et inusités prévus pour chaque plat. Jolie terrasse.

Au Pied de cochon
536, avenue Duluth Est, Montréal, H2L 1A9, 514-281-1114
restaurantaupieddecochon.ca

Dans ce bistro, le chef très médiatisé Martin Picard prépare une cuisine généreuse et goûteuse. Le porc est présent sous toutes ses formes, et accompagné d'une excellente carte de vins incluant de nombreuses raretés.

Au Petit Extra
1690, rue Ontario Est, Montréal, H2L 1S7, 514-527-5552
aupetitextra.com

Annexé au cabaret du Lion d'Or, ce bistro très fréquenté sert, depuis plus de 25 ans, une cuisine simple, mais généreuse et efficace. La carte des vins propose de bons vins de France et d'ailleurs, généralement vendus à des prix abordables.

Bistro Cocagne
3842, rue Saint-Denis, Montréal, H2W 2M2, 514-286-0700
bistro-cocagne.com

Alexandre Loiseau concocte ici des plats au-delà de tout soupçon. Bien que courte, la carte des vins recèle des noms triés sur le volet. Le menu midi plaira aux gastronomes à l'affût d'aubaines...

Bu
5245, boulevard Saint-Laurent, Montréal, H2T 1S4, 514-276-0249
bu-mtl.com

L'archétype du bar à vins moderne, où l'on a envie de s'arrêter pour siroter l'un des 200 vins inscrits sur la carte et se restaurer d'une cuisine simple et savoureuse.

Alep et Petit Alep
191, rue Jean-Talon Est, Montréal, H2R 1S7, 514-270-9361

Deux établissements voisins, un propriétaire. Le premier est ouvert exclusivement en soirée et sert une cuisine plus étoffée dans un décor classique. Le second, plus décontracté, propose une savoureuse cuisine syrienne mise en valeur par une vaste sélection de vins dits «naturels», essentiellement français.

Brasserie Réservoir
9, avenue Duluth Est, Montréal, H2W 1G7, 514-849-7779
brasseriereservoir.ca

Établie depuis quelques années, cette brasserie artisanale propose une belle sélection de plats et d'en-cas. La sélection de vins est limitée, mais on y trouve toujours son compte. Belle terrasse à l'étage.

Bouillon Bilk
1595, boulevard Saint-Laurent, Montréal, H2X 2S9, 514-845-1595
bouillonbilk.com

Mélanie Blanchette et François Nadon, anciennement au Leméac, donnent un souffle nouveau à un coin plus tranquille du Quartier des spectacles. Dans un décor épuré, on sert une cuisine créative qui témoigne d'un grand souci du détail. La carte des vins, toujours en construction, est déjà meublée avec beaucoup de goût.

Chez l'Épicier
311, rue Saint-Paul Est, Montréal, H2Y 1H3, 514-878-2232
chezlepicier.com

Dans de vieux murs face au marché Bonsecours, Laurent Godbout propose un menu assez moderne. La carte des vins recèle de bonnes bouteilles, dont plusieurs vins «naturels», sélectionnées par Jack Jacob, aussi sommelier au restaurant Le Comptoir.

Bar F
1485, rue Jeanne-Mance, Montréal, H2X 2J4, 514-289-4558
fbar.ca

Le Ferreira Café, version taverne. Une bonne adresse où savourer des spécialités portugaises culinaires et viticoles, dans le cadre enchanteur du Quartier des Spectacles, au cœur du centre-ville.

Brasserie T

1425, rue Jeanne-Mance, Montréal, H2X 2J4, 514-282-0808
brasserie-t.com

Le célèbre restaurant de Normand Laprise a maintenant son antenne dans le Quartier des spectacles. On y sert une cuisine bistro sans prétention, qui mise néanmoins sur des produits de première qualité. La carte des vins est, en quelque sorte, un modèle réduit de celle du Toqué!.

Buvette chez Simone

4869, avenue du Parc, Montréal, H2V 4E7, 514-750-6577
buvettechezsimone.com

La Buvette est un lieu chaleureux où il fait bon s'attabler entre amis. Simple et sans prétention, le menu propose quelques entrées et des plats copieux de poulet rôti. Belle sélection de vins au verre.

Casa Tapas

266, rue Rachel Est, Montréal, H2W 1E6, 514-848-1063
casatapas.com

L'Espagne sur le Plateau. Ambiance animée, cuisine rustique et carte élaborée de vins espagnols dont plusieurs xérès. Quelques raretés à prix astronomiques et une vaste sélection de vins au verre.

Da Emma

777, rue de la Commune Ouest, Vieux-Montréal, H3C 1Y1, 514-392-1568

La cuisine italienne traditionnelle préparée par la *mamma*, servie entre les magnifiques murs de vieilles pierres d'une ancienne prison pour femmes. Un très bon choix de vins italiens. Une terrasse en été.

Ferreira Café

1446, rue Peel, Montréal, H3A 1T5, 514-848-0988
ferreiracafe.com

Premier restaurant portugais moderne de Montréal, le restaurant de Carlos Ferreira compte parmi les très bonnes tables. Le grand choix de vins portugais met en valeur la cuisine de Marino Tavares et fait apprécier les progrès accomplis dans ce pays. Service professionnel.

Joe Beef/Liverpool House

2491 et 2501, rue Notre-Dame Ouest, Montréal, H3J 1N6, 514-935-6504 514-313-6049
joebeef.ca / liverpoolhouse.ca

Au cœur de la Petite-Bourgogne, ces deux établissements voisins, admirablement tenus par le chef David McMillan, ont valeur de référence tant par l'originalité des lieux que par la créativité dans la cuisine. Parmi les meilleures adresses montréalaises où manger des huîtres. Les vins sont choisis avec soin et la carte est très diversifiée.

Graziella

116, rue McGill, Vieux-Montréal, H2Y 2E5, 514-876-0116
restaurantgraziella.ca

Grand restaurant dans tous les sens du terme : vaste salle et beauté des murs. La réputée chef italienne Graziella Battista prépare une cuisine savoureuse, précise et sans ostentation. Grand choix de vins, principalement d'Italie.

Hostaria

236, rue Saint-Zotique Est, Montréal, H2S 1K9, 514-273-5776
hostaria.ca

R.I.P. *Il Mulino, benvenuto all'hostaria!* Le propriétaire des lieux est le même, mais le décor a été remis au goût du jour et la cuisine est maintenant entre les mains d'Andrea Sgró, anciennement chez BU, qui concocte des plats italiens d'inspiration familiale. Jolie sélection de vins italiens.

Juni

156, rue Laurier Ouest, Montréal, H2T 2N7, 514-276-5864
juni.ca

Dans un cadre simple et dépouillé, une cuisine asiatique aussi exquise que raffinée. Une belle carte de vins présentée soigneusement, et riche de plusieurs vins et de saké d'importation privée.

Il Pagliaccio

365, rue Laurier Ouest, Montréal, H2V 2K5, 514-276-6999

Manuel Silva a officié pendant une vingtaine d'années au restaurant Le Latini avant d'ouvrir cet établissement à l'angle de l'avenue du Parc et de la rue Laurier. Pas étonnant, que l'on y retrouve la même cuisine italienne classique et sans chichis, élaborée avec des produits de première qualité. La carte des vins, quoique concise, propose quelques raretés en importation privée.

Kaizen

4075, rue Sainte-Catherine Ouest, Westmount, H3Z 3J8, 514-707-8744
70sushi.com

Ce très bel établissement de Westmount sert non seulement parmi les meilleurs sushis de la métropole, mais elle les accompagne d'une carte des vins aussi variée que recherchée. Quelques raretés à prix d'or et une sélection étoffée de sakés.

La Chronique

99, rue Laurier Ouest, Montréal, H2T 2N6, 514-271-3095
lachronique.qc.ca

À juste titre, l'une des tables les plus réputées de Montréal. Une cuisine moderne et une carte des vins fort élaborée, avec un très bon choix de vins au verre.

Laloux
250, rue des Pins Est, Montréal, H2W 1P3, 514-287-9127
laloux.com

Contre vents et marée, Laloux demeure l'une des institutions de la restauration montréalaise. Cuisine bistro bien présentée et service efficace, sans prétention. La carte des vins est un peu plus ténue que par le passé, mais tout aussi pointue.

Le Café du Nouveau Monde
84, rue Sainte-Catherine Ouest, Montréal, H2X 1Z6, 514-866-8669
tnm.qc.ca

Adjacent au théâtre du même nom, ce restaurant très populaire sert une cuisine de type bistro. Le service est efficace, et la carte des vins est passablement étoffée pour un établissement de ce genre.

L'Arrivage
350, Place Royale, Vieux-Montréal, H2Y 3Y5, 514-872-9128
pacmusee.qc.ca/fr/planifiez-votre-visite/restaurant-larrivage

Grâce à sa cuisine minutieuse et savoureuse, Pierre Lavallée a fait de ce restaurant, situé au deuxième étage du musée Pointe-à-Callière, l'un des secrets les mieux gardés du Vieux-Montréal. Vue imprenable sur le Vieux-Port, service avenant et cuisine recherchée. Ouvert tous les midis de la semaine.

La Salle à Manger
1302, avenue du mont Royal Est, Montréal, H2J 1Y5, 514-522-0777
lasalleamanger.ca

Une partie de l'équipe du Réservoir officie à cette sympathique adresse que l'on visite et revisite avec plaisir. Dans une ambiance décontractée, on savoure une cuisine à la fois originale et réconfortante accompagnée d'excellents vins de France et d'ailleurs.

Le Club Chasse et Pêche
423, rue Saint-Claude, Vieux-Montréal, H2Y 3B6, 514-861-1112
leclubchasseetpeche.com

Le restaurant du chef Claude Pelletier et de son associé Hubert Marsolais ne connaît aucun fléchissement et compte toujours parmi les meilleures tables de la métropole. La cuisine inventive et généreuse est aussi impeccable que la sélection des vins, le tout présenté dans un décor hautement stylé.

Le Continental
4007, rue Saint-Denis, Montréal, H2W 2M3, 514-845-6842
lecontinental.ca

Les cuisines de cet établissement populaire de la rue Saint-Denis sont ouvertes jusqu'à 2h et offrent un bel éventail de classiques «bistro» réinventés. La carte propose un bon choix de vins. Jolie terrasse.

Les Trois Petits Bouchons
4669, rue Saint-Denis, Montréal, H2J 2L5, 514-285-4444
lestroispetitsbouchons.com

Dans un décor à la fois épuré et chaleureux, on y concocte des spécialités françaises et québécoises réinventées. La carte propose essentiellement des vins dits «naturels». Service courtois et professionnel.

Le Jolifou
1840, rue Beaubien Est, Montréal, H2G 1L6, 514-722-2175
jolifou.com

Ce restaurant mignon et accueillant propose une cuisine simple et bonne, servie sur des tables décorées de jouets! Le service et la carte des vins sont tout à fait adéquats.

Le Comptoir
4807, boulevard Saint-Laurent, Montréal, H2T 1R6, 514-844-8467
comptoircharcuteriesetvins.ca

Ce bar à vins déjà très fréquenté ne manque pas de vie ni d'ambiance. Segué Lepage se spécialise dans l'élaboration de charcuteries maison et propose aussi une belle sélection de tapas. Plusieurs vins «naturels» servis au verre et proposés à bons prix. Une très bonne adresse pour prolonger l'apéro entre amis. Également ouvert les midis du mardi au vendredi.

Le Local
740, rue William, Vieux-Montréal, H3C 1P1, 514-397-7737
resto-lelocal.com

Aménagé dans les anciens locaux d'une firme d'architectes, ce restaurant très affairé sert une cuisine de bistro inventive accompagnée d'une carte des vins passablement étoffée.

L'Express
3927, rue Saint-Denis, Montréal, H2W 2M1, 514-845-5333
restaurantlexpress.ca

L'Express demeure l'une des véritables institutions montréalaise. Depuis une trentaine d'années déjà, une bonne adresse toujours très fréquentée, où savourer de bons plats typiques de la cuisine bistro française, avec un vaste choix de vins européens comprenant quelques raretés vendues à prix tout à fait correct.

Leméac
1045, rue Laurier Ouest, Montréal, H2V 2L1, 514-270-0999
restaurantlemeac.com

Bistro outremontois à la mode, agrémenté d'une jolie terrasse à l'année. Décor clair et dépouillé, très bonne cuisine moderne, d'une constance exemplaire. Service efficace. Carte des vins nouvellement repensée, avec une sélection considérable de vins au verre.

Les 400 Coups

400, rue Notre-Dame Est, Montréal, H2Y 1C8, 514-985-0400
les400coups.ca

Le duo des Chèvres, Marc-André Jetté et Patrice Demers, ainsi que la sommelière Marie-Josée Beaudoin ont quitté le Newtown pour ouvrir leur propre restaurant dans le Vieux-Montréal. Les plats comme les desserts conjuguent raffinement et créativité et sont assortis d'une belle sélection de vins.

Le Filet

219, avenue du mont Royal Ouest, Montréal, H2T 2T2, 514-360-6060
lefilet.ca

Les propriétaires du Club Chasse et Pêche se sont associés au sommelier Patrick Saint-Vincent (anciennement chez BU) pour développer une adresse sur le Plateau Mont-Royal, en face du parc Jeanne-Mance. Le poisson et les crustacés sont à l'honneur, servis en petites portions – façon tapas – et assortis d'une carte des vins concise, très soignée et renouvelée fréquemment.

Le St-Urbain

96, rue Fleury Ouest, Montréal, H3L 1T2, 514-504-7700
lesturbain.com

Un sympathique bistro nouvelle vague, une grande salle claire et dépouillée. Très bonne cuisine bien présentée par le chef Marc-André Royal, et une liste de vins courte mais très bien constituée.

Primo & Secondo

7023, rue Saint-Dominique, Montréal, H2S 3B6, 514-908-0838
primoesecondo.ca

À deux pas du marché Jean-Talon, ce restaurant propose une cuisine moderne savoureuse. Service professionnel et empressé. Une longue carte de vins italiens, souvent assez coûteux.

Portus Calle

4281, boulevard Saint-Laurent, Montréal, H2W 1Z4, 514-849-2070
portuscalle.ca

La savoureuse cuisine portugaise d'Helena Loureiro est servie dans une grande salle pleine de vie. Une belle carte de vins portugais, un service courtois et efficace.

Milos

5357, avenue du Parc, Montréal, H2V 4G9, 514-272-3522
milos.ca

La célèbre table hellénique est réputée depuis longtemps pour ses spécialités de poissons. Excellente cuisine et service impeccable. Une carte des vins assez diversifiée et un bon choix de crus grecs rappelant l'origine des propriétaires.

Pullman

3424, avenue du Parc, Montréal, H2X 2H5, 514-288-7779
pullman-mtl.com

Cet établissement moderne est probablement le seul véritable bar à vins de Montréal. La carte propose de nombreuses petites bouchées inventives et savoureuses. Le service très courtois et professionnel fait honneur à une sélection de vins de grande qualité.

Saint-Gabriel

426, rue Saint-Gabriel, Montréal, H2Y 2Z9, 514-878-3561
lesaint-gabriel.com

Une nouvelle équipe d'investisseurs a donné un nouveau souffle à cet établissement historique situé au cœur du Vieux-Montréal. La cuisine du chef Éric Gonzalez, anciennement au XO de l'hôtel St. James, est assortie d'une très belle carte des vins.

Tasso

3829, rue Saint-Denis, Montréal, H2W 2M4, 514-842-0867
tassobaramezze.com

L'ancien Symposium a rouvert ses portes dans un nouveau décor blanc et épuré. Cuisine grecque adaptée au goût du jour avec une bonne sélection de mezze joliment présentés et assortis d'un bel éventail de vins grecs.

Toqué!

900, place Jean-Paul-Riopelle, Montréal, H2Z 2B2, 514-499-2084
restaurant-toque.com

Dans le cadre moderne du Quartier international de Montréal, le chef Charles-Antoine Crête prépare une cuisine inspirée et savoureuse. Cette grande table est mise en valeur par une carte des vins aussi éclectique que recherchée. Plusieurs raretés à découvrir. En semaine, on propose aussi un menu du midi à prix attrayant.

LAVAL, LES LAURENTIDES, LANAUDIÈRE

Matize ✪
343, boulevard Manseau, Joliette, J6E 3C9, 450-398-3030
matize.ca

Aménagée dans une ancienne maison sur une rue passante de Joliette, Matize est l'une des bonnes tables de Lanaudière. Le menu évolue en fonction des arrivages et la carte des vins compte plusieurs bonnes bouteilles, dont quelques curiosités qui plairont aux amateurs en quête de dépaysement. Ambiance chaleureuse et courtoise.

Le Bistro à Champlain
75, chemin Masson, Sainte-Marguerite-du-Lac-Masson, J0T 1L0, 450-228-4988
bistroachamplain.com

La mecque des amateurs de vin, avec une affection avouée pour les crus de Bourgogne. La réputation de la cave et de l'accueil de Champlain Charest ont depuis longtemps dépassé nos frontières.

Le Mitoyen
652, Place Publique, Laval, H7X 1G1, 450-689-2977
restaurantlemitoyen.com

Dans sa belle maison ancestrale du quartier Sainte-Dorothée, Richard Bastien prépare une cuisine classique raffinée, mise en valeur par une carte des vins diversifiée qui comprend plusieurs belles bouteilles. Bon choix de vins au verre.

Le Saint-Christophe
94, boulevard Sainte-Rose, Laval, H7L 1K4, 450-622-7963
restosaintchristophe.ca

Dans une ancienne demeure agrémentée d'une terrasse, une excellente cuisine inspirée des traditions du sud de la France. Carte de vins exclusivement français présentée de façon professionnelle.

RIVE-SUD DE MONTRÉAL, CANTONS-DE-L'EST

Auguste ✪
82, rue Wellington Nord, Sherbrooke, J1H 5B8, 819-565-9559
auguste-restaurant.com

Après avoir largement contribué au rayonnement du restaurant Derrière les Fagots, le chef Danny St-Pierre a ouvert ce sympathique bistro au centre-ville de Sherbrooke, avec sa conjointe Anik Beaudoin. La cuisine est à la hauteur de la réputation du chef et s'accompagne d'une belle carte des vins, dont plusieurs options au verre intéressantes.

La Table du chef ✪
11, rue Victoria, Sherbrooke, 819-562-2258
www.latableduchef.ca

Alain Labrie, ancien chef de l'Auberge Hatley – Relais & Château détruit par un incendie en 2006 – a ouvert son propre restaurant dans une ancienne résidence, à l'angle des rues Victoria et Portland. Le menu propose de bons classiques français et met en valeur de bons produits du terroir estrien. La carte des vins est assez fouillée pour satisfaire l'amateur curieux.

Bistro Beaux Lieux
19, rue Principale Nord, Sutton, J0E 2K0, 450-538-1444
bistrobeauxlieux.com

Depuis quelques années, le chef Christian Beaulieu, anciennement au bistro montréalais Le Continental, apporte un vent de fraîcheur à ce joli village des Cantons de l'Est. Le menu évolue selon les saisons et s'accompagne d'une belle sélection de vins. Service courtois et avenant.

Auberge Ripplecove
700, croissant Ripplecove, Ayer's Cliff, J0B 1C0, 819-838-4296
ripplecove.com

Face au lac Massawippi, cette luxueuse auberge est l'une des rares de la région où l'on peut dîner sur la terrasse au bord de l'eau. Sélection notable de crus bordelais et bourguignons.

Café Massawippi
3050, chemin Capelton, North Hatley, J0B 2C0, 819-842-4528
cafemassawippi.com

La cuisine moderne de Dominic Tremblay est servie dans les murs d'une coquette maison de campagne. Service courtois et attentif; carte des vins bien garnie, mais conventionnelle.

Manoir Hovey

575, chemin Hovey, North Hatley, J0B 2C0, 819-842-2421
manoirhovey.com

Au bord du lac Massawippi, cette belle demeure d'influence sudiste est un haut lieu de l'hôtellerie dans les Cantons-de-l'Est. Une carte appétissante et des crus choisis avec soin. Peu d'aubaines, mais beaucoup de belles bouteilles.

Olivier Le Restaurant

679, rue Adoncourt, Longueuil, J4J 5J1, 450-646-3660
olivierlerestaurant.com

Dans un coin isolé et très accueillant de Longueuil, ce restaurant à saveur italo-provençale prépare une cuisine impeccable. Présentée dans un carnet de cartes de visite, la liste des vins recèle beaucoup de vins de qualité à des prix très corrects. Terrasse en été.

QUÉBEC ET LA RÉGION

Initiale ✪

54, rue Saint-Pierre, Québec, G1K 4A1, 418-694-1818
restaurantinitiale.com

Membre de la chaîne Relais & Châteaux, récemment décoré de la mention Cinq Diamants, ce restaurant gastronomique situé au cœur du Vieux-Québec est un incontournable de la Vieille Capitale. Une cuisine fine et sophistiquée, servie dans un cadre tout aussi distingué, accompagnée d'une belle sélection de vins, dont plusieurs grands crus bordelais. Le menu du midi est une véritable aubaine.

Chez Boulay - Bistro boréal ✪

1110, rue Saint-Jean, Québec, G1R 1S4, 418-380-8166
chezboulay.com

Le chef-propriétaire du restaurant Le Saint-Amour a développé un nouveau restaurant voué à la mise en valeur des produits du terroir boréal, comme le désormais très médiatisé NOMA, de Copenhague. Omble de l'arctique et caribou parfumé au thé du Labrador sont assortis d'une carte de vins truffée d'importations privées.

Le Cercle

228, rue Saint-Joseph Est, Québec, G1K 3A9, 418-948-8648
le-cercle.ca

Dans un quartier revampé de Québec, à 20 minutes de marche du Vieux-Port, les anciens locaux du restaurant l'Utopie accueillent désormais un menu un peu plus modeste, mais empreint d'un souci manifeste de qualité. Le service est attentionné et dynamique, et la carte des vins propose plusieurs curiosités ainsi qu'un beau choix de vins au verre.

L'Échaudé

73, rue du Sault-au-Matelot, Vieux-Québec, G1K 3Y9, 418-692-1299
echaude.com

Restaurant niché dans les murs de la vieille ville. Cuisine bistro accompagnée d'un bon choix de vins français à des prix tout à fait corrects.

Auberge La Goéliche

22, chemin du Quai, Sainte-Pétronille, Île d'Orléans, G0A 4C0, 418-828-2248
goeliche.ca

À la pointe de l'île d'Orléans, avec vue sur le cap Diamant, un bel établissement où la carte des vins propose quelques bouteilles de belle qualité. Les bateaux, petits et gros, passent à quelques mètres de la salle à manger.

Laurie Raphaël

117, rue Dalhousie, Vieux-Québec, G1K 9C8, 418-692-4555
laurieraphael.com

Une table innovatrice et très réputée du Vieux-Québec. Daniel Vézina signe une cuisine inventive et savoureuse, mise en valeur par une carte des vins diversifiée.

Le Saint-Amour

48, rue Sainte-Ursule, Vieux-Québec, G1R 4E2, 418-694-0667
saint-amour.com

Campé sur une rue en pente près de la porte Saint-Louis. La carte des vins a l'allure d'un annuaire téléphonique. Toutes les régions de France y sont représentées, particulièrement les vins de Bourgogne et de Bordeaux. Une gamme impressionnante de vins liquoreux et un très bon choix de demi-bouteilles.

Le Café du monde

84, rue Dalhousie, Vieux Port de Québec, G1K 4B2, 418-692-4455
lecafedumonde.com

Sympathique bistro dans un immeuble du Vieux-Port. Confits, tartares et autres classiques sont proposés avec un bon choix de vins des différentes régions de France et d'ailleurs.

Michelangelo

3111, chemin Saint-Louis, Québec, G1W 1R6, 418-651-6262
lemichelangelo.com

À proximité du pont de Québec, un vaste restaurant offrant un choix de plus de 500 vins surtout italiens: beaucoup de Barolo, de Brunello et de Chianti, et une pléthore de supertoscans.

Panache

10, rue Saint-Antoine, Vieux-Québec, G1K 4C9, 418-692-1022
saint-antoine.com/fr/restauration

Dans les murs de l'hôtel Saint-Antoine, ce restaurant séduit par la beauté historique des lieux, l'excellente cuisine sans confusion, le service pondéré et la belle carte des vins. Membre de la chaîne Relais & Châteaux.

CHARLEVOIX, SAGUENAY, CÔTE-NORD

Auberge des Peupliers

381, rue Saint-Raphaël, Cap-à-l'Aigle (La Malbaie), G5A 2N8, 418-665-4423
aubergedespeupliers.com

Une belle auberge de campagne dans la tradition de Charlevoix. Menu alléchant, service professionnel et carte assez classique, surtout composée de vins français.

Le Bergerac

3919, rue Saint-Jean, Jonquière, G7X 3J4, 418-542-6263
lebergerac.ca

Ce restaurant du Saguenay présente une carte remarquablement élaborée, qui propose entre autres une centaine de vins triés sur le volet.

La Cache d'Amélie

37, avenue Marquette, Baie-Comeau, G4Z 1K4, 418-296-3722

Une étape obligatoire sur la Côte-Nord. Le chef-propriétaire Glenn Forbes prépare une cuisine à la fois généreuse et raffinée. La carte des vins vaut le détour.

Auberge des 21

621, rue Mars, La Baie, G7B 4N1, 418-697-2121
aubergedes21.com

La belle auberge du chef Marcel Bouchard est un haut lieu de l'hospitalité québécoise. Au restaurant Le Doyen, le menu change au gré des saisons et les produits frais du terroir sont préparés avec attention. La longue carte des vins propose plus de 550 entrées.

Vices Versa

216, rue Saint-Étienne, La Malbaie, G5A 1T2, 418-665-6869
vicesversa.com

Mené avec brio par le duo Danielle Guay et Éric Bertrand, Vices Versa compte parmi les bonnes tables de Charlevoix. Cuisine parfaitement maîtrisée, vins choisis avec discernement, service agréable et professionnel.

MAURICIE

Auberge du Lac Saint-Pierre

10 911, rue Notre-Dame, Pointe-du-Lac, G9B 6V8, 819-377-5971
aubergelacst-pierre.com

Sur les rives du Saint-Laurent, une sympathique halte où l'on sert une cuisine réconfortante. Sur la carte, environ 150 vins bien choisis. Pour les grands soirs, quelques grands crus de Bordeaux.

Le Castel des Prés - Chez Claude

5800, boulevard Gene-H.-Kruger, Trois-Rivières, G9A 4P2, 819-375-4921
casteldespres.com

Une adresse très connue en Mauricie. On se restaure d'une cuisine simple et généreuse arrosée d'une carte des vins suffisamment bien garnie.

GASPÉSIE, BAS-DU-FLEUVE, BEAUCE

Chez Saint-Pierre Bistro ✪

150, Avenue De La Cathédrale, Rimouski, G5L 5H8, 418-730-6525

Forte du succès de son restaurant du Bic, Colombe Saint-Pierre a également ouvert un petit bistro fort sympathique au centre-ville de Rimouski. Le menu y est plus simple, mais on y trouve ce même souci du détail, ainsi que de nombreux produits frais. Service décontracté et professionnel.

Chez Saint-Pierre ✪

129, rue du mont Saint-Louis, Le Bic, G0L 1B0, 418-736-5051
chezstpierre.ca

Selon l'avis de plusieurs, la meilleure table du Bas-Saint-Laurent. Colombe Saint-Pierre s'applique avec beaucoup de rigueur à la mise en valeur des produits du terroir local et concocte des plats aussi fins que savoureux. Choix de vins tout à fait correct, avec quelques belles trouvailles. Un incontournable dans la région.

Auberge du Mange Grenouille

148, rue Sainte-Cécile, Le Bic, G0L 1B0, 418-736-5656
aubergedumangegrenouille.qc.ca

Une adresse réputée sur la route du Bas-du-Fleuve. Dans un décor chaleureux, cette auberge de qualité propose une cuisine soignée et une longue carte de vins diversifiée.

La Table du Père Nature

10735, 1re Avenue Est, Saint-Georges, G5Y 2B8, 418-227-0888

Une table réputée de la Beauce et un passage obligé pour l'amateur de vin. Une carte remarquablement élaborée incluant plusieurs grands vins de France, d'Italie et de Californie.

Restaurant Chez Antoine

433, rue Lafontaine, Rivière-du-Loup, G5R 3B9, 418-862-6936
chezantoine.ca

Dans une maison centenaire du centre-ville, un restaurant réputé proposant un menu appétissant et une longue carte de vins affichant une pléthore de noms prestigieux.

OUTAOUAIS ET OTTAWA

Play ✪

1, rue York, Ottawa, K1N 5S7, 613-667-9207
playfood.ca

Fort du succès de son premier restaurant (Beckta, sur la rue Nepean), le tandem formé de Stephen Beckta et du chef Michael Moffat a ouvert un second établissement, plus décontracté et aussi plus abordable. L'ambiance est animée, la formule est bigarrée, le service est avenant et la carte compte quelques bons vins canadiens proposés au verre.

Domus

87, rue Murray, Ottawa, K1N 5M5, 613-241-6007
domuscafe.ca

Un restaurant simple et agréable qui propose une cuisine moderne agrémentée d'une carte des vins regroupant plusieurs bonnes bouteilles.

Le Tartuffe

133, rue Notre-Dame-de-l'île, Gatineau, J8X 3T2, 819 776-6424
letartuffe.com

Près du musée de la Civilisation et du Musée des beaux-arts d'Ottawa, une adresse à retenir pour l'accueil et la qualité de la cuisine. Une carte des vins suffisamment élaborée, et un choix de demi-bouteilles.

L'Orée du bois

15, chemin Kingsmere, Chelsea, J9B 1A1, 819-827-0332
oreeduboisrestaurant.com

Dans le parc de la Gatineau en Outaouais, un sympathique relais de campagne où le chef-propriétaire, Guy Blain, prépare une généreuse cuisine classique. La carte des vins est très bien garnie et inclut une sélection de vins québécois et canadiens. Un bon choix de vins au verre.

APPORTEZ VOTRE VIN

Les restaurants où l'on peut apporter son vin sont nombreux dans la région de Montréal. Voici quelques bonnes adresses.

MONTRÉAL

Les Canailles ✪

3854, rue Ontario Est, Montréal, H1W 1S4, 514-526-8186
lescanailles.ca

Après avoir connu un succès mérité avec leurs établissements du Village et du Plateau, les propriétaires des restaurants O'Thym et Les Héritiers ont migré vers le quartier Hochelaga-Maisonneuve, pas très loin de la place Valois, où ils ont ouvert Les Canailles. On y propose une bonne cuisine bistro, servie dans une ambiance animée et un cadre décontracté.

Le Smoking Vallée ✪

4370, rue Notre-Dame Ouest, Montréal, H4C 1R9, 514-932-0303
smoking-vallee.com

Le propriétaire de L'emporte-pièce (Gilford) s'est associé aux propriétaires des restaurants Les Héritiers et Les Canailles pour ouvrir cette nouvelle adresse dans Saint-Henri. Le décor moderne compte de nombreux clins d'œil au passé ouvrier de ce quartier en pleine effervescence. Les quelques plats goûtés étaient tout à fait satisfaisants, et le service, fort sympathique.

À l'Os

5207, boulevard Saint-Laurent, Montréal, H2T 1S4, 514-270-7055
alos.ca

Dans un décor dépouillé, À l'Os propose un menu élaboré et bien présenté. Service professionnel, carafes et verres de qualité impeccable.

Le Bleu Raisin

5237, rue Saint-Denis, Montréal, H2J 2M4, 514-271-2333

Petit restaurant d'allure propre et dégagée. Une table d'hôte très bien présentée et un service courtois.

Christophe

1187, avenue Van Horne, Montréal, H2V 1K1, 514-270-0850
restaurantchristophe.com

Le restaurant Christophe est très apprécié. Toujours au four, Christophe Geffrey pratique la cuisine recherchée qui a fait sa réputation. Service impeccable, verrerie de qualité et ambiance amicale.

La Colombe

554, avenue Duluth Est, Montréal, H2L 1A9, 514-849-8844

Celui-ci demeure l'une des meilleurs restaurants apportez votre vin de la métropole. Une adresse que l'on visite et revisite avec un plaisir renouvelé. Les bonnes bouteilles sont mises en valeur tant par la qualité du service et des verres, que par la cuisine toujours très soignée du chef-propriétaire Mustafa Rougaïbi.

Les Héritiers

1915, avenue du mont Royal Est, Montréal, H2H 1J3, 514-528-4953
lesheritiers.com

La formule demeure sensiblement la même et propose une cuisine française adaptée au goût du jour. La qualité du service et des verres fera honneur à vos bons crus

Les Infidèles

771, rue Rachel, Montréal, H2J 2H4, 514-528-8555
restaurantlesinfideles.com

Cuisine inventive d'inspiration française, servie dans un cadre agréable. Le service et les verres rendent justice aux bonnes bouteilles.

O'Thym

1112, boulevard de Maisonneuve Est, Montréal, H2L 1Z5, 514-525-3443
othym.com

Dans un style qui rappelle celui du restaurant À l'Os, le bistro O'Thym est très fréquenté. Le menu varié est écrit sur un tableau noir. Les verres et le service sont tout à fait adéquats.

DES ADRESSES À PARTAGER ?

Le guide du vin n'est pas un guide de restaurants et ne prétend d'aucune manière présenter une liste exhaustive des établissements de qualité. S'il vous arrive de découvrir des endroits dignes de mention, n'hésitez pas à nous en faire part. Les restaurateurs oubliés qui estiment avoir leur place dans ce répertoire peuvent aussi nous faire parvenir leur carte des vins et leur menu à l'adresse suivante : fournier.mpv@gmail.com

Quartier Général

1251, rue Gilford, Montréal, H2J 1R2, 514-658-1839
lequartiergeneral.ca

Un heureux ajout à l'éventail de restaurants «apportez votre vin» du Plateau Mont-Royal. On y propose une belle sélection d'entrées et de plats servis à la carte ou en menu composé. Le service est à la fois professionnel, avenant et sympathique. Il vaut mieux réserver une semaine à l'avance.

Raza Restaurant

114, rue Laurier Ouest, Montréal, H2T 2N7, 514-227-8712
restaurantraza.com

Dans un décor minimaliste, un restaurant vibrant aux accents d'Amérique du Sud. Cuisine originale, ambiance sympathique.

MONTÉRÉGIE

L'Angéluc

480, rue Saint-Denis, Saint-Alexandre, J0J 1S0, 450-346-4393
restaurantlangeluc.com

La table d'hôte réputée de ce sympathique restaurant fera honneur à vos belles bouteilles.

QUÉBEC

La Girolle

1384, chemin Sainte-Foy, Québec, G1S 2N6, 418-527-4141
lagirolle.ca

Ouvert midi et soir, La Girolle est l'un des rares bistros de Québec où l'on peut apporter son vin. On y sert des plats français classiques à des prix très abordables. Les bonnes bouteilles sont de mise.

CHARLEVOIX

Les Saveurs oubliées

350, rang Saint-Godefroy, route 362, Les Éboulements, G0A 2M0, 418-635-9888

Cette très bonne table célèbre l'agneau de Charlevoix. Vos meilleures bouteilles seront appréciées à l'une des bonnes adresses de la région. Réservation obligatoire en saison touristique.

INDEX DES CODES

Numéro de code de chaque vin, suivi de la page où il apparaît dans le livre.

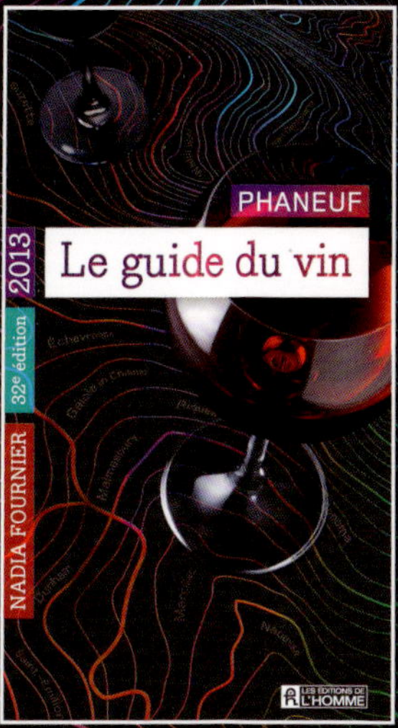

Le monde du vin démystifié et à votre portée, avec plus de 2000 vins dégustés et répertoriés.

© Julia Marois

NADIA FOURNIER

LES SYMBOLES

La qualité

☆	Vin blanc
★	Vin rouge
5 étoiles	Exceptionnel
4 étoiles	Excellent
3 étoiles	Très bon
2 étoiles	Correct
1 étoile	Passable
★★→★	Se bonifiera avec les années
★★→?	Évolution incertaine

L'évolution

① À boire maintenant, il n'y a guère d'intérêt à le conserver.
② Prêt à boire, mais pouvant se conserver.
③ On peut commencer à le boire, mais il continuera de se bonifier.
④ Encore jeune, à laisser mûrir encore quelques années.
Il est indiqué de passer le vin en carafe environ 1 heure avant de le servir.

L'aubaine

✻ Rapport qualité-prix avantageux.

La Grappe d'or

Mes «moments forts» de l'année sont identifiés par ce symbole.

Les meilleurs vins de moins de 15 $

Une liste de vins à moins de 15 $ qui feront votre bonheur quotidien. Des vins pour tous les goûts, de très bonne qualité.

Les meilleurs vins de 15 à 30 $

Une liste d'emplettes de l'amateur avisé. Des vins impeccables et authentiques dont la qualité n'a rien à envier à des vins plus coûteux.

Où trouver

Ⓒ Inscrit au répertoire général et offert dans la plupart des magasins de la SAQ.

Ⓢ Vendu exclusivement dans les SAQ Signature.

ⒾⓅ Renvoie à la section Importation privée.

▼ Stocks en voie d'épuisement, le produit paraît encore dans le répertoire de la SAQ. Il peut être encore disponible dans certaines succursales.

LES SYMBOLES

La qualité

☆	Vin blanc
★	Vin rouge
5 étoiles	Exceptionnel
4 étoiles	Excellent
3 étoiles	Très bon
2 étoiles	Correct
1 étoile	Passable
★★→★	Se bonifiera avec les années
★★→?	Évolution incertaine

L'évolution

① À boire maintenant, il n'y a guère d'intérêt à le conserver.

② Prêt à boire, mais pouvant se conserver.

③ On peut commencer à le boire, mais il continuera de se bonifier.

④ Encore jeune, à laisser mûrir encore quelques années.

⏃ Il est indiqué de passer le vin en carafe environ 1 heure avant de le servir.

L'aubaine

✻ Rapport qualité-prix avantageux.

La Grappe d'or

Mes «moments forts» de l'année sont identifiés par ce symbole.

Les meilleurs vins de moins de 15 $

Une liste de vins à moins de 15$ qui feront votre bonheur quotidien. Des vins pour tous les goûts, de très bonne qualité.

Les meilleurs vins de 15 à 30 $

Une liste d'emplettes de l'amateur avisé. Des vins impeccables et authentiques dont la qualité n'a rien à envier à des vins plus coûteux.

Où trouver

Ⓒ Inscrit au répertoire général et offert dans la plupart des magasins de la SAQ.

Ⓢ Vendu exclusivement dans les SAQ Signature.

ⒾⓅ Renvoie à la section Importation privée.

▼ Stocks en voie d'épuisement, le produit paraît encore dans le répertoire de la SAQ. Il peut être encore disponible dans certaines succursales.

Index des codes

INDEX DES VINS

Pour faciliter vos recherches, vous pouvez également télécharger l'index complet du *Guide du vin 2013* à partir du site Web de Michel Phaneuf: michelphaneuf.com

A

B

C

D

E

F

LES MEILLEURS VINS DE MOINS DE 15$

On trouve maintenant profusion de vins sains et bon marché. Voici une liste des meilleurs vins à moins de 15$ qui feront votre bonheur quotidien. Des vins pour tous les goûts de très bonne qualité

● = rouge ○ = blanc

FRANCE

BORDEAUX

- ● CHÂTEAU LA MOTHE DU BARRY Bordeaux Supérieur 2010 (13,05$)
- ● CHÂTEAU PUY LANDRY Castillon 2011 – Côtes de Bordeaux (14,15$)

CÔTES DU RHÔNE

- ● CHÂTEAU DES TOURELLES Costières de Nîmes 2011 (13,30$)
- ● JABOULET AÎNÉ, PAUL Les Traverses 2009, Côtes du Ventoux (13,90$)

LANGUEDOC-ROUSSILLON

- ● BOUSQUET, JEAN-NOËL Corbières 2011, Terre à Terre (9,10$)
- ● DOMAINE D'AUPILHAC Lou Maset 2011, Languedoc (14,45$)
- ● DOMAINE DES MOULINES Merlot 2009, Vin de Pays de l'Hérault (10,95$)
- ● DUPÉRÉ-BARRERA Terres de Méditerranée 2009, Vin de Pays d'Oc (14,35$)
- ○ LURTON, FRANÇOIS Viognier 2011, Domaine des Salices, Vin de Pays d'Oc (14,80$)

PROVENCE

- ● CHÂTEAU DE FONSCOLOMBE Coteaux d'Aix-en-Provence 2008 (13,30$)
- ● CHÂTEAU LA LIEUE Coteau Varois 2011 (13$)

SUD-OUEST

- ● CHÂTEAU BOUISSEL Classic 2009, Fronton (14,50$)
- ● CHÂTEAU MONTAURIOL Tradition 2010, Fronton (14,65$)
- ● CLOS LA COUTALE Cahors 2010 (14,30$)
- ● DOMAINE DU CROS Lo Sang Del Pais 2011, Marcillac (13,65$)

ITALIE

- ● ARGIOLAS Perdera 2009, Monica di Sardegna (14,20$)
- ● ILLUMINATI Riparosso 2009, Montepulciano d'Abruzzo (13,65$)
- ● MORGANTE Nero d'Avola 2010, Scinthili, Sicilia (15$)
- ● PASQUA Primitivo 2011, Lapaccio, Salento (13,95$)
- ● PERVINI I Monili 2010, Tarantino Primitivo (10,15$)
- ● POGGIO AL DRAGO Rubicon 2011 (13,70$)
- ○ SALVIANO (TITIGNANO) Orvieto Classico Superiore 2011 (14,10$)
- ● TASCA D'ALMERITA Regaleali blanc 2011, Sicilia (14,90$)
- ● TEDESCHI Valpolicella Classico Superiore 2010 (14,40$)
- ● VELENOSI Il Brecciarolo 2009, Rosso Piceno Superiore (13,65$)

ESPAGNE

- ● BORSAO Crianza 2009, Campo de Borja (14,95$)
- ● BORSAO Tocado 2011, Campo de Borja (9,25$)
- ● CAMPOBARRO Tempranillo 2010, Ribera del Guadiana (9,30$)
- ● CASTAÑO Monastrell 2009, Hécula, Yecla (14,70$)
- ● CASTILLO DE LIRIA Bobal-Shiraz 2010, Valencia, Vicente Gandia (8,40$)
- ● EL SEQUÉ Laderas de El Sequé 2011, Alicante (13,25$)
- ● FELIX SOLIS Tempranillo 2010, Los Molinos, Valdepeñas (8,20$)
- ● JUAN GIL Monastrell 2011, Vieilles vignes, Jumilla (14,30$)
- ● LUZON Jumilla 2009, Organic (14,50$)

PORTUGAL

- ● ALBERNOAS Vinho Regional Alentejano 2010 (9,05$)
- ● ALTANO Douro 2009 (12,75$)
- ● MEIA ENCOSTA Dão 2010 (11$)
- ● QUINTA DOS ROQUES Dão 2009 (14,80$)
- ● SOGRAPE Vila Regia 2011, Douro (9,95$)

ALLEMAGNE

- ○ LOOSEN BROS Riesling 2011, Dr.L, Qba, Mosel (13,60$)

BULGARIE

- ● YAMBOL Cabernet sauvignon-Syrah 2009, Persona, Valle de Thrace (12,45$)
- ● YAMBOL Syrah 2009, Persona, Vallée de Thrace (12,45$)

GRÈCE

- ● LYRARAKIS Kotsifali 2010, Crête (13,45$)
- ○ LYRARAKIS Vilana 2011, Crête (14,10$)
- ● TSANTALIS Rapsani 2009 (11,50$)

HONGRIE

- ○ CHÂTEAU PAJZOS Furmint 2011, Tokaji (12,45$)
- ○ NYAKAS Irsai Olivér 2008, Budai (13,10$)

CANADA

- ● L'ÉCOLE DU TROISIÈME RANG La Relâche 2009 (14$)
- ○ VIGNOBLE DE LA BAUGE Classique blanc 2010 (14$)

CHILI

- ● BARON PHILIPPE DE ROTHSCHILD Cabernet sauvignon-Carmenère 2011, Mapu, Valle Central (9,95$)
- ○ CALITERRA Sauvignon blanc 2011, Reserva, Valle de Casablanca (12,55$)

ARGENTINE

- ● ALTOS LAS HORMIGAS Colonia Las Liebres, Bonarda 2011, Mendoza (13,70$)
- ○ ETCHART Torrontes 2011, Cafayate (13,95$)
- ● FINCA FLICHMAN Malbec 2011, Mendoza (9,45$)

URUGUAY

- ● JUAN CARRAU 1752 Gran Tradicion 2009, Cerro Chapeu (14,70$)

AUSTRALIE

- ● DEAKIN ESTATE Shiraz 2010, Victoria (11,95$)

AFRIQUE DU SUD

- ● DORNIER The Pirate of Cocoa Hill 2009, Western Cape (14,95$)
- ● MAN VINTNERS Cabernet sauvignon 2010, Coastal Region (13,95$)

MEXIQUE

- ● CETTO, L.A. Petite sirah 2010, Valle de Guadalupe (12,05$)
- ● CETTO, L.A. Zinfandel 2009, Valle de Guadalupe (13,95$)

VIN MOUSSEUX

- ○ SEGURA VIUDAS Brut Blanc de blancs (14,30$)

N

S

U

REMERCIEMENTS

À Michel, mon cher mentor, merci pour ta confiance et pour la générosité dont tu as fait preuve dans la transmission de ton savoir, pour ton écoute et ton soutien, pour tes conseils dans mes moments de doute et pour l'inspiration. Merci de m'avoir ouvert les portes d'un monde si captivant!

Un remerciement tout spécial à Émilie Courtois, sommelière diplômée de l'ITHQ, pour sa précieuse collaboration. Avec autant de talent, de rigueur et de passion pour le vin, nul doute, elle ira loin!

Annie, Jessie, Katherine, Michel et Michel-Olivier, merci à vous, pour toutes les raisons que vous connaissez.